사회사상사

현승일 저

圖書出版 오래

서 문

인류의 문명사회를 창조 발전시킨 사상과 지식의 역사인 사회사상사는 매우 방대하고 복잡하기 때문에 이를 훌륭하게 체계화하고 정리하는 것은 매우 귀중한 일이다. 그러나 그것은 결코 쉬운 일이 아니며, 따라서 학생들에 의해 몇 세대에 걸쳐 읽히고 있는 교과서는 매우 드물다고 말할 수 있다. 우리나라에서 서양세계의 사회사상사 교과서는 더욱 그러하다. 다른 나라에서도 오직 해박한 지식과 탁월한 능력을 가진 연구자들만이 몇 권의 저서를 내고 있을 뿐이다. 차제에 현승일 교수가 저술하여 내놓는 이 「사회사상사」는 앞으로 우리나라 학생들이 오랫동안 여러 세대에 걸쳐 읽어야 할 탁월하고도 모범적인 교과서가 될 것이라고 생각한다.

오귀스트 콩트가 1839년에 '사회학'(Sociology)이라는 명칭을 창조해 내면서 그 전후에 창시한 새로운 사회과학으로서의 사회학은 '사회사상'의 역사를 계승하여 정립된 것이었다. 콩트는 "역사가 없으면 사회학이 없다"(No history, no Sociology)고 강조하였다. 사회학 성립 이후의 시민사회의 사회사상사에는 사회학적 관점과 방법에 의거한 명저들도 몇 개 나왔다. 그러나 시민사회 이전의 사회사상사는 명저가 극히 드문 것이 사실이다.

콩트 이전에 '사회학'은 없었으나, '사회사상'이 없었던 것은 아니다. 사회학 탄생 이전의 유구한 역사기간에 걸쳐 인류문명을 열고 인류사회를 발전시킨 '사회사상'이 계속하여 존재해서 인류의 지성을 풍요롭게 배양해 왔다. 사회학 성립 이전까지의 '사회사상'의 체계화는 우리나라에서는 물론이요 세계 사회학계의 과제의 하나가 되어 왔다.

현승일 교수의 「사회사상사」는 기원전 5000년~기원전 4000년 오리

엔트 세계의 사상에서부터 19세기 1830년경 독일의 관념 철학과 유럽 낭만주의까지의 사회사상을 17장으로 나누어 정치사회학적 관점에서 체계적으로 알기 쉽게 설명한 명저이다. 이 긴 역사시간에 걸친 복잡한 정치사회의 갈등과 인류사상의 발전과정을 독자적 문제의식을 갖고 이렇게 알기 쉽게 명료하게 설명한 저서를 다른 곳에서는 읽지 못하였다.

현 교수의 사회사상사는 인류 사회와 사유의 각종 속박을 해방시키려는 위대한 사상가들과 집단들의 지적 유산을 편견의 갑옷을 벗어버리고 중립적 입장에서 객관적으로 설명하고 있다. 이 「사회사상사」는 큰 업적을 낸 위대한 사상가들의 사회사상만이 아니라, 뒤르켐이 말한 집합표상으로서의 신화·종교·학파들의 사상을 중시하여 설명한 특징이 있다.

현 교수가 한 권의 저서 속에 이 복잡한 사회사상을 다 넣을 수 있었던 것은 세계역사를 움직인 주역(집단과 개인) 중심으로 국경을 넘어 자유이동하면서 그 사회사상의 진수와 본질만을 간결하고 명쾌하게 설명했기 때문에 가능했다고 생각한다.

또한 이 「사회사상사」는 지식사회학의 방법을 택하여 위대한 사상가들과 집단의 사상·지식체계만이 아니라, 그 사상을 산출한 사회적 조건으로서의 사회역사의 전개 과정을 함께 설명하였다. 사회사상과 사회사가 함께 가고 있어서 사상의 설명에 생동력이 넘치고 있다.

그러므로 이 저서는 다루는 범위에서 포괄적이면서도, 내용은 인류문명과 인간사회 발전의 공헌도에 따라 자유롭게 이동하고, 설명은 본질과 진수를 정확하게 파악하여, 간결하고 명쾌한 문장으로 설명하였다. 이 저서는 오직 탁월한 능력을 가진 학자만이 할 수 있는 일을 해낸 명저이다.

현승일 교수의 「사회사상사」는 앞으로 오랫동안 우리나라 학생들에게 풍요로운 지성과 지식을 공급해 줄 것이라고 확신한다.

2011년 1월

서울대 명예교수 신용하 삼가 씀

저자의 말

〈감사의 말씀〉 현(現) 한국사회학계의 태두(泰斗)이신 신용하(愼鏞廈) 교수님께서 이 책의 서문을 써 주신 것은 이 책에 대한 신뢰와 가치를 높여 주신 크나큰 은혜이며, 저자는 이에 대하여 충심으로 감사하다는 말씀을 드립니다.

신 교수님은 저의 대학시절에 동숭동 캠퍼스와 길 건너 '낙산'다방에서 자주 만났던 선배님으로서 개인적으로는 형님 같으신 분이시지만, 학문과 인격에 있어서는 저 같은 사람으로서는 도저히 흉내조차 낼 수 없는 고매하신 일생의 스승이시었습니다.

대학 교수 생활 동안 저는 학자로서는 결함이 될 수 있는 외도로써 이렇다 할 연구업적을 쌓지 못하였습니다. 그러나 강의만은 거의 지속적으로 할 수 있었고 제가 맡은 분야는 현대의 사회학이론과 과거의 사상사였으며, 저는 특히 사회사상사 강의를 사랑하였습니다. 거기에는 정경사(政經社)와 문사철(文史哲)이 함께 하는 선현들의 지혜가 녹아 있으며, 배우고 깨달을 것이 너무도 많았기 때문이었습니다. 그래서 사상사 공부는 고등교육의 기본이며 대학강좌의 필수라고 저는 늘 확신해 왔습니다.

그런데 21세기에 들어서면서부터 사회학을 공부하는 젊은 학자들 가운데서 사상사를 전공하는 사람의 수가 점점 줄어들어 이 방면의 선생을 구하기가 어렵고, 학생들이 읽을 만한 교과서의 생산도 거의 없어지고 있다고 하는 사실을 알게 되었습니다. 이러한 현상은 학문의 세계에까지 기술·기능 쪽으로 경도되어 가는 금세기의 압도적인 경향이 영향을 미친 결과라고 생각합니다. 그리하여 저는 저의 천학비재(淺學菲才)를 무릅쓰고라도 학생들을 위해 서양사회사상사 교과서를 한 권 쓸 것을 마음먹었습니다. 저의 강의노트와 강의 자료를 기본으로 하는 구상이었습니다.

저의 강의노트는 2차자료보다는 가급적이면 원전에 의존하여 작성된 것이었습니다. 왜냐하면 사상의 이해는 원전이 지름길이라고 믿었기 때문입니다. 학생들에게도 가급적 원전을 읽도록 장려하였습니다. 번역서라도 좋고 단 한 권이라도 좋고 한 권을 다 읽을 수 없으면 단 한 장(章)이라도 좋으니 원전을 읽기를 권유하였습니다.

제가 믿기로는 학생들이 앞으로의 공부를 크게 발전시키기 위해서는 기초가 잘 다져져야 하며, 어떤 사상에 대해 해설과 비판을 주로하는 2차자료로써는 학생들의 기초를 다져주는 데에 별로 도움이 되지 않습니다. 그러므로 저는 저의 이 책이 원전에 좀더 충실함으로써 학생들의 사상사 공부를 위한 기초 서적이 될 것을 희망하며, 따라서 이 책의 내용이 (1) 정확하고, (2) 쉽고, (3) 재미있을 것을 바라면서 그렇게 쓰려고 노력하였습니다.

이 책의 범위는 고대 오리엔트 사회로부터 프랑스혁명 직후의 19세기 초까지입니다. 범위를 이렇게 잡은 이유는 19세기 초가 사회학의 분기점이 되어 있기 때문입니다. 즉 사회학에서는 오귀스트 콩트(1798~1857)를 '사회학의 아버지'로 설정하고 있어서 콩트 이후의 사회사상에 대해서는 많은 훌륭한 책들이 나와 있고, 가르칠 선생들도 많이 계시기 때문입니다. 콩트 이후의 사회사상사 책으로서 한국에 소개되어 있는 것들 중, 매우 잘 쓰인 책으로서는 루이스 코저의 「사회사상사」(Lewis A. Coser: Masters of Sociological Thought. 이 책 또한 서울대의 신용하, 박명규 두 교수께서 공역하신 것입니다)를 손꼽을 수 있을 것입니다. 저는 콩트 이후에 대해서는 학생들의 공부를 다른 훌륭한 책들에 맡기기로 하고, 이 책에서는 콩트 이후의 공부에 참고가 되도록 칸트, 헤겔, 바이런을 소개하는 것으로써 이 책을 마감하였습니다.

신 교수님께서는 이 책의 방대한 원고를 처음부터 끝까지 꼼꼼히 읽으시고 의견을 주셨으며 오·탈자까지도 찾아 주셨습니다. 이것은 신 교수님의 남다른 성실성의 한 면모이기도 하지만 저자에 대한 긍휼 때문이었다고 생각됩니다.

〈사상사란 ?〉 사상사란 각 시대의 대표적인 사상들을 먼 과거부터 가까운 과거 혹은 현재까지를 통시적(統時的)으로 엮어 놓은 것입니다. 각 시대에는 여러가지 사상이 혼재하는 것이 보통입니다. 하지만 그 혼재하는 사상들 가운데서 그 시대를 대표하는 사상을 추출할 수가 있는데 우리는 그러한 대표적인 사상을 '시대정신'이라는 다른 말로도 표현을 합니다. 그러므로 다시 말해서 사상사란 각 시대의 시대정신을 각 시대별로 정리하고 이것을 다시 통시적으로 엮어 놓은 것이라고 정의할 수 있습니다.

각 시대의 시대정신은 그 시대의 객관적 조건들(예컨대, 자연환경, 기술의 발달 정도, 인구의 구성, 계급관계, 정치형태 등)을 반영하는 정신작용으로서 나타나는 것입니다. 그러나 시대정신은 그 시대의 사회적 조건을 반영만 하는 것이 아니라 때로는 거꾸로 사회적 조건을 만들어 내거나 변화를 시키는 능동적인 역할도 합니다. 건축가의 아이디어(생각)가 건축물의 모양을 결정하는 것과 같은 이치입니다.

이와 같이 사회적 조건과 사회사상과의 관계는 이것이 저것의 원인이 되기도 하고 이것이 저것의 결과가 되기도 합니다. 그런데 이러한 인과관계만이 아니라 또 하나의 관계가 더 있습니다. 그것은 다름이 아니라 조건과 사상이 서로 영향을 주어서(상호작용을 하여서) 제3의 새로운 조건이나 사상을 만들어 내기도 합니다.

그러므로 사상사에서 원인·결과·상호작용에 대하여 말할 때에는 어느 것이 정답이냐는 진리의 문제가 아니라 어느 쪽으로 해명하는 것이 설명이 더 잘 되느냐고 하는 논리상의 선택의 문제인 것입니다. 때문에 우리가 사상사를 공부함에 있어서 사상과 조건과의 인과관계를 지나치게 따질 필요는 없고, 다만 사상은 그 시대의 조건과 불가분(不可分)의 관계를 가진다는 연계의 필연성을 중시하면 족할 것입니다.

또 한 가지 더 말해 둘 것은, 사상은 조건과의 횡적 관계에서 성립되는 것이면서 동시에 과거로부터 현재에 이르는 시계적(時系的)인 종적 관계 가운데서 성립이 된다고 하는 것입니다. 즉 어느 한 역사적 시점의 사상은 그에 앞서는 사상들이 전승되고 진화된 것입니다(이 전승 진화과정에서 사상의 내용은 소멸·변화·생성됩니다). 그러므로 사상은 조건과의 횡적 관계가 없이도 과거로부터의 전승과 진화에 의해서만 이루어진 사상이 존재할 수가 있습니다. 이런 경우는 물론 예외적인 것입니다.

결론적으로 어느 한 시점의 사상은 그 시점의 사회적 조건과의 횡적 관계와 그리고 그 시점까지 진화되어 온 과거 사상과의 종적 관계 속에서 성립되는 것이라고 말 할 수 있을 것입니다.

〈사상의 그릇들〉 한 시대의 사상이 어떠한 것인가를 알려주는 자료들을 담은 최상의 그릇은 문헌들입니다. 문자로써 기록되어 있는 종교의 경전들, 법령집, 문학작품, 학술서적, 공문서, 서한, 연설문 같은 문헌들은 그 시대의 사상을 담고 있는 으뜸가는 보고(寶庫)입니다.

또한 형상으로 표현된 회화나 조각품, 건축물도 사상을 담고 있는 그릇들이라 할 수 있습니다. 그리고 때로는 인간의 집합적인 행동들도 사상을 담은 그릇으로 간주되기도 합니다. 예컨대 디오니소스 축제 같은 것은 열정과 자기 해방을 갈구하는 사상의 심미적 표현이라고 볼 수도 있습니다.

사상사를 연구하는 사람들은 인간의 사상을 담고 있는 모든 그릇 속을 들여다보며 사상의 내용을 탐구합니다. 이 과정에서 연구자들은 혼재해 있는 잡다한 사상들 가운데서 비교적으로 보다 더 지혜롭고, 보다 더 설득력이 있으며, 보다 더 미래에까지 지속되는 생명력을 가지며, 보다 더 변하지 않는 진리를 지닌 사상을 그 시대의 대표적 사상, 즉 시대정신으로서 찾아내게 됩니다.

〈시대구분〉 이 책은 서양 역사의 편년사가 구분하는 방식을 그대로 좇아 시대를 구분하였습니다. 즉 '고대 오리엔트 사회'—'고대 그리스'—'헬레니즘시대'—'로마제국시대'—'중세'—'르네상스와 종교개혁시대'—'절대주의시대'—'계몽주의시대'—'미국의 독립과 프랑스혁명'—'시민사회로의 이행'의 순서입니다.

이 책의 출발점을 역사시대의 시작인 고대 오리엔트 사회로 잡았기 때문에 그 이전의 선사시대에 대해서는 여기서 잠깐 언급하기로 하겠습니다.

현재의 인간과 같은 인간(호모 사피언스)이 언제부터 지구에서 생존을 하였는지는 그 연대가 확실치 않습니다. 어떤 이는 20만년 전부터라고 하고 다른 어떤 이는 2만 5천년 전부터라고 하여 그 시차가 너무 크기 때문에 어느 주장도 신빙성이 부족합니다만 적어도 수만년 전부터 인간은 지구상에서 생존을 하였습니다. 이들은 불을 사용하였고 도구를 이용하여 사냥과 고기잡이를 하였습니다. 동굴에서 기거하였으며 바늘을 사용하여 옷을 만들어 입었고 시체를 정중히 매장했으며 벽화를 그렸습니다.

약 1만년 전 지구에서 빙하기가 끝남으로써 기후와 자연환경에 큰 변화가 일어나고 신석기시대(Neolithic: 지질학적으로 충적세)가 시작되었습니다. 1만년 이전까지는 지구표면의 약 절반 정도가 얼음에 덮여 있었고 그때까지 인간이 산 곳은 얼음이 없는 적도 일대의 좁은 지역이었습니다. 지구의 온도가 4~6도 가량 높아져 빙하기가 끝남에 따라 얼음이 점차 녹아 기원전 6천년에 이르러서는 극지를 제외하고는 지구상의 대부분 지역에서 얼음이 거의 다 사라졌으며 바다의 수면이 높아졌습니다.

인간들은 얼음이 풀린 땅에서 기원전 약 8000년경부터 농경을 시작하고 개(犬) 등 가축을 사육하였습니다. 마제석기와 나무로 만든 도구를 사용하였고 썰매도 만들어 이용하였으며 동굴이 아닌 집을 짓고 정착생활을 시작하였습니다. 이들은 씨족 중심의 2000~8000인의 촌락생활을 하였으며 생산물을 저장하였습니다. 우리는 이러한 인간생활의 대변화를 농업혁명이라고 부르고 있습니다.

농업혁명이 처음 시작된 곳은, 모든 증거에서 나타나듯이, 유프라테스 티그리스강 유역인 근동지역이었습니다. 이란에서 팔레스타인까지가 초기 농경의 실습지였으며 안정된 사회와 역사적 기억의 요람지였습니다. 양(羊)도 집안에서 사육하였으며 밀과 보리를 재배하였습니다. 터키의 카탈 허역(Catal Huyuk: 도시명) 지방에 기원전 7700년부터 기원전 5700년까지 약 2000년 동안 외부로부터 방해를 받지 않는 안정된 도시가 있었으며, 요르단 계곡(Jordan Valley)의 여리고 성(Jericho Oasis)은 기원전 7000년경에 생긴 최초의 성곽이 있는 성읍이었습니다.

고대문명이 시작되는 오리엔트 세계는 바로 농업혁명이 시작되었던 이곳 중근동지역이었습니다. 이곳에는 아직도 유목민이 많았으며 문명인들은 주로 유목민이었습니다.

〈다시 감사의 말씀〉 머리말을 끝내기 전에 감사를 드려야 할 분들께 다시 인사의 말씀을 남기고자 합니다. 「오래출판사」의 황인욱(黃仁旭) 사장께 경의와 감사를 드립니다. 황 사장은 22년 전 박영사에 근무하실 때 저의 첫 저서인 「사회학」을 출판하도록 주선해 준 인연이 있습니다. 이번에도 쾌히 이 책의 출판을 결정해 주셨습니다. 황 사장은 일을 신속히 추진하시면서 그 편집을 이종운(李鍾雲) 선생께 의뢰하셨습니다. 이종운 편집자께서는 저자의 의도가 독자에게 잘 전달되고 또 독자가 책을 편안히 읽을 수 있도록 여러 면에서 세심한 배려를 해 주셨고, 판면에 힘이 실리도록 그림 손질도 하여 주셨습니다. 이 책과 함께 기억하고자 합니다.

끝으로 국민대학교 사회학과의 황아영(黃娥泳), 김민정(金珉廷), 두 조교에게 고맙다는 말씀을 드리고 싶습니다. 다같이 명랑하고 민첩한 아영과 민정은 이 책을 집필한 작년 한 해 내내 저의 알아보기 힘든 난필을 잘 헤아려서 교대로 타이핑을 해 주었고 교정을 보는 여러 차례의 과정에서도 정성껏 반복적으로 문장을 고쳐주었습니다. 이 두 사람은 또한 골치 아픈 참고문헌들을 정돈하여 목록으로 작성해 주는 등 저자가 해야 할 몫이면서 저자가 할 수 없는 일들을 끝까지 챙겨주었습니다. 아영과 민정 두 조교의 미래에 만복이 있을 것을 기원하며 이 책의 출간을 가능하게 해 준 노고에 대해 다시 한 번 감사를 드립니다.

2011. 2. 10

저자 현 승 일(玄勝一)

차 례

11

12

13

14

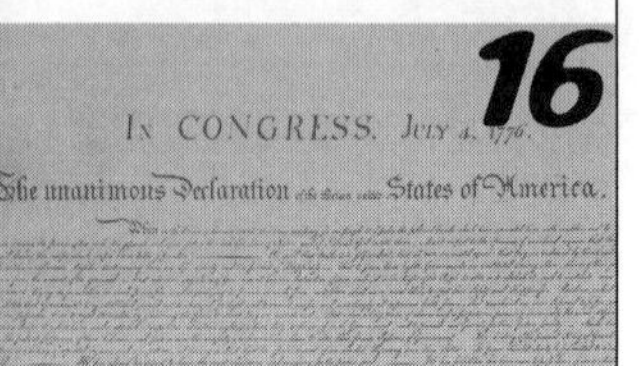
IN CONGRESS. JULY 4, 1776.
The unanimous Declaration of the thirteen united States of America.

사회사상사

현승일

제 1 장

고대 오리엔트 세계

고대 오리엔트세계(Orient World)는 인류문명의 발상지이다. 지리적으로는 메소포타미아(Mesopotamia)와 나일(Nile) 강 유역이다. 이 지역을 오리엔트세계라고 한다. 농경이 가장 먼저 시작된, 당시의 최선진 지역이다. 그런데 우리는 오리엔트세계를 메소포타미아, 나일강 유역 외에 히브리(Hebrew) 족을 추가하여 세 부분으로 살필 것이다. 히브리족의 국가는 약소하였으나 사상에 미친 영향이 지대하였기 때문이다.

기원전 5000~4000년 시기에 이미 오리엔트세계에서는 청동기를 사용하였고 여러 도시가 출현했으며 사회계급이 형성되었고 문자를 발명하여 기록을 하였다.

메소포타미아

유프라테스(Euphrates) 강, 티그리스(Tigris) 강 유역을 메소포타미아(Mesopotamia)라 한다. 메소포타미아는 농업혁명이 최초로 일어난 지역이다. 기원전 5000년까지 조금씩 발달해 오던 농업은 수메르(Sumer) 인의 진입으로 도약적으로 발달한다.

수메르인들은 북쪽 아시리아(Assyria) 쪽으로부터가 아니라 이란과 페르시아만 지역 등 동남쪽으로부터 온 사람이다. 이들은 기원전 5000년대 후반기부터 유프라테스강과 티그리스강 사이의 땅을, 농사를 위해 식민지로 만들었다. 이들 수메르인들은 몸이 단단하고 키가 작고, 검은 머리에 골통이 길고 좁은 모습이었다.

이들은 첫 거주지로 유프라테스강 곁 습지에 오두막을 짓고 살았다. 수메르인은 척박한 땅을 젖과 꿀의 땅으로 바꾸었다. 수메르인은 관개와 운하의 달인이었으며 비에 의존하지 않고 운하에 의존하여 10배의 수확을 올렸다.

조선일보 A14, 2009.7.15, 수

말라 죽어가는 유프라테스 강

티그리스강과 함께 고대 메소포타미아 문명의 젖줄이었던 유프라테스강이 타들어가고 있다. 최근 몇 년간 수량이 급감해 강 폭이 절반 가까이 줄어들면서 강 하류에 해당하는 이라크 전역이 극심한 고통에 시달린다.

직접적 원인은 2년간 계속된 가뭄이다. 저수지들이 말라붙고 운하들은 실개천이 되면서 주요 작물인 밀과 보리 경작지들은 황폐해졌고 어선들은 메마른 땅 위에 널브러졌다. 그나마 비가 좀 내리는 북부에서도 밀과 보리를 경작하는 면적은 95%나 급감했다. 이대로 가면 밀 생산량은 2년 전의 절반 수준에 머무를 전망이라고, 미국 관리들이 뉴욕 타임스에서 말했다.

한때 이라크는 유프라테스의 축복으로 번영을 구가했다. 세계 최대의 대추야자 수출국이었으며, 독일 맥주회사들에 보리를 공급하기도 했다. 맛이 좋기로 유명해 값비싼 안바르 쌀은 이라크의 자랑이었다. 그러나 이제 이라크는 곡물 수입국 신세다. 강줄기에 생계를 직접 의존하는 농부와 어부뿐 아니라, 성직자와 정치인들에 이르는 이라크 사회의 전 계층이 오그라드는 유프라테스처럼 생존을 위협받는다.

이런 사태에는 유프라테스강의 상류에 해당하는 터키와 시리아의 이기적인 수자원 정책도 한몫했다. 이들 국가는 이라크측과 아무런 협의도 없이 댐을 지어 유프라테스 강물을 가두기 시작했다.

이라크는 물을 얻기 위해 이들 나라에 비는 처지가 됐다. 이라크의 애원에 못이겨 터키정부는 최근 물 방류량을 일시적으로 늘렸지만, 그래봤자 평균 수량의 60% 수준이었다. 물로 인한 이라크의 고통이 장차 이라크와 이웃나라간 갈등의 원천이 될 가능성이 큰 것도 이런 사정에 기인한다.

신약성경(요한계시록)에 따르면, 유브라데(유프라테스) 강물이 마른다는 건 세상의 종말이 가까워졌음을 암시한다. 이슬람의 하디스(예언자 무하마드의 언행록)도 이 강이 마르면 다툼이 일어나 100명 중 99명꼴로 죽게 될 것이라고 했다. 〈이용수 기자 hejsue@chosun.com〉

운하는 야자수 숲과 초원에 물을 댔으며 양과 소들에게 물을 먹였다. 평야는 비옥해져서 곡식을 1년에 3번씩 수확했다. 기원전 1800년경의 바빌로니아는 딴 곳에 비해 2~3백 배 수확량이 많았다고 헤로도토스(Herodotos, 그리스 역사가: 485~425 B.C.)는 기록하고 있다.

수메르인의 최남단 도시 에리두(Eridu, 페르시아만 연안)는 기원전 5000년경에 세워졌다. 그들은 부를 쌓자 돌 대신 벽돌, 진흙 대신 역청(瀝靑)으로 여러 계단의 구조 위에 사원을 지었다. 메소포타미아에는 돌과 철광이 없다. 수메르인은 벽돌을 발명하고, 흙을 1200도로 구워서 낫을 만들었다(4000년 초 B.C.). 기원전 4000년 초 바벨탑을 쌓아올린 것도 이들이었다.

수메르인의 문명에 대한 최대의 문명공헌은 기원전 3300년 설형문자(楔形文字)를 발명한 것이다. 의사 전달 방식이 과거에는 그림이었는데 그림과 문자는 정확성에서 다르다. 옛날 그림으로 노예를 표시하는 방식은 여자와 산을 함께 그리는 것이었다. 산으로부터 데려온 여자, 즉 노예라는 것이고 노예 52명이면 52개의 그림을 그렸다. 그러나 문자는 간단히 '노예 52명'이라고 기술할 수 있다. 글씨를 쓴 진흙판(clay tablet) 50만 장이 전해지고 있다.

진흙판에 쓰인 수메르어 설형문자

설형문자는 실로 메소포타미아를 중심으로 한 광범한 지역에서 장기간에 걸쳐 사용되었으며 근래에 와서 그 문헌이 풍부하게 발굴되었다.

설형문자는 원래는 수메르족이 발명한 것이나, 이와는 언어계통을 달리하는 셈 어계(語系)의 아카드족, 아시리아족을 위시하여, 아리안 어계의 히타이트족, 페르시아족, 그리고 그 밖의 여러 민족에 의해서도 사용되었다. 그러다가 설형문자의 문서는 기원전 4세기경부터 그 수효가 점차 감소하기 시작하여 기원 전후에 이르러서는 완전히 그 자취를 감추었다.

그러므로 설형문자가 사용된 것은 기원전 3300년경의 실증 기록의 존재로부터, 기원 전후에 이르기까지 실로 3000여 년에 걸친 장구한 기간이었다.

설형문자는 원래는 회화문자이었으나 이것이 표음문자와 음절문자로 변하여 이 두 가지 문자가 병용으로 사용되었다. 설형문자의 기록은 오늘날 대부분 토판문서(土板文書)로 남아 있는데 이는 진흙판(clay tablet)에 글씨를 골편(骨片)으로 써서 햇볕이나 불로 건조한 것이다. 설형문자가 파피루스(papyrus)나 양피지(羊皮紙)에 기록되지 않은 것은 메소포타미아의 습한 기후 때문인 것 같다.

기원전 3300년까지 수메르인은 노 젓는 배, 바퀴수레, 동물견인 쟁기를 사용하였다 —말(조랑말)로 하여금 바퀴수레를 끌게 한 것은 훨씬 뒤인 기원전 1800년경에 이르러서였다—. 도자기를 만들 때 계속 돌릴 수 있는 바퀴 장비를 만들었다.

3000년 동안 수메르족의 기술적·경제적 우위는 계속되었다. 우루크(Uruk)의 성벽은 기원전 2700년에 축조되었는데 두께가 18피트(6m)이고 성의 지름이 6마일(9.6km)이었다. 성곽 안은 사람과 가축의 휴식처였다.

금속도구는 매우 일반화되어 기원전 2800년경의 우루크 무덤에서 나온 부장품의 15%는 금속도구로서 구리, 놋 등이고 그로부터 3세기 후(2500 B.C.)에 이르면 85%가 금속이다.

기원전 2300년경 수메르인은 보리술을 빚었고, 약과 화장품 그리고 가짜 보석도 만들었다.

메소포타미아 문명의 고대도시들

이 지역에 살고 있던 여러 종족들 가운데서 도시국가를 맨 먼저 시작한 종족도 수메르족으로서 기원전 3000년경이었다.

그후 기원전 2350년경에 아카드(Akkad) 족이 수메르를 멸망시키고 통일을 이루어 약 180년 동안 지속되었으나, 기원전 21세기 남방의 수메르족이 재기하여 우르(Ur) 제3왕조를 건설하여 기원전 1800년경까지 수메르인의 재지배가 계속되었다.

기원전 1800년대 이후에는 바빌론(Babylon)에 자리잡은 아모르(Amor)족이 일어나 팽창하여 바빌론 왕국(Babylonia, 1830~1531 B.C.)을 건설하였다. 바빌론 1왕조(Babylonia 1)의 6대 왕 함무라비 왕(Hammurabi, 재위 1728~1686 B.C.)은 인근 주변을 통일하여 대 바빌론 왕국을 건설했다. 함무라비 왕은 법전(Code of Hammurabi)을 편찬하여 통치의 기본으로 삼았다(법전의 내용에 관해서는 후술). 바빌론은 기원전 19세기부터 일어나기 시작한 히타이트(Hittite) 왕국에 의해 멸망(1531 B.C.)하였다.

그후 아시리아(Assyria)가 기원전 700년대에 세력을 잡았다.

그 다음은 페르시아인에 의한 페르시아 왕국(Persia, 550~330 B.C.)이 메소포타미아의 주도권을 쥐었다. 페르시아제국의 전성기인 다리우스(Darius)

왕 때(6C B.C.)에는 20개 주(州)에 총독(satrap)을 두고 왕도(王都)를 건설했으며, 우편제도, 화폐유통이 있었다.

기원전 5세기에는 그리스와 충돌, 페르시아 전쟁이 일어났고, 그후 기원전 300년대 초에 알렉산더(Alexander) 대왕에 의해 정복되었다.

B.C. 3000	Sumer 족 도시국가 건설, 이 지역 주도
B.C. 2350~2170	Akhad 족 발흥, 통일
B.C. 2170	남방 Sumer 족 재기, 우르 제3왕조 건설
B.C. 1800	Babylon의 Amos 족 발흥
	Babylon 왕국 건설(1830~1531)
B.C. 1530	히타이트 일어나 B.C. 1531 Baylon을 멸망시킴
B.C. 700년대	Assiria 등장, 신 바빌로니아 건설
B.C. 550	Persia 족 일어나 Persia 왕국(B.C. 550~330)
B.C. 330	Alexander 대왕에 의해 Persia 멸망

메소포타미아의 왕조들은 대하(大河) 유역이라는 지리적 조건 때문에 수리(水利)를 위한 공동의 노력을 조직화할 수 있는 권력과 정치조직이 필요했던만큼 동양적 전제군주(oriental despotism) 체제였다. 즉 정치권력은 왕에게 집중되고 거기에 대한 비판이 허용되지 아니하며, 왕은 신민(臣民)에 대해 생살여탈권을 포함한 모든 권력을 자의로 행사할 수 있으며 피치자(被治者)에 대해 책임을 지지 아니한다.

그러나 메소포타미아제국의 왕권은 이집트의 파라오(Pharaoh, 후술)보다는 약하였고 신민의 사유재산, 상속재산의 매매를 인정하였다. 왕조는 부역과 공납에 의존하는 관료제적 부역국가(Burokratische Leiturgiestaat)였다. 메소포타미아는 다민족 지역으로서 다민족간 투쟁에 의한 흥망성쇠가 무상하였고 이와 관련하여 이들은 이질(異質)에 대한 관용과 개방성이 발달하였다.

한편 기원전 2000년경에는 메소포타미아 지역에 있던 인간들(셈족, 야벳족과 햄족)의 일부가 유럽 각처와 인도 쪽으로 이동을 하여 유럽인과 인도 및 아프리카인을 형성하였다.

함무라비 법전 메소포타미아에서는 이전부터 법제(法制)가 발달해 왔다. 함무라비 법전(Code of Hammurabi)은 바빌로니아 제1왕조(1830~1531 B.C.)의 제6대 왕 함무라비(재위 1728~1686 B.C.)가 그의 통치 38년(1690 B.C.)에 제정한 법전이다. 이 법전은 메소포타미아 지방에 고래로 전해 오던 여러 법전들을 종합 발췌하여 셈어의 한 갈래인 아카드어로 기록한 것이었다.

함무라비 왕은 일반에게 주지시키기 위해 법전을 여러 개의 석주(石柱)에 새겨서 주요 도시의 신전 입구에 세워두었던 것 같다.

본 법전(本法典)은 유프라테스강 동안(東岸) 시파르(Sippar) 시(市)의 태양신 샤마슈(Shamash, Samas)를 모시는 에바바라(Ebabbara) 신전에 있었던 것을 기원전 1150년경에 엘람(Ellam) 왕 슈트루크 나훈테(Sutruk Nahunte)가 전리품으로 수사(Susa)로 탈취해 간 것이다.

이것이 1901년 12월부터 다음해 1월에 걸쳐 프랑스의 모르간(Morgan)이 이끄는 탐험대에 의해 페르시아의 옛 수도 수사에서 기타의 기념물과 함께 발견되었다.

법전은 높이 2.25m, 둘레 2m의 암록(暗綠)색의 석주(石柱)에 기록되어 있는데, 발견시 세 조각으로 파괴된 것을 접합하여 원형으로 복구하였다. 원형대로 현존하는 법전으로는 세계에서 가장 오래된 것이다. 석주에는 총 282조의 법문(法文)이 설형문자로 기록되어 있다.

함무라비 법전

함무라비 법전의 주요 내용의 골자를 보면 다음과 같다.

〈전문(前文)〉 천상(天上)의 최고신(最高神)인 아누(Anu)와 나라의 운명을 결정하는 지하(地下)의 신인 엔릴(Enlil)이 동광천(東光天)의 신(神)인 마르두크(Marduk)에게 인간에 대한 지배권을 위임하였는데 마르두크는 명망이 높고 신을 두려워하는 자기를 불러 함무라비라는 이름을 주고 왕으로 삼았다. 자기는 유능하고 총명한 왕이요, 무적의 전사(戰士)로서 주위를 정복하고 국민의 생활을 안정시켰으며 신전을 장엄하게 했다. 자기는 법과 정의를 나라의 말(아카드어)로 정하고 복지를 증진시켰다.

〈증거재판〉 소송은 엄격히 증거에 의해 심리되었다(1~4조). 증거방법으로는 인증(人證), 물증(物證), 서증(書證)이 있었다(9조). 위증(僞證)은 엄격히 처벌되었다(살인을 위증하면 사형. 3~4조).

〈수신판(水神判)〉 증거가 확실치 않은 마술의 죄와 간통죄 등 두 가지 죄에 대해서는 고발자가 그 죄를 입증할 수 없을 경우에는 신판(神判)을 인정하여 피고를 성하(聖河)에 뛰어들게 해서 그가 가라앉으면 유죄로서 처벌되고, 가라앉지 않으면 고발자가 처벌받도록 하였다(2, 132조).

〈절도와 강도〉 사원 또는 궁전의 재물을 절취한 자는 사형(2조), 그 장물 취득자도 사형(6조). 평민의 것을 절취한 경우에는 10배로 배상해야 하며, 배상할 수 없을 때에는 사형(25조). 강도는 사형(22조). 타인의 아들을 절취한 자는 사형(14조).

〈범죄피해자의 구조〉 도적이 체포되지 않을 경우에는 절도가 행해진 지역을 관할하는 관청에서 그 피해를 보상해 주어야 한다(23조).

〈주거침입〉 타인의 주거에 침입한 자는 그 현장에서 살해되고 그곳에 매장된다(21조)(불난 집에서의 도적은 현장에서 화형(火刑). 25조).

〈도망노예〉 도망한 노예를 비호 은닉한 자는 절도로 취급되어 사형을 받는다(15,16,19조).

〈병역(兵役)〉 사관(士官)이나 병사가 왕명대로 종군하지 않거나 대인(代人)으로 근무케 하면 사형에 처한다(26조).

〈봉지 처분의 제한〉 왕이 하사한 봉지(封地)는 양도될 수 없다(35~41조).

〈치수 책임〉 강변 지역의 토지소유자는 치수의 책임을 져야 하고, 치수 소홀로 이웃에 손해를 끼쳤을 때에는 배상한다(53~56조).

〈상거래 계약〉 상인(상업 자금 제공자)과 행상인(영업대행자)은 수익을 반분(半分)한다. 행상인이 이득을 얻지 못한 경우에는 제공받은 자금의 2배를 배상하고, 행상중 불행을 당하여 손해를 본 경우에는 원금만 지불하고, 재물을 탈취당한 경우에는 신에게 서약하고 면책된다(98~107조).

〈운송계약〉 운송인이 위탁물을 횡령한 경우에는 그 위탁물의 5배를 배상해야 한다(112조).

〈채권에 대한 사적 집행(私的執行)의 금지〉 채권자가 채무자의 동의 없이 채무자의 창고에서 곡물을 취한 경우에는 채권자는 이를 반환해야 하고 채권을 상실한다(113조).

〈채무인질〉 채권자는 채무를 노무로 상각케 하기 위해 채무자 또는 가족, 노예를 인질로 인도받을 수 있다. 인질들은 3년간 봉사하고 제 4년에는 해방된다. 노예인 경우에는 봉사기간 후 채권자가 매각할 수 있다. 인질이 자연적으로 사망한 경우에는 채권자에겐 책임이 없으며, 그러나 채권자의 학대로 인질이 사망한 경우에는, 그 인질이 평민의 아들이면 채권자의 아들을 죽이고, 노예이면 노예주에게 은 3분의 1미나를 지불해야 한다(114~119조).

〈임치물〉 타인의 창고에 곡물의 저장을 임치한 경우에, 그 곡물에 손실이 생기면 수치인은 그 곡물의 2배를 배상해야 한다. 저장료는 곡물 1코르(kor)에 대하여 연 5카(ka)이다. 임치시에는 증인 앞에서 계약서를 작성해야 한다(120~126조).

〈혼 인〉 원칙적으로 일부일처제이나 아들이 없는 경우에 한하여 권처(權妻, concubine)를 취할 수 있었다. 혼인의 유효한 성립은 계약서 작성을 요건으로 한다. 남편이 될 구혼자는 여자의 아버지에게 혼인자금을 주는 것이 관례였다(127~164조).

〈간 통〉 간통시는 남녀 다 투수형(投水刑)이다. 그러나 남편이 부인을 용서하거나 국왕이 간통한 하인을 구하면 방면된다(129조). 약혼자를 강간하여 그 실행중에 체포되는 경우에는 남자는 태형(笞刑)이고 여자는 방면된다(130조). 남편으로부터 간통의 혐의를 받은 처가 그러한 사실이 없으면 신전에 선서하고 친가에 돌아갈 수 있다(처의 이혼권 인정)(131조).

〈처의 재혼〉 남편이 포로가 된 경우에 생계유지가 불가능하면 처의 재혼이 허용된다. 재혼 후 이전 남편이 돌아오면 처는 이전 남편에게 귀환하며, 새 남편과의 사이에 낳은 아이는 새 남편에게로 돌아간다(133~136조).

〈이 혼〉 이혼권은 원칙적으로 남편에게만 있고 처에게는 법으로 허용된 경우 이외에는 이혼이 불가능했다. 남편이 이혼하려면 처에게 특정의 재산을 주어야 하는데, 재산액은 자식이 있는 경우와 없는 경우가 다르다. 있는 경우는 처가 결혼 때 가지고 온 지참금(dowry)을 돌려주고 그 밖에 또 재산의 일부를 주어 자녀를 양육케 해야 한다. 자녀가 성장한 후에는 처는 아들 한 사람의 상속분과 같은 액수의 재산을 받고서 재혼할 수 있다. 이 규정은 정처(正妻)와 권처(權妻)에게 공통적으로 적용되었다. 자식이 없는 경우에는 처가 결혼시 가지고 온 지참금과 그리고 남편이 결혼시 여자의 아버지에게 주었던 혼인자금과 같은 액수의 금액을 처에게 주고 이혼해야 한다. 처가 낭비하며 남편을 얕잡아볼 경우에는 남편은 이를 입증하여 지참금이나 그 밖의 어떤 재산도 주지 않고 이혼할 수 있다. 그러나 남편이 방탕하고 처를 얕잡아볼 경우에는 처는 조사를 받은 후에 지참금을 가지고 친가에 돌아갈 수 있다(처의 이혼권 인정)(137~143조).

〈권처(權妻)〉 정처(正妻)가 아이를 낳지 못할 경우에 권처를 둘 수 있다. 권처는 정처와 동격이 될 수는 없다. 처가 자기의 하녀를 남편에게 주어 아이를 낳게 하면 남편은 권처를 둘 수 없다. 하녀가 아이를 낳은 이후에는 하녀를 팔 수는 없으나 하녀를 부릴 수는 있다. 처가 질병에 걸렸을 경우에도 남쳔은 권처를 둘 수 있으나, 이 경우에 병든 처와 이혼해서는 안 되고 종신 부양해야 한다. 병든 처가 남편의 집에서 살기를 원치 않을 경우에는 남편은 처에게 결혼시 가지고 왔던 지참금을 주어서 친가로 돌아가게 해야 한다(144~149조).

〈부부재산 관계〉 남편이 처에게 증서를 작성하여 재산을 유증(遺贈)한 경우에는, 자(子)는 그 유증 부분에 대해서는 청구권이 없고 모(母)는 그 재산을 자기가 원하는 자(子)에게 유증할 수 있다. 혼인 전에 진 남편의 채무에 관하여 남편의 채권자는 처를 인질로 할 수 없다. 처의 혼인 전의 채무로 인한 이유로 채권자는 남편을 인질로 할 수 없다. 그러나 혼인 후에 진 채무에 대하여는 배우자 상호간에 연대책임이 있다(150~152조).

〈근친상간〉 근친상간을 엄단한다. 딸과 간통하는 그 아비는 그가 거주하는 시(市)로부터 추방된다(154조). 자(子)와 약혼하고 동침한 여자와 간통한 그 아비는 투수형(投水刑)에 처한다(155조).

〈상 속〉 아버지의 사후(死後) 아버지 재산을 자(子)들에게 균분상속(均分相續)하는 것이 원칙이나, 아버지가 특히 사랑하는 자(子)에게 증서를 작성하여 유증했을 경우에는, 그 자(子)가 증여재산을 취득하고 나머지 재산이 형제간에 균분된다(165조). 아버지의 유산 상속에 전처(前妻)의 자(子) 후처(後妻)의 자(子) 사이에 차별이 없다. 아버지가 자식으로 인정한 경우에는 하녀의 자(子)도 균분상속권을 갖는다(170조). 모(母)의 재산(지참금)은 각기 실모(實母)의 재산을 분배받을 뿐 이모(異母)의 유산에 대해서는 하등의 권리가 없다(167조). 처는 남편의 사후, 결혼시 가지고 온 지참금과 남편이 증서를 작성하여 증여한 재산을 보유하고 평생 남편의 집에 거주할 수 있다. 그러나 그 재산을 매각할 수는 없고, 그 여(女)의 사후에는 그 재산은 자(子)에게 귀속된다(171조). 처가 증여를 받지 않는 경우에는 처는 지참금을 수령함과 동시에 자(子)와 균등하게 재산을 상속받는다. 그 처가 사망한 남편의 집을 떠나고자 하는 경우에는 남편이 준 증여재산을 자(子)에게 주고 그 여(女)의 지참금만 갖고 집을 떠나 재혼할 수 있다(172조). 그 여(女)가 재혼 후 자(子)를 낳고 사망한 경우에는 전 아버지의 자(子)와 나중 아버지의 자(子)가 모(母)의 지참금을 분할상속한다(173조).

〈노예의 자(子)〉 노예인 남자와 자유 신분의 여자 사이에 출생한 자(子)는 자유 신분을 취득하며, 노예 소유주는 그에게 노동을 강요할 수 없다. 남편인 노예가 사망한 경우에는 결혼 전의 재산은 그의 주인에게 귀속하고, 결혼 후 취득한 재산은 이를 2등분하여 그 반은 주인이 차지하고, 나머지 반은 그의 자(子)를 위하여 노예의 부인이 보유한다. 그리고 부인은 지참금이 있었을 경우 지참금을 수령한다(175~176조).

〈양 자〉 양자가 성장한 후에는 실부(實父)는 반환을 청구할 수 없다(186조). 입양 후 실자(實子)가 생기어 양자를 이연(離緣)하고자 할 경우에는 양부는 양자에게 자기 실자의 상속분의 3분의 1의 재산을 주어야 한다(191조). 궁인(宮人)이나 이승(尼僧)의 양자가 양부모에 반항하면 그의 혀를 자르고(192조), 양부모를 혐오하여 실가(實家)로 돌아가면 그의 눈을 뺀다(193조).

〈상 해〉 계급에 따라 차등 형벌을 적용하였다(고(古) 바빌로니아에는 3종의 계급, 즉 귀족, 평민, 노예가 있었다). 상층 계급이 하층민에게 행한 범행에 대한 형벌은 경하고 하층계급이 상층민에게 행한 범행에 대한 형벌은 중하였다. 상해에 대한 중형으로는 (1) 탈리오(talio)형(동해보복제(同害報復制): 눈에는 눈으로), (2) 반영형(反映刑)(상해를 범한 신체 부분에 대한 형벌: 도둑질은 손 절단, 위증은 혀 절단, 불륜음행은 생식기 절단)이 있다(195~214조).

〈폭행 치상, 치사〉 싸움에서 구타 치상케 한 경우에는 고의가 아니라는 것을 선서하고 그 치료비를 배상한다(206조). 평민의 부인을 구타하여 유산시킨 자는 그 태아의 상실에 대한 책임으로 은 10세겔(209조), 그 부인에 대한 책임으로 은 5세겔을 지불한다(211조). 그 부인이 사망한 경우에는 가해자의 딸을 사형하고(210조), 가해자는 반(半) 미나를 지불한다(212조).

〈의사의 치료와 책임〉 의사가 귀족의 수술에 실패하여 죽게 하거나, 눈 치료에 실패하여 실명케 한 경우에는 의사의 손을 자른다(218조).

〈농부의 책임〉 농부를 고용하여 종자와 소를 주고 토지의 경작을 위탁한 경우에, 농부가 종자나 수확물을 횡령하다 발각되면 그의 손을 자른다(253조).

〈노예 매매〉 노예는 노예표(slave mark)가 (몸에) 있었고 매매의 목적물이었다. 노예 매도 후 1개월 이내에 벤눔병(病)(Bennum, 일종의 마비성 풍토병)이 발생한 경우에는 판 사람은 노예를 인수하고 산 사람에게 대금을 반환해야 한다(278조).

〈노예의 반항〉 노예가 주인에게 반항하는 경우에는, 소유자는 그 노예가 자기의 소유라는 것을 확증하고 노예의 귀를 자른다(282조).

〈후문(後文)〉 자기는 정의와 법을 세워서 구제와 선량한 정치를 했다. 수메르와 아카드의 주민을 자기의 보호하에 안정시켰다. 강자가 약자를 학대하지 못하게 하고, 고아와 과부에게 정의를 행하며, 나라에 법을 세워서 재판으로 부정(不正)을 시정하기 위하여 자기의 귀중한 말과 초상을 석루에 새겼다. 그러므로 학대를 받아 소를 제기하고자 하는 자는 먼저 법문(法文)을 읽으면 그 사건의 귀추를 이해하고 안심할 것이다. 이 땅의 왕들은 나라의 법과 판결을 변경하거나 지워서는 안 된다 ···.

함무라비 법전의 중심사상

위와 같은 함무라비 법전을 통하여 우리가 알 수 있는 그 당시 중요 사상을 간단히 정리하면 다음과 같다.

1) 왕은 신에 의해 임명된 것이며 따라서 그의 왕권은 신으로부터 받은 것이다. 즉 왕권신수설(王權神授說)이다(왕권신수설은 가장 오래된 정치사상이다). 왕의 임무는 신을 섬기는 일과 국민 사이에 정의를 세우고 국민을 위한 복지를 증진시키는 것이다.

2) 지배계급의 특권적 법익을 인정하였다.

3) 사유재산을 철저히 보호하고, 그 기초 위에 상거래, 생산관계, 물류 등 경제행위에 공정한 법을 세웠다.

4) 혼인은 일부일처제가 원칙이었으며, 정조의 의무를 중시하였다.

5) 부부관계는 남존여비로서 남편 우위였으나 처의 재산권을 인정하고, 처를 예우하고, 처에 의한 이혼권을 사실상 인정하였다.

6) 재산상속은 아들에게 서얼의 차별 없이 균분이 원칙이나, 유언에

의한 차등 상속도 인정하였다.

7) 노예는 재산으로 취급되었으며, 형벌에서도 차별대우를 받았다.

8) 형사범에 대한 처벌은 엄격하였으며 체벌이나 벌금형이 행해졌다.

9) 재판은 증거에 의하였다.

메소포타미아의 종교 종교는 고대 사회의 사상을 가장 잘 나타낸다. 고대 메소포타미아의 종교는 함무라비 법전에서도 나타난 바와 같이 왕권신수(王權神授) 개념을 핵심 요소로 하고 있다.

메소포타미아 지역에서 도성을 중심으로 부족국가를 형성하고 있을 때까지(B.C. 1800년경까지)는 각 부락과 도성은 제가끔의 신을 가지고 있었고, 각 부락과 도성의 왕들은 신의 대리인들이었다. 도성국가 시절 도성에는 도성마다 신전이 있었다.

신전이 곧 통치권의 상징이었다. 이때의 왕은 신전을 축성하고, 자신이 제주(祭主)가 됨으로써 신을 그의 권력의 원천으로 이용하였다. 자신의 통치권은 신으로부터 부여받은 것이며 자신은 신과 대화하고 신탁(神託)을 받은 자로서 인간을 초월하는 존재였다. 왕은 신의 아들 또는 신과 인녀(人女)와의 소생으로 묘사하는 신화가 발달하였다. 그리하여 백성들은 왕을 신과 특수한 관계를 가진 존재로 간주하였다. 때문에 신전은 통치자에겐 필수적인 것이고 정치는 왕이 제주(祭主)임과 동시에 통치권자가 되는 신정일체(神政一體)의 형태를 띠었다.

왕이 신의 대리인이라는 교의(敎義)는 막강한 왕의 권력을 반영하기도 하고, 거꾸로 막강한 왕의 권력을 옹호하는 수단이기도 하였다. 사상은 현실의 반영이며, 동시에 현실을 강화한다. 그리하여 일반 백성들이 숭배하는 대상은 신이기보다는 왕이었다.

종교상의 갈등이 전쟁의 명분이 되었을 때는 타 신을 악신(惡神)으로 몰고, 그들의 신전을 파괴하였다. 그러나 다른 이유로써 전쟁을 할 때에는 타 부족의 신전을 인수받아 정복자가 그 신전의 제사를 관리함으로써 피정복지에 대한 지배권을 정당화하였다.

메소포타미아 지역의 여러 부족이 제국(帝國)으로 통일됨에 따라 신들도 점차 통일되었다.

함무라비 법전 전문(前文)에 나오는 최고신 아누(Anu: 天神)와 지하(地下)의 신인 엔릴(Enlil)은 원래 수메르족의 신이었는데, 바빌로니아제국의 최고신으로 전승된 것이다.

바빌로니아의 종족신인 마르두크(Marduk)는 서열상 아누와 엔릴 밑으로 들어가, 인간에 대한 지배권을 갖는 것으로 하였다.

메소포타미아인들은 마귀(Demon)가 있으며 사후는 어두운 곳으로 간다고 믿었다.

조로아스터교 페르시아제국 때(6C B.C.)에는 선지자(예언자) 조로아스터(Zoroaster)가 나타나 조로아스터교(Zoroastrianism)를 만들었는데, 이 종교는 세상을 선과 악, 빛과 어둠이라는 이원론으로 규정하고, 성결(聖潔)을 선과 빛의 기초라 하였다. 더러움을 없애고 성결을 지켜주는 것은 불이라고 보았다. 조로아스터교의 주신(主神)이자 선신(善神)인 아투라 마즈다(Athura Mazda)는 항상 불 속에 머물러 있으며, 불과 더불어 이동한다고 주장하였다. 조로아스터교가 불을 중시하므로 중국인들이 이를 배화교(拜火教)라고 번역하였다.

이 종교에서는 선신(善神)과 악신(惡神)이 구별되고 선신에 인도되면 천당으로 가고 악신에 인도되면 지옥으로 떨어진다고 했다. 젠트 아베스타(Zend Avesta)라는 경전이 있었다.

〈참고〉 유대교에서는 천당 지옥에 대한 언급이 없다. 요나가 하늘나라로 바로 들려 올라갔다는 것 이외에는 쉘(Shoel)이란 단어가 시편(9:17, 116:3)과 잠언(9:18)에 나오는데 이것은 '지옥'이라 하기보다는 '비참한 처지' 정도의 뜻인 것 같다.

천당·지옥을 언급한 것은 신약에 들어와서 예수에 의한 것이 처음(마가 9:43~44)이었는데, 예수가 말하기를 "만일 네 손이 너를 범죄케 하거든 찍어버리라. 불구자로 영생에 들어가는 것이 두 손을 가지고 지옥 곧 꺼지지 않는 불에 들어가는 것보다 나으니라(43). 그곳에는 그들의 벌레도 죽지 않고 불도 꺼지지 아니하느니라(44)" 하였다.

이집트 고대국가

나일(Nile) 유역에 형성된 국가가 이집트(Egypt)이다. 이집트 고대 국가는 기원전 3000년경에 상(上) 이집트의 메네스(Menes) 왕에 의해 통일되어 기원전 500년경 페르시아에 의해 멸망될 때까지 2500년간 존속하였다. 페르시아 지배 아래 있던 이집트는 기원전 332년 알렉산더(Alexander) 대왕에 의해 정복되고, 그후 알렉산더의 부하였던 그리스 장군의 후손들이 왕위를 계승하는 프톨레미(Ptolemy) 왕국으로 존속하다가 기원전 34년 로마에 의해 멸망한다(그 이후 1952년 나세르가 등장할 때까지 이집트는 근 2000년간 이민족의 지배 아래 있었다).

이집트(Egypt)의 정치는 처음은 씨족 중심의 족장제(族長制)에서 도성 중심의 왕제(王制)와 나중엔 광대한 지역에 걸친 대제국으로 확장되어 기원전 2700년경에 이르면(제4왕조 시기) 왕은 메소포타미아에서와 같이 동양적 전제군주로서 전권(全權)을 장악하고 그 이름을 파라오(Pharaoh: 큰집)라 하였다. 파라오의 권력은 메소포타미아제국(帝國)의 왕권보다 더 강력하여 모든 노예를 소유하고, 신민(臣民)의 사유재산까지도 임의로 처분할 수 있었다.

이집트(Egypt)는 영토의 90%가 사막이었고 4~6월은 평균 섭씨 40℃도가 넘는 고온에다 열풍이 불고 물은 오로지 나일강에서만 얻을 수 있었다. 나일강은 정례적으로 범람하여 토질을 비옥하게 하였으나 파괴된 제방과 수로는 그때마다 다시 개수(改修)하여야 했다. 치수를 위해서는 집단노력을 동원할 수 있는 강력한 권력이 필요하였으므로 파라오의 출현은 필연적이었다.

고대 이집트의 사회계급은 지배계습(왕, 승려, 관료), 농민, 노예로 구분되었는데, 계급의 분화는 서서히 이루어졌다. 농민이 생산 담당자(예농)로서 농업에 종사하였고 부역의 의무도 졌다. 노예는 축성(피라미드, 궁전 건축, 운하 파기 등) 등 힘든 육체노동에 종사하였는데 다른 나라의 노예에 비해 비교적 덜 가혹하였다.

소수의 상인과 공인(工人)이 있었다.

지배계급인 승려와 관료는 막강한 권력을 가지고 있었으며 그 막강한 권력 앞에 피지배계급은 시달림이 컸고 현세는 불안정했다. 특히나 하층민은 이래저래 인생이 고통스러웠다.

고대 이집트의 경제는 농업 위주의 국가통제경제였다. 보리·밀 등의 곡물과 의복의 원료인 두마(豆麻)와 채소, 소, 돼지, 염소, 닭 등의 가축을 사육하는 농업이 국부(國富)의 원천이었다

토지는 이론적으로 신에게 속하는 것이며, 따라서 신의 대리자인 파라오에게 귀속되었다. 그러나 실제에 있어서는 파라오가 전쟁의 공로나 충성의 대가로 토지를 장군들과 승려 및 관료에게 하사하여 지배계급이 토지를 많이 소유하였다. 고대 후기에 이르면 토지의 매매가 자유로이 이루어졌으며 사원이 전 토지의 3분의 1을 소유한 때도 있었다.

생산된 농산물은 지주에게 공물로 바쳐졌고, 바치고 남은 부분은 생산자가 소비하거나 시장에 내다 팔 수 있었다. 공물로 들어 온 곡물은 국가 창고에 저장되어 화폐 대신의 교환 매개물로 사용되거나 흉년에 구휼물로 사용되기도 하였다.

이집트의 종교관 이집트의 종교관은 위계를 가지고 있는 다신교(Polytheism)였다. 즉 도성이나 왕조의 대표 신들뿐만 아니라 외경스러운 자연현상에도 신을 붙이는 물활론(物活論, Animism)의 신관(神觀)으로서 신의 수(數)가 많았다. 이집트에서도 왕은 메소포타미아에서처럼 신의 대리자이며 왕의 권력은 신으로부터 유래하는 것이었다.

이집트 왕조들의 대표 신들은 줄곧 태양신(太陽神)이었다. 이집트 제

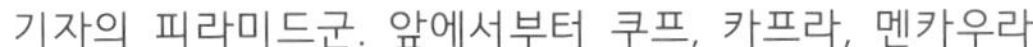
기자의 피라미드군. 앞에서부터 쿠프, 카프라, 멘카우라

기자의 스핑크스. 뒤는 카프라 피라미드

1왕조(3000~2800 B.C.)는 라(Ra) 또는 레(Re)라는 태양신을, 제16왕조(테베 중심, 1600년경 B.C.)는 아몬(Amon)이라는 태양신을, 말기(1000~332 B.C.)에는 아톤(Aton)이라는 태양신을 주신(主神)으로 했고, 태양신 밑에는 농업의 신(Osiris), 폭풍우의 신 등 여러 위계가 있었다. 농사를 주된 산업으로 하는 이집트에서는 농사에 직접 관련된 태양이 가장 중요하였고 따라서 그들의 신앙도 태양을 향해 형성되었던 것이다.

이집트에서는 고온, 열풍, 홍수 등의 자연재해와 전제적 권력에 의한 억압으로 피지배계급의 현세(現世)는 불안정하고 고달팠으며, 안식과 행복은 내세에서나 기대할 수 있었다(죽으면 어두운 곳으로 간다고 믿었던 메소포타미아인들의 내세관(來世觀)과는 다르다). 내세에 대한 희망으로 영혼의 불멸을 믿었으며 내세에서의 영생과 복락을 위해 피라미드(Pyramid)와 스핑크스(Sphinx)를 축성하였다. 이집트에서는 죽음의 문화가 발달하였었다.

과학의 시작

과학의 시작도 고대 메소포타미아와 이집트, 즉 동방세계가 그 연원이며 기원전 3000년으로 거슬러 올라간다. 이 시기에 메소포타미아에선

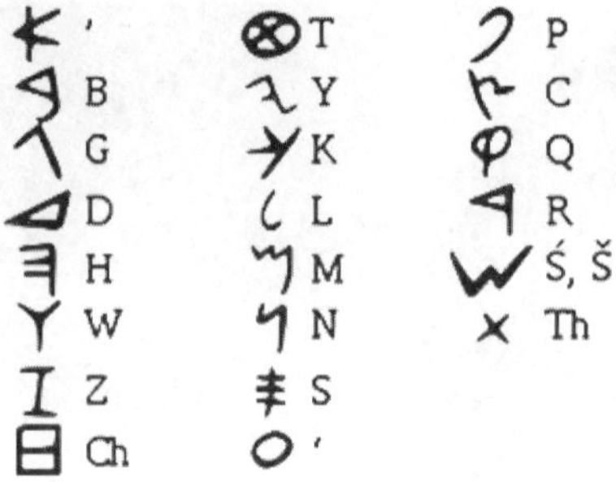

페니키아의 알파벳

이미 오늘날 우리가 쓰고 있는 10진법과 12진법이 발명되었다. 천문학이 발달하여 1주를 7일로, 1일을 24시간으로 잡았다.

이집트에서는 나일강의 홍수를 치수하는 과정에서 천문학과 측량학과 태양력을 발달시켰다. 기원전 3000년경에 1년을 365일로 계산해 냈고 원주율 파이(π)의 값으로 3.14를 계산하였다.

기원전 2600년경에 축조된 대 피라미드는 평균 2300kg짜리 돌 230만 개를 사용한 것인데 그 설계와 측량의 정확함이 놀랍고 건축기술이 얼마나 탁월한가를 보여주고 있다.

이집트에서는 기원전 3000년경에 신성문자(神聖文字, hieroglyph)를 발명하였으며 파피루스(papyrus)로 만든 종이를 사용하고, 기름연기(油煙)로 만든 잉크와 갈대 펜을 사용하였다.

이집트의 신성문자는 약 5,000개의 그림(해, 집, 산, 새 등의 그림)으로 이루어진 회화문자(繪畵文字)이다.

팔레스타인 북부, 지중해 연안의 페니키아(Phoenicia) 인은 기원전 3000년경에 오늘날 우리가 사용하고 있는 알파벳(alphabet)을 발명하였고, 문자를 토판(土版)에 썼다. 자음(子音)과 모음(母音)을 나타내는 알파벳 문자는 그후 여러 언어의 문자로서 조금씩 변형, 발전하였다. 그리스 알파벳, 히브리 알파벳, 로마 알파벳은 다 여기에 연원한다.

메소포타미아 지방의 히타이트(Hittahit) 인은 기원전 1800년경에 제철법을 알아내어 철기를 사용하기 시작하였다.

메소포타미아에서는 선박과 차륜이 기원전 5000년 이전부터 발명되어 있었는데 기원전 1800년경부터 조랑말로 차륜을 끌게 하였다.

고대 히브리족의 역사와 종교

히브리 역사 셈족의 일족인 히브리(Hebrew) 족은 원래는 아라비아 지역의 유목민이었는데 기원전 20세기에 동부 지중해 연안 팔레스타인(Palestine) 지방으로 이주를 해 온 무리이다.

히브리인의 일부는 이집트에서 살았으며(약 400년간) 이들은 기원전 1500년경에 모세(Mose)의 인도로 탈출하여 팔레스타인(가나안)으로 옮겨와 합류하였다.

이들은 족장 시기(사사(士師) 시대: 삼손, 사울 등)를 거쳐 기원전 1020년경에 왕조를 건설하였다. 첫 왕이 사울 왕(Sau)이며, 다음이 다윗 왕(제위 40년), 그리고 솔로몬 왕(Solomon, 970 B.C. 즉위)으로 이어졌다.

솔로몬 사후, 왕국은 둘로 갈라져 북(北)은 이스라엘 왕국, 남(南)은 유다 왕국이 되었다.

북의 이스라엘 왕국은 기원전 722년에 아시리아에 의해 멸망하였다. 남의 유다 왕국은 기원전 586년에 바빌론(Babylon) 인에게 수도 예루살렘을 빼앗기고 지도층은 다수가 바빌론으로 포로로 잡혀갔는데 이것을 바빌론 유수(留囚)라 한다(Babylonian Captivity). 이들 포로들은 기원전 539년 새로이 건국된 페르시아에 의해 귀환하자 그들은 신전을 재건하고, 나라 없이 신전 중심으로 살았다.

히브리 종교 히브리족의 종교(유대교)는 그 기본교리와 관련내용이 모세 5경(五經: 토라, Torah)에 완벽하게 기록되어 있다. 모세 5경(五經)인 토라는 유대족의 기본경전으로서 창세기, 출애굽기, 레위기, 민수기, 신명기를 일컫는다. 토라는 모세(Mose)가 기원전 1500년경에 쓴 것으로 알려져 있으나, 현존하는 가장 오래된 토라는 기원전 916년에 히브리어로 쓰인 것이다(양피지에 특수 먹물로 쓰인 두루마리). 모세는 기원전 1500년경 이집트에서 노예 신세인 히브리족들을 이끌고 이집트를 탈출하여 그들을 가나안 땅 입구까지 인도한, 그들의 선지자였다. 토라는 파손되거나 멸실된 부분이 없이 완전한 상태로 보존되어 있다. 그 내용은 논리정연하고 문장이 수려하며 어휘도 풍부하고 정확하여 고대의 탁월한 어문수준을 나타내준다.

토라 이전에도 수메르(Sume) 족에 의한 문학이 있었으나 멸실된 부분이 많아 알아보기가 힘들다. 완전하게 전수된 것 중에서 인류의 가장 오래된 문학작품으로 알려진 호머(Homer)의 일리아드(Illiad) 오디세이아(Odysseia)가 기원전 8세기에 기록된 것이니 토라는 이보다 200년 쯤 앞서서 쓰인 것이다.

히브리족 종교의 특징적인 교리는 대개 다음과 같다.

1) 히브리인들의 종교는 여호와(Yahweh)라는 신을 갖고 있었는데, 다른 종교에서와는 달리 하위신(下位神)을 인정하지 아니하고 오로지 유일신(唯一神, unitarianism)이었다. 여호와는 어떠한 성격으로도 규명될 수가 없는, '그가 그'(Who is who)인 광대무변한 절대자로서, 세상만물의 제1원인이며, 무한한 능력의 원천자이다. 여호와는 천지와 만물을 창조한 조물주이며, 인간도 물론 여호와가 창조하였다. 여호와는 인간 역사의 주관자이다. 예컨대, 모세의 인도에 의한 출애굽은 여호와가 주관자임을 보여준다. 여호와는 이스라엘인을 이집트에서 광야로, 광야에서 가나안으로 끌고다닌다. 다른 이웃 족속의 종교들에서는 사람이 이동하면 이동해간 그 지역의 신을 받아들였다. 그러나 여호와는 인간을 끌고다니는 신이기 때문에 인간이 어디로 가든 그곳에 여호와가 있으며, 또한 여호와의 약속 실패는 전지전능한 여호와의 탓일 수가 없고 인간의 탓이기 때문에, 실패하여도 여호와는 존재한다. 여호와를 믿는 신도에게는 어디를 가든, 흥하든 망하든, 여호와와 동행한다.

2) 선민사상(選民思想) 히브리인은 자신들이 여호와에 의해 선택된 선민이라는 사상을 가지고 있다. 즉 여호와는 히브리인을 그의 백성으로 삼고 히브리인을 통해 여호와의 나라를 지상에 세우고자 한다. 여호와로

부터 징계를 받는 것도 하나님의 백성이기 때문이라고 생각한다. 마치 어느 나라의 국민은 국민이기 때문에 그 나라 군대에 가서 고생하는 것과 같다.

3) 여호와 신앙은 인간과 자연을 분리했다. 다른 신앙이나 사상에서는 인간이 자연의 일부이고, 자연이 인격적일 수 있다(폭풍우의 신 등). 그러나 여호와는 인간과 직접적인 관련을 맺고 있는 까닭에, 자연을 저 아래로 밀어버린다. 여호와는 인간에게, 자식을 생육하고 번성케 하며 자연을 지배하고 다스리라고 가르친다. 자연은 인간에 의해 지배될 뿐, 자연에 의해 인간이 영향을 받지 않는다. 이 같은 교리는 인간과 자연과의 관계에 관한 연관성을 무시하는 무모성을 갖게 하는 반면에 자연을 객관적으로 분석할 수 있는 과학적 시각을 갖게 한다.

4) 유대교는 개인을 중시한다. 여호와가 개인과 직접 대화를 한다. 여호와라는 절대자 앞에서 인간과 인간 사이는 상대적으로 평등해진다. 즉 개인주의와 평등사상이 상대적으로 높다.

5) 여호와는 인간을 창조할 때 자신의 형상에 따라 인간을 만들었다고 하며, 인간을 사랑한 나머지 인간에게 자유의지(自由意志)를 주었다. 여호와가 인간에게 준 자유의지는 여호와까지도 배반할 수 있는 자유이다. 그러나 이 자유를 여호와의 뜻에 어긋나게 쓸 경우에는 세상에서 갈등과 불행을 가져오므로, 여호와는 인간에게 미리 계명과 율법을 주어 인간의 자유에 선택할 바를 알도록 하였다.

6) 유대교의 계명과 율법은 모세 5경(토라)에 포함되어 있다. 계명과 율법은 토라 중에서도 출애굽기, 레위기, 신명기 등 3개 경전에 많이 나와 있는데 모두가 신의 계시에 의해 정해진 것이다. 이들 계명과 율법은 여호와와 인간과의 관계, 인간과 인간과의 관계에 관한 종교적 내지 사법적(司法的) 규범이다. 쉽게 말하여 유대교인의 법전이라고 할 수 있다.

유대교의 계명과 율법 계명과 율법의 주요 내용을 추출하면 다음과 같다. 계명은 율법에 비해 좀더 비중이 높은 계율이다. 계명을 헌법에 비유한다면 율법은 법률에 비유할 수 있을 것이다.

계명은 여호와가 시내 산에서 인간에게 직접 하달한 것으로 되어 있는 10가지로서 이른바 10계(十戒)가 그것이다.

1) 다른 신을 섬기지 말라— "너는 나 외에는 다른 신들을 네게 있게 하지 말지니라"(출20:3)

2) 우상을 만들지 말라— "너를 위하여 새긴 우상을 만들지 말고 또 위론 하늘에 있는 것이거나 아래론 땅에 있는 것이거나 땅 아래 불 속에 있는 것이거나 아무 형상이든지 만들지 말며"(출20:4)

3) 여호와의 이름을 망령되이 일컫지 말라— "너는 너의 하나님 여호와의 이름을 망령되이 일컫지 말라. 나 여호와는 나의 이름을 망령되이 일컫는 자를 죄 없다 하지 아니하리라"(출20:7)

4) 안식일을 지켜라— "안식일을 기억하여 거룩히 지켜라. 엿새 동안은 힘써 네 모든 일을 행할 것이나 제7일은 너희 하나님 여호와의 안식일인즉 너나 네 아들이나 네 딸이나 네 남종이나 네 여종이나 네 육축(六畜)이나 네 문안에 유하는 객이라도 아무 일도 하지 말라"(출20:8~10)

5) 부모를 공경하라— "네 부모를 공경하라. 그리하면 너의 하나님 나 여호와가 네게 준 땅에서 네 생명이 길리라"(출20:12)

6) 살인하지 말라(출20~13)

7) 간음하지 말라(출20~14)

8) 도적질하지 말라(출20~15)

9) 거짓증거하지 말라(출20~16)

10) 이웃의 것을 탐내지 말라— "네 이웃의 집을 탐내지 말지니라. 네 이웃의 아내나 그의 남종이나 그의 여종이나 그의 소나 그의 나귀나 무릇 네 이웃의 소유를 탐내지 말지니라"(출20:17)

율법은 수백 가지가 있는데 그 중 몇 가지만 보면 다음과 같다.

1) 여호와의 상을 만들지 말라— "나를 비겨서 은으로 신상이나 금으로 신상을 너희를 위하여 만들지 말고"(출20:23)

2) 여호와의 계율을 자녀에게 가르치라— "오늘날 내가 네게 명하는 이 말씀을 너는 마음에 새기고, 네 자녀에게 부지런히 가르치며 집에 앉았을 때든지 길에 행할 때든지 누워 있을 때든지 일어날 때든지 이 말씀을 강론할 것이며"(신6:6~7)

3) 왕은 율법을 지키라— "왕된 자는 말(馬)을 많이 두지 말 것이요 말을 많이 얻으려고 그 백성을 애굽으로 돌아가게 말 것이니 이는 여호와께서 너희에게 이르시기를 너희가 그 이후에는 그 길로 다시 돌아가지 말 것이라 하셨음이며 아내를 많이 두어서 그 마음이 미혹되게 말 것이며 은금을 자기를 위하여 많이 쌓지 말 것이니라 그가 왕위에 오르거든 레위사람 제사장 앞에 보관한 이 율법서를 등사하여 평생에 자기 옆에 두고 읽어서 그 하나님 여호와 경외하기를 배우며 이 율법의 모든 말과 이 규례를 지켜 행할 것이라 그리하면 그의 마음이 그 형제 위에 교만하지 아니하고 이 명령에서 떠나 좌로나 우로나 치우치지 아니하리니 이스라엘 중에서 그와 그 자손이 왕 위에 있는 날이 장구하리라"(신17:16~20)

4) 먼저 태어난 아들이 참 장자니라— "어떤 사람이 두 아내를 두었는데 하나는 사랑을 받고 하나는 미움을 받다가 둘 다 아들을 낳았다 하자 그 미움을 받는 자의 소생이 장자이면 자기의 소유를 그 아들들에게 기업으로 나누는 날에 그 사랑을 받는 자의 아들로 장자를 삼아 참장자 곧 미움을 받는 자의 아들보다 앞세우지 말고 반드시 그 미움을 받는 자의 아들을 장자로 인정하여 자기의 소유에서 그에게는 두 몫을 줄 것이니 그는 자기의 기력의 시작이라 장자의 권리가 그에게 있음이니라"(신21:15~17)

5) 이웃을 괴롭히지 말라— "너는 네 이웃을 압제하지 말며 늑탈하지 말며 품군의 삯을 아침까지 밤새도록 네게 두지 말며"(레19:13)

6) 장애인을 업신여기지 말라— "너는 귀먹은 자를 저주하지 말며

소경 앞에 장애물을 놓지 말고 네 하나님을 경외하라"(레19:14)

7) 사람을 논단하지 말라— "너는 네 백성 중에 돌아다니며 사람을 논단하지 말며 네 이웃을 대적하여 죽을 지경에 이르게 하지 말라"(레19:16)

8) 원수를 갚지 말며 이웃을 사랑하라— "원수를 갚지 말며 동포를 원망하지 말며 이웃 사랑하기를 네 몸과 같이 하라"(레19:18)

9) 다른 민족을 미워하지 말라— "너는 에돔 사람을 미워하지 말라 그는 너의 형제니라 애굽 사람을 미워하지 말라 네가 그의 땅에서 객이 되었음이니라"(신23:7)

10) 외국인 나그네를 압제하지 말라— "너는 이방 나그네를 압제하지 말며 그들을 학대하지 말라 너희도 애굽 땅에서 나그네이었음이니라"(출22:21). "너희와 함께 있는 타국인을 너희 중에서 낳은 자같이 여기며 자기같이 사랑하라 너희도 애굽 땅에서 객이 되었더니라"(레19:34)

11) 과부나 고아를 해롭게 하지 말라— "너는 과부나 고아를 해롭게 하지 말라"(출22:22)

12) 변리를 받지 말고 저당잡지 말라— "네가 만일 너와 함께 한 나의 백성 중 가난한 자에게 돈을 꾸이거든 너는 그에게 채주같이 하지 말며 변리를 받지 말 것이며"(출22:25), "네가 만일 이웃의 옷을 전당 잡거든 해가 지기 전에 그에게 돌려보내라"(출22:26)

13) 풍설을 전파하지 말며, 악행하지 말라— "너는 허망한 풍설을 전파하지 말며 악인과 연합하여 무함하는 증인이 되지 말며, 다수를 따라 악을 행하지 말며, 송사에 다수를 따라 부정당한 증거를 하지 말며"(출23:1~2)

14) 송사에 엄정하라— (판사에게) "너는 가난한 자의 송사라고 편벽되이 두호하지 말지니라"(출23:2). (재판장에게) "너는 가난한 자의 송사라고 공평치 않게 하지 말며"(출23:6)

15) 뇌물을 받지 말라— "너는 뇌물을 받지 말라 뇌물은 밝은 자의 눈을 어둡게 하고 의로운 자의 말을 굽게 하느니라"(출23:8)

16) 외국인도 법 앞에서 평등히하라— "외국인에게든지 본토인에게든지 그 법을 동일히할 것은 나는 너희 하나님 여호와임이니라"(레24:22)

17) 주워가게 하라— "너희 땅의 곡물을 벨 때에 너는 밭모퉁이까지 다 거두지 말고 너의 떨어진 이삭도 줍지 말며 너의 포도원의 열매를 다 따지 말며 너의 포도원에 떨어진 열매도 줍지 말고 가난한 사람과 타국인을 위하여 버려두라"(레19:9~10)

18) 동족 노예 처우— "네가 히브리 종을 사면 그가 6년 동안 섬길 것이요 제 7년에는 값 없이 나가 자유할 것이며"(출21:2~3), "너의 종은 남녀를 무론하고 너의 사면 이방인 중에서 취할지니 남녀 종은 이런 자 중에서 살 것이며"(레25:44)

19) 희년(禧年)— "제 50년을 거룩하게 하여 전국 거민에게 자유를 공포하라 이 해는 너희에게 희년이니 너희는 각각 그 기업으로 돌아가며 각각 그 가족에게로 돌아갈지며"(레25:10)

20) 과실치사자에 도피성 피신 허용— "원한 없이 우연히 사람을 밀치거나 기회를 엿봄이 없이 무엇을 던지거나 보지 못하고 사람을 죽일 만한 돌을 던져서 죽었다 하자 이는 원한도 없고 해하려 한 것도 아닌즉 회중이 친자와 피를 보수하는 자간에 이 규례대로 판결하여 피를 보수하는 자의 손에서 살인자를 건져내어 그가 피하였던 도피성으로 돌려보낼 것이요 그는 거룩한 기름 부음을 받은 대제사장의 죽기까지 거기 거할 것이니라"(민35:22~25)

21) 눈에는 눈으로 갚으라— "사람이 만일 그 이웃을 상하였으면 그 행한 대로 그에게 행할 것이니 파상(破傷)은 파상으로, 눈은 눈으로, 이는 이로 갚을지라 남에게 손상을 입힌 대로 그에게 그렇게 할 것이며 짐승을 죽인 자는 그것을 물어 줄 것이요. 사람을 죽인 자는 죽일지니"(레24:19~21)

22) 죽을 죄— "외국인이든지 본토인이든지 여호와의 이름을 훼방하면 그를 죽일지니라"(레24:16). "살인죄를 범한 고살자의 생명의 속전(贖錢)을 받지 말고 반드시 죽일 것이며"(민35:31), "자기 아비나 어미를 치는

자는 반드시 죽일지니라"(출25:25). "무릇 그 아비나 어미를 저주하는 자는 반드시 죽일지니 그가 그 아비나 어미를 저주하였은즉 그 피가 자기에게로 돌아가리라"(레20:0). "너는 무당을 살려두지 말지니라"(출22:18). 짐승과 행음하는 자는 반드시 죽을지니라"(출22:19)

23) 근친상간 말라— "너희는 골육지친을 가까이하여 그 하체(下體)를 범치 말라"(레18:6)

24) 증거주의— "사람이 아무 일이든지 무릇 범한 죄는 한 증인으로만 정할 것이 아니요 두 증인의 입으로나 세 증인의 입으로 그 사건을 확정할 것이며"(신19:15)

25) 연좌죄(連坐罪) 금지— "아비는 그 자식들로 인하여 죽임을 당치 않을 것이요 자식들은 그 아비로 인하여 죽임을 당치 않을 것이라 각 사람은 자기 죄에 죽임을 당할 것이니라"(신24:16)

유대교의 의식

〈할 례〉 여호와의 신민이 되었다는 표시로서 할례(割禮)를 하였다. 최초의 할례는 믿음의 조상인 아브라함이 나이 90이 되어 여호와로부터 아들을 주겠다고 하는 언약을 받고, 그 언약의 징표로서 실시한 것이었다. 그 이래 여호와를 믿는 유대교인의 남자 아이는 생후 8일째 할례를 받도록 율법에 명시하고 있는데 할례의식은 유대교의 독특한 의식이다. 오늘날에는 의학적 견지에서 비유대 교인들도 할례를 받는 경우가 많으나 과거에는 할례가 곧 유대 교인이라는 표시였다.

〈예 배〉 여호와를 경배하는 예배는 개인적으로도 할 수 있으나 시나고그(sinagogue)라고 불리는 집회소에 모여 공동으로 하는 것이 보통이다. 시나고그는 교회이기도 하고 교육장이기도 한 유대 교인들의 집회소인데 이곳은 여호와가 머무르는 곳이 아니고 주목하는 곳으로 이해되고 있다. 예배의 내용으로는 기도, 찬양, 성경봉독이 주를 이룬다. 기도는 영적으로 여호와를 만나는 것이며, 죄를 회개하고 소망을 기원하며, 여호와의 계시를 받는다. 찬양은 여호와에게 존경과 기쁨을 드리기 위해 노래, 춤과 악기 연주로 헌신하는 것이다. 성경봉독은 집단을 대상으로 성경을 낭독하는 행위이다. 옛날에는 성경을 개개인이 갖지 못하였으므로 유대교의 선생인 랍비(rabbi)가 성경을 읽었고, 신도들은 복창을 하기도 하였다.

〈제 사〉 고대 유대교는 제사 방식이 까다롭고 엄격하였다. 제사는 주로 동물을 죽여 피를 바쳤는데 이것도 죄의 사(赦)함을 받기 위해서 사람을 대신하여 동물의 피를 흘렸다. 제사용 동물로는 양, 비둘기, 소 등이 사용되었다.

유대교의 발전 토라 중심의 유대교는 히브리 민족이 수난을 거치면서 발전한다. 앞서 잠깐 언급한 바와 같이 히브리 민족은 솔로몬 왕 이후 북(北) 이스라엘과 남(南) 유다로 분열되고 북 이스라엘은 아시리아에 의해 기원전 722년에 먼저 망했으며, 남 유다 왕국은 136년 뒤인 기원전 586년에 바빌론에 의해 정복되어 지도자들은 포로로 끌려갔다가 페르시아의 건국으로 포로의 신세를 면하고 귀환한다(539 B.C.).

분열왕국 시대에 이스라엘 백성들은 이방신(異邦神)과 우상을 섬기고 거짓과 음행으로 '패역'(悖逆)하였으며 북 이스라엘이 더욱 심하였다. 북 이스라엘이 먼저 망한 후 남 유다도 언제 망할지 모르는 풍전등화의 위기에 있을 때 남 유다에서 많은 선지자들이 나왔다. 이사야, 예레미야, 에스겔, 호세아, 하박국 등이 그들이다.

포로 시대에는 다니엘 선지자가, 그리고 포로귀환 후에는 느헤미야, 에스라, 학개, 스가랴, 말라기 등의 선지자들이 나왔다.

〈메시아 사상〉 이 선지자들은 이방신앙과 우상숭배를 꾸짖고, 여호와 유일 신앙에 따라 참되게 사는 법을 가르쳤고, 스스로 성결하고도 용감한 활동을 하였다. 이들 선지자들의 언행은 기록으로 남겨졌는데 이 기록들이 구약 선지서(先知書)들이다. 거의 모든 선지서에는 메시아(Messiah)가 출현할 것이라고 하는 예언이 들어 있다. 이것이 토라에 추가된 메시아 사상이다. 메시아를 대망(待望)하여 여호와에 순종하고 고난을 참고 견디며 극복하자는 것이었다. 그리하여 유대교인들은 기원전 586년 이래 나라 없는 무국적자(無國籍者)가 되었으나 유대교 신앙을 지켰다.

〈제사 폐지〉 선지자들의 활동으로 제사가 폐지되었다. 토라에서는 제사를 중시하고 제사 절차와 방법이 레위기에 지나치게 자세히 기록되어 있어 여호와 신앙이 제사 종교로 변질되고, 다른 신이나 우상에 대한 제사와 혼동을 일으키게 되었다. 또한 사제들이 제사를 이용하여 사복을 채우는 부정부패가 횡행하였다. 이러한 현상 앞에서 선지자들은 제사가 중요한 것이 아니라 여호와에 대한 순종이 더 중요하다고 설파하여 종래의 유대교의 형식주의가 많이 제거되고 유대교의 정신주의와 유대교의 윤리가 그 자리를 대신 차지하게 되었다. "너희들이 바치는 제사가 내게 무슨 소용이 있는가? 천지를 만든 내게 제물이 필요한가? 내가 원하는 것은 제사가 아니라 순종이다"라는 메시지가 선지서들에 나타나기 시작하였다.

유대교는 완벽한 기록인 성경과 훌륭한 선지자들과 독실한 신자들을 지니고 있었음에도 고대 기간 동안 아직은 인근 전체 인구에 비하면 극소수에 지나지 않는 히브리인의 민족 종교에 불과하였다. 그러나 후일 이 유대교는 기독교의 모태로서 세계 역사상 인간정신을 지배하는 가장 큰 주류 사상 중의 하나가 되었다.

제 2 장

고대 그리스 세계

그리스 문명의 시작

그리스 문명의 시작은 기원전 1600년경부터 시작된다. 이것은 그리스인에 의한 문명의 시작을 말하는데 그리스인은 발칸 반도 서북쪽의 에피루스(Epirus) 지방으로부터 이동해 왔다.

그리스인은 방언(方言)에 따라 아카이오이(Akaioi) 인, 이오니아(Ionia) 인, 그리고 도리아(Doria) 인으로 나뉜다.

이 가운데 아카이오이인과 이오니아인이 1차적으로 기원전 1600년경부터 먼저 이동을 하였다. 아카이오이인은 기원전 1400년경까지는 남쪽으로 깊이 내려와 아타카(Attaca) 지방 부근에 정착하였고, 나아가 크레타섬(Creta Island)을 정복했으며 남부 이태리와 시실리섬에까지 이주하였다. 이오니아인은 동쪽으로 이동하여 에게(Aegean) 해의 북쪽 연안 및 여러 섬과 소아시아 서해안 일대를 차지하였다. 이들이 이주한 지역은 바다를 인접한 좁은 지역이었으나 범위는 광범하였다.

아카이오이인과 이오니아인들의 이동은 원주민을 정복하고는 그들과 잘 융화한 것으로 보이며 이들 그리스인들에 의해 미케네 문명(Mycenaean Culture)이 형성된 것으로 짐작되고 있다.

미케네는 펠로폰네소스 반도 동북쪽에 있는 아르고스(Argos) 지역의 한 도시인데, 미케네문명은 그 이름을 딴 것이다.

도리아인은 제2차적으로 기원전 1200년경 급속히 남쪽으로 이동하여 펠로폰네소스 반도 일대를 장악하였다. 미케네 문명은 도리아인의 남하 이후 기원전 1100년경에 몰락하였다. 이때 수많은 도시들이 약탈당하고, 일부 미케네인들은 사이프러스섬과 다른 섬 및 아나톨리아(Anatolia) 지방으로 도망갔다.

미케네 문명의 몰락 이유에 대해서는 도리아인의 침략이 원인이었다는 주장도 있고, 그 밖에 자연재해에 원인이 있었다는 설과 해양인(海洋人, Sea people)의 침범에 원인이 있었다는 설이 있으나 확실치 않다. 미케네 문명이 몰락한 이후 그리스 세계는 인구가 줄어들고, 기록을 하지 아니한 약 2백년간의 암흑기를 가졌다.

미케네 문명 미케네 문명의 전성기는 기원전 1600년경부터 1100년경까지이다. 이 시기는 고대 그리스의 청동기 말기에 해당하며, 호메로스의 서사시를 비롯한 고대 그리스 문학과 신화의 배경이 된 시기이기도 하다. 미케네인(미케네 문명 시대의 그리스인)들은, 이 지역의 원주민이었던 미노아인(Minoan)들이 장사로써 이익을 거둔 것과는 달리, 정복을 통해 문명을 발전시켰다.

미케네인들은 원주민들을 패배시켰을 뿐만 아니라, 전설에 따르면, 그들과 경쟁관계에 있던 트로이(Troy) 도시국가를 두 번 패배시켰다. 트로이 정복에 관한 증언은 오직 호메로스(Homeros)의 서사시에 나와 있을 뿐이어서 확실치 않다. 그런데 독일의 고고학자 하인리히 슐리만(Heinrich Schliemann)이 1876년, 서부 소아시아(오늘날의 터키)의 히살리크(Hissarlik)에서 폐허를 발굴하였는데, 그는 이것을 트로이의 잔재라고 주장하였다.

미케네 문명은 에피루스(Epirus)와 마케도니아(Macedonia), 에게해의 섬들, 소아시아 연안과 사이프러스(Cyprus)에까지 미쳤으며, 이곳들에는 미케네인들이 정착해 살았다.

미케네 문명이 그 이후의 본격적인 그리스 고대 문명과 다른 특징

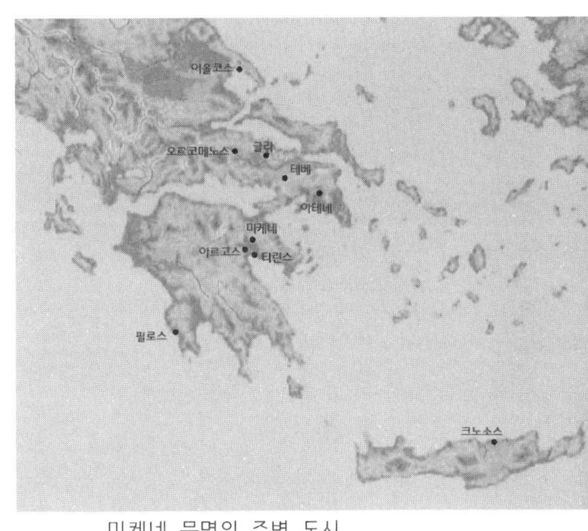

미케네 문명의 주변 도시

은, 인도 계통의 원주민인 미노아인이 지니고 있었던 동방문화의 요소를 아직도 많이 함유하고 있었던 것이다.

미케네인들은 그들이 점령한 크레타(Creta)섬으로부터 페니키아인에 의해 발명된 알파벳을 배웠으며 이것으로 쓰인 기록들을 남기고 있다.

미케네 시대에 부락(town)들은 부족왕(部族王)이 다스렸으며 왕은 군사·사법·종교를 관장하였다. 왕은 토지를 소유하였다.

미케네 사회에서는 자유인들이 두 집단으로 분류되었는데 하나는 왕의 측근자들로서 왕궁에서 행정적인 업무를 보았으며, 사회의 유력자들로서 토지를 소유했다. 다른 집단은 부락에서 사는 백성(demos)들로서, 이들도 토지를 소유하였다. 백성들은 왕궁 관리에 의해 감시를 받으면서 의무를 수행하여야 했고 또한 왕에게 공물을 바쳤다. 사회 계층의 맨 밑바닥에는 남자노예(do-e-ro)와 여자노예(do-e-ra)가 있었으며 이들은 궁정(宮庭)과 특수 신관(神官)들을 위해 노역을 하였다.

농산물은 전통적인 '지중해의 3박자'인 곡물, 올리브, 포도가 주종이었으며 곡물은 밀과 보리였다. 그리스의 풍토를 보면 그리스 본토는 약 25,000스퀘어 마일에 불과한 소지역인데다 8할이 돌산으로 연결된 산지(山地)이며 기후는 아건조성(亞乾燥性)으로서 가을과 겨울에 소량의 비가 오고 여름에는 건조하여 올리브·포도 등 과수재배(果樹栽培)에 적당하였다. 올리브기름을 위해 올리브나무 과수원들이 배양되었는데 올리브기름은 음식물로서만이 아니라 몸에 바르는 기름과 향료로서도 많이 이용되었다. 재배한 포도로는 여러 종류의 포도주를 생산하였으며, 이 밖에 옷

감의 원료로서 아마(亞麻)와 기름용으로 참깨를 재배하였고 무화과와 같은 나무들을 심었다.

산업으로는 직물 산업과 금속 산업이 미케네인들의 경제의 주요 부분을 차지하였다. 직물은 아마와 양털을 원료로 하였다. 직물 생산을 위해 기술노동은 생산의 각 공정에 따라 확실하게 분할되어 있었다.

양털은 완제품으로 정제되어 궁정의 창고에 비축되었다. 부락의 각 궁정들은 각각 500명에서 1,000명까지의 직물 공인들을 두고 궁정 안에 설치된 작업장에서 직물을 짰다.

금속공업도 발달하여 각 대장간마다 구리 원광을 배급하여 전검(戰劍)을 만들게 하였다.

미케네인들이 생산한 직물·도기·향료 등은 멀리 이집트, 중부 유럽, 영국에까지 보급이 되었다는 증거들이 나타나 있다. 이것이 교역에 의한 것이었는지는 확실치 않다.

바다에는 양항(良港)이 많았고 계절풍으로 항해하기가 적당하였다. 지중해 연안에 자리잡은 부락들은 그들끼리의 교통에서는 육운(陸運)보다는 해운(海運)이 편하였다.

미케네의 주요 부락들은 요새화된 것이었다. 부락들은 아테네(Athens)나 티린스(Tiryns)처럼 큰 언덕을 배경으로 한 아크로폴리스(Acropolis)에 위치하거나, 글라(Gla)나 필로스(Pylos)처럼 해안 평지에 위치하였다. 마을의 외곽 벽은 커다란 둥근 돌들로 약 8미터의 높이와 두께로 쌓아 올렸는데 돌 사이에 회반죽을 넣지는 않았고, 좀 느슨하게 돌들을 짜 맞추었다. 요새화된 마을 이외에 군사적 목적으로 만들어진 독립된 작은 요새들도 있었다. 외곽 벽으로 둘러쳐진 부락에는 여러 형태의 출입구와, 숨겨진 문들과 포위당했을 때 빠져나갈 수 있는 갱도가 있었고, 적의 공격에 버티어 농성할 때에 사용할 우물과 옥상 물 저장고가 있었다.

왕궁 구조는 동방왕궁의 그것을 본뜬 것으로서 전체가 여러 개의 정원들로 나누어져, 정원들마다 여러 개의 방으로 연결되어 있으며 방들은 접견실, 휴게실, 창고, 작업장들로 나뉘어 있었다. 왕궁의 중앙부는 원형의 큰 홀인데 이곳은 왕의 거실로서 쓰였으며 4개의 기둥으로 천장을 받들었다. 방들에는 가구가 놓였으며 벽면에는 프레스코 그림들을 그려 넣었다. 조상(彫像)들도 많았으나, 큰 조각품은 없고 대개는 작은 남녀 신상(神像)이었다.

주민의 가옥은 가장 작은 것이 가로 5미터, 세로 20미터 규모였으며, 큰 가옥들은 짧은 변이 20미터에서 35미터에 이르는 규모였다. 지붕들은 불에 타지 않는 타일로 축조되었다.

미케네인들은 사람이 죽으면 시신을 앉힌 자세로 무덤에 매장하였다. 무덤은 봉분(封墳)이 있고 돌로 만들어진 입구가 있었다. 무덤에는 부장품도 함께 매장하였는데 부장품으로는 주로 단검, 방패와 같은 군사무기와 보석 같은 것이었다. 미케네 문명 말기에는 화장(火葬)이 많이 행해지는데 이것은 외부인의 침입에 의하여 전래된 새로운 관습이었던 것으로 해석되고 있다.

미케네 문명의 종교 요소들이 어떤 것인지는 확인할 수 없다고 한다. 그리고 이때에 나타난 많은 신들이 미노아(Minoa: 동방의 영향을 받은 원주민)의 신들과 혼합된 것인지의 여부도 확인할 수 없다고 한다. 그러나 미케네의 신전(神殿)에는 그리스 고전에 나오는 수많은 신들이 이미 새겨져 있다. 그 가운데서 땅을 진동시키는 신(神)인 포세이돈(Poseidon)이 상좌(上座)를 차지하고 있는데 이것은 지진과 관련이 있는 것으로 보인다. 포세이돈은 미노아 문명의 중심지였던 크레타섬에서 숭상되었다. 또한 크레타섬의 여신(女神) 데달루스(Daedalus)와 비슷한 여러 명의 숙녀 여신들(ladies)이 있었다. 미케네 문명에는 또한 디위아(Diwia)라는 이름의 '바다 여신'이 있었고, 후대의 문학 작품에서 나오는 제우스-헤라(Zeus-Hera) 부부, 아레스(Ares), 헤르메스(Hermes), 아테나이(Athenai), 아르테미스(Artemis), 디오니수스(Dionysus)와 에리냐(Erinya)가 있었다. 관심을 끄는 것은 동방

기원의 신들인 아폴로(Apollo), 데메테르(Demeter)는 없었으며, 헤파에스투스(Hephaestus)와 헤라클레스(Herakles)도 없었다.

신화의 시대

기원전 9세기 내지 8세기에 들어오자 그리스 사회는 암흑기를 벗어나 점진적으로 사회적 안정을 되찾았으며, 철기의 사용으로 농업이 발달하여 인구가 급증하는 등 융성의 조짐이 보였다. 그러나 그들은 그들을 먹여 살릴 식량의 부족에 직면하게 되었다. 그리스는 그 지형이 돌산으로 연결되었고, 농토는 산과 산 사이의 구릉에 국한되어 있었기 때문에 기본적으로 식량을 생산할 농토가 적었다. 부족한 농토를 해결하는 길은 전쟁을 통한 정복이었다.

공포와 영광이 교차하는 전쟁의 성격상 운명론과 신비사상을 내포하는 신화들이 전쟁의 동반자로서 크게 번성하였다. 그래서 고대 그리스에서 암흑기가 종료된 9세기경부터, 자연철학이 대두된 6세기경까지를 신화의 시대라고도 부른다.

폴리스의 발달 정복의 위협에 직면하여 폴리스(Polis: 도시국가)가 발달하였다. 미케네 문명 시절부터 군사적 이유로 요새화된 부락들은 이제 더욱 긴박해진 군사적 필요에 의해 요새로서의 성격이 강화되었고 정치적으로도 독자적인 도시국가의 성격을 지니게 되었다. 무엇보다도 폴리스는 군사적 공동체였다. 도시국가는 생계의 이유로 요새화된 부락뿐 아니라 인근의 농촌 지역들을 포괄하여 하나의 도시국가 단위를 형성하였다. 도시국가의 중심부에는 높은 하늘과 온화한 기후로 야외집회소와 노천극장이 발달하였다.

기원전 8세기 중반부터 5세기까지 본토의 폴리스들은 인구의 방출과 새로운 토지를 얻기 위해 식민지를 개척하였다. 그 결과로 많은 식민지가 생겼으며, 이곳에는 그리스인들이 이주하여, 자신의 출신지에서 얻은 지식으로, 같은 형태의 폴리스들을 건설하였다. 폴리스의 수효는 본토에서만 200개가 넘었고 식민지까지 합치면 1,000개가 넘었다.

귀족주의 폴리스의 국정 운영권은 당연히 상당한 비용이 드는 말과 중무장을 자비(自費)로 갖추고 폴리스의 방위를 담당할 수 있었던 귀족들에 의해 독점되었다. 그래서 폴리스의 정치 문화는 전사(戰士) 귀족주의(warrior aristocracy)로 특징지어졌다.

귀족들은 대토지 소유자들이었으며, 토지는 바로 부(富)였다. 누구나 토지를 많이 소유하고자 열망하였다. 전쟁은 바로 토지를 획득하기 위한 수단이었으며 귀족은 전사였다. 여기에서 그리스 귀족주의의 특징들이 성장하였다. 즉 전쟁은 뛰어난 자가 해야 할 일이었고 전쟁을 위해서는 열정이 중요하였다. 그래서 귀족은 뛰어난 자이어야 하며 열정의 소유자여야 한다고 생각하였다. 전사는 칭찬을 받으려는 충동과 더불어 그에겐 명예라는 것이 중요했다.

그리스 귀족주의는 전쟁을 숭상하고, 노동을 천시하며, 전쟁에선 명예를 얻을 수 있는 용기가 중요하였다. 그래서 그들은 전쟁이 없을 때에는 운동경기를 통해 명예를 바라는 열정을 분출시켰는데 이것이 올림픽 체전(體典)의 원인이 되었으며 기원전 776년에 최초의 올림픽이 개최되었다.

앞으로 스파르타(Sparta)에 대해서는 좀더 자세히 살펴보겠으나, 스파르타는 특히 귀족주의의 표본을 보여주었다. 스파르타의 귀족주의에서는 승리와 명예와 육체미가 최고의 선(善)이었다. 남성 상호간의 동성애가 발달한 반면에 여자에 대한 애호는 덜 발달하였다.

전쟁은 격렬한 대립의 세계이며, 여기에는 동요와 반전과 아슬아슬한 결정(決定)이 있다. 이 모든 것을 극복한 전쟁에서의 승리는 최고의 환희이며 쾌락이었다.

신화 시대의 신들 승리와 명예를 추구하는 정열의 감정은 다른 한편으로 불안과 우울을 동반한다. 전쟁에서 사느냐 죽느냐, 승리냐 패배냐에 대한 불안은 나아가 운명적 관념을 깊게 하였으며, 인간의 운명은 신들에 의해 조작된다고 하는 신비사상을 갖게 하였다. 그래서 고대 그리스인들은 수많은 신들을 만들어 냈다.

신들에게도 위계가 있었으며 능력에 차이가 있었다.

예컨대, 주신(主神)은 하늘의 신인 제우스(Zeus)이고 제우스의 처(妻)는 헤라(Hera)이며, 땅의 신은 여신(女神)인 데메테르(Demeter), 바다의 신은 포세이돈(Poseidon), 지하의 신은 하데스(Hades), 제우스가 데메테르와 사랑하여 낳은 딸이 봄의 여신인 페르세포네(Persepone)이다. 수많은 신들이 있는데다 신에게도 자녀들이 있어 신들을 다 헤아리기가 어렵다.

그리스 신들은 다만 안 죽고, 사람보다 능력이 조금 더 있는 것 외에는 인간과 다를 바가 없다. 의인화된 신들이었다. 싸우고, 슬퍼하고, 시기, 질투, 후회하는 것 등이 인간과 같다. 신은 인간과 결혼하여 반신(半神)을 낳기도 하는데 반신은 죽는다. 신들은 인간과도 싸우고 인간과 동맹을 맺기도 한다.

이 시대의 그리스인들은 자연과 사회에서 일어나는 여러가지 현상과 사건은 신의 움직임의 결과로 보았다. 즉 범신론적(汎神論的, Pantheism) 사고방식을 갖고 있었다.

신들은 올림푸스(Olympus) 산에 거처하였다. 제우스신이 주신으로서 다른 신을 통솔하고 인간의 세상사와 길흉화복을 주관하였다. 그러나 신이 주는 경직된 교리나 계율 같은 것은 없었다.

고대 그리스의 창조신화

프로메테우스(Prometheus)가 사람을 창조하였다. 프로메테우스는 거인족인 티탄 족이다. 이 티탄 족은 인간 창조 전부터 땅 위에 살았다. 그에게는 사람을 만드는 일이 주어졌다 프로메테우스는 땅위 흙을 약간

취해 물로 반죽한 다음 신들의 형상을 따라 사람을 빚어냈다. 짐승들이 땅만 내려다보고 다니게 한 것과는 달리 사람은 하늘을 향해 얼굴을 들 수 있도록 곧추 설 수 있는 두 다리를 주었다.

프로메테우스는 사람에게 다른 동물들에게 준 것보다 더 우월한 것을 주기 위해 고심하다가 아테네 여신의 도움을 받아 하늘로 올라가 태양의 수레로부터 횃불을 훔쳐 옮겨 붙였다.

땅으로 내려온 프로메테우스는 이 불을 사람에게 선물로 주었다. 사람은 불을 사용하여 연장을 만들고, 방을 따뜻하게 했으며, 요리도 하고 화폐도 주조했다. 그리하여 다른 동물들을 다 복종시킬 수 있었다. 그때까지만 해도 땅에는 여자가 없었다. 제우스는 하늘에서 불을 훔친 프로메테우스를 벌하고, 사람이 그것을 선물로 받아들인 죄를 벌하기 위해 여자를 하늘에서 만들었다. 처음 창조된 여자가 판도라(Pandora)이다.

창조된 그녀를 다듬기 위해 신들은 자신이 지닌 것을 하나씩 보태주었다. 아폴로디테(Apolodite) 여신은 그에게 미(美)를 주었고 헤르메스(Hermes) 신은 설득력을, 그리고 아폴론(Apolon)은 음악을 주었다.

모든 것을 갖춘 판도라는 땅으로 내려 보내져 프로메테우스의 동생인 에피메테우스(Epimeteus) 앞에 놓였다. 에피메테우스는, 판도라를 조심하라는 형의 간곡한 충고를 무시하고, 아름다운 그녀를 기꺼이 자기 집에 머무르게 하였다. 에피메테우스의 집에는 해로운 것들을 담아 둔 항아리가 하나 있었다. 판도라는 항아리 속에 무엇이 들어 있는지 궁금해서 견딜 수가 없었다. 결국 뚜껑을 벗기고 항아리 안을 들여다보았다. 그 순간 중풍과 신경통, 복통, 질투, 악의, 복수 등 사람을 육체적·정신적으로 불행하게 만드는 온갖 것이 뛰쳐나와 널리 흩어졌다.

판도라는 깜짝놀라 뚜껑을 도로 덮었지만 아무 소용이 없었다. 나쁜 것들은 이미 모두 세상을 향해 도망가 버린 뒤였다. 항아리 밑바닥에는 오직 하나가 남아 있을 뿐이었는데 그것은 바로 '희망'이었다

그리스의 신들은 인간의 욕망과 이상을 투영하는 존재들이었다. 그들은 능력과 부와 명예와 미를 가지고 있다. 그들에게도 의리와 정의(正義)가 있으나 도덕에 얽매이지 않고 자유분방하였다.

신들의 계략은 무제한으로 펼쳐지고 그들의 행동방식과 변신·위장도 무궁무진하다. 그리스의 신들은 인간이 만들어 내었지만, 인간은 이제 신

들을 닮고자 하며, 인간의 마음과 행동도 신처럼 해방된다.

결론적으로 말하여 그리스의 신들은 그리스인들을 정신적으로 해방시키고 자유와 정열을 갖게 하는 인본주의(人本主義)의 원천이 되었다. 그리스의 신은 욕망과 이상을 지닌 인간의 모습이었으므로 그리스 신화의 시대는 인본주의의 여명기였으며, 인본주의의 밑그림을 그려놓은 시기였다.

호메로스의 서사시 그리스의 신화시대 때 그리스 정신을 잘 반영하고 있는 대표적인 대서사시(大敍事詩)가 일리아드·오디세이아(Illiad-Odysseia)이다. 일리아드·오디세이아는 호메로스(Homeros, Homer, 900~800 B.C.)의 작품이다.

호메로스에 대해서는 잘 알려진 바가 없는데 어떤 사람은 그가 소아시아 지역에 살았던 장님 시인(詩人)이었다고도 하고, 어떤 학자는 일리아드·오디세이아는 호메로스 한 사람의 작품이 아니라 여러 시인들에 의해 200년에 걸쳐 엮어진 것이라 하는데 시(詩)가 완성된 것은 기원전 800년경이다.

그리스인들은 미케네 문명 시대인 14세기경에 페니키아인들로부터 쓰는 법을 배웠다. 페니키아인들은 원래 이집트와 바빌론으로부터 문자를 배웠으나 그들은 발전적으로 자음과 모음을 완성시켜 알파벳을 만들어 냈다(3000 B.C.). 그리스인들은 페니키아인들에게서 이것을 빌어다가 자기들의 말에 맞도록 알파벳을 변경시켜 자음에 모음을 첨가해서 크게 개혁하였다. 그리스 문화가 급속도로 발전된 것은 분명히 이와 같은 편리한 문자를 손에 넣었기 때문이다.

그리스어로 쓰인 일리아드·오디세이아는 그리스인의 마음에 쏙 드는 것이었기 때문에 그리스 지식인들은 이 서사시를 암송하였으며 400년 후의 인물인 플라톤(Plato)도 이 시를 한 줄도 빠짐없이 다 외우고 있었다.

작품의 배경인 트로이는 가상의 도시라고 생각했었으나, 19세기에 트로이가 이스탄불 남쪽 에게해 연안에 실제로 존재했던 도시였으며, 트로이 전쟁은 기원전 12세기에 실제로 있었던 전쟁이었다는 주장이 있다.

일리아드 일리아드(Illiad)는 미케네 일대를 지칭하는 엣 지명이다. 이야기의 시작은 트로이 전쟁이 시작된 지 9년이 되는 시점으로서 아카이아(Achaia: 그리스) 연합군의 최고 장군들인 아가멤논(Agamemnon)과 아킬레스(Archilles)가 언쟁을 벌이는 장면에서부터이다. 언쟁은 아가멤논이 아킬레스로부터 아킬레스가 전리품으로 얻은 여인을 빼앗아간 데에서 비롯된다.

호메로스가 역사가로서가 아니라 극작가로서, 현실의 장면들은 생생하고도 풍성하게 묘사하고 있으나 과거지사(過去之事)에 대해서는 대화 가운데서 언급을 해 주고 있다. 때문에 트로이의 전체 전쟁사(戰爭史)를 완벽하게 나타내진 않으나 대강의 줄거리를 추출할 수 있는데 그 내용은 다음과 같다.

이 전쟁은 트로이의 왕자 파리스(Paris)가 스파르타의 왕비 헬렌(Hellen)을 유혹해 트로이로 데려가 버렸기 때문에 일어났다. 유부녀이며 왕비인 헬렌이 스파르타를 방문한 손님인 파리스 왕자에 반해서 고국을 버린 것은 신(神)의 장난 때문이었다.

제우스신의 딸로서 미와 육체적 사랑의 여신인 아폴로디테(Apolodite)가 파리스 왕자에게 "미녀"를 선물하겠다고 약속하고는, 절세미인으로 알려진 헬렌의 마음을 움직여 손님인 파리스 왕자에 반하게 하였고, 그리하여 헬렌은 파리스를 따라 도망을 친 것이다.

아내를 빼앗긴 스파르타 왕은 그의 형인 아가멤논(Agamemnon) 아르고스(Argos) 왕에게 복수를 청원하였다. 아가멤논 왕은 그리스의 다른 부족 왕들과 대 연합군을 편성하여 1,000여 척의 함대를 이끌고 트로이로 진격하였다. 연합군의 총사령관은 아가멤논이었으며 전투지휘사령관은 어머니가 여신(女神)인 아킬레스(Archilles) 장군이었다.

여자문제로 언쟁을 벌이던 아킬레스는 아가멤논에게 분개하여 출전을 거부하고 함대에 머물러 있으면서 제우스신에게 차라리 그리스 군을 패배시켜 줄 것을 청원한다. 아가멤논은 맹렬히 전투를 벌이지만 트로이의 첫 왕자이며 총사령관인 헥토르(Hector)에게 밀리어 궤멸 직전에 이른다.

아가멤논은 아킬레스에게 많은 보상을 제시하며 화해를 요청하나, 아킬레스는 이를 거절한다. 그러자 아킬레스의 절친한 친구인 파트로클로스(Patroclos)가 그리스 군을 구출하기 위해 아킬레스의 갑옷을 입고 진두에 나서 싸우다가 헥토르에 의해 전사한다.

아킬레스는 친구의 죽음을 보자 헥토르에게 복수하기 위해 마침내 출전한다. 전투 장면들은 생생하게 묘사되고 격조 높은 언변들이 풍성하게 펼쳐진다. 전투에는 제우스신을 비롯한 여러 신들이 개입하여 전세를 뒤바꿔 놓기도 하고, 죽게 된 전사를 살리기도 하고, 살 사람을 죽이기도 한다. 신들의 힘과 능력에는 차이가 있으며, 신들의 각자 주특기도 다르다. 신들도 두 편으로 나뉘어 반목·시기·기만하면서 책략을 쓴다. 신과 인간이 함께 어울린 전투는 인간만의 전투보다 더욱 극적으로 전개된다.

전투에 참가한 아킬레스는 마침내 트로이 성(城)의 성문 앞에서 헥토르와 맞대결을 한다. 제우스신의 개입으로 헥토르를 죽이고 헥토르의 발목에서 심줄을 끄집어내어 전차에 묶어 시체를 끌고 간다.

헥토르의 아버지인 트로이의 노왕(老王)이 단신으로 아킬레스를 찾아가 무릎을 꿇고 선물을 내놓으며 애걸하여 아들의 시체를 찾아간다.

헥토르의 장례식에서 헬렌은, 뭇사람의 비난 속에 살고 있는 자신에 대하여 헥토르 시아주버님만은 자신을 감싸주고 옹호해 준 자애로운 분이었다고 애도한다. 일리아드는 여기서 끝난다.

오디세이아 오디세이아는 오디시우스(Odysus) 이야기란 뜻이다. 오디시우스는 트로이 전쟁에 아카이아(그리스)연합군의 장군으로 참가한 이다카(Ithaka)의 왕이다.

오디시우스는 트로이의 목마를 지휘하여 트로이 성을 함락시킨 장군이다. 오디시우스는 전쟁이 끝나고 다른 장졸들과 함께 귀국 항해를 하던 길에 풍랑을 만나 함선이 파괴된다. 부서진 배의 널빤지를 타고 표류하던 끝에 그만이 구사일생으로 천상(天上)의 여신인 칼립소(Calypso)가 다스리는 오귀기아(Ogygia) 섬에 당도한다. 파선 이후 이 섬에 당도하기까지 오디시우스가 겪은 별의별 고생과 경험들은 나중 그의 회고담에서 나온다.

칼립소 여신은 그와 결혼할 욕심으로 7년간 그를 이곳에 붙들고 친절과 사랑을 베풀면서 그의 고국 이다카를 단념케 하려고 하지만 그는 고향과 아내를 그리워하며 죽기를 갈망한다.

고향 이다카에는 그의 정숙한 아내 페넬로페(Penelope)가 17년째 궁(宮)을 지키고 있는데 많은 남자들이 구혼을 한다. 페넬로페는 시아버지의 수의를 다 짤 때까지는 새 남편을 얻지 못하겠다며 낮에는 베를 짰다가는 밤에는 도로 풀곤 하여 3년을 지연시켰으나 이제는 허혼(許婚)을 해야 할지 말아야 할지 궁지에 몰려 눈물에 젖어 있다. 구혼배(求婚輩)들은 작당하여 궁에서 군림하면서 살찐 가축을 잡아먹고 마시며 궁의 재산을 탕진하고 마침내 이 궁 하녀들과도 놀아나고 있다.

장성한 아들 텔레마쿠스(Telemacus)는 아버지의 소식을 듣기 위해 외국으로 출발하고, 구혼배들은 아들을 암살할 계획을 세운다. 그들의 내심은 아들까지를 제거하고 왕권을 차지하려는 것이다.

지혜의 여신인 아테나이(Athenai)는 제우스신에게 오디시우스에게 관심을 가져줄 것을 부탁하고, 이에 따라 제우스신은 칼립소 여신에게 오디시우스를 놓아주라고 명한다. 칼립소는 오디시우스에게 뗏목을 만들도록 하여 그를 떠나보낸다. 그의 여정은 천신만고하며 음부(陰府) 하데스에도 내려가 죽은 자들의 영혼도 만난다.

간난의 고생 끝에 페인시아(Peinsia)에 도착하여 그곳 왕으로부터 융성한 대접과 함께 많은 선물을 받아 배에 가득 싣고 20년 만에 고국에 귀환한다.

오디시우스는 20년 동안 현지(現地)의 사정이 어떻게 변하여 있는지 탐문하기 위해 거지로 변장하여, 과거 자신에게 충성스러웠던 돼지치기의 집을 찾아간다. 여기서 그는 아들과 노부(老父)가 살아 있고 구혼배들이 궁을 노략질하고 있으며, 아내가 괴로움과 슬픔 속에 있는 모든 사정을 알게 된다. 아들도 신의 인도로 이때 귀국하여 돼지치기의 집을 찾아와 부자(父子)가 상봉한다. 이들 부자와 돼지치기는 구혼배들을 제압할 계책을 세우고, 오디시우스의 정체를 누구에게도 비밀에 붙이기로 약속한다. 오디시우스는 구혼배들이 궁에서 벌이는 그들의 연회에 끼여들어 욕을 당하지만 꾹 참고, 페넬로페도 만나 많은 대화를 가지며 구혼자들에게 제시할 경기에 대해서도 의견을 나눈다. 하지만 페넬로페는 그를 알아보지 못한다.

페넬로페는 구혼자들 앞에 나타나 자신이 제시하는 경기에서 이기는 자와 결혼을 하겠다고 선언한다. 경기의 내용은 과거 오디시우스가 썼던 활의 벗겨놓은 시위를 다시 걸고, 한 개의 살을 쏘아 자루를 뺀 9개의 도끼 구멍을 관통시키는 것이었다. 구혼자 중에 활을 휘어 시위를 걸 수 있는 사람은 한 사람도 없었다. 오디시우스가 경기에 끼여들어 가볍게 시위를 걸고, 이것을 당겨 한 개의 살로 9개 도끼 구멍을 관통시키니, 참가자들의 얼굴이 창백해진다.

오디시우스와 아들은 그 자리에서 구혼자들을 참살한다. 오디시우스는 거지 누더기를 벗고 자신을 드러내고 페넬로페와 포옹한다. 아내와 20년 만에 잠자리에 들자 아테나이 여신은 밤이 길도록 새벽이 탈 말인 람푸세에 안장을 얹지 않는다.

이튿날 오디시우스는 시름에 지친 노부(老父)를 찾아가 눈물로 상봉한다. 도망나온 구혼자들의 패거리는 거리에 모여 오디시우스가 빠져나가기 전에 복수를 할 것을 선동한다. 오디시우스의 노부(老父)가 창을 던져 선동자를 죽이자, 군중이 제압된다. 다가오는 세월 이다카에는 사랑과 번영과 평화가 깃든다(오디시우스가(家)의 왕권이 안정된다).

신화 시대의 그리스 종교

제우스 경배 수많은 신들에서 보는 바와 같이 그리스의 종교는 범신론적(汎神論的, Pantheism)이다. 많은 신들 가운데 주요한 몇몇 신에 대해서는 신전을 따로 짓고 경배를 드리는데 그 중에서 가장 중요한 신은 제우스(Zeus) 신이다.

제우스의 원래 출신지는 크레타(Creta) 섬이다. 그는 아버지 크로노스(Cronos)를 제압하고 실권을 장악했다. 제우스신은 신들의 왕이며 신들의 일과 인간의 일을 지배할 수 있는 만능을 보유하고 있다. 하늘과 공기와 천둥의 신으로 흔히 불리지만, 제우스신은 지방에 따라서 '접대의 신', '무역의 신', '약속의 신', '부(富)의 신', '지하의 신' 등으로 특징지어지기도 한다. 제우스는 좌우지간에 어디서나 주신(主神)임에는 틀림이 없다.

신전으로서도 제우스 신전이 가장 많았다. 지방마다 도시마다 거의 없는 곳이 없었다. 그 중에서도 대표적인 제우스 신전은 올림피아(Olympia, 스파르타 서북쪽)의 것이다. 이곳 신전이 제우스를 경배하러 모이는 센터이기도 하다. 제우스신에 대한 경배 의식으로서 가장 큰 것은 4년마다 벌이는 운동경기이다. 제우스 경배 의식은 신전마다 다른데 공통적인 것은 높은 제단 위에 흰색 짐승을, 피를 흘려 올려놓는 것이었다. 신전에 따라서는 '황소 100마리' 등 산짐승을 통째로 바치는 곳도 있었고, 짐승의 넓적다리를 잘 구워서 바치는 곳도 있었다.

경배자들의 경배의 목적은 제우스신을 기쁘게 하고, 그로부터 호의와 축복을 받으려는 기복(祈福)에 있었다.

제우스신은 모든 지방과 모든 그리스 인에 의해 경배되는 주신이었기 때문에, 제우스신은 요컨대 그리스인들을 하나의 민족으로 통합시키는 주권(主權)의 상징으로서 기능하였다. 이것이 제우스 경배가 가져온 가장 의미있는 암묵적 결과였다.

신 탁 고대 그리스 종교의 독특한 의식(儀式)으로서 신탁(神託, Oracle)이 있다. 신탁은 탄원자들이 자신이 도모하는 일이나, 자신의 미래 운명이나, 자신이 갖고 있는 의문을 신전의 여사제(女司祭)에게 물으면 여사제가 물음에 대한 답으로서 예언을 해 주는 것이다.

신탁으로 가장 유명한 신전은 델피(Delphi, 아테네 서쪽)에 있는 아폴로(Apollo) 신전이다. 신탁을 맡고 있는 여신관(女神官)은 피티아(Pythia)라 불린다. 피티아는 숫처녀이어야 하며, 나이먹은 피티아는 숫처녀들이 입는 젊은 의상을 입는다.

아폴로 신전의 한가운데는 땅이 갈라져 있고, 갈라진 틈새로는 향기로운 증기가 피어 올라온다. 피티아는 갈라진 틈 주변에 세운 높다란 걸상 위에 앉아 탄원자의 물음에 대한 예언을 한다. 피티아는 횡설수설하는 어투이기에 잘 알아들을 수 없으나 옆의 남자 신관이 이것을 또렷한 말로 다시 이야기 해준다. 이 신탁은 기원전 8세기경부터 시작되었으며 마지막 신탁은 기원 후 5세기까지 있었다.

탄원자들은 줄을 서서 자신의 차례를 기다리는데, 이에 앞서 신관을 만나 탄원할 내용을 알리고, 제물을 바친다. 제물은 짐승과 돈이다. 제물이 크면 기다리는 순서도 더 빨라지고, 더 좋은 예언을 기대할 수 있었다고 한다.

신탁의 예언을 믿는다고 하는 것은 인간의 운명을 믿는 것을 말한다. 즉, 신화 시대의 그리스인들은 인간의 일과 결과는 신에 의해 결정된다고 믿는 운명론적인 생각도 가지고 있었다.

디오니소스 경배 디오니소스(Dionysos)는 포도주의 신이며, 광란과 황홀경을 촉발시키는 자극의 신이다.

디오니소스는 그리스의 12신 가운데 제일 마지막에 추가된 신으로서 제우스신이 테베(Thebe)의 공주 세멜레(Semele)와 바람을 피워 생긴 자식이다.

제우스(Zeus)의 처인 여신 헤라(Hera)가 세멜레의 임신 사실을 알고, 세멜레를 죽일 목적으로 세멜레의 유모로 변신을 하여 세멜레에게 다가

가 세멜레의 마음에 자기에게 임신시킨 자가 진짜 제우스가 아닐지도 모른다는 의심을 품게 한다. 그리고는 세멜레를 꾀어 말하기를, 제우스가 진짜 제우스임을 증명해 보여 주도록 애걸하라고 하였다. 세멜레는 유모가 시키는 대로 제우스에게 애걸했으며 제우스는 마지못해 자기를 증명하기 위해 주신(主神)의 복장을 입고 나타났다. 그 복장에서 나오는 빛이 너무도 강렬하여 세멜레는 그 자리에서 온 몸에 불이 붙어 재로 변하고 말았다.

제우스는 재빨리 세멜레의 몸에서 태아인 디오니소스를 끄집어내어, 자신의 넓적다리 속에 집어넣고 실로 꿰매었다. 디오니소스가 태아로서 충분히 성숙하자 제우스는 다시 끄집어내어 하늘나라의 별들 사이에서 자라도록 하였다. 디오니소스는 두 번 태어났던 것이다.

헤라는 디오니소스를 미워하여 정신병이 들게 하여 지상으로 쫓아냈다. 병든 소년 디오니소스는 이곳저곳을 정처없이 떠돌아다니다가 여신 레아(Rhea)를 만났다. 레아는 그의 병을 고쳐 주었다. 그에게 신들에 대한 제사법도 가르쳐 주었다. 계속 방랑하던 디오니소스는 포도 재배법과 포도주 제조법을 배웠다.

디오니소스를 경배하는 의식은 기원전 8세기경부터 나타났다. 그의 경배자들은 포도주에 만취하여 밤새도록 노래하고, 춤추고, 싸우고, 연애하는 광란과 황홀경에 도취하는 것이 특색이었다. 여자들도 떼를 지어 언덕에 모여 포도주를 한껏 마시고 웃옷을 풀어헤치고 젖가슴을 드러내 놓은 채 광란하며 논다. 여자들 가운데는 지위 높은 집안의 귀부인들도 있었다. 디오니소스 축제일이 되면 그리스 전체가 떠들썩하였다. 디오니소스 축제는 근 천년간 지속되었다. 그들은 보다 더 본능적이고 정열적인 쾌락을 동경하였고, 예비(豫備)나 절제(節制) 같은 것으로부터 벗어나려 했으며 도덕을 굴종이거나 부담이라고 느꼈다. 그리스인들의 디오니소스 경배는 힘과 음악과 알콜이 합쳐진 무제약의 미학적 원리를 사랑한 것이었다. 이것은 일시적이나마 사려(思慮)에 대한 반동이며 분별(分別)에 대한 무시였다.

디오니소스 경배의식은 기원전 200년경에 남부 이태리의 그리스 문화를 통해 로마에 들어갔다. 로마에서는 '바카스 경배'(Bacchanalia)라 불렸다. 매년 3월 16~17일 시밀라(Simila) 언덕에 여자들만이 모여 비밀리에 황홀경에 빠지는 광란의 축제를 벌였다. 나중에는 남성에게도 참가가 허용되었는데 3월에 5일간 축제를 벌였다. 이때 그들은 각종 범죄와 음모를 계획하여 문제를 빚었다. 그리하여 기원전 186년 로마 원로원은 전국적으로 '바카스 경배'를 금지시키는 칙령을 발표하고 위반자는 엄벌하겠다고 경고하였다. 그러나 의식은 위축되지 않고 오래도록 지속되었다.

오르페우스 신앙 오르페우스(Orpheus) 신앙은 디오니소스 경배에 대한 반성 내지는 반대의 방향으로서, 인간 영혼을 경건의 쪽으로 이끄는 신앙이다. 교리는 오르페우스의 시(음악)와 가르침에 기초를 두고 있다.

오르페우스 신앙은 기원전 6세기경의 기록에 나타나고 있으며 기원전 4세기에는 일반 민중에게도 꽤 널리 알려져 있었다. 특히 남부 이태리와 시실리섬의 그리스인 사이에 신도가 많았다.

오르페우스가 마케도니아의 왕이었다는 설도 있고 트라케(Trace)의 왕자였다는 설도 있으나, 가장 일반적인 설로는 아폴로(Apollo) 신과 인간 여성 사이에서 태어난 아들이라는 것이다.

희랍 신화에 나오는 수많은 신들 중에는 인간의 순수한 상상으로 만들어진 신도 있고, 또는 인간 중에 뛰어난 사람이 신격화되어 신화 속으로 편입된 신들도 있다. 오르페우스는 실제의 인물이었으나, 신격화된 후자의 경우에 속하는 것 같다.

오르페우스는 음악에 뛰어난 재주를 가지고 있었다. 음악은 그가 직접 지은 서사시에 곡을 붙인 것이고 음악을 읊을 때(노래 할 때)는 바가지 모양의 기타인 라이어(Lyre)로 반주를 하였다. 신화에 따르면 그의 아버지 아폴로신이 그에게 라이어를 선물로 주었다. 오르페우스가 노래를 부르면 사나운 짐승도 그의 주변에 모여 귀를 기울였고 새들은 춤을 추었다. 잠잠한 호수의 물은 율동을 하고, 강한 물살의 시냇물은 잠잠히 흘렀다고 한다. 나무와 바위까지 부드러워졌다.

그는 트라케 왕국의 공주인 에우리디케(Eurydice)와 결혼을 했다. 아폴로의 다른 아들 하나가 그녀를 유혹하려 하자 숲으로 도망을 치다가 뱀에게 물려 죽는다. 슬픔과 그리움에 빠진 오르페우스는 지하의 세계로 아내를 찾아간다. 오르페우스는 지하의 신인 하데스에게 음악과 말로 생(生)을 다 살지 못하고 억울하게 죽은 아내를 되살려 줄 것을 호소한다. 하데스는 전무후무한 동정의 눈물을 흘리며 아내를 다시 지상으로 데려나가 살도록 허가한다. 그런데 단 한 가지 조건을 붙였다. 오르페우스가 아내보다 앞장 서 걸어가되 지상에 나가 햇빛을 다시 볼 때까지는 아내를 뒤돌아보지 말라는 것이었다. 그는 지상에 가까이 왔을 때 이 약속을 깜박 잊고 아내가 잘 따라 오는지 궁금하여 무심코 고개를 돌렸다. 그 순간 아내는 사라졌다. 이번에는 영영 사라졌다.

오르페우스 신앙을 소개한 플라톤(향연)은 여기서 오르페우스를 비판한다. 오르페우스의 사랑이 순수했다면 아내를 따라 같이 죽었을 것인데, 그는 비겁한 자였기 때문에 아내를 데리고 나와 더 살기를 바랐고, 이 과오 때문에 벌을 받아 아내를 다시 잃었으며 그 자신도 살해당하게 되는 것이라고 했다.

오르페우스는 아내에 대한 사랑 때문에 세상의 나머지 여자들을 무시했다고 한다. 광태에 빠진 디오니소스 추종 여자들은 오르페우스가 디오니소스를 비판하고 여인들을 멸시했다는 이유를 들어, 돌과 몽둥이로 오르페우스를 쳐 죽이고 시체를 토막내었다. 오르페우스는 디오니소스를 비판하다가 순교를 한 것이다. 그의 잘린 머리가 강물에 버려졌는데 잘린 머리에서도 계속해서 노래가 흘러 나왔다고 한다. 머리는 떠내려가 바다를 건너 소아시아 해안 가까이에 있는 레스보스(Lesbos) 섬에 도달하였다. 주민들은 그의 머리를 그곳에 장사지내고 그 옆에 오르페우스 신전을 세웠다. 오르페우스를 따르던 사람들은 그의 사후(死後), 그를 경배하는 제사를 지내며 그의 시(詩)와 그의 가르침을 좇았는데 이것이 오르페우스교가 되었다.

오르페우스교의 교리는 영혼윤회설과 영혼의 정화를 통한 구원이다. 인간의 본성은 선과 악이 뒤섞인 혼합물이다. 인간이 죽으면 영혼은 육체에서 분리되어 다른 동물이나 인간의 육체 속으로 들어와 생(生)이 계속된다. 인간으로서의 생은 세 번까지이다. 죄를 지은 채로 죽으면 지하에서 형벌을 치루고 나서야 다시 태어난다.

윤회전생(輪廻轉生)의 고통을 모면하고 극락(the Isle of the Blest)에서 행복한 영생을 누리려면, 살아있을 때 영혼을 정화(淨化)하여야 한다. 영혼 정화를 위해서는 3가지가 필수이다. 즉 첫째, 덕(德) 있는 삶이다. 덕 있는 삶을 위해서는 육식을 멀리하고 채식을 해야 하며 계란과 콩도 먹지 말아야 한다. 술도 성찬의식 때 외에는 삼가야 한다. 성애(性愛)를 멀리하고 금욕의 생활을 해야 한다. 둘째는 신에 대한 제사 때의 의식이 순결하여야 한다. 이것은 폭음과 광태의 디오니소스 경배를 정면으로 비판한 것이다. 깨끗하고 진실하고, 맑은 정신의 제례(祭禮)를 강조했다. 진정한 환희는 영혼이 가져다주는 것이라 했다(술 취해서 얻는 환희가 아니라). 셋째는 올바른 지식을 갖는 것이다. 미신과 거짓된 지식을 멀리 하라고 하였다.

3번의 현생(現生) 때마다 이와 같은 영혼의 정화(淨化)에 성공하면 윤회전생의 고통에서 벗어나서 극락에서 영생하게 된다.

디오니소스 경배와 오르페우스교는 그리스 신화 시대에 있었던, 알려진 두 개의 대중종교이다. 디오니소스 경배는 인간 영혼과 행위의 무한

스파르타와 아테네 및 주변 도시국가들

해방을 추구한 것인 반면, 오르페우스교는 영혼의 순결과 분별을 지향했다. 그런 점에서 두 종교는 대조적이다.

고대 그리스에서 대중성을 더 크게 띠고 더욱 광범히 성행한 것은 디오니소스 경배였고, 오르페우스교는 국지적(局地的)이었다.

스파르타의 이상국가

그리스의 도시국가들 중에는 스파르타와 아테네가 대표적이다. 그러면 스파르타부터 먼저 보기로 하겠다. 스파르타 체제는 스파르타인이 이상으로 생각하는 바를 인위적으로 땅 위에 실현시킨 것이었다.

스파르타는 미케네 문명을 파괴한 뒤 펠로폰네소스 반도의 여기저기에 정착한 도리아계(系) 정복자들이 도리아계 부락들을 결합하여 만든 도시국가들 중의 하나였다. 작은 스파르타는 기원전 10세기 말까지 라코니아(Laconia)라 불리는 반도 동남부의 평원지역을 장악하고, 이어 9세기 초까지는 반도 서남부의 보다 비옥한 메세니아(Mesenia) 평원을 정복함으로써 대형 폴리스로 발전하였다.

메세니아 정복 이후 스파르타는 자신들의 생존과 유지에 알맞다고 생각되는 이상을 좇아 자신들의 국가를 개조하기 시작하였다. 이것은 결과적으로 스파르타로 하여금 문명적으로는 여타의 그리스 세계로부터 이탈케 하는 것이었지만, 스파르타는 그들이 계획한 이상국가를 땅 위에 실현시킨 최초의 것이었다. 이 이상국가의 제도와 국민의 생활은 참으로 인위적인 특징을 지닌 것이었는데 그들이 실천한 이곳의 전례(前例)는 그후 인간들로 하여금 이상국가에 대한 동경과 희망을 가지도록 하였다. 플라톤의 이상국가론이나, 모어의 이상국가, 루소의 이상국가, 국가사회주의, 공산주의의 이상국가 사상들은 모두 그 가능성과 모델을 스파르타의 전례(前例)에 두고 있는 것들이다. 스파르타 이상국가의 제도와 생활방식은 놀랍게도 흔들림 없이 현실에서 500년 동안이나 지속되었다.

그러면 스파르타 이상국가의 내막은 어떠하였던가?

이 지역 정복자인 도리아계 이주민들은 정복 과정에서 비(非) 도리아계 원주민들의 토지를 몰수하고 그들을 노예(heilotai)로 만들었다. 헤일로타이는 원래의 자기 땅이었던 곳에서 원래의 자기 집에서 살 수 있었다. 그리고 피정복민 가운데 도리아계 주민에게는 토지 보유를 허용하고 준시민(準市民, perioikoi) 자격을 부여했다. 준시민은 참정권은 없으나 자유롭게 교역과 제조업에 종사할 수 있었다.

완전한 시민권은 한정된 소수에게만 부여되었으며 이들을 스파르타인(Spartiates)이라 불렀다. 소수의 시민이 다수의 노예를 지배하는 체제였으며 중산층은 존재하지 않았다. 스파르타인은 땅과 노예를 소유하는 지주였으며, 땅의 경작은 전적으로 노예의 일이었다. 노동은 사람을 타락시키는 천직(賤職)일 뿐 아니라, 시민은 언제나 군무(軍務)에 복무하기 위해 자유로운 입장에 있어야 한다는 이유에서였다. 이러한 관습은 리쿠르구스(Lycurgus)의 개혁에 의해 법제화되어 더욱 강화되었다.

리쿠르구스의 개혁 기원전 855년에 실시된 리쿠르구스 개혁은 이보다 40~50년이나 전에 있었던 이웃 메세니아(Messenia)와의 전투와 정복으로부터 얻은 교훈의 영향으로 이루어진 것이었다. 스파르타는 메세니아를 정복한 이후에도 메세니아인의 필사적인 저항으로 악전고투하였으며 막심한 희생을 치루어야 했다. 그리하여 스파르타는 스파르타의 지배권을 유지하기 위해서는 나라의 내부적 안정과 국민의 단결과 전투력의 강화를 위한 개혁을 지속적으로 추진하여야 한다는 동일한 신념을 국민 모두가 가지게 되었던 것이다.

개혁의 입법자인 리쿠르구스는 신화 속 영웅인 헤라클레스(Herakles)의 16대 직손(直孫)으로서 스파르타의 당시 2명의 왕 가운데 한 명이었다. 그는 그의 어린 조카의 왕위를 지켜 주기 위해, 스스로 퇴위하여 세계 각지를 여행하며 각국의 제도들을 배우고 귀국한 후, 나라를 개혁하는 헌법(레트라)을 반포하였다(855 B.C.). 그는 마치 뛰어난 의사가 난치병을 치료하기 위해 환자의 체질을 바꾸는 것과 같이, 개정(改正)이나 개수(改修)가 아니라 바탕으로부터 완전한 개혁을 단행하였다.

리쿠르구스가 행한 개혁 중에서 가장 중요한 것은 원로원(元老院)을 창설하고 민회(民會)를 구성한 것이었다. 원로원은 중요한 국가의 일에 대해 왕과 동등한 권한을 가지는 기관으로서, 플라톤은 원로원이란 왕정(王政)을 제한하며 국가를 안전하게, 공고히하는 것이라고 했다. 원로원의 의원 수는 28명이었는데, 한편으로는 왕을 도와 민중의 힘을 누르고, 또 다른 한편으로는 독재정치를 견제하여 민중의 힘을 강하게 했다. 그리고 시민들로 구성되는 민회에서는 시민들의 발언권은 없이 다만 왕과 원로들이 내놓은 안건에 대하여 결정을 내리는 의결권(議決權)만 가지고 있었다.

이러한 개혁은 정치적 권력을 분산시켜 민중들과 함께 계속적으로 개혁을 해 나가려는 조처였다. 실제로 스파르타 왕들은 그들의 권한이 적당히 제한됨으로써 오히려 여러가지 위험에서 벗어날 수 있었다. 적어도 메세니아나 아르고스와 같은 이웃의 제왕들처럼 국민에 의해 왕좌에서 쫓겨나는 불행은 피할 수 있었다. 이들 이웃나라들은 처음에는 평화스러웠으나 왕의 오만과 민중의 불복종으로 질서는 혼란스러워지고 제도나 조직은 붕괴되고 말았다. 이에 비해 스파르타는 왕과 국민이 함께하는 정치를 이룩해 냄으로써 장구한 안정을 가져왔다. 이런 사실로 미루어 리쿠르구스의 뛰어난 지혜와 예지를 짐작할 수가 있다.

리쿠르구스가 행한 두 번째 개혁은 토지를 재분배한 일이었다. 당시까지 있어 온 토지소유의 불균형으로 인한 빈부 격차는 국민의 일체감과 단결을 저해하는 국가적 병폐였다. 리쿠르구스는 빈부 격차를 없애기 위하여 국민들에게서 토지를 모두 거두어들인 다음, 모든 국민들에게 다시 골고루 분배하는 일에 동의하도록 하였다. 그래서 경제적 여건에 차이가 없는 기반 위에서 오직 용기와 덕으로 명예를 얻도록 하였다.

부자들이 이 제안에 동의하자 그는 스파르타의 지배 아래 있는 영토의 모든 토지를 12만 필지로 나누어 그때의 스파르타인 6천 가구에 나누어주었다고 한다. 그후 더 늘어난 가구들도 토지를 분배받았다. 1가구에서 수확한 농산물은 토지 소유자에게 남자 주인의 몫으로 약 70부셀, 그 아내의 몫으로 12부셀, 그리고 적당한 양의 기름과 포도주를 바치고, 나머지는 노예들이 가지게 하였다. 남편의 몫이 아내의 몫보다 약 6배 많은 것은 피부양 가족의 수가 6~7명이었기 때문인 것으로 짐작된다. 그렇게 볼 때 스파르타인 가구 수가 6천이라면 그때 스파르타인(시민) 전체의 인구수는 약 4만 명 내외였다는 추산이 나온다.

에우리피데스(Euriphides: 그리스의 역사학자)의 말을 인용한다면 스파르타의 토지는 기름져서 인구의 2배를 먹여 살릴 수 있을 정도였다. 그러므로 농사일은 농노들에게 맡기고 시민들(Spartiates)은 일을 하지 않고 무예만을 익힐 수 있었다.

리쿠르구스는 경제적인 불평등을 완전히 뿌리뽑으려는 생각에서 사람들의 물욕을 억제키로 했다. 그는 우선 금화와 은화를 모두 거두어들이고 쇠돈만을 쓰게 했다. 이 쇠돈은 부피가 크고 무거웠지만 그 가치는 얼마 되지 않았다. 그래서 20~30파운드의 돈을 저장하려면 커다란 방이 필요했고 이것을 운반하기 위해서는 여러 마리의 소가 끄는 마차가 있어야 했다.

이러한 정책을 시행하자 나라 안에 여러가지 범죄가 없어지기 시작했다. 부피가 많은 돈을 숨겨 놓을 수도 없고 많이 가졌다고 남들이 부러워하지도 않았다. 또 이 돈은 벌겋게 달군 쇠에다 초(醋)를 쳐서 만들었기 때문에 돈을 깨뜨려 다른 물건을 만들 수도 없었다. 그래서 아무도 그런 돈을 훔치거나 뇌물로 쓰지 않게 되었다.

리쿠르구스는 다음으로 생활에 꼭 필요치 않은, 허황된 것이나 사치스러운 것들을 모두 없앴다. 장사꾼, 점쟁이, 조각가, 금은보석을 만드는 기술자들을 없애, 사치는 발붙일 곳이 없도록 하였다. 그 대신 생활에 꼭 필요한 침대나 의자, 책상 등 가구들의 질을 향상시켰고 특히 컵을 잘 만들었다. 컵은 군인들이 행군할 때 지참하는 것이므로, 물빛 유리로 만들어 속이 들여다보이게 하였고, 물 속에 섞인 더러운 물질은 컵 밑바닥으로 가라앉게 만들었다. 쓸데없는 사치품을 만들던 기술자들은 이제 실제로 유용한 물건을 만드는 일에서 그들의 솜씨를 뽐낼 수 있게 하였던 것이다.

리쿠르구스는 국민간의 동질감을 향상시키기 위한 정책을 시행하였다. 그 대표적인 것이 공동식사였다. 공동식사는 성인 시민 남자(30세 이상이었던 것 같다) 15명 정도씩이 공동식사장에 모여 저녁식사 한 끼를 함께 하도록 한 것이다. 매우 질박하고 간소한 음식이었다. 각 사람은 1년 동안에 각 가정으로부터 보리 1부셀과 포도주 8갤런, 치즈 5파운드, 무화과 2.5파운드, 그리고 고기와 생선 등의 반찬값으로 약간의 돈을 내게 되어 있었다. 이 외에 제사를 지냈거나 사냥한 짐승이 있을 때에는 그 음식 중 일부를 공동식사장에 보내기도 했다.

이 공동식사에 나오는 음식 중에서 검은 수프는 유명했다. 노인들은 고기 덩어리는 건져서 젊은이에게 주고 검은 국물을 마시는 것을 좋아했다고 한다.

공동식사장에는 예절을 가르치기 위해 사내아이들을 데리고 나오는 일이 많았다. 아이들은 이곳에서 정치에 관한 이야기를 주어들으면서 어릴 적부터 정치적 지식을 쌓았고 유쾌한 이야기로 남과 어울리는 습관을 길렀다. 남의 비난을 듣고도 태연한 모습을 보이는 스파르타인의 특색은 이곳에서도 마찬가지로 지켜졌다. 그래서 농담을 듣고 불쾌해하는 사람이나 그런 기색을 보이는 사람에게는 그 다음부터 아무도 말을 걸지 않았다.

공동식사에 새로운 사람을 가입시킬 때에는 독특한 방법을 썼다. 시중드는 사람이 그릇을 머리에 이고 한 바퀴 돌 때, 각 사람이 빵 조각을 뜯어서 그릇에 넣는데, 새로운 사람을 환영하면 그냥 넣고, 싫어하면 빵 조각을 꼭 쥐어 찌그러뜨려서 넣는다. 만약에 찌그러뜨려진 빵조각이 하나라도 들어 있으면 가입이 불허된다. 가입이 불허된 사람을 '그릇'이라는 의미의 '카디쿠스'라고 불렀는데, '카디쿠스'는 식사 이외의 다른 생활에서도 따돌림을 받았다.

사람들이 공동식사장에서 식사를 마치고 나면 포도주를 조금 마신 다음 등불을 켜지 않고 집으로 돌아갔다. 그들은 평소에도 밤중에 등불을 들고다니는 일이 거의 없었는데 어둠에 익숙해지는 습관을 기르기 위해서였다.

헌법(레트라)은 법률을 글로 기록해 두지 못하도록 금지하였다. 레트라 제1조는 법을 기록하지 않는다는 원칙을 세우고 있는 것이다. 국가의 행복에 필요한 규칙들은 강제로 시켜서가 아니라 마음으로부터 잘 지켜 나가야 하는 것이라고 생각했다. 그리고 사소한 규칙이나 때에 따라 조금씩 달라질 수 있는 일들은 기록을 해서 속박할 것이 아니라 그들의 교양과 그때의 상황에 따라 적절히 고쳐나가게 하였다.

레트라 2조는 사치와 낭비를 금한다고 규정하고 있다. 집을 지을 때 천장은 도끼로 찍은 그대로의 나무를 사용토록 하고, 출입문은 톱으로 썬, 매끄럽게 다듬지 아니한 나무를 사용토록 하였다. 이런 집에 살게 되면 여기에 어울리는 수수한 물건들만 쓰게 될 것이라고 리쿠르구스는 생각하였고, 실제로 사람들은 이런 생활을 몸에 익혔고 검소함에 익숙해졌다.

또 하나의 레트라에는 한 나라와 여러 번 전쟁을 해서는 안 된다는 내용이 있다. 자주 싸우는 가운데 스파르타의 전술을 파악하게 되면 적군이 강해져서 전쟁에서 패하게 될 우려가 있다는 것이다.

이러한 원칙들은 모두 신의 계시에서 나온 것이라는 의미에서 헌법을 '레트라'라는 단어로 표현하였는데 '레트라'의 원 뜻은 '계명'(戒命)이다.

스파르타에서는 시민의 아기가 태어나면 부모가 마음대로 기르지 못했다. 스파르타인(시민)은 태어나면서부터 전사로서 길러졌다. 태어난 아기를 먼저 '레스케'라고 하는 정부기관에 데려가 검사관에게 보여야 했다. 아기를 검사해 보고 튼튼하면 땅을 나누어 주지만, 건강하게 자랄 가망이 없는 아기는 타이게토스 산(山)의 아포테타이 계곡에 갖다 버리게 했다.

여자들은 갓난아기의 건강을 알아보기 위해 포도주로 몸을 씻겼다. 그렇게 하면 건강한 아기는 포도주로 몸이 더욱 튼튼해지지만, 허약하거나 간질병이 있는 아기는 경련을 일으킨다고 한다.

아기를 기르는 유모에 대한 감독도 매우 엄격했다. 손발과 몸을 자유롭게 하기 위해 아기에게 이불을 덮지 못하도록 했고, 음식을 가리지 않고 아무거나 잘 먹는 습관을 길러줬다. 또 어둠을 무서워하지 않으며,

혼자 있어도 두려워하거나 보채지 않도록 길러야 했다.

국가에서는 시민 남자 아이가 7살이 되면 학교 비슷한 장소에 모두 모아서, 똑같은 규율 속에서 먹고, 공부하고, 운동하고, 놀고, 자게 하였다. 그리고 아이들 가운데 가장 용감한 아이를 반(班)의 대표로 뽑아, 나머지 아이들에게 여러가지 명령을 하도록 하고, 이 말에 복종하도록 교육시켰다. 또래끼리 명령-복종의 관계를 형성시킨 것이다. 읽고 쓰기는 실제 생활에 필요한 것을 가르쳤으며, 그 밖의 공부는 명령에 대한 복종과 힘든 일을 견디는 것, 싸움에서 이기는 방법 등을 가르쳤다. 잠을 잘 때는 작은 조(組)로 나누어 바닥에 갈대풀을 깔았고, 겨울에는 갈대풀 위에 엉겅퀴 털을 섞어 따뜻하게 만들어서 사용하였다.

아이들이 나이가 들수록 수업은 점점 더 엄격해졌다. 머리는 짧게 자르고 맨발로 다니며 운동경기에는 나체로 나오게 했다.

12살이 되면 속옷을 입지 않고 지내도록 하고, 1년에 한 벌의 옷만 나누어주고, 신체 단련으로 추위를 이기도록 했다. 아이들에게는 항상 식사를 적게 주었는데 모자라는 양을 보충하기 위해서는 대담하고 영리한 방법을(도둑질 같은) 쓸 것을 가르치기 위한 것이었다. 스파르타 아이들은 도둑질에 진지했다(약탈은 전쟁 기술의 하나니까). 어떤 아이는 여우 새끼를 훔쳐서 옷 속에 감추어 오다가, 여우 새끼가 자기의 내장을 다 찢는데도 참고 내보내지 않으려다가 죽었다고 하는 이야기가 있다. 아이들이 도둑질을 하다가 들키면 호된 벌을 받았는데, 그것은 도둑질이 나쁜 짓이라 해서 벌을 받는 것이 아니라, 도둑질의 기술이 미숙하다고 해서 벌을 받는 것이었다. 벌은 매를 맞거나 끼니를 굶는 것이었다.

이와 같은 학교생활은 20세까지 지속된다. 아이들에게 교사 또는 감독자의 역할을 하는 사람들은 덕망 있는 노인들이었다. 노인들 외에 임명되어 오는 감독관들도 있는데, 이들은 대개 스파르타에서 가장 훌륭한 사람으로 손꼽히는 사람이다. 감독관은 20살에 이른 소년들 중에서 가장 뛰어난 자를 대장으로 뽑아서 그를 '이렌'이라고 불렀다. '이렌'은 전쟁이 나면 대장(隊長)이 된다.

20세부터 30세까지는 '남자의 집'(병영)에서 생활했다. 여기서 청년들은 신체를 단련하거나 군사훈련을 받는다. 이 기간에는 결혼을 할 수가 있으나 신부와의 접촉을 표나지 않게 내밀하게 할 것이 요구된다. 신랑은 밤늦게 조용히 집으로 신부를 찾아가고 새벽 일찍 나와야 한다. 이렇게 하는 것은 신랑과 신부가 애틋한 감정을 가지고 그리워하며 마음 속 깊이 사랑이 성숙하도록 하기 위한 것이었다고 한다.

스파르타인의 결혼은 신랑이 신부를 납치해 가는 식으로 이루어졌다. 그러나 아직 나이가 어려서 결혼할 수 없는 소녀에게는 허락되지 않았고 성숙한 처녀에 한해서만 이것이 허락되었다.

납치돼 온 처녀는, 시중드는 여자가 맞이하여 머리를 남자처럼 짧게 잘라주고, 남자의 옷을 입히고 신발을 신긴 채, 어두운 방에 놓인 침대에 데려다 놓는다. 신랑은 여느 때와 같이 '남자의 집'에서 돌아와 정중한 태도로 신부에게 접근하여 허리띠를 풀어주고 침대에 눕힌다. 잠시 동안 사랑을 나눈 후에 신랑은 다시 옷을 단정히 입고 '남자의 집'으로 돌아가 다른 청년들과 잔다.

남자들은 나이 30 이후부터는 집에서 기거하며 저녁식사를 공동식사장에서 한다.

스파르타에서 여자들은 위세가 당당하였고 자유스러웠다. 남자들이 7살부터 공동생활로 인해 바깥으로 나돌고 또한 전쟁에 나가 집을 비우는 때가 많았기 때문에, 여자들은 가정에서 중심적 존재로서 통솔력을 길렀고, 남편들은 아내를 매우 존중했다고 한다. 스파르타에서는 결혼한 여자도 친정부모의 재산을 상속받았다. 여자들이 전 토지의 5분의 2를 소유한 때도 있었다.

건강한 아기를 낳을 수 있게 하기 위해 여자들에게는 달리기, 씨름, 원반던지기, 창던지기 등으로 신체를 단련토록 권장되었다. 그래서 그들은 운동경기에서도 남자들에게 지지 않았으며 제사 때에는 남자들과 함께 춤도 추고 노래도 불렀다. 운동경기 때는 남녀 불문하고 나체로 참가하도록 하였기 때문에 처녀들이 벌거벗는 것은 조금도 부끄러운 일이 아니었다. 오히려 육체미를 드러내어 서로 경쟁심을 갖도록 했고, 남자들에게는 용기와 명예심을 일깨워 주었다.

남자들이 바르지 못한 짓을 했을 때 여자들의 비난은 충고보다 더 큰 효과를 냈으며, 여자들로부터 칭찬을 받은 남자는 친구들로부터 축하를 받으며 의기양양 했다. 어떤 외국 여자가 한 스파르타 여인에게 "남자를 지배하는 여자는 당신네 스파르타 여자들뿐"이라고 하자, 그 스파르타 여인은 "남자를 낳는 것은 우리들 여자뿐이니까"라고 대답했다는 이야기가 있다.

여자들이 남자들과 함께 경기에 참가하거나 벗은 몸을 남에게 보이는 이들의 풍습은 결혼을 장려하는 데에도 도움이 되었다. 결혼하지 않고 독신으로 지내는 남자에게서는 법률에 따라 어느 정도의 권리를 빼앗기도 했다. 그들은 젊은 남녀가 나체로 춤추는 공개 행렬을 구경할 수 없었으며 겨울이 되면 옷을 벗고 거리를 돌아다니면서 자신을 조롱하는 노래를 불러야 했다.

스파르타에서는 결혼생활을 하면서 자기 아내를 다른 훌륭한 남자와 잠자게 해서 좋은 자손을 얻게 하는 것을 허락했다. 그들은 아내를 자기의 소유물로 생각하여 질투 끝에 살인 같은 짓을 하는 남편을 비난했으며, 좋은 자손을 얻기 위해 아내를 다른 남자와 잠자게 하는 것을 남편의 도리라고 생각했다. 또 남의 아내가 마음에 들면 그 남편에게 허락을 받고 그 여자를 자기 집에 데려와 자식을 낳게 하는 일도 있었다. 스파르타의 이 같은 혼외 생식(婚外生殖)은 아이들을 부모의 소유물이 아닌, 국가의 것이라 생각했기 때문에 가능하였다.

스파르타에서는 동성애가 많았다. 남자끼리 서로 사랑하기도 하고, 마찬가지로 귀족의 부인들이 처녀들을 사랑하는 일이 있어도 아무렇지도 않게 생각하였다.

스파르타에서는 말을 길게 늘여서 하는 것을 아주 싫어하였고, 간결하면서도 유머가 깃든 말을 좋아하였다. 아이들에게도 짧고 명료하고, 기지(機智)와 유머가 깃든 말을 쓰도록 교육하였다.

어떤 사람이 한 제사인(祭司人)에게 "신에게 바칠 물건인데 왜 그렇게 싸고 작은 것들만 가지고 오셨소?"라고 물었을 때 그 제사인은 "오랫동안 신을 섬기기 위해서요"라고 대답했다.

어떤 사람이 데마라투스(장군)에게 "스파르타에서 가장 훌륭한 사람은 누굽니까?"라고 질문을 하였다. 그가 대답을 않자, 이 사람은 계속 그를 따라다니며 똑같은 질문을 했다. 그는 참을 수 없어 "가장 훌륭한 사람은 가장 당신과 닮지 않은 사람이오"라고 대답했다.

테오폼푸스 왕은 어느 외국 사람이 스파르타를 칭찬하면서, 자기는 자기 나라 사람들로부터 스파르타를 사랑하는 사람으로 알려져 있다고 말하자, 그에게 "자기 나라를 사랑하는 사람이라고 알려졌더라면 더 좋았을 걸 그랬소"라고 말했다.

농담을 섞어서 말하는 스파르타 사람들의 말에서 그들의 어법을 충분히 짐작할 수 있다. 그들은 절대로 말을 함부로 하지 않으며, 한 번 입을 열면 깊은 뜻을 지닌 말을 짧게 하는 것이 그들의 대화 습관이었다.

닭장수가, 싸움닭을 사러 온 사람에게 "죽을 힘을 다해 싸우는 수탉을 드리겠다"고 말하자, 그 사람이 "아닐세, 상대방을 죽일 때까지 싸우는 닭을 주게"라고 했다는 이야기도 있다. 그래서 어떤 사람은, 스파르타는 체육을 사랑했다고들 하지만 실은 그들이 지혜를 사랑했던 것 같다고 말했다.

스파르타에서는 노래와 시에 대한 공부도 무척 중요하게 여겼다. 대체로 그들의 노래와 시는 전쟁에서 용기와 힘을 북돋우는 것들이다. 적을 공격할 때 부른 행진곡에 붙여진 시는 시인 테르판테르(Terpanter)와 핀다로(Pindaro)가 쓴 것이 많았다.

전쟁이 시작되면 오히려 축제 같은 분위기가 된다. 청년들에 대한 엄격한 규율들도 조금 느슨해진다. 청년들은 머리를 말아 장식을 하고 화려한 옷도 입을 수 있었다. 그래서 전쟁에 출정하는 청년들은 기쁘고 들뜬 마음이 되었다.

전쟁을 하는 동안은 신체훈련도 심하게 시키지 않았으며 음식도 풍부하고 질 좋은 것으로 주었다. 상관들도 부하들을 너그럽게 대했기 때문에 스파르타에서는 전쟁의 시기가 평화시보다 더 유쾌하였다.

왕은 전쟁 동안 올림픽 경기에서 승리한 사람을 늘 오른 쪽에 거느렸다.

그들은 적군을 격파하면 승리가 확실해질 때까지만 추격하다가 군대를 철수했다. 도망치는 자를 찔러 죽이는 것은 그리스인답지 못한 행동이라고 생각했다.

그러나 여기에는 전술적 고려도 있었다. 대항하면 죽지만 도망치면 살게 된다고 적들이 믿게 되면 전투에도 유리했다.

스파르타는 이웃 나라들과 올림픽 신성 휴전조약을 체결하여, 올림픽 행사가 있는 기간에는 전쟁을 하지 아니하였다.

스파르타는 스파르타인의 외국여행을 금지시켰고, 스파르타에 들어오는 사람들도 막았는데, 이것은 다른 나라의 나쁜 행동이나 생각을 배우지 못하도록 하기 위해서였다고 투키디데스(Tucidides: 아테네의 역사가, 5세기 B.C.)는 전하고 있다.

거의 평생 동안 국가를 위한 단체생활을 하고 자기의 몸은 개인의 것이 아닌 국가의 것으로서 사는 스파르타인의 인생은 얼핏 느끼기엔 고달프고 딱딱하기만 할 것 같지만, 실제로는 걱정 없이 많은 여가를 누리는 여유로운 삶이었다.

그들은 노동을 천시하고, 서른이 안 된 남자는 시장(市場)에 출입하는 것조차 꺼리는 '고매한' 인간들로서 돈벌이를 위한 직업을 갖지 않았고 양식은 농노(heilotai)들이 갖다 바치는 것으로 충당하였다. 그들은 탐욕도 빈곤도 없이 고르게 잘 살며 모두 마음 편히 지내면서 전쟁이 일어나기 전까지는 노래를 부르거나 춤을 추고, 제사나 사냥, 체육경기 등으로 시간을 보냈다. 시민들은 하루 중 대부분의 시간을 체육관이나 '레스케'라고 부르는 대화의 장소에서 보냈다. '레스케'에 모여서도 돈벌이나 시장에 관한 이야기는 거의 하지 아니하고, 좋은 일을 한 사람을 칭찬하고, 못된 짓을 한 사람을 비난하는 이야기 중에 섞이는 유머와 웃음은 대화를 즐겁게 해 주었다.

스파르타인들은 노예(헤일로타이)들을 잔인하게 다루었다. 그것은 국가의 정책이었다. 노예에게 벌을 주기 위한 그립티인 법에 따라, 스파르타인은 하루에 한 번씩 헤일로타이를 구타하였다. 그리고 1년에 한 번씩 노예를 살해하는 행사를 벌였다. 이때는 장관이 유능한 청년들을 뽑아 그들에게 단검(短劍)과 식량을 주고 나라 안을 돌아다니게 하여, 눈에 거슬리는 헤일로타이를 보면 찔러 죽이도록 했다. 청년들은 낮에는 눈에 띄지 않는 곳에 숨어 있다가 밤에 나타나 헤일로타이를 잡아 죽이기도 하고, 낮에 밭에서 일하는 헤일로타이를 습격하여 죽이기도 하였다. 노예 살해 행사가 한 번 지나가면 근 2천명의 노예들이 목숨을 잃었다고 한다. 이러한 잔인한 행사는 노예로 하여금 노예라는 것을 잊지 않도록 하고, 수적으로 우월한 노예의 반항을 미리부터 꺾어놓기 위한 것이었을 것이라고 해석되고, 이러한 목적 이외에 아마도 전쟁에 대비하여 평소에 청년들에게 살인을 연습시키기 위한 것이 아니었던가 생각된다.

위에 소개한 바와 같은 특징적인 스파르타 체제를 창시하였던 리쿠르구스는 스파르타가 다른 여러 나라를 지배하기를 바라지는 않았다고 한다. 그는 나라의 행복이란, 한 사람의 생활처럼, 남과 더불어 서로가 높은 덕(德)을 가지고 어우러져야 하는 것이라고 생각했기 때문에, 각 나라가 자유롭게 스스로에게 만족하며, 절제하면서 살아가기를 원했다고 '영웅전'을 쓴 플루타르크(Plutarch, 1세기 B.C.)는 평가했다. 플루타르크 이전에도 리쿠르구스는 장엄한 정치철학을 땅 위에 쓴 위대한 인물로 존경받았으며, 플라톤(Plato)이나 디오게네스(Diogenes)나 제노(Zeno)와 같은 철학자들은 리쿠르구스의 가치관을 모범으로 삼아 정치에 대한 책을 썼다.

리쿠르구스는 스파르타의 전 역사(全歷史)를 통하여 스파르타인으로부터 가장 존경받는 거의 신적인 존재였으며 후대(後代)의 학자들도 리쿠르구스는 장엄한 정치 세계를 종이 위에 쓴 것이 아니라, 땅 위에 창조하였고, 하물며 한 개인이 철학적 인격을 이루는 것도 쉽지 않은 것인데, 리쿠르구스는 완벽한 철학을 나라 전체에 세운 위대한 인물이라 평가하였다.

그러나 우리 후대인들이 볼 때, 스파르타 체제는 인간 삶의 이상을 구현한 이상국가라기보다는, 스파르타를 건설한 정복자(도리아인)들이 자신들의 지위와 안전을 지켜 줄 '정복자의 안보'에 모든 관심을 철두철미 집중시킨 결과로서 생겨난 '특이체제'(特異體制)라고 하여야 할 것이다.

초기 아테네의 문화

그리스 본토로부터 펠로폰네소스 반도를 연결하는 길목에 자리잡은 아테네(Athens)는 시기적으로는(일리아드·오디세이아에서는 나오지 않는 도시 이름으로서) 약 기원전 10세기경에 몇 개의 이오니아인(人) 부락들이 결합하여 형성한 도시국가이다. 그런데 아테네의 형성에는 테세우스(Theseus)라는 인물의 역할이 컸던 것으로 기록되어 있다.

테세우스는 이 지역의 인근에 있었던 아이게우스(Aigeus) 국(國)의 왕에 의해 외지에서 태어난 아들이었다고 한다. 그는 어릴 때에는 아버지가 누군지도 모르고, 홀어머니 밑에서 양육되었다가 아버지에 대한 이야기를 듣고, 아버지를 찾아갔다. 그는 아버지의 다른 친자(親子)들과 경쟁을 벌여야 했으므로 목숨을 건 모험으로 공을 세워 국민들로부터 인정을 받았다. 테세우스는 부왕(父王)이 죽은 후 큰 사업을 구상하였다. 그는 이 인근 지역(Attica)에 흩어져 살고 있는 모든 주민들을 한 곳으로 모아, 사람들을 하나의 국가, 하나의 민족으로 통일시키기 위한 사업을 시작했다.

테세우스는 여러 마을을 돌아다니며 자신의 뜻을 얘기했다. 평민과 가난한 사람들은 즉시 그의 뜻에 찬동했지만, 권세 있는 사람들은 달갑게 여기지 않았다. 테세우스는 그들에게 새로운 제도는 왕을 두지 않는 민주정치로서 자기는 다만 전쟁과 법률에만 관여할 것이며 다른 분야는 모든 사람들이 평등하게 관여하도록 할 것이라고 약속을 하며 그들을 설득하였다(스파르타의 건설은 과격한 정복에 의해서였다).

아리스토텔레스가 말한 것처럼, 대중에게 호의를 보이고, 민주정치를 펴기 위해 왕의 자리를 내던진 것은 테세우스가 처음이었다. 테세우스는 각 마을이나 씨족의 공회당과 의사당, 행정청을 폐지하고 그 대신 아크로폴리스(Acropolis)에 공통된 하나의 공회당과 의사당을 세웠다. 그리고 도시 이름을 여신의 이름을 따 '아테네'로 정하고 공통적인 제사를 정했다. 이렇게 아테네 중심의 공동체를 창설함으로써 원시적인 부족왕 체제를 벗어나게 되었다. 테세우스 때에는 그리스 전역에 도둑이 들끓었다고 한다. 통합된 권력이 없었던만큼 치안력도 약했던 것이다. 아테네의 건설로 국가 권력이 좀더 확고해졌다.

테세우스는 도시를 확장시키기 위해 외지로부터의 이주를 적극적으로 권장하였으며 그들에게도 아테네 시민과 동등한 권리를 주었다.

테세우스의 민주정치에 대한 의도는 모든 대중을 아무 차별 없이 하자는 것은 아니었다. 그는 우선 국민들을 귀족, 농민, 공인(工人)의 세 계급으로 나누었다. 귀족에게는 제사와 정치, 법령과 풍속에 관한 일을 맡겼으며, 농민에겐 농사를, 공인에겐 집짓고 물건 만드는 일을 맡겨 역할을 분담토록 하였다. 귀족들은 명예를, 농민은 이익을, 공인은 많은 숫자를 가짐으로써 서로 견제하며 평등한 세력을 유지할 수 있도록 했다.

테세우스가 죽은 후 아테네는 다시 왕정(王政)으로 돌아갔으나, 테세우스가 심은 민주주의의 씨앗은 이때나 저때나 다시 소생하여 민주정(民主政)이 간헐적으로 나타나곤 하다가 기원전 8세기 이후 어느 시점인가부터 아테네에서 왕정은 사라졌다.

이 시기 이래 폴리스의 실력자는 토지 소유자들이었으며, 이들이 아테네의 민주정(民主政)에서도 정치를 좌우했다. 이들은 정치를 포괄적인 일로 생각하였고 경제문제나 사회문제를 정치로부터 분리하지 않았다. 그러나 이들은 제조업이나, 상업, 무역, 서비스업과 같은 경제활동에 대해서는 거의 관심이 없었다. 경제는 일반적으로 소규모였고 가내생산과 가내소비에 집중되어 있었다.

정부는 일상적인 경제적인 활동에는 거의 개입하지 않았다. 예외적으로 '가진 자'와 '안 가진 자' 사이에 정치적인 폭발이 일어나는 경우와 같은 사태에 대해서는 정부가 개입하여 소수(小數)로부터 몰수한 땅을 다수(多數)에게 재분배하기도 하였다.

아테네는(스파르타를 제외한 다른 도시국가들과 함께) 자유기업경제였으며 대부분의 토지는 사유(私有)였다. 농업은 원칙적으로 소규모 가족농(家族農)으로서 실시되었으나 시기에 따라서는 실력자들이 더 많은 땅을 차지하고, 땅을 못 가진 예농(thetes)의 손을 빌려 경작을 하였다. 노예는 있었으나 그 숫자는 적어, 노예에 의존하는 경제에까지는 이르지 아니하였다(스파르타에서는 시민 가구들이 평균적으로 토지와 노예를 소유했으며, 농사는 전적으로 노예에 의존했다).

다른 도시들과 마찬가지로 아테네의 인구도 10만 미만의 소규모였기 때문에 가공업이나 제조업은 내수용으로서 가내공업으로 이루어졌다. 각 도시국가들은 자급자족(antarklia)에 중점을 두었고, 동부 지중해의 지리적 여건으로 인해 각 도시국가가 비슷한 물품들을 생산하였기 때문에 외부로부터 들여와야 할 품목이 거의 없었다. 교역은 도시국가의 도심지와 교외 사이의 교역교환에 한정되었다. 농민들은 잉여물을 작은 배에 싣고 나가 이웃 도시에 팔았다. 장거리 뱃길 무역은 예외 없이 사치품들을 취급하였는데 귀금속, 보석, 채색 도자기 등이었다.

시장(agora)은 각 도시마다 있었으나 소규모일 수밖에 없었고 지역 생산품들을 취급하였다. 시장과 시장을 연결하는 조직이나 가격을 결정하는 시장경제 메카니즘 같은 것은 없었다. 이익을 위한 상품 교환의 규모와 비슷한 규모로, 사회적 전통에 따른 선물 교환이 이루어지고 있었다. 농업 이외에 상업이나 서비업 또는 직공일에 종사하는 사람들은 멸시를 당했으며 사회나 정부의 명예로운 자리를 차지할 수가 없었다.

기원전 8세기 이후 기원전 5세기까지 인구의 증가와 농토에 대한 욕구는 앞서 말한 바와 같이, 지중해 전역과 흑해 지역에서의 식민지 개척에 열을 올리게 되는 주요 동기였다. 이렇게 하여 생긴 새로운 도시들은 토지를 개간하였고, 증가된 인구를 먹여 살리는 데 필요한 농산물을 공급하였다. 널리 흩어져 있는 그 당시의 그리스 제품(특히 도자기)의 고고학적 증거들을 보면 무역이 매우 광범위하게 시행되고 있었음을 알 수 있다(스파르타는 식민지 개척에 관심이 없었다).

기원전 6세기 초 소아시아에서 동전화폐(鑄貨)가 발명된 이후, 아테네는 즉시 그것을 도입하여 기원전 6세기 말 이래 쭉 교환의 주된 수단으로 사용하였다.

솔론의 개혁 기원전 600년경까지 아테네가 발전해 오는 동안, 다른 한편으로는 사회 내부에 모순도 누적되어, 대대적인 개혁이 없이는 더 이상 국가의 존속이 어려워질 지경에 도달하였다.

솔 론

그리하여 아테네는 대대적인 수술에 들어갔는데 그것이 이른바 솔론(Solon, 630~560경 B.C.)의 개혁이다.

솔론의 개혁은 기원전 594년에 공식화되었는데 이것을 좀더 자세히 보면, 그 시대의 아테네의 사회 모습도 짐작할 수가 있다.

기원전 600년경 아테네가 당면한 가장 심각한 문제는 빈부의 격차였다. 부자들에게 빚을 진 자들은 자기 농토에서 나온 수확물의 6분의 1을 이자로 바쳐야 했고, 어떤 자는 빚을 얻을 때 자신과 가족의 몸을 저당잡힌 나머지 노예가 되거나 팔려가기도 했다. 그래서 많은 사람들이 외국으로 도망을 치거나 자식을 파는 일까지 벌어지게 되었다.

그러나 인간에게는 양심이라는 것이 있어서 이러한 상황이 잘못된 것이라는 것은 누구나 인정을 하였다. 그래서 몇몇 보다 적극적인 용감한 자들은, 노예가 된 사람들을 해방시키고, 토지분배를 다시 해야 한다고 주장하면서, 자신들의 요구를 실행해 줄 인물을 찾기 시작했다.

그래서 아테네 사람들은 솔론(Solon: 638년경~558년경 B.C.)을 찾아가 왕이 되어 공화국을 구해줄 것을 요청했다. 솔론은 아테네의 중산층에 속하는 사람이었으나 혈통으로는 왕족인 귀한 가문의 출신으로서, 일찍이 살라미스섬을 아테네에 복속시키는 데 공을 세워, 국민들로부터 존경과 신망을 받던 사람이었다. 그때 아르콘(Archon, 민선 장관)이었던 솔론은 왕위를 진정으로 사양하고 아르콘의 한 사람으로서 입법을 통한 조용한 정치를 바랐다. 그는 "전제군주는 과연 좋은 자리이긴 하지만 한번 그 자리에 앉게 되면 떠날 수가 없게 된다"고 말했다. 그는 누구나 전제군주가 되면 폭군의 권세를 휘두르게 되고 이름을 더럽히게 된다고 하였다. 솔론은 대중의 인기에 영합하려고도 하지 않았고, 권력자에게 비굴한 태도도 보이지 않았다고 한다.

레스보스(Lesbos)의 역사가 파니아스(Panias)의 말에 의하면, 그때 솔론은 민심을 얻기 위해, 빈민들에게는 토지를 분배해 주고, 부자들에게는 빚을 돌려받을 수 있게 해 주겠다고 양쪽 모두를 만족시키는 약속을 했다고 한다.

부자들은 솔론의 부유함 때문에, 가난한 사람은 그의 정의감 때문에 다 같이 자기들의 편이라고 믿고 있었다. 그가 "모두가 평등하면 전쟁은 일어나지 않는다"고 말했을 때, 부자들은 이 말을 재산은 그 사람의 업적에 따라 공평하게 분배되어야 한다는 뜻으로 해석하고, 가난한 사람들은 이 말을 재산을 모두 평등하게 나누어 가져야 한다는 것으로 생각하였다. 따라서 양편은 모두 솔론에게 희망을 걸었으며 그가 입법권을 쥐고서 자유롭게 정책을 세우도록 그를 지지했다. 그리하여 솔론의 개혁이 가능하였던 것이다.

솔론이 만든 최초의 법은 부채의 잔액을 탕감하고, 사람의 몸을 저당으로 돈을 꾸어주는 것을 금지시키는 내용이었다. 솔론은 토지 소유에 대해서는 손을 대지 못했으나, 부채 탕감으로 빚진 사람은 없어지게 되었다.

이 시대에도 약삭빠른 협잡꾼들이 있어서 솔론이 빚은 청산시키되, 토지 소유에는 손을 대지 아니하려 한다는 것을 알아차리고는, 협잡꾼들은 거액의 돈을 빌려 토지를 사들여 자기 소유로 만들고, 빚은 탕감을 받았다. 이런 일로 인해 솔론의 개혁은 한때 실패로 돌아갈 듯한 위기를 겪었으나 솔론을 믿어 주는 지지자의 수가 더 많았기 때문에 솔론은 계속하여 개혁을 해 나갈 수 있었다.

솔론 이전까지 아테네에서는 형벌이 매우 무거웠다. 거의 모든 사소한 죄에 대해서도 사형을 내렸다. 게을렀다는 죄로 사형을 받는 사람도 있었고, 채소나 과일을 훔친 사람도 사람을 죽인 죄인과 똑같은 형벌을 받았다. 솔론은 살인죄를 제외한 나머지 죄에 대한 무겁고 가혹한 형벌을 모두 폐기시켰다.

솔론은 평민들의 정치적 권리를 신장시키는 조처를 취하였는데, 이러한 조처는 아테네의 민주정치를 한 단계 더 발전시켜 주었다. 솔론은 민중들에게 행한 연설에서 "자유를 지키기 위해서는 용기가 필요하다. 독재정치가 싹트기 전에는 막는 일이 쉽지만, 그것이 성장한 후 쓰러뜨리는 일은 어렵다. 그러나 그 어려운 일을 해내는 것은 참으로 위대한 일이며 영광스러운 일이다"고 말했다. 이번 개혁의 골자는 평민들에게 공무를 담임할 수 있게 하고, 사법권(司法權)을 빈민들에게 넘긴 것이다.

솔론 이전의 아테네 정치구조는 원로원(元老院: Areopagos 회의)이 있고, 일반시민으로 구성되는 민회(民會, Ekklesia)가 있으며, 민회가 선출하는 아르콘(Archon, 민선집정관)들이 있었다. 아르콘은 행정뿐 아니라 재판을 행하는 사법적인 기능까지를 겸하고 있었다. 민회를 구성하는 일반시민은 민회에서 발언권은 있었으나 관직을 담당할 수 있는 공무담임권은 없었다.

솔론은 평민들에게도 관직을 맡을 수 있는 공무담임권을 주기 위해 시민들을 그 재산 정도에 따라 4등급으로 분류하고, 등급에 따라 관직의 고하를 정하도록 하였다.

즉 1년에 500'되'의 수입이 있는 자를 1급(펜타코시메딤니)으로 하고, 말 한 필을 가지고 있거나 300'되'의 수확이 있는 자를 2급(텔룬테스)으로, 200'되'를 수확하는 자를 3급(제우기타이)으로 하고, 그리고 그 밖의 적은 수입을 가진 자(테테스라)를 관직에는 취임할 수 없으나 공동집회에 출석하고 배심원이 될 수 있는 자격을 가지게 했다. 그리고 이제부터 재판은 아르콘이 하는 것이 아니라 배심원들이 재판관이 되는 재판소에서 하도록 했다. 다시 말해 평민 가운데 재산이 적은 영세평민을 재판관이 되도록 했던 것이다.

솔론은 그러나 소송사건이 배심원(재판관)에게 가기 전에 미리 사건을 예비심사 하는 '제2민회'를 구성하였는데, 제2민회에서 통과하지 못하는 사건은 민회에 회부할 수 없었고, 따라서 재판소에까지 이르지도 아니하였다. 제2민회는 4부족에서 각각 100명씩을 뽑아 400명으로 구성하였다. 현대의 것에 비추어 말한다면 제2민회는 하원(下院)에, 그리고 민회(民會)는 상원(上院)에 해당한다 할 것이다.

그리고 솔론은 원로원을 아르콘을 지낸 자들로 재구성하고 종전처럼 법률이 잘 지켜지는지, 제대로 작동을 하는지 등 법률을 감시·보호하는 역할을 주었다. 그리고 민회에서 선출되는 아르콘은 집행 장관으로서 역할을 하도록 하였다.

평민들은 솔론 개혁 이후 재산 정도에 상응하는 것이기는 하였지만 이제 관직을 맡을 수 있게 되었다. 또한 평민들은 2개의 민회를 구성하는 구성원이 되고, 재판관(배심원)이 될 자격을 획득했으며, 민회를 통하여 아르콘(민선집정관)을 선출할 수 있는 권리를 가지게 되었다.

그리고 평민들로 하여금 자기가 직접 피해자일 때 고소할 수 있을 뿐 아니라 남의 피해사실에 대해서도 고발할 수 있는 권리를 갖도록 했다. 이렇게 함으로써 평민들은 평민의 권리를 스스로 보호하게 하자는 것이 솔론의 생각이었다.

솔론의 법은 여성의 지위를 향상시키는 조처들을 취하였다. 신부가 시집올 때 많은 지참금을 가져올 것을 기대하는 탐욕의 폐해를 막기 위해, 지참금을 가져오지 못하도록 하고, 옷 세 벌과 약간의 살림살이만 마련하도록 하였다. 재산을 상속받는 여자를 아내로 얻은 남편은 매달 3번 이상 아내에게 가서 같이 있도록 하는 것도 있었다. 또 유산 상속을 받을 여자가 결혼을 했는데, 그 남편이 불구라는 것을 발견한 경우에는 남편의 친척 중 다른 남자와 다시 결혼하여 자식을 낳을 수 있다는 법률도 만들었다. 이런 법률들로 미루어 볼 때 솔론 이후의 아테네 여성들이 부정(不貞)한 행동만 하지 않는 한 얼마나 당당했을 것인지 짐작할 수 있다.

솔론은 또한 유서(遺書)와 유언(遺言)에 대한 법을 만들었다. 이 법은 자식이 없을 경우에는 자기가 지목하는 사람(들)에게 자신의 재산을 상속토록 하는 것이었다. 가족이 있을 경우에는 죽은 사람의 재산이나 집은 모두 그들에게 상속되었다.

솔론의 법률 중에는 죽은 사람을 비난하지 못하도록 하는 규정도 있었다. 어기는 자에게는 벌금으로 처벌하여 모범으로 삼았다. 그리고 장례 때, 종전까지의 풍속으로서 여자가 옷을 풀어 헤치고 통곡하거나, 돈을 주고 사람을 사서 울게 하는 것을 금지시켰다. 또 묘(墓)에 소를 잡아 바치는 일, 시신과 함께 세 벌 이상 옷을 매장하는 일, 장사 지낼 때 외에 남의 무덤에 가는 일 등도 금지시켰다.

아티카(Attica)는 각 나라에서 찾아드는 사람들로 들끓었지만 토지는 거의 메말라 생산되는 양이 적은 상태였다. 그래서 솔론은 상공업을 장려하고 무역에 힘쓰기 위한 법을 제정하였다. 그 법은 자식들에게 무엇이든 한 가지씩 기술을 배우도록 한 것으로서 이를 지키지 않는 아버지는 아들이 부양의 의무를 다하지 않아도 된다고 하였다. 한편, 일하지 않는 사람들을 처벌하도록 법률을 고쳤다.

그리고 정식결혼을 하지 않는 부부 사이에서 태어난 아들은 아버지를 부양할 의무가 없다는 법도 있었다. 정식결혼을 하지 않는 사람은 자식을 낳기 위해서가 아니라 쾌락을 위해 여자를 데리고 살았다고 생각했기 때문이다.

이 시대에 아테네에서는, 스파르타와는 달리, 헤시오도스(Hesiodos: 7세기 B.C. 서사시인)가 말한 것처럼 비지니스는 부끄러운 일이 아니었으며, 그 중에서도 무역은 외국의 왕들과 사귈 수 있고, 견문을 넓히는 기회가 되었기 때문에 명예로운 일로까지 생각되었다. 철학자 탈레스(Thales. Miletos 출신. 밀레토스학파의 시조. 640~546 B.C.)와 수학자 히포크라테스(Hipocrates)도 무역 상인이었다. 상인들 중에는 거상(巨商)으로서 대도시를 건설한 사람도 적지 않았다.

또 당시의 이민법을 보면, 출생한 도시에서 영원히 추방되었거나, 장

밀레토스 주변 지리

사를 하기 위해 모든 가족을 데리고 아테네로 이사해 온 사람들만을 시민으로 인정하였다(스파르타는 쇄국정책을 썼다).

본래 이곳에는 물이 귀해서 우물을 파서 물을 얻었다. 거리마다 일정한 간격으로 우물을 두고 공동으로 사용케 하였고 여기서 멀리 떨어져 사는 사람은 각자가 우물을 파서 사용하였다.

남의 사유 재산권을 존중하여, 나무를 심을 때나, 도랑을 팔 때나, 꿀벌을 기를 때는 남의 땅으로부터 일정한 거리를 띄어 놓고 행하였다(스파르타에서는 시민인 남자 아이들에게 도둑질을 장려하였다).

성도덕(性道德)과 관련해서는, 누구든 자기 아내와 간통하는 현장을 목격했을 때는 정부(情夫)를 죽이는 일이 허락되었다(스파르타에서는 혼외생식(婚外生殖)이 허락되었다). 자유민인 여자를 강간한 사람은 100드라크마의 벌금을 물었다. 딸이 결혼 전에 부정을 저지른 경우를 제외하고는 자기 딸을 팔 수 없었다.

솔론 당시의 시세를 보면 곡물 1부셀(36리터, 두 말이 조금 안 된다)이 1드라크마였고, 양(羊) 한 마리가 1드라크마, 황소 한 마리가 5드라크마였고, 올림픽 경기에서 우승한 사람에게 주는 상금은 500드라크마였다.

이상에서 보는 바와 같이 도시국가 아테네는 스파르타에 비해 좀더 보편적이고도 자연스러운 가치관을 가지고 좀더 개방적이고 좀더 자유스러운 체제였다. 아테네의 모습은 그 시대에 스파르타를 제외한 다른 모든 그리스 세계 폴리스들의 모범이었다.

자연철학의 대두

밀레토스 학파 기원전 7~6세기에 이르러 해상교역이 발달하자 그리스 세계 일각에서 인류 최초로 자연현상과 자연의 원리에 주목하는 자연철학이 대두하였다. 크레타(Creta) 섬과 에게해는 지정학적 이유로 해상교역이 발달하여 연안 도시들이 번영하였는데 그 가운데서도 밀레토스(Miletos) 시(市)가 가장 번창하였다. 밀레토스는 에게해의 동쪽 연안에 위치한 부유한 상업도시로서 여러 민족을 상대로 교역을 하는 사이에 생각도 달라져 갔다. 이제 물질적으로나 정신적으로 여유를 갖게 되자 과거의 사고에 얽매이기보다는 오히려 자유스러운 사고를 가지게 되었다.

지리적으로도 크레타섬이나 밀레토스와 같은 도시들은 에게해 건너편에 위치하는 그리스 본토와는 거리가 먼 대신, 페르시아 등 아시아 국가들과는 거리가 가까웠다. 그리하여 호메로스적 전통이 높은 그리스 본토의 사조(思潮)보다는, 원래부터 과학과 수학이 발달한 오리엔탈 세계의 사조에 더 쉽게 접근할 수 있었다. 그 결과, 밀레토스시에서는 기원전 6세기 약 1백년 사이에 간과할 수 없는 3명의 자연철학자가 한꺼번에 나타났는데 우리는 그들을 밀레토스 학파라고 부른다.

탈 레 스 이 도시의 탈레스(Thales, 640~546 B.C.)는 후세인들에 의해 인류 최초의 철학자로 꼽히는 인물이다. 탈레스는 만물의 근원을 물이라 하였다. 만물의 근원을 물이라고 본 것은 신으로부터 완전히 떠난 새로운 '관찰과 사유'의 결과였으며, 사람들에게 새로운 관찰과 사유를 가지도록 자극하였다. 모든 것이 물로 되어 있다는 주장은 하나의 철학적 가설이지만 어리석은 가설은 아니다. 그의 가설은 후일 밝혀지지만 철학적 가설이라기보다는 과학적 가설이었다. 만물의 근원은 수소(水素)로 되어 있다는 것이 과학적 정설이며, 수소는 물의 3분의 2를 차지하고 있다.

탈레스는 일식(日蝕)이 있을 것을 미리 알아 맞혔다고 한다. 천문학자들에 의하면 그가 알아맞힌 일식은 기원전 585년에 있었을 것이라고 한다. 그가 일식을 예견했다고 해서 그를 특별한 천재로 볼 이유는 없다. 그때 이미 바빌론의 천문학자들은 일식이 대체로 19년 주기로 되풀이된다고 하는 것을 알고 있었다고 하는데, 탈레스가 그들로부터 배워서 알았을 수도 있을 것이다. 탈레스는 이집트로 여행하였으며 그곳에서 기하학을 배워 왔다고 한다. 탈레스는 육지에 있는 두 관측 지점에서 바다에 떠 있는 배까지 거리를 계산하는 방법이나, 피라미드의 높이를 그 그림자의 길이로 추산하는 방법도 발견하였던 것 같다. 이러한 계산은 사실 각도를 이용하면 간단히 나오는 것이다. 그가 배워온 기하학은 이집트인이 상식으로 알고 있던 수준의 것이었다.

아리스토텔레스는 그의 「정치학」(Politics)에서 탈레스에 대해 재미있는 이야기를 하고 있다.

"그는 한때 무척 가난하기 때문에 남의 핀잔을 받았다. 그가 가난하게 사는 것을 보니 철학이란 무용지물이라는 것이었다. 전언(傳言)에 의하면 그는 천문(天文)을 보고 아직 겨울인데도 이듬해에는 올리브가 대풍

이 되리라는 것을 알아내었다고 한다. 그는 얼마 안 되는 돈으로 보증금을 지불하고, 키오스와 밀레토스에 있는 올리브 유를 짜는 모든 기계를 빌리기로 하였다. 아무도 그와 경쟁하여 보증금을 걸 사람이 없었으므로 그는 싼 값으로 기계 차입을 독점할 수 있었다. 아니나 다를까, 이듬해에 올리브가 풍작이라 저마다 부랴부랴 기름 짜는 기계를 원했으므로 그는 자기 의향대로 값을 정해 그 기계들을 그들에게 빌려주고 많은 돈을 벌게 되었다."

탈레스는 독신으로 살면서 무역업에 종사하여 부자로 살았다. "왜 독신으로 사느냐?"는 질문에 "처자식에 대한 애정으로 인한 고통을 피하기 위해서"라고 답했다 한다.

후대인들은 철학서를 쓸 때 처음에 탈레스부터 서술을 한다. 이때의 철학이라는 용어의 뜻은 세상이나 우주의 원리에 대한 합리적인 사고쯤으로 이해하면 될 것이다.

아낙시만드로스 밀레토스 학파의 두 번째 철학자는 아낙시만드로스(Anaximander, 7~6C B.C.)이다. 그의 생존 연대는 확실치 않으나 기원전 546년 때 64세였다는 기록이 있다.

그는 만물의 근원은 물도 아니고, 우리가 알고 있는 어떤 물질도 아닌, 물질과는 다른 하나의 실체라고 주장한다. 이 말만 들으면 혹시 종교에서 말하는 창조주나 신 같은 존재를 의미하는 것이 아닌가 하는 생각이 든다. 그러나 아낙시만드로스는 그 실체를 '정의'(正義, justice)라고 하였는데 그의 '정의'는 과학적 '원리'나 '법칙', 또는 '역학관계' 같은 것을 의미하는 것이었다.

예컨대 물과 흙과 불 사이에는 일정한 비율을 유지하고 있어야만 물·흙·불로서 존재할 수 있다. 만약 이 물질들 중에서 어느 하나가 근원

라파엘로의 "아테네학당"에서의 아낙시만드로스

적인 것이라면 그것이 다른 물질들을 정복하고 말 것이다. 그는 물질들은 서로 대립되어 있다고 주장했다. 공기는 차고, 물은 습하며, 불은 뜨겁다. 각 물질들은 각각 자기 세력을 넓히려는 성질이 있다. 그러나 상호간의 형평을 유지시키는 필연적인 법칙이 있는데 이런 법칙이 바로 '정의'라는 것이다. 그러므로 '정의'는 중립적인 것이라고 하였다. 어느 한 쪽으로 편벽되지 아니하고, 일정한 한계를 지켜야 한다는 이러한 '정의' 개념은 그리스인들이 가지고 있는 가장 깊은 신념의 하나였다고 한다. 신들도 인간과 마찬가지로 정의에는 복종해야 하는 것이다. 정의가 즉 지상권(至上權)이며 이 지상권은 결코 최고신(最高神)도 아니고, 인격적(人格的)이지도 않다.

아낙스만드로스는 또한 만물의 생성과 운동을 진화론적으로 보았다. 아낙시만드로스는 불이 있는 곳에는 재(灰)가 있게 마련이고, 이 재가 흙이라고 보았다. 물이 흙을 적시면 불(태양)이 흙을 말리는 현상에서 보는 바와 같이 물질과 물질 사이에는 영원한 운동이 전개되어 세계들이 이루어진다고 주장하였다. 이러한 세계들은 유대교에서 주장하는 것처럼 창조된 것이 아니라 진화된 것이다. 동물계에서도 진화가 있다. 생물은 습하나 물질에서 생긴 것이다. 인간은 다른 동물들과 마찬가지로 어류에서 비롯된 것으로 그것은 어떤 특수한 동물이었을 것이다. 이런 주장을 볼 때 아낙시만드로스는 인류 최초의 진화론자였다. 아낙시만드로스는 과학적인 호기심이 대단하여 지도를 처음으로 만들었다고 한다. 그는 지구의 형태가 원통(cylinder)이라고 주장하고 태양의 크기도 지구의 27배, 또는 28배라고 말했다고 한다. 그의 계산은 턱없는 것으로 드러났지만 그의 사고는 언제나 과학적이고 합리적인 독창력을 지니고 있었다.

아낙시메네스 아낙시메네스(Anaximenes, 6C B.C.)는 밀레토스 학파의 세 철학자 중 마지막 철학자로서 연대는 정확지 않다. 그는 분명히 아낙시만드로스보다 뒤에 태어났으며, 페르시아가 이오니아의 반란을 진압하던 중 밀레토스를 파괴한 기원전 494년 이전에 활동한 것으로 보인다.

그는 가장 기본이 되는 물질을 공기라고 말하였다. 영혼도 공기이며, 불은 희박해진 공기이다. 공기가 짙어지면 물이 되고, 더욱 짙어지면 흙이 되고, 더더욱 짙어지면 돌이 되는 것이다. 물질의 차이는 농도의 차이이다.

그는 지구가 원반(圓盤)과 같은 모습을 하고 있다고 생각하고, 공기가 만물을 에워싸고 있다고 보았다. 그는 세계를 숨쉬고 있는 것으로 보았다.

아낙시메네스는 피타고라스(Pythagoras)나 그 밖에 후세의 여러 사상가에게 영향을 주었다. 피타고라스 학파에서는 지구가 둥글다는 것을 발견했으나, 원자론자들은 아낙시메네스의 견해를 고집하여, 지구는 원반형(disc)을 이루고 있는 것으로 간주하였다.

탈레스나 아낙시만드로스, 아낙시메네스의 사상을 통틀어 과학적인 가설(假說)이라고 볼 수 있다. 그리고 여기서는 의인화하려는 의향이나, 도덕관념의 부당한 개입은 별로 찾아볼 수 없다. 밀레토스 학파의 중요성은 그 학파에서 이룬 업적에 있는 것이 아니라 그 학파가 시도했던 노력에 있다. 이것은 그리스 정신이 외부세계(바빌론이나 이집트 등)와의 접촉에서 생긴 하나의 열매라고 볼 수 있다.

밀레토스시에는 자연철학 이외에 자유주의와 개인주의가 대두되어 있었다. 귀족이 아닌 상인계급(부자)은 낡은 관습과 전통에 구애되지 않고 세계와 자연을 자기 본위로 관찰하고, 향락에 몸을 맡기기를 좋아하고, 음식과 연애에 많은 시간을 소비하였다.

미술가들은 작품에 자기 이름을 적어 넣어 개개인의 개성을 드러내려고 하였으며, 공공생활에서는 자기를 타인과 대립시켜 나갔으며 개성이 강한 자가 권력을 잡았다.

피타고라스 학파 자연철학을 과학답게 만든 사람은 피타고라스(Pythagoras, 580~500 B.C.)이다. 그는 천재였으며, 자연현상에 대한 그의 가설과 이론은 그 이후 과학의 길을 지시하는 길잡이가 되었다. 그를 추종한 일군(一群)의 학자들을 우리는 피타고라스 학파라고 불렀다. 피타고라스의 관찰력과 사유는 그의 첫 노작(勞作)으로서 기하학의 대성으로 나타났다.

그는 '수(數)는 만물의 본원'이라고 주장하고, 수의 조화에서 천체의 운동도 생기고, 음악도 들려온다고 말하였다. 그는 숫자의 아버지라 불리기도 하며, 그의 수는 신비주의와 연결되어 이른바 '피타고라스주의(主義)'를 탄생시켰다.

처음으로 지구가 구형(球形)이라고 생각한 사람이 피타고라스였다. 그는 월식에서 볼 수 있는 지구의 그림자에서 지구가 둥글다는 결론을 내리게 되었다. 그리고 지구를 행성의 하나라고 보았다. 그리고 모든 행성은 지구도 포함하여 원운동을 하는데, 그것은 태양의 주위를 도는 것이 아니라 '중앙화'(中央火, Central Fire)의 주위를 도는 것으로 보았다. 그리고 달이 지구에 대해 언제나 같은 면을 보이면서 지구 주위를 돈다는 것을 발견하였다. 그리하여 지구는 '중앙화'에 대해 같은 면을 보이면서 돈다고 생각하였다. 지중해 지역은 '중앙화'의 반대편에 있기 때문에 '중앙화'를 볼 수가 없고 태양은 거기서부터 오는 빛을 반사하여 빛을 낸다는 것이었다. '중앙화'가 있다고 생각한 이유는 월식이 때로는 달과 해가 동시에 수평선의 상부에 있는데도 일어났기 때문이다. 피타고라스는 이 현상의 원인이 되는 광선의 굴절에 관하여 모르고 있었다. 그리하여 그들은 지구 뒤쪽에 '중앙화'가 있어서 지구의 그림자가 달을 가렸다고 생각하였다. 즉, 그의 생각으로는 별들의 순서가 태양, 달, 지구, '중앙화'였다.

피타고라스

그의 가설이 약간 빗나가기는 했어도 이 가설은 매우 중요한 의미를 함축하고 있다. 지구에 대해서, 지구가 우주의 중심이 아니라, 다른 행성들 중의 하나라고 생각했으며, 고정되어 있는 것이 아니라 공간에서 항상 움직이고 있다고 생각한 것은 인간 중심적인 사고방식에서의 해방을 의미하는 것이다. 우주에 대한 인간의 자연적인 상상에 의하여, 이러한 변화된 관념이 일단 나타나기만 하면, 다음에는 과학적인 논의를 통해 보다 더 정확한 학설로 유도하는 일은 별로 어렵지 않다. 플라톤 시대 이후에는 피타고라스학파에서도 '중앙화'에 대한 가설을 제거해 버렸다.

피타고라스는 왜 계절이 변하며, 계절에 따라 낮의 길이가 변화하는가를 발견하려고 했으나 그 자신이 미처 알아내지는 못했다(이에 대한 해답은 플라톤이 알아냈다. 즉 지구 자전의 축이 기울어져 있기 때문이라고).

피타고라스는 수(數)를 주사위나 트럼프에서 보는 바와 같은 형상(形相)으로 생각하였다. 우리가 지금 사용하고 있는 평방(平方)이니 입방(立方)이니 하는 말들은 모두 그에게서 비롯된 것이다. 그리고 그는 장방수(長方數), 삼각수(三角數), 피라미드 수 등에 대하여 말하고 있는데, 이것들은 다 각각 그 해당되는 형상을 만드는 데에 필요한 자갈(pebble)의 수이다.

피타고라스와 그의 제자들은 음악에 있어서 현의 길이와 음정과의 사이에는 관계가 있으며 어떤 음의 8도 음정(옥타아브), 5도 음정 및 4도 음정 사이에는 각각 일정한 수적 비율이 있음을 발견하였다. 음악은 수학적 공식이나 비율로 표현될 수 있다는 것이었다. 이리하여 그들은 소음(騷音)도 형식을 갖추게 되면 음악으로 변한다는 것, 그리고 수(數)가 그 형식의 원리라는 것을 깨닫기에 이르렀다.

또한 그는 직각삼각형의 정리를 발견하였다. 직각삼각형에서 직각을 낀 두 변 위에 만드는 두 개의 정사각형의 넓이를 합친 것은 나머지 빗변 위에 만드는 정사각형의 넓이와 같다는 정리이다. 앞서 이집트 인들은 삼각형의 세 변이 3, 4, 5로 이루어져 있을 때에는 그 삼각형은 직각삼각형이 된다는 것을 알고 있었을 뿐이었는데, $3^2+4^2=5^2$라는 것을 알아낸 것은 피타고라스였다. 이것은 수학사상 아주 중요한 발견이다. 이로써 우리는 직각을 낀 두 변의 길이를 알 때 빗변을 계산으로(자로 재어서가 아니라) 알아낼 수 있는 것이다.

의학에 있어서도 수적 비율이 중요하다. 육체는 어떤 요소들의 상호관계, 즉 더운 것과 찬 것, 젖은 것과 마른 것들의 상호관계로서 이해되었으며, 건강이란 이 요소들 사이에 올바른 수적 비율을 확보함에 달려있다고 믿었다. 즉 병은 부조화요 건강은 조화라는 것이다. 병과 건강과의 관계는 무질서한 혼돈과 정연한 형식과의 관계와도 같다. 여기서도 수가 그 형식의 원리인 것이다. 이러한 수학적인 원리로부터 나오는 피타고라스의 사상은 독특한 성질을 띤다. 즉 가치 있고 훌륭한 것에는 정밀하고 명확한 형식이 있다는 것이다. 확연한 것, 정확한 것, 정형적(定形的)인 것은 좋은 것이며, 정밀하지 못한 것, 명확하지 못한 것, 정형이 없는 것은 나쁜 것이다. 이러한 사상은 플라톤의 사상을 비롯하여 후세의 여러 사상에 영향을 끼쳤다.

아리스토텔레스는 그에 대하여 말하기를 "피타고라스는 처음에 수학과 산술에 열중하였으나 이윽고 갑자기 기적과 같은 일에 몰두하게 되었다"고 하였다.

여기서 잠깐 그의 생애에 대해서 보기로 하자. 그의 생애는 많은 부분이 신비에 쌓여 있으나, 알려진 부분은 대략 이러하다. 그는 기원전 580년경 상업적으로 밀레토스와 경쟁관계에 있던 사모스(Samos) 섬에서 돈이 많은 보석 세공인의 아들로 태어났으며 어릴 적부터 학문에 뛰어난 재주를 보여주었다. 그는 잘생기고 명랑하고 품위가 있었으며 어떠한 경우에도 화를 내지 않는 사람이었다 한다. 그는 이집트를 방문하여 그곳에서 오랫동안 공부했는데 이집트가 페르시아에 의해 멸망할 때 다른 철학자들과 함께 바빌론으로 포로로 잡혀 갔었다. 석방이 되어 사모스로 돌아왔으나 참주(僭主)의 폭정과 부패에 실망하여 사모스를 떠나 남부 이탈리아의 그리스인 도시인 크로톤(Croton) 시로 이주하였다. 크로톤은 밀레토스처럼 번영을 누리고 있던 도시였다. 피타고라스는 크로톤에서 자신의 견해를 확립하였다. 그는 그곳에서 크로톤 여성과 결혼을 하였고 제자들을 모아 가르치고 그들과 함께 공동생활을 하며 그 사회에 영향을 크게 미쳤다. 그가 크로톤시에서 왕성히 활동하던 때가 기원전 532년(48세)경이었다. 그는 수학자이면서 종교적이었다. 그는 마음의 평안을 얻기 위해 여러 종교를 섭렵했으며, 그 중에서 오르페우스(Orpheus) 교에 심취하였다. 그는 쇠퇴해가고 있는 오르페우스교의 부흥을 꿈꾸었다.

그는 크로톤시에서 그의 제자들과 함께 한 종교단체를 조직하고, 이 종교단체를 평화로운 공동체사회로 하여 공동생활을 하였다. 그가 세운 종교의 주요 교리는 영혼의 윤회설이다. 그에 따르면, 첫째, 영혼은 불멸이며 다른 생물들로 탈바꿈을 한다. 그리하여 영혼은 언제나 일정한 주기를 두고 생물로서 다시 태어나게 되므로 아주 새로운 존재란 있을 수 없다(그는 동물들에게도 설교를 하였다). 그리하여 생명을 타고난 것은 다 친인척 관계에 있다고 보아야 한다. 그러므로 죽음을 두려워할 이유가 없다. 죽음이 오면 우리의 영혼은 다른 육체로 옮아갈 뿐이다. 그의 교도(敎徒)들은 죽음을 두려워하지 않았다.

피타고라스가 창설한 공동체에는 남녀가 모두 같은 조건으로 가입하였다. 재산도 공동으로 소유하며 침식과 노동을 같이하였다. 공동체의 개인들은 '아무 것도 소유하지 않으나 모든 것을 소유'하였으며 절제와 금욕을 생활의 신조로 삼았다. 절제와 금욕은 영혼의 정화를 위한 것이었다.

이 단체의 규칙으로는 이런 것들이 있었다. (1) 콩을 삼가라. (2) 떨어져 있는 물건을 주워서는 안 된다. (3) 흰 수탉을 건드려서는 안 된다. (4) 빵을 뜯어서는 안 된다. (5) 빗장을 넘어서는 안 된다. (6) 쇠붙이로 불을 휘저어서는 안 된다. (7) 한 덩어리 빵을 통째로 먹어서는 안 된다. (8) 꽃

다발의 꽃을 뜯어서는 안 된다. (9) 되(斗) 위에 앉아서는 안 된다. (10) 높은 길로 다니지 말아야 한다. (11). 불빛 곁에서 거울을 보지 말아야한다. (12) 잠자리에서 일어날 때에는 침구들을 함께 말아서 잔 흔적이 없게 해야 한다.

이러한 규칙들로 미루어볼 때 이 단체의 공동생활에는 세세한 면에까지 까다로운 규율이 있었으며, 다른 사람에게 불편을 줄 수 있는 일은 일체 못하도록 규제한 것 같다.

그의 공동체 사회는 매우 성공적이었다(결말은 자유를 선호하는 민주주의자들의 공격으로 비참하게 종말을 고하였지만).

그는 영혼이 정화되면 출생의 수레바퀴(The Wheel of Birth)로부터 해방되어 구제를 받는다고 생각하였다. 그는 공정무사(公正無私)한 학문만이 최고의 정화를 가져올 수 있다고 했다. 이 학문에 전념하는 사람이야말로 진정한 철인(哲人)이며 그만이 가장 효율적으로 출생의 수레바퀴를 벗어날 수 있다고 하였다. "진리를 탐구할수록 영혼은 육체로부터 멀어지며, 만약 그대가 육체로부터 떠나오게 되면 그대는 지고(至高)한 곳에 이르게 되며 그대는 불사신(不死身, Deathless)과 같이 될 것이다"고 하였다.

피타고라스 학파는 우선 사색적 생활(사유)을 중시하였다. 피타고라스 학파는 이 세상의 사람을 3 종류로 나누어, 제일 낮은 계급은 물건을 사고팔고 하는 사람들이고, 다음으로 다소 높은 계급은 경기에 나가는 사람들이며, 가장 높은 계급은 구경만 하는 사람들이라 하고, 세 번째의 가장 높은 계급에 속하는 자가 철학자·수학자와 같이 관조(觀照)하고 사유(思惟)하는 자라고 하였다. 순수한 수학은 관조(사유)의 산물이다. 이와 같이 관조는 유용성이 있다. 수학 지식은 분명하고 정확하며, 또한 현실에 적용할 수 있는 것이다. 수학은 진리(眞理)이며 경이(驚異)이다. 그리고 수학 지식은 전적으로 사유에 의해 얻을 수 있으며, 관찰이 필요 없는 것이다. 수학적 지식은 공리(公理)로부터 추론한다. 이것은 감각적 관찰이나 경험으로는 도달할 수 없으나 연역적(演繹的) 추론으로 증명할 수 있다. 지성이 감각보다는 우월하다는 주지주의(主知主義)는 피타고라스 학파가 그 시초이다.

여기서 우리는 그의 수학과 그의 종교적인 주장은 서로 연관되어 있음을 볼 수 있다. 즉 수학의 연역적인 추론(사유)은 종교적인 진리에 도달하는 방법론인 것이다.

영원한 세계 —지능(intellect)에는 나타나지만 감각에는 나타나지 않는— 에 관한 모든 관념은 피타고라스로부터 비롯된다. 그의 수학과 종교를 포괄하는 그의 총체적인 그의 사상을 우리는 피타고라스주의라고 부른다. 그에게서 시작되는 수학(數學)과 신학(神學)의 결합은 그리스 시대와 중세기 그리고 칸트(Immanuel Kant)에 이르기까지의 근대 종교철학의 특징이 되어 있다. 러셀 경(Sir. Russel)은 피타고라스가 아니었던들 사상가들은 신과 영혼불멸에 대해 논리적으로 입증할 엄두를 내지 못했을 것이라고 말하고 있다. 위대한 소크라테스(Sokrates)나 플라톤(Plato)도 피타고라스의 제자뻘이 되는 것이다.

제 3 장

소크라테스·플라톤·아리스토텔레스

아테네의 융성

아테네가 위대하게 된 것은 두 차례의 페르시아와의 전쟁(490년 B.C., 480~479년 B.C.) 때부터이다. 그 전에는 이오니아와 마그나 그라에키아(Magna Graecia: 남부 이탈리아와 시실리의 그리스 여러 도시에 떼지어 살고 있는 그리스인의 무리)에서 위대한 인물들이 태어났던 것이다.

자그마한 도시국가인 아테네가 대제국인 페르시아를 상대하여 첫번째는 다리우스 왕을 마라톤에서 무찔러(490 B.C.) 승리를 거두었다. 두 번째로는 다리우스를 대신한 그의 아들 크세르크세스(Xerxses)의 침공에 대하여 아테네 영도하의 그리스 연합함대가 다시 승리(480 B.C.)를 하였다. 이것은 통쾌하고도 신기한 역사 중의 역사였다.

이 전쟁이 승리한 데에는 아테네의 군대 사령관이었던 테미스토클레스(Themistocles, 524~459경 B.C.)의 선견지명의 힘이 컸다. 그는 육군으로는 페르시아에 대항할 수 없지만 해군이라면 페르시아 군을 물리칠 수 있을 것이라고 생각하고 대비를 하였다. 그는 플라톤이 말했던 것처럼 "육군병사를 수병으로 만들고 그 결과 아테네 사람들에게서 창과 방패 대신에 노와 배를 주었다"고 악평을 듣기도 하였다.

페르시아 전쟁 이전까지, 아테네의 역대 집권자들은 바다에 대해서는 민간 무역선들의 운송로라는 정도의 관심을 가졌을 뿐이고 사람들의 생활은 육지에서 농사를 지으며 사는 것이 원칙이라고 생각하였다. 그러던 것이, 해군력에 힘입은 아테네의 승리로 아테네는 그리스 세계에서 패권(覇權)을 장악하게 되었으며, 아테네를 해양국가로 만들었다.

전쟁에서 육군을 담당했던 스파르타는 전후(戰後)에 경제적 피폐를 면치 못하였으나 해군을 맡은 아테네는 전후(戰後)에 전함을 상선(商船)으로 개조하는 등으로, 해군력이 해양 진출의 근간이 되었다. 그 결과 아테네는 급속히 대 무역국으로 성장하였고 그 번성은 비할 데가 없었다. 그리하여 앞서 소아시아 지방과 남부 이탈리아 그리스 도시들에서 발달하던 학문 활동도 그 터전이 아테네시로 옮겨졌다.

페르시아 전쟁 이후(479 B.C.), 전 역사(全歷史)를 통해 최전성기라 할 수 있는 아테네의 번영은 50년간 지속되었는데, 부(富)와 평화와 민주주의의 3박자를 다 갖추었었다고 하는 페리클레스(Pericles, 460~430 B.C. 집권) 시대도 이 기간에 포함된다.

아테네 번영의 50년은 아테네가 스파르타에 패배하게 되는 펠로폰네소스 전쟁(431~404 B.C.)이 발발함으로써 끝나고 만다. 그러면 50년 번영 기간의 아테네 사회를 좀더 보기로 하자.

아테네의 경제 아테네의 경제는 전통적으로 사유재산을 옹호하는 자유기업 경제였고 경제에 대한 정부의 개입은 매우 제한적이었다. 이것은 다른 문명과는 매우 대조적인 것이었다. 다른 문명에서는 정부나 종교기관이 경제를 지배하는 것이 일반적이었다.

아테네정부의 주요한 경제적 관심은 민간경제체제 내에서 조화를 유지시키는 것이었다. 즉 시민들이 적절한 가격으로 구입할 수 있도록 식량을 확보하고 그리고 정부의 재정수입을 확보하기 위해 시민들의 경제활동을 진작하여 세금을 그들로부터 거두어들이는 일이었다. 아테네는 사유재산권을 보호하기 위한 많은 법률들을 가지고 있었고 그러한 법률들을 실행하기 위한 관리들과 법정을 가지고 있었다.

민간인들 사이의 공정거래를 보호하기 위하여 도량형기와 주화(鑄

貨)를 감찰하고 시장에서 속이지 못하도록 감시하는 담당 관리들을 두었다. 아테네는 시민들을 위한 곡물 공급을 확보하기 위해 곡물의 수출을 금지하고 곡물의 수입을 장려하는 법률들을 가지고 있었다.

아테네는 비상시국 이외에는 시민들에게 직접적으로 세금을 부과하지 아니하고, 대부분의 세금은 간접세(시장세, 항구세, 외국인 거류세 등)였다. 세금징수는 정부와 계약을 맺은 개인회사들에 위탁하였다.

세금 이외에도 아테네는 국가가 소유한 땅과 광산을 임대하여 재정수입을 획득하였다. 재정수입은 정부지출을 감당하기 위해서는 필수적이었다. 정부지출은 행정비용, 공공축제, 전쟁에서 사망한 군인 유가족에 대한 지원, 해군용 함선의 수리, 성벽 수축, 신전 건립 등을 위한 것이었다.

아직 가장 중요한 시민들 사이의 토지 배분은 매우 불평등하였지만 대부분의 농업은 다수의 작은 가족농(家族農)에 의한 생계형 수준에서 계속되었다. 주요 수확물은 보리와 일부 밀을 합친 곡물이었으며 2년에 한 번씩 휴경(休耕)하는 영농법이었다. 곡물재배에 부적합한 땅에서는 올리브와 포도를 재배하였다. 가축으로는 양과 염소가 주종이었고 숫자는 많지 않으나 소, 말, 당나귀도 주요 가축으로서 사육하였다. 아테네에서 농산물은 자급자족이 가능하였으나, 가뭄으로 인하여 기근이 올 때도 많았다. 그래서 비옥한 토지를 향한 경쟁이 그리스 역사의 표징으로서 도시국가들 사이의 정치적 사회적 분쟁의 원인이 되었다.

일부 농민들은 지형과 기후를 잘 이용하여 남보다 우수한 생산을 하여 부농이 되기도 하였다.

광산은 경제에서 중요한 위치를 차지하였다. 이 시기에 그리스인들은 청동기와 철로써 기구와 무기를 만들어 썼다. 그리스 본토에서 구리가 생산된 것 같지는 않으며, 구리는 사이프러스섬으로부터 수입하였다. 주석 또한 그리스에서는 귀하여 멀리 영국으로부터 수입하였고, 철은 그리스 전역에 비교적 풍부히 매장되어 있었으나 어떻게 제련을 하였는지에 대해서는 알려진 것이 별로 없다.

아테네 경제에서 특별히 중요한 것은 은(銀)이었다. 아테네는 풍부한 은을 가지고 있었고 정부는 은광들을 개인에게 임대하여 채굴케 하였다. 1만 명의 노예가 은광에서 일했다. 여기에서 나오는 아테네정부의 수입은, 기원전 438년부터 12년 동안의 자료에 의하면, 연간 평균 200탈란트였다. 1탈란트는 숙련노동자 한 사람이 주 5일, 연간 52주를 일하여 번 임금을 9년간 모은 액수에 해당한다.

아테네의 은광 작업은 '산업'이라 할 만큼 특화되어 있었으며 성장 산업이었다. 아테네의 실력자들은 땅을 대여하기보다는 광산 대여를 선호하였다. 따라서 광산 소유를 희망하였다.

아테네는 많은 양의 석회와 대리석을 이용할 수 있었는데 이들은 펜텔리코(Penteliko) 산 기슭과 파로스(Paros) 섬에 풍족히 매장되어 있었다.

아테네의 인구 구성 아테네 최전성기에 해당하는 기원전 431년의 아테네의 인구는 약 305,000명으로 추산된다. 이들 중 자유시민이 160,000명(남자 40,000, 여자40,000, 어린이 80,000), 자유외국인 거류자(metics)가 25,000명, 그리고 노예가 120,000명이었다. 이 시기에는 아테네가 가장 큰 폴리스였으므로 다른 도시국가들의 인구는 훨씬 적었을 것이다.

앞서 말한 바와 같이 아테네의 농업은 주로 소규모 가족농에 의해 수행되었는데 농민은 예외없이 자유시민들이었다. 그러나 전체 4만 명의 남성 자유시민 내부에 계층의 차이가 현저하였고 그것에 따라 그들의 생활도 달랐다. 비교적 큰 토지를 소유한 귀족계층은 여러 명의 노예를 거느리고 농사와 다른 잡일을 시켰으며, 자신들은 주로 정치에서 지도적인 위치나 학문 및 군 고위 장교직에 종사하였다. 그보다 못한 중간계층쯤 되는 자유시민은 한두 명의 노예를 두거나 혹은 노예 없이 자신이 스스로 농사를 지었다. 빈곤층에 속하는 자유시민은 토지를 소유하지 못한 자들로서 전체 자유시민 남자의 약 4분의 1(1만 명)이 이에 해당했다. 중간계층과 하층도 정부 공직이나 재판에 관여하는 공직을 맡았다. 남성 자유시민의 사회에서의 역할은 그의 부와 밀접한 관계가 있었다.

병 역 그런데 자유시민 남자가 공통으로 지고 있는 임무가 있었으니 그것은 병역이었다. 원칙적으로 병역은 자유시민 남자의 몫이었다. 자유시민들은 군사적 임무를 담당하고 있다는 점에서 자존심과 명예를 가졌다.

건강한 모든 자유시민 남자는 18세에서 60세까지 병역의 의무를 지고 있었다. 18세에 징집되어 2년간 병영에서 훈련과 복무를 수행한다. 20세가 되면 일단 귀가를 하지만 국가의 필요에 따라 60세까지가 소집되었다. 소규모 전투가 발생했을 때는 대개 20~24세까지가 소집되었고, 군사적 필요가 크면 클수록 백발의 고 연령층까지 징집되었다. 징집된 자들은 사흘치의 식량을 싸 가지고 아테네시 바로 교외에 있는 리케움(Lyceum) 레슬링 경기장에 집합하였다. 고령층은 성(城)을 수비하는 등 아테네나 근교에 배치되었고 젊은 층은 멀리 출전하였다.

군대의 기병, 중무장 보병, 경무장 보병 등과 같은 병과(兵科)는 징집된 자의 경제력과 상관이 있었다. 그때는 필요한 군사 장비를 피 징집자가 자체 부담을 하였기 때문이다. 가장 부유한 계층은 주로 기병을 택했다. 물론 말(馬)도 스스로 조달한다. 기병은 전쟁에서 위험성이 가장 덜하며, 동시에 가장 비용이 많이 들어가는 병과였다. 기병이 되기 위해서는 어릴 적부터 승마훈련을 받은 경험도 필요하였다. 당시에는 말에 안장도, 발을 올려놓는 격자도 발명되지 않았던 시기였기 때문에 말 등에 올라타 말의 몸을 조이고 달리는 것이 매우 어려운 일이어서 어릴 적부터 훈련이 필요하였다 한다. 부잣집 아들이 아니면 할 수 없는 일이었다. 그래서 가장 부유한 계층의 청년이 기병이 되었다.

다음 계층은 주로 중무장 보병이 되었다. 중무장 장비로는 갑옷과 견고한 방패와 창과 칼 등이었다. 전쟁이 벌어지면 중무장 보병이 목숨을 내던지고 싸우는 병과였다.

빈곤층은 경무장 보병이었다. 그들은 무장에 필요한 돈이 없었기 때문에, 간단히 무장을 하였고, 전쟁에 나갈 때는 전투 현장까지 중무장 보병들의 창과 방패를 대신 들고 갔다. 경무장 보병들은 작은 충돌 때는 싸움을 하였으나 큰 전투에서는 뒷전으로 배치되었고, 취사당번, 군수물 운반, 말(馬) 관리 등 군사 보조역할을 담당하였다.

자유시민들에게 있어 병역은 필생의 임무였기 때문에 자유시민들은 정치나 학문에 대해 이야기하는 것보다 더 많이 창이나 방패 등 무기에 관한 이야기나 전투기술에 관하여 이야기했고, 체육관에 모여 부단히 신체를 단련하였다.

직 업 토지 소유자는 자유시민이었다. 왜냐하면 비 시민에게는 토지 소유가 금지되어 있었기 때문이다. 농민이 되는 것이 사회적인 이상이었지만 토지의 부족으로 인해 아테네의 남자 시민 가운데 4분의 1은 토지를 소유하지 못하였고, 그들은 그들의 생계를 위해 다른 직업을 택하지 않을 수 없었다. 예컨대 제조업, 서비스업, 소매상, 무역 등이 그것인데 이들 '비지니스' 직업은 농업에 비하여 사회적으로 위신은 낮았으나 필수적인 것으로 인정되었다. 자유시민이라 할지라도 '비지니스' 직종에서는 외국인이나 노예와 어깨를 나란히하여 일했으며 같은 임금을 받았다. 그러나 임금은 생활을 할 수 있는 정도의 좋은 수준이었다. 아테네에서 숙련노동자의 전형적 임금은 기원전 420~400년의 경우 하루 1드라크마(drachma)였으며 기원전 377년에는 2.5드라크마였다. 1드라크마는 한 사람이 16일 동안 먹을 식량을 구입할 수 있는 액수였다.

아테네 전성기에 25,000명으로 추산된 외국 태생 자유 비시민(自由非市民, metics)들은 그들에게 토지 소유가 금지돼 있었기 때문에, 사회적으로 위신이 떨어지는 '비지니스'(banausic) 직종에 종사하였다. 그러나 비지니스 직종에는 경제적 기회가 많았기 때문에 메틱스(metics)들이 몰려들었다. 메틱스들은 토지를 소유할 수도 없고 정치에 참여할 수도 없으며, 법률문제에는 자신을 대신할 시민을 내세워야 하는 차별대우와 더불어 인두세(人頭稅)를 물고 병역 복무를 해야 하는 등의 갖가지 불이익이 있었다. 그럼에도 불구하고 메틱스들은 아테네의 '비지니스' 일자리에 매력을 가졌다. 그들 중 많은 메틱스들이 아테네에서 큰 부자가 되었으며,

은행가 파시온(Phasion), 방패제조업자 세팔루스(Cephalus)와 같은 유명한 이름의 인물들이 배출되었다.

외국인 단기 체류자를 크세노이(Xenoi)라고 불렀는데, 이들은 주로 원거리 무역에 종사함으로써 아테네 경제에 크게 기여하였다.

아테네의 노예 아테네 120,000명이라는 숫자의 노예는 전체 인구의 3분의 1 이상을 차지하였다. 아테네의 노예는 소유주의 사유재산이었다. 그들은 농업노동, 광산노동, 상점보조원, 가사노동, 때로는 아테네에선 경찰보조원, 정부관리 비서 등 모든 종류의 일에 종사하였으나 권리는 아무 것도 없었다. 노예들이 하지 않은 유일한 일은 병역이었으나 비상시에는 병역에도 불려갔다.

노예는 여러 경로로 공급되었다. 대부분은 전쟁포로였다. 일부는 부채를 갚지 못하여 노예가 된 자들이며(이것은 기원전 6세기 초에 불법화되었음에도 불구하고), 일부는 고아였거나 기아(棄兒)였던 어린이가 그들에 대한 양육의 대가로 커서 노예가 된 자들이다. 노예의 자식들은 역시 노예가 된다.

노예들은 아테네 경제에서 빼놓을 수 없는 큰 부분을 차지하였으며, 아테네는 이제, 이전 시대와는 달리 노예 없이는 유지될 수 없는 '노예의존 사회'였다.

노예는 어느 특정 종족에 국한되지 아니하였고, 운이 나쁘면 그리스인까지도 노예가 될 수 있었으나, 노예의 상당수는 흑해 및 다뉴브 지역을 출신지로 하고 있었다. 그 이유는 그 지역의 잦은 부족간 전쟁에서 전쟁에 패하여 노예가 된 자들이 노예상인들에게 넘겨져 그리스 곳곳으로 팔려 왔기 때문이다.

이 시기 그리스에는 노예해방제도가 있었고 실제로 몇몇 노예는 노예 신분을 벗어났으며 많은 노예들이 자신들도 해방이 될 수 있을 것이라는 희망을 가졌다. 노예가 해방될 때는 주인에게 현금이나, 자기 자식을 자기 대신에 주인을 위해 더 적은 임금으로 일하도록 하는 등으로 보상을 하였다. 이러한 노예해방제도를 보고 고대 그리스의 노예제도는 '인간적'이었다고 평가하는 사람이 많으나, 실제에 있어서는 이것이 노예의 반란을 억제시키고, 노예제가 더욱 번창토록 하는 데 기여한 면이 더 컸다고 한다.

노예가 해방되면 그들은 시민이 되는 것이 아니라 외국인 신분인 메틱스가 되었다. 메틱스가 된 자들 가운데는 경제적으로 매우 성공하여 은행가 파시온처럼 유명해진 자도 있다. 파시온은 원래 노예였었다. 그는 죽기 전에 유언으로 그의 노예인 프오르미온을 해방시켜서 은행을 넘겨주었을 뿐 아니라, 미망인이 될 자기의 처와 결혼토록 하였다.

노예제도는 고대 그리스의 제조업 발달을 저해하였다. 제조업을 위하여 기술이나 조직의 향상이 필요할 때에도, 문제 해결을 위해서 단지 값싼 노예노동을 추가시키는 손쉬운 방법을 택하였기 때문이다. 그래서 큰 공장도 없었고 조립라인 같은 것도 없었으며 대부분의 제조품들은 그저 단순한 연장을 이용한 수제품(手製品)들이었다.

그런 중에서도 우리가 알기로는 가장 큰 제조업 시설은, 120명 노예를 고용한 외국인(메틱스) 소유의 방패공장이 있었다.

아테네의 산업·상업

조선업은 아테네의 세력을 유지시키는 해군력 확보를 위해 필수적이었다. 그러나 그리스에는 좋은 나무가 드물었기 때문에, 마케도니아나, 흑해, 소아시아 등지로부터 수입을 해다 썼다. 아테네정부는 개인 목수들과 계약을 맺고 정부 관리의 감독하에 그 목수들이 전함(戰艦)을 조립하도록 하였다.

건축은 개인 가옥에서부터 거창한 기념비적인 석조사원(石造寺院)에 이르기까지 범위가 넓었다. 개인 가옥은 매우 소박하게, 돌로 된 기초 위에 굽지 않은 진흙벽돌을 쌓아 그 위에 이엉풀이나 기와를 얹어 지붕을 만들었다. 아테네 아크로폴리스에 세우는 건물들은 공정을 작은 단위로 쪼개어 민간업자들에게 맡겼다.

물건의 가격은 지역의 실정과 인간관계에 의해서 결정되었으며, 정부가 가격을 결정하는 경우는 매우 드물었다. 아테네정부는 곡물 도매가격에 비례하여 빵의 소매가를 결정했으나, 정부가 곡물 도매가격을 결정하였다는 증거는 전혀 없다. 곡물 부족이 심각한 경우, 아테네는 가격이 인상된 부분을 아테네정부가 문다는 조건으로 무역상들에게 곡물을 들여오도록 하였다. 이것은 시민이 곡물 가격 인상으로 겪게 될 곤란을 완화시켜 주기 위한 조처였는데, 정부는 무역상들이 낮은 가격으로 시민들에게 팔도록 하였다.

시장끼리 연계된 조직화된 시장은 없었지만 각 도시들은 최소한 하나의 시장(agora)을 시 중심부에 두고 있었고 항구에도 항구시장(emporion)이 있었다. 아고라(agora)는 경제적 교환뿐 아니라 정치적·종교적·사회적 활동의 중심지 역할을 하였고 학문적인 토론이 이곳에서 이루어지기도 하였다. 시장 안은 물품의 종류에 따라 이쪽은 생선가게, 저쪽은 대장간 하는 식으로 자연스레 구획이 이루어져 있었다. 시 정부는 시장에서 일어나는 경제활동에 대하여 어느 정도의 보호자 역할을 하였다. 관리들이 파견되어 도량형기와 화폐가 정확한지 감찰하고, 정부의 조세를 확보하며 교환에서 일어나는 분쟁을 해결해 주었다.

도심지와 교외 사이의 지방교역과 도시 내부에서 이루어지는 소매수준의 상업은 여전하였다. 그러나 생산자들은 잉여물품을 자신들이 도시의 시장으로 직접 운송하거나 팔기보다는 생산자와 소비자 사이의 중개인으로서 이득을 챙기는 특수소매상인(kapeloi)을 통해서 거래를 하는 것이 보통이었다. 거래는 개인들에 의해 이루어졌으며 정부에 의해 조직되는 일은 없었다. 해상교역은 외국인 장사꾼에 의해 이루어졌는데 이들은 자신이 소유한 배를 이용하거나 남(naukleros)이 소유한 배의 일부 공간을 빌려서 물건을 수송하였다. 상인들은 개인 대금업자로부터 돈을 빌려 사업자금으로 쓰는 것이 일반적이었다. 이때 빌려주는 대부금에 대한 이자율은 땅을 담보로 할 때보다 훨씬 높은 12% 내지 30%였다. 교역에 사용된 배들은 아주 소형들로서 길이 35피트, 폭 15피트 크기의 30톤 규모가 일반적이었고, 좀더 장거리 교역을 위해 먼 바다로 나가는 무역선은 80톤 규모였다.

그리스의 전 역사를 통하여 장거리 무역의 대상 품목은 보석, 채색 도자기와 사치품과 포도주, 꿀 등과 같은 특수 농산품들이었다. 그리스 도시들은 금속, 목재, 포도주, 노예 등을 장거리 교역을 통해 들여왔고, 생필품도 먼 곳으로부터 수입하였다. 그 가운데서도 곡식은 가장 적극적으로 수입한 생필품이었는데 흑해 지방, 트라케(Thrace), 이집트 등으로부터 아테네로 들여왔다. 아테네는 기원전 4세기 말 보스포루스(Bosporus)의 크뢰메 왕국(Crimean Kingdom) 한 곳으로부터만 수입한 곡물이 연간 약 40만 메딤노이(medimnoi, 약 480만 리터, 약 4,800가마)였다.

아테네정부는 다른 여러 도시들도 그러했지만, 특정 수입에 대한 필요와 무역세 징수를 통한 재정수입 때문에 해외무역에 관심을 가지고 이에 개입하였다. 아테네는 법률을 제정하여 생산되는 곡물의 수출을 금지시키고, 무역업에 대한 대출은 곡물 화물선에 우선토록 하며, 그리고 곡물을 싣고 피라에우스(Peraeus) 항에 들어오는 선박은, 거기에서는 3분의 1만 하역하고 나머지를 아테네에서 하역하도록 규정하였다. 이러한 아테네의 법률적 규제는 시민들이 적정한 가격으로 식품을 구매할 수 있도록 곡물 수입을 보장하려고 한 정책의 일환이었다.

아테네의 대외 무역에서 은의 역할은 대단한 의의가 있었다. 아테네로 물건을 들여오는 무역 상인들에게는 언제나 그 대금으로 아테네 화폐인 은화가 주어졌다. 아테네 정부는 은에 대한 수요를 확보하기 위해 은화의 질에 대한 평판을 유지하도록 특별한 관심을 기울였으며 아울러 디자인에 대해서도 친숙감을 가지게끔 몇 세기 동안이나 디자인을 바꾸지 않았다.

당시 은화는 손으로 만들었다. 대장간에서 장도리로 두들겨서 주화의 앞뒷면에 발행 당국의 심볼을 새겨 넣었다. 기본 은화는 17.2그램의 테트라드라컴(Thetradracom)이었고, 그 보다 적은 금액의 은화들도 발행하였다. 아테네의 은화는 그리스 세계를 넘어서서 이집트, 소아시아, 메소포타미아 지역까지 광범하게 통용되었으며 해외 근무지에서 근무하는 군인들의 봉급도 이 은화로 지불되었다. 페리클레스의 몇 십년 집권기간 동안은 아테네가 '표준령'을 공표하여 아테네의 영향 아래 있는 에게해 연안의 도시들에 자체 화폐를 발행하지 못하도록 금지시켰다. 이것은 화폐를 통한 경제지배를 의도한 아테네의 제국주의를 보여주는 것이다. 아테네가 소액 은화를 다량 제조하여 널리 보급한 것은 보통사람들의 미시 수준의 일상생활에서도 아테네의 화폐를 사용토록 하려는 의도에서였다고 할 것이다.

아테네가 또한 은행과 신용 기관을 발전시킨 것은 놀라운 일이 아니다. 은행가는 외국인(metics)들인 것이 관례였으며 이들은 저축과 대출, 환금(換金)까지를 취급하였고, 전통적 방식인 인간관계에 따른 대출과 차입뿐 아니라 생산목적을 위한 대출도 한 것으로 알려졌다. 생산 목적 대출은 이자를 받고 남이 저축한 돈을 바깥으로 빌려주는 것이었다.

여성들의 생활 여성들의 이상은 결혼을 해서 아이들을 갖고 기르며 요리나 직조 등의 일을 집안에서 하는 것이었다. 스파르타를 제외한 다른 도시의 여성들은 토지를 지배할 수 없었다. 명목상으로 토지를 소유할 수는 있으나 토지를 지배하기 위해서는 남성 대리인을 내세워야 했다. 모든 자유시민 여성들이 이상대로 집안에만 머물 수는 없었으며 일부는 추수기에는 밭에 나가 농사를 도왔다. 가난한 가정의 시민여성들은 살기 위하여 자기 집에서 재배한 약간의 작물들을 시장에 가지고 나와 팔기도 하고 임금을 벌기 위해 서비스 업종에서 남을 위해 일했다.

여성 외국인(metics)과 여성 노예는 비슷한 일에 종사했으며, 아테네 창녀의 대부분이 이들이었다. 창녀는 합법적 직업이었다. 창녀의 등급도 여럿이어서 저급 매춘부에서부터 고급 콜걸까지 범위가 넓었는데 아스파시아(Aspasia)와 같은 고급 콜걸은 한때 아테네 사회에서 이름을 날렸다.

직물 생산은 주로 여성의 몫이었다. 양모(羊毛)가 기본 재료였으나 흔히 아마(亞麻)로 린넨을 만들기도 하였다. 직물로 집안에서 옷을 만드는 일도 여성의 책임이었으며, 때로는 염색도 하였는데 달팽이에서 추출하는 자주색을 최고의 것으로 쳤다.

페리클레스 집정관 페리클레스(Pericles, 495~429경 B.C., 집권 460~430 B.C.)는 그의 치세(治世) 때 민중들이 돈을 벌 수 있도록 일거리를 만들었다. 신전(神殿)과 건축물을 짓고, 음악회를 열고 연극과 운동경기를 벌여, 나이가 많고 적거나 신분이 높고 낮은 것에 상관없이 모든 사람이 일을 할 수 있게 하여 돈을 벌게 하였다. 파라테논(Parathenon) 신전, 헬레우시스 사당(祠堂), 오데움 음악당과 아크로폴리스 앞의 아테나이 신상(神像)도 페리클레스가 세운 것이었다. 그는 해마다 60척의 배를 8개월씩 내보내 사람들에게 보수를 주면서 배를 타는 기술을 가르쳤다.

그가 지은 건물은 규모가 웅장하고 아름답기 그지없었고 그 중 어느 것 하나를 보더라도 수십 년이 걸려 지어진 것처럼 정교하였다. 그러나 놀라운 것은 이 대사업들이 아주 짧은 시일 안에 완성되었다는 것이다. 페리클레스 한 사람이 이름을 떨치던 짧은 세월 동안 완성되었다.

페리클레스

그는 이러한 사업에 국고(國庫)를 지원하였다. 그는 델로스 동맹국들이 아테네에 맡긴 돈의 일부도 아테네 시민을 위한 일자리 창출에 썼다.

정적(政敵)들과 동맹국들은 페리클레스가 공금(公金)을 마음대로 쓴다고 비난하였다. 이에 대해 페리클레스는 "아테네가 페르시아 군(軍)을 막아내고 있는 한 동맹국들은 전쟁기금을 어떻게 쓰든지 상관할 것 없소. 그들은 군인이나 배 한 척 제공하지 않고 다만 돈만 냈으니 아테네가 이

돈을 어떻게 썼는지 보고해야 할 의무는 없소. 돈은 그것을 낸 사람의 것이 아니라 그 값어치의 일을 해 준 사람의 것이오. 아테네는 지금 전쟁에 필요한 모든 것을 갖추고 그리스의 안전을 보장해 주고 있소. 그러므로 남은 돈으로 건물을 지어 영광을 남기고, 공사(工事)를 통해 사람들에게 일자리를 주고, 여러 기술을 발달시키는 것은 아테네의 생활과 도시를 아름답고 윤택하게 만드는 것이오"라고 말했다.

페리클레스는 그리스 역내(域內)에서 발생한 아홉 차례의 전쟁에서 모두 승리하였다. 그의 전술은 '아테네 군인들이 목숨을 잃지 않도록 하는 것'이며 결과를 예측하기 어려운 모험적인 전투는 누가 어떻게 비난하거나 충동을 하건 끝끝내 참으면서 기회를 기다렸다가 승리를 거두는 전술을 씀으로써 국민들은 그를 철저히 믿게 되었고 희망과 사기가 높았다.

페리클레스 시대에 아테네 시민의 자격은 부모가 다 아테네 시민일 때 주어졌는데 자유시민 중 남자의 수가 약 4만 명이며 노예가 12만 명으로서 자유시민이 향유한 부(富)와 참정(參政)의 기회를 짐작할 수 있다. 그리하여 그리스 도처로부터 재주 있는 사람들과 화가, 건축가, 예술가들이 물질적 보상과 창작의 기회를 찾아 아테네로 몰려들었다. 아테네의 매력과 더불어 귀족계급과 서민계급이 함께 참가하는 민주주의의 진전은 야심 많은 젊은이들로 하여금 사회 참여와 출세 의욕을 불타게 하였다. 그들은 대화와 토론의 기술이 중요함을 인식하였고, 이러한 요구에 부응하여 변론술(혹은 수사학)의 형태로 지식을 파는 이른바 소피스트(sophist)들이 나타났다.

아테네에서는 기원전 509년부터 기원전 417년 사이에 도편추방제(陶片追放制, ostrakismos)를 실시하였는데 이것은 1년에 한 번씩 민회에서 투표를 실시하여 너무 세력이 크거나 위험한 인물을 추방시키는 제도였다. 어떤 정치가가 자기의 공로를 너무 자화자찬하여 국민들의 기분을 상하게 하거나, 비중이 비슷비슷한 두 명의 정치가가 사사건건 정쟁을 벌여 국민이 피로하게 되면 그 중 한 명을 추방시키는 데에 이용되었다. 정치가가 정상에 이르러 갈 때는 도편투표(陶片投票)의 위협에 직면하는 것이 보통이며, 이것으로부터 살아남는 것이 정치가의 최종승리를 위한 필수 요건이었다. 여러 명이 도편투표에 회부되었을 때는 국민을 어떻게 설득하느냐 하는 변설과 웅변이 그의 운명을 좌우하였기 때문에 변론술은 더더욱 중요하였던 것이다. 도편투표는 본인의 명예나 재산은 손상시키지 않고 10년간의 추방만을 결정하는 것이었다.

페리클레스도 그가 공금을 유용했다는 투기디데스(Thugidides)로부터 고발을 받아 두 사람 중 한 사람은 도편 추방될 수밖에 없었는데 그 맞대결에서 페리클레스의 '혀끝으로 무서운 천둥을 일으키는' 변설로 승리를 거두었고, 투기디데스가 추방되어 정치는 페리클레스 중심으로 통일되었었다.

아낙사고라스 아낙사고락스(Anaxagoras, 500~420(?) B.C.)는 페리클레스의 선생으로 유명한 철학자다. 이오니아인으로서 그 과학적 및 합리주의적인 전통을 물려받았다는 그는 처음으로 아테네에 철학을 도입하였다. 물리적인 변화의 제 1원인이 '정신'(nous)이라고 말한 것도 그가 처음이었다.

그는 기원전 500년경에 이오니아의 클라조메네(Klazomenai)에서 태어났지만 대략 기원전 480~430년까지 약 50년 동안을 아테네에서 보냈다. 그는 페리클레스가 젊었던 시절에 가정교사였고, 페리클레스가 일생동안 가장 존경했던 사람으로서 알려져 있다. 플루타르크는 말하기를 "페리클레스에게 인기있는 재주보다 지혜와 깊은 생각을 가르쳐 그의 품위를 높여준 것은 클라조메네 사람 아낙사고라스였다. 그는 우주만물은 운명이나 우연, 강제에 의해서 이루어지는 것이 아니며, 혼돈된 만물 사이에서도 사물을 합성하고 목적에 따라 행위하는 '정신'이 있다"고 하였다. 그는 사물의 생성과 소멸을 부정하였다. "사물은 생성한다든지 소멸한다든지 하지 않고, 이미 있는 각종의 사물에서 합성한다든지 분리한다든지 하기 때문이다. 따라서 생성을 합성, 소멸을 분리라고 부르는 편이 옳을 것이다"고 하였다.

불·공기·물·흙을 물질의 기본원소로 볼 수 없고 불·공기·물·흙은 각각이 다른 본원적 원소들로서 합성되어 있는 물질이다. 본원적 원소들의 숫자는 한없이 많고, 크기가 대단히 작은데, 이것의 하나하나를 '만물의 종자'로 보면 될 것이라고 하였다. 물질을 합성·분리하는 것이 정신이므로 정신은 하나의 운동력이다. 정신은 자발적으로 운동하며 정신은 모든 운동의 근원이 된다. 정신이 선회운동(旋回運動)을 일으키며, 이 운동은 점차로 퍼져나가 세계가 운동을 하게 되며, 가장 가벼운 사물들은 주변에 모이고, 가장 무거운 사물들은 중심으로 모이게 된다. 그는 정신을 원인으로 도입하였고, 필연성이나 우연이 사물의 기원이 된다는 것을 인정치 않았다. 그는 아마도 무신론자였던 듯하다.

아낙사고라스

페리클레스는 아낙사고라스를 대단히 존경하여 이와 같은 원대한 문제에 큰 관심을 가졌다. 그래서 그의 정신은 숭고하게 고양되었고 그의 웅변은 저속함을 초월하였으며, 그의 표정은 침착하였다. 아낙사고락스는 천체의 현상에 대해 그 원인을 모르기 때문에 쓸데없는 미신이나 두려움이 생긴다고 생각했으며 그런 것을 신들의 조화로 취급하는 것은 어리석은 일이라고 생각했다. 그래서 그는 과학에 대한 지식은, 미신적인 공포를 없애주는 대신, 자연에 대해 순수한 존경심을 길러준다고 페리클레스에게 가르쳤다.

달이 빛을 내는 것은 광선이 반사되기 때문이라는 사실을 처음으로 해명한 것은 아낙사고라스였다. 그는 태양과 별들을 불타는 돌이라고 주장하였다. 그런데 태양은 펠로폰네소스보다 더 크고 달에는 산들이 있고 인간들이 살고 있다고 생각했다.

그에게는 종교적인 선입견이 없다(피타고라스에게는 있었다). 피타고라스의 종교적 선입견은 그리스 철학에 몽매주의적 편견을 도입하게 되었던 것이다. 아낙사고라스는 이러한 풍조에서 완전히 떠나 있었다. 그는 철학을 아테네로 가져온 점에서 중요하다. 그리고 소크라테스에게 영향을 준 점에서도 그러하다.

소피스트들의 등장 '지혜 있는 자'라는 뜻의 소피스트들(sophists)은 대부분이 소아시아에서 건너온 이오니아인들이었는데, 이들은 청년을 가르치는 교사들이며 돈을 받고 강의를 하였다. 이들은 역사, 지리, 천문, 수학, 박물, 변론술에 대해 가르쳤다. 변론술(rhetories)은 '무력한 논의를 힘 있게 만드는 것'이었으며 '시민에게 유능성을 부여하는 과학'으로서 청년들이 배워야 할 필수과목이었다. 변론술은 민회에서 청중의 마음을 움직이는 도구였으며 재판에서도 이기고 지는 것은 많은 경우 변론술에 달려 있었다. 아테네 민주정(民主政)의 최고 정치가로 알려진 페리클레스도 고상하고도 침착한 웅변가였다.

변론술의 중요성에도 불구하고 변론술은 점차 순간순간의 말싸움에서 이기는 화술로 바뀌어 '궤변'(詭辯)으로 타락하였다. 그래서 말은 행동과 생각의 보편타당한 가치 기준을 만들지 않고, 자기주장을 정당화하고 상대를 날카롭게 공격하는 일종의 속임수와 단어의 유희로 변하였다.

당시는 아직 공적 교육기관이 없었으므로 소피스트들에 의한 교육은 개인지도였다. 배우는 학생들은 부잣집 자제들이었기 때문에 소피스트들은 거의 전적으로 부자를 옹호하는 지식계급으로서 활동하였다.

가장 유명한 소피스트로는 프로타고라스(Protagoras, 500?~415? B.C.)를 들 수 있다. 그는 소피스트들의 우두머리였다. 그는 "인간이 만물의 척도이다"고 말한 것으로 널리 알려져 있다. 이 뜻은 이렇게 풀이되고 있다. 즉 개개인이 모든 것의 척도이다. 그리고 그들 사이에 견해 차가 있을 경우에는 하나가 옳고 하나가 틀렸다고 단정할 만한 객관적인 진리는 없다. 소피스트와 함께 회의주의(懷疑主義)가 등장한 것이다. 그는 신에 대해 말하기를 "나는 신들이 있는지 없는지 확실히 모르고 있다. 이 문제 자체가 애매하고, 인생이 짧은 것이 신에 대한 지식을 소유할 수 없게 한다"고 하였다.

그는 기원전 500년경에 아브데라에서 출생하였고 아테네를 두 차례 방문하여 가르쳤다. 그에 대하여 다음과 같은 이야기가 있다. 어떤 청년을 가르칠 때 그가 만일 소송사건에서 승리하면 수업료를 받고, 패배하면 수업료를 받지 않겠다는 조건을 내세웠다고 한다. 그리고 그 청년의 첫 소송사건은 프로타고라스가 그의 수업료를 돌려주지 않으면 안 되는 결과를 가져왔다고 한다.

'객관적인 진리는 없다'고 하는 프로타고라스의 견해에는 실용주의(pragmatism)적인 요소가 있다. 즉 그는 어떤 의견이 다른 의견보다 더 참될 수는 없으나, 더 나을 수는 있다고 말한다. 가령 "황달 환자에게는 모든 것이 다 노랗게 보인다. 그렇다고 해서 실제로 사물들이 노란 것은 아니며, 건강한 사람에게 보이는 색깔이 실제의 색깔이라고 한다면 이것도 무의미한 말이다. 그러나 건강이 질병보다 낫다고 말할 수는 있다. 그러므로 건강한 사람의 의견이 황달환자의 의견보다 낫다고 할 수 있을 것"이라는 견해는 확실히 실용주의에 가깝다.

소피스트들은 종교나 도덕에 관련된 것은 가르치려고도 하지 않고, 토론하는 기술과 이 기술에 필요한 여러가지 지식을 가르쳤던 것이다. 그들의 활동은 국가, 사회질서, 도덕, 법률, 관습의 세속화를 촉진하였다. 이것은 그리스 사회가 농업적인 데서 상업적인 데로 확대되어가는 변형기에 상응하는 현상이기도 하였다.

그런데, 철학을 살아가는 길이라고 믿고 있는 사람들과 특히 전통적인 귀족계급들은 소피스트들을 의혹의 눈으로 바라보았다. 소피스트들은 이방(異邦)에서 흘러들어온 떠돌이인데다가 지식과 처세술을 가르치는 활동 자체가 기성(旣成)의 권위에 대립되는 것이었다.

프로타고라스는 기원전 415년 아테네에서 무신론적이라는 이유로 추방되고, 그의 책은 소각되었다.

프로타고라스의 활동은 한편으로 그리스 어문학(語文學)의 발달에 기여하였다. 그가 변론술을 가르치다보니 그리스어의 문법과 동의어, 반대어의 개척자가 되었다. 그리고 시(詩)와 관련하여 "모든 사물은 말로 표현되어야 하며, 따라서 시는 현세의 진리이며, 시를 통해 모든 사물은 이해될 수 있다"고 하였다.

소크라테스

시대적 배경과 생애 소크라테스(Sokrates, 470~399 B.C.)가 태어난 기원전 470년은 아테네의 번영기를 연 페르시아 전쟁(492~479 B.C.)이 끝난 지 얼마 안 된 시기였다. 그는 아테네의 최전성기인 페리클레스 시대(460~430 집권 B.C.)를 경험하고, 아테네의 쇠퇴를 초래한 펠로폰네소스 전쟁(431~404 B.C.) 때에는(전쟁 발발 당시 그의 나이 40세) 3번이나 출전을 하였고, 아테네의 패배로 전쟁이 끝난 5년 후(399 B.C.) 사형 선고를 받아 세상을 떠났다.

펠로폰네소스 전쟁의 발발(431 B.C.)에 이어 429년에 페리클레스가 죽자, 아테네 전성기 50년은 끝나고 말았다. 아니 아테네에는 암흑시대가 닥쳐 왔다. 펠로폰네소스 전쟁은 스파르타를 중심으로 한 펠로폰네소스 동맹국들과 아테네를 중심으로 한 델로스 동맹국들 사이의 동족상잔의 내전이었다.

전쟁 과정에서 아테네인들은 해상에서 우위를 차지하였지만, 지상에서는 스파르타가 우세하였다. 그리하여 스파르타는 아테네를 제외한 여러 아테네 동맹국들의 도시들을 점령하였다. 피난민들이 아테네로 몰려들어 아테네는 인구가 지나치게 많아졌을 뿐 아니라 유행병이 크게 만연하였다. 전쟁·과밀·역병 등은 아테네인들을 사납고 무섭게 만들었다. 전시였던 기원전 416년, 아테네 원정군이 멜로스섬을 정복하였을 때, 그곳에 거주하는 군무 연령층을 한 사람도 남기지 않고 다 학살해 버렸으며, 나머지 주민들은 노예를 만들어 버렸다.

스파르타가 전쟁에 승리한 후에 아테네에 과두정부를 세웠다. 30인 참주정치(the Thirty Tyrants)가 그것이다.

이 30인 중에서 그 두목인 크리티아스(Kritias)를 비롯하여 몇 사람은 소크라테스의 제자들이었다. 스파르타가 세운 괴뢰정권의 종사자인 이들이 인기가 있을 리 없었고, 1년이 못 되어 뒤집혀졌다. 스파르타의 승인 아래 민주주의가 회복되었으나 내부적인 적대자에 대한 보복이 성행하였다. 이러한 분위기 속에서 소크라테스에 대한 재판과 사형이 집행되었다(399 B.C.).

소크라테스

다시 말해 소크라테스의 일생(470~399 B.C.)은 아테네의 빛과 그림자를 다 경험한 것이었다. 펠로폰네소스 전쟁이 발발하기까지는 아테네가 최전성기를 누리던 시기로서 소크라테스는 야심찬 젊은이들의 출세주의와 소피스트들이 만들어내는 허영·환상·무원칙을 보았다. 그리고 전쟁(펠로폰네소스 전쟁)이 장기화됨에 따라 아테네의 피로와 신경과민과 광폭과 그에 따른 부정과 부조리를 보았다.

그것이 빛의 허위이든 그림자의 허위이든, 현실의 허위에 대하여 소크라테스와 그의 제자들은 영합하기를 거부하고 그 대신 현실의 허위와 부조리를 벗겨버리고 진리를 탐구하려는 구도자적(求道者的)인 자세였다. 그러나 소크라테스 일파는 어디까지나 소수자였으며 사회적으로 무시당하는 존재였다.

소크라테스는 소피스트들에 대해서와 동시에, 호메로스적인 신화들에 대해서도 비판적이었다. 인간적인, 매우 인간적인 욕망, 질투, 증오, 쾌락추구, 시기에 가득찬 신들의 모습을 비윤리적이며, 따라서 비교육적이라고 보았다.

소크라테스 시대가 되면, 소피스트들도 이 점에서는 마찬가지이지만, 인간의 운명이 신들의 직관에 의해 좌우된다는 운명론적 관념은 극복되기 시작했다.

소크라테스의 사후(死後), 스파르타를 포함하여 모든 그리스 세계는 쇠미의 길을 걷다가 마케도니아의 알렉산더(Alexander) 대왕에 의해 정복되고 그후 로마시대로 넘어간다.

역사의 변천 가운데서도 아테네는, 정치적 우위가 붕괴되었음에도 불구하고 철학의 중심지 내지 문화의 중심지로 근 1천년 동안 명맥을 유지하는데 이것은 플라톤, 아리스토텔레스로 대표되는 소크라테스 일파의 정신 때문이었다.

그러나 여기서 한마디 덧붙여 둘 것은 소크라테스 시대에 와서 신화적인 운명론이 극복되었다고 해서 신화적인 문학이 사라졌다는 것은 아니다. 신화적인 문학은 신의 이름을 빌린 인간의 적나라한 모습을 나타내며 이것의 자유분방함과 개방성은 문예부흥기(文藝復興期) 때에 다시 만개된다.

소크라테스는 조각가인 아버지 소프로니스쿠스(Sophroniscus)와 산파인 어머니 파인아르테(Fainarte) 사이에서 아테네에서 태어났다(B.C. 470). 소크라테스의 가문은 부유했던 것으로 짐작된다(그러나 그 자신은, 전장(戰場)에서 신발도 신지 않은 경보병으로서 따라다닌 것으로 미루어보면 매우 빈한했던 것 같다). 소크라테스가 젊었을 때에는 아버지를 따라 조각을 했다는 설도 있으나 그의 젊은 시절에 관해서는 확실한 기록이 없기 때문에 알 수가 없다. 소크라테스의 인생과 사상을 보여주는 기록은 그의 제자였던 플라톤이 쓴 「대화편」(對話篇) 35권 가운데 여기저기에 흩어져 있다. 소크라테스는 「대화편」에서 담화자(談話者)의 한 사람으로서 등장하는데 소크라테스의 담화를 빌려 플라톤이 자신의 사상을 피력하고 있는 부분이 많아, 어디까지가 소크라테스의 사상이고, 어디까지가 플라톤의 사상인지를 확인하기가 어렵다.

그러나, 소크라테스를 본격적으로 다루고, 소크라테스의 사상이 가장 잘 나타나 있는 자료로는 플라톤의 「대화편」 안에 들어 있는 「변명」(Apologia), 「시민의 의무」(Kriton), 「영혼 불멸설」(Phaidon) 3권이다.

「변명」은 소크라테스가 자기를 사형선고한 법정에서 501인의 배심원을 앞에 두고 자신을 변론한 피고인의 최후진술이다.

「크리톤」은 소크라테스가 사형선고를 받은 후 감옥에 갇혀 있는 기간에 그의 절친한 친구인 크리톤이 찾아와서 탈옥을 권유할 때 소크라테스와 크리톤이 나눈 대화집(對話集)이다.

「파이돈」은 소크라테스의 제자였던 파이돈이 그가 직접 목격한 소크라테스의 임종의 모습을 다른 친구에게 전해주는 이야기이다.

이 3권의 책을 통해서 우리는 소크라테스라는 인간과 그의 사상을 알아볼 수 있다.

그가 아테네의 시민으로서 대부분의 시간을 토론으로 보내며, 무보수로 젊은이들에게 철학을 가르쳤다는 것은 분명한 일이다. 그가 철학을 가르친 것은 물론 소피스트들처럼 돈을 벌기 위해서는 아니었다.

그가 고발당한 죄목은, 소크라테스가 국가에서 경배하는 신들을 경배하지 않고 다른 새로운 신들을 도입하고, 또한 이에 따라 젊은이들을 가르쳐서 타락시킨다고 주장하였다.

공식적인 고발자 이외에도 그를 미워한 많은 적대자들이 있었던 것 같고, 이들이 그에 대한 나쁜 여론을 만들었던 듯하다. 이것은 소크라테스가 그들을 무안하게 만든 행적 때문이었다. 하루는 델피(Delphi)의 신탁(神託)이 "소크라테스보다 더 현명한 사람은 없다"고 대답하였다고 한다. 자신은 아는 것이 아무 것도 없다고 생각하고 있는 소크라테스는 이에 당황하여 신탁이 맞는 것인지 아닌지 알아보기 위해 여러 사람을 찾아다니면서 자기보다 현명한지 아닌지를 가려보려고 하였다. 소크라테스가 정치가, 시인, 기공(技工) 등을 만나본 결과, 그들은 무지하면서도 무지한 줄을 모르고, 오히려 현명한 것으로 착각하고 있는 것을 발견하였다. 그래서 그는 그들에게 그들의 무지를 깨우쳐 주려고 노력하였다. 젊은이들은 사람들의 가면을 벗겨 버리는 소크라테스의 이야기를 좋아하였으나, 무안을 당한 사람들은 소크라테스의 원수가 되었으며 그 수는 점점 늘어났다. 이러한 배경이 그에 대한 사형판결(280 : 220)의 진정한 이유일 것이다.

소크라테스는 용모가 매우 흉하였다고 한다. 그는 코가 넙죽하고 배가 쑥 나와 희극에 나오는 광대보다 더 흉하게 보였다고 한다. 그는 언제나 초라한 낡은 옷을 걸치고, 어디나 맨발로 돌아다녔다. 더위나 추위, 굶주림, 목마름 등에 관한 그의 무관심에 대하여 모두들 놀라곤 하였다.

「향연」(饗宴, Symposium)에서 그의 군 복무 모습을 그린 대목에 이런 것이 있다. "그의 참을성에 대해서는 오직 놀랄 뿐이었다. 보급이 끊어져 굶은 채 행군해야만 하였을 때 —이런 일들은 싸움터에서는 때때로 일어났다— 그는 나보다 기력이 나을 뿐 아니라, 어느 누구보다도 앞장서서, 그를 따를 사람은 하나도 없었다···. 추위에 대한 참을성도 놀라웠다. 무서리가 내리면, 그 고장의 겨울 추위는 참으로 혹독하였다. 모두들 방안에 처박혀 있었으며, 혹시 밖으로 나가더라도 놀랄 만큼 여러 겹의 옷을 걸치고, 발은 덧버선이나 양털로 싸고 구두를 신고서야 밖으로 나섰던 것이다. 그런데 소크라테스는 보통옷을 걸치고 맨발로 걸으면서도 구두를 신은 어느 병정보다도 잘 행군하였다. 그래서 모두들 자기를 깔보는 것이 아닌가 해서 그를 쏘아보는 것이었다."

그의 처 크산티페(Xantippe)와는 60이 넘어 결혼 한 듯 70세에 죽을 때 세 아들 중 막내는 부인 품에 있었다.

「향연」에서 그의 제자 알키비아데스의 입을 빌려 소크라테스의 인격을 이렇게 찬양하였다.

"경건하면서도 명랑·활달, 지혜로우면서도 용감, 말에는 늘 위트와 유머가 있었다. 극기(克己)와 자제(自制)의 힘이 강하면서도 건전한 쾌락을 물리치지 않았다(樂而不淫). 술은 자주 마시지 않지만 술을 마시기로 하면 한없이 마시나 취하지 않았다. 사랑은 유혹을 받아도 플라톤(Plato)적 사랑에 그쳤다."

소크라테스는 '어디서나 우두커니 선 채 사색에 잠기는,' 의학적으로 말한다면 '강직증성 실신'(强直症性失神, catoteptic trances)에 빠지는 경향이 있었다. 「향연」에 나오는 이야기로서 연회에 가는 길에 소크라테스가 혼자 뒤쳐진 것을 발견하고 노복을 시켜 찾으러 보냈다. 노복은 소크라테스가 이웃집 문 앞에 서 있는 것을 발견하고 돌아와서 "소크라테스는 저기 멈춰 서 있습니다. 불러도 꼼짝 않습니다"고 보고한다. 그를 잘 아는 사람들은, 그를 그렇게 혼자 서 있도록 내버려 두고 연회를 시작한다. 이윽고 연회가 반쯤 진행되었을 때 소크라테스가 나타난다. 그가 밤낮으로 한 자리에 선 채 명상에 잠길 때는 신의 소리를 들었다고 한다.

소크라테스의 사상 이쯤에서 소크라테스의 사상에 눈을 돌려보기로 하자. 그는 자연현상에 관심을 가진 자연철학자도 아니고, 주관적 상대주의를 주장하는 소피스트도 아니었다.

그의 관심은 인간이 어떻게 살아야 하며(인간다운 품성과 행위), 인간의 최고 가치가 무엇인지(인간이 추구할 이상)에 관심을 가졌다. 소크라테스의 관심사는 과학적이라기보다 다분히 윤리적이었다. 그는 「변명」에서 "나는 자연에 관한 사색과는 아무런 관계도 없다"고 말하고 있다. 소크라테스에 의해서 비로소 철학의 고유한 영역이 설정되고 철학이라는 개별 영역으로서의 학문이 시작되었다. 철학은 인생을 어떻게 살아야 하며, 인생이 추구하는 가치가 무엇이며, 어떻게 거기에 도달하는가 하는 등 인생에 대한 물음에 답하는 학문으로서 그에 의해 지정된 것이다.

소크라테스는 인간이 지녀야 할 최고 가치는 덕(德)이라고 보았다. 사람들로 하여금 덕을 지니게 하려면 오직 지식만이 필요하다는 것이다. 그는 자기는 아무것도 모른다고 주장하고 있으나(그리고 아무 것도 모르는 줄을 안다는 점에서 남들보다 현명할 뿐이라 한다), 지식을 얻는 것이 불가능하다고는 생각지 않으며 오히려 지식을 찾는 일이 무엇보다도 중요하다고 한다(지식을 찾는 방법은 변증법적 방법을 통해. 후술).

덕과 지식을 긴밀히 관련시키고 있는 것이 소크라테스(또한 플라톤)의 특징이다. 아무도 알면서 죄를 짓지는 않는다는 것이다(무지가 죄를 짓는 것이다). 이는 어느 정도까지는 그리스 사상 전체에서 찾아볼 수 있다. 이 점에 있어서 그리스 사상은 기독교 사상과 반대된다. 기독교 윤리에서는 순결한 마음이 중요시되며, 이러한 마음은 사람의 유무식(有無識)과는 상관없는 것이다. 지식의 유용성에 대한 판단의 차이는 오늘에 이르기까지 존속되고 있다.

소크라테스에 따르면 덕(德, Arete)은 지(知)다. 그런데 이 지는 실천적 지식을 뜻하였다. "선(善)인 줄 알면 반드시 행하는 것이 덕(德)"이라 하였다. 덕(德)은 곧 실천을 통한 자기완성이므로 "덕(德)은 곧 행복(幸福, eudaimonia)"이라고 하였다. "가장 잘 사는 사람이란 가장 선하게 되려고 최선의 노력을 하는 사람이요, 또 가장 행복한 생활이란 자기가 선에 있어서 성장했다고 의식하는 사람의 생활"이라고 하였다. 즉, 행복은 정신적 자기완성에서 온다.

덕(德)의 항목들로는 용기, 절제, 정의, 자선(慈善) 등이 있다. 이러한 덕목들은 단순한 악의 결여가 아니라, 지식(지혜)이 결부되어 성숙한 완성(完成)의 상태여야 한다.

예컨대 '용기'는 무서움 때문에 생기는 비겁을 극복함으로써 완성된다. 이것은 비겁이 얼마나 국가와 개인에게 해로운 것인가를 아는 지식(지혜)으로써만 가능한 것이다. '절제'는 쾌락을 극복한 완성이며, '정의'는 불의(不義)를 극복한 완성이며 '자선'은 과시(誇示)를 극복한 완성이다. 비겁, 쾌락, 불의, 과시는 거짓된 것이거나 건전치 못한 것인데, 이들은 지식(지혜)의 연마를 거쳐 진정한 것, 즉 용기, 절제, 정의, 자선으로 완성된다. 진정한 것은 미(美)이며 또한 선(善)이다. 그러니까 덕은 지와 미와 선과 행복 등을 포함하는 포괄적인 개념이다.

그리고 소크라테스의 덕(德)은 실천되어야 할 덕이었다. 덕은 추상적으로 존재하는 것이 아니라 용기, 절제, 정의, 자선 등의 선(또는 美)을 실천하는 것으로 보았다. 그의 덕은 덕행합일(德行合一)의 덕이었다(實踐德).

소크라테스가 사형선고를 받고 옥중에 있을 때 그의 친구 크리톤(Kriton)이 찾아와서 탈옥을 권유했을 때 소크라테스의 대답은 이러하였다.

- "아테네 사람들의 허락을 받지 않고 이곳을 빠져나가는 것이 옳은지(正義) 옳지 않은지를 생각해 보아야 하네. 빠져나가는 것이 부정(不

正)한 짓이라면 다른 문제(아이들 양육이나 세상의 평판과 같은)는 생각지 말아야 하네."

- "일단 내려진 판결이 무효화되어도 되겠는가? 그렇게 되면 나라가 존속할 수 있겠는가? 조국은 부모보다 더 귀중한 존재가 아닌가? 조국이 죽음을 당하게 될 싸움터로 우리를 이끌고 가도, 따라가는 것이 옳은 일일 것이야. 우리는 조국에 순응해서 살기로 합의를 했던 것이야. 도망을 가면 합의를 깨는 것이 되지."
- "전쟁중에 병사 가운데는 무기를 버리고 추격해오는 적병에게 목숨을 애걸하는 것을 볼 수 있었네. 비열해지는 것보다는 차라리 죽음이 낫지 않겠나."

그는 그에게 내린 합법적인 처벌을 회피하고 법을 어기고 도망치는 것(탈옥 권유에 응하여)은 부당한 짓이라고 말하였다. 그는 자신이 악을 저지른 자가 아니라 한 수난자로서, 법에 의한 희생자가 아니라 인간들에 의한 희생자로서 떠나야 할 때라고 말하고, "그러나 만일 이 자리를 피하면 악을 악으로 갚고, 우리들이 함께 맺은 합의를 깨뜨리는 실수가 될 것"이라 하였다.

그는 이어 철학정신을 지니고 있는 사람은 결코 죽음을 두려워하지 않고 오히려 죽음을 환영할 터이지만, 손수 자기생명을 끊지는 않을 것이라고 하였다. 그는 비유하여 "만일 어떤 사람의 소가 길바닥에서 멋대로 뛰어다니면 그 소 임자는 화가 치밀 것이다. 그러므로 인간은 신이 자기를 부를 때까지는 손수 자기생명을 끊어서는 안 되는 것이다"고 말했다.

다음으로 우리가 주목할 것은 소크라테스의 영혼과 육체의 관계에 대한 사상이다.

소크라테스는 오르페우스교에서처럼 하늘에 속하는 영혼과 땅에 속하는 육신이라는 이원론(二元論)을 피력하였으며 영혼이 육신을 완전히 극복하는 것(德)을 인생의 최고 가치로 보았다. 이 점에서 소크라테스는 오르페우스교의 성자였다(그러나 그는 영혼 정화(淨化)에 대한 미신이나 의식(儀式)을 받아들이지는 않았다).

소크라테스는 금욕주의적이었다(후일의 스토아 학파에서도 금욕주의적이었으며 세상의 재물을 천하게 보았다). 소크라테스가 허술한 옷을 몸에 걸치고, 맨발로 다니는 것과 같은 태도이다. 금욕주의에 따르면, 육신이 필요로 하는 것은 최소한의 것만 갖고, 육신의 욕망과 욕정으로부터 혼이 멀리 떨어질수록 지식(지혜)을 발견한다. 미(美)와 선(善)은 눈에 보이는 것이 아니며 육신의 감각으로 알아지는 것도 아니다. 지식(지혜)은 혼(魂)이 육(肉)을 떠나서 사유할 때 얻어지는 것이며, 더 멀리 떠날수록 사유는 더 순수해진다. 소크라테스의 사상과 실행은 후일에 스토아 학파(금욕주의)가 배워서 자기 것으로 하였던 것이다.

소크라테스가 지식을 추구해가는 방법은 질의응답을 통해서였다. 사람들은 이것을 소크라테스의 산파술(産婆術)이라고 불렀다. 즉 산파가 분만을 유도하듯이 진실을 유도해 내는 그의 방식이었기 때문이다.

그는 질문을 던지며 아테네를 돌아다녔는데 그가 보여준 변증법의 실행에 대하여 아테네에 있는 모든 협잡꾼들이 힘을 모아 그에게 적대했던 것이다.

소크라테스의 산파술은 이러하였다.

"구두를 고치려면 어떤 사람을 고용해야 할까?"

이에 대하여 어떤 순진한 청년이 대답하였다.

"그야 구두장이지요."

소크라테스는 계속해서 목수, 구리 세공인 등에 대하여 질문을 해나간다. 그리고 드디어 그는 '능력 있는 사람들이 권력을 잡아야 한다'는 그의 희망에 대한 답변을 얻기 위한 질문을 한다.

"그러면 국가라는 배(船)는 누가 고쳐야 할까?"라고.

이러한 산파술은 어떤 문제 해결에 있어서는 적당한 방법이지만, 다른 종류의 문제 해결에 있어서는 적합하지 않은 것이다. 예컨대 현미경의 발명으로 박테리아를 발견하고 박테리아가 질병의 원인이 된다고 하는 사실은 산파술로서는 밝혀낼 수 없는 문제이다. 다시 말해서 소크라테스가 탐구한 문제는 이러한 방법으로 취급할 수 있는 문제들에 한정된 것이었다. 이러한 탐구방식은 플라톤의 방식이기도 하였고, 그 후에도 플라톤의 영향을 받아 대부분의 철학이 이 방법에서 결과하는 제약을 받게 되었다.

소크라테스는 신과의 직접적인 교감을 가진다고 주장한 신령주의자(神靈主義者)였다(그와 교감한 신이 그리스 신화에 나오는 신은 아닌 것 같다. 그를 고발한 자들은 그가 그리스의 신이 아닌 다른 신을 도입하였다고 비난했었다).

그는 「변명」에서 "신이 나로 하여금 나 자신과 타인을 탐구해야 하는 철학자의 사명을 감당하라고 명령을 내린다···," "아테네 시민들이여, 나는 당신들을 존경하고 또 사랑하지만, 당신들에게 복종하느니 신에게 복종할 것이다. 그리하여 내가 목숨과 힘을 갖고 있는 한 철학을 실천하며 가르치기를 중단하지 않을 것이며, 내가 만나는 사람들에게 권고할 것이다. 왜냐하면 이것은 신의 명령임을 여러분은 알아야 한다. 나는 지금까지 신에 대한 봉사보다 더 큰 선(善)이 이 나라에 아직 있은 적이 없다고 생각한다."

그는 신의 명령은 일종의 음성으로서 어렸을 때부터 내리기 시작했다고 말했다. "이 음성은 내가 하려고 하는 것에 대하여 금하기도 하고, 그렇게 하지 말라고 명령했다. 내가 정치가가 되기를 주저한 것은 이 때문이다"고 말하고 그는 계속해서 "정직한 사람은 정치에 오래 몸담을 수 없는 일"이라고 말한다.

소크라테스는 영혼불멸론자였다. 그는 영혼의 불멸을 분명히 믿고 있었다. 그는 기독교도와 마찬가지로 영원한 형벌을 두려워했으며, 내세에서 자기의 삶이 행복하리라는 것을 믿어 의심치 않았다. "우리가 죽음을 악이라고 생각하는 것은 잘못이다," "이 세상을 살다 간 훌륭한 영혼들(오르페우스, 뮤즈, 호메로스 등)과 대화를 나눌 수 있다면 나는 죽고 또 죽으련다." "저 세상에서는 질문을 던진다고 해서 사람을 사형에 처하는 일은 없을 것이다. 거기서는 우리보다 더 행복스럽게 살 수 있으며, 무엇보다도 그곳은 영원의 세계이다." "떠날 시간이 되었다. 이제 우리는 각각 자기의 길을 가야지. 나는 죽음에로 가고 당신들은 삶에로, 그렇지만 어느 쪽이 좋은 길인지는 신만이 알 수 있을 것이다."

소크라테스는 자연에 대해서는 별 관심을 갖지 아니하였다. 그러면서도 자연에 대해 어떤 생각을 가지고 있었는데 단편적으로 드러난 것을 보면 다음과 같다.

소크라테스는 지구는 둥글며 공중에 떠 있는데 멀리서 보면 12조각의 가죽으로 만든 공과 같이 보인다고 말하였다. 그는 지구가 공중에 떠 있을 수 있는 것은 "하늘 자체가 모든 방향에서 이 지구에 대해 맺는 동일한 관계와 지구 자체의 균형 상태로 인하여 지구를 떨어지지 않고 머물게 한다"고 말하였다(지구가 공중에 떠 있다고 본 견해는 일찍이 구약성경에도 나온다. 기원전 10세기경에 쓰인 구약성경의 욥기 26장 7~8절에 "그(하나님)는 북편 하늘을 공간에 펴시며 지구를 허공에 매다시며(hangs the earth on nothing) 물을 구름에 싸시나 구름이 아래로 찢어지지 아니하리라").

소크라테스는 「파이돈」(Phaidon)에서 "지구 겉의 공기층을 하늘인 줄 알지만(피타고라스), 공기 바깥에 하늘이 있다. 공기 바깥으로 나가야 참 빛과 하늘과 별들의 참모습을 볼 수 있다"고 말했다. 그는 천국을 하늘의 어느 곳에 있는 것으로 간주한 것 같은데 "천국은 지구와 같은 모양으로서 더 밝고, 더 아름답고, 강과 호수가 있다"고 하였고, "심판이 있다"고 하였다.

플 라 톤

플라톤(Plato, 427~347 B.C.)과 아리스토텔레스(Aristoteles, 384～322 B.C.)는 고대나, 중세 또는 현대를 통해 가장 큰 영향을 미친 사상가이다. 이들 중에 후세에 더욱 큰 영향을 끼친 사람은 플라톤이다. 거기에는 두 가지 이유가 있다. 첫째는 아리스토텔레스가 플라톤의 제자라는 사실과 또 하나는 기독교 신학이다. 철학이 적어도 13세기에 이르기까지는 아리스토텔레스적(的)이었다기보다는 플라톤파(派)에 속하였다고 할 수 있기 때문이다.

플라톤

플라톤 사상에서 가장 중요한 항목들은 (1) 유토피아(Utopia)에 대한 탐구, (2) 이데아론, (3) 영혼불멸론, (4) 우주론, (5) 지식론(知識論) 등이다.

이와 같은 항목들을 다루기 전에 먼저 그의 생애와 환경을 보기로 하자. 그의 생애와 환경은 필히 그의 사상에 영향을 미쳤기 때문이다.

생애와 환경

플라톤은 펠로폰네소스 전쟁(431～404 B.C.) 초기인 기원전 427년에 태어났다. 그의 집은 부유한 귀족의 가문이었다. 아테네가 패배했을 때 그는 아직 젊었으며 그는 패배의 원인을 민주주의로 돌렸다. 그는 소크라테스의 제자로서 스승을 매우 존경하였다. 20세~28세까지 소크라테스를 스승으로 모셨는데 소크라테스가 죽을 때 그는 28세의 청년이었다. 소크라테스는 민주주의에 의하여 사형에 처해지게 되었다. 그가 그의 이상국가의 모델을 귀족주의적인 스파르타(Sparta)에서 볼 수 있다고 한 것도 이상할 것이 없다.

최대의 불의(不義)로 보이는 소크라테스의 처형 후 10년간 스파르타 및 이태리 남부 시실리섬 등을 편력하고 기원전 388년(39세)에 아테네로 돌아와 그 이듬해(387 B.C.)에 아테네 교외 서쪽에, 영웅 아카데모스(Academos)의 무덤의 이름을 따 아카데미(Academy)라는 학원을 설립하였다. 이곳에서 60세까지 원숙한 학문 활동을 하였고, 80세에 세상을 떠날 때까지 교육 사업을 계속하였다. 이 아카데미는 기원후 529년 로마 황제 유스티아누스(Justianus)가 이교사상(異教思想)의 온상이라고 폐쇄할 때까지 900년간 존속하였다.

플라톤 당시 아카데미의 교육목표는 '진리에 대한 사랑'(Philosophy: 피타고라스가 만든 용어이다, Philos=love, Sophia=knowledge)이었으며, 그는 고고한 독신으로 살면서 이상주의와 관념주의를 추구하였다. 그는 35편의 대화집(對話集)과 13편의 서한집(書翰集)을 남겼다.

플라톤의 유토피아 플라톤의 유토피아는 스파르타를 모델로 한 이상국가(理想國家)이다. 이상국가에는 세 계급이 있다.

첫번째로는 일상생활의 여러가지 수요, 즉 욕구에 상응하는 일을 하는 '서민계급'이다. 농민, 수공업자 및 상인 등이 이에 해당한다. 이들은 다른 두 계급에 보수와 영양을 공급하는 자이며, 국가경제의 토대를 이루고 있지만 통치에는 전혀 관여할 수 없다. 이들에게는 사유재산과 가족이 존재한다. 이들 중에서 천분(天分)이 있는 자는 보다 높은 계급에 오를 수 있다.

두 번째는 국가의 안보를 담당하는 '전사'(戰士) 계급이다(어떤 이는 수호자 계급이라고 번역하였다). 밖으로 적을 방위하고 안으로 질서를 유지하는 임무를 진다. 직업 중에서 제일 수가 적은 것이 나라를 지키는 전사의 직업이다. 그들에겐 사욕(私慾)을 가급적 소멸시키기 위해 교육과 부인 및 자식, 그 밖의 모든 것을 공유할 것이 요구된다. 개인적인 이해(利害)가 전체에 대한 그들의 헌신을 방해해서는 안 되기 때문이다. 그들은 생활에 꼭 필요한 물건만 가져야 한다. 집이나 창고에는, 어떤 사람이 드나들어도 무방할 정도로, 개인의 소유물을 두어서는 안 된다. 식량은 국민들로부터 전사의 보수로서 1년 동안 소요될 만큼의 분량만을 받도록 해야 한다. 그리고 마치 진중(陣中)에 있는 것처럼 식사를 비롯해 그 밖의 생활도 공동으로 해야 한다. 금이나 은을 취급하거나 몸에 걸치거나, 또는 금은으로 만든 식기로 음식을 먹는 것도 용납되지 아니한다. "만일 그들이 토지와 주택과 돈을 소유하고 살림꾼이 된다면 국민들의 편에 서기보다 국민의 적이 되고 도둑으로 변모할 것이다. 서로 미워하고 음모를 꾸미며 외적보다 국내의 적에게 더욱 공포를 느끼면서 생활하게 될 것이며 자기 자신이나 국가를 망치는 결과를 초래할 것이다."

전사(戰士)들에게 '공유'(共有)된 부인들도 남자와 마찬가지로 국가의 안보를 담당한다. 이들도 남자와 동등한 교육을 받으며 남자와 함께 나체로 체육활동에 참가한다. 남녀는 완전 평등이다. 여자가 남자와 동일한 의무를 가지고 있는 한 그들도 같은 영양보급과 교육을 받아야 한다. 부인들에게도 음악이나 체육을 가르치고 그리고 전투훈련도 시켜야 한다.

"운동장에 벌거벗은 부인들이, 더구나 젊지도 않은 부인들이 남자들과 함께 체조를 하고 있는 모습은 우스꽝스러워 보일지 모르지만 그것을 반대하는 만담가의 비웃음을 두려워해서는 안 되네."

여자는 아이를 낳고 남자는 아이를 낳게 하는 차이에도 불구하고 양자가 질적으로 다르다는 증거는 될 수 없다. 그러므로 전사와 그 아내는 동일한 직업을 가져야 한다.

전사들의 여인들은 나체이어야 한다. 왜냐하면 그녀들의 여성스러움은 의복에 있으니까. 이상국가에서의 새로운 법률은 "우리들의 아내나 자식들은 공동소유로 해야 한다. 양친은 자기 자식을 알 수 없으며, 자식 또한 그 양친을 알 수 없다"로 귀결된다. 남녀는 같은 장소에서 자고 일어나며 식사도 같이 한다. 음식에는 양념이 들어가서는 안 되며 단순하고 소박해야 한다. 여자들은 어느 누구의 소유도 아니므로 그들 남녀는 같은 곳에서 살며 운동도 함께 하고 그 밖의 일에도 똑같이 어울리게 된다. 그들 남녀의 성적(性的) 결합은 인간의 필연성에 따르게 된다.

양성 중에서 어느 쪽이건 우수한 자는 역시 우수한 상대와 결합하고, 열등한 자는 열등한 상대와 결합해야 한다. 성적(性的) 결합의 수는 인구의 균형을 보존해야 하는 통치자의 재량에 맡겨져야 한다.

전쟁이나 그 밖의 의무를 용감히 수행한 뛰어난 젊은 청년들에게 명예나 보수뿐 아니라 여자와 자주 동침하는 자격과 기회가 주어져야 한다. 그것은 동시에 우수한 자손을 더 많이 얻는 결과를 가져오며 그리고 그 특권은 젊은이들의 용기와도 결부된다(여기서 우리는 이상국가에서 같은 계급 내부에도 차등적 대우가 있다는 것을 본다. 우수한 청년은 여러 여자를 상대할 수 있는 이러한 차등대우가 집단 내 평화를 가져올 수 있을 것인지 의심스럽다).

성년이 되는 것은 여자는 대체로 20세, 남자는 30세 전후라고 할 수 있다. 여자는 20세부터 40세까지 나라를 위해 아이를 낳는 것이 적당하며, 남자는 혈기가 왕성한 한창 때부터 55세 사이에 나라를 위해 자식을 낳도록 하는 것이 적당하다.

전사들 중에서, 똑똑하지 못한 자식이 태어났을 경우에 그 자식을 다른 일반 서민들 속에 보내고, 서민들 속에서 훌륭한 자식이 태어나면 그 아이를 전사들에게 보내 보살피게 한다.

세 번째로는 '통치자 계급'이다. 이 계급은 국민들 중에서 가장 고귀하고 현명한 자들인 철학자로 구성된다. 그들의 사명은 입법과 그 실시, 특히 교육의 감독이다. 그들은 순번대로 최고의 관직에 취임하고 나머지 시간은 철학을 공부한다. 통치자 계급에도 사유(私有)가 없고 모든 것을 공유(共有)한다.

이 3계급은 국가를 구성하고 유지하기 위한 역할을 분담한다. 각자의 역할에 충실하고 다른 사람의 역할에 참견하지 않는 것이 전체를 위해 유익하며, 이것이 바로 정의(正義)이다. 즉, 정의는 남에게 유익을 주는 행위이다.

이상국가의 통치자들인 철학자들은 플라톤 윤리의 핵심인 선(善)을 추구한다. 때문에 이상국가에는 정의와 지혜와 절제와 용기가 있으며 건전한 행복으로 가득하게 된다. 이 이상국가는 스파르타를 모델로 한 것이다, 현실의 스파르타 체제보다 한 걸음 더 나아가 부인과 자녀의 공유까지를 그려내었듯이 이상국가의 최고 가치관도 스파르타와는 다르다. 스파르타의 최고 가치는 승리와 명예인 데 비하여 이상국가의 최고 가치는 선(善)이다. 통치자들이 승리와 명예에 사로잡히면 전쟁을 좋아하게 되며 자연히 전사들이 통치자가 된다. 이에 비해 이상국가에서는 선(善)이 최고 가치이기 때문에 철학자들이 통치자가 된다. 그러므로 이상국가는 철학자들에 의해 다스려지는 '철인정치'를 실시한다.

플라톤은 먼저 어떠한 자가 철인(철학자)이 될 수 있는가에 대해 다음과 같이 말한다. 철학자는 진리를 사랑하는 사람이다. 철학자란 언제나 불변의 것을 파악할 줄 아는 자이며, 그렇지 못하고 변천하는 잡다한 사물 속을 헤매는 사람은 철학자가 아니라고 하였다. 철학자의 소질이 있는가 없는가를 보려면 그들이 생성과 소멸에 따라 동요되지 않고 언제나 확고한 실재를 제시해 줄 학문(철학)에 열의를 갖고 있으면 소질이 있는 것으로 보아야 한다고 했다. 그리고 또 허위를 마음에 받아들이지 않는 진실성이 있어야 하고, 사랑이 풍부해서 자신에게 속한 모든 사물과 자신이 사랑하는 목적물에 가까운 모든 것을 사랑하지 않고서는 못 배기는 천성이 있어야 한다고 했다. 그리고 정신적인 쾌락에 젖어 있어 다른 육체적 쾌락을 업수이 여기고, 또한 절도(節度)가 있어 돈 같은 것은 탐내지 않으며, 구두쇠 근성 같은 것은 도무지 없고 크고 넓은 도량을 가진 자라야 한다. 다시 말해 철학자는 물욕도 구두쇠 근성도 없으며, 거짓말쟁이도 겁쟁이도 아닌 사람이며 그래서 사귀기 어렵지도 않으며 위선자일 수도 없다.

그리고 철학자는 선천적으로 기억력이 좋아야 하며, 이해력이 빠르며, 도량이 넓고 우아하고 진리와 정의와 용기 및 절제를 사랑하는 그런 종류의 사람이다. 철인정치는 이러한 자가 통치자가 되는 정치를 말한다.

철인들은 제2계급인 전사계급에서 선발된다. 좀더 정확히 말해 전사계급에 속한 남녀 청년들 가운데서 철인이 될 수 있는 소질을 가진 자를 기초 교육과 육체훈련이 끝나가는 20세 전후에 선발하여, 이들을 잘 키워서 제3의 계급인 통치자계급으로 삼는 것이다.

철학자가 될 소질이 있는 자를 철학자로 길러내기 위해서는 교육이 중요하다. 철학자는 불변의 것을 파악할 수 있는 능력이 있어야 한다고 하였는데 이것을 위해서는 수학을 배우게 해야 한다. 수학은 지성을 사용하여 순수히 사유작용을 통해 실재(이데아)에 접근하기 때문이다.

다음으로 중요한 학문은 기하학이다. 지휘관이 기하학을 아느냐, 모르느냐에 따라 진지의 구축이나 전투 때의 진형이 달라질 것이다. 기하학이 알려고 하는 것은 영원한 것이며, 어느 시기에 생성되었다가 소멸되는 그런 것이 아니다.

그리고 또 중요한 과목은 천문학이다. 천체의 다채로운 운동은 이성과 사유로는 포착할 수 있지만 감각으로는 포착할 수 없는 것이다. 그러므로 천문학도 기하학처럼 연구해야 한다. "눈에 보이는 하늘은 그대로 방치하고 사유로 알아내야 한다."

이러한 수학, 기하학, 천문학은 젊었을 때 시켜야 한다.

힘든 학문은 몇 살 때부터 실시하는 것이 좋을 것인가? 육체적인 훈련 기간이 지난 20살쯤부터가 좋을 것이다. 그리고 종합적인 인식능력이 필요한 군사 및 법률 등에 관한 일은 30살이 되는 것을 기다려 부과하는 것이 좋을 것이며, 이와 동시에 약 5년 동안은 정신의 훈련을 위한 변증론도 공부를 하고 이 기간이 끝나면(약 35세), 약 15년 동안 군사관계 지휘나 관리하는 일을 맡게 해야 한다.

그가 50세가 되어 맡은 임무를 무난히 마치고 실무나 학술적인 지식에서 우수한 재능을 나타내면 정무(政務)를 맡아 통치자의 임무를 수행토록 한다.

그런데 통치자란 비단 남자뿐이 아니라 여자도 있다. 그러니까 지금까지 한 말은 여자에게도 그대로 적용된다. 여자들도 충분한 적성을 타고나면 남자와 마찬가지이다. "애지자(愛知者, 즉 哲人)가 정치에 관여하기를 회피한다면 그는 자기보다 못한 자의 지배를 받으리라는 것을 미리 각오해야 한다."

이상국가의 법률은 어느 한 특수층의 행복을 위해 만들어 그 밖의 사람들은 등한시하는 그런 것이 아니다. 그것은 국가 전체에 행복을 가져오도록 하는 것이며, 따라서 전 국민을 설득해서 화합시킴으로써 공공의 일에 이바지하도록 하고 그 과정에서 얻는 이득을 서로 나눠 갖도록 하는 것이다

통치자들인 철학자들은 뛰어난 교육을 받고 철학과 실무 양쪽 일에 참여해 왔기 때문에 미(美)와 정의(正義)와 선(善)과 같은 진리가 무엇인지를 알며, 사물도 잘 식별할 수 있다.

통치자들과 우리 국가(이상국가)는 다른 나라들처럼 꿈속에서 정치를 하는 것이 아니라, 눈을 뜨고 제정신으로 정치를 하고 있는 것이다. 다른 나라의 정치는 지배권을 에워싸고 그림자와 싸우며 당파를 지어 권력을 장악하는 일에만 골몰하고 있다.

옳게 사는 것이 무엇인지 모르는 불행한 사람인 야심가가 나랏일에 종사하게 되면 좋은 것을 모조리 탈취할 생각을 하기 때문에 올바른 정치가 이뤄지는 나라를 세울 수가 없다. 또한 그 경우에 위정자의 위치란 노리는 자가 많은 자리이므로 당연히 내분이나 소동이 자주 일어나 위정자 자신은 물론 나라의 멸망을 초래하게 될 것이다.

나라의 규모는 하나로 통일되기를 바라는 선까지로 한다. 다시 말해서 두세 국가로 분할해야 한다고 생각할 정도로 비대해서는 안 된다. 그러므로 전사들에게 국토가 그 이상 더 커지지도 않고 더 작아지지도 않게 하라고 일러두어야 한다.

이상국가의 네 가지 국가적 덕목(德目)은 용기, 지혜, 절제, 정의이다.

첫째, 용기를 보자. 싸움터에 나가는 사람들이 용감하냐 비겁하냐에 따라서 나라의 운명이 좌우된다. 용기란 두려운 일이 있어도 생각이나 판단에 변덕을 부리지 않는 유지(維持)의 일종이다. 다시 말하면 올바른 견해를 유지하는 힘을 용기라고 해도 좋을 것이다.

둘째, 지혜란 내정과 외교 등에 큰 도움이 되고 이득이 되는 지식을

말한다. 과일을 생산하는 지식만을 가진 국가를 두고 지혜롭다고 하지는 않는다. 나라를 지키는 전사와 통치자들에게 어울리는 지식이 국가의 지혜이다.

셋째, 절제란 어떤 쾌락이나 욕망을 극복하는 것이다. 절제란 하나의 질서라고 볼 수 있다. 음악에 비유하면 강한 음을 내는 사람이건, 약한 음을 내는 사람이건 동일한 노래를 합창(合唱)하도록 하는 한 음정(音程)이 있는 것과 같이 이에 해당하는 것이 절제이다. 그 나라에서 강한 사람, 약한 사람, 부한 사람, 가난한 사람, 유식한 사람, 무식한 사람의 차이에 관계없이 한 마음이 되게 하는 것이 절제이다.

마지막으로, 정의는 각자 자기가 맡은 일만을 행하고 그 밖의 일에 손을 대지 않는 것이 정의라고 여러 번 이야기 했었다. 그러니까 부질없이 딴 일에 간섭하거나 자기에게 해당된 직무를 바꾸는 것이 바로 불의(不義)가 된다. 남달리 분주한 것도 불의이다.

'건강을 낳게 한다'는 말은 육체의 여러 부분이 각각의 소질에 따라 움직인다는 것이고, '병을 낳게 한다'는 말은 반대로 소질에 반기를 들어 서로 타 부분(他部分)을 지배하고 지배당하는 것이다. 이와 같이 '불의를 낳는다'는 말은 각각의 부분이 자기 소질에 반란을 일으켜 남을 지배하거나 지배당하는 것을 가리킨다.

이데아론 플라톤은 모든 사물을 원형(原型)과 모형(模型)으로 구별한다. 모든 관념도 마찬가지로 원형과 모형으로 구별한다. 원형이 이데아이다.

예컨대 '침대'라고 하는 사물(물건)은 모양이나 재질이 조금씩 다르다. 그러나 우리는 그것을 침대로 인식한다. 우리가 그것을 침대로 인식하는 것은 우리의 정신 속에 침대의 '원형'이 있기 때문에 '원형'과 닮은 일상의 모든 종류의 침대를 침대로 인식하는 것이다. 플라톤은 이와 같이 눈으로는 볼 수 없으나 우리의 정신 속에 있는 '원형'이 침대의 실재(진짜)이며, 우리가 눈으로 볼 수 있는 가시계(可視界)의 침대들은 실재의 모형(가짜)들이다.

이데아는 단순한 것이며 분해될 수도 없는 것이다. 시작도 끝도 그리고 변화도 있을 수 없다. 가령 모든 아름다운 사물들이 계속해서 변화되더라도 '아름다움'의 이데아만은 언제나 한결 같다.

우리가 원형(이데아)을 인식할 수 있는 것은 상기(想起, anamnesis)의 덕분이다. 즉 옛날 저 세상에서 기억했던 것을 상기한 것이다. 모든 지식이 상기라는 주장은 플라톤이 쓴 「메논」(Meno)에 가장 많이 나와 있다.

플라톤은 말하기를 "가르친다는 것은 오직 상기하게 하는 데 지나지 않는다"고 한다. 그는 「메논」에서 노예로 부리는 한 소년을 데려오게 하고, 그에게 직접 기하 문제에 대하여 질문을 해서 이를 입증한다. 이 소년이 마치 기하를 알고 대답하는 것처럼 되어 있다. 그런데 이 소년은 이제까지 그런 지식을 가져본 적이 없는 것이다. 「메논」에서도 「파이돈」에서와 마찬가지로, 지식은 영혼이 전생(前生)으로부터 갖고 온다는 결론을 내린다.

이 소년은 경험해 보지 아니한 것을 선험적(先驗的, apriori)으로 알고 있는 것 같았으며, 경험과 독립하여 존재하는 논리와 수학에 관한 지식은 누구에게나 존재한다고 할 수 있는 것이다. 플라톤이 참된 지식이라고 말한 것은 이런 종류의 지식뿐이다.

"우리들의 영혼은 원래 이데아의 세계에서 아름답고 완전한 모습을 바라보면서 행복히 살았으나 그만 이 세상에 떨어져 육체라는 감옥에 사로잡힌바 되어, 이데아에 대한 기억을 잃고, 기억의 잔영만 남아 있었다. 우리가 아름다운 물건을 보고 사랑과 그리움을 느끼는 것은 완전한 세계를 애타게 사모하는 정(情)인 것이다."

침대와 같은 사물뿐만 아니라 '선'(善)이라든가 '미'(美)라든가 하는 관념도 '원형'과 '모형'이 있다. 예컨대 용기, 정의, 지혜, 절제 같은 것도 원형과 모형이 있다. 원형이 실재(實在)이며 이데아이다. 플라톤은 이데아 가운데 최고의 이데아는 선의 이데아라고 말한다. 그러면 선의 이데아는 무엇인가? 선은 이상국가가 추구할 최고의 가치이니만치, 우리는 선의 이데아가 어떤 것인지를 알아야 한다. 이것이야 말로 철학자들이 밝혀내어야 할 탐구의 대상인 것이다.

선의 이데아를 밝히는 탐구에는 사색과 논리적 추론이 필요하다. 선의 이데아에 대한 플라톤의 설명은 다음과 같다.

"지식과 지적활동은 선(善)이다. 지식의 밑받침이 없는 생각은 흉하게 느껴진다. 지식과 생각은 구별되는 것이다. 지적인 활동이 아니라 생각만 가지고 세상을 걸어간다는 것은 장님이 혼자서 걸어가는 것과 다를 것이 없다."

소크라테스가 덕을 이루기 위해 지식이 필요하다고 한 것과 같은 맥락이다. "선의 이데아는 지식에 진리가 부여된 것이다. 시각이 사물을 볼 때 빛이 있으면 잘 볼 수 있고, 빛이 적으면 잘 볼 수 없는 것처럼, 지식에 진리가 부여되면 그 지식은 더 또렷해진다. 지식도 진리도 아름다운 것이므로 선은 이 양자보다 더 아름답다고 생각하는 것이 옳을 것이다."

플라톤의 영혼불멸론

플라톤이 「파이돈」(Phaidon)에서 묘사한 소크라테스의 죽음에 임하는 자세는 지혜와 선에 있어서 가장 이상적인 것을 보여주고 있다.

소크라테스가 사형판결을 받은 후 마지막 순간에 보여준 침착성은 그의 영혼 불멸에 대한 신앙과 관련되어 있다. 그는 자기의 생명과 가족을 먼저 생각하고 정의를 나중에 생각하는 것은, 이 세상에서 자신에 속해 있는 모든 사람들을 행복을 누릴 수 없게 하는 것이며 저 세상에 가서도 행복스럽게 살 수 없게 할 것이라고 말했다.

그는 죽음에 즈음하여 결코 슬퍼하지 않았다. 왜냐하면 "첫째로 나는 지금 현명하고 선량한 다른 신들에게 가려고 한다," "둘째로 이미 죽은 사람들에게, 즉 여기 내가 죽은 뒤에 남아 있는 사람들보다 더 나은 사람들에게로 간다"는 것을 그는 굳게 믿고 있었기 때문이다.

소크라테스(플라톤)는 죽음을 영혼과 육신이 분리되는 것이라 말한다. 여기서 우리는 플라톤의 이원론(二元論)에 이른 셈이다. 원형(原型)과 모형(模型), 이데아와 감관(感官)의 대상, 영혼과 육신 등의 이원론(二元論)이 그것이다.

이원론에서 앞의 것이 뒤의 것보다 우수하다. 참된 실재(이데아)는 영혼으로 알 수 있으며, 시각이나 청각 등 육신은 지식을 올바로 알 수 없다. 이데아는 사유에서 나타나는 것이며, 감각에 나타나는 것은 아니다. 영혼이 육신 속의 악에 매여 있는 동안에는 진리에 대한 우리의 욕구는 충족되지 못할 것이다(이러한 견해는 지식을 얻는 수단으로서 과학적으로 관찰하거나 실험하는 경험론자들의 방법과는 합치될 수 없다).

플라톤이 보기에 육신은 이중으로 좋지 않은 것이다. 즉 그것은 색안경을 통해서 바라보는 것처럼 모든 것을 어둡게 하고 왜곡케 하는 매개체로서 좋지 않은 것이며, 또 우리가 지식을 찾고 진리를 따라가는 것을 훼방하는 쾌락의 근원으로서 좋지 못한 것이다(이원론은 금욕주의와 통한다). 육신에 대한 그의 말을 몇 군데 인용하면 다음과 같다.

"육신은 우리로 하여금 애정과 정욕과 공포와 여러가지 공상과 우매한 것들로 가득 차게 하며, 흔히 말하듯 우리에게서 사고력을 빼앗아간다. 전쟁과 분쟁 및 분열이 어디서 오는가? 그것은 육신과 육신의 정욕에서 비롯되는 것이 아닌가?"

"그러므로 우리가 참된 지식을 얻으려면, 육신에서 떠나야 한다는 것이 경험에서 드러나고 있다."

"그런데 이것은 우리가 살아있는 동안은 어려운 일이며 사후(死後)에나 가능할 것이다."

"육신의 우매함을 제거해 버릴 때, 비로소 우리는 순수하게 될 것이며, 또한 순수한 것과 접촉하게 되고, 또 어디서나 분명한 빛을 알게 될 것이다. 이 빛은 곧 진리의 빛이다. 왜냐하면 순수하지 못한 것은 순수한 것에 가까이 갈 수 없기 때문이다. 그리고 영혼이 육신에서 떠나는 것 외에는 달리 정화(淨化)가 있을 수 있을까? 그런데 영혼이 육신에서 떠나는 것이 곧 죽음이다. 그리고 참된 철학자라면 육신으로부터 영혼이 자유롭게 되기를 바라는 것이다."

플라톤은 인간의 영혼은 태어나기 이전에도 존재하였고, 죽고 나서도 죽은 사람의 영혼이 어딘가에 존재하는 것으로 간주한다. 영혼은 적당한 경로를 거쳐서 지상으로 돌아온다는 결과가 된다.

플라톤은 영혼의 본질에 관하여 말하기를 영혼은 이데아와 마찬가지로 단순한 것이며 어떤 부분으로부터 이루어진 것이 아니기 때문에 분해될 수 없는 것이라 한다. 단순한 것은 시작도 끝도 그리고 변화도 있을 수 없다. 영혼의 본질은 불변이다(모든 사물도 그들의 이데아는 불변이다). 눈에 보이는 것들은 일시적인 것이요, 보이지 않는 것은 영원한 것이다. 육신은 보이지만 영혼은 보이지 않는다. 따라서 영혼은 영원한 것에 속한다.

생전에 육신에 얽매여 살았던 비천한 영혼은 죽은 뒤에도 육신에 대한 집착을 버리지 못하여 자기의 육신이 묻힌 무덤가를 배회하는 망령이 되고, 이 망령들의 배회는 그들이 다시 육신에 갇히게 될 때까지 계속될 것인데 환생(還生)은 그들 영혼의 성향에 따라 제가끔이 될 것이라 하였다. 즉 폭식이나 폭음에 탐닉하는 영혼은 당나귀 등속으로 환생하고, 부정과 독재 그리고 강탈을 좋아한 자들의 영혼은 이리나 솔개 등속으로 환생할 것이며, 절제와 정의와 같은 서민적인 덕을 닦은 행복한 사람들은 구태여 애지(愛知)에 이르지 않았더라도 자기들을 닮은 양순한 꿀벌이나 개미로 환생하거나 같은 인간으로 환생할 것이라 하였다. 그리고 오직 애지자(愛知子)의 영혼은 (죽음으로써) 육신을 떠나 완전히 순수해지며 신들의 세계로 들어가는 것이 허락된다 하였다.

"바로 이 이유 때문에 참으로 지혜를 사랑하는 사람들은 일체의 육체에 따른 욕망들을 멀리한 이유이다. 그들은 가난이나 불명예가 두려워 정욕을 멀리하는 것이 아니라 영혼이 단지 육신에 붙잡혀 얽매여 있을 뿐임을 잘 알고 있기 때문이다. 극단적인 쾌락이나(너무 기뻐하는 것) 고통(너무 슬퍼하는 것)은 영혼을 육신에 고착시키는 일종의 못(釘)이라고 볼 수 있다. 그래서 그런 것들을 멀리하는 것이다"(플라톤의 금욕주의).

플라톤의 우주론 플라톤의 우주론(宇宙論)은 「티마이오스」(Timaeus)에 많이 나와 있다. 「파이돈」에도 소크라테스의 입을 빌려 우주에 대한 약간의 이야기가 나와 있다.

작중 인물인 티마이오스는 피타고라스학파에 속하는 천문학자이다. 그의 이야기는 대략 이러하다. 세계는 신에 의해 창조되었다. 신은 선(善)하므로 영원한 것을 본떠 세계를 만들고 모든 것이 선하게 되기를 원했다. 그리고 모든 영역이 두서없이 움직이는 것을 보고 질서를 지어내었다. 또한 신은 질투심이 없으므로 모든 것이 자기와 같기를 원하여 자기의 형상을 따라 만들었다(여기까지는 유대교의 천지창조설과 동일하다).

그러나 세계는, 감성적(感性的)인, 즉 인간이 감관(感官)으로 알 수 있는 것이므로 영원한 존재가 될 수는 없다. 세계는 영원한 원형을 모사한 피조물(모형)일 뿐이다.

그는 세계를 영혼과 물질을 가진 하나의 생물(world-animal)로서 만들었다. 세계는 그 전체에 있어 하나의 생명체이다. 신이 물질로 형체를 갖춘 세계에, 보이지 않는 영혼을 미리 부여했기 때문에 세계는 생명체가 된 것이다. 그리고 그 속에 다른 모든 생명체들을 포함하고 있다.

물질의 4원소는 불, 공기, 물, 흙이며 이들은 각각 수로 나타낼 수 있다. 이것들 사이에는 상호간에 영속적인 비례관계가 성립된다. 예를 들어, 불이 공기에 대한 비례나 공기가 물에 대한 비례, 또는 물이 흙에 대한 비례는 다 같은 것이다(아낙시만드로스의 견해와 유사). 신은 이 모든 원소를 사용하여 세계의 감각적인 부분(육신)을 만든 것이다.

영혼은 감각에 잡히지 않는 영원한 것인 반면에 육신은 감각에 잡히는 유한한 것이므로 세계의 본질은 중간적인 것이다. 즉 세계는 영원성과 유한성을 동시에 지니고 있다. 영원성에는 과거도 미래도 없다. 영원성은 언제나 통일 가운데 정지하고 있는 것이다. 유한성의 움직이는 형상(形相)에 대해서만 있었다(과거)거나 있을 것(미래)이라고 말할 수 있다. 우리는 이 움직이는 형상의 진행을 '시간'이라 부른다.

그러니까 시간은 세계와 동시에 생겨난 것이며 시간은 수(數)에 따라 움직이도록 되어 있었다. 신은 피조물로 하여금 산술을 배울 수 있도록 하려고 태양을 만들어 놓았다. 낮과 밤의 계기(繼起)가 없으면 인간은 수에 대한 생각을 갖지 못할 것이라고 생각하였다. 우리는 낮과 밤, 달과 해를 보고, 수에 대한 지식을 얻게 된다. 신은 이렇게 우리에게 시간관념을 주었으며 이때부터 철학(수학)이 생기게 되었다.

다음은 세계가 가진 '공간'에 대해서이다. 공간은 세계의 영원성에 속하는 것이다. 모든 피조물에게 거처를 마련해 주는 이 공간은 감각의 도움을 받지 않고, 일종의 가이성(假理性, spurious reason, 순수이성이라고 해도 좋을 것이다)에 의해 인식되는 것이다. 모든 존재(유한성의 존재)는 필연적으로 어떤 장소에 있어야 하며, 또 공간(영원성의 실재)을 차지하고 있어야 하는 것이다.

지구는 하나의 공(球)이다. 왜냐하면 같은 것(like)은 같지 않은 것(unlike)보다 더 아름다우며, 공만이 어느 부분을 떼어 보아도 다 같은 것이기 때문이다. 지구는 회전운동을 한다. 왜냐하면 가장 완전한 것은 원운동이기 때문이다.

지구는 하늘 한가운데 있다. 지구가 떨어지지 않는 것은 하늘 자체가 모든 방향에서 이 지구에 대해 동일한 관계를 맺고 있기 때문이며 또한 지구 자체가 균형 상태에 있기 때문이다. 왜냐하면 그 자체가 균형상태의 것으로서 동일한 어떤 것의 한가운데에 위치한 것은 어떤 방향으로도 기울지 않고, 언제나 같은 상태를 유지하며 흔들리지 않는다(지구에 대한 플라톤의 견해는 소크라테스에서 소개한 것과 같다. 소크라테스의 견해는 곧 플라톤의 견해이기 때문이다).

플라톤의 지식론 현대인들은 거의가 경험에 의해 얻은 지식은, 지각(知覺)에 의존하고 또 지각에서 오는 것이라고 생각하고 있다. 그러나 플라톤은 이와는 매우 다른 주장을 한다(플라톤을 따르는 철학자도 많다). 즉 감각에서 오는 지식은 '지식'이라고 할 만한 가치가 없으며, 참된 지식은 오직 사유에만 관련되어 있다는 것이다. 이런 견해에 따르면 2+2=4는 참된 지식이지만, '눈은 희다'와 같은 진술은 매우 애매하고 불확실하여 진리라 할 수 없는 것이라고 한다.

플라톤은 지각이 곧 지식이라는 주장에 대하여 다음과 같이 비판한다. 플라톤에 따르면 지각은 대상(對象)과 감관(感官)의 상호작용에서 이루어지는 것이다. 지식이 지각에 의존한 것이라고 한다면, 같은 대상을 둔 지각도 감관에 따라 다를 것이며 그 지식도 달라질 것이다. 다시 말하여 각 사람은 제가끔 약간씩 다른 감관을 가지고 있기 때문에 대상에 대하여 약간씩 다른 지각을 가지게 되며, 따라서 그 대상에 대한 지식도 다르게 된다는 것이다. 심지어 동일인도 신체의 컨디션 여하에 따라 대상을 다르게 지각한다. 소크라테스는 말하기를 자기는 건강할 때는 술이 달고 병들었을 때는 쓰다고 하였다.

지식이 지각에 의존한다는 것은 '인간은 만물의 척도'라고 말한 프로타고라스(소피스트) 학설을 지지하는 것이 된다. 프로타고라스는 돼지나 원숭이도 만물의 척도임을 인정할 것을 주장하였다. 왜냐하면 그것들도 지각하는 것들이기 때문이다. 그의 주장처럼 누구의 판단이든지 다 옳다고 한다면, 그를 틀렸다고 간주하는 사람도 그의 판단과 똑같은 정당성을 갖고 있다고 할 것이다.

플라톤은 프로타고라스의 학설을 배격한다. 플라톤은 지식에는 더 옳은 것이 있고 덜 옳은 것이 있으며, 진리인 것이 있고, 허위인 것이 있다고 주장한다. 예컨대 의사가 내 병의 경과에 대하여 예견할 경우에 그는 분명히 내가 나의 장래에 대하여 아는 것보다 더 잘 알고 있는 것이다. 각자의 사람이 만물의 척도라는 학설에 대한 이러한 비판은 간접적으로는 지식이 곧 지각이라는 이론에 대한 공격이기도 하다.

그러면 플라톤은 지식을 무엇에 의존하는 것이라고 보는가? 결론부터 먼저 말하면, 지식은 정신에 의존하는 것이다. 이를 설명하면 다음과 같다.

우리는 소리와 색깔을 청각과 시각을 통해 지각한다. 그러나 우리에게 소리와 색깔이 다르다는 것을 지각할 수 있는 감관은 없다. '명예롭다', '불명예스럽다', '선하다', '악하다' 등에 관해서도 같은 말을 할 수 있다.

소리와 색깔을 서로 다른 것이라는 것을 판단하는 것은 정신이 하는 일이다. 오직 정신만이 실상(實相)에 이를 수가 있는 것이다. "정신은 그 자체의 기능을 통해 어떤 것들을 사색할 수 있고, 또 신체의 기능을 통해 다른 것을 사색한다"(아리스토텔레스는 '정신'을 '이성적 영혼'으로서 설명하고 있다. 후술).

아리스토텔레스

아리스토텔레스(Aristoteles, 384~322 B.C.)는 그리스 사상이 창조되던 시기의 말엽에 태어났으며 그가 죽은 후 2000년 동안, 그와 필적할 만한 철학자(사상가)가 나오지 않았다. 그의 학문적 권위는 교회의 권위와 거의 동등할 정도로 절대적인 것이었기 때문에 17세기부터는 새로이 발흥하는 지적탐구에 장애가 되었다.

그리하여 그의 학설의 많은 부분에 대하여 많은 공격을 하지 않을 수 없었는데, 그가 받은 공격도 결과적으로는 학문과 사상의 발전에 보탬이 되었고 그의 명성을 높여 주었다.

생 애 아리스토텔레스는 기원전 384년에 에게 해 서북안(西北岸)의 스타게이라(Stageira)에서 이오니아 인의 부모로부터 태어났다. 그가 출생한 해는 아테네가 펠로폰네소스 전쟁에 패배한 지 20년 되던 해로서 정치적으로는 아테네뿐 아니라 그리스 세계 전체가 쇠미해갈 때였으며, 또한 소크라테스가 처형된 지 15년이 경과한 해로서 플라톤이 43세였을 때였다.

아리스토텔레스의 아버지는 마케도니아 왕의 시의(侍醫)로 있었다. 아리스토텔레스는 17세쯤 되어 아테네로 와서 플라톤(그때 60세경)의 제자가 되었으며 그후 플라톤이 죽기까지(348 혹은 347 B.C.) 거의 20년 동안 아카데미(플라톤이 세운 학원)에서 공부하였다.

아리스토텔레스

그후 그는 한때 여행을 하여 소아시아의 도시국가 아타르네우스(Atarneus)의 참주(僭主) 헤르미아스(Hermias)의 질녀 피티아스(Pitias)와 결혼을 하였고 왕자 알렉산더(Alexander)의 가정교사가 되었다. 그때 왕자의 나이는 13세였으며 16세가 되기까지 그 지위에 있었다. 알렉산더의 아버지 필립 2세(Philip Ⅱ)는 학생들이 교실로 사용하도록 미에자(Mieza)에 있는 님프스(Nymphs)의 사원을 주었다. 미에자는 알렉산더와 프톨레미(Ptolemy)와 카산더(Cassander)와 같은 마케도니아의 귀족 자제들을 위한 기숙학교 같은 구실을 하였다. 알렉산더와 함께 공부한 학생들은 알렉산더의 친구가 되었고 후일 장군들이 되었으며 종종 '동무'라는 이름으로 불려졌다.

미에자에서 아리스토텔레스는 알렉산더와 그의 동무들에게 의학, 철학, 도덕, 종교, 논리학과 예술을 가르쳤다. 알렉산더는 아리스토텔레스의 가르침으로 호메로스의 작품에 대해 열정을 갖게 되었으며 아리스토텔레스가 준 일리아드 사본을 전장에까지 가지고 다녔다고 한다. 필립은 아리스토텔레스가 가르쳐 주는 데 대한 대가로 필립이 유린하였던 아리스토텔레스의 고향 스타게이라(Stageira)를 재건해 주고 노예로 팔려나간 과거의 시민들을 되 사거나 해방시켜 다시 모아주기로 합의하였다.

알렉산더가 16세 때에 부왕 필립으로부터 성인이 되었다는 인정을 받고, 필립이 없는 동안에는 정무(政務)를 대행하게 되었다.

아리스토텔레스는 알렉산더(356~323 B.C.)가 세계정복(333~323 B.C.)에 나서기 이태 전인 기원전 335년 외국인 거류민으로서 아테네로 돌아와 리케이온(Lycheion)이라는 학원을 설립하여 323년까지 이른바 산책로를 거니는 소요학파(逍遙學派)로서 교육을 하였다. 그가 저술을 한 것도 대체로 이 13년 동안에 있었던 일이었다.

알렉산더가 죽고(323 B.C.) 나서, 아테네인들은 반란을 일으켜 우선 알렉산더의 친지들에게 공격의 화살을 던졌다. 그 중에는 아리스토텔레스도 들어 있었다. 그는 신에 대하여 경건치 못하다는 죄목으로 고소를 당하자 소크라테스와는 달리 형벌을 피하여 도망쳐 버렸다. 그는 이듬해인 기원전 322년에 죽었다.

아리스토텔레스는 철학자로서 플라톤과는 여러 면에서 대조적이다. 그가 플라톤의 제자이면서도 플라톤의 학설을 그대로 받아들이거나 심화시킨 곳은 한 군데도 없다. 어떤 부분은 플라톤의 기본을 벗어나지 못하면서도 새로운 개념을 도입하여 수정적인 주장을 펼쳤고 어떤 곳은 플라톤에 정면으로 도전하는 독자적인 학설을 내놓았다. 그것이 수정적이든 독자적이든 간에 아리스토텔레스의 학설은 플라톤의 그것에 대비되는 것인만큼 플라톤에 비교해서 아리스토텔레스를 바라보는 것이 이해에 도움이 될 것 같다.

우선 문장에 있어서 플라톤은 유창하고도 시적인 표현을 구사하는 데 비하여 그는 견실하고도 냉정한 표현을 쓰고 있다. 그는 처음으로 교수다운 글을 썼다. 그의 논설은 조직적이고 서술도 제목으로 분류하였다. 그는 세밀한 고찰이나 비판에 뛰어나 있었다.

플라톤이 사물을 관찰할 때는 직관적이면서 여러 개체들 사이의 종합적인 통일성을 중시한 데 비하여 그는 사물을 반성적(反省的)인 입장에서 보았고 개체의 특성과 현상의 다양성에 주목하였다.

플라톤은 유사한 사물에 대면했을 때는 그 사물들의 이데아와 연관을 시키고 그 이데아를 규명하려 했던 데에 비하여, 아리스토텔레스는 각 개체의 특수성과 개체간의 유사성을 구별해서 생각하였다.

플라톤이 결론을 끌어낼 때는 이데아(또는 원리)를 기점으로 하여 연역법적인 논리로써 종합적인 진리에 도달하려 하였다. 이에 비하여 아리스토텔레스는 개별적인 사안들을 분석·비판하고 이들을 끌어모아 보편적 명제를 도출하는 귀납적 방법을 택하였다. 그는 절대적 진리를 희구하기보다는 근사적 진리나 개연성을 도출할 수 있으면 그것으로 만족하는 객관적인 관찰자로서의 태도를 취하였다.

그러면 여기서 좀더 구체적으로 아리스토텔레스의 플라톤에 대한 비판과, 아리스토텔레스가 구축한 "아리스토텔레스의 학설들"을 보기로 하자.

이데아론 비판 플라톤의 이데아론에 대한 아리스토텔레스의 비판 가운데 그럴듯한 것은 '제3인간론'(The third man)이다. 즉 만일 이데아의 인간을 모방한 현실의 인간이 있다면, 그 이데아의 인간과 그 현실의 인간에게 공통되는 제3의 이데아의 인간이 또 하나 있어야 할 것이다(말을 바꿔 하자면, 동양인들의 이데아와 서양인들의 이데아가 따로 있으면 안 되는가라는 질문이다). 이러한 논의는 플라톤이 인간이라는 한 종(種)의 이데아는 하나라고 하는 데에 대한 반발로서, 처음의 이데아보다 더 나은 이데아가 있으면 왜 아니 되는가라고 하는 비판인 동시에 이데아라는 관념(觀念)에 대해 거부를 나타낸 것이다.

또 하나 아리스토텔레스가 제기한 질문은 "소크라테스는 인간임과 동시에 동물이다." 그러면 인간으로서의 소크라테스의 이데아와, 동물로서의 소크라테스의 이데아는 같은 것인가라는 것이다. 만약 같다면 다른 많은 인간의 이데아와 다른 많은 동물의 이데아는 같다는 결론이 나오는데 이것이 말이 되는가? 그리고 만약에 다르다면 소크라테스는 2개의 이데아를 갖는다는 결론이 나오는데 이것이 옳은가라는 것이다.

아리스토텔레스는 궁극적으로 실재(實在)는 (눈에 보이지 않는 이데아 같은 것이 아니라) 우리의 주위에서 볼 수 있는 바와 같은 많은 구체적·개체적 사물로 되어 있다는 것이다. 해와 달과 사람과 동물과 식물과 산(山)과 강(江)과 바다, 막대기와 돌덩이 등등 한이 없듯이, 사물들은 얼마든지 있다. 이러한 많은 사물들이 가장 본래적인 의미에서 실재들이라고 주장하였다. 이것은 이데아가 실재이며 구체적인 사물들을 이데아의 모형에 불과하다고 하는 플라톤의 주장을 반박하는 것이다.

아리스토텔레스에 따르면, 플라톤의 이원론(원형-모형, 이데아-지각의 대상, 영혼-육신)이 허용된다면, 우리가 가장 분명하게 알고 있는 것은 존재하지 않는 셈이 되며, 또 존재한다고 하는 것은 분명하게 알려질 수 없는 것이 된다. 그러나 일상적인 경험이 가르치는 바와 같이, 개별적 실체(實體)들에 대한 지식은 '있을 수 있으며', 더구나 이 지식이야말로 우리의 가장 직접적이며 가장 확실한 지식이라 아니할 수 없다.

아리스토텔레스는 플라톤의 '이데아'를 대신하기 위해 '보편개념'(universal concept)이라는 것을 제시한다. 이 의미는 매우 상식적인 것이다.

아리스토텔레스는 여러 개체들이 어떤 술어(예컨대, 인간)를 공통으로 갖게 될 경우에, 그 각각의 개체들과 동일하면서도 그것들보다 더 이상적인 어떤 것(이데아)에 관련되기 때문에 공통적인 술어를 갖게 되는 것이 아니라, 우리 인간은 공통적인 것에 대해 보편적인 개념(보편개념)을 갖기 때문이라고 주장한다. 예컨대 '나폴레옹'이라고 하면 한 사람의 특정한 인간을 가리키는 것이므로 보편개념이라 할 수 없고 이것은 개별개념이다. 반면에 인간, 고양이, 개는 공통적인 종(種)의 여럿을 가리키는 것이므로 보편개념이다. 또, "철수는 부지런하다," "영이는 영리하다"고 할 때 철수와 영이는 개별개념이지만 '부지런함'과 '영리함'은 다른 사람도 가질 수 있는 속성이므로 보편개념이다.

말을 바꾸어 문법적으로 표현하면 '나폴레옹', '철수', '영이'와 같은 고유명사에 해당하는 대상은 개별개념이며, '고양이', '인간'과 같이 일반명사에 해당하는 것과 그리고 '부지런함', '영리함'과 같이 형용사에 해당하는 대상은 보편개념이다.

고유명사가 나타내는 개별개념은 실체(實體)이다. 그러나 보편개념은 그 자체로서는 실체일 수 없고 오직 개별적인 실체 속에만 존재할 수 있는 것이다.

플라톤의 이데아론에서는 인간 이데아는 현실의 인간들이 공통으로 가지고 있는 속성을 가지며, 동시에 현실의 인간들보다 우수한 실재로서 묘사된다. 이에 비하여 아리스토텔레스의 보편개념은 공통으로 가지고 있는 속성을 표현해 주지마는 보편개념이 각 주체가 개별적으로 가지고 있는 속성보다 우수하다는 것을 의미하지는 않는다. 이것이 아리스토텔레스가 보편개념에서 의도한 것이라 생각된다.

형상과 질료 다음으로 아리스토텔레스의 중요한 형이상학으로는 형상(形相, form)과 질료(質料, matter)의 관계이다.

비유해서 설명을 하면, 대리석은 질료이며 조각가가 다듬은 조각상의 모습은 형상이다. 조각상은 하나의 사물이라고 할 수 있는데, 형상이 있기 때문에 사물이 된 것이다. 다시 말해서 한 '사물'은 한계를 가져야 하며, 이 한계가 곧 형상을 이루고 있는 것이다. 형상이 곧 실체(實體)이다.

아리스토텔레스는 형상과 관련하여 영혼과 신의 문제까지를 취급하고 있다. 그는 우선 영혼에 대해 말하기를 '영혼이란 육체의 형상'이라고 한다. 여기서 말하는 형상은 분명히 어떤 형태(모습)를 뜻하는 것은 아니다. 아리스토텔레스가 뜻하는 바는, 영혼이 육체를 하나의 개별적인 인간이 되도록 하고(한계를 지어주고), 각 육체 기능의 목적에 통일성을 부여하고 있다는 것이다. 눈의 기능은 보는 것에 있지만, 눈이 육체에서 떠나 있으면 볼 수 없으며, 실제로 보는 것은 영혼이다

그러므로 형상은 질료에 대하여 한계성과 더불어 통일성을 부여하는 것으로 생각되며 이 통일성은 흔히 목적론적(目的論的)이다.

식물에도 영혼이 있다(낮은 단계의 '비이성적 영혼'이기는 하지만. 후술). 식물이 흡수작용을 하는 것은 오직 영혼의 힘에 의한 것이다. 영혼은 육체로 하여금 목적을 가지게 하는 동력원(動力源)이다. 영혼은 육체와 유리될 수 없다. 영혼은 육체와 결합되어 있으며 영혼은 육체가 소멸되면 함께 소멸되는 것이다. 영혼과 육체의 관계는 형상과 질료의 관계와 같은 것이다. 영혼은 그 안에 생명을 지닌 육체의 형상이라는 의미에서 실체라고 할 수 있다.

아리스토텔레스는 영혼은 육체와 유리될 수 없으며, 육체가 소멸하면 영혼도 소멸한다고 하였다. 그러나 그는 이성적(理性的)인 영혼의 부분만은 불멸할 수 있다고 하였다. 여기에 대해서는 약간의 설명이 필요할

것 같다.

아리스토텔레스는 영혼을 이성적(理性的)인 영혼과 비이성적(非理性的)인 영혼으로 구별한다(그는 '이성적인 영혼'을 '정신'이라는 용어로 표현하기도 했다. 이 '정신'은 플라톤이 그의 지식론에서 말한 '정신'과 유사하다). 이성적인 영혼은 수학과 철학을 이해하고, 만들어 내는 사유(思惟)의 영역이다. 구구표를 이용하여 셈을 하는 것도 이성적인 영혼의 작용이다. 이성적인 영혼의 대상은 무시간적(無時間的)이며 따라서 이성적인 영혼도 무시간적이다. 그리고 이성적 영혼은 보다 높은 기능으로 신체나 감각과는 아무 관계도 갖고 있지 않다. 이성적 영혼은 통합과 동질적인 것인 것에 주목하며 비이성적 영혼은 차이와 이질적인 것에 주목한다. 이성적 영혼은 무시간적이므로 불멸일 수 있으나 비이성적 영혼은 불멸일 수 없다.

비이성적인 영혼은 이중으로, 즉 식물적인 부분과 욕구적인 부분으로 되어 있다. 전자는 영양분을 섭취하는 일처럼 어떤 생물에서나 다 찾아볼 수 있으며, 후자는 어떠한 동물도 다 갖고 있는 요소이다. 신 것 대신에 단 것을 먹는 것 같은 선택은 후자의 작용이다.

여기서 한 가지 짚을 것은 아리스토텔레스가 사용하는 '본질'(本質)이라는 용어이다. 아리스토텔레스는 "형상은 본질을 나타낸다"고 하였다. 이 '본질'이라는 용어는 개체들에서의 보편개념과는 다른 것이다.

공통적인 속성을 나타내는 당신의 '본질'이라 할 때 '본질'은 '당신이 그 본성에 있어서 그것인바'이다. 우리가 '어떤 사람의 본질'이라 말할 때, 그 뜻은 '그 사람이 되기 위해 있어야 할 특질'이다. 이와 같이 본질은 하나하나의 개체가 보유하고 있는 것이다. 그리고 종(種, species)도 본질을 보유하고 있다. 종(種)의 정의(正義)는 그 종의 본질을 말하는 데서 내려지게 될 것이다.

'형상(形相)은 본질을 나타낸다'고 하는 것은 어떤 개체나 종은 반드시 각각의 형상을 가지고 있으며, 그 형상은 그 형상을 가진 개체와 종의 본질이 된다는 뜻이다. 보편개념은 실체적인 것이 아니나 형상은 실체적인 것이기 때문이다.

이제 아리스토텔레스의 신(神)에 관한 이론을 보기로 하자. 앞서, 질료에 형상이 결합되면 사물이 된다고 말하였다. 질료들은 형상을 얻음으로써 사물이 되며, 그 현실성이 증가된다. 형상을 갖지 않는 질료는 단지 가능태(可能態)에 지나지 않는다. 그러나 아리스토텔레스에 따르면 모든 사물이 다 질료를 갖는 것은 아니다. 영원한 사물들은 질료를 갖지 않는다. 다만 사물들 중에서 공간 속에 움직일 수 있는 것만이 질료를 갖는다.

그 형상이 질료 없이도 존재할 수 있다고 하는 아리스토텔레스의 견해는 플라톤의 이데아론을 지지하는 입장에 서게 한다. 신은 질료가 섞이지 않은 형상이며 또한 순수한 실체이다. 따라서 신은 변치 않는다.

그에 의하면, 실체에는 세 가지가 있다. 첫째로 감성적이며(감관(感官)에 포착되는) 멸하는 것이고, 둘째는 감성적이기는 하지만 멸하지 않는 것, 셋째는 감성적도 아니고 멸하지도 않는 것이 그것이다.

첫째 부류에 식물과 동물이 포함되고, 둘째 부류에 천체(天體)들이 포함 된다(아리스토텔레스는 천체가 운동 이외의 다른 변화는 받지 않는 것으로 믿고 있었다). 셋째 부류에는 인간의 영혼(이성적 영혼)과 신이 속한다.

신에 대한 주요한 주장은 첫째 제 1 원인론이다. 세상은 운동을 일으키는 어떤 존재가 있어야 하며, 그 존재 자체는 운동해서는 안 되고, 영원한 실체이며 실재적(實在的)인 것이라야 할 것이다. 신은 바로 그와 같은 운동의 원인이 된다. 그 밖의 것은 운동의 원인이 되려면 마치 당구공처럼 누군가가 먼저 그 당구공을 쳐 주어야만 비로소 가능한 것이다. 신이 운동의 제 1 원인이 되는 것은 신이 살아 있다는 의미이다. 신은 스스로 생명인 것이다. 그러므로 우리는 신은 살아있는 존재이며 최선의 생명이라 부른다. 또한 신에 속한 생명은 영원하다. 왜냐하면 신은 영원하기 때문이다.

둘째 신은 순수사유(pure thought)이다. 왜냐하면 사유가 생명활동 중에서 최상의 것이기 때문이다. 그런데 신의 사유가 생각하는 대상은 그 자신에 관해서이다(왜냐하면 신은 모든 사물 가운데 가장 뛰어난 것이기 때문이다). 그러므로 신의 사유는, 사유에 대한 사유(a thinking on thinking)가 될 것이다. 따라서 신은 인간 세상에 대해 아무런 관심도 없다. 인간은 신을 사랑해야 하지만, 신이 인간을 사랑한다는 것은 불가능하다고 말한다(17세기의 스피노자도 같은 견해였다).

"그러므로 위에 말한 바에 의해 영원히 자신은 움직이지 않지만 세상을 움직이며 영원히 스스로를 사유하는 실체가 존재한다. 또 그 실체는 감각적인 사물에서 분리되어 있는 것이 분명하다. 이 실체는 어떤 크기를 가질 수 없는 존재이며, 또한 부분도 없고 분할할 수도 없는 존재라는 것이 분명하다. 신은 고통을 당하지 않으며, 변치도 않는다는 것은 분명한 사실이다."

아리스토텔레스의 윤리학

아리스토텔레스의 윤리학(倫理學)은 주로 당시의 교양 있고 경험 많은 사람들이 일반적으로 갖고 있던 견해를 대표하고 있다. 그의 윤리관은 플라톤의 그것과는 달리 종교적인 요소가 개재되어 있지 않으며 재산과 가정에 대한 비전통적인 견해도 갖고 있지 않다. 그의 「윤리학」(Nicomacheau Ethics)에서는 행실이 바르고 고상한 일반 시민들은 어떤 원칙에 따라 행동해야 할 것인가에 대하여 조직적인 설명을 들을 수 있다. 그 내용은 평범하지만 그 당시 일반인들이 통념으로 가지고 있던 사회사상(社會思想)을 알 수 있다는 점에서는 현학적인 논술보다 더 유용하다.

아리스토텔레스는 덕(德)에는 지적인 덕과 도덕적인 덕의 두 가지가 있다고 하였다. 이것은 앞에서 언급한 두 가지 영혼, 즉 이성적 영혼과 비이성적 영혼에 각각 해당한다. 이성적 영혼은 구구표를 이용하여 셈을 하는 것과 같은 사유하는 영역을 담당하며, 비이성적 영혼은 신 것 대신에 단 것을 섭취하는 것과 같은 선택적 행위의 영역을 담당한다.

인간의 행위와 관련되는 윤리에 있어서는 지적인 덕보다 도덕적인 덕이 더욱 중요하다. 지적인 덕은 순수히 사색적인 이성적 영혼에 관련되기 때문에 행위력이 없으며 그리고 지적인 덕이 실제 행위로 나타나기 위해서는 도덕적인 덕의 도움을 필수로 하기 때문이다. 그리고 지적인 덕은 배워서 얻을 수 있고 도덕적인 덕은 습관에서 얻을 수 있다. 습관에서 얻을 수 있다 함은, 예컨대 우리는 의로운 행위를 함으로써 의롭게 될 수 있는 것이다. 때로는 어떤 올바른 습성에 익숙하도록 강요됨으로써 우리는 그런 선행(善行)을 하기 쉽게 되는 것을 볼 수 있다. 즉, 선행이 습관화됨으로써 선행을 행하게 된다는 것이다. 통치자가 해야 할 일은 시민들로 하여금 그와 같은 선한 습관을 얻게 하는 것이라고 한다.

아리스토텔레스는 도덕적인 덕은 두 극단의 중간에 위치하는 것이라고 말한다. 즉 중용(中庸)의 사상이다. 이것은 여러가지 덕을 검토해 보면 잘 알 수 있다. 용기는 비겁함과 만용의 중용이며, 너그러움은 낭비와 인색의 중용이며, 긍지는 허영과 비굴의 중용이며, 기지(機智)는 익살과 아둔함의 중용이며, 겸손은 수줍음과 몰염치의 중용이다. 이 같은 중용은 모든 것에 다 들어맞는 것이 아니라 도덕적인 덕에만 들어맞는 것이다. 예컨대, '진리' 같은 것은 중용으로 말할 수 없다. 왜냐하면 진리는 이성적 영혼과 관련되기 때문이다.

아리스토텔레스에 따르면 아버지의 정의(正義)와 아들의 정의(正義)는 같을 수 없다. 지고 있는 빚(은혜)의 크기가 다르기 때문이다. 아버지는 아들이 악(惡)할 때에 아들과 인연을 끊을 수 있다. 그러나 아들은 아버지와 인연을 끊을 수 없다. 그 이유는 아들은 부친에게 갚을 수 있는 이상의 것을 그 부친으로부터 받고 있기 때문이다(아리스토텔레스의 정의는 산술적인 평등에서 이루어지는 것이 아니라 올바른 비율(관계 형평성)에서 이루어진다는 것이다. 그의 견해는 귀족주의적이다).

사랑에 있어서도 동등하지 않은 위치에서 각자는 자기의 가치에 따라 사랑을 받는 것이 합당한 일이다. 그러므로 열등한 자가 우월할 자를 사랑하는 것이, 우월한 자가 열등한 자를 사랑하는 것보다 더 해야 하는 것은 당연하다. 아내나 자녀들이나 종들은 남편, 부모, 군주를 더욱 사랑해야 할 것이며, 후자가 전자를 사랑하는 것보다 더 해야 할 것이다.

훌륭한 결혼생활에 관하여 그는 "남편은 자기의 분수대로 가정에서 지배권을 발휘해야 할 것이다. 그러나 아내가 할 일은 아내에게 맡겨야" 한다. 남편은 아내의 영역에까지 관여해서는 안 된다. 그런데 아내가 남편의 영역을 지배하는 일이 있어서는 더욱 안 된다.

훌륭한 처신에 관하여 적당한 긍지(pride: 허영과 비굴의 중용)를 갖고 있어야 하며, 결코 자기 자신의 가치를 과소평가해서는 안 된다. 푸대접해야 할 사람은 천대할 줄 알아야 한다(기독교의 성자(聖子)와는 다른 대인윤리(對人倫理)이다).

아리스토텔레스는 또한 '큰 인물'론을 제시하고 있는데 어떤 사람을 '큰 인물'이라고 하는지 그의 견해는 다음과 같다.

> "큰 인물이란 큰일을 할 수 있는 사람을 말한다. 큰일을 할 수 있으려면 선량하여야 한다. 가장 선량한 사람이 가장 큰일을 하기에 합당하다. 위험이 닥쳤을 때, 팔을 내저으며 도망치는 것은 큰 인물에게는 제일 합당치 못한 일이며, 또 남을 해치는 것도 마찬가지다. 큰 인물에게 관련되는 것은 명예와 불명예이다. 명예는 자기가 마땅히 받아야 할 것이라고 생각하고 다소 미흡하더라도 즐거움을 느낄 것이다. 불명예는 그에게 해당되지 않는다고 느낀다. 그는 남에게 이득을 끼치는 자이다. 그는 받는 것을 부끄럽게 생각한다. 그는 설사 받아도 더 큰 것으로 갚을 것이다. 그 때문에 처음에 준 사람이 오히려 받는 사람이 될 것이다.
>
> 큰 인물이 된 표지(標識)는 아무 것도 또는 거의 아무 것도 구하지 않고 기꺼이 서슴지 않고 도움을 주며, 높은 지위를 즐기는 자들에게는 위엄을 보이고, 소인(小人)들에게는 위엄 같은 것을 전혀 나타내지 않는 것이다. 전자에게 당당한 태도를 취하는 것은 비열한 일이 아니지만, 약한 사람들 앞에서 거만을 부리는 것은 비열한 일이다.
>
> 대개 자기의 감정을 숨기는 것은 비겁한 부류에 속한다. 그것은 남들이 자기를 어떻게 생각할 것인가에 대하여 더 염려하고 진리에 대해서는 염려를 하지 않는 증거이다. 그는 자기 의사를 자유롭게 표명하며

언제나 진리를 말하려 한다···. 그는 까닭 없이 경탄하지 않는다···. 그는 소문에 말려들지 않는다. 그는 자기 자신이나 남에 관하여 이야기하지 않기 때문이다. 그는 유익하거나 유용한 것을 손에 넣으려고 하기보다 아름다운 것을 소유하려고 한다. 그리고 발걸음이 느린 것이 큰 인물에 더욱 합당하며 깊이 있는 음성과 침착한 어조가 어울린다···. 큰 인물이란 이런 사람이다. 자기의 가치에 미치지 못하게 처신하는 사람은 비굴한 자이며, 자기의 가치보다 지나치게 처신하는 사람은 허세를 부리는 자이다."

이런 큰 인물은 한 사회에 그리 많지 않을 것인데, 아리스토텔레스가 군주정치를 최선의 것으로 선호하고 귀족주의를 그 다음으로 선호하고 있는 점은 큰 인물과 이런 정치제도와 결부시켜 생각하는 것이 아닌가 짐작된다. 플라톤이 국가의 지배자로서 이보다 훨씬 까다로운 조건을 갖춘 철인을 요구한 것과 대비된다.

아리스토텔레스는 덕(德)을 선(善)을 이루기 위한 수단으로 보고 있다(소크라테스는 덕을 수단으로 보지 않고, 최고의 가치로 보았다). 그러므로 윤리학의 가장 중요한 임무는 선이 어떤 것들인가 하는 것을 규명하는 것이다.

그는 선의 으뜸으로 세 가지를 이야기하고 있다. 즉 우정(友情), 쾌락(快樂), 지적활동(知的活動)이 그것이다.

우정은 선(善)이다. 친구는 불행할 때에 위로가 된다. 완전한 우정은 오직 선량한 사람들 사이에서만 가능하다. 수많은 사람들과 친구가 된다는 것은 불가능하다. 친구가 필요한 것은 비단 불행할 때뿐만 아니라 행복할 때도 마찬가지이다. 그는 자기 행복을 친구에게 나누어 주어야 하기 때문이다. 친구가 없으면 외로움의 고통을 겪는다. 친구가 있어야 한다. 그러나 친구 사이에 동정을 구함으로써 피차에 상대방을 불행하게 만들지 말아야 한다.

쾌락은 선(善)이다. 고통은 분명히 악이므로 쾌락은 선이어야 한다. 인간이 고문대 위에서도 행복할 수 있다고 말하는 것은 무의미한 말이다. 좋지 못한 쾌락이 있다는 논의가 있으나 그것은 선량한 사람들에게는 전혀 쾌락이 될 수 없는 종류의 것이다. 선량한 사람은 불행하지만 않으면 쾌락을 느낀다. 또한 신은 언제나 단순하고도 단일한 쾌락을 누리고 있다. 인간에게 합당한 쾌락은 이성(理性)과 관련되어 있다.

마지막으로 지적 활동(知的活動)은 선이다. 지적 활동을 통한 탐구와 창조와 진리의 발견은 우리에게 내면적 희열을 가져다준다. 그 중에서도 가장 완전한 행복은 이성에 의한 사색 활동에서 얻어질 수 있다. 그것은 바로 인간의 활동 중 최고의 것이기 때문이다.

이상에서 보는 바와 같이 아리스토텔레스의 윤리학은 안일하고 냉랭한 느낌이 드는 내용들이다. 정열을 갖지 못한 평안한 자들이 귀를 기울일 만한 종류의 것이다. 그는 도전이나 위기를 헤치고 나가야 할 급박한 상황의 사람이나 또는 외적인 불행으로 말미암아 절망에 빠진 사람에게는 이렇다 할 의미 있는 말을 들려주지 못하고 있다.

아리스토텔레스의 정치학

아리스토텔레스는 그의 「정치학」 첫 머리에서 말하기를 "모든 국가는 일종의 공동체이며, 모든 공동체는 선한 목적을 가지고 성립된다. 그 이유는 인간은 그들이 좋다고 생각하는 것을 얻기 위해서 행동하기 때문이다"고 하였다.

국가는 공동체 가운데서 최고 형태의 공동체이기 때문에 국가의 목적은 최고의 선을 실현시키는 데 있다(국가의 목적을 선의 실현이라고 한 것은 플라톤과 같다). 시간적으로 보면 구성원이 먼저이고 국가는 나중에 성립되지만 완전성으로 보면 국가가 우선이고 구성원은 국가에 대하여 종속적인 존재이다. 개인, 가족, 직업집단, 계급집단 들이 모여서 국가를 이루기 때문에 국가는 시간상으로 볼 때는 나중에 성립한다. 그러나 국가는 다른 어떤 부분들에 비해서보다 완전하다. 국가 안에는 분업(分業)이 보다 완전하게 짜여 있고, 구성원들 상호간의 유기적 관계가 보다 완전하며, 국가는 보다 큰 능력과 힘을 가진다. 그러므로 개인이나 가정과 같은 단위는 국가에 대하여 부분에 불과하다.

이 부분은 마치 팔이 몸에서 떨어져 나가면 팔로서의 기능을 할 수 없는 것과 같이 국가를 떠나서는 존재 가치를 상실한다. 그러므로 다시 원론으로 돌아가서, 국가는 개인(부분)에 우선한다.

아리스토텔레스에 따르면 정치학은 시민의 고귀한 행동과 행복에 관련된 실용적 학문으로서 단순히 경험적이거나 서술적인 연구인 것이 아니라 규범적 내지 지시적인 원리를 가지는 학문이다. 정치학은 3대 학문 부류 가운데 하나인데, 다른 두 개인 형이상학(metaphysics)과 자연학(physics)은 진리 그 자체 혹은 지식 그 자체를 위한 학문이다.

정치학의 목적은 인간의 선(human good)이라는 국가의 목적을 위한 수단으로 봉사하는 것이다. 개인의 목적과 국가의 목적은 다 같은 것이지만 그 수준과 완전성에 있어서 국가의 목적이 훨씬 더 수준이 높고, 보다 더 완전에 가깝다.

정치학은, 의학이 의사의 임무와 관련되어 있는 것과 같이, 정치가(통치자)의 임무에 관하여 관심을 갖는다. 정치가의 가장 중요한 임무는 입법자로서의 역할과 적절한 헌법을 조성하는 것이다. 일단 헌법이 성립되면 정치가는 그것을 유지하기 위한 적절한 조처들을 취해야 한다. 그리고 꼭 필요할 때에는 그 헌법에 대한 개혁을 도입해야 하고, 또한 정치체제를 전복시킬지도 모르는 사태의 발전을 사전에 예방하여야 한다.

아리스토텔레스는 정치가를 장인(匠人)에 비유한다. 그리고 정치를 제품의 생산에 비유한다. 어느 한 제품의 생산은 네 가지의 원인에 의해 이루어진다. 즉 질료 원인(material cause), 형상 원인(formal cause), 동작 원인(moving cause), 최종목표 원인(final cause)이 그것이다.

예컨대, 진흙(질료 원인)을 항아리모양(형상 원인)으로, 도공(陶工: 匠人)이 빚어서(동작 원인), 액체를 담을 수 있게(최종목표 원인) 하는 것이 한 제품의 생산이다. 비유컨대, 시민들(질료 원인을 기초로 하여)을 어떤 하나의 헌법(형상 원인) 테두리에서 살면서 정치가(동작 원인)들이 활동하여 최고의 선(최종목적 원인)을 실현시키는 것이 정치이다.

도시국가의 질료가 되는 시민은 공직에 참여할 권한을 가진 자급자족할 수 있는 사유재산을 가진 남자들이다. 노예, 부녀자, 어린이와 노인, 외국인 거류민은 제외된다.

도시국가의 형상 원인은 그 도시국가의 헌법이다. 헌법은 도시국가에 거주하는 주민들의 질서(ordering)이며, 따라서 그 공동체가 같은 헌법에 의존하여 긴 세월 동안 함께 생활하였는가의 여부가 문제가 된다. 헌법은 성문법(成文法)이 아니며, 내재적인 조직 원리이다. 비유컨대 헌법은 한 생명체의 영혼과 같은 것이다. 그러므로 헌법은 시민들의 '생활방식'(way of life)이라고도 할 수 있다.

도시국가는 동작 원인을 필요로 하는데, 그것은 통치자(ruler)이다. 아리스토텔레스의 견해에 의하면, 어떤 종류의 공동체이든 간에 통치자 혹은 권위자를 가질 때라야만 그 공동체는 질서를 가질 수가 있다. 이 통치원리는 헌법에 반드시 규정되며 도시국가가 왜 무엇보다 먼저 헌법을 필요로 하는가 하는 설명도 동작 원인에서 찾을 수 있다. 아리스토텔레스에 따르면 "도시국가를 처음으로 세운 창시자는 가장 큰 은혜의 원인"이다. 이런 사람은 헌법을 제정한 스파르타의 리쿠르구스(Lycurgus)나 아테네의 솔론(Solon)과 같은 입법자이다. 아리스토텔레스는 입법자(혹은 일반적으로 정치가)를, 재료를 가지고 제품을 만들어내는 직인(職人)이나 도공(陶工), 조선목수(造船木手) 등 장인에 비유하였다.

마지막으로 최종목적 원인은 맨 처음에 인용한 바와 같이, 최고의 선(善)을 실현하는 것이다. 여기서 선이란 무엇인고 하니, 아리스토텔레스의 표현을 빌리면 "선일 것이라고 믿어지는 것을 위해 모든 사람에게 도움이 될 그 무엇인가 좋은 것을 행하는 것"(For the sake of some good for everyone does everything for the sake of what they believe to be good)이다. 그리고 곧이어 그는 삶을 위해 생겨난 도시국가는 선한 삶(good life)을 위해 존재한다고 말했다. 선한 삶, 즉 행복은 국가의 적정한 목적이라고 그의 「정치학」을 통하여 반복적으로 강조한다.

아리스토텔레스는 정치체제의 종류를 지배집단이 누구냐에 따라 다음과 같이 분류하였다. 즉 지배집단(governing body)의 형태는 헌법에 의해 결정되는데, 그 형태는 각각 다르다. 정치체제로서의 민주정치(democracy)에서는 가난한 서민이 지배집단이며, 과두정치(oligarchy)에서는 부자 또는 부잣집에서 태어난 자들이 지배집단이다. 그리고 시민 가운데 가난하지도, 부(富)하지도 않은 '중간'집단(middle group of citizens)이 지배집단이 되는 일종의 중간형 헌법을 가지는 것이 '중산층 민주주의'(polity)이다. 그리고 귀족정치(aristocracy)는 재산과 자유와 덕을 고루 갖춘 최고의 인간들(best persons)이 지배하는 체제이다. 절대군주(absolute kingship)는 귀족정치의 극히 예외적인 경우이다.

아리스토텔레스에 따르면, 각 형태의 정치체제에서 지배집단은 국가의 목적(善)을 지향하여 전체의 이익을 위해 노력하는 것이 옳다. 그러나 지배집단이 자신들의 지배집단을 위해 노력하면 이것은 타락으로서 좋지 못한 정치체제로서 나타난다. 즉 다음과 같은 6가지 형태의 정치체제가 가능하다.

	옳 음	타 락
1인지배	군주정치(Kingship)	참주정치(Tyranny)
소수지배	귀족정치(Aristocracy)	과두정치(Oligarchy)
다수지배	중산층민주정치(Polity)	서민민주정치(Democrary)

중산층 민주정치보다는 귀족정치가 좋으며, 귀족정치보다는 군주정치가 더 좋다. 그런데 가장 좋은 것이 타락하면 가장 나쁜 것이 된다. 따라서 참주정치는 과두정치보다 더 나쁘고, 과두정치는 서민민주정치보다 더 나쁘다. 그러므로 아리스토텔레스는 서민민주정치를 제한적으로 지지한다. 왜냐하면 현실적으로 그 밖의 것은 더 나쁜 정부로 될 가능성이 있기 때문이다.

아리스토텔레스가 말하는 민주주의는 오늘날 우리가 생각하는 민주주의와는 좀 다르다. 그는 선거에 의해 지배자를 뽑는 것은 과두정치이며 추첨에 의해 지배자를 뽑는 것을 민주주의라고 말했다.

혁명의 원인에 대한 긴 논의도 있다. 혁명의 주요한 원인은 과두정치의 집권자들과 서민민주주의자들과의 충돌에 있었다. 과두들은 자신들이 경제적으로 우월하니까 정치적 권리에서도 그만큼 더 우대를 받아야 한다고 주장하는 반면에 민주주의자들은 모든 사람이 동등한 자유를 가지고 태어나는만큼 평등한 권리를 가져야 한다고 주장한다. 그러므로 이 두 파는 정부가 자기들의 기대와 어긋나게 시정(施政)을 할 때에는 혁명을 일으킨다.

민주정치에서보다는 과두정치에서 더 빈번히 혁명이 일어나는 것은 과두정치에서는 권력가들이 각기 분립(分立)하는 경향이 있기 때문이다(그래서 통치력이 약화된다).

아리스토텔레스는 참주정치에 대해 흥미로운 서술을 하고 있다. 참주들은 일반적으로 민중의 선동가들로서 권력으로부터 민중을 보호하겠다고 거짓 약속을 하고서 비정상적인 방법으로 권력을 잡은 자들이다. 참주는 일단 권력을 잡으면 권력을 유지하기 위해 사악한 수단을 끝없이 강구한다. 우선 특수한 장점을 지닌 자들이 높은 지위에 오르지 못하도록 그들에게 죄를 뒤집어 씌워 처벌하거나 필요할 때는 암살까지 한다. 공동식당이나 클럽 등을 금지하며, 자신에게 적개심을 일으킬 우려가 있는 교육은 금지시킨다. 간첩을 두되 여자형사 같은 자를 채용하며 신하들 사이에 불화를 일으켜 힘을 소모시킨다. 전쟁을 일으켜 신하들이 언제나 일에 골몰하도록 하는 동시에 한 지도자를 필요로 하도록 여건을 조성한다는 등이다.

아리스토텔레스는 노예제도를 옹호한다.

노예는 타고난 자질이 스스로는 결정을 할 수 없는 자들이기 때문에 주인을 필요로 하며 이것이 그들을 위해서도 득이 된다는 것이다.

그리고 그는 가부장의 권리를 옹호한다.

남자는 여자보다 우월하기 때문에 남편이 아내를 지배하는 것은 자연스러운 일이며, 또한 성숙한 연장자가 미성숙한 연소자를 지배하는 것도 당연하다고 한다.

아리스토텔레스는 분배에 있어서는 각인의 공덕에 비례해서 분배하는 것이 정의로운 것이라고 주장했다.

즉 배분적 정의는 누구에게나 평등히 나누어 주는 것이 정의가 아니며, 그 사람이 수행한 일의 분량과 성과의 크기에 비례해서 나누어 주는 것이 옳다고 하였다.

아리스토텔레스는 또한 인구 조절을 제안하였다.

각 사람은 재산을 절제 있게 동시에 여유 있게 쓸 수 있을 만큼을 소유해야 하며 그러기 위해서 인구를 제한할 필요가 있다는 것이다. 출생이 어느 정도 이상을 초과치 않도록 하는 것은 꼭 필요한 일인데, 이 문제를 등한히하기 때문에 끊임없는 빈곤의 원인이 된다고 주장하고, 빈곤은 혁명과 죄악의 양친이라고 하였다.

아리스토텔레스는 플라톤의 「국가론」으로부터 많은 아이디어를 얻고 있음에도 불구하고 플라톤이 제시한 이상국가의 공산주의에 대해서는 신랄한 비판을 가하고 있다.

플라톤이 처자식과 재산의 공유를 주장한 데 대하여 아리스토텔레는 (플라톤이 지나치게 국가를 획일화시키고 있다고 보고) 국가의 획일성이 지나치면 국가가 파괴되어 버릴 것이라고 말한다. 왜냐하면 국가는 본질적으로 여러 종류의 사람으로 구성되는 다원적인 공동체이기 때문이다.

처자식의 공유로, 그들이 모두의 처가 되고 자식이 된다면 그들은 누구로부터도 소홀히 취급되며, 혈연이나 결혼에 의한 관계가 소멸된다. “이렇게 될 때 사람이 행복할 수 있겠는가? 플라톤식의 아들이 되느니보다는 어떤 자의 참 사촌형제가 되는 것이 얼마나 낫겠는가?”라고 반문한다.

처를 공유하고, 자식들의 애비가 누군지, 누구의 자식인지를 몰라 이 사람 저 사람과 성관계를 갖게 되고 실제에서 근친상간이 이루어지면 이 이상 더 망측한 바가 없으며, 이런 종류의 사랑은 부도덕한 것이라고 아리스토텔레스는 비판한다.

그는 재산의 공유에 대해서도 반대한다. 재산을 공유할 때는 사소한 일을 가지고도 사이가 벌어지고 또한 싸운다. 더 많이 일하고 같은 것을 받는 자는 적게 일하고 같은 것을 받는 자를 기필코 원망할 것이다. 사람이 사유재산을 갖고, 각각 개별적 이해 분야를 가지고 있을 때에는 누구나 서로 불행하지 않을 것이며, 그들은 각자 자기 일에 열중함으로 이익을 더욱 증진할 것이기 때문이다. 재산은 사유로 되어져야 하는데, 그 사용이 공동으로 될 때는 확실히 더 좋다.

친구나 동료에게 친절과 도움을 베푸는 데 가장 큰 기쁨이 있으며 이것은 사람이 사유재산을 가졌을 때에 비로소 가능하다. 만인이 모든 것을 공유할 때에는 다시는 관대하지 않고 너그럽게 재산을 사용하는 멋을 보일 수 없다. 재물을 마음대로 쓸 수 없는 마당에서 관대란 존재할 수가 없기 때문이다.

혹자는 현존하는 여러 악(惡), 예컨대 계약상의 소송, 위증, 부자에 대한 아부 등이 사유재산의 소유에서 생겨난 것이라고 주장하고 있지마는, 이러한 악은 다른 원인, 즉 인간의 악한 성질에서 나오는 것이라고 아리스토텔레스는 주장한다.

제 4 장

헬 레 니 즘

헬레니즘의 역사적 배경

헬레니즘(Hellenism)이란 그리스 문화란 뜻이며, 특히 알렉산더(356~323 B.C.) 대왕에 의해 보급된 그리스 문화를 말한다.

알렉산더는 부왕(父王)인 필립 2세(Philip Ⅱ)의 페르시아 정벌 계획을 이어받아 탁월한 전술전략으로 불과 10년 동안(333~323 B.C.)에 소아시아, 시리아, 이집트, 페르시아, 더 동쪽으로 나아가서 박트리아(Bactria: 오늘날의 우즈베키스탄)까지 정복하였다. 그리하여 북으로는 흑해와 다뉴브강, 카스피해의 남안(南岸)을 연결하는 경계와 남쪽으로는 이집트로부터 팔레스타인을 거쳐 티그리스강 연안과 페르시아만, 인도양을 경계로 하는 지역까지 전대미문(前代未聞)의 광대한 세계가 새로운 운명을 맞이하였다.

알렉산더는 자신이 그리스 문화의 전도사임을 자임하고 정복지에 그리스 문화를 이식하였으며 동시에 그리스 문화와 그 정복지의 기존 문화를 접합시켜 문화를 융화시키고자 꾀하였다. 그 결과 새로이 확대된 세계에서의 헬레니즘은 순수한 그리스 문화와는 거리가 생긴 변화된 그리스 문화였다.

알렉산더가 자신의 제국 건설을 완성시킬 시간을 갖지 못하고 정복의 중간 과정에서 갑자기 33세의 나이로 요절하자, 알렉산더의 뒤를 잇겠다고 후계를 다투는 장군들 사이의 분열과 알렉산더 왕가 내부의 살육이 심각하였다.

후계 다툼의 우여곡절 끝에 세 장군의 직계들이 제국을 3분(分)하였다. 그 결과는 마케도니아와 그리스 본토를 포함한 유럽 쪽은 안티고노스(Antigonos) 가(家)가, 시리아를 포함한 아시아는 셀레우쿠스(Seleucus) 가가, 그리고 이집트는 프톨레미(Ptolemy) 가가 차지하고 각각 그곳의 왕이 되었다. 이 세 가문은 알렉산더 휘하의 3 장군들이 속한 가문들이다.

그리고 이 3 왕가간에는 알렉산더의 유산을 독식하려는 야망으로 내전이 발생하여 50년간 지속되었다. 내전의 와중에서 이 광대한 세계는 무질서와 불안으로 가득 찼다.

3국간의 내전은 결국은 세력균형을 이루어 가라앉았다. 이 세력균형은 누구도 다른 나라를 넘볼 수가 없는 약체끼리의 병존이었으며, 그들 사이의 틈새에 위치한 소수민족들은 어느 정도 자치를 할 수 있는 정치적 공간을 가질 수 있었다.

그러나 이 3국이 헬레니즘을 추구하는 데 있어서는 마찬가지였다.

이집트의 프톨레미(Ptolemy) 왕조는 알렉산더가 건설한 알렉산드리아(Alexandria) 시(市)를 학문의 중심지, 헬레니즘의 전파지로 육성하여 많은 그리스 학자들을 모았고, 수학과 천문학이 발달하였다.

기원전 200년경 유대인 학자들이 알렉산드리아에 모여 유대교 경전을 히브리어로부터 헬라어로 번역하였다. 이것이 소위 「70인 역(譯) 헬라어(語) 성경」이다.

시리아의 셀레우쿠스(Seleucus) 왕조는 동서(東西) 융합정책을 사실상 포기하였지만 그리스 문화를 보급시키는 데에는 좀더 강압적이었다. 메소포타미아 및 팔레스타인 전역(全域)에서 헬라어를 쓰게 하고 그리스의 학문, 체육, 인본주의, 자유주의를 보급하였다. 그들은 유대교를 탄압하고 유대교 신전 마당을 체육하는 운동장으로 개조시켰다.

헬레니즘 시대를 언제까지로 잡느냐 하는 시대 구분은 견해에 따라 조금씩 다르다. 정치사적 사건을 중시하는 견해는 로마가 그리스 반도와 소아시아를 정복하고 이집트를 보호국으로 만들어 거의 모든 헬레니즘 세계를 지배하게 된 기원전 2세기까지를 헬레니즘 시대로 본다. 그리고 사상적으로 헬레니즘의 영향이 언제까지였던가를 중시하는 견해는 신 플라톤주의가 크게 번영한 기원후 3~4세기까지를 헬레니즘의 시대로 본다.

이 책에서는 이해를 명료하게 하기 위해 일단 헬레니즘 시대를 기원전 2세기까지로 보는 견해를 취하기로 하고, 그 이후까지의 영향에 대해서는 그 이후 시대를 취급할 때 언급키로 하겠다.

알렉산더 대왕

헬레니즘을 공부함에 있어서 무엇보다도 먼저 다루어야 할 부분은 알렉산더라는 개인에 관한 것이다. 왜냐하면 헬레니즘은 알렉산더라는 개인이 없었더라면 만들어질 수 없는 것이었기 때문이다. 인류 역사상 그렇게 짧은 기간에, 그렇게 젊은 나이에 그렇게 넓은 세상을 정복하여 딴 세상으로 바꾸어 놓은 인물은 21세기인 현재에 이르기까지 그가 유일하다. 그러므로 그의 일거수 일투족과 그의 정책과 업적(혹은 죄악)은 그의 생존 당시부터 사람들의 관념에 심각한 영향을 미쳤으며, 따라서 사회사상의 일단을 형성시켰다.

알렉산더(Alexander, 356~323 B.C.)는 기원전 356년에 펠라(Pella)에서 태어났다. 아버지는 필립 2세(Philip Ⅱ) 마케도니아 왕이었고 어머니는 에피루스(Epirus)의 네오프톨레무스 왕의 딸 올림피아스(Olympias)였다.

알렉산더 (폼페이 모자이크의 일부)

마케도니아의 역대 왕들은 그리스 문명을 좋아했으며 자기 영내 문화의 그리스화를 장려하였다. 마케도니아인들은 그리스 신들을 경배하였고 그리스 방언을 썼다. 그러나 남부의 그리스인들은 그들이 쓰는 방언을 이해하기 어려웠고 마케도니아인을 야만인 취급을 하였다.

필립 2세

필립은 22세 때 자신이 후견하던 어린 조카 왕을 제거하고 스스로 왕이 된 자이다. 필립은 취임과 더불어 군비를 강화하였다. 그는 일리리안(Illyrian)을 공격하여 지난해의 패배를 설욕하고, 국경을 넓혔다. 다음 해에는 에피루스(Epirus)의 네오프톨레무스(Neoptolemus) 왕의 딸과 결혼하여 서쪽 변경을 안정시켰다.

필립은 자신이 펠로폰네소스 반도에 있는 아르고스시(市)에 살았던 그리스인의 후손이라고 주장하였다. 기원전 5세기에 이곳 귀족들이 마케도니아로 이주했다는 설이 있다.

필립은 그리스 식에 빠진 자였다. 그는 아테네를 그리스 문화의 중심지로 생각하였다. 그는 집에서는 그리스인들 사이에 일반적으로 통용되는 그리스 사투리를 사용했다. 그는 아들을 갖자 통기타(Lyre), 암송, 토론을 가르쳤고, 딴 사람이 아닌 아리스토텔레스를 아들의 가정교사로 채용했다. 필립을 만나 본 아테네의 대사들은 그를 '순전한 그리스인'이라고 칭찬하였다.

올림피아스

필립은 그의 나라를 강대국으로 만들 수 있다고 생각하였고 그리스 도시국가들 사이의 분열과 분쟁을 기회로 삼았다. 마케도니아에서는 농업이 발달했었다. 남쪽 도시국가들과는 달리, 경제적으로 자급자족이었다. 삼림과, 북서부와 동부 국경지대에 큰 광산들을 가지고 있었다. 평야에는 과일, 양, 소가 많았고 말을 위한 목초지도 풍부하였다. 필립은 무역을 장려하여 국고 수입을 올렸다. 마케도니아인은 열심히 일하고 열심히 전투하는 습성이 있었으며, 달콤하거나 사치스러운 생활에는 익숙지 않았다. 또한 대부분은 전쟁에서 목숨을 바칠 수 있는 무조건 절대 복종하는 사람들이었다.

필립의 군대는 단결의 도구였다. 그의 군대는 국민군이며, 직업군인이며 기강이 높았다. 그의 군대는 가장 훈련이 잘되고 가장 장비가 우수했으며, 가장 사기가 높은 군대였다. 언제라도 동원할 수 있는 체제를 갖추었고, 필립은 승진과 급여로 그들을 보상하였다. 마케도니아의 기병대는 다른 어느 그리스 나라의 기병보다 우수한 정예였다. 포위용 무기와 팔랑크스(Phalanx)라고 불리는 밀집대형과 가벼운 무장, 길이 50피트의 장창(Pike) 등 새로운 전술과 병기를 갖추고 있었다. 아테네와 비교하여 충분히 승산이 있다고 판단한 필립은 기원전 357년에 아테네의 식민지인 트라케(Thrace)의 암피폴리스(Amphipolis)를 탈취했다. 아테네는 강력한 해군력을 가졌었지만 암피폴리스의 탈환에 실패했고 필립의 진군도 제지하지 못했다. 기원전 356년 필립은 트라케의 크레니데스시(市)를 장악하고, 시의 이름을 그의 이름을 따 필리피(Philippi)로 바꾸었다.

기원전 350년까지 필립은 새로 얻은 땅으로 더 많은 인구와 병력을 먹여 살릴 수 있게 되었으며 귀족들에게도 땅을 나누어 주어 충성을 더 하게 하였다. 그의 군사적 승리는 그의 권위를 높이고 낙관론과 사기를 높였다.

그는 16살이 된 아들 알렉산더에게

팔랑크스 진형

필립 때의 그리스 주변 지도

마케도니아를 맡기고 자기는 트라케를 향해 동진(東進)하여 페린투스(Perinthus)와 비잔티움(Byzantium)을 포위했다. 한편 알렉산더는 군대를 지휘하여 트라케의 마에디(Maedi)인이 일으킨 반란을 진압하였다.

그때 필립은 흑해를 출입하는 아테네의 해로(海路)를 위협하여 아테네를 자극하는 것을 원치 않았기 때문에 페린투스와 비잔티움에 대한 포위를 풀고 퇴각하였다.

스파르타는 약체였으며 다른 도시국가들도 분열과 전쟁으로 약하였다. 이때쯤 다른 그리스 도시들과 동맹을 맺은 필립의 왕국은 최강국이었다. 아테네와 테베(Thebe)는 델피(Delphi) 성지(聖地)를 서로 차지하기 위해 전쟁을 치르고 있었다. 필립은 이것을 호기로 삼아, 기원전 339년 말 중앙 그리스로 군대를 출동시켰다. 테베와 아테네는 깜짝놀라 서로간의 전쟁을 멈추고 힘을 합쳐 마케도니아에 대항했다. 필립은 이듬해(338 B.C.)에 그들을 패배시키고, 스파르타를 제외한 모든 본토의 도시들을 장악했다. 이제 18세가 된 알렉산더는 필립군의 좌익을 지휘하였었고 승리에 공헌을 하였다. 그는 용맹하고도 전술이 풍부한 사령관으로서의 자질을 보여주었다.

이어 필립은 페르시아의 취약점을 간파하고 페르시아를 공격할 계획을 세웠다. 페르시아는 왕가 내부의 암투, 궁정과 후궁의 음모, 그리고 부패가 심했고 공물과 조세로 들어오는 재화는, 소비하기보다는 저장을 하여 경제가 침체되었다. 군대는 기강이 희미해졌으며 사치, 낭비가 심해 정오에 시작된 식사가 밤중까지 계속되고 노예들이 줄을 서서 바깥에서 기다리는 일이 예사가 되었다.

필립과 그의 그리스 동맹군은 기원전 336년 페르시아에 대해 선전을 포고하고 필립의 지휘하에 수천 명으로 구성된 선발대를 소아시아로 진격시켜 페르시아의 비호 아래 있던 독재자들을 전복시켰고, 소아시아의 몇몇 그리스 도시들은 필립의 동맹군에 합류했다. 그러나 필립이 소아시아로 본격 진격하기 전에 예기치 못한 사건으로 계획이 좌절되었다.

필립은 얼마 전 클레오파트라 에우리디케(Cleopatra Euridice)라는 이름의 젊은 여성과 결혼을 하였고 그러기 위해 올림피아스와 이혼을 하였었다. 필립과 올림피아스가 그들 사이에 난 딸의 결혼식에 참가하게 되었는데 거기서 필립이 그의 전 측근 부관에 의해 암살돼 버린 것이다.

필립의 장군들은 필립의 후계자로 알렉산더를 지지하였다. 왕위를 계승(336 B.C.)한 알렉산더는 그의 어머니 올림피아스를 마케도니아의 왕비로 복귀시켰다. 올림피아스는 알렉산더를 신의 아들이라고 세뇌하면서 알렉산더를 길렀었다. 올림피아스는 필립이 결혼한 젊은 여성 클레오파트라와 필립이 그녀에게서 낳은 어린 딸을 산 채로 불에 태워 죽였다. 알렉산더는 누가 부왕(父王)을 죽인 암살자와 음모를 꾸몄는지 사건을 조사한 후 페르시아 간첩의 소행이었다고 발표하였다(페르시아를 침공할 구실을 만들어 놓았다).

필립이 죽었으며 알렉산더도 함께 죽었다는 소문이 퍼지자 테베가 반란을 일으켰다(335 B.C.). 알렉산더는 테베로 군대를 진격시켜 시가전을 벌여 수만 명을 죽이고, 산 사람 수천 명을 노예로 팔아버리는 등 처참한 쑥밭으로 만들어 버렸다. 이로 인해 마케도니아에 대한 모든 그리스의 반항이 일시에 멈추었다. 알렉산더는, 소아시아로 진격해 그리스 도시들을 해방시키려던 아버지의 계획을 실행하기 위해 귀국하였다.

기원전 334년 알렉산더는 4만 명의 병력으로 소아시아를 향해 그의 군대를 출발시켰다. 본국 방위를 위해서는 그리스 해군과 12,000 보병과 1,500 기병과 예비병을 남겨 노련한 장군인 안티파테르(Antipater)에게 통수권을 위임하였다.

알렉산더는 그의 직관적인 지능으로 전쟁의 전술전략을 터득하고 있었다. 군대 이동의 기동성, 전격작전, 추격, 기습, 공격의 경제성, 안전기지의 건설, 결정적인 순간에 최상의 에너지 집중, 적의 장점과 약점을 이용하는 기술, 자기 군대의 사상자를 적게 하는 전술을 구사하였다. 무엇보다 군사 목표를 장군과 병사에게 주지시키고 목표를 변경함이 없이 달성하는 것과 명령과 정보 전달이 막힘 없이 소통할 수 있도록 하였다.

그는 군대의 사기를 높이는 보상에 관대하였으며 필요하면 자신이 위험을 무릅쓰고 용기를 솔선수범하였다. 그는 정복에서 얻은 무진장의 노획물을 부하들에게 아낌없이 나누어 주었다. 그는 정치적·군사적으로 필요하다고 생각하면 잔인무도한 행동을 서슴지 않았으며, 다른 한편 자비와 부드러움으로 적들을 위무하였다. 적을 패배시키는 군사작전은 정치적 승리를 위한 수단이었다.

알렉산더가 페르시아 침공에서 부딪힌 적수(敵手)는 46세(歲)의 다리우스 3세(Darius Ⅲ)였다. 그는 지성인이었으나 에너지와 예견력이 없었고, 졸렬한 군사지휘관이었다.

첫 접전은 그라니쿠스강(Granicus River)에서 있었다. 다리우스는 기병을 합해 12만 명의 병력과 그리스인 용병 2만 명으로 알렉산더를 맞이하였다. 그리스 용병들은, 필립에게 패배한 그리스 도시로부터 페르시아로 도망쳐 나온 자들이었다.

이 전투에서 알렉산더는 그의 애마 부케팔라(Bucephala)를 타고 강을 건너 페르시아의 최고 장군들을 거의 다 몰살시키고, 그리스 용병도 2천 명을 남기고 다 죽였는데 2천 명은 노예로 만들어 마케도니아의 광산으로 보냈다.

한편 그는 이 전투에서 희생된 페르시아 군들을 성대히 장사지내고 그들을 명예롭게 하였다. 이듬해(333 B.C.) 알렉산더는 이수스(Issus) 전투에서 다리우스 3세를 또 패배시켰다. 다리우스는 그의 처와 두 딸, 어머니 시시감비스(Sisygambis)를 뒤에 버려두고 도망치지 않을 수 없었다. 알렉산더는 포로로 잡은 다리우스의 가족들을 극진히 예우하였다. 다리우스는 화전(和戰)을 청원했다. 이미 점령된 땅을 양보하고 가족에 대한 배상금으로 10,000탈렌트를 주겠다고 제의했다. 알렉산더는 자기가 이제 아시아의 왕인고로 영토의 분할을 결정할 사람은 자신뿐이라고 대답했다. 알렉산더는 시리아(Syria)로 밀고 내려갔다. 기원전 332년 티레(Tyre)를 공

알렉산더의 정복지

격하여 함락시킨 후 반항의 기미가 보이자 병역 연령 남자를 모두 십자가에 못 박아 죽이고 여자와 어린이는 노예로 팔았다. 이어 가자(Gaza) 전투에서 알렉산더는 큰 부상을 입었으나 점령한 후 남자를 모두 칼로 쳐 죽이고 여자와 어린이를 노예로 팔았다. 그는 연이어 이집트를 정복하고 지중해 연안에 알렉산드리아(Alexandria) 시를 건설하고 스스로 이집트의 주신(主神)인 아몬(Amon)의 아들이라 자임하고 왕 중의 왕(The King of Kings)이라 칭하였다.

왔던 길을 되돌아 나와 아라비아 반도 북쪽에서 동진하여 바빌론을 정복하고 다시 수사(Susa)로 진격하고 그후 카스피해 남안까지 진격하였다. 다시 동쪽으로 향하여 오늘날의 우즈베키스탄에 해당하는 박트리아(Bactria)를 점령하고 인도에까지 들어갔다. 인도에서는 큰 전투도 없이 자진 항복들을 받았으나, 정복에 지친 장병들의 저항을 달래기 위해 인도를 포기하고 바빌론으로 되돌아 왔다. 낯선 지형과 새로운 상대와의 전투에서 목숨이 위태로운 아슬아슬한 위기를 겪는 일도 있었으나 알렉산더는 모든 전투에서 승리를 거뒀으며 단 한 번도 패한 적이 없었다.

알렉산더의 문화전파 알렉산더(Alexander)는 스스로를 그리스 문화의 전도사로 자부하였다. 그는 어릴 때부터 아버지 필립(Philip)의 성향에 따라 그리스 문화에 경도된 환경에서 자랐으며 10대 때에는 3년이라는 짧은 기간이었으나, 아테네의 저명한 학자인 아리스토텔레스를 초빙하여 직접 훈도를 받았다. 그러므로 알렉산더는 어릴 때부터 그리스 문화에 몸이 젖은 사람이었고, 그리스 문화를 전파하려는 의지를 갖고 있었다 할 것이다. 거기에 그는 막강한 권력자로서 그의 의지를 실천에 옮겨놓을 힘을 가지고 있었다.

그는 알렉산더(Alexander)라는 이름의 수많은 도시들을 오늘날의 아프가니스탄에까지 세우고, 그의 제대 장병을 그곳에 살게 했으며, 그리스로부터 교사들을 데려다 그리스어와 그리스 문화를 가르쳤다.

그는 그리스 문화의 원만한 보급을 위해 기존 동방문화(東方文化)와의 융합을 꾀하였다. 알렉산더의 군대는 주로 마케도니아인으로 구성되어 있어 넓은 판도를 그들의 '힘'만으로 장악하기는 불가능하였고, 피정복민과의 융화에 의존하지 않을 수 없었다. 피정복지인 동방은 신적(神的) 지위의 왕에 익숙한 곳이었기 때문에, 알렉산더를 쉽사리 신왕(神王)으로서 받아들였다. 알렉산더는 가는 곳마다 현지의 신과 종교를 인정하고 현지의 복식이나 음식에 적응하여 스스로 그곳의 전통적 옷을 입고 그곳의 전통적 음식을 먹었으며, 자신이 '야만인' 여성들과 결혼을 하였다. 그리고 장병들에게도 현지 결혼을 대대적으로 권장하였다. 그렇게 해서 마케도니아인 아버지와 현지 어머니 사이에서 태어난 아이들은 어머니와 함께 현지에 머물게 하고, 귀국한 아이의 아버지가 후일 재방문을 하도록 하였다. 아이들에게는 그리스인을 만들기 위한 교육을 시키고, 장학금을 주었다.

알렉산더의 융화를 통한 그리스 문화의 전파는 자연히 그리스 원래 문화의 순수성을 잃게 하였다. 그리스의 종교는 바빌론의 신화나 조르아스터교, 인도의 종교에도 접하게 되었다. 즉 헬레니즘은 원래의 그리스 문화가 아니라 변질된 그리스 문화였다. 그러나 정복된 땅은 과거의 그 땅이 아니라 10년 만에 완전히 돌변해 버렸다.

알렉산더로 인한 사상 알렉산더의 불패(不敗)의 승리와 성공에 대한 흠모로 그를 신격화하거나 영웅으로 숭배하는 사상을 가져왔다. 알렉산더에 대한 영웅숭배 의식은 그의 생전과 그의 사후 적어도 1천년간은 지속되었다. 특히 그의 사후 새로운 로마의 영웅들이 세계 무대에 나타나기 전까지는 알렉산더 숭배 사상은 더 열렬하였다. 그의 자질과 행적은 모두 미화(美化)되고 우상화되었다.

헬레니즘 시대의 사람들은 알렉산더가 젊은이였기 때문에, 젊음을 미숙함이나 분별의 부족으로 보던 전통적 관념으로부터 벗어나 젊음을 힘과 능력의 상징으로 보았다.

알렉산더는 전쟁을 통하여 무진장의 부(富)를 노획하였고, 또 이것을 자기 휘하의 장병과 그의 여러 사람들에게 풍성하게 나누어 주었다. 따라서 사람들의 마음에 무력은 곧 부(富)라는 관념을 심었다(전쟁은 약탈을 합법화시키는 수단이었다).

그러므로 사람들은, 오늘날과 같은 경제 원리에 의한 부의 획득이라는 사고를 하기가 힘들었고, 부와 가난은 물리적 힘의 강약에 의해 결정되는 것이라는 생각을 갖게 하였다.

용기는 최고의 덕목으로 간주되었다. 알렉산더의 용기 있었던 행동은 더욱 미화되고 과장되어 모든 어린이들에게 교육되었으며, 어린이가 본받아야 할 제1차적 과제였다. 용기는 전통적인 그리스 귀족 정신의 일부였기 때문에 핵심가치로 쉽게 자리를 잡았다.

알렉산더 그 자신이 직접 그리스 문화를 보급하였기 때문에 문화의 총체적 그리스화(化)는 거역할 수 없는 대세였다. 따라서 헬레니즘 세계에서는 어디서나 그리스적인 것을 찬양하고, 도입하고, 흉내내는 것이 풍조였다. 대중들 사이에서는 그리스 제품과 그리스 습성과 그리스 기술과 그리스 방식이라면 무조건 좋아하고 따르려는 것이 습관화되었다.

알렉산더의 동서 융합정책은 이질성에 대한 관용의 정신을 가져왔다. 알렉산더의 가정교사였던 아리스토텔레스는 전쟁에서 패한 종족은, 자신들의 열등함을 증거한 것이기 때문에, 승자의 노예가 되는 것이 자연스러운 일이라고 가르쳤으나, 알렉산더는 스승의 가르침을 따르지 않고, 패자(敗者)와의 통혼(通婚)을 장려했다. 이것은 패자라 하더라도 인간으로서의 동등성과 이질성에 대한 관용을 의미하는 것이었다.

그리스인은 전통적으로 우월감을 지니고 있었다. 자신들은 야성과 지성을 다 갖춘 민족이라 생각하였고, 북방인은 야성만 가진 야만인이고 남방인은 지성만 가진 답답한 인간들이라고 얕보았으나, 동서의 접목 이후 인류 일반이라는 개념이 생겼으며 세계주의가 나왔다. 헬레니즘 지역에 산 사람들은 이질성에 대한 평등의식과 관용이 다른 문화권의 사람들에 비해 더 크다.

약 10세기가 지난 뒷날의 이야기이지만 헬레니즘 세계에 속했던 아라비아의 모슬렘(Muslim)들은 유럽의 기독교인들에 비해 훨씬 더 이질성에 대해 관대함을 보여 주었다.

알렉산더가 죽은 직후부터 그에 대한 전설과 우화는 우후죽순처럼 만들어져 나왔다. 이러한 전설·우화를 총칭하여 알렉산더 로망스(Alexander Romance)라 한다.

알렉산더 로망스는 수세기 동안 축적되면서 점점 더 환상적이며 우화적으로 되었다. 알렉산더는 전장에서 병사들과 똑같은 무장을 하고, 같은 병영생활을 했으며 최선봉에서 성벽에 기어오른 사랑받는 지도자로 묘사되었다. 어떤 우화는 알렉산더가 죽어 승천하자 곧 신비의 나라인 아마존에서 여왕 탈레스티리스(Thalestris)와 밀회를 가졌다고 묘사하였다. 알렉산더 로망스가 수세기 동안 인기 있게 지속되자 많은 이웃 주민들도 이것을 수용했다. 예컨대 원래 유대 전통에서는 알렉산더를 더 큰 영혼과 진리를 모르는 탐욕의 약탈자로 묘사하였었는데 마침내 유대 작가들은 거의 전적으로 로망스와 타협하여 알렉산더를 정의로운 이방인 혹은 심지어 유일신을 경배하는 '믿는 왕'으로 바꾸어 놓았다.

아비엘의 은화

훨씬 뒷날인 6세기에 나온 마호메트교의 경전 쿠란(the Koran, 18:83~98)에서는 알렉산더를 '두 뿔을 가진 자'(Dhul-Quarnanyn)로 기록하고 있으며, 마호메트교 교도들은 그를 위대한 힘을 지닌 선지자로 해석하고 있다.

아라비아에서 기원전 2세기 말경에 주조된 은화에는 머리에 양(羊)의 뿔을 가지고 있는 알렉산더의 두상(頭像)을 새기고 있다. 이 은화는 일상에서 빈번히 통용되는 화폐로서 아라비아 반도의 동남지역을 다스리던 아비엘(Abiel)이라는 이름의 아랍 지도자에 의해 발행되었다고 한다.

알렉산더는 이집트를 정벌한 후 이집트의 태양신인 아몬(Amon)의 아들로 받아들여졌었는데 아몬신의 머리는 어린 양의 머리모양으로서 두 뿔을 가지고 있었다.

헬레니즘 시대의 그리스 철학

마케도니아와 많은 피정복지들이 알렉산더 영웅숭배 사상에 젖어 있을 때, 아테네를 비롯한 그리스 도시국가들 사이에서는 세상에서 일어나는 세상사를 냉소하거나, 혹은 세상으로부터 고개를 돌려 자기 자신에게로 피해 들어가는 퇴영적 사조가 풍미하였다. 이러한 사조를 대표하는 철학이 견유학파, 회의주의, 쾌락주의, 스토아 철학 등이다. 그러면 이들 각 철학을 설명하기 전에, 패배당한 그리스 도시국가들의 사회 상황을 잠시 먼저 언급하기로 한다.

그리스 도시국가들의 사회상황 이미 그리스 도시국가들은 그들이 평소 '야만적'이라고 경시하던 마케도니아의 필립Ⅱ세로부터 침략을 받아 어이없이 무너졌을 때 충격과 자괴감(自愧感)으로 미래에 대한 낙망(落望)에 사로잡혔다. 필립의 뒤를 이은 그의 아들 알렉산더가 부왕을 능가하는 군사전략으로 광대한 지역을 정복하고 전대미문의 대제국을 건설해 나가자 그리스인들은 경이의 눈으로 그를 바라보면서, 더욱 깊은 무력감을 느꼈다.

알렉산더가 피정복지에 그리스 문화를 열심히 전파하고, 전통적 그리스 도시국가에 대하여 나름대로 예우를 표시하였으나, 자존심에 상처를 입은 그리스인들의 마음을 얻을 수는 없었다. 그런데 제국 건설을 완성시킬 것으로 믿어졌던 알렉산더가 중도에서 갑자기 죽어버렸다. 이렇게 되자 제국 분위기는 그야말로 무질서와 불안과 그리고 혼돈이 팽만하였다. 사람들을 몰고 나갈 폭군조차도 없고, 원리도 없어졌다. 과거 자신들이 가치롭게 생각했던 도시국가나 그리스 민족에 대한 충성심은 다 쓸모없는 것으로 간주되었다.

도시국가가 형식적으로 계속되기는 하였지만 실권을 마케도니아 군인들이 장악하고 그리스인들은 행정기술자나 전문가로 고용될 뿐이었다. 그리스인으로서 정치를 한다는 것은 넌센스로 보이며 정치인의 중요성도 따라서 사라졌다. 유능한 사람들은 자신들의 분야를 탐구하는 데 열중하였고 보편적 철학을 내세우는 데에는 열정이 없었다. 그들은 현대적 의미에서는 전문가였다. 유클리드(Euclid)나, 아리스타르코스(Aristarchos), 아르키메데스(Archimedes) 등은 저마다 수학자가 되는 것으로 만족하고, 철학에 있어서는 독창력을 발휘하지 않았다. 권력투쟁은 마케도니아 군인들 사이에서만 있었으며 마케도니아인의 무질서는 신하들에게 책임을 뒤집어 씌우는 무질서였으므로 도저히 참을 수 없는 것이었다.

이 시대에는 돈이 있고 권력을 탐내지 않으면 즐겁게 살 수 있었다. 단 군대의 약탈이 없을 때만 그러하였다. 도시에서도 전쟁에서처럼 약탈당하기 일쑤였다.

아첨과 변절이 삶을 유지시킨다고 느꼈으며 요행수를 바랐다. 바빌론의 점성술과 마술이 그리스인의 마음을 끌었다. 인간사에 있어서 합리적인 요소는 전혀 찾아볼 수 없었다. 합리성을 찾으려고 애쓰는 사람들은 결국 자기 자신 속으로 피해 들어가야만 하였다.

기원전 3세기에는 신전들이 금을 보유하고 약 10%의 금리를 챙기는 은행일을 보았다. 저임금의 자유노동자는 약탈을 기대하며 용병의 길을 택하는 자가 많았다.

세상에 실망하고, 무엇이 요구되는지는 명확하나 이루어질 가망성이 없는 시대라고 느꼈다. 사람들의 관심은 '어떻게 하면 좋은 나라를 세우고, 유덕(有德)한 삶을 살 것인가'가 아니라, '악한 세상에서도 유덕하게 살 수 있을까', '괴로운 세상에서 행복하게 살 수 있을까'였다. 그리스의 지성은 새로운 사회 상황에 직면하여 무기력함이 완전히 드러나고 말았다. '사람들은 적극적인 선(善)을 행하기보다는 불행을 피하는 것'에 관심을 두었다. 형이상학은 뒤로 물러나고 주관적·개인주의적으로 사상이 흘렀다.

견유학파

견유학파(犬儒學派)의 대표자는 디오게네스(Diogenes Laertios, 404경~323경 B.C.)이다. 디오게네스는 아리스토텔레스와 동시대인으로서 알렉산더의 정복기에 살았다. 디오게네스의 생존연대가 알렉산더의 사망 전으로서 본격적 헬레니즘 시대가 시작되기 전이었음에도 불구하고, 그의 사상을 헬레니즘 사상의 일부로 취급하는 것은, 그의 사상이 헬레니즘이 개막된 이후인 기원전 3세기에서 2세기에 세인들의 주목을 끌어 이 시기에 유행하였기 때문이다.

그는 흑해 바닷가 시노페(Sinope) 출신이었으며 그의 아버지는 은행을 가진 환전상(換錢商)이었는데, 디오게네스는 무슨 이유인지 확실히 알려지진 않았으나 당시 통용되던 주화(鑄貨)를 훼손하여 그의 아버지는 투옥되고 그는 국외로 추방되었다. 그는 아테네로 왔다. 디오게네스는 인간이 올바르게 사는 길은 내핍과 단순함에 있다고 확신하였다. 디오게네스는 자신의 철학을 행동으로 실천하였다. 그는 부끄러움을 모르고 짖어대

디오게네스

는 개(Canine이 '냉소'라는 뜻의 Cynie로 바뀜) 처럼 살려고 하였다. 그는 모든 전통을 부정하였다. 종교나 풍습, 옷차림, 집, 음식 예절 등 모든 전통적인 것을 거부하였다. 그는 세속적인 안일과 쾌락을 회피하였다. 그의 이런 태도는, 인간 행위의 조작성과 자기기만, 어리석음, 과장, 허영 등에 대한 그의 깊은 경멸에서 비롯된 것이다. 그는 철저한 무소유에 가치를 두었으며 구걸을 해서 생계를 유지하려 했다. 시체를 담는 통 속에서 살았다. 그는 자신을 어느 나라의 시민이 아니라, 세계의 시민(cosmopolitan)이라고 하고 전 인류에 대한 동포애를 강조하였다. 그는 세상에서 좋다는 모든 것은 아무 가치도 없다고 냉소하였다. 그는 현존 문명을 배척하고 모든 인습(因習)은 타파되어야 한다고 보았다. 문명이란 멋대로의 기준과 미신에 의해 뒷받침된 퇴폐적인 제도일 뿐이라고 하였다. 인습을 타파함에 있어서는 개인적 차원에서 인습적인 예의, 체면, 욕구, 신념, 희망을 버려야 하며 얽매임, 공포, 타(他)의 반응, 사회적 의무로부터도 벗어나야 한다고 주장하였다. 그는 모든 인습과 문명으로부터 벗어나 사람의 개성대로 완전한 자유를 찾으려 하였다. 그는 지혜와 행복은 사회로부터 독립된 사람들에게 속한 것이라는 것을 가르치려 하였다.

단순한 생활의 이점을 보여주려 한 그의 실천은, 그의 뒤에 온 스토아학파에 물질적인 조건이 행복과는 아무 관련이 없다는 생각을 갖게 하였다.

디오게네스는 활기찬 인격의 소유자였으며 기지와 해학이 넘치는 언변으로 사람들로부터 '소포스'(sophos: 예지자)라고 불리기도 하였다. 때로는 기이한 행동을 하며 사람들을 놀라게 하였다. 그는 만년에 에게 바다를 여행하다가 해적들에게 납치되어 노예로 팔렸다고 한다. 노예 신분 때 그는 코린드에서 한 부호의 아들들을 가르치는 가정교사로 일하였는데, 학문 이외에 검소한 생활을 가르치고 사냥, 투창, 투석 등 신체 단련을 연습시킨 훌륭한 교사로서 존경을 받았다고 한다. 그의 사상은 헬레니즘 시대의 모든 사상과 마찬가지로, 오직 괴로움에 시달리는 사람, 실망에 빠져 이미 자연스러운 정열을 다 잃은 사람들에게 더욱 매력을 줄 수 있는 성질의 것이었다. 그에게 공감한 그의 후대 견유학파들은 물질이 없이도 쉽게 살아갈 수 있다는 내용의 짤막한 설교를 하였다. 기원전 3세기 초에 유행되었으며 특히 알렉산드리아에서 그러하였다. 견유학파가 일반인에게 미친 영향은 소식(素食)과 소의(素衣)를 선호케 하고, 고국에 대한 애착심이나 자녀 양육에 대한 열성을 어리석은 짓이라고 생각게 하였다. 채무 같은 것에 대한 의무감을 약화시키고 선에 대해서도 냉담하거나 뻔뻔스럽게 하였다. 개처럼(cynical)되어 세상사를 비웃었다. 누군가가 신앙이거나 사랑이거나, 부이거나, 학문이거나, 무엇인가를 추구하면 '냉소'(cynical)하였다.

알렉산더가 코린드에서(아테네로 묘사한 기록도 있다) 디오게네스의 명성을 듣고 그를 찾아가서 "나는 '위대한 왕'인 알렉산더요"라고 하자, 그는 "나는 '개'인 디오게네스요"라고 대답하였다. 알렉산더가 "내가 당신을 위해 도와줄 것이 없겠소?"라고 묻자 "햇빛이 가려지지 않도록 좀 비켜달라"고 대답하였다. 왕이 "당신은 내가 두렵지 않소?"라고 하니, 그는 "아니요"라고 답하고 "그대는 좋은 사람이요? 나쁜 사람이요?"라고 되물었다. 왕은 "나는 좋은 사람이요"라고 하자, 디오게네스는 "내가 좋은 사람을 왜 두려워하겠소"라고 하였다. 이러한 일화들이 많다.

견유학파의 견해는 스토아 학파의 선구자 역할을 하였다.

회의주의 학파 회의주의 학파(Sceptics)의 제창자는 일찍이 화가였다가 철학자가 된 피로(Pyrrho, 360~270 B.C.)이다. 그는 알렉산더의 군대에서 인도까지 출정했었고 동방에서 수행자들을 만나보기도 한 사람이다. 그는 제대 이후 여러 곳을 여행한 후 여생을 고국인 엘리스(Elis)에서 보내다가 그곳에서 죽었다.

회의주의(懷疑主義)는 그리스 철학자들 사이에 일찍부터 있어 왔다.

풍랑 속 배에서도 평안했던 피로

소피스트들은 감각은 사람에 따라 다르므로 지식의 척도로서 믿을 수 없는 것이라 하였다.

피로는 회의주의를 감각에만 적용하지 않고 도덕과 논리에까지 적용하였다. 그에 따르면, "어떤 행위를 다른 행위보다 좋게 볼 합리적인 이유는 없다"고 하였다. 예컨대 이교도의 종교의식이 잘못임을 입증할 수가 없으며 이교도들 상식으로는 자기네의 종교의식이 편리하다는 것을 확신하고 있었다는 것이다. 피로는 모든 주장에 대하여, 그와는 반대되는 모든 주장도 정당화될 수 있다고 보았다. 인간의 지각은 사물들을 구별할 수 없고(indistinguishable), 계산할 수 없고(unmeasurable), 결정할 수 없다(undecidable). 인간은 사물의 진실이 무엇인지 알 수 없다. 오직 사물의 겉치레(현상)만을 알 수 있을 뿐이다. 그러므로 인간은 지적 유보(intellectual suspence)의 태도를 지녀야 하며, 사물에 대한 판단을 정지(suspending judgement)해야 한다. 그래야만 인생의 혼란으로부터 벗어나, 동요 없는 마음의 평화를 얻을 수 있다. 이것이 '근심으로부터의 자유'(freedom from worry)이다.

회의주의는 자연히 철학과 거리가 먼 사람들의 주목을 끌었다. 회의주의는 게으른 사람들의 자기 위안이 되어 주기도 하였다. 회의주의는 무지한 사람도 학식 있는 사람들과 마찬가지로 현명할 수 있다고 주장하였기 때문이다.

회의주의는 헬레니즘 시대의 무질서와 불안 가운데서 괴로움에 대한 해독제로서 유용하였다. "불확실한 미래의 일을 위하여 걱정할 필요가 어디 있는가? 그대는 현재를 즐기도록 하라. 장차 무슨 일이 닥칠지 알 수 없는 것이다." 이로 말미암아 회의주의도 상당히 대중의 인기를 얻게 되었다.

사상으로서의 회의주의는 한갓 의혹에 그치는 것이 아니라 독단적인 의혹(dogmatic doubt)이라는 점을 유의해야 한다.

예컨대, "난 그것을 모르겠다. 알아봐야겠어. 누군가는 알고 있겠지"라고 하면 이것은 한갓 의혹에 그치는 것이다. 그러나 "아무도 모르며, 아무도 모를 수밖에 없어"라고 한다면, 알 가능성을 배제해 버리는 독단적 의혹이 된다. 이 학설의 체계가 비난을 받게 되는 것은 바로 이 독단주의적인 요소이다.

이 회의주의는 기원전 240년경 플라톤주의의 전통을 대표하는「아카데미」에서 받아들이게 되고 그후 아카데미는 약 200년 동안 회의주의의 본산이 되었다(플라톤이 이데아 사상으로 참 진리를 추구하던 것을 회상하면 얄궂은 일이다). 회의주의를 아카데미에 받아들인 사람은 아카데미의 원장이었던 아르케실라우스(Arcesilaus)였다. 플라톤은 초감각적인 예지계(이데아)에 대한 믿음, 즉 볼 수도 만질 수도 없는 이데아가 실재(實在)이며, 감각에 잡히는 사물들은 모형(模型)에 불과하다는 것으로 가르쳤다. 그러나 플라톤은 다면적인 사람으로서 어느 면에서는 회의주의를 가르치고 있었다고도 볼 수 있다. 플라톤의 저서에 나오는 소크라테스는 무지(無知)를 깨닫게 하는 산파술을 주장하였다. 플라톤의「대화편」중에서 많은 것들이 아무런 적극적인 결론도 내리지 않고 있다. 독자로 하여금 의문의 상태로 내버려 둔다. 이것은 독자들이 정(正)과 반(反)의 논쟁을 통해(변증법적인 과정을 거쳐) 합(合)(예지계의 진리)에 도달시키려는 데에 목적이 있었다.

아르케실라우스는 플라톤이 추구한 예지계라는 머리(合)는 잘라내 버리고 몸통만(正과 反)을 이용하였다. 그는 어떤 주장을 하지 않고, 오직 제자들이 세운 명제를 반박하기만 하였다. 그는 때때로 두 개의 서로 모순되는 명제를 계속해서 내새워, 그 양쪽을 다 확신하도록 이야기를 전개시킬 수 있음을 보여주었다. 제자들은 그 기술을 배울 수는 있었으나 실제로는 말솜씨와 진리에 대한 무관심밖에는 배운 것이 없었던 듯하다(그

후 아카데미에서 학문적 성과가 나오지 않은 걸 보면).

이 회의주의 시기의 중엽에 흥미 있는 일이 발생하였다. 아르케실라우스의 후계자요, 아카데미의 원장이던 카르네아데스(Carneades. 180?~110? B.C.)는, 기원전 156년에 로마로 파견된 3명의 아테네 외교사절들 가운데 한 사람이었다. 그는 로마에 1년 정도 머물면서 강연회를 열기로 했다.

당시에 로마의 청년들은 그리스 문화를 동경했으므로 그의 강연을 들으려고 모여들었다. 첫 강연은 정의(正義)에 대한 것이었는데 플라톤과 아리스토텔레스의 견해를 해명하는 것이었다. 플라톤은 소크라테스의 이름으로 "정의(正義)란 누구에게도 피해를 주지 않는 것"이라 하였고, 아리스토텔레스는 "정의(正義)란 자기의 직분(맡은 바 역할)에 충실하는 것"이라고 정의(定義)하였었다.

카르네아데스의 첫날 강연은 플라톤과 아리스토텔레스의 이러한 견해를 아주 긍정적으로 해명하였다. 그런데 둘째 날 강연은 첫날의 해명을 뒤집어 반박하는 내용으로 되어 있었다. 강연을 들은 청년들은 완전히 '회의'에 빠져들고 말았다. 무엇이 옳고 그른 것인지, 무엇이 무엇인지를 알 수 없도록 함으로써 '회의주의'가 어떤 사상인지를 짐작케 하였다.

둘째 날 강연에서 어떤 강연을 했는가 하면, 소크라테스가 "불의(不義)를 가하는 자가 당하는 자보다 더 큰 해독을 입게 된다"고 한 말을 반박하면서 "만일 당신이 전투에서 패배를 당해 도망을 칠 경우에 당신은 이미 말(馬)을 잃어버렸는데, 마침 부상당한 전우(戰友)가 말을 타고가는 것을 본다면 당신은 어떻게 하겠는가? 만일 당신이 지각 있는 사람이라면, 정의가 무엇을 명하든 간에 그를 말에서 끌어 내리고 그 말 위에 올라타야 하지 않겠는가?"라고 하였다고 한다.

청중들은 이 말을 듣고 어리둥절하였으나, 신기한 것을 좋아했던 로마 청년들은 그의 강의를 환영했다고 한다.

이 말을 전해들은 당시의 로마 원로원의 의원이었던 카토(Cato)는 카르네아데스를 도덕성이 무너진 저열한 인종으로 보고, "그리스 아이들이 그 천박한 궤변으로 타락하든 말든 문제가 되지 않지만, 로마에 오래 머무르게 할 수는 없다"며 카르네아데스의 귀국을 촉구하는 연설을 하였다(카르네아데스는 헬레니즘 세계의 사회적 분열과 도덕적 타락으로부터 지나친 영향을 받은 것 같다).

카르네아데스 다음으로 「아카데미」의 책임자가 된 사람은 카르타고 출신의 클리토마코스(Clitomachus, 본명은 Hasdrubal)였다. 그는 개연성에 관한 것으로서, 결코 믿을 수 있는 확실성은 없지만은, 어느 것이 다른 것보다 더 진리일 수는 있다는 것을 인정하였다. 그는 이 개연성이 행위의 기준이 되어야 할 것이라고 주장하였다. 왜냐하면, 가능한 가정(假定)들 중에서 제일 확실한 것에 따라 행동하는 것이 이치에 맞기 때문이라고 하였다. 이러한 견해는 누구라도 지지할 수 있는 성격의 것이다.

다음으로 꽤 영향력을 끼친 회의주의자는 크레타인으로서 크노소스(Knossos) 출신인 에네시데무스(Aenesidemus)이다. 연대는 확실치 않으나 기원전 1세기 말에 활동하였다. 그는 클리토마코스가 주장한 개연성에 대한 주장을 버리는 회의주의 형태를 취하고 있다. 그는 신의 존재에 관한 논문에서 "신의 성격에 대한 사람들의 견해는 구구하다. 예를 들면 어떤 사람은 무형(無形)이라고 한다. 우리는 신에 대하여 아무런 경험도 가진 것이 없으므로, 그의 속성을 알 수 없다. 신의 존재는 자명적인 것은 아니다. 그러므로 증명을 필요로 한다. 그러나 증명은 불가능하다"고 말하였다. 그리고 결론으로서 "신이 존재한다고 적극적으로 긍정하는 사람은, 일종의 불경건에 빠질 수밖에 없다. 만일 신이 모든 것을 다스리고 있다고 주장한다면, 그들은 신을 악의 창조자로 만들어 버리고, 반대로 신은 단지 일부의 사람들만 다스린다고 하거나 아무 것도 다스리지 않는다고 주장하면 그들은 신을 인색한 자로 간주하거나 무능한 자로 여길 수밖에 없을 것이다. 그 어느 쪽이건 불경건한 태도이다"고 하였다. 결국

신에 관한 그의 견해는 신은 존재하는지 아니 하는지도 알 수 없고 신에 대해서는 무엇이라고 말할 수도 없다는 것이다. 회의주의는 세상만사에 대하여 불가지론(不可知論)이 되어버리고 말았다.

회의주의는 로마시대에 들어와서 몇몇 교양 있는 사람들의 마음을 끌고 그들로 하여금 국가적 종교(State religion)에 불만을 품게 할 수는 있었으나 시대를 충실케 할 아무런 적극적인 힘도 갖고 있지 못하였다. 르네상스 이후에도 신학적인 회의주의는 거의 과학에 대한 정열적인 신봉으로 대치되었다. 헬레니즘 시대에는 회의주의자들의 주장에 대해 아무도 답변을 하지 않고 옆으로 비켜 버렸다. 올림푸스 신(神)들이 신임을 잃게 되자, 동방 종교들이 사람들의 마음을 사려고 서로 경쟁하였다(기독교가 승리를 얻기까지).

에피쿠루스 학파 헬레니즘 시대, 알렉산더 사후(死後), 혼란과 불안이 가득했던 사회 환경에서 새로 2개 학파(學派)가 기원전 3세기 전반 경 동시에 대두되었다. 에피쿠루스(Epicurus) 학파와 스토아(Stoa) 학파가 그것이다. 두 학파의 양 거두(巨頭)인 에피쿠루스(Epicurus, 342경~270경 B.C.)와 제논(Zenon ho kypros, 336~264경 B.C.)은 거의 동시에 태어나 동시에 아테네에서 자리를 잡았다. 에피쿠루스 학파는 단시일 내에 학설을 성립시킨 데 비하여 스토아 학파의 그것은 장기간에 걸쳐 성립되었다. 스토아 학파는 오랜 발전기가 있어 기원 후 180년에 사망한 아우렐리우스(Marcus Aurelius) 황제에 의해서도 스토아 사상이 조성(造成)되었기 때문이다.

스토아 학파는 처음부터 에피쿠루스를 경멸적으로 비난하였다. 거의 정반대의 학설이 동시에 탄생한 것은 재미있는 사실(史實)이다. 동일한 사회 환경이 인간의 사상을 정 반대의 양 갈래로 찢어 놓을 수 있다는 것을 다시 한 번 보여준다(과거 신화 시대의 그리스에서 본능적 정열에 들뜬 디오니소스 경배가 한창일 때 영혼의 순결과 절제를 내세우는 오르페우스교가 나타난 것이 기억된다).

에피쿠루스

에피쿠루스는 기원전 342~341년에 사모스에서 태어났다. 부친은 사모스에 살던 가난한 아테네의 이주민이었다. 14세 때부터 철학을 공부했고 18세 때에(알렉산더가 죽은 해이다) 그는 시민권을 얻기 위해 아테네로 갔었다.

그는 기원전 307년 아테네에서 「정원」(Garden)이라는 이름의 학원을 세웠다. 그는 기원전 271년에 아테네에서 사망하였다.

이 학원에서는 철학을 배우는 제자들뿐만이 아니라 친구들, 그들의 자식들, 노예, 창기들도 끼여 있었다. 이 창기들 때문에 그의 반대자들이 여러가지 추문을 만들어 낼 기회를 갖게 되었지만, 그 당시 대담한 거짓말들을 만들어 내던 풍조를 드러낼 뿐, 분명히 합당치 않은 일이었다.

이 집단의 생활은 매우 검소하였다. 그것은 학설의 기본 원리에서 비롯되는 결과이기도 하였지만, 돈이 없어서 그렇기도 했을 것이다. 그들이 먹고 마신 것은 주로 빵과 물이었다. 에피쿠루스는 그것으로 완전히 만족하게 생각하였다. "나는 빵과 물로 살 때, 몸에서는 쾌락이 충만해진다. 내가 사치스러운 쾌락에 대하여 얼굴을 돌리는 것은, 그 쾌락이 나빠서가 아니라, 그런 쾌락에 따라다니는 불편함 때문이다"고 했다. 그의 쾌락주의는 병약자의 쾌락에 해당되는 것이었다.

에피쿠루스는 한 평생 건강이 좋지 않아 시달려 오면서도 행복을 느낄 줄 아는 사람이었다. 인간은 고문대 위에서도 행복할 수 있다고 처음으로 주장한 것은 스토아 학파가 아니라, 에피쿠루스였다.

에피쿠루스는 300권의 책을 저술하였지만 모두 분실되었고, 다만 몇 장의 편지와 단편들 및 '기초원리'에 관한 설명문 하나가 남아 있을 뿐이나 그의 제자들의 저술을 통해 그를 알아볼 수 있다. 에피쿠루스는 철학의 목적을 이렇게 말했다. 철학의 목적은 행복하고 조용한 삶을 얻도록 하는 것이다. 이것은 공포로부터 해방된 정신안정(ataraxia)과 평화와 자유, 그리고 고통이 없는(aponia) 상태와 그리고 친구들에 둘러싸여 자족

(自足)하며 사는 것으로 특징지어진다고 하였다. 그는 쾌락(pleasure)은 선이며 고통(pain)은 악이라고 가르쳤다. 그는 "쾌락은 행복된 삶의 처음이자 나중이다"고 말하고, "우리가 만일 미각에서 오는 쾌락이나, 사랑의 쾌락, 청각 또는 시각의 쾌락을 버린다면 선에 대하여 어떻게 생각해야 할지 알 수 없다. 모든 선의 시초요 근원은 위(胃)의 쾌락이며, 지혜와 문화까지도 이 쾌락에서 비롯된다"고 하였다. 그는 정신의 쾌락은 육체의 쾌락에 대해 명상하는 일이라고 말하고, 전자가 후자보다 유리한 점은 쾌락에 대해(고통에 대해서보다는) 생각하는 것을 배울 수 있다는 것이라고 하였다. "덕(德, 옳음)에 있어서도 '그것이 쾌락을 추구하는 일에 대한 슬기로움'을 의미하지 않는 한, 단지 공허한 명칭에 불과하다"고 하였다.

에피쿠루스는 동적(動的, 능동적)인 쾌락과 정적(靜的, 수동적)인 쾌락을 구별하였다. 동적인 쾌락은 목적을 달성하는 데서 이루어진다. 그런데 욕망(목적을 세우는)에는 항상 고통이 따르게 마련이다. 정적인 쾌락은 균형 상태에서 이루어진다. 그리고 균형 상태는 결핍의 충족에서 온다.

에피쿠루스는 이 두 가지 쾌락 중에서 후자를 추구하는 것이 지혜로운 일이라고 주장한다. 왜냐하면 이 쾌락은 욕망을 일으키게 하는 고통에 의존하지 않고 있기 때문이다. 그러므로 그는 큰 기쁨보다 균형과 조용한 쾌락을 얻는 것을 목적으로 삼기를 원했다. 즉 예컨대 시장기를 충족시키는 데 대하여 생각해 볼 경우에, 그는 적당히 먹은 상태에 있기를 원했으며, 결코 음식을 맛있게 먹은 상태에 있기를 원하지 않았다. 그러므로 적극적인 쾌락을 취하는 것보다 고통을 피하는 것을 원했다고 하겠다. 그에게는 '고통이 없는 것 자체가 쾌락'이었다.

그런데 그에겐 위장이 모든 쾌락의 근원이다. 위(胃)의 고통은 포식의 쾌락보다 더 큰 것이다. 그리하여 그는 빵으로만 살고, 잔칫날에나 치즈를 좀 입에 넣을 뿐이었다. 부귀나 명예와 같은 것에 대한 욕망은 무익한 것이다. 그런 욕망은 인간을 불안하게 하며, 만족을 느끼고 있을 경우에도 쉬지 못하게 만든다.

그가 생각하고 있는 철학(쾌락주의)은 행복하게 살기 위한 실천요강이다. 철학은 단지 상식을 필요로 할 뿐이며, 수학이나 논리학 같은 것은 필요로 하지 않는다.

그는 제자들에게 "공적인 생활에서 떠나라"고 충고하였다. 권력을 얻게 되면 그를 시기하여 해치려고 하는 수도 점점 늘어날 터이니, 설사 외형적인 불행은 당하지 않더라도, 그런 처지에서 마음의 평정(행복)을 가질 수는 없는 것이다. 그러므로 현인(賢人)은 남의 눈에 뜨이지 않게 살면서, 원수를 만들지 않으려고 애쓰는 법이다.

성적(性的)인 사랑은 가장 동적인 쾌락의 하나로 자연히 멀리 해야 할 사항이다. 욕망의 달성이 타인(異性)을 통해서 이루어지기 때문에 평정이 어렵다고 보았다. 그래서 그는 결혼을 반대하였다.

그러나 그는 우정을 사회적인 쾌락 중에 제일 안전한 것으로서 지지하였다. "우정은 쾌락과 떼어서 생각할 수 없다. 왜냐하면 우정이 없이는 인간은 불안을 느끼지 않고 안전하게 살 수 없기 때문이다."

에피쿠루스는 공포를 피하는 문제에서 그의 이론철학(형이상학)을 시작하였다. 공포에는 두 가지 큰 원인이 있는데 하나는 종교이고 하나는 죽음이다. 이 두 원인은 서로 관련되어 있다. 종교는 죽음이 불행임을 고취하기 때문이다.

그의 형이상학은 신은 인간사에 간섭하지 않으며, 영혼은 육신과 함께 멸한다는 것을 입증하려고 했다. 오늘에 와서는 거의가 종교를 하나의 위안으로 보는 경향이 있지만, 에피쿠루스는 이와는 정반대였다.

그는 신들은 존재하지만, 인간사(人間事)에 관여하여 스스로를 괴롭히진 않는다고 믿고 있었다. 신들은 이지적인 쾌락주의자들로서 공적(公的)인 생활을 피할 것이다. 신들에게 있어, 통치란 무용한 노동으로서 완전히 축복된 생활을 하는 신들이, 통치와 같은 것에 유혹을 받지는 않을 것이다. 물론 점(占)이나 전조(前兆), 또는 이와 유사한 것들은 미신에 지나지 않으며, 섭리에 대한 믿음도 역시 미신이다.

그러므로 신들이 진노(震怒)를 일으키지 않을까 두려워할 필요는 없으며 또 사후(死後)에 저승에 가서 괴로움을 당하지 않을까 두려워할 까닭도 없는 것이다.

그는 죽음에 관해서는 이렇게 말한다. 죽음을 피할 수는 없다. 그러나 죽음에 대해 올바른 이해를 갖게 될 때 그것은 조금도 나쁜 것이 아님을 알 수 있을 것이다. 영혼은 물질이다. 이 물질은 살아 있을 땐 온몸에 퍼져 있으나 죽으면 이 물질은 분산된다. 죽으면 감각할 수 없고 감각할 수 없는 것은 우리에게 아무 것도 아니다.

에피쿠루스는 종교에 도전한 최초의 그리스인이었다. 그리스의 종교나 의식이 전통적으로 즐거운 것으로 인정되어 왔다는 사실을 감안할 때 종교에 대한 에피쿠루스의 증오는 상당한 용기와 신념 없이는 표현할 수 없는 것이다.

플라톤의 「국가론」 첫 머리에 보더라도 기원전 5세기경의 아테네에서는 일반적으로 사후에 있을 형벌에 대하여 두려움을 느끼고 있었다는 것을 알 수 있다. 그리고 이 공포심이 에피쿠루스에 이르는 동안에 대중의 마음에서 줄어든 것 같지는 않다.

그리고 전염병이나 지진 또는 전쟁의 패배에서 오는 재난 등이 어떤 신의 분노를 일으키게 한 때문이라든지, 또는 어떤 전조를 존중하지 않은 데에 돌리는 것도 분명히 일반적 풍조였다.

에피쿠루스의 철학이 '르네상스' 이후에 독자들에게서 관심을 끈 것은 그 사상이 유물론(신의 존재를 부정한 것은 아니나 신의 인간사 개입을 부정한)을 주장하고, 신의 섭리와 영혼불멸을 반대하여, 기독교와는 상치되는 점이었다. 그러한 그의 견해가 공포의 무거운 짐을 벗어나게 하는 복음으로 간주되었다(오늘의 기독교인들은 참된 신앙을 갖는 것은 여러가지 의미에서 중요한 일이라고 굳게 믿고 있다). 에피쿠루스 시대는 고통이 충만한 때이어서, 사멸(死滅)은 정신의 고통에서 쉬는 것을 의미하며 환영을 받게 된 것 같다. 에피쿠루스의 죽음에 대한 사상은 그의 사후(死後) 600년 동안 일부 교양 있는 사람들의 신조로서 존속되었다.

그러나 죽음에 대한 두려움은 인간의 본능 속에 깊이 뿌리박혀 있으므로 에피쿠루스의 복음은 무식한 대중의 마음을 끌 수는 없었다. 무식한 대중들은 여러가지 동방의 미신으로 기울어졌으며, 다음에는 기독교로 향하는 수효가 점점 더 늘어갔다. 그리고 대부분의 철학자들은 신(新) 플라톤주의로 도피하였다. 기독교는 에피쿠루스의 복음과는 정 반대의 복음을 제공하였다.

프랑스혁명 이후 기독교를 의식적으로 적대시한 사상가들은 에피쿠루스가 종교에 대해 취한 태도와 비슷한 태도를 취하였다.

스토아 철학 스토아 철학은 에피쿠루스 학파와 같은 시대에 대두되었다. 그러나 에피쿠루스 학파보다 역사가 더 길며, 그 학설도 에피쿠루스 학파처럼 고정적인 것이 아니었다. 스토아 학파(Stoics)의 핵심은 금욕(禁慾)하라는 것이다. 에피쿠루스(Epicurus)도 금욕을 주장했으나, 그는 욕망이 고통(불안)을 수반하므로 쾌락에 방해된다는 것이 이유였으나 스토아 학파는 덕(德)을 이루기 위해 금욕하라는 것이었다. 덕을 이루는 것은 자연에 순응하는 것을 뜻하며 욕망이 있으면 자연에 순응할 수가 없다는 것이다.

기원전 3세기 초 이 학파의 창시자인 제논(Zenon, 336~264 B.C.)의 가르침은 기원후 2세기 후반의 마르크스 아우렐리우스(Marcus Aurelius)의 가르침과는 같지 않다.

제논의 학설은, 내핍과 단순성을 강조하는 견유학파의 도덕관에 기초하여 자연에 순응하여 사는 덕 있는 삶을 통해 마음의 평화와 행복을 얻을 것을 강조하였다. 그의 학설은 대단한 성공을 거두어, 헬레니즘의 전 시기와 로마시대에까지 지배적인 사상으로서 번성하였다. 제논은 유물론자였으나 스토아 철학자들은 그후 점점 플라톤주의자들과 융합하여 마침내는 유물론을 버리게 되었으며, 따라서 유물론은 그 흔적을 약간 남기게 될 뿐 이었다. 그리고 그들은 윤리학설을 가장 중요시하였다. 그리고 이 윤리학설도 시간이 감에 따라 강조점이 변화하게 되어 점점 윤리적인 면 이외의 다른 면을 무시하게 되고 나중에는 윤리와 신학을 결부

제 논

시켜 이것만을 전적으로 강조하게 되었다.

스토아 철학은, 다른 어느 학파의 철학에 비해서도 그리스적인 색채가 가장 적다. 초기의 스토아 철학자들은 거의가 시리아 출신들이었으며, 후기의 스토아 철학자들은 거의가 로마인들이었다.

제논은 페니키아인으로서 기원전 334년 하반기에 키프러스(Cyprus) 섬의 키티움(Cithium)에서 태어났다. 그의 집은 상업에 종사한 모양으로 그가 22세 때 처음 아테네에 간 것도 사업상의 용무인 것 같다. 그런데 그는 아테네에 머물게 되자 철학공부를 하려는 생각이 간절하게 되었다. 특히 그의 마음을 끈 것은, 인간의 지혜와 행복은 물질적인 조건과는 아무 관련이 없다고 하는 견유학파의 견해였다. 그는 바싹 여위고 가무잡잡한 사람이었으며 내핍한 금욕적인 생활을 하였다. 스토아(Stoa)란 용어는 그가 처음으로 학생들을 가르치기 시작한 곳인 아테네의 북쪽 지명(地名)에서 유래한 것이다.

스토아 철학이 한결같이 주장해 온 주요한 학설은 우주적인 결정론과 인간의 자유에 대한 것이다. 제논은 우연이란 있을 수 없다고 생각하였다. 따라서 개인의 길은 '자연법칙'에 의해 완전히 결정되어 있다고 보았다.

자연계의 현상도 결정되어 있다. 처음에는 오직 불(火)만이 있었고 나중에는 공기, 물, 흙의 순서로 다른 원소들이 점점 생기게 되었다. 그러다가 이윽고 우주적인 큰 화재가 일어날 것이며, 그때에는 모든 것이 다시 불로 변할 것이다. 이것은 기독교 교리에서 말하는 세상의 종말과는 다른 것이다. 이것은 단지 한 주기(週期)의 종결이다. 이러한 과정은 한 번뿐만이 아니라 수없이 되풀이될 것이다. 이러한 자연의 운행과정은 유일적인 '입법자'에 의해 규정되는 것이다.

이 '입법자'는 동시에 자비로운 섭리자이다. "신(神)은 세계와 분리하여 존재하지 않으며 바로 세계의 영혼이다." '신'은 하나의 실체인데, 이 우주 전체가 '신'의 실체를 이루고 있다고 하였다. 마치 꽃송이를 통하여 꿀이 흐르듯이, '신'이 물질계를 통하여 흐른다고 하였다. 제논은 일반적인 법칙이 적당한 이성(理性)으로 만물에 침투해 있다고 한다. 이것은 '제우스와 같은 신'이며 우주를 통치하는 최고의 존재이다.

제논은 자연에 내재되어 있는 결정적인 힘을 상정하고서는 이것을 어떻게 명명할 것인지 쩔쩔매고 있는 것이다. '자연법칙'이라고 했다가 '유일적 입법자'라고도 했다가, '신'이라고도 했다가, '제우스와 같은 신'이라고도 했다. 어떻게 명명(命名)을 하던 간에 이 '자연에 내재되어 있는 결정적인 힘'은 종교에서 말하는 신과는 다른 것이다. 신은 자연에 초월해 있으면서 자연을 지배하는 힘을 가지고 있으며 자연을 지배하는 존재이기 때문이다. 이런 점에서 제논은 유물론자였다.

우리들 각자는 자연이라고 불리는 단일한 체계 안에서 한 부분이다. 그러므로 각 개인의 삶은 자연과 조화를 이루게 될 때 선(善)이 되며, 그 개인의 의지가 자연의 목적과 부합될 때 조화가 이루어진다. 조화가 이루어지면 선이 되며 조화가 이루어지지 않을 때 악이 되므로, 선하고 악한 것은 인간의 의지에 달려 있는 것이다. 어떤 폭군이 누구를 감옥에 집어넣을지라도 이 경우에도 그는 자연과 엄밀한 조화를 이루며 살아갈 수 있다(유덕(有德)할 수 있는 것이다). 그는 어쩌면 사형선고를 받을지도 모른다. 그러나 이런 처지에서도 그는 소크라테스처럼 고상하게 죽을 수 있는 것이다.

아닌게 아니라, 소크라테스는 스토아 철학의 전 역사를 통하여 주요한 성자였다. 재판정(裁判廷)에서 보여 준 그의 태도며, 도망하라는 권고의 거절, 죽음을 눈앞에 두었을 때의 침착성, 불의를 행하는 자는 불의를 당하는 자보다 더 많은 해독을 스스로 받게 마련이라는 그의 주장 등, 이 모든 것이 스토아 철학의 주장들과 완전히 일치하는 것이다. 그리고 더위나 추위에 대한 그의 무관심과, 음식물과 의복의 검소함, 육신의 안락을 완전히 초월한 점 등도 다 그러하였다.

제논은 소크라테스가 이와 같은 덕을 가질 수 있은 것은 자연에 내재하는 결정적인 힘과 부합되는 의지를 지니고 있었기 때문이라고 보고 있다. 의지는 오로지 그 개인에게 달려 있다. 그러므로 인간은 저마다 세상의 욕망에서 벗어나게만 되면, 각자 완전한 자유를 누릴 수 있는 것이다. 그런 세상의 욕망이 우리를 지배하게 되는 것은 오직 그릇된 판단에서 비롯되는 것이다. 언제나 참된 판단을 내리는 성자라면(소크라테스와 같은) 그가 소중히 본 모든 것의 주인이 될 수 있다. 어떠한 외부적인 힘도 그에게서 덕을 앗아갈 수는 없기 때문이다.

그러나 초기의 스토아 철학자들은 플라톤의 이데아론을 받아들이지 않았으며, 그들의 대부분은 영혼불멸설을 부정하였다. 초기의 스토아 철학자들은 영혼의 질료가 불이라고 보았다.

제논은 소크라테스와 플라톤에 의한 실체론적(ontological) 학설과는 전혀 다른 도덕적인 세계관에 입각하여 덕을 중시하였다. 덕을 세우기 위해서는 욕망을 억제하는 의지가 중요하다고 보았고 그 반면에 모든 감정을 다 좋지 못한 것으로 간주한다. 그래서 성자(聖者)는 동정심을 갖지 않는다. 설사 자기의 처자(妻子)가 죽더라도 그로 인하여 자기 덕에는 아무 지장도 생기지 않는다는 것을 염두에 두고서 그다지 괴로워하지 않는다. 스토아 철학의 덕의 개념에는 이와 같이 일종의 냉담(冷淡)이 포함되어 있다.

우정에 대해서는 에피쿠루스가 높이 평가하고 있으나 스토아 철학에서는 그저 용인될 뿐이다. 우정에 한계가 있어야 하며, 우정 때문에 자기의 성스러운 자세가 깨어질 정도까지여서는 안 된다.

에피쿠루스는 공적생활을 하지 말라고 했으나, 스토아 철학은 공적인 생활에 종사하는 것 자체를 만류하지는 아니한다. 그러나 공적인 생활을 하면서 인류에게 이득을 주겠다는 욕망으로 마음이 동(動)해서는 안 된다고 하였다. 왜냐하면 우리가 가져올 수 있는 이득이란(평화나 또는 보다 더 많은 식량의 공급 같은 것) 결코 참된 의미의 이득이 못 되며, 또 어떤 경우에 있어서나 우리 자신의 덕 이외에 문제시되는 것이 없기 때문이다.

제논은 (후기의 스토아 철학자들과 마찬가지로) 점성술과 복술을 믿었던 것 같다. 제논은 별들이 어떤 신령한 힘을 갖고 있다고 말했다고 한다. 스토아 철학자들은 모든 점(占)을 참이라고 생각하였다. 그들은 만일 섭리와 같은 것이 있다면, 점도 있을 수밖에 없다고 했다. 그들은 점술의 실재성을 증명하기 위해, 예언이 들어맞은 여러가지 실례를 들고 있으며 제논도 그렇게 주장하였다고 한다.

제논은 기원전 264년경에 죽었다. 그는 그때 매우 늙었었기 때문에 죽는 것이 적절하다고 생각하고 스스로 목을 매어 자살하였다. 일화에 따르면, 제논이 학교 문을 나서다가 발을 헛디뎌 땅바닥에 넘어졌는데 발가락이 부러졌다. 그는 "내가 가고 있는데도 나를 재촉하느냐"고 말했다 한다. 스토아의 현인(賢人)들은 적절한 것은 항상 실행하는 것이 옳다고 생각하였다.

제논의 뒤를 이어 스토아 철학을 조직적으로 또 현학적으로 만든 사람은 크리시포스(Chrysippus, 280~207 B.C.)이다. 그는 705권이나 되는 많은 책을 썼다고 한다.

그에 의하면 제우스, 즉 '최고의 불' (Supreme Fire)만이 불멸이며, 다른 신들은 생겼다가는 죽어가는 것이라고 한다(그리스 신화에서는 모든 그리스 신들이 불멸이다). 크리시포스는 제논의 유물론을 벗어났을 뿐 아니라, 유일신론자인 것처럼 말하고 있다. 그는 주장하기를, 신은 악과는 아무 관련이 없다. 선이 있기 위해서 악이 있을 뿐이다. 만물은 서로 대립된 사물을 나타내므로 "선은 악이 없이는 있을 수 없다"고 주장하였다.

그는 말하기를 "악이 없이도 선이 있을 수 있다고 생각하는 사람처럼 어리석은 사람은 없을 것이다. 선과 악은 대립되므로 양자는 피차에 대립되어 존재할 수밖에 없다"고 하였다.

크리시포스에 따르면, 선인은 언제나 행복하고, 악인은 불행하며, 선인의 행복은 신의 그것과 다름이 없다는 것이다. 인간이 죽은 후에도 영혼이 살아남아 있느냐 하는 문제에 대해서, 크리시포스는 현인의 영혼인 경우에는 그러하다고 하였다.

크리시포스 이후에 스토아 철학은 두 중요한 인물, 즉 파네티우스(Panaetius)와 포시도뉴스(Posidonius)에 의해 상당히 변모되었다.

파네티우스는 플라톤주의의 요소를 많이 도입하고 유물론을 버렸다. 그는 키케로(Cicero, 106~43 B.C.)에게 영향을 끼쳤다. 스토아 철학은 주로 이 키케로를 통하여 로마인에게 전해졌던 것이다. 키케로는 로데스(Rhodes)에서 포시도뉴스로부터 철학을 배웠으며 그에게서 스토아 철학의 영향을 많이 받았다. 포시도뉴스는 파네티우스에게서 배웠다. 파네티우스는 기원전 약 110년경에 죽었다.

포시도뉴스(135년경~51년경 B.C.)는 시리아의 그리스인이었다. 셀레우쿠스제국이 멸망하게 되었을 때 그는 어린시절을 보냈다. 그는 서방지역으로 여행을 하였는데, 이것은 아마도 그가 시리아에서 무정부상태를 겪었기 때문인 것 같다. 그는 먼저 아테네로 가서 스토아 철학을 공부하고, 이곳을 떠나 서부 로마로 갔다. "그는 세계의 한 끝에서 해가 지는 것을 친히 목격했으며 스페인 맞은편 아프리카 해안에는 날마다 원숭이들이 놀고 있고 한편 마르세이유에서 대륙 쪽으로 들어가면, 야만인들의 마을에는 집집마다 대문에 노획해 온 사람의 머리가 매달린 것을 날마다 볼 수 있었다."

그는 수학자였으며 천문학자였다. 태양의 거리에 대한 그의 추산은 고대에서 가장 정확한 것이었다. 그는 또 역사가이기도 하였다. 그러나 그가 유명하게 된 것은 철학자로서였다. 그는 스토아 철학을 플라톤의 가르침과 결합시켰다. 파네티우스는 영혼은 신체와 함께 소멸된다고 말하였다(쾌락주의자인 Epicurus도 같은 견해였다). 그러나 포시도뉴스는 이와는 반대로 영혼은 계속해서 공중에서 생존한다고 하였다. 영혼은 대체로 세계의 다음 큰 화재(Zenon의 주장) 때까지 하늘에 그대로 남아 있다는 것이다. 지옥이 따로 있는 것은 아니지만, 악한 자는 죽은 후에 선인처럼 행복하지는 못하다. 왜냐하면, 죄가 영혼의 총기(聰氣)를 흐리게 하여, 선한 영혼과 함께 높이 올라갈 수 없기 때문이다. 그리하여 매우 악한 영혼은 지상에 가까이 머물러 다시 육신을 입게 되고, 참으로 유덕한 영혼은 별나라까지 올라가 별들을 구경하면서 소일한다. 그들은 다른 영혼들을 도와줄 수 있다.

이러한 포시도뉴스의 영혼론은 오르페우스교의 개념을 재생시킨 것이며 신 피타고라스주의(Neo-Pythagorean) 신앙을 재현시킨 것이기도 하다.

스토아 철학은 로마제국으로 건너가 더욱 변화하고 발전하였으며, 로마 사상의 한 중요한 지류를 형성하게 된다. 이 부분은 다음 장(章) 로마 편에서 다루기로 하겠다.

헬레니즘 시대의 수학과 천문학

수학과 천문학은 일찍부터 (B.C. 3000년 이전부터) 고대 이집트나 바빌론에서 발달하였다. 그리스인들은 수학과 천문학에 동방의 선배들이 있었고 그것을 도입한 것을 자랑스럽게 이야기 해 왔지만, 수학과 천문학에서 진정한 우수성을 발휘한 자들은 그리스인들이었다. 이집트나 바빌론으로부터 도입한 수학과 천문학은 간단한 규칙들이 대부분이었고, 수학적으로 증명하는 방법은 거의가 다 그리스인들이 창조한 것이다.

헬레니즘 시대 이전에 이미 탈레스(6세기 B.C.)나 피타고라스(6세기 B.C.)에 의해 불후의 기하학적 원리가 발견되었지만 그리스인에 의한 수학과 천문학의 발전은 헬레니즘 시대에 들어와서 더욱 현저하였다.

모르긴 해도, 헬레니즘 시대의 사회적 불안과 혼돈은 학자들로 하여금 인간사(人間事)가 아닌 자연에로 눈을 더 돌리게 한 결과, 수학과 천문학 등 과학의 발달을 가져온 것이 아닌가 생각된다.

과학의 발달을 가져온 것이 여기에 소개되는 유클리드, 헤라클리데스, 아리스타르코스, 아르키메데스 등은 그들의 대선배인 피타고라스의 수학적 영감과 통찰력으로부터 영향을 받은 자들이다.

유클리드 기하학 유클리드(Euclid)는 기원전 300년경에 알렉산드리아에 살던 사람이다. 시기는 알렉산더와 아리스토텔레스가 죽은 직후에 해당한다.

유클리드의 「기하학원본」은 분명히 오늘날까지 쓰인 가장 위대한 책 중의 하나이다. 그는 유명한 평행공리(平行公理)(직선 밖의 1점을 지나는 이 직선에 평행하는 직선은 반드시 있으며, 단 하나이다)를 제시하여 무리수(無理數)와 관련해서 생기는 여러가지 난점을 피하고 있다. 그리고 그는 일종의 기하학적 대수(代數)에로 들어갔으며, 또한 입체기하에로 들어가 정다면체의 구조까지 다루고 있다.

헤라클리데스 헤라클리데스(Heraclides, 388~315 B.C.)는 아리스토텔레스와 같은 시대의 사람이다. 금성과 수성은 태양이 주위를 돌고 있음을 발견했으며, 지구는 지축을 중심으로 24시간에 한 번씩 자전(自轉)한다고 보았다. 이 견해는 플라톤의 지구자전설을 발전시킨 매우 중요한 발견이었다. 헤리클리데스는 플라톤 학파의 한 사람으로서 위대한 통찰력을 가지고 있었음에도 그 당시에는 별로 존경을 받지 못하였다.

아리스타르코스 사모스의 아리스타르코스(Aristarchos)는 대체로 기원전 310년부터 230년 사이에 생존한 사람이다. 그는 고대 천문학자 중에 가장 흥미 있는 사람으로서 코페르니쿠스의 직계 선배라 할 수 있는 가설을 세웠다. 즉 지구를 포함한 모든 유성은 태양을 중심으로 원운동을 하며, 지구는 지축을 중심으로 24시간에 한 차례씩 자전한다고 말하였다.

아르키메데스 알렉산드리아에는 존경할 만한 수학자들이 여럿 있었는데 그 중에 아르키메데스(Archimedes, 287경~212 B.C.)는 특히 빼놓을 수가 없다. 그는 기원전 3세기 사람이다. 아르키메데스는 시라큐스 왕의 친구이자 사촌이었는데, 시라큐스가 기원전 212년에 로마인에 의해 함락되었을 때 살해되었다.

아르키메데스는 이른바 '아르키메데스의 공리'를 내놓았다. 이 공리는 간단히 말해서 아래와 같다. 두 양(量)이 있는데, 그 중에서 많은 것을 2등분하고, 그 2등분된 것을 다시 2등분해 나가면, 드디어 그 첫번째의 두 양 중에서 적은 것보다 적어진다는 것이다. 즉 a가 b보다 클 경우에 b의 2갑절은 a보다 커질 수 있는 정수(整數) n이 존재한다는 것이다.

원의 넓이를 구하는 문제는 지름에 대한 원의 둘레의 비를 구하는 문제이며 이 비(比)를 파이(π)라고 부르고 있다. 아르키메데스는 π를 계산할 때, 근사치 치 $\frac{22}{7}=3\frac{1}{7}$을 사용했다. 원에 내접하는 정96각형을 만들고, 또 원에 외접(外接)하는 정 96각형을 만들어서 π는 $3\frac{1}{7}$보다 적고 $3\frac{10}{71}$보다 크다는 것을 증명하였다. 이와 같은 방법을 사용하면 필요로 하는 정도의 근사치를 구할 수 있는 것이다.

아르키메데스는 부력(浮力)의 원리를 발견하였고 지렛대의 원리를 발견하였다. 지렛대를 받친 받침대로부터 양 끝까지의 길이가 각각 a와 b이고, 양 끝 위에 놓인 물체의 무게가 각각 A와 B라고 할 때 aA=bB가 지렛대의 원리이다.

"나에게 하나의 지렛대를 달라. 그러면 지구를 움직이겠다"고 장담했다는 일화가 있다.

알렉산드리아에서는 아르키메데스 이후에도 계속 존중할 만한 업적들이 나오기는 하였지만, 이미 위대한 시대는 막을 내리고 있었다. 그리스인들은 로마의 통치 아래서 자신을 잃어버렸던 것이다. 이 자신(自信)은 언제나 정치적인 자유에 따르는 것이다. 그들은 이 자신을 잃어버린 나머지 선배들에 대하여 마비된 존경심을 가질 뿐이었다. 아르키메데스를 죽인 로마 병정은, 이를테면 독창적인 사상에 대한 사형선고자의 상징이라고 하겠다. 로마는 이 죽음을 그리스 세계의 모든 영역에 가져왔던 것이다.

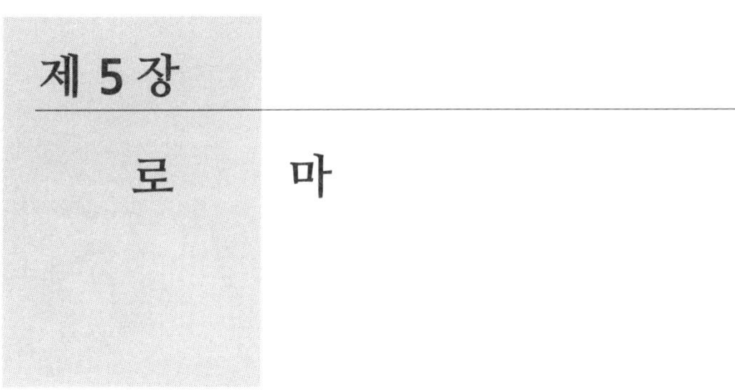

제 5 장 로 마

로마 전기(前期)의 역사

알렉산더에 의한 전화(戰禍)가 로마에는 미치지 못하였다. 알렉산더의 원정계획으로는 구(舊) 페르시아제국을 평정한 후 귀로에 아라비아를, 그에 이어 로마를 포함한 이탈리아 반도를 석권한 후 나아가 에스파냐(스페인)까지를 차지할 계획이었다. 그러나 그는 귀로에 바빌론에서 요절함으로써 그의 동서세계(東西世界)를 통합하려던 원정계획은 중도에서 끝나고 말았다.

헬레니즘 다음으로는 세계역사의 주역은 로마로 옮아간다. 세계역사의 주 무대가 문명의 발상지였던 동방세계로부터 서쪽인 그리스로 옮아 왔다가 다시 서쪽 로마로 옮겨온 것이다. 문명 이동의 진로는 서쪽 방향이었다.

로마는 기원전 8세기 이전까지는 인도·유럽계 인종이 형성한 몇 개 부락들의 군거지에 불과하였다. 기원전 8세기에 들어 비인도·유럽계인 에트루스키(Etruscii) 인들이 북방으로부터 이 지역에 이동해 옴으로써 도시국가다운 면모를 갖추게 되었다. 로물루스(Romulus)라는 힘센 자가 나타나 주변 도시들을 복속시켜 나갔다고 한다. 후대의 로마인들은 그를 로마의 건국자로 인정하고 있다. 그가 건국한 나라는 단일의 국가영토가 아니라 12개 도시국가들의 느슨한 연합상태였다. 도시마다 지주귀족층과 다수의 예농층이 이원적으로 사회구조를 이루고 있었다.

늑대 젖을 먹는 로물루스·로무스 쌍둥이 형제

로마의 초기 국가는 왕정(王政)이었다. 그러나 이것은 외부에 대한 상징이었을 뿐이고, 실질적으로는 소수의 혈통귀족들이 지배자였다. 이들 혈통귀족은 다른 씨족에 비해 규모도 더 큰 씨족으로서 파트리키(Patricii: '조상의 이름을 댈 수 있는'이라는 뜻)라고 불렀다. 이 귀족들은 원로원을 구성하여 지배권을 행사하였으며 왕정은 기원전 509년에 폐기되었다.

그리고 민중 조직으로서 쿠리아(Curia)라고 불리는 민회가 있었다. 쿠리아는 성인 남자들로 이루어졌는데 여기에는 평민들과 귀족들이 함께 참여하였다. 쿠리아는 전쟁 때 병력을 공급하는 모체로서 출발한 것이다.

귀족들과 평민들은 종종 신분투쟁을 벌였다. 평민들은 자신들의 군사적 중요성을 자각하고 귀족들에게 로마로부터의 집단이탈을 위협수단으로 내세워 귀족들로부터 정치적 양보를 얻어내고는 하였다. 기원전 494~287년 사이에 평민들이 귀족으로부터 얻어낸 권익은 다음과 같은 것이었다.

- 귀족 출신 정무관의 월권행위로부터 평민을 보호하는 기능을 가진 호민관(Tribusplebis)의 설치.
- 귀족의 혈연관계가 작용하는 쿠리아(民會)보다 좀더 민주적인 지역단위 중심의 민회인 트리부스(Tribus)의 창설.
- 법의 자의적 적용을 지양하는 12표법이라는 성문법의 제정공포(451 B.C.).
- 정무관들에 의한 중형 판결에 대하여 시민들이 상소할 수 있는 권리 획득(300 B.C.).
- 정무관직을 평민에게도 개방하고, 트리부스 회의의 결의는 법적 효력을 갖도록 함(367~287 B.C.).

로마의 원로원

로마에서의 신분 투쟁은 완만함과 성과의 보수성이 특징이었다. 신분 투쟁을 통해서 얻은 성과의 실질적 수혜자들은 소수의 부유한 평민들이었다. 그들은 개방된 정무관직을 통해 원로원에 진출하였고, 거기서 혈통 귀족 가문들에 합류하여 새로운 특권신분(신귀족)을 형성하였다.

로마의 정치는 향후 수세기 동안 원로원의 특권신분 내의 이합집산과 파벌들에 의해 주도되었다. 이러한 추세로 인해 호민관직은 원로원에 순종하는 한 말단 관직으로 전락되고, 혈통귀족은 부유평민에 대한 양보를 대가로 자신들의 과두지배를 더욱 강화하였다.

신분 투쟁 이후 약 1세기 반 동안(280경~130경 B.C.) 로마가 밖으로 눈부신 군사적 성공을 거둘 수 있었던 원동력은, 정치적 욕구가 충족된 부유 시민층이 발휘한 유례 없는 일체감과 애국심이었다.

이 기간에 로마는 카르타고와 3차례에 걸친 장기간의 포에니 전쟁(Punic Wars, 1차 264~241 B.C.; 2차 218~201 B.C.; 3차 149~140 B.C.)에서 모두 승리하여 카르타고를 지도에서 지워 버리고 시실리섬을 복속시켰으며 스페인을 정복하였다. 이 과정에서 로마는 육지에서 통일을 이루고, 지중해에서는 패권을 거머쥐게 되었다.

그리고 그후 기원전 2세기의 100년 동안에 로마는 마케도니아 왕국을 공격하여 패배시키고 그리스반도와 소아시아를 정복하였으며 이집트도 굴복시켜 보호국으로 만들었으며 거의 모든 헬레니즘 세계를 지배하게 되었다.

프랑스(Gaul)를 기원전 1세기 중엽 시저(J. Caesar)가 정복하였고, 영국(Britania)은 그보다 약 100년 후에 정복하였다. 그리하여 로마제국은 서기 100년을 전후하여 전성기에 도달하였는데 그 제국영토(帝國領土)가

전성기의 로마 영토, 서기 100년경

지중해와 흑해를 내해(內海)로 하여 그 주위를 삥 둘러싼 모양으로서, 북(北)으로는 영국의 브리타니아를 포함하여 유럽의 라인강과 다뉴브강을 경계로 하고, 동으로는 메소포타미아와 시리아를 포괄하였으며, 남으로는 북아프리카의 연해 지역 전부를, 그리고 서로는 스페인(Spain)을 넘어 대서양에 닿았다.

국토의 크기는, 알라스카를 제외한 현재의 미국 본토보다 약간 더 넓으나 역내(域內)의 지리적·문화적 다양성과 깊이는 미국에다 비교할 것이 아닌 대단한 것이었다.

이탈리아의 통일과 확장 과정에서 취했던 로마의 선무(宣撫) 정책은 로마의 대외적 성공의 중요한 단서였다.

즉 로마는 정복 또는 병합으로 제국에 편입한 잡다한 이민족에 대하여 그들의 언어·습속·종교와 생활양식 등 고유문화를 존중하고 광범한 자치권을 허용하였다. 그리고 복속된 주민들에게 그때그때의 사정에 따라 완전시민, 준(準)시민, 동맹시민 등의 지위를 부여하였다. 그리하여 피정복지의 주민들은 식민지 백성으로서의 억압이나 차별대우보다는 평등한 대우로서 편입되는, 격상(格上)의 동화주의(同化主義)를 맛보게 되었다. 또한 이러한 선무정책은 로마의 인력확장을 가져와 군사력을 증강시키는 데에 결정적인 기여를 하였다.

해외에서의 눈부신 성공의 뒷전에는 짙은 그림자가 깔리는 그늘진 구석이 없지 않았다. 무엇보다도 그것은 농촌의 중소 자영농의 몰락과 도시의 엘리트들에 의한 재산 집중이었다.

농촌 자영농의 청장년이 전쟁에 징집되어 많은 숫자가 사상(死傷)되거나 장기복무를 함으로써 농촌에 일손이 모자라게 되어 많은 자영농들이 '폐농'(廢農) 상태가 되었고, 남아있던 농민들 가운데도 상당수가 호경기를 구가하는 도시로 빠져나갔다.

한편 도시의 신 귀족층은 전시의 산만한 규제를 틈타 그들의 권력과 지위를 이용하여 공유지를 사유화하거나 채권으로 이웃 소농민들의 토지를 몰수하여 점차 대토지(latifundia)를 형성해 갔다.

그리고 군지휘관들은 전리품 처분 재량권을 이용하여 정복지에서 어마어마한 재산을 챙겼다. 또한 전시 경제 행위의 대표자 역할을 수행한 상인 및 금융업자 집단은 군수품 조달, 국고에의 대금(貸金), 속주에서의 조세징수대행 등으로 팽창주의의 이익을 나누어 가졌다.

이렇게 하여 일부 엘리트층의 손에 들어온 엄청난 부는 그들의 실력을 과시하기 위한 소비와 그들의 정치적 기반을 다지기 위한 선심(善心)을 위해 사용되었다. 그리하여 기원전 2세기부터 나타나기 시작한 이국적 사치와 더불어 유권자를 매수하는 정치 행태가 지배층의 전형적인 삶의 모습이었다. 이러한 지배층의 도덕적 타락은 공화정 쇠퇴의 근원이 되었다.

소수의 손에 집중된 대토지들은 노예에 의한 경작이 가장 손쉬운 방법이었다. 그리하여 전쟁과 노예무역을 통한 노예의 확보와 노예노동의 조직은 로마에서 발달한 노예제의 전형이 되었다. 노예가 한창 많았던 제정(帝政) 초기에 노예의 수는 약 100만 명이었다. 노예제에 의한 영농은 자급자족적 곡물 생산체제와는 달리 기본적으로 시장지향적인 생산체제였다. 그래서 농업에 대한 지도층의 관심은 수익이 좋은 포도·올리브와 같은 환금작물(換金作物)과 양(羊) 사육이 대종을 이루는 방목업에 있었다. 그 결과 곡물생산은 저하되어 시실리와 아프리카와 같은 곡창지대로부터 사들이는 수입곡물에 더욱 더 크게 의존하게 되었다.

자영농의 감소와 그로 인한 군사력의 부족에 대한 대응책은 군인이 될 수 있는 자격으로서의 재산 기준을 낮추는 것이었다(로마에서는 군인이 될 수 있는 유산자를 '아시두이'로 분류하고, '아시두이'에서만 징집을 해 왔었다). 그 결과 로마의 군대는 애써 지켜야 할 것이 없는 빈민들로만 채워지게 되었다(기원전 107년 Marius의 군사개혁이 그 상징). 그리하여 군인의 충성심을 보상해 주지 않는 국가보다는, 경쟁적으로 보다 큰 몫의 전리품과 퇴역 상여금을 약속하는 유능한 군 지휘관을 따르게 되었다. 이 시민군대의 점진적 사병화(私兵化)는 다시 국내정치에서 군대와 군 지휘관들의 중요성을 증대시키는 결과를 가져왔다. 군사적으로 유능하면서도 원로원의 권위를 존중하는 지휘관을 기대하기는 거의 불가능하였으므로, 원로원은 권력투쟁에서 일찌감치 뒷전으로 밀려나고 말았고, 결국 사병(私兵)을 거느린 몇몇 군 지휘관들이 정치무대의 전면을 장악하게 되었다(시저의 등장과 암살 및 1, 2차 삼두체제가 바로 그 전 상황에 해당한다). 그들 사이에 벌어진 내전에서 최후의 승자로 떠오른 자가 원로원의 과두지배를 종식시키고 독재권력의 확립을 꾀하게 될 것은 필연적인 사태의 추이였는데, 최후의 승자는 시저의 양아들인 아우구스투스(Augustus)였다.

아우구스투스가 황제(원수, princeps)로 즉위(30 B.C.)한 후로 제3세기의 대재난에 이르기까지 200여년 동안 대체로 안정되고 평화로운 시대(Pax Romana)가 지속되었다. 이 평화의 시대를 떠받치는 통치의 장치는 군대였으며 시민생활에 질서를 부여하는 것은 법률이었다. 로마는 군(軍)

과 법(法)이 다스리는 나라였다.

군대에 대하여 황제는 제국 내의 다른 통수권에 우선하는 상급통수권을 가졌다. 황제의 전제 권력의 본질은 무력이었다. 제정(帝政)에 들어서면서 군사체제는 직업군인제와 상비군제(常備軍制)로 바뀌었다. 이로써 자영농민들은 군역(軍役)의 속박에서 벗어났으며, 직업군인들은 황제에 대한 충성의 대가로 후한 대접을 받았다. 황제는 군인에 대한 우대 이외에도 제정(帝政) 통치를 위한 관료집단의 유지와 도시 빈민들에게 빵과 볼거리를 제공하기 위해서 막대한 황실재정이 필요하였다. 황실재정은 조세의 착취구조로 메워졌다.

로마의 팍스 로마나(Pax Romana)는 마르쿠스 아우렐리우스 황제 때(사망 180 A.D.)까지 지속되었다. 이때까지가 대개 로마역사의 전기(前期)라 할 수 있다. 그 이후 로마는 기울어지기 시작하였다. 그 원인은 하나 둘이 아니고 다원적 원인이 작용하였다. 이 후기(後期) 부분은 뒤에서 다루기로 하고, 우선 로마 역사를 전기까지 끊어서, 이때까지의 사상적(思想的) 측면을 먼저 보고 후기로 넘어갈까 한다.

전기 로마의 종교 원시농경 시대의 로마인은 농사에 종사하는 농민들로서 모든 무생물의 사물(돌, 우물과 같은)에는 신령한 힘이 있다고 믿는 물신숭배(物神崇拜, Fetishism) 사상과, 비, 바람, 홍수와 같은 자연현상도 모두 신령의 작용이라는 물활론(物活論, Animism)의 자연종교를 가지고 있었다. 물질과 자연이 가진 신령한 힘은 모두 무형의 정령(精靈)(numina)의 활동에 기인하며, 이 정령은 자연계뿐만 아니라 인간세계에도 충만해 있다고 믿었다.

로마인의 정령들(numan)은 우열 강약의 위계질서나 개별적인 특별한 능력을 가지고 있지 않았다. 로마인들은 인간의 재난이 신노(神怒)에 기인한다고 확신하여 제사로써 신령을 위로했다. 예를 들어 강에 다리를 놓을 경우 이는 강신령(江神靈)에 대한 침해 행위이므로 그의 분노를 무마하기 위하여는 사전에 용서를 비는 제사를 지내야 했으며, 가뭄이 계속

될 때에는 하늘의 신령을 위로하는 기우제로써 비를 기원했다. 본래 로마의 신들은 막연한 무형의 정기들로서 존재했다.

한 집안에서는 각 가정마다 의식을 달리하는 조상(genius) 숭배가 있었으며 그 밖에도 여러 명의 신이 있었다. 일가의 번영과 존속을 담당하는 집안의 화로의 신(Vesta), 출입자의 감시와 집안의 안전을 수호하는 쌍두(雙頭)의 대문신(大門神, Janus), 집안의 살림을 관할하는 창고와 주방신(Penates) 등이 있었다. 그리고 집집마다 주신(主神)이 있었는데 각 가정에는 그의 수호신을 모신 제단이 설치되어 가장이 집안의 제사장으로서 조석으로 가족의 안전과 번영을 기원했다. 로마의 전 역사를 통해 종교적 행위의 중심지는 가정이었다.

씨족·부족·지역단체는 각각 종교적 공동체이기도 하여 공동체마다 자신들의 제사와 의식이 있었고 공동체의 구성원을 결속시키는 구심적 역할을 하였다.

부족의 연합으로 도시국가가 성립하자 도시국가는 각기 그 도시국가의 수호신을 가졌다.

헬레니즘 시대에 해당하는 공화정기(共和政期)에는 로마문화의 헬레니즘화(化)가 촉진되어 그리스로부터 수많은 신들이 수입되었다. 이 틈에 페르시아의 태양신인 미트라(Mithra)와 이집트의 여신 이시스(Isis)를 비롯한 동방의 신들이 들어오고 유대족의 신인 여호와(Yahweh)도 들어왔다. 그리스의 신들은 로마식의 이름들을 갖게 되었는데 예컨대 그리스에서의 제우스는 주피터(Jupiter)로, 그리고 디오니소스는 바커스(Bacchus)로 불리게 되었다. 신들에 대한 '신성한 제사'가 신과 인간 사이의 핵심적인 거래였다. 주피터에 대해서는 흰색의 거세된 황소를 제단에 바쳤다. 하늘에 있는 남성 신들에게는 살찐 흰색의 짐승을, 그리고 지하에 있는 신들에게는 여윈 검은색의 짐승을 제물로 바쳤다. 제사는 '제가 이렇게 드리니, 당신도 주십시오'라고 하는 상호주의 원칙에 기초를 둔 것이었다.

그리스로부터 철학과 과학이 유입됨에 따라 로마인의 신앙세계는 신비주의와 무신론(無神論)으로 분열되었다. 제2차 포에니 전쟁(218~202 B.C.)

후에 로마인은 동쪽에서 유입된 신흥종교에 열광하였고, 기원전 186년에는 범죄와 음모의 행사가 되어버린 바커스 경배(Baccanalia)를 원로원 결의로 금지하였다.

기원전 135년에서 50년에 이르기까지 약 100년간 기적과 점성술(占星術) 등 미신적인 신비주의가 로마에 유입되었다. 그후 공화정이 종식되고 제정(帝政)으로 옮아가 황제의 독재권(獨裁權)이 확립되자, 로마제국의 정신적 통일이라는 정치적 목적으로 황제숭배사상이 도입되고, 황제가 로마제국의 수호신으로 신격화되었다. 황제숭배는 정치권력에 의해 강제되었으며 황제숭배를 거부할 때에는 가차 없는 탄압이 뒤따랐다. 그리스도교가 제정 초기(帝政初期)에 혹심한 탄압을 받게 된 것은 그들이 여호와 이외의 모든 신과 우상을 거부하는 교리에 따라 황제숭배를 명시적으로 거부하였기 때문이었다. 다른 종교의 신도들도 그들의 신을 모독하는 기독교인들을 혐오하였다. 그러나 그리스도교는 만민평등과 구원의 교리로 하층민들 사이에서 신자가 늘었으며 점점 지배계급에까지 교세가 확장되어 갔다.

스토아 철학

헬레니즘 시대에 그리스의 철학들이 로마로 이전되었다. 로마는 무력으로 그리스를 정복하였으나 문화적으로는 그리스에 압도되어 청년들은 그리스를 열광적으로 배우고자 했으며, 돈 많은 집안에서는 그리스의 노예들까지를 가정교사로 초빙하였다. 그리스의 철학들 가운데서도 스토아 철학이 로마 지배계급의 마음을 사로잡아 로마의 주요사상으로 정착되었고, 사회에 커다란 영향을 미쳤다. 스토아 철학은 헬레니즘을 로마로 연결시켜 준 철학이다. 이미 세계의 주 무대가 로마로 이행되기도 하였지만, 스토아 철학은 로마로 전래되어 기원후 40~50년경부터 180년경까지 약 150년간 성행하였다.

이 시기의 로마는 모든 주도권을 황제와 신하들이 장악하고 있었고, 이 제국의 넓은 지역에서, 가끔 반기를 드는 혁명적인 장군을 제외하면, 다만 복종하는 일밖에는 아무것도 할 것이 없었다. 노예제도에서 오는 폐단은 큰 고통을 내포하고 있었으며, 검투사들의 결투나 야수(野獸)와의 결투 같은 것이 성행하였으니 이것은 잔인하기 짝이 없는 광경이었으며, 이러한 광경을 즐긴 대중들은 필경 타락해 갔을 것이다.

그러나 지식인이나 철학자들은 지난날을 회상하며 그때가 그래도 가장 좋은 시절이었다고 생각하고, 미래에 대하여는 최상의 경우라도 괴로움밖에 당할 것이 없으며, 최악의 경우에는 공포에 싸이게 될 것이라고 생각하였다. 미래에 대해 희망을 가질 때는 현재의 고통 같은 것을 참아 나갈 수 있다. 그러나 절망을 느끼는 시대에는 현재의 즐거움도 모두 잃게 된다. 스토아 철학의 윤리는 이러한 시대에 적합하였다. 그 이유는 이 철학이 가르치는 복음은 희망의 복음이라기보다 인내의 복음이었기 때문이다. 로마의 스토아 철학과 관련하여서는 세 사람의 중요한 인물을 소개할 필요가 있다. 세네카(Seneca, 4 B.C.~65 A.D.)와 에픽테투스(Epictetos, 60?~120)와 마르쿠스 아우렐리우스(Marcus Aurelius, 121~180)가 그들인데, 각각 한 사람은 관리이고, 다른 한 사람은 노예이며, 또 한 사람은 황제였다.

세 네 카 스토아 철학을 로마로 도입해 온 사람은 키케로(Cicero, 106~43 B.C.)이다. 키케로는 그리스의 철학자 포시도뉴스로부터 스토아 철학을 배웠다. 연설가이자, 정치가인 키케로는 고통에 대해 무관심하고 이성에 의해 움직이는 사람이 가장 이상적인 인물이며, 마음의 평온이 최상의 행복이라고 생각했다. 키케로는 국가의 근원이 상호보호를 위한 인간 사이의 계약에 있다고 주장하고 국가가 개인보다 우월하다는 점을 부정하였다(자연법의 아버지).

키케로 이후 번지기 시작한 스토아 철학을 받아들여 로마인들에게 크게 영향을 미친 사람이 세네카(Seneca Lucius Annaeus, 4 B.C.~65 A.D.)

키케로

세네카

이다. 세네카는 스페인에서 태어나 갓난아기 때 유모의 품에 안겨 로마로 왔다. 그는 변론술과 법률을 공부했으며 공직에서 출세하였다. 그는 정치적으로 성공할 즈음에 황후 메살리나의 미움을 받게 되어 클라우디우스 황제가 코르시카로 귀양을 보냈다(41 A.D.). 그는 철학과 자연과학을 공부하며 귀양의 시간을 보냈다. 이때 쓴 책이 「위로」(Consolation)이다. 그러나 클라우디우스의 두 번째 아내 아그립바나는 48년에 세네카를 소환하여, 11살 난 자기 아들의 개인교사로 삼았는데 그 아들이 장차 네로 황제였다. 네로의 즉위와 함께 장관에 취임했다. 그는 공적(公的)으로는 부(富)를 멸시하였지만, 엄청난 많은 재산을 모아 백만장자로 알려졌었다.

네로의 횡포가 점점 과격하게 되자 세네카는 그의 총애에서 벗어나게 되었다. 드디어 그는 네로를 암살하고 새 황제를 옹립하려는 큰 음모에 가담하였다는 이유로 정죄(定罪)되어, 자살하라는 명령을 받았다. 실제로는 그에게 죄가 없었다. 그는 자기의 혈관을 끊은 후에 비서를 불러서 자기의 유언을 받아쓰게 하였다. 몸에서 피가 잘 빠지지 않아 고통이 길어지자 그는 뜨거운 물이 담긴 욕탕에 들어가 좀 수월하게 피를 흘리고 숨을 거두었다. 그의 시체는 아무런 장례의식 없이 화장되었다.

그는 체계적인 이론을 쓰는 학자는 아니었으나 많은 논문과 편지를 썼으며 연극 대사로서 비극을 썼다. 그는 자신의 독창적인 아이디어를 내놓기보다는 그리스 철학을 이해할 수 있도록 해설하고 소개하는 데에 중요한 역할을 하였다. 그의 작품은 중세와 르네상스 시기에 광범위하게 읽혔다.

중세의 저작자들 가운데는 세네카가 바울로부터 세례를 받은 기독교 신자라고 주장하는 사람도 있으나 이것은 사실이 아닌 것 같다. 그는 늘 자신을 스토아파라고 공언하였다.

세네카는 삶의 방식(way of life)에 그의 사상의 역점이 있었다. 인간은 주어진 고통과 운명을 받아들이는 것이 좋다고 말하였다. "인간의 고통은 받아들여져야 하며 그것은 인간의 영혼에 긍정적인 영향을 미친다. 인생에서 발생되는 문제들은 실천적 조처로 해결하려고 해야 한다. 그리고 누구나 죽는다고 하는 사실을 정면으로 받아들여야 한다"고 하였다. 그는 "우주는 합리적 섭리에 의하여 최선으로 다스려지고 있다. 만족은 자연에 순응하고, 국가에 대한 의무를 다하는 단순한 삶에서 달성된다"고 하였다.

그는 욕망과 감정은 인생에서 파괴적인 역할을 한다고 하였으며, 예컨대 통제되지 않은 분노는 파멸을 가져온다고 했다. 그는 공부와 배움을 중시하였다.

세네카의 세계관은 만민평등(萬民平等)과 형제애(兄弟愛)가 핵심이었다.

"자연은 우리를 똑같은 자료를 가지고, 동일한 목적을 위해 창조함으로써 우리 모두를 하나의 형제로 만들었다. 자연은 우리 사이에 서로에 대한 사랑을 심어 주었으며, 우리를 사교적으로 만들었다. 자연은 평등과 정의를 만들어냈다. 자연이 정돈해 놓은 세계의 질서에 따른다면, 상처를 받는 것보다 상처를 입히는 쪽이 더욱 비참하다(소크라테스와 같은 사상이다). 자연의 명령에 따른다면, 도움을 필요로 하는 사람들은 이미 예비되어 있는 도움의 손길을 발견하게 될 것이다." 세네카의 세계주의적이며 자연적인 질서에 대한 순응의 강조는 세계제국을 향한 로마인들의 정치적인 성향과 그들의 보수주의와도 일치하였다.

에픽테토스 에픽테토스(Epictetos, 60?~120)는 그리스인으로서 본래는 노예였으나, 후에는 네로에 의해 자유인이 되어 그의 장관까지 지냈다. 그는 절름발이였는데, 그것은 노예에 대한 당시의 잔인한 형벌에서 온 것이라고 한다. 그는 서기 90년까지 로마에서 살면서 가르쳤다. 그후에 도미티안 황제가 지식인을 싫어하여 철학자들을 모

에픽테토스

조리 귀양보냈을 때 에픽테토스는 에피루스의 니코폴리스에 숨어 살면서 몇 해 동안 저술도 하고 강의도 하다가 죽었다.

에픽테토스는 다른 스토아 철학자들처럼 이성을 중시하고 쾌락을 대체로 천시하였다. 그러나 인간에게는 이 외에도 경계할 요소들이 있거니와 특히 '육욕'(肉慾)은 우리로 하여금 이성의 명령에 정확하게 합치하는 생활을 할 수 없도록, 끊임없이 방해한다는 것이다. 그리하여 인생에서 욕정(성생활)을 떨쳐버리고 금욕할 것을 강조한다. 스토아 철학자들은 '정상적'이지 않은 모든 성적 만족을 비난하고 경멸한 최초의 인물들이다. 그들은 결혼까지도 그렇게 가치 있는 것으로 여기지 않았다. 삶에 대한 이러한 금욕적 태도는 당시의 로마인들 사이에서 전반적으로 광범위하게 퍼져 있었다.

에픽테토스는 영혼에 대하여 이렇게 말한다. 우리는 지상에서의 죄수나 다름이 없다고 말했다. 즉 우리는 육신 속에 갇혀 있는 것이다. 그는 말하기를 "너는 시체를 메고 다니는 한 작은 영혼이다"고 했다. 영혼이 지상의 삶 속으로 들어갈 때는 천국의 기쁨이라는 신비한 상태로부터 '떨어져 나오게' 되며, 결과적으로는 현세의 삶은 처벌로 주어진, 갇힌 죄수와 다름없는 것이라고 하였다. 인간이 이곳 현세의 삶 속에서 좀더 '순수해질수록' 그는 보다 빨리 축복의 단계로 돌아간다. 이것은 매우 오래된 오르페우스적이고 피타고라스적인 교리와 부합된다. 이러한 이념 속에서는 '순수한' 삶이란 쾌락적인 모든 것을 멀리하고 오직 영적인 생활에만 주의를 기울이는 그런 삶이다.

에픽테토스는 야망이나 열병을 갖지 말고 주어진 일을 숙명으로 받아들이는 생활태도를 권유한다. "인간은 이를테면 저마다 연극을 하고 있는 배우와 같다. 이 연극에서 신(神)이 각자의 역할을 지정하였다. 우리는 자기가 맡은 역할이 무엇이든 간에 오직 그것을 충분히 이행하는 것이 의무이다." 그는 덕(德)의 실천에 대하여 "누구라는 사람이 행복하게 되든 불행하게 되든 그것은 나의 알 바가 아니다. 단지 내가 유덕한 사람일진대, 나는 오직 그를 행복하게 할 수 있을 것으로 생각하는 바에 따라 행동할 것이다. 나는 A를 유덕하게 할 수는 없다. 그의 덕은 그 자신에게 달려 있기 때문"이라고 하였다.

스토아 철학에서는 "우리는 행복할 수는 없으나 선하게 될 수는 있다. 그러므로 우리는 선하게 되면 그것으로서 족하게 생각할 일이며, 불행을 문제삼지 않도록 하자"고 하였다..

에픽테토스는 사해동포주의(四海同胞主義)를 주장하였다. 그는 "신은 인류의 아버지이며, 우리는 모두 형제들이다. 우리는 '나는 아테네인이다', '나는 로마인이다'고 말해서는 안 되며 '나는 우주의 한 시민이다' 하고 말해야 한다"고 주장하였다. 그는 "노예도 다른 사람들과 동등하다. 왜냐하면 다 같은 신의 아들이기 때문이다"고 하였다. 그의 철학은 인간이 그의 국적에 의해서 평가될 것이 아니라 그의 덕성에 의해 평가되어야 한다고 생각하였다. 따라서 모든 민족적 경계는 '부자연스러운' 것이라는 것이 스토아 철학의 기본적인 원리가 되었다. 전체 세계에서는 모든 사람이 그 속에서 서로를 도와주어야 하는 하나의 거대한 사회유기체라는 것이다.

마르쿠스 아우렐리우스 마르쿠스 아우렐리우스(Marcus Aurelius, 121~180)는 안토니누스 피우스 황제의 아들로서 서기 161년에 황위를 물려받았다. 그는 선황을 존경하고 스토아 철학의 덕을 숭상하였다. 그의 치하 때 지진, 전염병, 전쟁, 폭동 등 많은 재난이 있었다. 그의 「명상록」(meditations)은 분명히 자신에게 이야기하기 위해 쓴 책이었는데, 거기에는 그가 공적(公的) 책임을 얼마나 고통스럽게 생각했는지 잘 나타나 있다. 그는 기독교를 박해했다. 그들이 국교(國敎: 황제숭배)를 거부하였기 때문이다. 그는 이 국교를 확고히 세우는 것이 정치적으로 필요하다고 생각하였던 것이다.

그의 모든 행위는 양심적이었으며 헌신적으로 평화를 유지시키려고

아우렐리우스

노력하였다. 그는 그의 사해동포주의(四海同胞主義)로써 정복지의 예속국가들을 예우했으며, 미정복(未征服) 이웃 국가와도 공존을 도모하였다. 그가 제일 바랐던 것은 조용한 시골에서 은퇴하여 사는 것이었으나 실현할 기회는 한 번도 오지 않았다. 그의 사후(死後) 그를 계승한 그의 아들 황제는 아버지와는 반대되는 정책을 써서 제국 분열의 단서를 열었다.

마르쿠스 아우렐리우스는 황제이었음에도 노예출신인 에픽테토스와 많은 면에서 견해를 같이하고 있다. 그도 인류는 본질상 동등하다고 보았다. 아우렐리우스는 신이 각 사람에게 그의 인도자인 수호신을 한 명씩 주었다고 믿었다. 그는 우주를 하나의 생물체라고 말하였다. 그러므로 우주는 실체도 있고 영혼도 있다. "우주 안에 모든 사물들이 관련되어 있다는 것을 언제나 잊지 말라." "너에게 일어나는 일들은 무엇이든지 이미 영원 전부터 너를 위해 마련되어 있었던 것이다. 그리고 여러가지 원인이 서로 얽혀서 이미 영원 전부터 너의 존재와 인연을 맺고 있다." 아우렐리우스에 따르면 우주는 결정론적인 하나의 전체이다(그는 우주를 신과 동일시하였다). 그러므로 그 안에서 일어나는 모든 것이 그 앞에 생긴 원인들의 결과이다. 그리고 그는 우리의 의지에 대해서 이렇게 말한다. "우리는 이 순간에 생명을 잃을지도 모른다. 그러므로 모든 행위와 생각을 바로잡아야 한다." "인류를 사랑하라. 신에게 순종하라…. 그리고 법이 모든 것을 다스린다는 것을 기억하라. 그러면 족하다."

여기서 우리는 결정론(決定論)과 자유의지(自由意志)를 어떻게 융화시킬 것인가의 문제에 봉착하게 된다. 개인의 의지는 자율적이다. 따라서 아무도 외적인 원인에 강제되어 죄를 범하지는 않는다. 결정론과 자유의지는 하나의 모순이 아닐 수 없다. 이 문제를 스토아 철학에서는 인간은 자유의지를 갖고 있지만 자유의지의 행사를 결정론에 부합되도록 행사할 때 인간은 선(善)한 사람이며 신의 뜻을 따른다는 것을 뜻한다.

아우렐리우스는 세네카와 에픽테토스와 마찬가지로 사해동포주의자였다. "내가 안토니누스로 인해 나의 도시와 나의 국가는 로마이지만 한 인간으로서의 나의 국가는 세계이다." 그는 「명상록」에서 다음과 같은 국가를 훌륭하다고 하였다. 즉 "모든 사람에게 동일한 법률이 적용되는 국가, 동등권과 언론의 자유가 보장되는 국가, 무엇보다도 국민의 자유를 가장 중요시하는 군주정치"가 가장 훌륭하다는 것이다.

제정(帝政) 이후 평화의 시대에 보통 사람들은 '빵과 볼거리'(bread and circus)만 있으면 만족하였다. 황제들은 콜로세움(colosseum: 8년 걸려 서기 80년에 완공) 같은 경기장을 짓고, 생사람을 찢어 죽이는 검투와 같은 경기를 백성에게 제공하였다. 백성들은 잔인한 경기를 열광적으로 즐겼으며 소녀들은 검투사를 연모하여 한숨을 지었다. 황제는 볼거리에 황홀해하는 민심을 자기의 정치적 목적에 이용했다. 그러나 지식인들은 달랐다. 황제의 독재권 확립으로 황제에 대한 복종 이외에는 다른 할 일이 없어졌으며, 상류사회의 사치·낭비와 대중들의 빈곤화, 고급장교들의 오만한 태도와 원로원의 유명무실 등은 현실과 미래에 대한 희망을 불허하는 것이었다. 이러한 배경에서 로마에 도입된 스토아 철학은 행동하는 로마인들에게 사유할 동기를 주었던 것이다.

스토아 철학은 제국(帝國)의 모든 주민이 형제와 같은 유대관계에 있으며 또한 공동선(共同善)을 실현하기 위하여 우애와 협력이 필요하다고 역설했다. 이리하여 스토아 사상은 인도주의(人道主義)를 수반하였다.

'인도주의'란 말은 기원전 147년에 집정관을 역임한 스키피오(Scipio)를 중심으로 젊은 지식층들이 처음으로 사용하기 시작했다. 당시 스키피오 집에 식객으로 체류한 그리스의 스토아 철학자 파나이티오스(Panaitios)가 인도주의라는 개념구성에 어떤 철학적인 시사를 주었고, 이에 자극되어 '휴마니타스'(Humanitas)라는 말이 성립한 것으로 짐작된다. 로마는 무력으로 그리스를 정복하였으나 문화적으로 그리스에 압도되어 그리스와의 교류에서 철학, 문학, 예술, 천문, 지리, 수학과 수사학 등 학문적인 방법을 수용하였다.

젊은 지식층들은 '휴마니타스'를 윤리적·도덕적인 자기 수양과 자제(自制)만이 아니라, 타인에 대한 관용, 자비, 동정의 심성을 가지며, 나아가 타인의 사정을 배려하여 자신의 이익을 기꺼이 포기·양보하는 윤리적 결단을 할 수 있는 인간의 내재적(內在的) 가치의 총화(總和)라고 이해하였다. 그들은 그러한 자가 단순한 사람(persona)이 아닌 인간(humanus)이라고 하였다. 요약컨대 '휴마니타스'는 겸양(Reverentia), 자비(Pietas), 동정(Clementia)의 총화이다.

스토아 철학자들은 또한 자연법(Jus Naturale)과 인정법(人定法, Jus gentium)을 구별하였다. 자연법은 모든 일반적인 지식의 기초를 제공해준다고 할 수 있는 제일 원리에서 파생된 것이다. 자연법 사상은 스토아철학을 로마에 도입한 키케로(Cicero)에 의해 주장된 이래, 모든 스토아철학자들이 지지하는 사상이었다. 키케로는 국가의 법이나 포고령보다도 고차원적이고 우월한 법, 즉 자연의 본질적인 질서의 산물인 자연법이 있다고 주장하였다. 그러므로 국가도, 통치자도, 개인도 '자연에 따라 살라'고 하는 것이다. 우주는 우연적으로 존재하는 것이 아니라 이성적 목적에 의해 형성된 것이며 빈부·귀천·강약(貧富 貴賤 强弱)의 모든 인간들도 그 목적을 위해 태어난 것이라는 것을 알아야 한다. 그러므로 각 인간의 삶이 우주와 조화될 때는 선(善)한 삶이 되지만 그렇지 못할 때는 재앙을 맞이하게 된다.

우주의 목적을 설정한 이는 신이며, 인간들은 신의 섭리에 따를 수밖에 없다. 우주 안의 모든 인간 모든 동식물, 모든 물체는 신의 섭리 아래 신의 목적을 달성하도록 서로 관련 있다는 것을 잊지 말아야 하며 네가 할 일은 영원 전부터 결정되어 있는 것이다. 그러므로 개인의 야심이나 희망, 그리고 개인적 고락 같은 것은 염두에 두지 말고 신의 목적을 위해 아낌없는 노력을 다하여야 한다.

“네가 지금 하고 있는 일이 신이 지정한 일이며, 의무라는 것을 알고 하늘이 무너져도 그대의 의무를 다하라. 그것이 선한 생활이다.”

“인간이 신의 섭리를 이행하는 존재이기 때문에 모든 인간은 동등하며 형제자매이다. 그대에게 악을 행하는 자는 모르고 악을 행하는 것이니 그도 사랑하라. 그의 악이 그대의 능력을 해치지 못한다.”

인도주의와 자연법사상은 로마제국에서 모두가 실천으로 옮겨놓을 수는 없었다고 하더라도 당시의 로마인들이 지닌 이상이었다. 이와 같은 이상은 장차 서구 사상의 형성에 영향을 미쳤다(기독교는 스토아 철학의 가르침에서 이 부분도 함께 물려 받았다).

「서구의 몰락」(Decline of the West)을 저술한 슈펭글러(Spengler Oswald, 1880~1936, 독일철학자)는 “진정한 로마인들은 그 어떤 그리스인보다도 더욱 엄격하게 금욕적이었다”고 말했다. 그리고 그는 스토아 철학의 내면적 의미를 다음과 같이 설명했다.

“대체로 보아 스토아 학파의 윤리는 중요하고도 유익한 목적, 즉 모든 인간적 생활이 굴복하게 되는 고통과 슬픔을 뛰어넘는다는 목적을 위해 인간의 가장 위대한 명예인 이성을 이용하고 있는 눈부시고 가치 있는 시도이다.” “따라서 우리는 스토아 철학을 정신의 위생학이라고 생각할 수 있을 것이다.” “그 가르침에 따라 우리는 고행과 역경을 통해 폭풍우에 맞설 수 있도록 우리의 몸을 건강하게 단련하게 되는 것이다. 우리는 또한 불행과 위험, 좌절감, 불의, 악덕, 사기, 오만, 우매함 등에 대하여 우리의 정신을 단련해야 한다.” “스토아의 이상은 극단적인 행복으로부터 극단적인 슬픔에 이르기까지 그 무엇으로부터도 방해받지 않으며 모든 사태의 여러 양상 속에서도 고요한 마음가짐을 간직할 수 있는 자가 지혜로운 현자(賢者)이다. 결코 놀라지 않는 마음의 상태를 갖는 것이다.”

로마의 군대

로마는 군과 법이 다스리는 나라라고 하였다. '팍스 로마나'가 지속되던 시기까지 로마의 팽창은 군에 의해 달성됐으며, 정복지를 포함한 로마제국의 내부는 법에 의해 질서가 유지되었다. 군과 법은 제국의 형성과 유지에 그야말로 중요한 역할을 수행하였다. 그러면 여기서 로마의 군은 어떠하였던가? 좀더 자세히 보기로 하자.

로마의 군대는 국가와 매우 긴밀히 결합되어 있다. 로마인은 마치 무장을 하고서 태어나는 것 같은 백성이었다. 로마는 장기간 대량 살상의 피해를 감수하며 끊임없이 전쟁 수행을 준비했었다. 로마 역사의 대부분 기간 동안, 로마국가는 거의 유일하게 로마 군대를 재정적으로 지원하는 담당자로서 존재하였다.

로마 군대의 구성은 긴 역사 동안 본질적인 변화를 겪으며 변천하였다. 최대의 영토를 가졌을 때(100년경 A.D.) 로마제국의 인구는 4,500만 내지 1억 2000만이었다. 이때 로마 군대의 규모는 상비군이 37만 5천 정도이었던 것으로 추산된다(역사가 Edward Gibbon). 이 계산은 오직 군단(legion)들과 외인부대(auxilia)의 병력만을 대상으로 한 것이다.

공화정 이전 왕정시대(753~510 B.C.)의 전형적인 군단은 주로 농촌출신의 시민인 유산(有産) 농민으로 충원되었으며 국가에 대한 의무로서 무급(無給)으로 1년간 복무하면서 특수 전투에 참가하였다. 공화정으로 바뀐 이래 군대도 점차 체계를 갖추면서 강력해졌으며, 농토를 가진 자유민들이 병역을 담당하였다. 그들은 군장비를 스스로 마련하였고 기병(騎兵)은 말(馬)까지 스스로 부담하였다. 노예, 해방노예 및 도시거주 시민(Proletarii)은 특별한 긴급 상황이

로마의 군대

아닌 한 군에 징집되지 않았다. 기원전 200년 이후 농촌의 경제사정이 악화되자, 군인이 될 수 있는 유산(有産)의 기준을 점점 낮추어 기원전 107년 가이우스 마리우스(Gaius Marius) 집정관 시기에 이르러서는 무산자(無産者)와 도시 거주 시민도 징집 대상이 되었으며, 모든 군 장비를 국가가 지급하기로 하였다. 군대 복무기간도 길어져 사태의 필요에 따라 20년까지 간 적도 있었으나 6년 내지 7년이 평균이었다. 기원전 200년 이후부터 군인들에게 수당을 지급하였는데 액수가 얼마였는지는 정확지 않으나 시저(Ceaser, 100~44 B.C.)는 그의 병사들에게 '두 배'로 올려 2년에 225데나리(denarii)까지 지급하였다. 그래서 전투가 성공하면 전리품을 나누어 받을 것이라는 기대를 가졌으며 가끔은 제대시(除隊時)에 땅을 분배받기도 하였다.

군단에 편입되는 기병과 경보병 부대는 가끔 군단이 주둔해 있는 현지에서 병력(외인부대, auxilia)을 조달하기도 하였다. 시저는 그의 제5군단인 알라우다에 군단(the Fifth Alaudae)을 골 지방의 트란살피네(Transalpine Gaul)에 거주하는 비시민(非市民)들로 편성하여 그의 골 정복 전투에 참가시켰다.

원수정(元帥政, Principate)을 수립한 아우구스투스(Augustus, 63 B.C.~14 A.D.)에 이르러 시민군(市民軍)의 이상(理想)은 포기되고 군단은 완전히 직업군대로 변화하였다. 군단소속 군인들은 1년에 900세스테르케스(Sesterces)의 봉급을 받았으며, 제대 때는 12,000세스테르케스를 기대할 수 있었다.

로마 군의 군기는 엄격하고, 훈련은 지독하였다. 그런데 군기와 훈련의 목적은 개인기(個人技)의 연마보다는 집단 응집력과 팀웍 강화에 목적이 있었다. 로마 군은 전장에서 정확한 대형(隊形)을 유지하였으며 갈팡질팡하는 것을 경멸하였다. 싸울 때는 방패 뒤에 몸을 숨기고 상대가 허점을 보일 때 단검으로 정확히 찌르는 것이 기본전술이었다.

공화정(B.C. 510~27) 초기 때의 군단 규모는 3,600명 4,800명 중보병과 수백 명의 경보병 및 수백 명의 기병을 합쳐 4,000명 내지 5,000명의 병력을 보유하는 것이 표준이었다. 그러나 실제에는 충원의 부족, 전사상(戰死傷), 탈영 등으로 이보다는 적은 병력이었다. 내전이 끝난 후 아우구스투스는 많은 군단들을 해체하고 28개 군단만을 남겼다. 그리고 그는 원수정(元帥政) 기간에 군대의 편제를 보다 전술적으로 재조직하였다. 군단은 군단 내에 300명 내지 600명으로 구성되는 대대(cohort)를 두어 전체 군단이 움직이는 대신에 대대를 동원하여 작전을 수행키로 하였고, 외인부대는 독립 대대로 존치시켰다.

변형된 새로운 군(軍) 단위로서 기병과 일부 군단 병력을 합쳐 단일한 부대로서 연대(cohorts equitatae)를 만들어 기지나 전초기지에 주둔시키고, 독자적 작전을 펼칠 수 있게 하였다. 이와 비슷한 군 단위들로 군의 조직을 개편할 수 있도록 조직상의 유연성을 높였는데 이것이 로마군의 장기적 성공에 크게 기여하였다.

갈리에누스 황제(the Emperor Gallienus, 253~268)는 다시 한 번 군을 재조직하였는데 이것이 제국군(帝國軍)의 최종 구조가 되었다. 지금까지 국경수비대(limitanei)들은 계속 고정된 기지에 주둔하였으며 이들이 제1차 방어선이었다. 갈리에누스 황제는 국경선상(國境線上)의 고정된 기지로부터 일부 군단들을 철수시키고, 그 대신 기동병력으로서 야전여단(field army, comitatenses)을 창설하여 국경으로부터 어느 정도 거리가 떨어진 곳에 주둔시키고, 이것을 전략적인 대기 병력으로 삼았다. 야전여단에서의 기본 단위는 보병과 기병으로 형성된 사단(regiment)이었다. 사단의 편제상 명목상의 병력규모는 보병 1,200명, 기병 600명으로 구성되나, 실제의 병력은 각각 800명과 400명 정도였다. 야전여단 내의 사단들 중에는 동맹부족에서 나온 '야만인들'로만 구성된 사단(foederati)들도 있었다. 기원 후 400년에 이르면, 「야만인 사단」들은 로마 군의 항구적인 단위로 정착되었으며, 제국(帝國)에 의해 급료와 장비가 지급되었다. 야만인 사단들에 덧붙여 제국(帝國)은 또한 야만인 집단들을 야전여단에 편입시키지는 않았지만 이들을 「동맹군」으로서 로마 군단과 함께 싸우도록 이용하였다.

이들 「동맹군」을 총지휘하는 사령관은 로마인 고급장교였으나, 예하 단위에서는 그들 자체의 장교들에 의해 지휘되었다.

공병(工兵, engineering) 부대는 도로, 요새, 군수, 수송 등을 담당하였고 공병부대 안에는 건축, 토목 등의 전문가들이 포함되어 있었다. "짓는 것을 배우고, 빨리 짓는 것이 공병의 훈련 목표였다." 수송은 해군이 담당하는 일도 많았다. 그들은 군수물 수송에 수로(水路)를 이용하였다.

군수물자는 현지에서 구매하는 경우도 있었으나 그것으로는 부족하여 주로 본국으로부터 조달하였다. 1개 군단이 1개월간 소비하는 곡물이 약 13.5톤이었다고 한다.

로마 군대의 무기는 다른 야만족에 비해 우수하지 않았다. 다만 통일된 무기를 쓰는 것이 장점이었다. 적의 무기라도 효율적인 것은 채용하였다. 로마 무기의 질이 좋지 않은 것은 대량생산에 들어가는 비용 때문이었다.

대외정복을 시작한 이래 로마의 군비(軍備)는 거의 전적으로 국가가 부담하였다. 국가의 군비 부담은 점점 늘어나 제정(帝政) 후반기부터는 국가 경비의 약 2분의 1을 군대가 사용하였다.

공화정 말(末)과 제정 초기(帝政初期) 기간에는 군대가 국가 재정수입의 원천이었다. 정복지에서 약탈한 전리품을 귀환 때 가져와서 국가 경제에 쏟아 부었다.

그러나 2세기에 정복이 정지되자 이젠 재정 원천이 없어졌다. 그리하여 군비는 국가 재정의 크나큰 부담이 되었다. 440년 제국의 한 법률은 솔직히 로마의 군대를 유지하는 데 필요한 세수입(稅收入)이 부족하다고 밝혔다.

군인들에게 주는 급료와 제대비(除隊費), 야만인 부대의 장교들에게 주는 보조금 형식의 수당(협상에 의한다), 병력 수의 증가(1세기에 1/3씩 증가)와 상대적으로 더 높은 비율의 기병의 증가 등이 군비 부담을 가중시켰다.

군의 지도체계도 역사와 함께 변천하였다. 왕정기(王政期)에는 왕이 군의 지배자였다. 공화정(共和政) 초기와 중기 동안에는 2명의 선출직 집정관(consul) 중 한 명이 군의 통수를 담당하였다. 그리고 공화정 말기에는 원로원의 유력자들로 이루어지는 영예단(cursur honorum)이라는 공직(公職)의 서열 가운데 하나인 행정관(quaester)이 전군(全軍)의 차석(次席)을 맡고, 그 보다 높은 서열인 정무관(praetor)이 총사령관으로서 군을 통수하였다.

아우구스투스 치하에서, 그의 가장 우선적인 정치적 관심은 군을 항구적이고도 단일한 지휘 아래 두는 것으로서 즉 황제의 군통수권을 확립하는 것이었다. 황제는 각 군단의 법적 지배자였으나, 실제의 군단지휘는 황제가 원로원 의원들 가운데서 임명한 군단사령관(legatus)들에게 위임되었다. 단일한 군단이 주둔하는 주(州)에서는 군단사령관이 그 군대에 대한 지휘와 더불어 주(州)의 지사를 겸하였고 두 개 이상의 군단이 주둔하는 큰 주(州)에서는 한 명의 군단사령관이 역내의 군단들을 모두 지휘하였으나 그 군단사령관은 그 주(州)의 지사로부터 군사적인 지휘를 받아야 했다. 그러나 제국의 후기, 아마도 디오클레티안 황제(Diocletian, 244~311) 이후 어느 시점에서, 아우구스투스 체제는 폐기되었다. 즉 주지사들의 군사적 지배권은 박탈되고, 각 주의 군사지휘권은 현역군인으로서 승진하여 황제에 의해 임명된 장군들(duces)의 손에 쥐어졌다. 이들은 더 이상 로마의 엘리트 출신이 아니며 실질적인 군인들이었다. 이들은 빈번히 그들을 임명해 준 황제의 자리를 찬탈하려는 반역을 기도하였으며 때로는 성공을 거두었다.

로마의 해군에 대해서는 좀 덜 알려져 있다. 기원전 3세기 이전까지는 둠비리(dummviri)로 알려진 장교가 30척으로 이루어지는 1개 함대를 지휘하였다. 이때 함대는 주로 해적 퇴치에 사용되었다. 이 함대는 기원전 278년에 폐지되고, 동맹국의 함대로 대체되었다. 제1차 포에니 전쟁으로 인하여 로마는 좀더 규모가 큰 함대를 건설할 필요가 있었으며 동맹국들의 지원과 재정 부담으로 이루어졌다. 동맹국에 대한 이러한 의존은 공화정의 끝까지 계속되었다. 포에니 전쟁 때는 양쪽 모두가 5단노(段櫓) 노예선이 주된 군함이었다. 이것은 아우구스투스 황제가 좀더 가볍고 기동성이 좋은 배들로 대체했을 때도 로마 해군의 주력 전함으로 남아 있었다. 3단노의 군함에 비하여 5단노 군함은 경험 있는 승무원과 경험 없는 승무원이 섞여서 일하는 것을 가능하게 하였고, 이 배의 기동성이 둔한 점은, 뱃머리(船頭)의 충각(衝角)으로 들이받는 전술 대신에 약 40명의 수병으로 구성된 부대를 적선(敵船)에 승선시키는 전술을 쓰는 데에는 오히려 유리하였다. 5단노의 이러한 점들은 원래는 지상병력이었던 승무원들에게는 도움이 되었다. 군선(軍船)들은 육군의 백부장(centurion)에 해당하는 선장(船長, navarch)에 의해 지휘되었는데, 선장들은 대개 비 시민(非市民)이었다. 함대의 주역들이 비(非) 로마인이었기 때문에 해군은 비(非) 로마적인 것으로 생각되었고 평화시에는 위축되었다.

제국 후기까지(350 A.D.) 로마 해군은 많은 수의 함대들로 구성되었는데, 각 함대는 군선(軍船)과 상선(商船) 두 쪽 다를 휘하에 두었다. 군선들은 3~5 노열(櫓列)에서 노(櫓)를 저어 항해하는 대형보트와 같은 갤리선(galley 船)이었다. 함대 기지들로는 서쪽으로는 라베나(Ravenna), 아르레스(Arles), 아퀼레아(Aquilea), 미세눔(Misenum), 소메강(Somme River)의 하구(河口)와 동쪽으로는 알렉산드리아(Alexandria)와 로데스항(Rhodes 港) 등이었다. 강에 띄우는 소형 함대들(flotillas)은 국경수비대(limitanei)의 일부로서 라인강과 다뉴브강 연안을 따라 설치된 강변 요새들에 기지를 두었다. 저명한 장군들이 육군과 함대 양쪽 모두를 지휘한 사실로 미루어 볼 때 해군은 독립된 병력으로서가 아니라 육군에 부속된 지원 병력으로 취급되었음을 시사한다.

군기와 리더십

로마 군은 로마제국의 건설 과정에서 수많은전쟁과 때로는 내전을 치루었다. 로마 군은 거의가 전쟁경험이 풍부한 고참병들이었으며, 사령관들도 마찬가지였다. 여기에서는 이론에서나 지침에서가 아니라, 전쟁의 경험에 의한 전장(戰場)에서의 기강과 리더십이 자생적으로 형성되었다.

이러한 군기와 리더십 경험들은 전장을 벗어난 이후까지에도 일반 사회생활에서 로마인들의 사고와 행동에 영향을 미칠 것이다.

다음의 예들은 로마의 문헌들에 나타난 전투시의 군기와 리더십들을 간추린 것이다.

- 전쟁터에서 사령관은 피아(彼我)의 모든 군인과 모든 주민에 대하여 생살여탈권과 재산처분권을 가지며, 사령관의 명령은 지상(至上)의 명령이다.
- 사령관의 최고 덕목은, 피아(彼我) 누구에 대해서나를 막론하고, 관용이다.
- 사령관은 장교와 병사의 실수는 너그러이 용서하지만, 비겁·폭동·탈주와 같은 죄악에 대해서는 결코 자비를 베풀지 아니한다.
- 사령관은 부하들의 마음에서 공포와 두려움을 제거하고 용기를 심어주는 것이며, 부하의 사상(死傷)을 줄이고 미로와 같은 전쟁에서 목표를 끈질기게 추구하는 것이다.
- 사령관은 부하들에 대하여 칭찬에 인색하지 않으며 잘못에 대해서는 단호하게 질책해야 한다.
- 사령관은 솔선수범하는 지도력을 발휘해야 하며 최 일선 장교인 백인대장(centrion)의 역할까지 맡는 것을 망설이지 않으며, 부하의 이름을 일일이 부르며 격려하여야 한다.
- 사령관은 언제나 필요한 물자를 예측하고 확보하여야 한다. 이것은 사령관의 필수적 임무이다.
- 사령관은 신속하게 계산하고 결정해야 하며 신속한 이동과 기동성으로 작전과 보급에서 주도권을 확보해야 하며, 적을 앞질러야 한다.
- 사령관은 무모함을 거부하는 동시에 두려움을 거부하는 강인한 용기

와 대담함과 신중함을 겸비하여야 한다.

- 로마 군인의 최고 덕목은 충성과 용기이다. 충성은 로마(국가)에 대한 충성보다는 사령관에 대한 충성을 의미하였다.
- 로마 군은 다른 어느 적군에 비해서도 전투 경험이 많았으며 불패(不敗)의 신념과 자존심이 대단히 강하였다. 로마 군은 전장에서 최후의 희망마저 없어졌다고 판단할 때는 항복보다는 자결(自決)을 택하였다.
- 로마 군에는 전장에서 적에 대한 살육·약탈·발화·파괴·속임수 등 모든 행위가 허용되었으며, 다만 사령관의 명령에 따라 행위의 우선순위와 제한이 있었다.
- 로마 군인들은 사령관의 명령이 잘 전달될 수 없는 혼란한 전투상황에서는, 각자가 자발적인 판단으로 가장 가까이 있는 부대 깃발 근처에 모여 전투를 수행하였다(이렇게 하도록 훈련을 받았다).
- 로마 군인이 전투에서 특별한 용맹이나 용기로써 전공을 세우면 특별한 승진이나 물질적 보상이 주어졌다. 군인들은 이것을 바라고 용감히 싸우는 경우가 많았으며, 그들은 지휘관의 시야에서는 더욱 용감하였다.
- 로마 군은 전쟁에서 약탈한 물건을 개인적으로 지거나, 단체적으로 수레에 싣고 이동을 하였다. 도중에 전투가 벌어지면 지휘관은 약탈품을 한 곳에 모아 일부 병력으로 지키게 하고는, 군인들이 가벼운 몸으로 전투에 임하도록 하였다.
- 로마 군에는 개인기(個人技)보다는 협력·단결이 더욱 중시되었으며 전투와 건설에서 집단적 기민성이 요구되었다.
- 로마 군은 장교가 부상을 입거나 위기에 처하면 도주중인 때일지라도 일제히 적에게 달려들어 장교를 구출한다.
- 로마 군은 교량 건설, 축성, 해자공사, 터널공사, 토루 조성, 공성 탑 설치 등 설계와 토목에 탁월한 기술을 보유하고 있었으며, 전투에 이것을 활용하였다.
- 로마 군은 동맹국의 생명과 재산을 보호해 주지 못하거나, 동맹국의 이익과 위신과 명예를 지켜주지 못하는 것을 로마의 불명예로 간주하였다.
- 로마 군은 적이 항복을 원할 때에는 예외 없이 먼저 무기를 버리고 인질을 바칠 것을 요구하였다.
- 로마 군은 적이 처음부터 항복하면 무기와 인질을 회수하고 그들의

바라는 바를 들어주었다.

- 로마 군은 적이 속임수로 항복을 하고 공격을 해 왔을 경우 나중에 진정으로 항복을 해 오더라도 모두 살해하고 주민들은 어린이까지 노예로 만들었다.
- 로마 군은 적이 군사적으로 대항을 하다가 항복했을 때에는 무기를 들었던 적군의 손목을 자르고 용서해 주는 경우가 있었다.

로마의 법

로마인들의 일상생활을 규율하는 것은 법률이다. 제국이 광대할수록, 이질적 문화(異質的 文化)가 혼재할수록 법률의 지배가 우위에 서게 된다.

로마의 법은 시대에 따라 변천하였는데 동로마의 유스티니아누스(Justinianus: Justinian I, 482~565 A.D.)가 편찬한 법전은 로마의 법(法)의 면목을 집대성하고 있으며 법사상(法思想)과 법이론(法理論)을 총망라하고 있다. 유스티니아누스 법전(法典)(Corpus Iuris Civilis)은 오늘날의 유럽 법률의 모체가 되었으며 많은 부분이 현행(現行)의 법률로 존속되고 있다.

그러면 로마법의 내용을 감지(感知)할 수 있도록 로마법의 총론(總論)과 개별법의 실례를 소개하기로 하자.

로마는 원래 농사를 짓는 농민국가로서 로마인은 순진하고, 정직하고, 소박하였으며 가부장제(家父長制)의 법률체계를 가지고 있었다. 그후 로마가 세계 정복에 나서서 사실상의 군사국가로 변질하면서 로마의 법과 형벌은 엄격해졌다.

그러나 장기간의 공화정을 경유하면서 로마법은 권위에 대한 존중과 더불어 개인의

CORPUS
IURIS CIVILIS
ROMANI,
IN QUO
INSTITUTIONES, DIGESTA
JUSTINIANI EDICTA, LEONIS ET ALIORUM
DIONYSII GOTHOFREDI
HISTORIA ET CHRONOLOGIA JURIS CIVILIS
ROMANI.
EDITIO NOVISSIMA
SACRATISSIMO AC INVICTISSIMO
PRINCIPI AC DOMINO
DOMINO CAROLO VI.

유스티니아누스 법전

자유와 책임 그리고 인간관계에서의 신의(信義)를 근간으로 하는 체계로 발전하였으며 제정 후기(帝政後期)에는 스토아 철학의 영향으로 법이 윤리적(倫理的)으로 순화되고 인도주의(人道主義)가 가미되었다.

법체제상(法體制上)의 개인주의는, 자유롭고자 하는 개인적 자유주의를 고무하여 로마법은 자유주의적인 요소를 많이 내포하고 있다. 로마인의 자유는 관념적인 자유가 아니라 현실적으로 제약이 있느냐 없느냐 하는 것을 기준으로 하며 '제약이 없는 상태'를 자유로 간주하였다. 피지배층의 로마인들은 그들의 자유를 위해, 그들을 제약하는 것을 격퇴시키기 위해 투쟁하였으며 그 결과 공화정 시기를 통하여 꾸준히 자유의 영역을 확장해 나갔다.

로마법은 개인의 권리능력(權利能力)을 인정하였으며, 국가와 개인 사이에도 다른 조직을 별로 두지 않았다.

로마법의 몇 가지 구체적 사례를 예시하면 다음과 같다.

〈소유권〉 소유자가 목적물을 자유로이 사용·수익·처분할 수 있는 권리였다. 공익(公益)을 위하여 사익(私益)이 희생되어야 한다는 공익우선(公益優先)의 발상은 허용되지 않았다. 그 결과, 국가가 공공의 이익을 위하여 사유재산을 수용하는 공용징수제도(公用徵收制度)는 발달되지 않았다. 공화정(共和政)하에서 소유자의 처분권을 제한하는 법률은 존재하지 않았으며 제정(帝政)하에서 이러한 제한이 간혹 인정되었을 뿐이다. 그러나 기독교가 공인된 후 사회적 연대성을 강조함으로써 처분권의 제한이 현저히 증가하였으며, 양도금지의 특약(特約)이 효력을 가지게 되었다. 소유권의 법적 보호를 위하여 소유물 회수소송은 선의취득자(善意取得者)에게도 대항할 수 있음이 원칙이었다.

〈단독소유권제도〉 개인은 목적물에 대하여 전면적·직접적·배타적인 소유권을 가진다. 어떤 권리도 소유권을 능가할 수 없다. 물건에 대한 법률상의 지배인 소유(所有)와 사실상의 지배인 점유(占有)를 확연히 구별하였다.

〈공동소유〉 공동소유형태로는 공유(公有)가 있을 뿐 합유(合有)나 총유(總有)는 존재하지 않았다. 단독소유로의 분할 가능성을 전제로 한 공유(公有)가 있을 뿐이다. 즉 물건을 원자적인 단일물(單一物)로 파악하였고 그 결과 로마법에서는 집합물이나 종물(從物)의 개념이 거의 발달하지 않았다.

〈유언제도〉 로마 시민은 유언으로 그의 재산을 자유로이 처분할 수 있었다. 유언이 없을 경우 법정상속(法定相續)의 규정이 있었으나 모든 로마 시민은 예외 없이 유언장을 작성해 두는 것이 사회적 책무로 인식되었기 때문에, 친족에게 재산이 상속되는 법정상속의 실행은 거의 없었다. 유언자유의 원칙에 따라 피상속인은 법정상속인의 이익을 고려하지 않고 상속받은 재산을 제3자에게 유증(遺贈)할 수도 있었다.

〈단체가입〉 개인이 그의 의사에 반하여 인적 또는 물적 단체에 편입되는 단체적 구속관계를 거부한다. 로마에서는 단체가 발달하지 않았다. 로마법상의 단체로는 영리를 목적으로 하는 조합과 친목단체인 매장사단(埋藏社團)이 있을 뿐이었으며, 사단의 설립에는 당국의 허가가 있어야 했다. 로마법은 조합의 단체적 구속성을 가능한 한 약화시키고 조합원의 자율성을 최대한 보장하는 법률구성을 하고 있다. 조합재산은 공유(公有)이며, 조합원은 그의 지분을 자유로이 처분할 수 있고, 조합원의 탈퇴는 보장되었으며 탈퇴금지의 특약(特約)은 무효였다.

〈가장권(家長權)〉 스토아 철학의 신봉자인 키케로(Cicero)조차도 부(父)를 신(神)과 같이 섬겨야 한다고 한 지적에서 가장권(家長權)의 위상을 알 수 있다. 가장에게는 자녀에 대한 징계처벌권은 물론이고, 매각·살해할 수 있는 권리까지 있었다. 자녀에 대한 가장권의 내용에는 친자승인권(親子承認權)과 유기(遺棄)및 매각권(賣却權)이 있었다. 다만 자녀는 국외(國外)에 매각하여야 했으며, 매각된 자녀는 매수인의 노예가 되었다. 그러나 국내에서 매각한 경우, 자녀는 노예가 아닌 준노예(遵奴隷)의 신분(in mancipio esse)을 취득했다.

부(父)의 일방적인 결정으로 약혼이 혼인법상(婚姻法上)으로 유효하게 성립하였으며, 이혼에 있어서도 중대한 사유(ex magnaet justa causa)가 있을 때는 부(父)가 자녀(子女)의 의사에 반하여 이혼을 강제할 수 있었다. 원래 가장권(家長權)에는 자녀뿐이 아니라 아내에 대한 지배권이 포함되었으나 여권(女權)의 신장으로 아내에 대한 가장권은 제정(帝政) 이전에 사실상 사라졌다.

제정(帝政) 초기부터 가장(家長)의 자녀에 대한 처벌권에 대해서도 제한이 채용했다. 트라야누스(Trajanus) 황제는 비인도적인(contapiltatem) 징계처벌권을 행사한 부(父)에게 부권면제(父權免除)를 강제했으며 제정 후기(帝政後期)에 비로소 자녀처벌권이 가장권에서 제외되었다.

〈노예제도〉 노예는 물건으로서 특정물에 관한 법 규정이 적용되었다. 노예에 대한 주인권(主人權)은 절대적 지배권으로서 주인의 징계처벌권이 무제한하게 인정되었다. 그러나 노예를 우마(牛馬)와 같은 동물이라고는 생각지 않았다. 노예에게는 권리능력이 없어 재산권의 주체가 될 수 없었으나 행위능력(行爲能力)은 인정되며 그의 주인의 이름으로 또는 특유재산(特有財産)의 한도에서 거래행위를 할 수 있었다. 노예는 혼인무능력자(婚姻無能力者)로서 그의 혼인은 사실관계이지 법률관계가 아니었으므로 법률상 보호되지 않았다. 그러나 신법상(神法上)으로는 노예는 완전한 권리능력자로서 신전(神殿)의 제사와 종교의식에 참여할 수 있었고 시주(施主)의 약속은 구속력이 있어 이의 이행의무를 부담했다. 노예의 묘지도 신법상(神法上) 종교물(宗敎物)로서 묘지 침해는 엄중히 제재되었다. 스토아 철학의 영향으로 유스티니아누스 황제 이후 노예를 죽이는 것도 살인죄로 인정키로 하였고, 민사사건과 관련하여서는 노예에 대한 고문을 금지하였다.

〈유언상의 노예해방〉 유언방식에 흠결이 있을 때에도 노예해방의 유언처분은 유효하다고 했다. 조건부·기한부로 해방될 노예는 준 자유인(statuliber)의 신분을 취득하였으며, 불능조건부(不能條件附)의 유언해방은 무조건의 유언으로 보아 노예는 해방되었다.

〈신체법〉 기원전 450년에 제정된 12표법(表法)은 농경사회의 실생활을 반영하여 수확한 농산물의 절도에 대해 사형으로 제재하였다. 절도를 하다가 체포된 현행범(現行犯)은 피해자에게 인도되었고 비 현행범에 대해서는 물품가액의 2배에 해당하는 벌금형을 가했다. 그리고 흉기로 위협하는 강도와 야간에 습격하는 범인에 대해서는 피해자가 살해를 할 수 있도록 하였다.

로마가 세계정복에 한창이던 공화정 말기(共和政末期)에는 형벌이 매우 가혹해져 사소한 잘못에도 사형이 가해졌다. 사형선고를 받은 죄수들은 맹수의 밥이나 검투의 투사로 경기장에 던져졌고 관중들은 이것을 즐겼다. 사형수들은 죽기까지 십자가 위에서나 혹은 매질로 고문을 받았다.

그후 제정(帝政)에서도 사형제도는 존속하여 살인범과 국사범(國事犯)에게 사형이 인정되었으나 국사범에 대해서는 재산형(財産刑) 또는 추방형(追放刑)으로 제재하는 경우가 더 많아졌다. 스토아 철학의 인도주의가 보급된 이후 제정(帝政)의 형벌은 크게 완화되었고, 유스티니아누스 때에는 맹수살인과 검투가 금지되었다.

〈예속국민에 대한 재판〉 예속국은 그의 국민에 대한 형사재판권(刑事裁判權)을 행사하였다. 로마총독은 대역죄와 폭동, 소요죄 등 국사범(國事犯)과 중범죄(重犯罪)에 대해서만 형사재판권을 행사하였다.

〈출생자의 신분〉 모(母)가 임신중에 일시라도 자유의 신분을 취득한 경우, 출생자는 자유인으로 추정되었다. 출생자의 신분을 어떻게 할 것인지 불확실한 때에도 자유인으로 추정한다는 일반원칙이 있었다.

〈개인의 주거자유〉 가신(家神)의 제단(祭壇)이 설치된 개인의 주거는 신성시되어 불가침의 대상으로 존중되었고, 법률은 주택의 현관을 넘지 못한다고 하였다. 또한 시민의 주거이전과 영업의 자유가 보장되어 모든 시민은 제국의 영토 내의 어느 곳에서나 정착하여 생업에 종사할 수 있었다.

〈개인의 신앙에 대한 규율〉 헬레니즘 시대에는 신앙에 대한 제재의 관념이 희박하여 공공질서와 미풍양속에 반하지 않는 한 신교(信敎)의 종류와 제사의식의 방법을 묻지 않았다. 이로 인해 제국의 수도인 로마는 국제 종교박물관(國際宗敎博物館)을 이루었으며 기독교도 이에 편승하여 그의 교세를 확장할 수 있었다. 그러나 제정(帝政)이 안정되자 국가는 국가의 수호신으로 황제를 신앙토록 강요했으며 이를 거부하는 다른 신앙에 대해 탄압을 하였다. 초기 기독교는 이런 이유로 탄압을 받았었다. 기독교가 공인된 이후에는 비 기독교는 이단으로서 탄압되었다.

〈권리남용의 방지〉 앞서 본 바와 같이 로마법에서는 결혼 및 이혼의 자유, 유언의 자유, 상속지분처분의 자유, 조합 탈퇴의 자유 등 법률상 광범위한 자유가 인정되었으나 이에 대한 윤리적 책무로서 상대방의 양해나 동의 없이 자신의 일방적인 이익을 위한 권리행사는 허용되지 않았으며 책무위반에는 강력한 사회적 제재가 수반되었다. 이미 12표법은 가장권(家長權)의 남용을 제재하여 3회 이상 자녀를 매각한 가장으로부터는 부권(父權)을 박탈하였다. 노예의 특유재산(特有財産)은 법률상 주인의 재산이지만 건전한 습속은 이 특유재산(特有財産)의 박탈이나 착복을 허용하지 않았다. 이와 같이 로마법상 개인의 자유를 향유하는 데에는 타인의 이익을 당연히 고려할 것이 요구되었다. 권리행사에 관한 일반 규정으로서 '권리를 남용해서는 안된다'는 법리가 확립되었다.

권리남용의 방지는 법무관(法務官)의 항변권(抗辯權)과 소권(訴權)의 거절을 통하여 수행되었다. 그런데 권리남용은 청구권의 분야에서보다 지배권

(支配權)의 영역에서 문제되었다. 예를 들면 노예에 대한 주인권(主人權)의 행사는 정당하나 비 인도적인 학대는 주인권의 남용으로서 법무관은 주인에게 노예의 양도처분을 강제했다.

〈부부관계〉 포에니 전쟁 이전 공화정 초기까지 로마의 부부는 남편의 절대적 우위와 가내(家內) 남자 연장자의 가장권(家長權)으로 상징되었다. 남편은 자식들에 대해서뿐 아니라 아내에 대해서도 가장으로서 지배권을 행사하였다. 여자가 결혼을 할 때에는 지참금을 남편에게 주었고 남편은 이것을 소유하고 사용할 수 있었다. 단 여성의 잘못이 아닌 경우로 이혼할 때에는 지참금을 반환하여야 하였다.

결혼한 아내가 다른 남자와 간통을 했을 때, 남편이 그 현장에서는 아내를 죽일 수 있는 것이 허용되었다. 현장발각이 아니고, 탄로가 났을 경우에는 재산몰수형이 부과되었다. 간통한 남자는 그의 전 재산의 2분의 1을, 그리고 간통한 아내는 재산의 3분의 1을 몰수당하고 재혼이 불허되었다.

남편의 혼외정사는 일반적 관습이었으며 묵인되었다. 남편은 아내 이외에 첩(妾, concubine), 창녀, 여성노예, 남성노예와 성(性) 관계를 가지는 것이 예사였으며, 아내는 이것을 묵인하였다. 남편이 아내 이외의 여자와 중혼(重婚)하는 것은 불법이었으나 첩을 두는 것은 합법이었다. 다만 첩은 아내와 동등치 않으며 첩과의 사이에서 태어난 자식은 상속을 받을 권한이 없었다. 첩은 남편이 범법(犯法)이나 재산상의 부담을 지지 않고도 아내 이외에 여성관계를 가질 수 있는 출구(出口)였기 때문에 남편으로서는 사실상의 중혼(重婚)인 첩과의 동거를 선호하였다. 상처(喪妻)한 남편들도 재혼(再婚)하지 아니하고 첩과 동거하는 것이 유산상속에 따른 갈등을 없애는 방법이었으므로 이것을 택했다. 첩은 사회적으로 부끄러운 지위가 아니었으며 묘비에도 기록되었다.

장기간에 걸친 포에니 전쟁을 거치면서 로마에서 아내의 지위가 크게 신장되었다. 아내들은 출전(出戰)한 남편을 대신하여 가사(家事)와 생업(生業)을 책임졌고, 실질적으로 지배하였다. 이때의 가장권은 아내의 친정식구 남자(친정아버지나 친정 오빠 또는 친정 남동생)가 행사토록 되어 있었으나 이때 가장권 행사는 온정적이었고 또한 거리도 멀리 떨어져 있어서 아내들은 가장권으로부터 실제적으로 자유스러웠다. 이와 더불어 출전하는 남편들은 대개 유언으로 아내에게 재산을 많이 상속토록 했고 또한 아내들은 친정 부모로부터도 상속을 받아 자신의 재산들을 보유하였다. 이러한 경위로 로마의 아내들은 공화정 말 이래로 자유분방해졌으며 상류층 아내들의 혼외정사도 공공연한 비밀이 되었으며, 남편이 이것으로 시비를 삼으면 어리석은 자로 취급되었다.

아내는 집안에서나 밖에서 언제나 남성과 나란히 상좌(上座)를 차지했고, 여성 없는 연회나 사교모임은 상상할 수 없을 정도로 여성이 사교생활의 주도권을 행사했다(그리스 여성은 서기 3세기에 이르기까지 남성의 종속물로서의 지위를 벗어나지 못했다. 그리스 남성은 최소한 3명의 여성이 필요하다고 했다. 즉 자녀 출산과 살림을 위한 처와 대화와 사랑을 나눌 수 있는 정부(情婦)인 첩과 마사지용 여노(女奴)가 요구된다고 했다).

〈혼인의 자유〉 로마의 혼인법은 남성 우위로부터 남녀평등 쪽으로 바뀌어 나갔다. 제정(帝政) 이후 로마 혼인법은 약혼, 혼인, 이혼의 자유를 인정했다. 가정 내에서 부(父)의 가장권이 사라진 것은 아니었으나 양 당사자의 합의로 약혼과 혼인이 유효하게 성립하였고, 마찬가지로 단순한 합의로 자유로이 이혼할 수 있었으며, 법정 이혼 사유나 배우자의 귀책사유를 요구하지 않았다. 또한 약혼이나 이혼의 의사표시에는 아무런 특정방식이 요구되지 않았다. 로마법은 개인의 자유를 존중하여 혼인생활 관계에 개입하지 않았으며, 개인의 자율성을 존중하여 혼인관계를 법적 규제의 대상에서 배제했다. 또한 혼인의사 변경을 위약금으로 제재함은 개인의 자율성과 존엄성에 반한다 하여 이를 일체 인정하지 않았다. 그러나 제정 후기에는 비잔틴법의 영향으로 파혼의 재제로서 위약벌 제도가 채용되었다.

〈부부재산제도〉 부부는 각자 그의 고유재산을 관리·처분할 수 있었고, 이러한 부부별산제(夫婦別算制)가 로마법상 일관성 있게 유지되었다. 혼인은 부부(夫婦)의 고유 재산을 합유(合有)와 같은 부부 공동재산으로 변질시키지 않았다. 처(妻)가 그의 재산관리권을 부(夫)에게 위탁한 경우에는 위임(委任)이 적용되어 부(夫)는 그의 고유재산에 대해서와 같이 동일한 주의의무로서 관리하여야 했으며, 의무위반에 대하여 처는 위임소송(委任訴訟)으로 손해배상을 청구할 수 있었다. 위임소송은 반신의(反信義)의 불명예 소송으로서 패소자는 불명예자(不名譽者)가 되었다. 자유혼의 부(夫)는 처가 설정한 가자(嫁資)에 대해서만 소유권을 취득했으나 부(夫)는 이혼시에 가자(嫁資)를 반환하여야 했다.

신의의 원칙 신의(Fides: Faith)란 말한 대로 성실히 행하여야 할 자기구속을 의미한다. 신의는 로마인의 생활신조로서 이들은 언제나 신의를 말하고 이에 따라 행동하여야 함을 통감했으며, 신의를 말할 때와 들을 때에는 비장할 정도로 엄숙했다. 로마인은 자신들이 신의 있는 민족임을 자부하는 한편 그리스인을 비롯한 이민족(異民族)의 신의 없음을 개탄했다. 로마인은 신의(信義, Fides)와 중후(重厚)함(Gravitas)과 불변성(不變性, Constantia)을 인간의 가장 중요한 덕목으로 보았으며, 따라서 개인의 신의 상실은 인격파탄이며 동시에 사회적 매장을 의미했다.

로마인의 신의에 관하여 카토(Cato)는 조상이 신의(信義)의 신전(神殿)을 로마 주신(主神)인 주피터 신전(Jupiter 神殿) 옆에 세웠음을 상기시키는 한편 외국과의 교섭에서 신의를 지킬 것을 역설했다. 키케로(Cicero) 역시 신의를 인간생활의 가장 성스러운 것이라 했으며, 발레리우스 막시무스(Valerius Maximus)도 신의가 인간행복에 대한 최후의 담보임을 강조하고 전 세계(全世界)가 로마인의 신의를 인정하고 있으며 또한 우리가 그들에게 신의를 요구하고 있음을 알고 있다고 했다.

신의(信義)는 우정(友情)의 기초가 되었고, 우정은 인적 유대의 기초였다. 친구에게 조언을 구하거나, 금전의 대여를 부탁하거나 유력자에게 소개와 추천을 의뢰하는 것이 보통이었으며 자신도 이 같은 친구의 부탁을 흔쾌히 수락했다.

신의칙(信義則)이 개별 법과 제도 형성에 미친 영향을 보면 다음과 같다.

〈계약의 구속력〉 신의는 합의된 것의 이행을 요구한다(bona fides exigit, ut guod convenit fiat). 따라서 계약이 유효하게 성립된 이상, 당사자는 계약의 구속력(拘束力)을 임의로 소멸시킬 수 없었다. 대부분의 계약은 현재자(現在者)간에 성립하였다(격지자(隔地者)간의 계약은 거의 행해지지 않았다). 이는 당사자간의 대면을 문답계약(問答契約)의 성립요건으로서 규정하고 있다는 사실에서도 확인된다.

신의칙(信義則)에 따른 계약의 엄격한 구속력은 계약의 법정해제(法定解

除)와 해지(解止)를 배척했다. 신의칙은 각자가 말한 대로 성실히 이행할 것을 요구할 뿐이지, 일방의 계약 위반이 상대방의 의무불이행(義務不履行)을 정당화하지 않았다. 따라서 어느 누구도 타인의 위법행위를 자신의 위법행위를 정당화시키는 근거로 원용할 수 없었다. 그 결과 일방의 의무불이행으로 인한 상대방의 해제권을 인정하지 않았다. 다만 의무불이행으로 인한 손해에 대하여 손해배상 청구권을 행사할 수 있게 하였다. 이 같은 법원리(法源理)는 "나는 나의 선을 행할 뿐 타인의 선을 요구하지 않는다"는 스토아 철학의 영향을 받은 것이다.

〈낙성계약(諾成契約)〉 당사자간의 단순한 합의로 성립하는 계약을 말한다. 매매·임대차·고용·도급·위임 등을 낙성계약에 의했다. 낙성계약의 성립과 동시에 불제소(不提訴)의 합의(合意)(pactum de non petendo), 채무면제(債務免除)와 지급유예(支給猶豫)의 합의 등 수많은 합의가 실제 거래생활에서 이루어졌으며, 신의는 이러한 모든 합의에 법적 구속력을 부여했다. 합의에 반(反)하여 이행을 청구한 경우 피고에게 합의에 기초한 항변권(抗辯權)을 인정함으로써 원고의 청구를 배척하였다.

〈선 서〉 당사자의 일방적인 의사표시로 성립하는 선서(iusiurandum)는 법률행위가 되며, 법적 구속력을 가졌다. 재판에서의 증인선서, 소송물 가액(價額)에 대한 평가 선서, 생활자지급(生活資支給)의 선서 등이 그 예이다.

〈인적담보(人的擔保)〉 채권의 담보 수단으로는 인적 담보(人的擔保)인 보증제도(保證制度)가 모든 법률생활에 압도적으로 이용되었다. 그래서 물적(物的) 담보인 신탁, 질권(質權)과 저당권(抵當權) 및 이에 부수된 등기제도(登記制度)가 거의 발달하지 않았다. 이것은 채권실현에 대한 최후의 담보는 인간의 신의이지, 그의 재산이 아니라는 사상에 기초한 것이다. 친구가 보증인이 되는 것이 일반적이었다.

형사소송절차

〈소송기일〉 원고의 제소 후 통상 10일 이후에 재판기일(dictio diei)이 지정되었으며, 늦어도 100일 이내에는 재판이 개시되어야 했다. 재판기일에는 전령(傳令, praeco)이 당사자를 소환했다. 원고의 불출석으로 소(訴)는 취하되었으며, 피고인의 출석 불응은 유죄판결과 재산몰수로 제재되었으나 후기에는 재산만 몰수되었다.

〈배심원제〉 지정기일에 당사자가 출정(出廷)하면 정무관(政務官)은 배심원단(陪審員團)의 선출을 지시했다. 양 당사자는 배심원 명부에서 32인 내지, 사건의 성질에 따라 100인의 배심원단을 구성했으며 선출된 배심원은 공정한 평결(評決)을 선서할 의무가 있었다. 최초의 배심원은 원로원 계급(元老院 階級)으로 구성되었으나 가이우스 그라쿠스(Gaius Gracchus)는 기사계급(騎士階級)으로 대체했다.

정무관(政務官)은 개정(開廷)과 동시에 원고에게 고소 사실에 대해 소명(疏明)토록 하고, 피고로 하여금 방어토록 하였다. 피고의 방어 방법에는 제한이 없었다. 정무관은 증인의 심문, 증거조사 등 사실심리를 실시했으며 증언과 증거의 채택을 재량으로 결정하였다. 이어서 정무관은 평결할 시점에 이르렀다고 판단할 때에는 사실심리를 종결하고 배심원단에게 평결을 요청하였다.

배심 평결에는 다수결의 원칙이 적용되어 과반수의 유죄투표로써 피고인의 유죄가 확정되었다. 그리고 찬반 동수(贊反同數)인 경우 피고인은 무죄로서 방면되었다. 또한 「일사부재리」(一事不再理)의 원칙이 적용되어 동일 사안으로 재소(再訴)할 수 없었다. 그리고 형사재판에서는 명백한 증거만을 유죄의 근거로 하여야 하며 '무고한 피의자의 처벌은 제국의 관행에 어긋나는 것'으로 규정하였다.

〈연좌제 제한과 상소권〉 형법상 시민의 생명·신체의 자유가 보장되었고, 일찍이 형사책임 개별화의 원칙이 확립되어 범인 친척의 연대책임이나 이른바 연좌제는 찾아볼 수 없다. 다만 국사범의 경우는 약간의 예외가 있었다. 국사범의 자녀는 상속권과 공직 취임권(公職就任權)을 상실했으나 형사처벌은 받지 않았다. 모든 시민 피의자는 정무관이 내린 유죄판결에 대하여 민회(民會)에 상소(provocational populum)할 수 있었고, 제정시대(帝政時代)에는 황제에게 상소(上訴)하여 최종적인 구제를 청구할 수 있었다. 로마 시민에 대한 지방총독의 형사재판권은 제한되어 중죄사건(重罪事件)은 로마로 이송해야 했다.

〈법률불소급(法律不遡及)의 원칙〉 이 원칙은 모든 법률에 적용되어 민회(民會)의 법률, 정부관의 고시(告示), 원로원 의결(議決), 황제의 칙법(勅法)은 당해 법률이 제정·공포되기 이전의 행위에 대하여 소급 적용되지 않았다. 이는 모든 시민이 법률을 신뢰할 수 있고 또한 자기행위의 결과를 예견할 수 있어야만 법적 안정성(法的安定性)이 유지될 수 있다는 데 그 근거가 있었다.

로마의 쇠퇴

팍스 로마나(Pax Romana)의 기간이 경과한 서기 180년 마르쿠스 아우렐리우스(Marcus Aurelius) 황제가 사망한 이후 로마는 기울어지기 시작하였다. 그 원인은 여러가지가 복합되어 있어 단순하게 말하기는 어렵다. 그러나 몇 가지 요인들을 간추려 보면 다음과 같다.

로마 귀족의 사치와 낭비는 일찍이 용기와 규율로 세계를 정복하던 로마인의 정신을 병들게 하여 경제적 파탄을 불러오는 데 일조하였다. 귀족들은 체토제를 먹어가며 미식(美食)을 즐기고 목욕과 안마를 곁들인 육체적 쾌락에 탐닉하면서 하루종일 비스듬히 누워서 세월을 보내는 것이 일상사가 되었다. 그들은 사치품을 수입하는 것에 금화(金貨)를 고갈시켜 악화(惡貨)를 발행하는 한 원인이 되게 했다.

게다가 2세기 말과 3세기 중엽 두 차례에 걸쳐 전염병이 지중해를 강타하여 로마의 인구의 약 3분의 1이 줄어버렸다. 이로 인한 농촌의 노동력 부족 위에 과중한 세금 징수는 이농(離農)을 부추기는 결과를 가져왔다. 이들은 도시의 실직유민(失職流民)이 되었고, 쉽사리 폭동을 일으키는 데에 참여하였다. 줄어든 농촌인구를 보충하기 위하여 3세기 이래부터는 게르만인 포로나 자발적인 외국인 이민을 국경 안에 정착하도록 허용하거나 유도하는 관행이 생겨났고 이러한 유형의 인구 유입이 대세를 이루었다.

한편 대토지 중심의 농촌경제는 노예의 부족으로 심각한 어려움을 겪게 되었다. 노예 부족은 전쟁이 거의 중단되었기 때문이었다. 대토지 소유자들은 노예 경영으로부터 새로운 길을 모색하지 않을 수 없었는데 그 결과는 토지를 작게 분할하여 계약으로 자유민들에게 임대하는 소작제(colonatus)로 전환하는 것이었고 노예도 독립을 시켜 의사소작인(擬似小作人, quasi-colonus)을 만들어 소토지를 임대해 주는 것이었다. 그러나 농촌인구가 격감하고 있던 상황에서 이것으로 문제가 해결되는 것이 아니었다. 실직한 도시유민(都市流民)도 불안의 원천이 되었다. 3세기 들어 공권력을 무시하는 폭동들이 빈번해졌다.

제3세기 중엽 무렵 제국의 동북 방면에서 게르만족이 라인강, 다뉴브강을 넘어 물밀 듯이 쳐들어왔고, 동쪽에서는 몇 개의 로마 속주들이 새로이 일어난 사산조(Sasan) 페르시아의 수중에 들어갔다. 이러한 재난은 3세기 중엽에 데키우스(Decius, 201~251) 황제가 게르만족과의 전투중에 사망하고, 그 직후 발레리아누스(Valerianus, 200~260) 황제가 페르시아 군대의 포로가 되는 사태로 더욱 악화되었다. 이것은 대재난이었다.

정치상황은 거의 무정부 상태에 가까웠다. 그 혼란의 일차적 원인은 군대가 노골적으로 제위(帝位) 쟁탈전에 개입하는 것이 관행처럼 되고 그로 인한 황제권의 만성적 동요였다. 180년에서 280년 사이의 황제들은 모두 군대의 반란이나 내전에 의해 즉위한 자들이었으며, 특히 238년에만 6명의 황제가 군대에 의해 살해된 사실이 그 난맥상을 웅변적으로 보여준다.

그런 가운데 변경(邊境)의 방위는 허술해질 수밖에 없었으며 황실재정은 군대의 충성을 매수하기 위한 자금과 늘어난 변경의 방위비용으로 늘 부족하던 것이 더욱 궁핍해졌다.

사회적 혼란으로 기존의 삶의 가치관들이 동요함에 따라, 제국의 주민들은 상하층 가릴 것 없이 꿈해석(해몽)이나 점술(占術)과 같은 미신에 기울어져 현실의 불안감을 해소하거나, 철학적·종교적 신비주의에 강하게 흡인되는 경향이 농후했다. 예컨대 플라톤을 시의에 맞게 재해석한 신

(新) 플라톤주의(Neo-platonism)가 교양을 갖춘 상류층에서 호응을 받는 한편 소작인들과 그 밖의 사회적 약자들의 정서는 그리스도교를 포함한 동방기원의 종교들에게서 안식처를 찾고 있었다. 신비주의적 세계관에 의해 주민들의 충성심은 로마로부터 이탈하여 피안(彼岸)에 대한 것으로 현저히 옮아갔다.

신 플라톤주의 신 플라톤주의는 로마가 극도의 불안과 혼란에 싸여 있던 3세기 후반에 로마에서 나타났다. 플라톤 사후(死後) 7세기 만이다. 신 플라톤주의는 플라톤의 학설을 조금도 수정하거나 변경시키지 않으면서 그것을 좀더 정치(精緻)시키거나 연장시킨 학설이다. 그러나 신 플라톤주의는 단순히 플라톤을 공부한 후에 그것을 가다듬었다기보다는, 플라톤의 학설이 진리라는 것을 예지적 인식으로 깨닫고, 그 깨달음을 서술해 놓은 것이라는 인상을 준다. 신 플라톤주의가 나오지 않았더라도 플라톤의 학설이 바로 기독교 사상과 연결될 수 있었을 것이지만, 신 플라톤주의가 나옴으로써 플라톤과 기독교 사상을 더 손쉽게 연결할 수 있도록 해 주었다. 플라톤이 기원전 5세기에 활동하였고 그 후 세계는 큰 변화를 겪으면서 무수한 사상(思想)들을 경험했으나 동방에서 들어 온 기독교가 자신에게 가장 잘 어울리는 철학으로서 신 플라톤주의를 만나게 된 것이다. 기독교가 로마의 국교로 채택되어 본격적으로 전파되기 시작한 것은 서기 4세기부터였다.

기독교의 성업(盛業)을 1세기 앞두고 신 플라톤주의를 맞이할 수 있었던 것은 기독교를 위해 큰 축복이었다. 기독교를 이성적으로 설명하려는 교부(敎父)철학은 이 시간 이후 8~9세기 동안 거의 전적으로 플라톤주의에 의거하여 교리를 가다듬었으며 이로써 기독교의 가치를 세계적인 종교로 높여놓았다.

신 플라톤주의(Neoplatonism)를 만들어낸 사람은 플로티노스(Plotinos, 204~270 A.D.)이다. 그는 자신이 육신을 타고 태어난 것을 부끄럽게 여겼던지 자신의 부모나 출생이나 고향에 관하여 언급을 하지 아니하여, 그것에 대해 확실히 알려진 것이 별로 없다. 다만 알려진 것으로는 그가 이집트에서 태어났고 알렉산드리아에서 공부하였으며, 39세 이후 로마에 거주하면서 그의 집에 어린이와 청년들을 가득히 수용하여 가르친 존경받는 선생이었다는 것이다. 그는 철두철미한 금욕주의자로서 하루 한 끼의 채식만 하고 잠도 거의 자지 않았으며 결혼도 하지 않았다고 한다.

그가 생존한 시기는 로마의 역사 중 가장 타락하고 비참했던 때였다. 로마의 군대는 자기의 힘을 자신하기 시작하여 보수(報酬)를 따져 황제를 선택하는가 하면, 토지의 새로운 분배를 노려, 선택해 세운 황제를 암살해 버리기도 하였다.

플로티노스의 작품 속에는 현실에 대한 이야기가 전혀 포함되어 있지 않다. 그는 황폐한 현실에 대해서는 외면을 하고 영원한 세계를 명상하는 데에만 주력하였던 것 같다.

플로티노스의 형이상학은 '성스러운 삼위(三位)'로부터 시작한다. 그는 신을 인정하고 신에 해당하는 존재를 3위의 속성을 가진 것으로 설명한다. 즉 삼위(三位)란 일자(一者, the One)와 정신(Spirit)과 영혼(Soul)이다. 일자는 최고의 존재자이다. 정신은 제2위의 존재자로서 일자 안에 내포되어 있으며, 영혼은 그 다음의 존재자로서 정신 안에 내포되어 있다.

플로티노스

일자는 일체를 초월해 있으며, 본질을 붙일 수도 없으며 모든 사물을 통하여 나타나 보이나, 나타나 보일 필요도 없으며, '대체로 아무데도 존재하지 않으며, 그러나 존재하지 않는 곳이 없는' 그러한 존재이다.

제2위인 정신(Spirit)은 플로티노스가 사용한 누스(nous)라는 단어를 번역한 것이다(Nous는 페리클레스의 가정교사였던 아낙사고라스의 용어이다).누스는 일자가 가지고 있는 관조하는 성질의 정신을 뜻한다. 이 정신이 보는 자와 보여진 자는 하나이다. 태양에서처럼 빛을 내는 자와 빛을 받는 자가 동일하다. 이 비유를 적용시킨다면 누스는 일자가 자기 자신을 보는 빛이라고 할 수 있다.

우리 인간이 일자의 누스(정신)를 인식하는 것은 허용되어 있다. 그러나 우리는 자기의 자아의식(self-will) 때문에 일자의 정신을 인식하지 못한다. 우리가 그것을 인식하려면 우리는 육신을 멀리해야 하며, 욕망, 충동 등에 따르는 감각들을 모두 다 멀리할 때 우리는 일자의 정신을 인식할 수 있다.

플로티노스는 자신이 일자의 누스를 인식하는 "거룩한 신과의 황홀한 결합"을 4번 경험하였다고 하였다. 인간이 세상에 대한 집착으로 인한 타락으로부터 벗어난 '정화된 영혼'으로 우주의 자연을 음미할 때 인간은 일자(一者)의 정신과 결합하지 않을 수 없다고 그는 말했다. "이러한 신적(神的)인 경지에 들어가서 영감(靈感)을 받은 사람들은, 그들이 그들 자신이 아니고, 어떤 능력(power)이 자기를 움직이고 있다는 것을 알게 된다." 그에 따르면 우리가 이와 같이 '신적(神的)인 경지에 이르러 영감(靈感)을 받을 때'에 우리는 갑자기 지고(至高)의 존재로부터 오는 빛을 받았다는 사실을 알게 되며, 이때 우리는 누스뿐 아니라 일자도 보게 되는 것이다. 이러한 빛을 받는 것, 즉 지고(至高)의 존재에 의해 지고의 존재를 보는 것이 영혼을 지닌 인간이 추구하여야 할 참된 목표이다. 이 지고의 존재는 어떤 다른 원리의 빛으로는 볼 수 없으며 오직 자체의 빛에 의해 보게 되는 것이다.

제3위(位)인 영혼(Soul)은 누스보다 하위에 속하지만, 태양·바람·이슬 등 우주 만물과 모든 생물과 인간을 창조한 것은 이 영혼이다. 영혼은 본질적으로 이중(二重)의 운동을 하는데, 하나는 누스를 향한 운동이고, 다른 하나는 외부로 향하는 하향운동이다. 영혼은 하향운동에서 그의 형상(形相)을 나타내는데 이것이 곧 자연이다. 다시 말해, 자연은 영혼의 형상인 것이다. 자연은 감각의 세계이다. 스토아 철학자들은 자연을 신과 동일하게 간주하였다. 그러나 플로티노스는 이것을 신(神, 一者)의 가장 낮은 영역으로 보았다. 영혼이 자연과 생물을 창조한 것은 '욕구' 때문이었다.

무슨 '욕구'냐 하면, 영혼이 누스에서 본 것을 모형으로 하여 외부에다 그것과 되도록 흡사한 것을 만들어 내려고 하는 '욕구'이다. 이것은 마치 작곡가가 먼저 마음 속으로 자기의 음악을 그려 본 후에, 그것이 오케스트라로 연주되는 것을 들으려고 하는 것과 마찬가지이다. 만일 영혼이 언제나 누스를 지향(指向)하는 상태에만 처해 있었던들 창조하는 일은 하지 않았을 것이다. 즉 창조된 세계는 최상의 것이기는 하나 영원한 세계의 모사(copy)를 면치 못하며 따라서 결함이 있을 것이라는 것이다. 플로티노스의 이 같은 창조론은 신을 모독하는 결론을 회피할 수 있는 것이다.

플로티노스에 의하면 세계는 하나의 모사이기 때문에 불완전성을 갖는 것 이외에도 악(惡)도 지니고 있다. 악은 창조의 결함에서 비롯되는 것이 아니라 인간의 자유의지의 결과에서 온 것이다. 플로티노스는 결정론자(決定論者)가 아니었으며 점성술(占星術) 같은 것을 믿는 신비주의자도 아니었다. 당시의 절망적인 로마사회의 환경에서 많은 사람들이 미신을 좇고 있을 때 플로티노스는 영원의 세계를 향한 지적 노력을 하였던 것이다.

플로티노스는 세상 영혼들의 불멸(不滅)을 주장하였다. 원래 예지계에 있는 영혼들은 각각 자기 고유의 시간을 갖고 있다. 그 시간이 울리면 그 영혼은 내려와 그에게 적합한 육체 속으로 들어간다. 영혼이 육신을 떠날 때 죄를 많이 저지른 영혼은 또 다른 육신 속에 들어가야 한다. 왜냐하면 정의(正義)는 이 죄가 처벌받을 것을 요구하고 있기 때문이다. 만일 이 세상에서 어머니를 죽이면, 내세(來世)에 가서는 여자가 되고, 그는 아들에게 살해될 것이다. 죄는 마땅히 벌을 받아야 한다. 그러나 처벌은 죄인이 끊임없이 저지르는 실수에 의해 자연히 행해지는 것이다. 플로티노스의 사상에 유황불 끓는 곳 같은 지옥은 없다. 죄인은 다시 육신을 받아 태어날 뿐이다.

우리는 사후(死後)에 이 세상의 생활에 대하여 기억하는가? 이 문제에 대해 플로티노스는 이 같이 대답한다. 기억은 시간 속에서의 삶과 관련되어 있으며 따라서 우리들의 지고(至高)한 진리의 삶은 영혼 속에 있는 것이다. 그리하여 영혼이 점점 영원한 삶을 향해 성장해 감에 따라 기억의 내용도 점점 더 적어지며, 친구와 자식들과 아내 등이 기억에서 점점 멀어져, 드디어 우리는 이 세상의 사물에 대해서는 전혀 의식하지 못하게 되고, 다만 예지의 세계만을 관조하게 된다. 여기에는 개인적인 존재에 대한 기억도 없을 것이다. 개체도 관조에 몰입될 때는 자기 자신을 의식하지 못하기 때문이다.

플로티노스는 금욕주의자였다. 그는 진정한 인간적 삶은 모든 감각적 쾌락과는 동떨어진 영적(靈的) 삶이라고 하였다. 그는 우리의 실체적 생활은 영적 생활을 위해 필요한 기초로 보고, 금욕이 보다 순수한 생활을 가능하게 하는 통로를 만들어 준다고 하였다. 우리가 현세의 삶에서 순수해지면 해질수록 보다 더 빨리 축복의 단계로 들어간다고 주장하였다. 플로티노스의 이 같은 금욕주의는 전적으로 플라톤의 그것과 합치하는 것이다. 스토아 철학의 금욕주의는 신 플라톤주의에 와서 보다 더 의식적인 교리가 되었다.

플로티노스는 위와 같이 몇 가지 부분에서는 플라톤이 언급치 아니한 것을 독창적인 이론으로 발전시켰다. 그러나 플로티노스의 가장 큰 업적은 그 자신의 이론을 내놓은 것보다는 플라톤의 가치를 인식시키고 플라톤에게 다시금 주목하도록 플라톤을 부활시킨 일이다.

제 6 장

기독교의 전개

기독교의 공인

로마제국에서 일부 귀족층의 대토지소유로 인하여 빈부의 격차가 심해지고 군대의 정권개입으로 제국의 안정이 크게 흔들리게 되자, 기독교 신자 수는 급속히 증가하였다. 군부대에도 하급(下級) 사병들은 기독교 신자가 대부분이었다고 한다. 디오클레티아누스(Diocletianus, 287~305)는 '대박해'(great persecution)를 단행하여 군대에서 기독교도를 축출했으며, 이어서 기독교를 금지하는 고시를 포고하고 교회와 성경을 파괴하였다. 당시 2명의 선임 황제(emperors)와 2명의 후임 황제(calsars)로 관할지역을 분산하여 다스렸던 4황 체제(四皇體制, Tetrarchy)에서, 그 중 한 사람의 황제로서 권력투쟁과 이방(異邦)의 침입으로 인해 전투를 거듭해야 했던 콘스탄티누스는 자신을 '대탄압자' 황제들과 분리키로 하였다. 콘스탄티누스(Constantine I: Constantine the Great, 또는 Saint Constantine, 272～337, 재위 306～337)는 스스로 기독교로 개종하고 서기 313년 이른바 밀라노 칙령(the Edict of Milan)을 발표하여 제국주민에게 기독교 신앙의 자유를 인정하였다. 그리고 디오클레티아누스 때에 몰수했던 기독교도들의 재산을 반환하겠다고 선언하였다.

콘스탄티누스

콘스탄티누스 이후에 기독교의 교세(敎勢)는 현저히 증

대되었다. 줄리아누스(Julianus, 352~363)가 헬레니즘 신앙의 재생을 기도하여 기독교를 배척하였음에도 불구하고 교회 세력의 신장을 억제할 수 없었다.

통일로마의 마지막 황제인 테오도시우스(Theodosius, 379~395)는 380년 기독교를 로마제국의 공식종교(國敎)로 선포하였다. 그러나 제국의 지방에서는 다신교가 성행했고, 심지어 로마에서도 4세기까지 다신교 신앙이 유지되어 원로원 계급은 계속 전통종교인 이시스 여신(Isis 女神)을 신봉했다 이에 대하여 테오도시우스 황제는 다신교를 이교도로 탄압하여, 이들의 조상숭배와 제사의식을 미신으로 금지하였다. 그는 다신교(多神敎徒)의 신전을 모두 폐쇄했을 뿐 아니라, 다신교로 개종하는 기독교도에 대해서는 그 상속권(相續權)을 박탈하는 등 비 기독교인(非基督敎人)을 엄중히 제재했다.

기독교회는 4세기 이래 제도적으로 확립되어 제국 행정조직에 따라 제국 전역에 교회조직을 갖추기 시작했다. 제정(帝政)의 중앙집권적인 관료주의체제가 교회조직에 반영되어 교회의 사제(司祭) 집단도 대주교(大主敎)에서 지방교회의 사제에 이르기까지 권위주의적인 위계질서하에 상명하복(上命下服)의 수직적 종속관계로 편성되었다. 제국(帝國)의 행정조직에 따라 모든 도시는 관할 사제(司祭)가 지배하는 교구(敎區)로 편성되었으며, 제국 속주(屬州)의 여러 교구를 통할하는 대단위 교구로서 안티오키아(Antiochia), 알렉산드리아(Alexandria), 콘스탄티노플(Constantinople) 대교구(大敎區)가 동로마제국에 설치되었고, 서로마제국에서는 로마시가 종교적 중심지로서 대교구가 설치되었

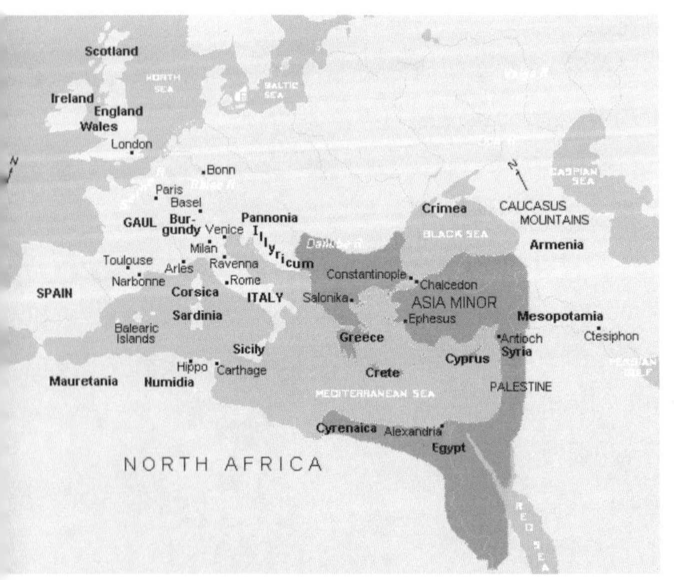

4세기 동서로마제국에 설치된 대교구의 위치

다. 이 4개의 대교구를 대주교가 관장하여 교권과 교회재판권(敎會裁判權)을 행사했다.

기독교의 특징

중심 교리 기독교는 유대교(敎)를 바탕으로 하고 있으나, 유대교와 다른 것은 예수라는 인물을 중심으로 원래 유대교의 율법(律法) 중심 교리로부터 이탈하여 새로운 교리를 부가한 것이다.

유대교의 이사야, 엘리야, 에스겔 등 선지자들은 메시아가 나타나 유대교를 바로세우고 고난받는 유대인을 구원할 것이라는 예언을 하면서, 메시아를 기다리는 '메시아 대망(待望)' 사상을 내놓았다. 그런데 기원전 3년에 베들레헴에서 태어난 예수라는 청년이 하나님의 아들을 자처하며 당시 유대교의 지도자들에게 적대적인 언행을 하다가 십자가에 처형된 바가 있는데, 그 예수가 바로 메시아라고 주장하는 교리가 그리스도교이다. '그리스도'라는 용어는 히브리어의 '메시아'를 번역한 희랍어이다. '예수 그리스도'라 함은 '메시아 예수'라는 뜻이며, 이것이 예수를 지칭하는 고유명사로 변화한 것이다.

그리스도교를 우리는 기독교(基督敎)라고도 칭하는데, 기독교는 다시 말해 예수를 구세주로 인정하는 것을 중심 교리로 하는 종교이다. 예수 이후에도 유대교를 고수하는 유대교인들은 예수를 메시아로 인정하지 아니하고, 유대교의 율법(모세 율법)을 신의(神意)의 표명이라고 믿고 그 신인 여호와를 경배한다.

예수 자신은 유대교의 율법을 부정하지 아니하였으나, 예수를 하나님의 아들이라고 인정한 바울(Paul)이 율법 대신에 예수를 신앙의 중심으로 옮겨놓았다. 실제로 기독교를 형성시킨 으뜸 인물은 바울이었다. 바울은 서기 10~60년에 생존한 인물로서 원래는 유대교의 율법학자로서 예수의 추종자들을 박해하던 인물이었는데, 하나님의 계시를 받는 신비한

바 울

체험을 한 후에 예수를 하나님의 아들로 인정하고 이것의 전파를 위하여 일생을 바친 성인(聖人)이다. 바울의 사상은 신약성경 27권 중 13권을 차지하는 그의 서신에 잘 나타나 있으며(51~57 A.D.에 쓰임) 이것이 기독교의 핵심교리를 형성하고 있다.

기독교 교리의 주요한 골자를 보면 다음과 같다.

- 예수는 하나님의 아들이며, 하나님과 예수와 성령은 삼위일체이다.
- 인간의 불행은 인간이 짓는 죄에서 비롯된다. 그렇지만 인간의 본성은 죄에서 벗어날 수 없으며, 인간의 선행(善行)과 같은 행위로서는 죄를 씻을 수 없다. 죄 사(赦)함은 오직 구원의 은총에 의한다.
- 구원의 은총은 믿음에서 나며 성령이 우리 안에 들어옴으로써 실현된다. 즉 성령의 강림은 신이 인간에게 주는 선물이다.
- 하나님이 하는 일은 우리의 이성을 뛰어넘는 것이다. '하나님의 어리석음이 인간의 지혜보다는 더 현명할' 것이다. 그러므로 하나님에 대하여 이성에 의한 비판은 부당한 것이며, 그리하여 이성은 인간사의 범위에서만 제한된 지배력을 갖는다.
- 성령을 받은 인간은 율법의 지배에서 벗어나 있고 성령의 힘에 의존

할 수 있다. 즉 인간은 성령을 받음으로써 자유롭게 된다.
- 할례와 같은 의식을 폐하여 무할례자와 이방인도 교인이 될 수 있으며
- 하나님은 히브리족만의 하나님이 아니라 세계인의 하나님이다(즉 기독교를 세계화하였다).

기독교는 바울과 같은 성자들의 선교와 설교로 교세를 확장하였다. 그 과정에서 로마의 황제숭배에 불응한 탓으로 심한 박해를 받기도 하였으나 로마가 피폐했던 절망적인 시기에 교세는 더욱 늘어나 마침내 신교(信教)가 공인되고(313) 교인의 회중(會衆)은 교회화(教會化)하였다. 기독교의 교회화는 성(聖) 어거스틴(354~430 A.D.)에 이르러 거의 체제를 갖추었다. 즉 교회의 정형화(定型化)된 제도, 교리(教理), 윤리적 이상(倫理的理想)을 거의 확립하였던 것이다.

바울의 권위는 컸으나 바울이 말하는 성령의 인도는 막연하고 주관주의와 독단주의를 낳았다. 기도에 응답을 받았다고 증언하는 증인들이 각기 다른 주장을 내세우는 경우가 많아 옳고 그름에 대한 혼란을 야기하였다.

이러한 상황에서 특히 두 세력이 바울식(式)의 주관주의에 반대하였다. 하나는 유대교의 전통에 충실한 자들로서 이들은 인간의 경험, 고통, 공적을 중시하여 여기에 비추어 정의를 규명하려고 노력하는 자들이며, 다른 하나는 그리스 철학의 전통을 이어받아 합리적인 사고와 주장에 대한 증거제시를 중시하는 자들이었다. 이 두 세력의 논의와 요구로 말미암아 바울의 견해는 해명되어야 할 많은 의문점이 있다는 것을 사람들은 알게 되었다.

여기에서 교회는 기독교 신앙 문제를 담당하는 통일기구로서, 기독교의 교리를 통일적으로 그리고 합리적으로 해명할 필요가 있었다. 이 해명에 나선 기독교의 학자들이 이른바 교부(教父)들이다. 이 교부들이 교회를 가톨릭 단체로 성숙시켰고 기독교의 교리 및 도덕적 사상을 정리하여 기독교 신학을 성립시켰다. 교부들의 활동이 빛났던 시기를 우리는 교

부시대라고 부르는데 성(聖) 어거스틴(St. Augustine)의 역할이 가장 컸다.

교부들이 해야 할 일은 첫째 교도와 교회를 한 마음을 갖는 집단으로 통일시키는 일이었다. 그래서 그들은 의견 차이가 있는 문제에 대해서는 판가름을 하고 의견 차이를 조정하는 규범을 세우며 그리고 가장 중요하게는 교리를 정리하여 하늘나라의 실현이라는 일관된 목표를 세웠다.

둘째는 믿음 없는 세계의 세력과 대항해 나가기 위해 비 신도를 신도로 개종을 시키며, 윤리적 기준과 지적인 이해를 구하는 지식층의 질문에 답하기 위해 이른바 교부철학을 발달시켰다.

셋째는 교회 내부의 지도권을 둘러싼 권력투쟁에서 이기기 위한 수단들을 강구하였다. 이 수단은 지적인 논쟁에서의 우위로부터 협박과 매수에 이르기까지 수준과 종류가 다양하였다.

교리의 정리 〈사례 1〉 교회가 결정할 중요한 안건으로서 교회를 이탈했던 자를 어떻게 처리할 것인가 하는 문제가 발생하였다. 이러한 문제를 다룰 수 있는 곳은 논쟁점에 대한 확고한 발언이 유일하게 가능한 주교회의에서였다. 주교회의를 종교회의라고도 부른다.

사건의 경위는 이러하였다. 서기 250년 데시우스 황제는 "모든 영토 안의 주민들은 로마의 제신(諸神)과 신(神)으로서의 황제에게 희생물을 바치라"는 명령을 내렸다. 기독교인의 견지에서 볼 때 이러한 명령을 받아들일 수 없었다. '나 이외의 다른 신을 섬기지 말라'는 여호와의 명령이 그들이 지켜야 할 첫 번째 계명이었기 때문이다.

황제의 명령이 카르타고시(市)에서 강행되었을 때 기독교인들은 순종을 거부하였고 그 결과 기독교인에 대해 박해가 일어나 도피를 하거나 순교를 하는 자가 많았다. 이런 상황에서 황제의 명령에 굴복하여 희생물을 바치는 이탈자가 나왔다.

박해의 회오리바람이 지나간 후에 이탈자가 교회로 돌아오고 싶어하였다. 이에 대해 교회 지도자 노바티아누스(Novatianus)는 '교회는 바른 신앙생활인의 단체'라는 논리로 이탈자의 복귀를 거부하였다. 그러나 로마의 주교(主教) 코르넬리우스(Cornelius)는 "교회는 이미 구원받은 자의 단체가 아니라 죄인까지를 받아들여야 하는 「구원의 방주(方舟)」"라는 논리로 복귀승인을 권고하였고, 성(聖) 키프리아누스(St. Cyprianus)도 코르넬리우스를 옹호하였다. 그 결과 종교회의는 '교회는 바른 신앙생활인의 단체'라는 주장을 '이단설'(異端說)로 규정하고 노바티아누스를 파문(破門)하였다.

노바티아누스는 주교(主教)가 누구를 파문하는 것은 교회를 장악하려는 세속의 권력욕을 드러낸 것이라고 비난하고, 종교회의를 탈퇴하여 분리해 나갔다. 코르넬리우스 주교는 '교회로부터의 분리는 구원 수단으로부터의 분리'라고 반격하면서 주교의 직분(職分)에 대한 논의로 발전하였다. "주교는 사도(12使徒)들의 계승자이며 기독교의 진리와 하나님의 은총을 분배하는 자로서 주교 없이는 교회가 없으며 교회 없이는 구원이 없다. 그리고 교회는 그 안에 들어오는 개인들과는 상관없이 실재(實在)하며 교회는 시간적으로나 논리적으로 개인에 앞서는 것"이라는 결론을 내렸다. 이 종교회의 이래 주교(主教)의 직분 및 교회와 개인과의 관계에 대한 이 같은 결론이 정통교리로서 정리되었다.

〈사례 2〉 서기 301년에 이번에는 이탈하였던 성직자의 복직 문제가 발생하였다. 이것은 과거 신도 이탈자 문제보다 더 심각한 문제였다. 경위는 이러하다. '대박해자'인 디오클레티아누스 황제가 또 다시 황제를 신으로 숭배하라는 명령을 내렸다. 카르타고에서 불순종자에 대한 박해가 있었고, 박해가 지나가자 이탈자들이 되돌아오기를 희망하였는데 이탈자 가운데는 성직자가 끼여 있었다. 이 이탈 성직자를 재임명할 것인가 말 것인가가 종교회의에서 논의되었는데 "불완전한 인격의 소유자는 성의식(聖儀式)을 주재할 수 없다"고 하는 거부파와, "성의식의 효력은 주재(主宰) 성직자의 인격에 따라 발휘되는 것이 아니다"고 재임명을 찬성하는 파로 나뉘었다. 논란 끝에 거부파의 주장이 이단설로 규정되고 거부파의 지도자 도나투스에 유죄선고를 내리면서, 앞서의 종교회의(A.D. 250)

에서 내렸던 결론을 재확인하는 다음과 같은 결론을 내렸다. 즉

1) 교회는 그 자체로서 독립적으로 실재하는 것이며, 구성원이 되는 개인이나 개인의 집회로 말미암아 실재(實在)하는 것이 아니다.

2) 교회의 공직(公職)은 앉는 사람의 인격과 상관없이 신성한 것이다. 교회의 성의식의 효력은 교회의 성스러움에 의존하는 것이다. 교회는 시대나 환경에 관계없이 신의 은총이 간직되는 곳이요, 구원의 수단이다.

3) 교회는 바울의 성령론을 공식적으로 부인하지는 않았으나 그것을 수정한 내용을 발표하였다. 즉, 바울에 따르면 "성령은 신앙을 지닌 개인에게 임한다"고 하였는데 이것을 "성령은 교회를 통하여 계시를 한다"고 수정하였다. 교회는 신비주의자들의 개인주의적 경향을 경계하였고, 성령에 관해 교회의 규율을 어길 때는 이들을 파문하였다.

4) 신앙에는 인간의 지성(知性)으로 탐구되어야 할 문제들이 많다는 것을 인정하였으나 신앙문제의 탐구가 그 신앙을 배척하는 결과를 초래하는 것은 금지하였다.

삼위일체설

제3의 사례는 삼위일체설에 관한 것이다. 기독교 공인(公認, 313 A.D.) 이후 로마교회는 삼위일체설(三位一體說, Trinity)을 두고 논쟁에 휩싸였다.

삼위일체에 관해서는 종래에 3가지 다른 견해가 있었다. 첫째는 로마의 장로인 사벨리우스(Sabellius, 217~279)의 주장으로서 성부(聖父), 성자(聖子), 성령(聖靈) 3위(位)는 한 몸이라는 소위 삼위동체론(三位同體論)이다.

둘째는 알렉산드리아의 신부 아리우스(Arius, 250~336)의 주장으로서 성자(聖子, 예수)는 피조물이므로 삼위일체설이 성립될 수 없다면서 이를 부인하였다.

아타나시우스

셋째는 알렉산드리아의 주교인 아타나시우스(Athanasius, 297～373)의 주장

으로서 3위(位)는 본질적으로 하나이나, 각기의 위치(位置)가 성부, 성자, 성령의 순위(順位)로서 다르다고 하는 소위 삼위동본이위설(三位同本異位說)이다.

이러한 세 주장을 두고 교회 내의 분쟁이 심히 심각하였으므로 기독교를 공인했던 콘스탄티누스(Constantinus) 황제는 이 문제를 매듭지을 목적으로 325년 종교회의를 터키 서북(西北)에 있는 니카에아(Nicaea)에 소집하였다. 그 결과 종교회의는 아타나시우스의 삼위동본이위설(三位同本異位說)을 정통교리로 채택하고, 아리우스를 이단으로 규정하였다.

교회의 3 박사

기독교가 로마에서 공인됨으로써 제국에 대한 교회의 승리를 획득한 후 로마제국은 야만인의 침입으로 만신창이가 되고 있었다. 이런 때에 교회체제를 굳건히 세우는 데 결정적으로 공헌한 3명의 교부(教父)가 있다. 이들은 흔히 교회의 3박사(博士)로 불린다. 성 암브로시우스(St. Ambrose), 성 제롬(St. Jerome), 성 어거스틴(St. Augustine)이 그들이다.

기독교계에서 학문이나 품격에 있어서 이들 3자에 견줄 만한 인물은 그 후 1천년 동안은 나오지 않았다. 이들의 권위는 암흑시대와 중세기를 통하여 언제나 존중되어 왔다.

대체로 보아 성 암브로시우스는 교회와 국가의 관계에 대한 교회의 입장을 확립하였고, 성 제롬은 서방교회에 라틴어 성경을 제공하고 수도원 생활의 기틀을 닦아 놓았으며, 성 어거스틴은 종교개혁이 일어날 때까지의 교회 신학을 체계화하였다. 그리고 종교개혁이 있은 후에도 루터와 칼빈의 교리의 주요 부분은 어거스틴의 것이었다. 기독교의 전개에 영향을 준 사람들 중에서 이 세 명을 능가할 사람은 별로 없었다.

성 암브로시우스 성 암브로시우스(St. Ambrose, 339·340~397)는, 교회는 지상의 국가에 대하여 독립되어 있다고 주장하여 인정을 받았으며, 이것은 새롭고도 혁신적인 교리로 종교개혁까지 적용되어 왔다.

4세기 말경의 서로마제국의 수도는 밀라노였다. 암브로시우스는 이곳의 주교였다. 그는 직무상 황제들과 가까이 지내게 되었다. 그는 황제들과 대등한 입장에서 대하거나, 때로는 황제보다 우위에서 대하였다. 그가 황제에 대하여 취한 태도는 그 당시의 국가와 교회의 위상을 잘 보여주는 것이다. 국가는 약하고 무능하며, 일정한 지배원리나 정책이 없이 그때그때의 처지에 따르는 형편이었다. 그러나 이와는 달리 교회는 강하고, 유능하며, 교회의 권익을 위해서는 개인적인 것은 무엇이든지 다 희생할 용의가 있는 인물들에 의해 영도되고 있었고, 또 먼 장래를 내다보는 원대한 정책 아래서 통치되고 있었다. 이것은 결국 다음에 오는 천년 동안의 승리를 초래하게 되었다.

성 암브로시우스는 골(Gaul) 지방에 주둔한 로마 군 사령관의 아들로서 주둔지에서 태어났다. 그는 13세 때 로마에 와서 훌륭한 교육을 받고 성장해서는 법률을 공부하여 성과를 올리고 약관 30세에 리구리아와 에밀리아의 지사(知事)가 되었다. 그는 국가에서 성공할 기회가 충분하였음에도 4년 후에는 정치에서 손을 떼고, 밀라노의 주교(主教)가 되었다. 그는 자기의 모든 소유물을 가난한 사람에게 나누어 주고, 때때로 닥치는 생명의 위협까지도 무릅쓰면서 교회를 위해 봉사하였다.

그는 학문이나 철학으로서가 아니라 정치가로서 특히 능력과 용기로써 교권을 확립한 사람이다.

그가 제일 먼저 부딪힌 문제는 로마의 원로원에 세워놓은 승리의 여신의 제단과 조각상에 관련된 것이었다. 이 여신상은 콘스탄티누스(Constantinus) 황제의 아버지 콘스탄티우스(Constantius) 황제 때 제거된 이래, 두 차례

재건과 제거가 거듭되었었다. 황제가 친(親) 기독교인이냐 반(反) 기독교인이냐에 따라 재건과 제거가 결정되었던 것으로서 교권과 관련된 뜨거운 문제였다. 암브로시우스가 밀라노 주교로 있을 때(384 A.D.) 로마시의 사령관을 지낸 심마쿠스를 수반으로 하는 원로원 의원들이 다시 여신상의 복귀를 신임 황제에게 요청하였다. 암브로시우스는 어린 발렌티니아누스(Valentinianus) 황제에게 편지를 보내어 "이것을 요구하는 자는 이교도이며, 폐하의 마음을 그 미신의 사슬로 결박하려는 것"이라고 설득하여, 여신상의 재건을 좌절시켰다.

암브로시우스가 다음 번으로 부딪힌 문제는 밀라노의 한 교회를 이단으로 규정된 아리우스파에게로 넘기라는 국가의 압력이었다. 그때 황후 유스티나(Justina)가 아리우스파였는데 교회를 양도하라는 독촉과 함께 교회를 점령하기 위해 군대까지 파견하였다. 이에 대해 암브로시우스는 "내 개인에 속하는 것이라면 내 소유물, 내 토지, 그 밖에 무엇이라도 거절하지 않을 것이다. 그러나 신에 속하는 것은 결코 황제의 권한 안에 있지 않다"고 주장하며 교회 양도를 단호히 거절하였다. 이 소식을 들은 신도들이 암브로시우스의 편을 들어 떼를 지어 그 교회로 몰려왔다. 군대와 신도들이 대결할 판이었다. 그러나 군대가 신도를 향해 무력을 쓰는 것을 거절하였으므로 황제는 양보하지 않을 수 없었다.

다음에는 테오도시우스(Theodosius) 황제와 충돌이 일어났다. 유대교 교회의 하나가 불탔는데, 이것은 그 지방 주교의 선동으로 일어났다는 보고가 동방주재 지사로부터 들어왔다. 황제는 그 방화범을 처벌하고, 한편 이를 사주한 주교에게 유대교 교회를 하나 새로 세우라고 명령하였다. 성 암브로시우스는 사건에 대한 그 주교의 관련을 긍정도 부정도 하지 않고, 오직 황제가 기독교를 반대하고 유대교를 두둔하는 듯한 처사에 대하여 분개하였다. 그가 생각컨대, 만약 그 주교가 황제의 명령에 불복하면 순교자(殉敎者)가 될 것이며, 복종을 한다면 배교자(背敎者)가 될 것이었

성 암브로시우스와 테오도시우스 황제

다. 암브로시우스는 황제에게 편지를 썼다. "교회의 재산으로 불신자인 유대인을 위해 장소를 마련해 주어야 좋겠습니까? 아마 규율을 유지하기 위해 그렇게 하시겠지요. 나의 황제여, 어느 것이 더 중요합니까? 규율을 세우는 일입니까? 종교의 대의(大義)를 세우는 일입니까?"

그 다음에 황제와 이 성자(聖者) 사이에 일어난 충돌은 이 성자를 더욱 명예롭게 하였다. 서기 390년에 테오도시우스 황제가 밀라노에 있는 동안에, 데살로니카에서 폭동이 일어나 주둔군 대장이 학살당한 일이 있었다. 황제는 분노를 참지 못하여 어마어마한 복수를 하도록 명령하였다. 즉 백성들을 경기장에 모이도록 하고는 군대로 하여금 습격케 해 자그마치 7,000명을 살해하였다. 암브로시우스는 황제에게 과오를 시인하고 회개할 것을 권고하였다. 이것은 신학상의 문제나 교권(敎權)의 문제와는 조금도 관련이 없었지만 도의적인 문제였던 것이다. 그는 황제에게 편지를 썼다. "역사상 유례를 볼 수 없는 일이 데살로니카에서 일어났습니다. 나는 이런 일이 일어나지 않도록 여러 번 진정을 올렸습니다마는, 나는 이보다 더 잔학한 이야기를 들은 적이 없습니다"고 하고, 다윗 왕은 계속해서 죄를 범했지만 번번이 회개하였다고 성경을 인용하고는(이것은 그후 왕권과 충돌할 때마다 인용되는 선례가 되었다). "한 사람의 무죄한 피를 흘린 후에 허락되지 않는 일이, 많은 사람이 무죄한 피를 흘린 후에 허용이 되겠습니까?"라고 황제의 치유(治癒) 조처를 촉구하였다. 황제는 후회하고 홍포(purple)를 벗어버리고 밀라노의 사원 뜰에서, 대중 앞에 참회하였다. 암브로시우스는 학자로서 제롬보다 못하며, 철학자로서는 어거스틴에 따르지 못하였으나, 그의 정치력은 비상하였다.

성 제롬 성 제롬(St. Jerome, 345~419)은 주로 불가타(Vullgate) 성경을 낸 사람으로서 유명하다. 이 불가타 성경은 오늘날까지 가톨릭 교회에서 공인된 성경이 되어 있다.

그는 이태리 동북부의 한 도시에 유복한 가정에서 태어났다. 암브로시우스가 태어난 지 5년 후의 일이었다. 363년에 로마에 가서 변론술을 배우는 '죄'를 지었다. 그는 골(Gaul) 지방을 여행한 후에 고향(Aquilea)에 돌아와 수도사가 되었다. 그후 5년 동안은 시리아 광야에 들어가 고행을 하였다. 세속의 학문을 버리고, 세속의 유혹에 대항하여 투쟁하였다. 제롬의 활동기는 온갖 야만인이 로마에 쳐들어 온 시기로서 노략질과 강탈과 폭력으로 매일같이 피를 보던 환경이었다. 그는 수도사로서 평생을 보냈다.

그는 성경을 라틴어로 번역하였다. 그는 학자들의 도움을 받아 히브리 원전(原典)까지를 연구하여 70인 역(譯)(Septuagint)에서의 오류를 바로 잡아 놓았다. 그때까지 교회는 그리스어로 된 70인 역(譯)에 의존해 왔다. 그가 성경을 번역하게 된 것은 다마수스(St. Damasus Ⅰ, 366~383) 교황의 권고에 의해서였다. 그는 3년 동안 로마에서 지낸 시기가 있었는데 그때 다마수스의 친구가 되었었다.

그는 많은 사람과 다투었다. 성 어거스틴과는 베드로에 관해 언쟁을 하였고, 논쟁 끝에 친구와 절연하거나 습격을 당하는 일도 있었다. 그는 다마수스가 죽은 후에 새 교황과도 싸운 것 같다.

그는 로마에 있는 동안에, 많은 부녀자들과 가까워지게 되었고, 그 중에 귀족으로서 경건한 여인들을 수도원으로 보내어 수녀(修女)로 만들었다. 그리고 그는 수녀가 되는 것은 예수와 결혼하는 것이며 신부(新婦)가 되는 것이라고 하였다. 그는 한 수녀에게 보낸 편지에서 신비한 애욕에 대해 언급하고 있다. "언제나 너의 방을 비밀스럽게 지

사자의 발바닥에서 가시를 뽑는 성 제롬

키도록 하라. 그 방에서 너는 언제나 신랑하고만 함께 있도록 하라. 기도를 드리느냐? 그것은 신랑에게 이야기 하는 것이다. 성경을 읽느냐? 이것은 신랑께서 너에게 말씀하고 있는 것이다. 잠이 들면, 신랑이 문을 열 것이며, 너의 가슴이 그를 향하여 뛰게 될 것이다. 그때 너는 잠에서 깨어 일어나 앉아서, 그에게 '그리워 열병을 앓고 있습니다'고 말하면 그때 신랑은 '울타리 쳐진 정원, 닫힌 샘물, 인봉된 물의 근원, 이는 나의 누이동생이요, 나의 아내이다' 하고 대답할 것이다."

제롬은 여성이 동정(童貞)을 지키는 일을 야만족과 싸워서 승리를 거두는 것보다 더 중요하게 여겼다. 그는 수도원 생활을 찬양하면서 수도원 생활의 기초를 닦아 놓았다.

성 어거스틴

3박사 중 마지막 인물인 성(聖) 어거스틴(St. Augustine, 354~430)은 공적이 크므로 별개의 항으로 다루고자 한다. 히포(Hippo)의 주교 성(聖) 어거스틴은 북아프리카의 바르배리(Barbary)인 혈통(a Berber)의 철학자이며 신학자였다.

그는, 라틴 교회의 아버지이며 서방 기독교의 역사에서 가장 중요한 인물 중의 한 사람이다. 그는 플로티노스의 신 플라톤주의로부터 깊은 영향을 받았다. 그는 원죄의 개념을 확연하게 하였다. 서로마제국이 해체되기 시작하였을 때 그는 교회를 정신적인 '하나님의 도시'(Cityn of God)라는 개념으로 정립했으며, 이를 물질적인 '인간의 도시'(City of Man)와 구별하였다. 어거스틴의 '하나님의 도시'는 거의 교회와 비슷한, 하나님을 경배하는 공동체를 의미하였다.

그의 사상은 중세의 세계관에 막중한 영향을 미쳤다. 후일 많은 프로테스탄트들, 특히 칼빈교도들(Calvinists)은 그를 구원과 신의 은총에 대해 가르침을 준 종교개혁의 아버지들 가운데 한 분으로 생각했다.

생 애 그는 북아프리카, 카르타고 서남쪽의 타가스테(Thagaste, 현재 알제리아의 Souk Ahras)에서 354년에 출생하였다. 그것은 제롬보다 9년 후의 일이며, 암브로시우스보다는 14년 후의 일이다. 아버지는 로마제국의 관리였고, 신앙이 없는 사람이었다. 바르배리인인 어머니 모니카(Monica)는 열렬한 가톨릭신자였으며 후일 성녀(聖女)로 추서되었다.

어거스틴은 북아프리카에서 교육을 받았으며, 어릴 때는 기독교를 믿으라는 어머니의 간청을 거부하였다. 그는 비 기독교 지식인으로 살면서 정부(情婦)를 두었고, 마니교(敎)를 믿었다. 그러나 그는 나중에 기독교로 개종하였고 37세에 사제(司祭)가 되고, 42세에 카르타고에서 멀지 않은 히포(Hippo)의 주교(主敎)가 되었다. 그후 430년에 그가 죽기까지 34년간 이곳 주교로 있었다.

어거스틴

그의 어린시절은 그가 쓴 「고백」(Confession)에 잘 나타나 있다. 「고백」의 주제는 그가 저지른 죄에 관한 것이다. 그는 꼬마일 때 또래 친구들과 이웃집 배나무에서 배를 훔쳤다. 배를 훔친 것은 다른 이유가 아니라 훔치는 것을 즐거워한 때문이었다고 고백한다.

그는 사춘기에 달하자 육신의 정욕에 정복되었다. 그의 모친 모니카(St. Monica)는 그가 순결을 지키도록 언제나 권고하였다. 그러나 소용이 없었다. 그는 여러 해 동안 그에게 충실한 우정을 보내준 한 소녀를 범하였다. "나는 우애의 샘물을 음욕의 오물로 더럽혔으며, 우애의 빛을 육욕의 지옥으로 어둡게 하였다"고 썼다. 그녀에게서 아들 하나를 얻게 되었다(그는 이 아들을 사랑하여 아들에게 종교 교육을 하는 데 많은 힘을 기울였다).

성 어거스틴과 어머니 성녀 모니카

이윽고 그의 어머니와 그는 결혼을 해야겠다고 생각하

게 되었다. 그는 어머니가 허락한 어떤 양가의 처녀와 약혼을 하였다. 그래서 그의 아이를 낳은 소녀는 떠나야만 하였고 그는 아이를 맡았다.

그러나 약혼녀는 나이가 너무 어려, 2년 후가 아니면 결혼할 수 없게 되었을 때 그는 또 다른 여자를 가까이하였다. 이것은 전(前)보다 더 불륜한 행위로 더욱 공인(公認)이 될 수 없는 일이었다. 그는 점점 더 양심의 가책을 받게 되었다. 그는 그에게 순결과 절제를 허락해 달라고 기도하였다. 드디어 결혼할 시기가 찾아오기 전에, 파혼을 결심하였고 그는 남은 생애를 독신으로 마쳤다.

그는 20세가 되기 전에 수사학 교사가 되었다. 마니교를 믿게 된 것도 이때의 일이었고 한동안 점성술에도 몰두하였다.

마니교는 3세기에 페르시아의 마니(Mani)가 창시한 종교로서 조르아스터교의 선악이원론(善惡二元論)을 그 근간으로 하여 광명과 암흑의 이원론(二元論)을 폈다. 명암(明暗) 두 세계는 오랜 옛날로부터 나뉘어 존재했으며 신과 악마가 각각 지배하고 있었다. 이윽고 암흑의 힘이 광명세계에 침입하여 명암 선악이 뒤섞여 버린 것이 현실 세계의 모습이다. 현실세계에서 암흑 요소들을 모두 추방해야 구제를 받으므로 인간은 엄한 금욕주의적 계율을 지켜야 한다. 마니는 이 길을 전하기 위해 신의 소명을 받은 최대이자 최후의 예언자라는 것이다.

그는 수사학 교사로서 로마의 한 학교에 부임하였다가 1년 후 밀라노에서 수사학 교사로 초빙하여 그리로 갔다. 그는 밀라노에서 세계적으로 유명한 암브로시우스를 만났다.

그는 라틴어로 쓰인 모든 철학서를 읽고, 라틴어로 번역된 플라톤의 철학도 읽었다. 그는 플라톤으로부터 많은 감명을 받았다. 어거스틴은 플라톤을 모든 학자들의 우위에 놓았다. 다른 철학자들은 그에게 다 자리를 사양해야 한다는 것이다. "탈레스는 물을 갖고 떠나게 하고, 아낙시메네스는 공기를 가지고, 스토아 철학자들은 그들의 불을 갖고 떠나가게 내버려 두라." 이들은 다 유물론자들이었다. 플라톤은 그렇지 않았다. 플라톤은 신을 어떤 물체라고 보지 않았다. 그리고 만물이 다 그 존재를 신으로부터 받고, 변치 않는 것으로부터 비롯된다고 보았다. 감각기관이 인식의 기준이 되지 못한다고 말한 것도 옳다. 플라톤주의자들은 그 논리와 윤리가 뛰어나고 기독교에 가장 가깝다. 아리스토텔레스는 플라톤보다 못하지만, 다른 철학자들보다는 훨씬 훌륭하다고 말하였다. 이 두 사람이 모두 신은 선량하고 경배를 받아야 한다고 말했던 것이다.

그러나 어떠한 철학보다도 그에게 더 권위가 있는 것은 "태초에 말씀이 계셨으니, 이 말씀이 곧 하나님이시라"로 시작하는 성경의 요한복음과 그 밖에 바울 사도의 서한들이었다. 그에게는 성경이 플라톤보다 우위에 있는 것이었다. 그는 플라톤의 철학에서 로고스에 대한 형이상학설을 발견할 수는 있었으나 도성인신(道成人身, Incarnation)의 교리와 이에 따르는 인류구원의 가르침을 발견할 수는 없었다.

어거스틴은 이원론(二元論)을 주장하는 마니교와는 달리 악은 어떤 실재(實在)에서 비롯되는 것이 아니라 의지(意志)의 반영에서 비롯된다고 믿게 되었다. 그는 점성술이 '죄를 짓게 되는 것은 그 이유가 하늘에 있다'고 가르치고 있는 데 대해서도 혐오감을 갖게 되었다.

그는 드디어 심한 내적 갈등 끝에 기독교로 회심(回心)하였다(32세. 386 A.D.). 그는 교사직도 연인(mistress)도 다 버리고 은퇴하여 한때 명상에 잠겨 있다가, 밀라노에서 성(聖) 암브로시우스에게서 세례를 받았다. 그의 어머니는 기뻐했으나 얼마 더 살지 못하고 세상을 떠났다. 어거스틴은 388년 아프리카로 돌아왔다.

성 어거스틴의 신학

성 어거스틴은 신학에 대하여 많은 책을 썼다. 우선 우리의 주목을 끄는 것은 창조에 관한 그의 해명이다. 어거스틴은 창조는 「창세기」 1장에서 주장하는 바와 같이 이루어졌으며, 그것은 무(無)에서 창조된 것이며, 신은 오직 질서와 정돈(arrangement)뿐만 아니라, 물질까지도 창조하였다고 주장하였다.

이런 견해는 정통적인 대부분의 기독교인들이 주장하는 바와 같은 것이지만, 무(無)로부터의 창조는 그리스 철학에서는 전혀 알지 못하는 개념이다. 플라톤이 창조에 대하여 말할 때 그는 근원이 되는 물질은 이미 존재해 있던 것으로 가상하고, 신이 이에 대하여 형상(形相)을 주는 것을 의미하였다. 이것은 아리스토텔레스의 경우도 마찬가지라고 할 수 있다. 그들의 신(神)은 조물주라기보다는 한 기술자요, 건축가라고 하겠다. 질료도 영원한 것이며, 창조된 것이 아니고 단지 형상만이 신에 의하여 비롯되는 것이다.

무(無)에서의 창조는 불가능하다는 그리스인들의 견해는 기독교 시대에도 때때로 반복되어 일어났다. 「창세기」 1장 2~3절의 '땅이 혼돈하고 공허하며 흑암이 깊은 위에 있고 하나님의 신은 수면에 운행하시니라. 하나님이 가라사대 빛이 있으라 하시매 빛이 있었고'라는 기록을 두고, 그리스인들은 '혼돈하고 공허한 땅이나 깊음 위의 흑암'은 빛을 만들 수 있게 하는 근원적인 질료로서 하나님이 빛을 창조하기 이전부터 있었던 것을 표현하는 것이라고 해석을 하는 것이었다. 그러나 어거스틴에게 「창세기」는 명확하며 그에게는 그것으로 충분하였던 것이다.

시 간 론 그의 이같은 창조에 대한 확신에서 그의 시간론(時間論)이 나왔다. 시간도 세계가 창조될 때 함께 창조된 것이다. 신은 영원한 존재이다. 그것은 무시간적(無時間的)이라는 의미에서 그렇다. 신에게는 이전이나 이후가 있을 수 없고, 오직 영원한 현재만이 있을 따름이다. 신의 영원성은 시간관계에서 제외되는 것이다. 그가 6일 만에 세상을 창조하였다는 것은 논리적인 구성이지 시간의 경과를 의미하는 것은 아니다. 신은 세상을 동시적(童詩的)으로 창조하였다. 그에게는 모든 시간이 동시적으로 있는 것이다. 그는 자신에 의한 창조보다 더 앞서지 않았다. 왜냐하면 그 '앞선다'는 것은 그도 또한 시간 속에 있음을 의미하기 때문이다. 그는 영원히 시간의 흐름 밖에 있다.

어거스틴은 말하기를, "과거나 미래는 실재하는 것이 아니며, 오직 현재만이 실재한다. 현재는 단지 하나의 순간에 지나지 않는다. 그리고 시간은 지나가야만 측정될 수 있다. 그럼에도 불구하고 지나간 시간은 실재하며, 또한 미래의 시간도 실재한다." 여기서 우리는 모순에 빠지게 된다. 이 모순을 피하기 위해 어거스틴이 발견한 길은 오직 과거나 미래는 현재로서만 생각될 수 있다는 것이다. "과거의 사물들의 현재와 현재의 사물들의 현재 및 미래의 사물들의 현재"가 그것이다. "과거의 사물들의 현재는 기억이고, 현재의 사물들의 현재는 눈앞에 목격하는 것이며, 미래의 사물들의 현재는 기대이다." 여기서 암시하고 있는 것은 시간이 주관적(主觀的)이라는 것이다. 즉 시간은 기억하고 목격하며 기대하는 인간의 마음 속에 있다는 것이다. 시간이 우리들의 사유의 한 국면에 지나지 않는다는 주장은 주관주의(主觀主義)의 한 극단적인 형태라고 하겠다.

그가 갖고 있는 죄에 대한 확신도 주관주의의 하나일 것이다.

「하나님의 도시」 다음으로 성 어거스틴이 다음 세대들에게 큰 영향을 미친 것은 그의 「하나님의 도시」이다(혹자는 「신국」(神國)이라고 번역했다).

410년에 로마가 고트족의 침략을 당하자 이교도들은 이 재난의 원인을 고대의 신들을 저버린 데 있다고 하였다. 그들은 로마가 주피터를 경배하고 있은 동안은 강력하였지만, 지금은 황제들이 주피터를 멀리하였기 때문에, 주피터는 더 이상 로마인들을 보호하지 않게 되었다고 주장하였다. 이러한 이교도의 주장은 답변을 요구하고 있었다.

「하나님의 도시」는 412년부터 427년 사이에 쓴 책으로서 성 어거스틴의 답변이었다. 그러나 이 책은 차츰 훨씬 더 폭넓은 문제로 발전하여, 과거·현재·미래의 역사에 대한 기독교의 입장을 개관하고 있다. 이 책은 중세기에 큰 영향을 미친 책이다. 특히 황제들과 교회와의 투쟁에 있어서 그러하였다.

「하나님의 도시」에서 어거스틴은 기독교가 로마에 들어오기 전에도, 이보다 더 비참한 일들이 일어났다는 것을 지적하고, 이 재난이 기독교 때문에 일어났다고 비난하는 이교도들도 이 침입을 당하고 있는 동안에, 떼를 지어 교회로 몸을 피해 목숨을 건지고 있다고 말했다.

그리고 기독교인들을 희생시킨 고약한 고트인들 중에는 번영하는 자도 있을 것이지만, 나중에 내세(來世)에서 최후의 심판을 받아 벌을 받을 것이며, 기독교인들은 죽어서 매장마저 못 되었다 하더라도 나중에 육신이 부활하는 것을 아무도 막지 못할 것이라고 주장하였다.

어거스틴은 '하나님의 도시'에 대해 설명하고 있다. '하나님의 도시'는 택함을 받은 자들이 모여 있는 천국으로서의 교회이다. 천국에서는 신체를 가지지 않을 것이라고 말하는 것은 잘못이다. 그들은 아담이 타락하기 전에 가졌던 육체보다 더 좋은 육체를 가질 것이다. 그들의 육체는 영적(靈的)인 것이지만 영(靈) 자체는 아니다. 그리고 무게도 갖지 않을 것이다. 남성들은 남자로 부활하고 여성들은 여자로, 또 어려서 죽은 자들은 성인(成人)으로 부활할 것이다. '하나님의 도시'는 사랑에 의해 다스려지며, 자만(自慢)에 의해 다스려지는 지상의 모든 제국들 위에 궁극적인 승리를 거둘 것이다.

이상에서 요약한 것으로는 이 책의 중요성이 분명히 드러나지 않을 것이다. 이 책이 영향을 미친 것은 교회와 국가의 분리에서였다. 그리고 거기에는 종교문제에 관해서는 국가가 교회에 예속되어야 한다고 암시하고 있다.

어거스틴에 따르면(이것은 어거스틴의 역사철학이다) 역사는 대립하는 두 힘, 즉 '인간의 도시'와 '하나님의 도시'와의 끊임없는 싸움이다. 예컨대 '인간의 도시'에 속한 카인과 '하나님의 도시'에 속한 아벨의 대립, 홍수와 노아의 대립, 패역자와 선지자의 대립이 그것을 보여준다.

'인간의 도시'의 특색은 자만·허영·약탈·방탕이며, '하나님의 도시'의 그것은 믿음·희망·자비·화평이다. 이 두 도시 사이의 싸움은 역사의 시초부터 시작되었으며 최후의 심판까지 계속될 것이다.

'인간의 도시'는 국가에서 나타난다. 그 까닭은 국가는 흔히 탐욕적이고 천박한 야심을 특징으로 한다. 그 반면에 '하나님의 도시'는 교회 쪽에 잘 나타난다. 물론, '인간의 도시'와 국가를 동일시하는 것은 아니고, 또한 '하나님의 도시'를 교회와 동일시하는 것도 아니다. 국가도 올바르게 운영되기만 하면 '하나님의 도시'에 뒤지지는 않는다. 다만 국가와 교회를 비교할 때 국가의 지도자나 국민이 기독교의 원리를 배우는 곳은, 교시(敎示)를 베푸는 교회이기 때문에 국가보다는 교회가 더 고귀한 체제이다. 교회에도 바르지 못한 사람들이 있지만 그럼에도 불구하고 교회는 '구원의 방주'이므로 '하나님의 도시'에 이르는 가장 가까운 곳이다.

이 가르침은 그 후에 언제까지나 교회의 교리가 되었다. 중세기에 교황과 황제 사이에 알력이 있을 적마다 신권정치(神權政治)를 정당화하는 그의 「도시」론은 교황권의 신장(伸張)을 도왔다.

서로마에서는 황제들의 무능과 중세기 군주들의 약세로 말미암아 교회는 '하나님의 도시' 이념을 더욱 강하게 자각하게 되었다. 동로마에서는 황제의 권력이 강했으므로 이러한 전개과정은 찾아볼 수 없다.

동 정 다음에 이교도들이 침략하였을 때 유린당한 동정녀(童貞女)들의 문제를 다루고 있다. 어떤 사람들은 그 여자들이 스스로 과오를 범한 것이 없는데도 동정(童貞)의 면류관을 잃어버렸다고 사리판단을 요청하였던 것이다.

이것에 대해 성(聖) 어거스틴은 "아서라! 남의 육욕(肉慾)이 너를 더럽히지 못한다. 순결이란 정신의 덕이요, 남이 유린했다고 해서 잃는 것이 아니다. 나쁜 마음을 품었을 때에는 설사 그것이 실천에 옮겨지지 않았다고 하더라도 이미 순결은 잃게 된 것이다. 신이 이 유린을 허용한 것은, 그 희생자들이 자기들의 금욕에 대하여 너무 자랑스럽게 생각하고 있었기 때문이다"고 말하고 있다. 그리고 "유린당하는 것을 피하기 위해 자살하는 것은 죄악이다. 자살은 언제나 죄악이다"고 강조하였다.

원 죄 다음으로 성 어거스틴은 인간의 원죄(原罪, Original Sin)에 대해 자세하게 설명을 하였다. 그는 원죄에 대해 확신을 가지고 있다. 만일 아담과 이브가 죄를 저지르지 않았다면 우리들이 고통을 받지 않을 수 있었을 것이다. 그들의 죄는 하나님이 각 존재들에게 서열과 가치를 부여하여 창조한 세계를 존중하지 아니한 '마음의 실패'이다. 아담과 이브가 하나님이 금한 선악과(善惡果)를 따 먹은 죄의 원인은 자기 중심의 마음이었다. 이것이 원죄에 대한 어거스틴의 해석이다.

하나님이 죄 없는 세상을 창조하였다면 인간은 죄를 저지를 수 없을 것이 아니냐고 항변할 수도 있을 것이다. 그러나 보라! 만일 하나님이 인간의 선택에다 도덕적 의의를 부여할 수 있는 세계를 바랐을진댄 인간이 자유로이 악도 택할 수 있는 세계를 창조하지 않으면 안 되었기 때문이다. 하나님은 인간이 외적 필연성에 의해 악을 선택할 수 없는 세계보다는 악을 허용하고 악에 대한 형벌이 있는 세계가 더 좋다고 믿고 있었다.

원죄는 전 인류를 영원한 과오와 그로 인한 고통에 빠지게 하였다. 죄는 마음에서 온 것이요, 육신에서 온 것이 아니다. 플라톤 학자들과 마니교도들은 모두 죄를 육신의 본성에 돌리는 잘못을 저지르고 있다. 인간이 죄를 범하였기 때문에 그 결과로 정신이 육적으로 되어 버린 것이다.

아담의 원죄는 육욕의 형태로 부모로부터 자식에게 전승된다. 강보에 싸여 어머니의 품속에 안겨 있는 간난 어린이도 원죄에 얽매여 육욕을 드러낸다.

우리는 우리가 갖고 있는 원죄에 대해 형벌을 받고 있다. 아담의 죄로 인한 전 인류의 형벌은 의로운 것이다. 그러나 어거스틴은 인간이 죽는 것은 원죄(原罪) 때문이 아니며 하나님은 아담과 이브가 원죄를 짓지 않았더라도 죽는 존재로 창조하였다고 시사한다. 그리고 그는 원죄를 우주의 구조변화를 야기시키는 것으로서는 보지 않았다.

어거스틴은 육욕을 논하는 것은 점잖지 못한 일이라고 고백하고 있지만 성욕(性慾) 그 자체가 형벌을 수반함을 상세하게 논의하고 있다. 우리는 우리의 본의와는 달리 걷잡을 수 없는 성욕으로 인하여, 하지 말아야 할 성행위(性行爲)를 하고 마는 과오를 저지른다. 성욕은 이와 같이 그들의 의지를 벗어난 행동을 하도록 유발하기 때문에 사람들은 성행위를 부끄럽게 생각한다. 설사 결혼한 사이라 하더라도 성교할 때 남의 눈을 피하려고 한다. 그것은 '이 합법적인 자연의 행위가 그 징벌로서 수치를 동반하기' 때문이다.

견유학파(犬儒學派)에서는 그것을 부끄럽게 생각하여서는 안 된다고 주장하였다. 그리하여 디오게네스는 무슨 일에든지 개처럼 되려는 마음에서 성행위를 남들이 보는 앞에서 개처럼 하였다. 그러나 그도 한 번 이를 경험해 본 후에는 실제로 이 극도의 파렴치한 일을 다시는 하지 않았다고 한다.

육욕이 수치스러운 것은 그것이 의지에서 떠나 있는 것이다. 성교(性交)를 하려면 성욕이 필요하다. 아담이 만일 선악과를 멀리하였던들 성교는 성욕 없이도 행할 수 있었을 것이다. 성적인 신체 부위도 우리 육체의 다른 부위와 마찬가지로 의지에 복종하였을 것이다. 성교에서 성욕이 필요하게 된 것은 아담의 범죄에 대한 형벌이다.

천사와 악마 이브로 하여금 하나님께 불복하여 선악과를 먹도록 유인한 것은 악마였다. 어거스틴은 천사와 악마에 관한 논의에서 천사는 선할 수도 있고 악할 수도 있지만, 악마들은 언제나 악하다고 주장한다. 이교잡신(異教雜神)들에 대하여, 그 잡신들은 존재하며 그들은 악마들이라고 한다. 이 잡신들은 인간에 대하여 추악한 이야기를 하기 좋아한다. 그들은 인간이 타락하기를 원하기 때문이다.

구 원 다음으로 어거스틴은 구원(救援, redemption, salvation)에 대하여 말한다. 아담의 범죄는 전 인류를 영원한 고통에 빠지게 하였다. 그러나 하나님의 은총으로 말미암아 많은 사람들이 멸망에서 구원을 받게 되었다. 구원은 전적으로 신의 자유스러운 선택에 달려 있다.

신은 인류를 두 부분으로 나누어 놓았다. 택함을 받은 자와 버림을 받은 자가 그것이다. 이것은 그들의 공로나 잘못으로 가려지는 것이 아니라, 신의 자의적인 선택으로 말미암은 것이다. 모두가 다 멸망을 받기에 적합하므로 버림을 받은 자는 불평할 아무런 이유도 갖고 있지 않다. 성 바울에 따르면 '저들이 악한 것은 버려져 있기 때문이며, 결코 악하기 때문에 버림을 받은 것은 아니다.'

어거스틴은 택함을 받기 위한 전제는 세례라고 고집하였다. 하나님은 세례를 받은 자 가운데서 구원할 자를 선택한다. 그러나 세례를 받을 자나 구원을 받을 자는 이미 예정이 되어 있는 것이다. 이 두 교리는 잘 조화되지 않는다.

후일 종교개혁이 있은 후 예정론을 극단적으로 주장하는 프로테스탄트들은 세례의 필요성을 포기하였다.

예정과 선택의 교리는 어거스틴의 독창(獨創)이 아니라 사도 바울의 것이었다. 어거스틴은 바울보다 더욱 충실하게 논리적인 발전을 시켰을 따름이다.

펠라기우스 논쟁 성 어거스틴의 신학 중에서 가장 영향을 많이 끼친 부분으로서 펠라기우스(Pelagius)를 반박한 논쟁이 있다. 펠라기우스(354~420·440)는 그리스어와 라틴어 두 가지에 유창한 교양 있고 명랑한 금욕주의자로서 설득력 있는 연설로 로마인들 사이에서 존경받은 인물이었다. 어거스틴도 한때는 그를 가리켜 성자(聖者)와 같은 사람이라고 말했었다. 그는 자유의지를 믿고 예정에 대한 가르침을 의심하였다. 그는 인간의 덕행(德行)을 중시하고 이것은 자기 자신의 도덕적인 노력에 의한 것이라고 생각하였다. 만일 올바로 행하고, 또 그 행위가 정통적일 경우에는 그 덕행(德行)의 보수로서 천국에 가게 된다고 가르쳤다.

오늘날 우리가 보기에 이러한 견해는 평범해 보이는 것인데, 그 당시에는 크게 문제가 되었다.

어거스틴은 펠라기우스의 견해를 문제삼아 오랜 투쟁을 벌였고 마침내 529년에 이르러 오렌지 종교회의에서 펠레기우스파는 이단으로 정죄되었다.

어거스틴에 의하면, 아담이 타락하기 전 자유의지를 갖고 있었으며, 따라서 죄를 멀리할 수도 있었다. 그러나 이브가 선악과를 먹은 후에 그들이 타락하게 되고 그것은 모든 후손에게 전해졌다. 그리하여 후손들은 아무도 자기 힘으로 죄에서 떠날 수 없고, 오직 신(神)의 은총만이 인간을 덕스럽게 할 수 있는 것이다. 우리는 저마다 아담의 죄를 상속하고 있으므로 영원한 멸망을 받기에 합당한 것이다. 그러므로 세례를 받지 않고 죽은 자들은 누구나, 어린아이들까지도 지옥에 떨어져 끝없는 형벌을 받을 것이다. 우리는 이에 대하여 불평할 이유를 갖지 못한다. 우리는 저마다 악을 짊어지고 있기 때문이다. 그러나 신의 자유로운 은총으로 말미암아 세례를 받은 사람들 중에서, 어떤 사람은 천국에 들어가도록 선택을 받는다. 이들이 곧 택함을 받은 자들이다. 이들이 천국에 가는 것은 그들 자신이 덕행을 하였기 때문이 아니다. 우리는 완전히 부패되어 있으므로 오직 신의 특별한 은총이 없이는, 이 은총은 오직 택한 자에게만 내리는 것이지만, 구원을 받을 길이 없다. 어떤 사람은 구원을 받고 나머지 사람은 멸망당하는 데에는 아무 이유가 없는 것이다. 다만 신의 자유로운 선택에 의한 것이다. 멸망은 신의 의로움을 나타낼 뿐이며, 구원은 그의 자비를 나타낼 따름이다. 이 어느 것이나 전부 그의 선함을 보여주고 있는 것이다.

이 어거스틴의 구원의 교리는 10세기 후 가톨릭 교회에 반기를 든 칼빈에 의해 부활되었다. 그러므로 그 이후로 가톨릭 교회에서는 그 교리를 주장하지 않게 되었지만, 성 바울의 서신에서 그러한 주장을 찾아볼 수 있다. 어거스틴은 바울의 서신을 마치 변호사가 법률을 다루듯이 하고 있다.

세례 받지 못하고 죽은 아이들은 멸망을 받는다는 교리는 충격을 주는 것이지만, 어거스틴의 죄에 대한 확신은 그만큼 확고부동한 것이었다.

그는 갓 태어난 유아까지도 사탄의 지체(肢體)라고 믿게 하였던 것이다.

암흑시대에 들어가기 전에 마지막으로 등장한 이 뛰어난 지성을 지닌 인물이 문명을 구하고, 야만인들을 몰아내고, 정치를 올바로 개혁하는 일 등에 관해서는 전혀 관심이 없고, 하나님을 너무 사랑한 나머지 철두철미하게 인간의 죄악성을 강조하는 잔인한 교리를 가르쳤다. 이것을 생각할 때 그 뒤의 다음 세대가 그 잔인성과 미신에 있어서, 다른 어느 시대보다도 심했다는 것은 결코 놀라운 일이 아니다.

로마의 멸망

3세기 말 이래 제위에 오른 황제들은 제국체계를 재건하기 위해 필사적인 노력을 하였다. 이 과정에서 콘스탄티누스(Constantinus: Constantine I, 306~337 집권) 황제는 군대 사병들이 대부분 기독교인인 현실을 감안하여 기독교를 공인하였다(313). 그러나 다른 한편으로 황제들은 황제의 전제권(專制權)을 강화하는 것이 제국체제를 유지하는 관건이라는 인식 아래 황제의 권위를 높이는 조처들을 취하였다. 부복(俯伏)과 같은 동방적 궁정 의례를 도입하고 황제의 호칭에도 공공연히 '신적인' 혹은 '성스러운'과 같은 수식어들을 덧붙이도록 하였다.

전제주의의 진전은 자연히 관료제의 확대를 수반했다. 증대된 황실업무는 보다 많은 관료들을 필요로 했으며, 또 속주 행정을 효율화하기 위한 혁신들도 관료의 숫자를 대폭 증가시켰다. 군대에도 개혁의 손길이 가해졌다. 군대 개혁은 모반(謀反)의 가능성을 봉쇄하고, 동시에 국경방위를 강화하는 데 역점이 두어졌다. 징병제를 부활하였다. 징병제만으로는 부족한 인력을 채울 수가 없어 국경 안팎의 외국인에게 국경 부근의 토지를 경작케 하는 대신 국경수비의 임무를 맡겼다. 이리하여 게르만인들을 군대에 충원하는 일이 촉진되었다. 관료의 부양과 군대의 유지를 위해서는 막대한 재정이 필요하였다.

황실재정을 확보하기 위해 화폐가치를 평가절상하고 임금과 가격의 상한제를 실시하였다. 그러나 이러한 재정정책은 완전히 실패하여 화폐 거래가 중단되고 물물교환이 되살아나는 웃지 못할 사태로 전개되었다. 정부도 이제 세금을 현물로 징수하고 군대와 관료들에게도 현물로 급여를 주는 일이 벌어졌다.

그리고 농민의 이농을 방지하고 세금을 부과하기 위해 「원적법」(原籍法)이라는 법률을 제정하여 농민을 토지에 발을 묶었다. 토지에 발이 묶인 자영농민 중에는 스스로 이웃의 유력한 대지주에게 토지를 바치고 그 보호를 구하는 사례가 많아졌다. 그렇게 함으로써 국가의 과중한 징세와 징집을 피하고 또 공권력의 붕괴로 인한 치안부재의 불안으로부터 벗어날 수 있었기 때문이었다. 그리하여 대영지의 농민들 사이에서는 중세 장원(中世 莊園)의 특징적인 사회구성으로 접근되어 가고 있었다.

농민들을 토지에 묶어둔 결과 중앙정부가 아니라 대지주 귀족들이 과실(果實)을 거두는 결과를 가져왔다. 대지주들은 막대한 재력을 이용하여 고위관직을 사들인 뒤, 그 직권을 이용하여 자신의 소작인들에게 부과된 조세와 징집을 기피하곤 했다. 대지주들은 더 이상 황제의 협조자들이 아니었다. 재정 적자를 관직매매로 메우려던 황제들의 고육책(苦肉策)이 상황을 더욱 악화시켜 이제 대지주들은 사실상 중앙정부로부터 독립된 왕국에 가까운 대 영지를 지배할 만큼 성장하였다.

마침내 4세기 말 게르만족의 대이동으로 로마침략이 본격화되었다. 원래 시베리아 우랄·볼가강 유역에 웅거하던 훈족(터키인과 몽골의 잡종)이 357년 갑자기 흑해 연안으로 쳐들어오자, 이들에게 밀린 게르만인이 서쪽으로 향하는 대이동이 시작되었고, 이들이 로마로 침입하였다. 376년에는 게르만족의 일부인 서고트족들(Visigoths)이 로마제국 서쪽에 있는 라인강을 꿰뚫고 로마제국에 물밀 듯이 쳐들어와, 황제가 굴복하여 그들이 드라이카에 머물러 사는 것을 허락하였다.

378년에는 동고트족(Ostrogoths)이 북쪽으로부터 다뉴브강을 건너서 로마제국에 침입하였다. 이번에는 테오도시우스(Theodosius Ⅰ, 379~395)

오도아케르와 항복한 젊은 황제

황제가 로마 영토 내의 거주를 거부하고 끝끝내 전쟁을 하다가 전사를 하였다. 그의 두 아들(Arcadius & Honorius)간의 후계문제를 해결하는 방책으로서 395년 제국을 동서(東西)로 분할하여 통치키로 하였다.

410년에는 다시 알라릭(Alaric)이 인솔한 서고트족이 로마를 침입, 로마시를 공략한 끝에 '영원의 도시 로마'를 함락시켰다. 세계의 종말이 온듯하고 헛된 세상을 한탄하지 않을 수 없었다. 로마시는 불타고 유린되었으며 땅 위에는 어디나 로마인이 피난가고 있거나 인질로 잡혀가고 있었다.

알라릭

로마가 멸망할 수 있는 여건을 다 갖추고 있었으나 정작 멸망에 도장을 찍은 476년의 사건은 좀 허무한 것이었다.

황실경비대는 단순히 황실만 경비하는 부대가 아니라 야전군의 일부를 구성하는 기동부대였는데 이 부대의 대장이며 게르만계(系)이지만 부족은 불분명한 오도아케르(Flavius Odoacer, 433~493)가 그의 부하에 대한 상여금으로서 이태리 내(內)의 땅을

오도아케르의 이태리왕국, 서기 480년

줄 것을 원로원에 요구하였다. 이에 대하여, 서로마의 마지막 황제가 된 로물루스 아우구스툴루스(Romulus Augustulus)의 아버지이자 실권자인 오레스테스(Orestes)는 땅 대신에 봉급을 인상해 줄 것을 제의하는 한편 동로마 황제에게 원병(援兵)을 요청하였다. 원로원 의원들은 동로마가 개입할 경우, 원로원에 대해, 동로마에서처럼 세금을 부과할 것을 우려하여 오도아케르의 손을 들어주었다. 당시 서로마 원로원 의원은 오늘날의 금액으로 환산하여 1,500~2,000만 달러(美貨)의 연봉을 받고 있었다. 오도아케르는 오도아케르대로 오레스테스를 향해 무장 봉기를 하여 그를 붙잡아 그 자리에서 살해하였다. 이어 오도아케르는 라베나(Ravenna)의 황궁에 입성하여 소년 황제 로물루스 아우구스툴루스를 후한 연금을 주어 퇴위시켰다. 로마제국은 이렇게 멸망하였다.

오도아케르는 스스로 이탈리아 왕을 칭하며 지배자가 되었다. 그후 그는 493년까지 로마를 지배했다. 그를 뒤이은 자는, 동고트족 30여 만 명을 이끌고 이탈리아로 진격하여 오도아케르를 전장(戰場)에서 굴복시킨 동고트족의 족장 출신인 테오도릭(Theodoric)으로서 526년까지 이탈리아의 왕이 되어 지배하였다.

오도아케르는 로마인과의 공생(共生)을 도모하여 전래(傳來)의 로마 제도를 전혀 바꾸지 아니하였다. 자신의 게르만인은 군대만을 장악하고 나머지 행정·사법은 로마인에게 맡겼다. 원로원도 그대로 인정하였다. 오도아케르 자신은 아리우스파(派)였으나 가톨릭에 대해 어떠한 탄압이나 박해도 가하지 않았다. 그는 가톨릭인 동로마제국의 긴 손이 뻗쳐오는 것을 경계하였으며, 동로마에 대해 정중한 태도를 잃지 않았다. 테오도릭도 오도아케르의 정책을 고스란히 계승하였다. 이 '야만인' 출신 왕들은 그들의 거처도 예부터 써 오던 라베나의 황궁을 그대로 사용하였다. 이탈리아 반도에 사는 로마인에게는 지배자가 바뀌었을 뿐이지 다른 것은 바뀐 것이 없었다. 오도아케르-테오도릭 치하에서 평화가 유지되었고 사회는 활기를 되찾았다. 이 시기를 역사가들은 '팍스 바르비리키'(Pax Barbiricii, 야만인에 의한 평화)라고 부르기도 했다.

유스티니아누스 황제

테오도릭이 죽은 그 다음 해(527)에 동로마제국에서는 유스티니아누스(Justinianus)가 황제가 되어 565년까지 통치하였다. 유스티니아누스는 힘이 닿는 대로 서로마제국을 다시 정복하려고 하였다. 그는 535년에 이탈리아로 쳐들어가서 처음에는 고트족에게서 승리를 거두었다. 가톨릭 교도들은 그를 환영하였으며, 그는 야만인들에게 대항하는 로마의 대표자가 되었다. 그러나 유스티니아누스의 군사적 무지로 인한 잘못된 명령으로 서로마를 재탈환할 수 있는 기회들을 놓쳐버렸고 고트족은 다시 반격을 하여 이탈리아 반도에 대한 지배를 유지하였다. 이 전쟁은 18년이나 계속되었다. 이 동안에 로마시와 이탈리아는 1세기여 전 야만인들이 침략을 했을 때보다도 더 심한 재난을 당하였다.

로마시(市)는 다섯 번이나 점령되었다. 즉 동로마 병력에게 3번, 고트족에게 두 번이나 재점령되자 로마시는 조그마한 소읍(小邑)으로 변해 버렸다. 도로는 황폐하고 역마(驛馬)는 사라졌다.

제 7 장

중 세 사 회

중세(中世, Middle Age)의 시대구분은 학자에 따라 다소 다르나, 사회의 객관적 여건이 사상에 영향을 미친다는 점(그 逆도 성립)을 중시하는 입장에서 볼 때는 서로마제국의 멸망이라는 여건상의 대변화가 일어난 시점을 중세의 시작으로 잡는 것이 무방할 것이다.

이렇게 할 때, 중세는 게르만인(人) 용병대장 오도아케르(Odoacer)에 의해서 서로마제국이 멸망한 476년부터 르네상스가 발생한 14~15세기까지 약 1000년의 기간이다.

중세는 그 주인공과 무대가 로마시대의 그것과는 다르다. 로마시대에는 로마인들이 주역이었으며 무대는 지중해가 중심이었다. 로마제국의 영토는 지중해를 내해로 하여 그 주위를 빙 둘러싼 다양한 육지로 구성되어 있었다. 그러나 중세는 게르만인에 의한 유럽세계로 특징지어진다.(그렇다고 해서 중세에서 로마인의 역할이 영 사라졌다는 뜻은 아니다). 로마시대에 게르만인은 로마인들이 용병으로나 써먹던 외인(外人)이었고, 문명이 뒤떨어진 '야만인'으로 취급되었으나 이제는 그들이 역사의 주인공으로 등장한 것이다. 서로마를 멸망시키고 이태리의 왕이 된 오도아케르와 그의 후임인 테오도릭(Thedoric)도 게르만인이었지만, 유럽 대륙에 새로운 제국을 건설한 왕과 황제도 게르만인들이었다. 게르만인들의 등장은 로마가 허물어진 후 혼란과 분열의 땅인 유럽에서였고, 그래서 이제는 유럽이 세계의 중심지가 되어, 역사·문화적으로 유럽세계가 출현하게 된 것이다.

중세는 시기적으로 서기 1000년을 경계로 하여 사회 문화적 특색이 약간 다른 2단계로 구분할 수 있다. 첫 단계인 5~10세기까지 중세 전기는 서로마가 멸망한 이후, 남겨진 혼란스러운 공간에서 게르만족에 의해 프랑크 왕국이 건설되고, 뒤이은 영토의 확장과 왕국(王國)의 분할 등으로 혼란과 동요가 매우 심하던 시기이다. 이 전기의 전반(前半)에 해당하는 5~8세기는 문화와 학문이 전혀 발달하지 못한 기간이었던 관계로 흔히 암흑기(dark age)로 간주된다. 이 시기에 확고한 목표와 조직을 갖춘 기관은 오직 교회였다. 교회는 세상의 혼란에 힘입어 교황권을 한껏 신장시켰으며 10세기에 이르면 타락상을 노정하기에 이른다.

후기는 대체로 1000년 이후 15세기까지로서 이 시기에는 세속 국가 권력과 가톨릭 교회가 길항(拮抗)하는 관계로서 오히려 세력 균형이 이루어지고 중세사회의 별명인 봉건제도가 성숙하였다. 봉건제(封建制)는 인신(人身) 관계가 충성과 보호를 근간으로 하는 주종관계(主從關係)로 특징지어지는데 이것은, 경제·사회·문화 등 삶의 모든 영역에 철저히 배어 중세 특유의 모습을 나타내었다.

후기의 후반부에 해당하는 13~15세기에는 십자군 원정의 실패와 상공업의 발달로 세속권이 강화되고, 교황권은 다른 세속권들과 병립하여 권력투쟁을 벌였으며 이 기간에 봉건제는 쇠퇴한다.

프랑크 왕국의 등장 프랑크(Frank) 인(人)이란 3세기경부터 라인강 하류의 북쪽과 동쪽에 살던 게르만족을 통틀어서 일컫는 말이다. 원래 게르만족은 훨씬 북쪽인 발틱해와 북해(北海) 연안에 반(半) 유목민으로 살았었는데 기원전 6세기경부터 남하(南下)하여 라인강과 다뉴브강을 경계로 주로 그 북쪽에 산재하였다.

게르만족이 들어오기 전에 이 지역에는 켈트(Celt) 족(族)이 살았다. 켈트족은 정착생활을 하는 농민들이었고 게르만족보다 문명적으로 앞서 있었다. 게르만족이 이 지역을 침입한 후 켈트족과 완전히 혼합이 되어 신체적으로 구별할 수 없게 되었으며 언어는 켈트어와 게르만어가 혼용되었다. 다시말해 3세기경에 프랑크족이라고 불린 게르만족은 좀더 엄밀히 말하면 켈트족과 게르만족의 혼혈이었다.

프랑크인들은 로마의 집정관 줄리어스 시저가 벌인 골(갈리아) 정복 전쟁(58~50 B.C.) 이래 로마 군대와 접촉이 있었다. 그후 로마의 제정 후기(帝政後期)에 이르러 게르만인을 용병으로 사용할 때에는 사단규모의 독립부대로까지 편성하기도 하였다. 그리고 로마 군대에서 프랑크인으로서 유능한 장교들도 많이 배출되었다.

이렇게 로마 군에 복무하는 프랑크인이 있는 반면에, 로마 군에 대항하거나 로마 영내로 침입하는 프랑크인 집단들도 많았다.

골 북쪽 지방의 한 프랑크 부족왕의 아들인 클로비스(Clovis)는 이 지역에 주둔한 로마 군에 소속한 장교이었다. 그는 나중 로마 군을 이탈하여 다른 프랑크 부족들을 평정하고 서기 481년에 자신의 왕국을 세웠으니 이것이 프랑크 왕국(王國)이다. 그는 490년까지는 마스강(River Mass)의 서쪽 지역에 있는 부족들을 완전히 정복하였고 509년에는 콜로뉴(Cologne) 왕국(王國)을 정복함으로써 골 지역의 대부분을 장악하였다. 클로비스는 메로빙가(Merovingian) 출신이었으므로 그의 후손들이 왕위를 계승한 751년까지를 「메로빙조(朝) 프랑크 왕국(王國)」이라고 한다.

클로비스

클로비스는 496년에 성 레미(St. Remi)에 의해 세례를 받고 가톨릭 (삼위일체의 교리를 따르는)으로 개종하였다. 프랑크족의 전통적 신앙은 다른 게르만 종족들과 마찬가지로 다신교였다. 신들 중의 주신(主神)은 퀴노타우르(Quinotaur)라는 이름의 물(水)의 신이었는데 메로빙가(家)가 이 신(神)의 후예인 것으로 알려졌었다. 클로비스는 세례 받기 3년 전에 가톨릭 신도인 클로틸다(Clotilda)라는 이름의 부르군디(Burgundian, 게르만 족의 하나) 여성과 결혼했었다. 그가 세례를 받자 3천 명의 부하 군인들이 그 자리에서 함께 세례를 받았다. 클로비스의 가톨릭에로의 개종은 장차 유럽의 기독교화(化)를 예고하는 것이었다.

클로비스 사후(死後) 메로빙가(家)의 역대 왕들은 무능하여 8세기 초 마침내 왕정(王政)을 통제하지 못하는 무정부 상태에 빠지게 되었으며 궁정 집사장(宮廷執事長)인 칼 마르텔(Karl Martel)이 왕의 역할을 대신하였다.

칼 마르텔의 아들 피핀(Pipin the Short) 또한 유능한 사람으로서 국내의 반란 세력을 격퇴하고 이슬람 군의 침입을 저지하였다. 피핀은 교황과 협상을 벌여, 자신이 메로빙 왕조를 무너뜨리고 왕위에 오르는 것을 교황이 양해하는 대신에 교황에게는 라베나(Ravenna) 부근의 광대한 토지를 기증키로 하였다. 이것이 바로 교황령의 기원이 되었다(후술). 이렇게 하여 성립한 것이 프랑크 왕국의 캐롤링 왕조(Carolingian)이다(751~846).

피핀의 아들인 칼 대제(大帝, 768~814. Karl der Grosse(독일에서의 호칭). 샤르르마뉴(Charlemagne: 프랑스에서의 호칭) 또는 찰스 1세(Chares I)라고도 부른다)는 중세의 보기드문 인걸로서 그의 재위 46년 동안에 서유럽과 중유럽을 전부 정복했으며 이로써 전 유럽을 포괄하는 광대한 지역에 프랑코의 지배와 기독교 문화가 결합된 하나의 통일체를 가져왔다. 그는 영토가 확장될 때마다 교회에 토지를 기부하고, 포교단을 보내어 유럽인들을 개종시키는 데에 주력하였다. 레오 3세(Leo Ⅲ, 795~816) 교황은 800년 12월에 그에게 「로마의 황제」라는 칭호를 주었다.

칼 대제가 사망하고, 그의 아들 루이 1세(Louis I , 814~840)를 거쳐 손자대에 이르렀을 때, 세 왕자 사이에 상속을 둘러싸고 내란이 일어났다. 그 해결책으로서 843년에 베르딩(Verdun) 조약을 맺어 왕국을 셋으로 분할하기로 결정하였다. 장자 로타르(Lothar)는 황제의 직위와 함께 중부 프랑크와 이탈리아를, 찰스(Charles)는 서 프랑크를, 루드비히(Ludwig)는 동 프랑크를 각각 분할받게 되었다.

870년에 다시 메르센(Mersen) 조약을 맺어 중부 프랑크를 균등하게 (조세에 근거하여) 이분(二分)하여 동·서 프랑크에 귀속시켰다. 이리하여 이태리, 프랑스(서 프랑크), 독일(동 프랑크)로 분립(分立)하게 되었다. 이 3국에서는 어느 곳에서도 캐롤링 혈통이 지속되지 못하고 각각 새로운 여러 왕조(王朝)들이 들어서는 가운데 각각 딴 길을 걸으며 역사를 지어갔다. 그러나 적어도 중세 동안에는 사회·경제·문화적으로 공통점을 지니고 있었다.

신성로마제국

베르딩·메르센 조약에 의해 분할된 이후 동 프랑크에서는 캐롤링 왕통이 911년에 단절되고, 잠시 프랑켄(Franken) 가(家)가 왕위를 이었으나 919년 작센(Saxon) 가(家)로 왕통(王統)이 옮아갔다. 작센가의 제2대 왕인 오토 1세(Otto I, 912~973)는 내전의 혼란을 겪고 있는 이태리를 침공하여 스스로 이태리 왕을 겸하였다. 이때부터 이태리 왕국은 동 프랑크 왕국과 하나가 되었다. 교황은 그에게 제관(帝冠)을 수여하고 황제의 칭호를 주었다. 이리하여 성립(962)된 제국(帝國)을 후일 신성로마제국이라 부르게 된 것이다(원래 캐롤링家의 프랑코 왕에게 주어졌던 황제의 칭호가 이태리 왕에게 전승되었다가 이제 동 프랑크의 왕에게로 옮아간 것이다).

오토 1세 이후 제위(帝位)는 여러 가문을 전전하였다. 11세기 초에 황제는 성직자에 대한 서임권(investiture)을 행사하려다가 교황과의 다툼이 일어났다. 그 결과로 황제의 권위가 위축되고 영내의 교회와 대제후들의 자주권이 강화되었다. 13세기에는 황제를 선임하지 못하고 궐석으로 남겨둔 장기간의 공위시대(空位時代, interregnum: 1246~1273)가 있었다. 1356년에는 이른바 금인칙서(金印勅書, Golden Bull)를 채택하여 7명의 대제후에게 황제를 선출할 권한을 줌으로써 제후의 지위가 높아지고 황제의 권한은 명목에 그치게 되었다. 금인칙서가 담고 있는 가장 의미심장한 내용은 황제와 국가가 반드시 일치할 필요가 없다는 것이었다. 즉 황제는 황제고 국가는 국가로서, 황제가 제국 전체

오토1세 초대 신성로마제국 황제

를 관리할 이유가 없다는 취지였다. 이후 황제는 자기 소유의 토지를 관리하는 일에만 전념하였다.

1438 이후 오스트리아의 합스부르크가(家)가 제위를 세습하게 되었으나 제국의 이름은 형식에 불과하고, 조그마한 공국(公國)들이 자립적으로 존재해 오다가 나폴레옹 전쟁 때 프란시스 2세(Francis Ⅱ) 황제를 끝으로 신성로마제국은 소멸하였다.

암흑기와 기독교

로마가 멸망한 이후 200~300년 동안(5세기 중엽~8세기 말)의 암흑기에 특기할 사항은 교회의 성장이었다.

로마 몰락 과정에서 일어난 살육·약탈·방화·피난 등 세계가 종말을 맞이한 듯한 현실세계의 암운은 기독교의 교세 확장을 촉진시켰다. 현실에서 불안과 공포에 사로잡힌 사람들은 신의 가호를 기대하게 되었고, 한편 국가권력의 약화는 교세를 확장할 수 있는 여백을 제공하였던 것이다. 무너지는 현실세계가 거름이 되어 기독교의 양육을 도왔다고 할 수 있다.

실상인즉, 로마가 붕괴하여 혼돈에 빠져 있을 때 오직 교회만이 힘을 발휘할 수 있는 통일된 세력이었다. 로마 붕괴 당시 교회의 조직은 로마의 국가조직을 본뜬 주교(主教) 단위의 교구(教區)와, 교구들을 통합한 대교구(大教區)로 조직되어 있었다. 대교구는 다시 5대 본산(五大本山), 즉 로마(Rome), 콘스탄티노플(Constantinople), 안티오키아(Antiochia), 예루살렘(Jerusalem), 알렉산드리아(Alexandria)의 그것으로 편성되어 있었다.

이 5대 본산 가운데 로마를 제외한 나머지 4대 본산은 모두가 동로마제국 내에 위치한 것이었다. 로마 본산의 대주교에게만은 특별히 '교황'(Pope)이라 칭하기로 하였고 그는 자기 지역 내의 주교들에 대해 통제권을 갖기로 하였다.

그러나 나머지 4대 본산의 대주교들은 자신들이 교황과 동등한 지위에 있다고 생각했다. 이 모두는 동로마제국에 속해 있었기 때문에 동로마황제의 권위는 받아들일지언정 멸망한 제국의 서쪽 교황에게 복종할 이유가 없었다. 동로마에서는 황제가 교회 전체의 수반이 되어 대주교를 포함한 사제(司祭)들을 서임(敍任)함으로써 교회국가가 되었다.

서로마 멸망 후 로마시(市)와 인근 지역에 대한 정치는 교황의 손에 들어가, 혼란기에 치안을 유지시킨 데에 크게 이바지하여 신망이 높았다. 교황권은 증대되어 갔다.

질서의 붕괴와 혼돈의 세계에서 가톨릭 교회만은 전도사업을 벌이고 수도원을 설치했으며 양검론(兩劍論)과 같은 이론으로 세속권에 대항하여 교황권을 확대하였던 것이다.

전도사업 로마교회는 암흑기에 전도사들을 멀리멀리까지 파견하여 열심히 전도를 하였다. 그래서 변방에는 신자와 사제들이 생겼고 그들에 의해 사원(寺院)과 수도원(修道院)이 증설되었다. 이 사원들에서는 고전을 연구하고 고대문화를 어느 정도 보존하였다.

8~9세기부터는 학문연구가 중심부(로마교회)로 옮겨졌는데 이때 로마교회는 변두리의 사원들 덕분에 지적 원조를 받을 수 있었다.

수 도 원 여기서 우리는 수도원(修道院)에 대해 언급할 필요가 있다. 수도원은 처음은 하급사제(下級司祭)들에 의해 기독교가 공인되기도 이전인 이미 3세기 후반부터 동방교회의 세력권인 이집트와 시리아 지방에서 먼저 일어났다.

수도원은 교회조직 밖에서 자발적으로 설립되어 이곳저곳에서 나타났는데 6세기엔 알프스의 북쪽에도 수도원들이 생겨났다. 성 제롬은 이 제도를 크게 발전시켰고, 성 어거스틴은 아프리카에서 도왔다.

초기의 수도사는, 일부 염세적 부유층 출신도 있었으나 대다수가 박해받거나 영락한 빈민, 해방된 노예, 농민 및 수공업자 출신이었다. 그들은 사회악이 사유재산·소유욕·가족·국가·신분차별에서 비롯되는 것이라고 믿고, 이로부터의 탈출을 위해서는 금욕과 은둔과 고행의 생활을 실천하여야 한다고 생각했다.

그들이 스스로를 부양하는 방법으로는 노동을 하거나, 구걸을 하거나 둘 중의 하나였다. 도시 룸펜 프로레타리아(lumpen proletariat)이었던 수도사는 구걸을 택하였으나 대부분의 수도사들은 노동을 택했다. 그래서 수도원은 농경·원예·대장일·염색·가죽무두질·구두제조 등의 일을 하는 경제적 공동체였다. 그들은 보통 7시간을 육체노동하고, 그리고 7시간 수면, 7시간 기도, 2시간 공부, 1시간 식사로 하루를 보내는 경건한 생산자였다. 그들의 경건한 생산활동은 영주들로 하여금 수도원이 자기 영지내에 설립되는 것을 환영하게 하였고, 도와주기도 하였다.

수도원은 외부로부터의 헌납과 기부 등으로 차츰 부자가 되어 점차 공부할 시간이 늘어났다. 수도사들은 필사(筆寫)·번역·문헌정리를 하였다. 11세기에 스콜라 철학이 나오기까지, 특히 5~8세기 동안에는 아무런 학문적 업적이 없어 이 시기를 암흑기로 칭하지만 이 암흑기간 동안에 수도원에서는 학문의 정리가 있었던 것이다. 각 수도원들은 각기 수십 권에서 수백 권씩의 장서(藏書)를 간직하고 있었다.

수도승들이 생기기 전부터 수녀들이 있었던 것 같다. 3세기 중엽부터 이미 수녀가 나타났었다. 수녀들은 청결을 거부하여 몸을 씻지 않았고, 무덤 속에 들어가 잠을 자기도 하였다.

성 베네딕트 수도원 제도를 설립한 사람들 가운데서 가장 중요한 인물은 베네딕트(St. Benedict, 480~543)이다. 그는 베네딕트 교단의 창시자로서 520년경에 몬테 카시노(Monte Cassino, 로마와 나폴리 중간지점)에 수도원을 창설하고 「베네딕트 수도원 규칙」을 제정하였다.

베네딕트는 480년경 누르시아(Nursia)에서 한 귀족의 아들로 태어났다. 그는 수도사가 되기 전에 원래는 로마에서 인문학의 교육을 받았다.

성 베네딕트

그는 많은 사람들이 그러한 학문으로 타락과 음란한 생활에 빠져 들어가는 것을 보고 세상으로부터 발길을 돌이켜 버렸다. 그는 자신이 무신론자가 될까봐 두려워하였다. 그는 책과 부친과 집과 재산을 버렸다. 오직 신만을 섬기려는 굳은 신념을 가지고 20세 때 수도사가 되었으며 고행길에 나서 그의 목적을 달성할 수 있는 장소(동굴)로 찾아갔다. 그는 이와 같이해서 학식 있는 무지(learned ignorance)로부터 학식 없는 지혜(unlearned wisdom)를 찾는 길을 택했던 것이다.

그는 다른 은둔자들과 마찬가지로 육신의 유혹과 싸웠다. 어떤 여인을 보고 영혼이 음욕으로 불붙어 광야를 버리려고도 생각하였으나 곧 마음을 돌이켜 옷을 벗어 던지고 알몸으로 가시덤불 위에 뒹굴었다. 이 성자는 "육신의 상처로 영혼의 상처를 고쳤다"고 회상하였다.

베네딕트가 광야에서 고행을 할 때 그를 찾아 나섰던 목자들이 그가 걸친 가죽 털옷을 보고, 그를 짐승인 줄로만 알았다. 그러나 그가 하나님의 종임을 알았을 때, 목자들은 오히려 자신들의 생활이 짐승과 같다는 것을 깨닫고 경건과 헌신의 생활로 들어갔다고 한다.

베네딕트는 그의 「규칙」에서 고행이 경쟁인 양 가장 혹심한 고행을 하는 자를 가장 신성시하던 폐단을 일소해 버렸다. 즉 규칙이 정한 이상의 고행을 하려는 자는 수도원장의 허가를 받도록 하였다. 그의 규칙은 육체노동이 수도생활의 기초라고 가르치고 있다. 수도원장은 큰 권한을 갖고 있었으며 종신직으로서 선거에 의해 선출되었다. 원장은 규칙의 한계 내에서 수도사에 대해 독재권을 행사하였다. 수도사들은 마음대로 이 수도원을 떠나 다른 수도원으로 옮겨 갈 수 없었다. 이 수도원의 도서관은 유명하며 수도사들은 학문을 연구하였고 이로 말미암아 후일에 많은 공헌을 하였다.

양 검 론 이 암흑의 시기에도 다시금 황제권과 교황권을 대비시켜 교황권을 이론적으로 비호한 인물이 있었다. 앞서 성 어거스틴은 그의 「하나님의 도시」에서 '하나님의 도시'와 '인간의 도시'를 대비하여 교황권이 황제권보다 우위임을 시사한 적이 있었다.

고트족(族)으로서 정복자인 데오도릭 왕(王)의 치세(治世) 때에 교황직에 있었던 겔라시우스 1세 (Gelasius I, 재임 492~496)는 이른바 양검론(兩劍論)을 주장하였다. 즉 그리스도 사회는 두 개의 권위인 정신적 권위와 세속적 권위에 지배되며 교회와 국가가 각각 이 두 권위를 대표한다. 그런데 이 두 권위의 목표는 동일한 것이다. 권위는 모두 영혼의 구제를 가능하도록 하기 위해 이 세상에서의 사항들을 관리하는 힘이라 할 것인데, 다만 두 권위는 각각 그 책임을 달리한다. 교회는 정신적 사항에 관한 것을 관리하는 권위이고, 국가는 세속적 사항에 관한 것을 관리하는 권위이다. 자기가 관리하는 영역에 있어서는 자기의 권위가 나머지 다른 권위에 비해 우월하지마는, 두 권위를 비교하여 어느 쪽이 우월한 권위라고 말할 수는 없다.

하지만 두 개의 권위가 동일하게 영혼의 구제에 목적을 두고 있는 점에서 그 책임에 있어서 교회가 국가보다 더 직접적이며, 따라서 교회가 최종적인 책임을 져야 하는 것이었다. 뿐만 아니라 정신적인 것에 관계되는 사항에 관해서는 종교계의 인간을 국가가 다루는 것을 거부했고, 국가의 지배자인 황제라 하더라도 교회의 구성원에 지나지 않는 것으로 간주하였다.

6세기부터 7세기까지는 교회와 국가와의 관계에 관한 논의에서 양검론(兩劍論)이 지배적이었다.

그레고리 대왕 암흑기에 교황권을 확고히한 중요한 인물에는 또한 그레고리 대왕(Pope Gregory I the Great, 540~604)이 있다. 그는 교황으로서 대왕이라고 불린 처음 인물이다.

교황 그레고리 1세 대왕

그레고리는 로마시에서 부유한 한 귀족의 아들로 태어났다. 그는 좋은 교육을 받았고 법학을 전공했다. 그는 33세(573)에 로마시의 한 장관(Prefect)이 되었다. 그러나 종교가 부르자 그는 관직을 버리고, 자기 재산을 구제사업에 바쳤다. 자기의 대궐 같은 저택도 수도사를 위한 집으로 만들고 베네딕트 교단의 수도사가 되었다. 그의 집안은 종교적 배경이 강하였다. 아버지의 세 누이가 수녀였으며, 어머니 실비아(Silvia)는 성녀(聖女)였다. 그의 고조 할아버지는 펠릭스 3세 (Felix Ⅲ, 483~492) 교황이었다(고트족 데오도릭 이태리 왕이 임명한).

그레고리는 펠라기우스 2세(Pelagius, 577~590) 교황의 사절로서 579년부터 585년까지 콘스탄티노플(Constantinople)에 파견되어 동로마 황제에게 자문을 하였다. 585년부터 590년까지(45~50歲)의 5년 동안은 수도원 원장으로 있었다. 그리고 교황이 죽자 그레고리는 교황직(590~604)을 승계하였다.

그가 교황이 되었을 때 이태리는 황폐하였다. 이태리의 좋은 곳들은 롬바르드(Lombard) 족(族)이 점령하고 있었다. 그들의 약탈은 경제를 침체에 빠뜨렸다. 그들은 로마시 성문 가까이에 병영을 세워두고 있었다. 로마시는 온갖 신분의 피난민들로 가득 찼다. 그들은 길에서 살았으며 생활필수품이 거의 없었다. 정부는 저 멀리 콘스탄티노플에 위치하고 있었다. 정부가 이태리를 구원할 가망은 없어 보였다. 교황은 지원을 요청하여 정부에 밀사들을 보냈다. 그러나 허사였다.

다른 한편으로 그가 교황이 되었을 때 교황의 리더십은 제대로 발휘가 되지 않고 있었다. 골(Gaul) 지방의 교회 감독직은 그 지역 출신 인사들이 다 차지하고 있었고, 스페인의 비시고트족(族) 주교는 로마와 거의 접촉이 없었다. 이태리는 사실상 교황의 치하(治下)에 들어와 있었음에도 불구하고 롬바르드족(族) 귀족들과 유대인 적대자들의 방해로 교황권이 잘 미치지 아니하였다. 그는 교황권의 확립을 위해 다방면으로 노력하였다. 그는 콘스탄티노플로부터 지원도 더 이상 기다리지 않았다. 그는 고통받는 자를 구원하기 위해 교회의 재원을 조직화하였다. 그는 교회의 재원으로 실로 많은 빈민을 돕고 살려냈다.

당시 사회적 혼란이 심하던 환경에서 주교들이 성직을 매매하는 일이 흔하였다. 그레고리 교황은 주교들을 칭찬할 것은 칭찬하고 책망할 것은 가차 없이 책망하여 성직 매매를 경계했으며, 성직자들도 그의 권위를 인정하였다. 그는 주교들의 임무 지침서로 「목회규칙서」를 집필하여 주교들의 임직(任職) 때 이것을 주었다.

그레고리는 로마 대주교직의 우위를 재강조하였다. 로마의 대주교를 「교황」으로 부르고는 있었지만 아직은 널리 통용되지는 않았다. 그는 교황의 책임을 요약하여, 교황은 '하나님의 종들 중의 종'이라고 명명하였다. 누르시아의 베네딕트가 영혼 문제에 관한 한 자신의 절대적인 권위를 정당화했던 것과 같이, 그레고리는 그 사역(使役)에 있어서는 자신이 하나님에 대해 직접적인 책임을 지고 있다고 하는, 위계의 원리를 강조했다.

그레고리는 집단적인 참회도 중요하지만 이와 더불어 개별적인 참회도 죄의 정화를 위해 중요하다고 말했다. 그는 연옥(purgatory)에 대한 고전적 교리를 명시적으로 언급하면서, 영혼은 사후(死後)에 연옥에서 죄로 말미암아 정화(淨化)의 과정을 거쳐야 하거니와, 신이 축복하는 선행과 순종과 기독교인다운 행위를 통하여 이 세상에 살아있을 때부터 정화를 시작할 수 있으며, 그렇게 함으로써 연옥에서 치룰 고통을 가볍게 하고 짧게 줄일 수 있다고 가르쳤다(펠라기우스 논쟁에서 보여준 聖 어거스틴의 주장과는 다르다).

그레고리의 동로마 황제와의 관계는 조심스러운 외교적인 담담함이었다. 그는 그의 정열을 서방에 대한 전도에 쏟았다. 그의 메로빙가(家)

왕들에 대한 관계는 공손하였다. 이것은 그가 프랑크(Frank) 왕국과 교황이 동맹을 맺을 기초를 닦으려는 것이었고, 이것을 통해 그는 이 게르만 왕국으로 하여금 유럽의 심장부를 기독교로 개종시키는 첨병 역할을 하도록 의도하였다(이 일은 미래의 일로 남겨졌다).

그는 켈트(Celt) 왕국(王國)을 기독교로 개종시키기 위해 캔터베리에 어거스틴을 파견하였다. 이 일은 치밀하게 준비가 된 것이었다. 다름이 아니라 켈트 왕국의 왕과 멜로빙 왕가 공주와의 결혼을 중매하여 성사시키고, 공주에게 사제(司祭) 한 사람을 딸려서 시집을 가게 한 것이었다. 그레고리가 죽기 전에 켈트 왕국의 왕과 귀족이 기독교로 개종을 하였고, 캔터베리에는 기독교를 위한 토대가 형성되었던 것이다.

이교도들의 개종은 교권(敎權) 증대의 일부를 이루고 있었다. 프랑크족은 앞서 언급한 바와 같이 성 레미의 노력에 의해 클로비스(Clovis) 때부터 가톨릭화(化)하였다)(496).

이보다 앞서 아일랜드인들은 서로마제국이 멸망하기 전에 성 패트릭(St. Patrick)의 노력으로 개종하였다. 그는 432년부터 그가 죽은 461년까지 섬머세트슈어(Somersetshire)에 살면서 아일랜드인이 스코틀랜드와 잉글랜드 북방을 복음화하는 데 도움을 주었다. 그레고리는 북유럽 야만인들을 상대로 전도사업을 촉진하였다. 그는 영국으로도 전도사들을 보냈다. 이들 그레고리의 전도사들은 캔터베리(Canterbury)의 로마 수도승 어거스틴의 지휘 아래 이교도인 앵글로·색슨족을 개종시켰다. 전도사업은 성공적이었다. 영국으로부터 나중에는 전도사들이 네덜란드와 독일로 파송되었다.

고트족은 9세기가 끝나기 전에 울필라스(Ulphilas 또는 Ulfila)의 노력으로 개종되었다. 이 선교사업들은 성공을 거두었으며 이로 말미암아 유럽인들이 모두 기독교인이 되었다. 그가 죽자 즉시 '백성들의 박수'에 의해 그에게 성인(聖人)이라는 칭호가 붙여졌다.

이 암흑기의 위인들은 다른 시대에 태어난 위인들에 비교해 볼 때,

어느 정도 열등하다고 할 수 있지만 로마법, 수도원 제도, 교황권 등의 발전은 각각 유스티니아누스, 베네딕트, 그레고리의 공적으로서 앞으로의 기독교 역사에 큰 영향을 끼치게 되었다.

봉 건 제

중세 유럽에서는 로마에서 발달한 대토지 소유제의 유습(遺習)과 게르만족의 전통이었던 충성에 대한 보호의 주종관계가 혼합이 되어 중세 사회의 특징적인 사회·문화적인 제도로서 봉건제(封建制, Feudalism)가 등장하였고, 11~12세기에 성숙하였다. 봉건제는 몇 가지 두드러진 특징을 가지는데, 그것은 (1) 대토지 소유제, (2) 영주의 징세권과 재판권(Immunitas), (3) 가신제(家臣制)와 봉토제(封土制), (4) 장원제도(莊園制度), (5) 농노제도 등에서 드러난다.

대토지 소유제 프랑크 왕국은 그 성립 이후, 특히 8~9세기에 칼 대제가 이태리와 독일 지역을 포함한 영토의 확장 과정에서 구(舊) 로마의 황제령(皇帝領), 국고령(國庫領), 도시 공유지(都市公有地) 등을 손에 넣고 또 미개간지를 개간하고, 증여를 받기도 하여 국왕이 최대의 토지를 소유하게 되었다.

수도원과 주교좌 교회와 같은 종교기관들은 왕실을 비롯한 지배층으로부터 광대한 토지를 기증받았을 뿐 아니라 일반 대중들로부터도 종교적 보호라는 명분 아래 재산을 기부받았다. 기부자는 사실상 기증해 준 기관의 예속민이 되었고 기증된 토지는 「프레카리움」(Precarium)이라는 이름의 제도 아래 기부자가 일생 동안 경작하다가 그 후에 교회기관의 완전한 소유로 되었다. 일부 수도원은 삼림이나 황무지의 개간·겸병 등을 통해서 토지를 확대하기도 했다. 나중에는(13세기경) 교회가 유럽 토지의 약 1/4을 차지하였다.

왕국의 고위관리들의 경우에는 보수로서 토지를 수여받아 대토지 소유자가 되었다.

로마시대의 귀족·부호 가운데는 소유지의 일부를 게르만 정복자에게 빼앗겼으나, 스스로 성채를 쌓고 무장 병력을 끌어 모아서 자체 방어에 나서 대체로 성공을 거두었다. 구 귀족들은 이렇게 하여 여전히 많은 토지를 소유해서 봉건사회의 지배계급으로서의 명맥을 보전한 자가 적지 않았다.

그러나 스스로 자신의 안전을 도모할 수 없는 소규모 토지의 자유농민들은 세력가의 보호를 받기 위해 자발적으로 또는 세력가의 압력으로 가족과 재산을 세력가에게 투탁(投託)하였다. 그리하여 많은 자유농민이 9세기 이전에 자신들의 토지와 자유를 잃고 대토지의 일부를 소작하는 예농이 되었다.

9~10세기에 대토지제가 먼저 발달했던 루아르강(江)과 라인강 사이 지역에서는 농경지 가운데 최소한 70~74%의 압도적 부분이 왕실이나 수도원, 주교좌 교회 및 세속 귀족들에게 집중된 대소유지였다. 그후 자유지(alodis)의 흡수와 개간을 통해 대토지제는 중세를 통해 더욱 발달하였다.

영주의 징세권과 재판권 프랑코 왕국은 초기(5C)부터 징세권·재판권 등 공권력을 교회기관들에 부여했다. 이러한 특권을 부여받은 교회기관은 그 소유지 내에서는 국가 공권력의 지배를 받지 아니하고, 자신들이 공권력을 대신 행사할 수 있게 되었다. 이것을 공권면제(公權免除, Immunitas)라 한다. 이와 같이 왕의 지방관을 포함한 대토지 소유자들이 공권을 사적으로 보유함으로써 지방주민에 대한 경제 외적 강제력을 획득하였다. 877년에는 키르지(Kiersy) 칙령이 나와 지방장관직의 세습이 인정되어, 그들이 관할하는 행정구역이 독립적인 영지로 되는 토대가 마련되었다.

가신제와 봉토제 게르만족에게는 서유럽을 장악하기 이전부터, 유력자를 중심으로 하여 젊은 전사들이 코미타투스(Comitatus)라고 불리는 무장종사단(武裝從士團)을 만들어, 주로 약탈 활동에 종사한 적이 있다. 코미타투스는 전사들이 수장(首長)에게 충성을 바치는 대가로 수장은 전사들에게 약탈물 분배를 보장하는 쌍무적인 주종관계로 되어 있었는데 이것이 봉건적 가신제(家臣制)의 기원이라 할 수 있다.

8세기에 사라센인이 이베리아 반도에 침입하자 프랑코 왕국의 궁정 집사장인 칼 마르텔(Karl Martel)이 이들에 대항하기 위해 기병대를 창설하고, 기병으로 하여금 충성을 맹세케 하여 군사적 봉사를 수행하는 가신(家臣)이 되게 하였다. 그 대가로는 기병의 부양과 무장에 필요한 경비를 충당할 토지를 수여하였다. 이러한 쌍무적 조건에 의해 부여된 토지를 은대지(恩貸地, beneficium)라고 불렀다. 주군이나 가신이 사망하는 경우에는 토지의 보유가 종료되며, 가신이 의무 수행을 거부할 때에도 은대지는 회수토록 하였다.

당시 프랑코 왕국이 기병 양성에 주력한 것은, 농민의 예속화로 인하여 보병 병력의 징발이 어려웠고, 한편으로 7~8세기 무렵 동방으로부터 말을 탈 때 몸의 균형을 쉽게 잡을 수 있는 등자와 개선된 마구가 서유럽으로 전래되어 기병에 의한 가능성이 보였던 것이다. 이와 같이 새로워진 기병의 위력은 프랑코 왕국의 기병 부대가 이슬람 군을 대패시킨 732년 푸아티에(Poitiers) 전투에서 입증되었다.

그후 칼 대제(768~814)는 일정 수준 이상의 토지를 소유한 사람들에게만 군사적 봉사를 하게 하여, 기병은 토지를 보유한 그리고 전문적인 전사(戰士)로서의 자격을 갖춘 신분적 특권계급이 되었는데 이들이 이른바 중세의 기사계급(騎士階級)이다.

주군(主君)이 가신(家臣)에게 급부한 은대지는 처음에는 1대에 한하였으나 뒤에는 세습이 인정되고, 권리양도까지 가능하게 되었다. 이렇게 되자 가신이 다시 자신의 가신을 거느리고 그들에게 봉토(封土)를 분여하였고 또한 한 명의 가신이 2~3명의 주군을 모시는 경우도 생겨 나중에는 복잡한 6~7층의 계층이 형성되었다. 즉 왕과 대귀족(prince), 중소제후(中小諸候), 기사(騎士), 하급기사(下級騎士) 등의 계층(hierarchy)이 그것이다(귀족의 지위로서 공(公, prince)·후(候, marquis)·백(伯, count)·자(子, viscount)·남(男, baron)이 있는 것도 중세의 봉토에 의한 계층의 반영이다).

장원제도 장원제도(莊園制度, Manor, Grundherrschaft)란 영지(領地)의 내부 구성을 말한다. 국왕 및 대제후는 수천, 수백의 장원을 가지고 있었으며, 최하급의 기사는 한 개의 장원을 가지는 것이 보통이었다. 장원은 대개 1개 촌락을 중심으로 하여 그 주변의 토지를 포괄하고 있었다.

장원의 중앙에는 영주 또는 장사(莊司)(장원 관리인)의 저택, 사무소, 각종 수공업 공장이 있는 장원청(莊園廳, Manor House)이 있고, 장원청에 이르는 길 양편에 농민(주로 소작인)의 부락과 교회당이 있었다.

장원의 영지는 영주 직영지(Lord's demense)와 농민소작지(peasant's land)로 나뉘어 있었다.

직영지는 장사(莊司)가 노예의 노동과 소작인의 부역으로 경작하고, 농민소작지는 소작인에게 경작이 맡겨졌다. 직영지와 농민소작지의 비율은 대개 1대 4 내지 1대 6이었으나, 점차 직영지의 비율이 낮아졌다. 장원은 하나의 촌락공동체를 형성하였는데 그 구성원(주로 소작인)은 일반적 권리로서 택지(宅地)를 사유하고, 경지에 대한 이용권과 공유지를 이용할 수 있는 참가권을 가졌다. 이러한 권리를 지분(持分, hufe, hide)이라 하였다. 한 지분이 갖는 경지 이용권의 경지 규모는 일정치 않으나 30에이커를 넘지 않았다.

경작 방식은 삼포제(三圃制)였다. 춘경(春耕), 추경(秋耕), 휴경지(休耕

地)로 3분하여 3년을 주기로 차례대로 돌아가며 농사짓는 토지이용 방식이었다.

이즈음에 바퀴 달린 무거운 쟁기와 탈곡용 도리깨, 수력을 이용한 제분기(물레방아)가 새로이 도입되어 과거에 비해 현저히 생산성이 높아졌다.

농노제도 중세의 농민으로는 사유지를 경작하는 자유민과 영주직영지에 종사하는 노예와 대토지에 예속된 소작인이 있었으며, 사회구성의 지배적 요소는 소작인이었다.

소작인은 장원에 거주하면서 영주의 땅을 갈았는데 예속의 정도가 심했기 때문에 흔히 농노(農奴, serf)라고 불리었다. 이들은 1주일에 2~3일 영주 직영지에 나가 경작을 해 주어야 하는 부역(賦役)과 자신이 소작하는 토지에서 생산된 것을 공납(貢納)하는 것이 가장 큰 의무였다. 공납은 주로 현물이었으나 화폐경제가 되살아난 후에는 화폐로 바치기도 하였다.

농노들은 경작 부역 외에도 건물의 수리, 땔감 장만, 건물 경비, 동물 관리 등 영주가 필요로 하는 모든 잡다한 부역을 제공하였다. 농노의 부인들도 영주를 위해 직조, 재봉, 밀가루 빻기 등의 부역을 해야 했다. 농노는 이 밖에 영주에게 인두세(人頭稅), 사망세(死亡稅), 결혼세(結婚稅), 여의세(如意稅), 용익세(用益稅), 삼림용익세(森林用益稅), 10.1조(租) 등을 물어야 했다.

인두세(人頭稅)는 농노 각 개인이(살아 있다는 증거로서) 정기적으로 내야 하는 소액의 세금이었다.

사망세(死亡稅)는 소작하던 사람이 죽으면, 그 자손이 소작권을 물려받을 권한은 없으나 사망세를 내고 소작을 계승하였으며, 자손이 없을 경우에만 그 토지를 회수하였다. 사망세는 생산물·가축·화폐 등으로 납부시켰는데 여기에는 최상의 의복과 최상의 가축이 포함되었다.

결혼세(結婚稅)는 농노의 딸이나, 누이동생이 시집갈 때나 미망인이 결혼할 때에는 노동력의 감소를 보상하는 명분에서 일정액의 화폐를 바친 것이나, 타령(他領)으로 시집갈 때에는 물론, 동일 영내(領內)에서 시집갈 때도 납부하였다.

여의세(如意稅)는 농노가 우수 경작이나 가축 사육 등에서 수입을 올리면 영주가 임의로 부과했던 세금이다.

용익세(用益稅)는 농노가 영주의 독점물인 물레방아·제분기·양조장 등을 사용하였을 때 제조품의 일부를 바치게 하는 것이었다.

삼림용익세(森林用益稅)는 처음은 삼림을 공동으로 이용할 수 있었으나 나중에는 영주가 세금을 부과하였다.

10.1조(十一租)는 모든 속인(俗人)이 농산물이나 가축생산의 10분의 1을 교회에 바치는 것인데, 실제로는 100분의 1 정도였다.

그러므로 영주는, 당시에 장원을 중심으로 하는 자급자족적 경제체제를 구축하고 유지하기 위해 소작인들로부터 자급생활에 필요한 온갖 종류의 노역과 현물, 화폐를 징발했다. 이런 경제체제는 소작인의 인신(人身)에 대한 지배·예속과 연결된 막강한 영주의 권한으로 유지된 것은 말할 것도 없다.

봉건 중세의 교회

교회의 타락 여기서 우리는 대토지 소유를 기반으로 하는 봉건제(封建制)에서 교회의 위치나 역할은 어떠하였던가를 말할 필요가 있다.

8세기 이래 교회 영지를 소유하여 가장 직접적인 효력을 지닌 부(富)를 가지게 되자 교회는 자족으로 부에 초연해진 것이 아니라, 더욱더 부에 탐닉하였다.

교회는 그들의 종교회의에 의해 이단으로 정죄된 자들의 토지를 몰수하여 교회령(敎會領)에 편입시켰고, 종교적 구원을 구실로 하여 귀족들로부터도 많은 토지를 증여받았다. 교회령은 다른 장원과 마찬가지로 농노에 의해 경작되었다. 농노에 대해서는 공납과 부역을 부과하였고 인두세(人頭稅)와 10.1조(租) 등 각종 세금을 징수하였다.

신도들은 사제(司祭)로부터 성자상(聖者像)이나 성자(聖者)의 유골을 사면 구원이 따를 것이라는 설교를 들었으며, 교회는 성자의 유골을 위조하여 팔았다. 유골 가운데는 개 뼈다귀로 만든 가짜도 있었다.

일부 수도원에서는 소유 토지의 증대로 부(富)를 쌓자 타락의 기운이 생겨났고 수도사들도 귀족 가문에서 들어와 수도원의 분위기가 도박, 향응과 사냥으로 바뀌고 수도사 2명에 3명꼴로 고용인을 부려 심부름을 시켰다.

교회는 신도들에게 평화와 자비와 복종을 설교했다. 평화 교시(平和敎示)는 농노들의 저항을 꺾는 역할을 했으나 영주들은 자비롭지 아니하였으며 농노들도 반드시 복종만 하는 것이 아니었고 때로는 영주를 약탈·살육까지 하는 농민 반란이 있었다.

교회에서의 가장 큰 설교는 천당과 지옥과 최후의 심판에 관한 것이었다. 최후의 심판과 천당·지옥에 대한 관념은 중세인들의 의식을 가장 크게 지배한 것이었다. 고통스러운 현세는 일시적인 것이고 내세는 영원한 것이라고 믿었다. 농노들은 현실에 대한 고통이 큰 만큼 내세에 대한 생각이 더욱 깊었다. 고해와 기도가 죄를 사하는 것으로 믿었다. 이때의 설교는 정통적인 교리나 연마된 철학에서 나오는 것이 아니라 금품 갈취를 위한 마구잡이의 협박이었다. 교회의 타락은 8~10세기에 심했다.

교회는 구제사업으로 수익의 4분의 1을 빈민들에게 구휼하였다. 교회의 수익은 교회령에서 나오는 수입과 신자들로부터 들어오는 10.1조를 비롯한 헌금과 신자들을 대상으로 한 착금(搾金) 행위로 얻는 수입 등이었다. 교회가 수획하여 갖고 있는 현물 가운데서 빈민 구제 사업에 출연한 후의 그 나머지의 것은 시장(市場)에 내다 팔았다. 교회의 순 수입은 교회당 건립이나 교회 조직의 관리와 선교 및 부정부패 행위에 사용되었다.

교황권의 전개

위세와 퇴락 중세 전기(前期)에 교회는 신권(神權)뿐만 아니라 지상권(地上權)에서도 그 위력이 컸다.

교황 스테판 3세(Stephen Ⅲ, 752~757)는 754년, 이탈리아로 침입하는 롬바르드인(Lombards)을 피하여 알프스를 넘어, 얼마 전에 사망한 프랑코 왕국의 궁정 집사장이었던 칼 마르텔의 아들 피핀(Pipin)을 찾아갔다. 교황은 방문 목적인 군사적인 보호를 요청하였으며, 이에 대하여 피핀은 교황에게 자신이 왕위를 계승하도록 합법성을 부여해 줄 것을 부탁하였다. 이것은 교황만이 베풀 수 있는 것이었다(이리하여 캐롤링 왕조가 출범하였다).

피핀은 그 대가로서 교황에게 라베나(Ravenna)와 이태리의 총독령(總督領)(동로마제국의 관할) 전부를 내주었다. 그러자 콘스탄티노플은 이와 같은 처사를 인정할 수 없었으므로 자연히 동로마제국과의 정치적인 충돌이 일어나게 되었다. 교회는 피핀의 선물에 대해서 합법성을 가장하기 위하여 허위 문서(The False Decletals)를 만들었다. 즉 토지 증여는 수 세기 전에 콘스탄티누스 황제가 내린 칙령에 의거한 것처럼 가장하였다. 허위 문서는 콘스탄티누스 황제가 로마제국을 재건하자, 옛 로마와 서방의 모든 영토를 교황에게 내주었다는 내용이었다. 이리하여 교황청은 피핀으로부터 기증받은 땅의 귀속을 확보하였다. 이 허위 문서는 중세기 전반을 통하여 순수한 문서로서 인정되었다(처음으로 허위 문서임을 폭로한 사람은 르네상스 시기인 1439년의 Lorenzo Valla였다).

한편 이 시기 동로마제국(비잔틴) 교회는 황제의 지배 아래 있었다. 비잔틴 황제들은 주교의 임명과 폐위뿐 아니라 대주교에 대해서까지도 임면을 마음대로 하였다. 그러나 동로마제국의 대주교들은 황제에게는 예속될지언정 교황의 권위에는 예속되어 있다고 생각지 아니하였다. 서방 교회와 동방 교회가 결국 분열하게 된 주요 원인은 동방 교회들이 교황의 지배하에 있기를 거절하였기 때문이다. 그리하여 동로마 교회에서는 황제교황주의(Caesarpapism)에 의한 독특한 교회조직을 형성하였다. 다른 한편으로 동로마 황제들은 8세기 이래 십자가나 조각품보다는 성모(聖母)나 성인(聖人)들의 화상(畵像)을 걸어놓고 예배할 것을 주장하여 서로마 교회와 큰 충돌을 빚었다. 그러한 결과들로 동로마제국의 교회는 「그리스 정교」(Greece Orthodox)라는 이름으로 분리되었다(11세기).

교황이 비잔티움과 결별하게 된 것은, 세속 군주(동로마 황제 등) 세력으로부터의 교회의 독립을 위해서나, 서로마 교회의 행정기구 내에서의 교황권의 확립을 위해서는 잘 된 일이었다. 일반 백성들은 다른 어느 대주교보다 로마교황을 특별히 존중하였다. 그것은 로마제국의 전통도 있었지만, 로마는 베드로와 바울의 순교지라는 위광(威光) 때문이었다. 로마교황은 롬바르드인의 침략 위험이 있었을 때 이에 두려움을 느끼고 프랑크인들과 동맹을 맺어(협상으로) 난국을 타개하였다(교황과 칼 대제가 동맹을 맺은 결과가 후일 오토 대제에게로 이어져 신성로마제국이 태어나게 된 것이다(962)). 그 결과 신성로마제국의 황제는 교황이 수여하는 대관으로 취임할 수 있도록 하여 세속의 왕들은 교황을 중시하지 않을 수 없었다.

10세기에 이르자 교황권은 로마에 자리잡고 있는 지방 귀족의 손아귀에 들어갔다. 이때까지는 교황 선출에 대한 일정한 규칙이 없었다. 어떤 때는 백성의 인기로, 어떤 때는 황제나 왕들의 추대로, 그리고 때에 따라서는 로마시의 지배권을 갖고 있는 유력자(有力者)의 힘에 의해 교황으로 추대되었다. 이것은 이때에 황제와 왕이 자기 영토 안에 질서도 잡지 못할 만큼 무정부 상태가 심하였기 때문이다. 각지에서 여러 부족들 간의 전쟁이 있었으며, 사라센인들은 이태리와 남부 프랑스에 쳐들어와 몬테 카지노 수도원과 그 밖의 큰 수도원들을 파괴하였다. 사라센인의 이태리 정복을 막은 것은 동로마제국이었으나, 동로마제국이 로마를 통치할 만한 힘은 없었다. 교황직은 거의 100년 동안이나 로마 귀족들의 노리개가 되어 있었다.

로마에서 10세기 초에 가장 세도가 있던 인물은 원로인 테오필락트(Theopilact)와 그의 딸 마로지아(Marozia)였으며, 교황직은 이 가문에서 대대로 이어받는 세습직이 되었다. 마로지아는 잇달아 남편을 바꾸었으며 또 여러 명의 애인을 가지고 있었다. 그녀는 이 애인들 중에 한 사람을 교황으로 삼아 세르기우스 3세(Sergius Ⅲ, 904~911)라는 칭호로 부르게 되었다. 이 세르기우스의 아들, 즉 마로지아의 아들이 교황 존 11세(John Ⅺ, 931~936)이고, 마로지아의 손자가 존 12세(John Ⅻ, 955~964)였다. 이 존 12세는 16세 때 교황이 되어 "그의 타락한 생활로 말미암아 교황직을 완전히 천하게 만들어 버리고 라테란궁은 난음(亂淫)과 난무(亂舞)의 중심 무대"가 되고 말았다.

교황은 이 시기에, 전에 동방에 대해 소유하고 있던 세력을 다 상실하고 말았다. 그리고 니콜라스 1세(Nicholas Ⅰ, 858~867)가 알프스 북방의 주교들에게 행사하던 권력도 이제는 잃어버리고 말았다. 그리하여 각 지방의 종교회의는, 교황으로부터 완전한 독립을 주장하게 되었다. 그러나 그들도 그 지방의 군주나 영주들로부터 독립하겠다고 주장하지는 못하였다. 오히려 주교들은 세속의 권력자들과 밀착되었다. 이리하여 교회 자체도 무정부 상태의 세속 인심처럼 "흉악한 욕심들은 끝없이 성하였고, 극소수의 양심적인 교직자들은 이 만연한 타락을 슬퍼하며 그들의 관심을 이 세상의 끝날과 최후의 심판에 돌리곤 하였다"고 한다.

교황과 황제의 다툼

교회 개혁운동 중세 후기의 시작이라 할 수 있는 11세기가 되었을 때 교회 개혁운동이 수도원에서 일어나기 시작하였고 교황청과 교회에까지 파급되었다. 교회 개혁운동은 나중에 황제와 교황의 다툼으로 이어졌다. 이 세기의 말에 가서 스콜라 철학자들이 비로소 배출 되었다.

교회 개혁운동은 처음에 순전히 도덕적인 동기에서 추진되었다. 그러나 여기에는 성직을 성직답게 함으로써 교권을 확보하려는 의지가 담겨 있었다. 개혁가들이 내세운 주장은 크게 두 가지였다. 첫째 성직 매매를 없앨 것과 둘째 성직자의 축첩(蓄妾)을 퇴치할 것이었다.

교회가 부자가 된 이래 성직은 호화로운 직위가 되었고 이에 따라 성직을 돈을 받고 파는 것이 일반적인 습성으로 되어버렸다. 왕들이 주교의 직분을 팔았으며 주교들은 자기의 권한에 속해 있는 직위의 승진 같은 것을 돈을 받고 해 주었다. 이런 환경에서 성직자의 관심사는 세속적인 문제에 있었고 영적인 문제에서는 멀리 떠나게 되었다. 성직 매매에 대한 투쟁이 교권확보를 위한 투쟁의 일부가 될 수밖에 없었다.

성직자의 독신생활에 대해서도 똑같이 생각할 수 있다. 11세기 교회 개혁가들이 언급한 '축첩'은 결혼과 같은 의미를 가리키는 것이었다. 수도사들은 순결을 서원(誓願)했으므로 결혼하지 않았지만, 교구의 성직자들은 거의 다 결혼을 하였었다. 성직자들이 결혼을 하면 자연히 교회의 재산을 아들에게 상속하려고 하게 마련이다.

그러므로 성직자가, 그들의 유일한 힘이 될 수 있는 백성으로부터의 존경을 얻으려면, 결혼생활에서 떠나 일반인과 확연히 구별되는 것이 매우 유리하였다.

수도원의 개혁가들에게는 큰 용기와 정열이 필요하였다. 먼저 교황직에 대한 개혁운동이 일어나고, 다음에 일반 교회에 대한 개혁운동이 전개되었다.

그런데 교황직에 대한 개혁운동은 주로 황제의 업적에 속하였다. 신성로마제국의 황제 헨리 3세(1039~1056)는 젊은 나이로서 경건한 개혁가 중의 하나였다. 그는 막대한 수입원(收入源)인 성직 매매를 하지 않았으며, 단지 주교의 임명권만 가지고 있었다. 1046년에 헨리 3세는 이태리에 와서 그레고리 6세 교황을 성직을 매매하였다는 이유로 폐위시켰다. 황제의 나이 22세였다. 황제는 그후 9년 동안에 3명의 교황을 임명하였다.

다른 이유가 아니고 교황들이 모두 단명하게 죽었기 때문이다. 그런데 그가 임명한 교황들은 모두가 개혁가들이었으며, 고귀한 인격의 소유자로 백성들로부터 존경을 받던 자들이었다. 교황직은 이제 헨리 3세의 도움으로 도덕적인 권위를 얻게 되었다.

황제와 교황이 1년 사이로 죽자, 그 후로 황제와 교황의 사이는 악화되어 갔다. 이유는 권위를 되찾은 교황이 황제의 지배에서 벗어날 것을 요구하였으며, 다음에는 황제보다도 더 우월성을 주장했던 것이다. 이 양자 사이의 알력은 200년간 계속되었다.

교황선거 헨리 4세(왕 1056, 황제 1084~1106) 때 스티븐 10세(Stephen X, 1057~1058)가 교황이 된 지 1년 만에 죽자 1058년 추기경들이 새 교황을 선출하였으며 어린 헨리 4세를 섭정하던 모친 아그네스 태후가 이것을 지지하였다. 이렇게 선출된 교황이 니콜라스 2세(Nicholas Ⅱ, 1058~1061)이다.

이때의 선거제도가 정식으로 교령(敎令)으로 규정되었다. 이에 의하면 교황은 우선 추기경 주교들에 의해 선출된 다음에 나머지 추기경들이 선거하고, 끝으로 형식적인 절차에 불과하였지만, 로마의 교직자들과 시민들이 최종선거를 한다. 황제는 이 선거에 아무런 참여도 할 수 없었다. 그러므로 이 교령이 계속해서 유효하기까지에는 투쟁이 수반되어야만 하였다.

1061년에 니콜라스 2세가 죽자, 헨리 4세와 추기경들 사이에 교황직 선임 문제를 놓고 충돌이 벌어졌다. 헨리 4세는 교황의 선거에 대한 교령(敎令)을 인정하지 않고 있었으므로, 추기경들이 교황을 선출하면 그에 대항할 이른바 반 교황(antipope)을 그때마다 따로 선임하였다. 교황 선임에 자기의 권한을 포기하려고 하지 않았었다. 이 대결은 30여 년 동안 계속된 끝에 추기경들의 승리로 돌아갔다. 대세를 결정하게 된 것은 추기경들측이 선출한 교황의 탁월한 인격이었다. 이들 교황이 알렉산더 2세(Alexander Ⅱ, 1061~1073)와 그를 뒤이은 그레고리 7세(Gregory Ⅶ, 1073~1085)였다(1072).

그레고리 7세 그레고리 7세 교황은 교황들 중에서 가장 저명한 교황의 한 사람이다. 그는 교황이 되자 자신이 성 베드로의 대언자(代言者)임을 자부하였다. 그는 황제의 권위도 신적(神的)인 기원을 갖는 것임을 받아들였다. 그는 처음엔 교황과 황제를 두 눈에 비유하였다. 그런데 나중에 황제와 싸우게 되자 해와 달에 비유하였다. 교황이 물론 해이다. 교황은 도덕계의 지존자(至尊者)요, 따라서 황제도 부도덕한 경우에는 폐위시킬 수 있는 권한이 주어진다고 주장하였다.

그레고리 7세는 성직자들에게 독신을 강요하였다. 이것은 특히 평신도들이 좋아하였다. 그레고리는 자신의 지시에 반대하는 교직자들을 제압하기 위하여, 평신도들을 선동하여 이미 결혼한 성직자들이나 그 가족들에 대하여 반대운동을 일으키게 하였다. 그는 평신도들에게 결혼한 성직자가 올리는 미사에는 참석지 않도록 설득하였다. 그는 결혼한 성직자가 올리는 미사는 무효라고 교령을 내렸다. 그의 강경책은 생명의 위협을 불러오기도 하였으나 평신도들로부터는 절대적인 지지를 받았다.

카노사의 굴욕 그레고리 7세는 교황권의 확보를 위해 신성로마제국의 헨리 4세 황제와 1077년 극적인 대결을 벌였는데 이것이 소위 「카노사(Canossa)의 굴욕」 사건이다.

1075년 황제는 대주교보(大主教補)들의 찬동을 얻어 대주교 한 사람을 임명하였다. 그러나 교황은 이것을 자기의 직권에 대한 침해라고 간주하여(Investiture Controversy) 황제에게 취소를 요구하고, 만약 취소하지 않을 경우에는 황제를 폐위할 것이라고 위협하였다.

황제는 분노하여 응징을 결심하고 주교들의 회의를 소집하여, 이 회의에서 교황을 허위 조작의 악행으로 주교들을 학대하고 간음과 사기를 저지른 죄인으로 파문하였다. 그리고 황제는 지상(地上)에서의 재판권은 황제에게 속한다고 주장하는 서한을 교황에게 보내고, 주교들과 협동하여 그레고리를 폐위시킨다고 선언하였다. 그러자 그레고리는 정면으로 맞서서 자기가 위협했던 대로 황제와 그를 따른 주교들을 파문하고 또한 폐위시킨다는 선언을 하였다. 양쪽이 다 서로를 페위시켰던 것이다.

이때, 과거에도 헨리 4세에게 적대적이었던 색슨족이 다시 반란을 일으켰으며 독일의 주교들이 황제를 비판하고 나섰다. 세상은 황제가 교황에게 한 일에 대하여 대체로 부정적이었다.

카노사에서의 황제 헨리 4세와 교황 그레고리 7세

그리하여 이듬해 헨리 4세는 교황에게 용서를 구하기로 작정하고 추운 한 겨울에 황후와 자녀 및 몇몇 시종들과 함께 교황이 머무르고 있던 카노사 성(城)의 언덕 아래에 애원자로서 출두(Walk to Canossa in 1077)하였다. 황제는 맨발로 참회의 복장을 하고 회견을 허락해 줄 것을 청원하였다. 교황은 사흘 동안 기다리게 한 후 허락을 하였다. 황제는 참회를 표시하고 앞으로는 교황의 지시대로 움직일 것이며, 독일의 적대자들에 대해서는 교황의 지시에 따르겠다고 맹세했다. 그리하여 그는 사면(赦免)을 얻어 다시 입교(入敎)하였다. 참회자는 용서한다는 교리에 따른 것이었다. 이것이 소위 「카노사의 굴욕 사건」이다.

그런데 교황의 극적인 승리는 곧 끝이 아니라는 것이 드러났다. 즉 독일에 있는 헨리 4세의 적대자들은 교황이 황제를 사면한 것은 자신들을 배반한 것이라고 받아들였다. 독일의 적대자들은 루돌프(Rudolf)라는 황제를 따로 선출하여 헨리 4세에게 대항토록 했으며 교황은 루돌프를 지지하였다. 이에 대항하여 헨리 4세는 자기를 지지하는 교직자들에 의해 선출된 클레멘트 3세(Clement Ⅲ, 1080~1100)를 반 교황(Antipope)으로서 새로 세웠다. 그리하여 그는 1084년 반 교황과 함께 로마에 입성하였다. 반 교황은 그에게 왕관을 씌웠다. 그러나 그레고리 교황을 구원하기 위해 진격해 온 노르만디인(人)들 때문에 그 두 사람은 곧 로마를 떠날 수밖에 없었다. 노르만디인들은 로마를 약탈하고 그레고리를 데리고 갔다. 그레고리는 사실상 포로 상태에서 그 이듬해에 죽었다. 이리하여 그레고리의 황제 제압 정책은 비극적으로 막을 내린 것으로 보였으나 그 후계자들은 그의 정책을 계속해서 밀고 나갔다.

십자군 원정

십자군(十字軍) 전쟁은 1096~1270년까지 약 2세기 동안 전후 8차례에 걸쳐 서유럽의 그리스도 교인들이 사라센의 마호메드 교인(敎人, 모슬렘)들로부터 성지 예루살렘을 탈환하기 위해 벌인 싸움이었다. 서부의 그리스도 교인들은 예루살렘 순례를 덕행으로 믿으며, 이를 행하여 왔고, 이에 부수하여 상인들은 원격 상업으로 이익을 보기도 하였다. 서방인의 이러한 내왕에 대하여 사라센인들은 처음엔 관대하였으나 자신들이 동방무역을 독점할 요량으로 순례를 방해하기 시작하였다(1071).

교황 우르반 2세(Urban Ⅱ, 1088~1099)는 봉건 귀족들과 성직자들을 남부 프랑스의 크레르몽(Clermont)에 소집하여 성지를 회복시킬 것을 선언하였다(1095). 그리스도 교인들은 교황의 명령에 따르기 위해, 그리고 국왕·제후·기사(騎士)들은 새로운 영토를 얻기 위해 원정에 참가하였다. 십자군을 일으킬 때마다 교황들이 주도적인 역할을 한 것은 자연스러운 일이었고, 교황권은 전쟁을 통해 더욱 증대되었다. 성지 회복이라는 전쟁의 목표는 백성들의 종교적인 열의를 더욱 공고히하였다. 때로는 열의가 지나쳐 광신적인 잔혹한 심리로 치닫기도 하였다.

십자군 전쟁 개시를 선언하는 교황 우르반 2세

전쟁 수행중의 잔혹한 결과로는 유대인에 대한 학살이었다. 이유로는 과거 유대인들이 예수를 죽였다는 것이었다. 1천년도 더 된 조상의 죄를 뒤집어 씌운 것이다. 유대인들은 학살되거나, 재산이 약탈당하거나, 그렇지 않으면 강제로 세례를 받아야만 했다. 독일에서는 제1차 십자군 원정(1096) 때에 대규모의 유대인 학살사건이 일어났으며, 영국에서는 제3차 원정(1189) 때 리차드 라이언허트(Richard Lionheart)가 왕위에 오르면서 대규모의 학살사건이 일어났다. 그가 통치를 시작한 곳인 요크(York)는 유대인을 대량으로 학살한 가장 무서운 중심무대였다.

그러나 200년간의 전쟁에도 불구하고 끝내 성지 회복의 목적은 달성하지 못하였다. 십자군 원정의 결과로 교황의 권위는 떨어졌으며, 귀족들은 전비(戰費) 조달을 위해 토지 등 재산을 매각하고 또한 도시 시민에게 도시의 자치권을 팖으로써 그들의 세력 약화를 가져와 장차 봉건제도 해체에 도움이 되었다.

그러나 왕들은 대체로 십자군 원정으로 덕을 보았다. 왕들은 전사한 귀족의 토지를 수중에 넣고, 원정으로 국가의 중요성이 일깨워진 국민의식으로 왕권(王權)을 강화할 수 있었다.

십자군 전쟁 이후에는 동서양 교역의 상권이 기독교인의 손으로 넘어갔다. 전쟁 이전에는 동양 상품의 유럽 수입은 거의 유대인들이 독점하고 있었는데 전쟁중의 유대인 학살로 이렇게 되었다. 학살의 진정한 이유도 이것에 있었다고 볼 수 있다. 콘스탄티노플과 빈번하게 교역이 이루어졌으며, 특히 베네치아인들이 여기에 많이 종사하였다.

십자군이 미친 영향 중에서 또 하나의 특이한 것은 콘스탄티노플과 문화적인 교류를 하게 된 일이다. 12세기와 13세기 초에 이 문화 교류를 한 결과 그리스어로 된 문학 작품이 라틴어로 많이 번역되었다.

종교재판 십자군 전쟁이 한창일 때 교회는 믿을 수 없이 잔인하였다. 주교들의 임무는 이단을 적발해 내는 일이었다. 이 일은 각 교회에 큰 부담이 되었다.

그레고리 9세(Gregory Ⅸ, 1227~1241)는 임무 통합을 위하여 1233년에 종교재판소를 설치하였다. 이후부터는 주교들이 하던 이단 적발을 여기서 하게 되었다.

종교재판에서 이단으로 정죄되면 재산은 몰수되고, 몰수된 재산은 프랑스에서는 왕의 소유가 되었다. 유죄 판결을 받은 이단자는 「생명을 보살펴 달라」는 기도서와 함께 군대로 넘겨졌다. 만약 세속 군대에서 그에게 형(刑)을 가하지 않으면 그 담당 장교는 신앙이 의심되어 종교재판소로 끌려갈 우려가 있었다.

종교재판소에서는 일반적인 이단만을 취급하는 것이 아니고 마술이나 신비술 등도 다루었다. 스페인에서는 주로 숨어 있는 유대인에게만 종교재판이 적용되었다.

전쟁이 한창일 때 항간에서는 '마녀사냥'이라는 병리적인 현상도 빈발하였다. 마녀사냥은 청소년기의 소년·소녀들 사이에 유행하였는데, 주로 인근에 힘없이 외로이 사는 독신 노파를 이러이러한 재앙을 불러온 마녀로 지목하여 떼를 지어 쳐들어가 그녀의 거처를 불질러 태워 죽이거나 납치하여 때려죽이는 잔인한 행동이었다. 끝이 보이지 않는 전쟁에 대한 공포와 종교적 광신이 이상심리(異常心理)를 만들어 극단적인 가학성(加虐性)으로 나타난 현상이었다.

마그나 카르타 영국에서는 십자군 원정을 통해 신장된 왕권이 귀족을 종전처럼 공대(恭待)하지 아니하고, 귀족에게 강제적으로 세금을 부과하려 하다가 그들로부터의 반발에 부딪혀 도리어 왕권이 억제되는 사건이 발생하였다. 그것은 후일 역사적으로 귀중한 의미를 갖는 마그나 카르타(Magna Carta)의 채택이었다.

마그나 카르타는 1215년 영국에서 귀족과 왕이 합의하여 발표한 일종의 헌법이라 할 수 있는 헌장이었다. 마그나 카르타는 왕의 신민(귀족)들이 왕의 권한을 제한하고 그들의 권익을 보호하려는 의도에서 왕을 강압한 최초의 문서였다. 1215년의 헌장은 영국의 존 왕(King John)으로 하여금, 예컨대 어떠한 자유민도 국법에 의하지 아니하고는 처벌될 수 없다고 하는 등의 권리를 선포토록 하고 또한 왕의 의지는 자의적이 아닐 것을 요구하였다.

마그나 카르타에 서명하고 있는 존 왕

마그나 카르타가 성립한 경위를 보면 이러하다. 십자군 전쟁으로 인한 재정궁핍을 사자왕 리차드(Lion King Richard) 부왕(父王)으로부터 물려받은 존 왕은 귀족 제후들에게 세금을 부과하였다. 이에 반발한 귀족들은 공공연히 반란을 일으켰으나 존 왕의 대안으로서 내세울 만한 왕통(王統)의 인물을 발견할 수 없었으므로 존 왕을 폐위하는 대신 그로부터 양보를 얻어내기로 하여, 타협의 산물로서 만들어낸 것이 마그나 카르타였다. 마그나 카르타에는 25명의 유력 귀족들과 2명의 대주교, 11명의 주교 그리고 20명의 수도원장이 서명을 하였고, 여기에 존 왕이 동의를 표시하는 서명을 하였다.

실제에 있어서, 중세기간에는 마그나 카르타가 일반적으로 왕의 권한을 제한시키지 못하였으나 17세기 중엽 영국의 시민전쟁 시기에 이르러 마그나 카르타는 왕도 법률에 의해 규제되어야 한다고 하는 사상의 주요한 심볼이 되었다. 또한 이것은 후일에 생겨난 헌법의 원형으로서의 고전적 전범(典範)이 되었다. 원래 마그나 카르타는 귀족의 자유와 권익을 옹호하는 데 목적이 있었으나 시민전쟁기에 이르러서는 귀족의 범위를 넘어서 모든 신민에게 해당하는 것으로 해석되었다.

원래 라틴어로 쓰인 마그나 카르타는 순번을 표시하는 숫자가 없었고, 조항들을 구분하지도 않았었는데 1759년 윌리암 블랙스톤경(Sir William Blackstone)이 오늘날 우리가 사용하는 조항으로 정리하였다.

1215년 헌장의 내용 중 중요한 것을 보면 다음과 같다.

- 왕이 새로운 세금을 부과할 때에는 사전에 '일반적인 협의'를 거쳐야 한다. 일반적인 협의를 할 곳은 25명의 귀족들로 구성되는 위원회에서이며 이 위원회는 왕이 헌장을 위배할 때에는 왕의 성(城)들과 소유물들을 압류할 수 있다(이것은 폐위를 의미하였다).
- 영국의 교회는 자유로우며, 교회는 불가침의 모든 권리와 자유를 영

원히 보유한다. 영국의 모든 자유인들도 자유를 영원히 보유한다.

- 런던시는 런던시가 지금까지 가지고 있었던 모든 전래의 자유와 관습을 보유한다. 나아가 다른 모든 시도 마찬가지이다. 5개 항구를 비롯한 모든 항구의 귀족들은 모든 자유와 자유로운 관습을 보유한다.
- 모든 자유인은 체포·투옥되거나 자유와 자유로운 관습을 박탈당하거나 추방되거나 혹은 다른 방식으로 파괴되지 아니한다. 또한 귀족에 의한 법률적 판단이나 국법에 의한 판단에 의거하지 아니하고는 우리는 누구도 정죄하지 아니할 것이며, 비난하지도 아니할 것이다. 우리는 누구도 배신하지 않을 것이며 어느 누구의 자유와 권리에 대해서도 그것을 부인하거나 소홀히하지 아니할 것이다.
- 피상속인이 '승계의 의무'로서 지불하는 부담금을 경감한다.
- 후견인이 피후견인의 재산을 과도하게 착취하는 행위는 금지되어야 한다.
- 후견인이 피후견인을 강제로 사회적인 지위가 낮은 상대와 결혼을 시키는 권리를 금지시켜야 한다(사회적 지위가 낮은 측은 그러한 결혼을 하기 위해 기꺼이 높은 대가를 지불하려고 할 것이다).
- 과부는 즉시 자신의 지참금과 유산을 받을 권리를 갖는다.
- 과부는 재혼을 하도록 강제되지 아니한다.
- 채무자는 그가 빚을 갚을 다른 수단을 가지고 있는 한 그의 땅을 몰수당하지 아니한다.
- 벌금은 과오의 크기에 비례하여 부과하되, 아무리 심각한 과오라 하더라도 벌금이 생계를 불가능하게 할 정도여서는 안 된다.
- 귀족에게 부과되는 벌금은 오로지 다른 귀족에 의한 판단으로만 가능하다.
- 교회의 재산에 대해서는 벌금을 부과할 수 없다.
- 어떠한 성읍이나 개인도 강 위에 다리를 건설토록 강제되지 아니한다.
- 왕의 집정관들은 판사 앞에서 재판을 받지 아니한다.
- 왕의 관리는 곡식이나 목재와 같은 물품을 대가를 지불치 않고 가져갈 수 없으며 기사(騎士)도 물품을 가져갈 때에는 반드시 대가를 치루어야 하고, 왕은 중죄인에게서 몰수한 땅을 중죄인의 주군(중세의 제후)에게 1년 1일 이내에 되돌려 주어야 한다.
- 누구라도 방증 없는 단순한 관리의 말에만 근거하여 재판을 받지 아니한다.

- 외국 상인의 안전한 출입 권한을 보장한다.
- 원상회복된 부동산에 대해 특별과세를 부과한다.
- 수도원을 보호한다.
- 어떤 남자도 한 여자의 증언에 의해서는 투옥되지 아니한다. 다만 그 여자의 남편의 죽음에 관련된 증언은 예외로 한다.
- 자유인은 그가 그의 주군에게 진 의무를 충족시킬 수 없을 정도의 큰 땅을 매각해서는 안 된다.
- 땅을 종교기관에 주거나, 종교기관으로부터 받는 것을 허가해서는 안 되며, 그럴 경우에는 주군에게 원상 복귀시켜야 한다.

마그나 카르타의 이와 같은 원래의 내용들은 그후 왕과 귀족간의 권력투쟁의 향배에 따라 많은 구절이 보완되거나 수정되고, 어떤 조항은 철회되고, 새로운 조항이 추가되었다. 1215년의 헌장내용은 1225년에 법률로서 제정되고, 1297년의 수정 헌장은 오늘날에도 영국의 법률서적에 그대로 남아 있다.

헌장은 13세기에서 15세기까지 무려 45차례에 걸쳐 왕에 의해 재확인되었으며, 마지막으로 재확인 된 것은 1423년 헨리 6세(Henry Ⅵ)에 의하였다.

스콜라 철학

스콜라(Scolar) 철학은 11세기 말에 시작되었다. 이 철학은 중세의 여러 학원에서 공부한 성직자들(Scolors)의 철학적 성찰을 말한다. 프랑크의 칼 대제(Karl 大帝, Charlenagne)가 787년 그의 영토 안에 있는 수도원(修道院)들에 학원을 부설하고 지원해 줄 것을 명령하는 칙령을 내렸었다. 칼 대제 자신은 잘 읽지도 쓰지도 못하는 거의 무식자였으나, 뛰어난 감각으로 훌륭한 통치를 해 낸 왕이었는데 그는 학문도 숭상할 줄 알았다.

학원에는 공부에 뜻이 있는 수도사들이 변방으로부터 모여들어 풍부한 인력을 가질 수 있었다. 수도원이 원래 전도사업을 펼칠 때, 주로 변방으로 수도사들을 보내 교리와 전래의 학문을 전파하였으므로, 변방 수도원들에는 지식과 학문이 남아 있었다. 이제 학원들이 설립되자 변방으로부터 거꾸로 지식과 학문이 학원으로 모이게 된 것이었다.

칼 대제의 칙령으로 말미암아 영국의 요크와 캔터베리, 프랑스의 파리, 독일의 뮌헨, 이태리의 로마, 나포리, 볼로냐, 피렌체 등 주요 지역의 수도원들에는 거의 예외 없이 학원들이 부설되었다. 이 학원들에서는 학문에 관심을 가진 수도사들이 공부를 하였고 그 성과가 약 2세기간 축적되자 11세기 말에는 어느 정도 체계를 갖춘 하나의 이론이 나왔는데 이것이 스콜라 철학이라 불리는 중세의 대표적인 사상이다.

스콜라 철학의 대강의 윤곽을 먼저 보면 다음과 같다.

첫째, 스콜라 철학은 그 논의가 정통에서 벗어나지 않는 범위 안에 국한되어 있었다. 그러므로 저술가들은 그의 견해가 어떤 종교회의에서든지 이단이라고 규정되었을 때에는 마치 어떤 재판관이 그 상급 법원의 판결에 복종하는 것과 같이, 그는 기꺼이 그것을 취소하는 것이었다.

둘째, 아리스토텔레스가 정통의 한계 내에서 충분히 인용되어, 12세기와 13세기 동안에, 그는 최고의 학문적 권위자로서 인정되었다. 플라톤은 이미 제1위를 놓치게 된 것이다.

셋째, 일관된 태도로서 스콜라 철학자들은 성경과 교회의 권위를 존중하고, 위대한 희랍·로마의 사상가, 교부(敎父)들의 말과 글 및 성경 구절을 항상 인용하였다. 이것은 "믿음으로써 이해할 수 있다"고 한 성(聖) 어거스틴의 가르침을 좇아 믿음을 위해 우선적으로 성경과 교회의 권위를 존중하여야 하며, 그리고 이미 말해지고, 생각한 것을 충분히 아는 자만이 새로운 문제를 논할 자격이 있다는 신념에서였다.

넷째, 그리고 이 종교를 이성적으로 검토하고 논증하는 것이 철학의 일부라고 생각하였다. 이 네 번째의 종교와 이성의 결부가 스콜라 철학의 핵심이라면 핵심이다.

스콜라 철학파로서 실천을 통해 정통 교회에 공헌한 가장 위대한 두 인물은 13세기 초의 성 프랜시스코와 성 도미니크였다. 이 두 수도승의 공헌은, 가장 정력적인 교황이 남긴 업적보다 훨씬 더 큰 것이었다.

성 프랜시스코 성 프랜시스코(St. Francis, 1182~1226)는 역사상 가장 사랑스러운 인물이었다. 그는 거상(巨商)인 이태리인 아버지와 프랑스인 어머니 사이에서 '혼혈'로 이태리 아시시에서 태어났다. 프랜시스코(이태리어로는 프란체스코)라는 이름은 아버지가 지어준 이름인데 '프랑스 사람'이라는 뜻이다. 이것은 아버지가 아내에게 가진 애틋한 사랑을 나타낸 것이었다. 부유한 가정이었으므로 대학에 갈 수 있었으련만, 프랜시스코는 대학에 가지를 않았고, 엄격한 교리 대신에 예수의 가르침인 사랑과 온유에 마음을 쏟았다. 하루는 그가 말을 타고 문둥병자 앞을 지나가다가 갑자기 그에 대한 가엾은 마음이 일어나 말에서 내려와 그 문둥병자에게 키스하였다. 그는 그 후로 세상의 영화를 버리고 그 생애를 설교와 선(善)한 사업에 바치기로 결심하였다. 그는 생명 있는 모든 것을 다 사랑하였다. 그는 문둥병자에 대하여 일종의 의무감을 가졌다. 그는 자신의 구원보다는 다른 사람의 행복에 더 많은 관심을 가졌다. 그는 곧 한 무리의 추종자를 모았으며 청빈(淸貧)을 가장 중요하게 여기고 모두 빈곤을 감내하기로 서약하였다. 프랜시스코는 성직자들이 전용하는, 일반인이 알아듣지 못하는 라틴어 대신에 당시엔 속어(俗語)라고 불린 이태리어로 이야기하였다.

성 프랜시스코

인노센트 3세 (Innocent Ⅲ) 교황은 이 운동을 만일 정통파 안으로 끌어들일 수 있다면 매우 유용할 것이라 생각하고 그들을 1209년 혹은 1210년에 새 교단으로 인정하였다.

성 프랜시스코의 빈곤 실천 서약은 엄격하였다. 그는 자기 추종자들로 하여금 집이나 교회를 소유하지 못하도록 하였다. 그들은 직접 빵을 구걸하러 나서야 했으며 누군가가 재워 주지 않으면 유숙할 곳도 없었다. 그러나 그는, 결혼도 하지 않고 신만을 섬기는 성직자가 가장 훌륭한 기독교인이라는 교회 내에 계급관념을 깨뜨리고, 속세에 남아 있더라도 기독교인의 도리를 지키면서 자신에게 맞는 일을 하여도 얼마든지 훌륭한 기독교인이 될 수 있다고 설교하였다. 그는 속인들이 돈을 많이 벌어서 교회에 기부하면 교회는 그것으로 좋은 일을 할 수 있고, 그래서 돈 버는 일은 선행이라고 설교하였다. 당시에 나타나기 시작한 신흥 상공인들은 프랜시스코 교단에 참여하기를 원했으며, 실제로 이들이 이 교단의 주축을 이루었다. 청빈의 사상을 조금도 훼손시키지 않으면서 부(富)를 포옹한 것은 성프랜시스코의 위대성에서 나온 것이었다. 그는 가장 비천한 사람이나 가장 악한 사람에게도 우월감을 가진 일이 없다. '그는 성자 중의 성자요, 죄인 중의 죄인이었다'(Thomas of Celano). 그의 행적과 인격은 많은 사람을 감명케 했으며, 그로 인해 정통교회의 위신이 크게 부양되었다.

그가 죽은 후 그의 교단은 원래 성 프랜시스가 가졌던 만큼의 자기희생과 사랑의 정신을 유지할 수는 없었으나 청빈의 전통을 지켰으며, 학자풍의 이론을 좋아하였고, 이단을 추적·고발하는 일도 서슴지 않았다. 이 교단으로부터 '오캄의 윌리엄'(William of Occam) 등 훌륭한 인물들이 배출되었다.

성 도미니크 성 도미니크(St. Dominic, 1170~1221)는 카스티일 사람으로 정통에 대해 광신적인 헌신을 하였다. 그는 이단과 싸우는 일을 사명으로 삼았다. 그는 목적을 이루는 수단으로 빈곤을 취하였다. 인노센트 3세는 또한 도미니크와 그의 추종자들에게도 1215년에 교단 자격을 인정하였다.

도미니크 교단은 프랜시스코 교단보다 종교재판에 더욱 열을 올렸다.

한편 도미니크 교단은 학문에 헌신함으로써 스콜라 철학의 발전에 공헌하였다. 도미니크 교단의 수도승들은 많은 시간을 공부에 할애할 수 있었으며, 아리스토텔레스와 그리스도를 융합시키려는 연구를 하였다. 토마스 아퀴나스(Thomas Aquinas)는 도미니크파(派)의 수도사로서 그가 할 수 있는 최대한의 업적을 남겼다.

토마스 아퀴나스는, 도미니크 교단에서 그 후로는 철학에 대하여 더 발전을 시킬 수 없을 정도로 압도적인 권위를 이루고 있었다.

성 도미니크

성 토마스 아퀴나스

성 토마스 아퀴나스(St. Thomas Aquinas, 1225~1274)는 스콜라 철학자들 중에서 가장 위대한 인물이라고 할 수 있다. 가톨릭 교육제도 내에서는 철학을 가르칠 때 아퀴나스의 철학체계가 유일하게 올바른 것이라고 가르쳐야 한다. 이것은 1879년에 교황 레오 13세(Reo XIII)가 교서(敎書)를 내린 후 오늘날까지 하나의 규칙이 되어 왔다. 그러므로 성 토마스는 플라톤이나 아리스토텔레스처럼 오늘날에도 영향을 미치고 있는 인물 중 한 사람이다.

그는 거의 모든 면에서 아리스토텔레스를 가장 존경하고 가장 빈번히 인용을 하였다. 그래서 가톨릭 교부들 중에는 아리스토텔레스가 기독교 철학의 기초를 제공하고 있다고 생각하는 이가 많다.

성 토마스는, 나폴리 왕국의 한 성주(城主)인 아퀴노 공(公)의 아들이었다. 그는 나폴리의 「프레더릭 2세 대학」에서 6년 동안 공부한 후에 도미니크 교단의 수도사가 되었다. 그는 3년 동안 파리에서 지낸 것을 제외하고는 한 평생 이태리에서 지냈다. 파리에 머문 3년 동안에는 아리스토텔레스를 공부하였다. 그는 성품이 온화하여 '천사와 같은 박사님'으로

성 토마스 아퀴나스

불렸다.

성 토마스의 사상은 그의 가장 중요한 저술인 「이교도 반박대계」(異敎徒 反駁大系, Summa contra Gentiles, 1259~1264)에 집대성 되어 있다. (그는 「신학대계」(神學大系)도 썼다).

그는 말하기를 "나의 목적은 가톨릭 신앙이 주장하는 진리를 밝히는 것이다. 그런데 나는 자연적인 이성에 의지해야 한다. 왜냐하면 이방인들은 성경의 권위를 인정치 않기 때문이다"고 하였다. 그는 이성적 설명으로 종교를 이해시킬 수 있다고 믿었던 것이다. 그의 논의는 이미 알고 있는 진리(성경)를 합리화(合理化)하기 위해 이론(理論)을 찾아낸 것이었으나 성경을 철학에 결부시킨 그의 접근법은 실로 위대하다.

성 토마스(1225~1274)의 신학은 그 결론에 있어서 성 어거스틴(354~ 430)의 그것과 매우 유사하다. 어떤 부분은 거의 완전하게 성 어거스틴의 주장을 반복하고 있다. 성 토마스가 그럼에도 불구하고, 성 어거스틴을 인용하는 데에 그치지 않고 자기 자신의 독자적인 이론 가운데서 성 어거스틴의 주장을 용해하고 있는 것은 그럴 필요가 있었기 때문이다. 4세기 때의 어거스틴 이래 토마스에 이르기까지 근 8세기 동안 교회가 걸어온 과정에서 교회는, 특히 8세기에서 10세기까지의 부끄러운 타락 시절을 거치면서 과거의 위대한 교부(敎父)들이 세워 놓은 교리(敎理)를 다 까먹어 버리고 제멋대로 천당·지옥론과 최후심판론 등을 펼쳐 교회의 논의가 천박해져 버렸다. 때문에 성 토마스는 처음부터 다시 교리를 재건할 필요가 있었던 것이다.

토마스가 세운 교리는 어거스틴의 그것과 거의 동일하지만, 한 가지 다른 것은 그들이 입각한 철학적 바탕이었다. 어거스틴은 플라톤에 의지하여 교리를 세웠는 데 비해 토마스는 아리스토텔레스에 의지하였던 것이다.

인간의 인식에 대하여 성 토마스는 인간의 인식에 대한 논의에서, "먼저 감관(感官) 속에 있지 않은 것은 아무 정신 속에 있지 않다"는 아리스토텔레스의 명제(命題)를 따르고 있다.

토마스는 그러나 아리스토텔레스가 말한 '형상'에 대한 관념을 플라톤의 '이데아'와 비슷한 의미로 사용하였다. 인간의 정신은 형상(形相)에 대한 관념들을 즉각적으로 직접 형성하는 것은 아니고, 실체들, 예컨대 산(山), 나무, 꽃과 같은 것들을 우리 인간의 감관(感官)이 접함으로써 인간의 정신은 그 형상(形相)에 대한 관념을 갖게 된다고 주장한다. 그러므로 접하기 전에는 관념을 가질 수가 없다는 것이다.

그리고 보이지 않는 세계에 대한 인식은, 보이는 세계가 그것을 초월한 보이지 않는 어떤 것과 관계를 가지고 있음이 분명할 때에는 가능한 것이다. 예컨대 보이는 꽃나무가 봄에 저 멀리서 오는 햇볕을 받아 꽃을 피울 때 꽃과 햇볕을 연결하는 어떤 보이지 않는 제3의 작용을 인식할 수 있다.

어떤 형상(形相)이, 이 형상을 가지고 있는 사물로부터 추상될 때, 이 형상은 곧 하나의 관념이다. 관념은 어떤 사람이 지성 속에 존재하는 방식 혹은 인식되는 방식이다.

그러므로 보이는 세계의 사물에 대한 관념이나, 보이지 않는 세계의 그 무엇에 대한 관념이나 간에, 무엇에 대해 관념을 갖기 위해서는 자연 즉 보이는 세계(可視的 世界)의 분석에서 출발하지 않으면 안 된다. 이 가시적 세계는 형상과 질료가 합쳐진 실체들이다(아리스토텔레스의 견해와 同一). 이러한 실체들은 변화하며 생성(生成)한다.

성 토마스는 실체들의 세계는 존재의 누진적 계층으로 이루어져 있다고 주장하였다. 즉 완전한 것에서부터 불완전한 것으로 계층적으로 존재한다. 예컨대 하나님-천사-인간-동물-식물-무기물로 서열지을 수 있는 계층이 그것이다. 이렇게 각 존재가 불평등하게 분화되어 있는 것은 우주 전체를 완전하게 구성하기 위한 것이다. 다시 말하면 모든 부분은 각기 그 자신의 고유한 기능을 위해 존재하며, 덜 귀한 것은 보다 더 귀한 것을 위해 존재한다(감각은 지성을 위해 존재하고, 위(胃)는 간(肝)을 위해 존재한다는 주장이다). 그리고 하나하나는 전체를 위해서 있으며 전체는 하나님의 영광을 드러내기 위해서 존재한다. 이와 같이 존재의 세계는 전적으로 목적론적이다. 계층적 존재(실체)의 상하체계(上下體系)에서 각 존재들 사이에는 형상과 질료와의 결합의 관계에서 차이가 있다. 즉 위쪽에 위치할수록 형상(形相)의 비(比)가 크고, 아래쪽에 위치할수록 질료의 비(比)가 크다. 예시(例示)하면 다음과 같다.

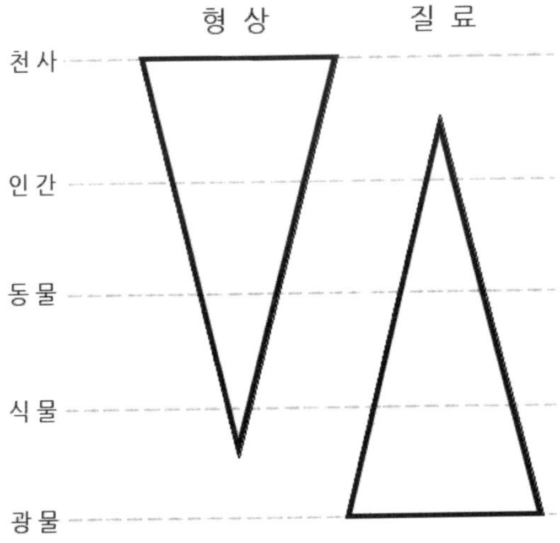

맨 위의 천사는 질료는 없고 형상뿐이며 맨 아래의 광물은 거의 질료뿐이고 형상은 질료 속에 매몰되어 있다.

신(神)은 존재의 등급에서 최상이다. 우리들 인간은 존재의 계층에서 우리보다 위의 존재를 직관적으로나 직접적으로 감관으로는 알 수 없다. 가시세계(可視世界)의 현상과 움직임을 지각함으로써 사유의 과정을 거쳐 인식할 수 있을 뿐이다.

신의 존재에 대한 증명 성 토마스는 「반박대계」(反駁大系)에서 신의 존재를 아리스토텔레스의 경우와 마찬가지로 부동의 원동자론(不動의 原動者論, the unmoved mover), 즉 제1원인론(第一原因論)으로 증명한다.

사물의 운동을 볼 때, 운동이 일어나는 데는 원인이 있다. 움직임이 일어나는 것은 모두가 다른 사물에 의해 그렇게 되는 것이다. 그 운동의 원인을 찾아 소급해 올라갈 경우에 무한히 소급해 올라가는 것은 불가능한 일이다. 우리는 어디서든지 움직임을 받지 않고, 다른 것에 운동을 일으키게 하는 어떤 존재에 도달하게 될 것이다. 이 '부동의 원동자'가 곧 신이다.

그는 그의 다른 저서인 「신학대계」(神學大系)에서도 신을 다른 예를 들어 증명하고 있다. 즉, 우리는 세상에서 완전한 것들을 많이 볼 수 있다. 그런데 이것들은 궁극적으로 완전한 어떤 것에 그 근원을 두고 있는 것이다. 여기서 근원은 신을 가리킨다. 그는, 또 다른 예로서, 우리는 세계에서 무생물들도 어떤 한 가지 목적에 이바지하고 있는 것을 목격할 수 있다. 그런데 이것들의 목적은 그들의 외부에 있을 것이다. 왜냐하면 단지 생명을 가진 사물들만이 이 내면적 목적을 지닐 수 있기 때문이다. 목적을 지닌 살아 있는 사물은 궁극적으로 신일 수밖에 없다.

신의 존재에 대하여 이같이 증명하고 나서 그는 신의 성질에 대해 여러가지 이야기를 하고 있다. '신은 영원하다.' 왜냐하면 신은 피동자(被動者)가 아니기 때문이다. 신은 순수 능동성이다. '신은 불변이다.' 왜냐하면, 피동적인 가능태(potentiality)가 아니기 때문이다. '신은 단일하다.' 그러므로 신은 그 자체가 본질이다('본질'은 아리스토텔레스가 말한 개념과 같은 개념이다). 만일 단일하지 않다면 신은 본질과 존재로 이루어질 것이다. 신에 있어서는 본질과 존재는 동일하다. 신에게는 우연성이란 있을 수 없다. 신은 어떤 실체적인 차별로 말미암아 분류되는 일이 없다. 신은 어떤 유(類, genus)에 속하지 않는다. 신은 정의(定義)할 수 없다. 그러나 신은 어떤 유(類)의 장점도 다 지니고 있다. 신이 사물들과 유사하다고 말하는 것보다 사물들이 신과 유사하다고 말하는 것이 더 적절한 것이다. '신은 선하다.' 신 자신이 곧 선이다. 신은 모든 선의 신이다. 신은 예지적이며, 그 예지적인 활동은 곧 신의 본질이다. 신은 그 본질에 의해 깨닫게 된다. 그리고 신은 그 자신을 완전히 알고 있다.

우리는 이제 아리스토텔레스를 괴롭혔던 한 가지 문제에 봉착하게 되었다. 즉 신은 특수한 사물들을 알 수 있는가? 또는 보편개념들과 일반적인 진리만을 알고 있는가? 기독교인들은 신과 개인과의 소통을 믿고 있으므로 특수한 사물들을 알고 있다고 주장할 수밖에 없다. 이에 대해서는 많은 반대 주장이 있었다. 아리스토텔레스도 신은 자신에 대해 사유하며(신은 사유이므로 사유를 사유) 인간에 대해서는 관심이 없다고 하였었다.

성 토마스는 이에 대하여 말하기를 신은 모든 사물들의 원인이 되므로 그것들을 알고 있다고 한다. 신은 아직 존재하지 않은 것까지도 알고 있다. 이것은 마치 기술자들이 그들이 만든 사물을 미리 알고 있는 것과 같다. 신은 앞으로 일어날 우연적인 일들에 대하여 알고 있다. 신은 시간에 매여 있는 사물들을 마치 현존하는 것처럼 보기 때문이다. 신은 우리의 마음 속과 비밀도 알고 있다. 신은 무수한 사물들을 다 알고 있다. 신은 사소한 사물들도 알고 있다. 왜냐하면 완전히 무용한 것이란 없기 때문이다. 끝으로 신은 악(惡)한 것도 알고 있다. 선한 것을 알고 있다는 사실 속에는 그 반대인 악한 것도 알고 있다는 것이 내포되어 있는 것이다.

신에는 의지(意志, will)가 있다. 그 의지는 신의 본질이다. 신의 의지가 작용하는 주요 대상은 신 자신이다. 신이 자기 자신을 욕구하는 까닭에 다른 사물들도 욕구하게 된다. 신은 자유의지를 갖고 있다.

창조에 대하여 성 토마스는 「반박대계」의 제2권에서 창조에 대하여 논하고 있다. 신은 무(無)에서 세계를 창조했다. 보이는 사물뿐만 아니라 보이지 않는 천사와 영혼과 이성 등 모든 것을 창조하였다.

그런데 성 토마스는, 우리가 보기에 별로 필요 없는 말인 것 같은데, 신이 할 수 없는 일에 대해 다음과 같이 언급하고 있다. 즉 신은 어떤 물체가 될 수 없다. 신은 자기 자신을 변경하지 못한다. 신은 실수할 수 없고, 피로할 수 없고, 괴로워할 수 없다. 신은 잊어버리거나, 후회하거나, 분노하거나, 슬퍼할 수 없다. 또한 신은 인간으로 하여금 영혼을 갖지 못하게 할 수 없다. 신은 삼각형의 내각을 합쳐서 이직각(二直角)이 되지 않게 할 수는 없다. 신은 과거를 돌이킬 수 없고, 죄를 범할 수 없으며, 다른 신을 만들 수 없고, 또한 자기 자신을 존재하지 않게 할 수 없다고 하였다.

우리의 생각으로는 성 토마스가 이런 문제에 대해서는 좀더 원리적으로 해명해 주었더라면 더 좋았을 것이다(예컨대 신의 창조는 자기 완결적이기 때문에 실수할 수 없으며, 신은 다른 신을 만들지 않는다는 식으로 설명할 수도 있을 것이다).

신의 섭리에 대하여 성 토마스는 제1원인으로서, 예지에 있어서도 제1원인이기 때문에 세계는 섭리의 시현이라고 주장한다.

섭리는 두 측면이 있다. 즉 첫째로는 신의 의도가 직접적으로 드러나는 물리법칙이나 화학법칙과 같은 자연의 이치에서 볼 수 있는 직접적 섭리이고, 둘째로는 하나님의 의도가 세상의 행위들에 의해 실현되는 간접적 섭리이다.

세상의 행위는 세 종류로 나눌 수 있다. 첫째, 의식 없이 일어나는 행위, 예컨대 발을 헛디뎌 굴러떨어지는 행위 같은 것이다. 둘째, 본능적인 충동에 의해 일어나는 행위, 예컨대 늑대가 먹이를 움켜잡는 것과 같은, 행위에 대한 이해 없이 행하는 행위이다. 셋째, 판단을 하고서 목적과 수단을 선택해서 하는 인간의 행위, 즉 자유의지에 의한 행위이다. '자유의지'에서의 '자유'는 이성적인 것이다.

섭리와 자유의지는 둘 다 하나님의 예지 가운데 있는 것이므로 모순되는 것이 아니다. 악을 택할 수도 있는 자유가 아니라면 자유라고 칭할 수 없으므로 신은 악을 내포하는 세상을 창조하였다는 것을 알 수 있다. 그러나 신은 악을 원하는 것이 아니고, 인간이 악을 피하기를 바란다. 그리하여 인간이 악을 선택하면 그에 대한 징벌이 따르는 섭리를 내포시키고 있다. 기적은 신이 하나님의 섭리 속에서 일어나는 것이다. 기적은 신의 행위이다. 그러나 악을 행한 죄에 대한 징벌은 인과응보의 방식으로 부과되는 것이 아니고 신의 은총의 여부에 따라 결정된다. 이 주장은 성 어거스틴의 그것과 같다.

인간은 누구라도 예외 없이 악을 행한 죄인들이기 때문에 누구도 징벌의 바깥에 있을 수 없고, 아무도 자기의 가치로는 신의 은총을 받기에 합당치 않다(이 부분도 성 어거스틴의 주장을 완전히 반복하고 있다). 인간은 죄로 말미암아 영원한 축복을 상실하게 된다. 죄인이 회개를 한다고 해서 죄에서 벗어나는 것은 아니지만, 신은 회개한 자 가운데서 은총을 줄 대상을 선택하여 은총을 베푼다. 신이 어떤 기준으로 선택하는지에 대해서 우리 인간으로서는 알 수 없다. 다만, 은총에 의하지 아니하고서는 아무도 죄에서 벗어날 수 없다는 것은 분명하다. 신은 어떤 사람은 죄 가운데 내버려 두고 어떤 사람은 죄에서 구해낸다.

인간의 영혼에 대하여 모든 예지적인 실체들은 비물질적이며 파괴되지 않는다. 천사들은 육신을 갖고 있지 않다. 그러나 영혼은 인간에게 있어서는 한 육체와 결합되어 있다. 영혼은 한 육체의 형상(形相)이다. 이것은 아리스토텔레스의 주장과 같다. 인간에게는 세 가지 영혼(아마도 아리스토텔레스가 말한 이성적 영혼과, 비이성적 영혼을 둘로 나눈 식물적 영혼과 욕구적 영혼을 가리키는 것 같다)이 아니라 오직 한 가지 영혼이 있을 따름이다. 그리고 그 영혼은 신체의 어느 부분에도 완전히 나타난다. 동물의 영혼은 인간의 영혼과는 달리 멸하는 것이다.

영혼은 인간이 태어날 때 부모로부터 유전되어 내려오는 것이 아니라 각자에게로 새로 창조된다. 이러한 성 토마스의 주장은 난점이 있는데 그것은 원죄의 전달에 대한 문제이다. 죄는 영혼이 범한다. 그런데 영혼이 전달되지 않고 새로 창조된다면 어떻게 아담의 죄를 물려받을 수 있겠는가? 이 문제에 대해서는 성 토마스가 언급하지 않았다. 인간의 영혼은 육체가 사멸한 뒤에도 살아남는다. 영혼이 살아남는 궁극적인 생존방식은 육체를 필요로 한다. 그러므로 영혼 불멸설은 육체 부활설을 요청하는 것이다.

성 토마스는 보편개념에 대하여 아리스토텔레스의 입장을 그대로 받아들이고 있다. 즉 보편개념은 영혼 밖에 존재하는 것이 아니라(플라톤은 이데아를 우리의 영혼 밖에 존재하는 실체라고 하였다) 영혼 밖에 있는 사물들을 이해하게 될 때, 우리의 영혼이 보편개념을 갖게 된다.

윤리에 대하여 성 토마스는 인간이 지녀야 할 덕(德)으로서 7가지를 제시하였다. 이 7덕을 실천할 수 있을 때 인간성은 최고의 가능성에 도달하게 되고, 최상의 행복을 맛볼 수 있다고 주장하였다.

7가지 덕은 일찍이 플라톤이 그의 「이상국가론」에서 제시했던 국가에서 가장 중요한 4가지 덕, 즉 용기, 지혜, 절제, 정의에다 신학적인 3덕, 즉 믿음, 소망, 사랑을 보탠 것이다.

그는 말하기를 처음의 4덕은 이성의 지시로 그 실천이 가능하지만 다음의 셋은 하나님을 만남으로써만 가능하다고 하였다. 왜냐하면 3덕에 도달하기 위해서는 원죄의 무거운 짐으로부터 벗어나야 하기 때문이다. 그런데 오직 하나님의 은총으로써만 원죄를 벗어날 수 있다.

그는 믿음, 소망, 사랑을 각각 다음과 같이 정의(定義)하였다.

첫째, 믿음이란 인간의 이성으로서는 도달할 수 없는, 진리를 발견하는 지적 통찰력이 있을 때에 비로소 우리 마음에 심어지는 하나님에 대한 신뢰이다. 예컨대 '하나님은 모든 인간의 행복을 바란다'는 믿음 같은 것이다.

둘째, 소망이란 경건하고도 헌신적인 행위를 향한 의지의 지향을 뜻한다. 예컨대, '버림받고 불쌍한 자를 돕고 싶다'고 하는 욕구 같은 것이다.

셋째, 사랑이란 믿음과 소망에 자신을 일치시킨 열렬한 실천과 환희를 뜻한다. 예컨대 문둥병자와 함께 생활하는 것과 같은 것이다.

그는 성윤리에 관해서도 몇 가지를 언급하고 있다. 결혼은 엄격히 일부일처(一夫一妻)라야 한다. 일부다처(一夫多妻) 제도는 부계(父系)를 보호하게 만든다.

이혼을 해서는 안 된다. 왜냐하면 자식들을 기르려면, 아버지가 필요하기 때문이다. 아버지는 어머니보다 이성적이며 처벌을 할 때에 필요한 육체의 힘이 더욱 강하기 때문이다.

간음을 해서는 안 된다. 이 계율은 아이들을 기르는 동안에 부모가 함께 있도록 하기 위해서이다.

국 가 론 성 토마스는, 국가는 신의 섭리가 지배하는 우주의 일부가 되어야 하며, 유기적 부분이 전체에 봉사하는 것같이 국가는 신의 국가에 종속·봉사해야 한다고 주장한다.

그의 국가론(國家論)도 아리스토텔레스와 같이 유기체적(有機體的)인 견해에 기초를 두고 있으나, 유기체의 차원이 다르다. 즉 아리스토텔레스는 한 국가를 유기체로, 그리고 국가 내의 기관들과 개인들을 그 지체(肢體)들로 본 데 비하여, 성 토마스는 우주 내의 신의 국가를 유기체로, 그리고 지상의 국가들을 그 지체(肢體)로 보고 있는 것이다.

이것은 국가에 대한 교회의 우위, 황제권(皇帝權)에 대한 교황권(教皇權)의 우위를 확실하게 시사하는 것이었다.

성 토마스는 법(法)에는 세 가지가 있다고 주장하였다. 신의 의사(意

思) 자체인 「영원법」, 영원법을 인간이 이성으로 해석한 「자연법」, 그리고 인간이 만든 현실의 「인정법」(人定法)이 그것이다. 그는 말하기를, 인정법은 자연법에 근거를 두어야 한다고 하였다. 이러한 인정법은 국가를 관리하는 군주에 의해 정립되며, 공동의 선(善)을 위해 강제가 수반되는 이성의 명령이라고 그는 말하였다.

성 토마스는 군주제(君主制)를 지지했다. "주권은 하나님에서 나와 인민 전체에 부여되고, 인민의 동의에 의해 군주에 위임되는 것"이라고 주장함으로써 그는 선출제 군주제를 옹호하였다. 그런데 그 군주는 교황을 의미하였다. 왜냐하면 그는 영원법과 인정법을 결합할 수 있는 자는 최고의 사제(司祭)일 뿐이라고 주장하였기 때문이다.

그는 또한 차등적인 신분질서를 옹호하였다. 즉 모든 인간은 신 앞에서 평등하지만 각인(各人)은 이성을 이용하는 정도에 있어서 평등하지 않으므로 여기서 신분의 차이가 생긴다고 하였다. 그리고 인간은 전체 사회를 떠나서는 가치가 없으며, 그러므로 사회에 봉사함으로써 가치를 실현할 수 있는데 사회에 봉사하는 길은 제가끔 자기 신분에 응하여 자기 맡은 바 직분을 다하는 것이라고 주장하였다. 직분에는 고하가 있으며 정신적·지도적 직분이 상위이고, 산업적 직분은 하위에 속한다고 하였다. 그리고 국가의 임무는 이 직분 질서를 통제하고 평화를 유지하는 데 있다고 주장하였다. 이 같은 그의 주장은, 당시 대토지를 소유한 영주로서의 교회의 입장을 반영한 것이다.

그의 상업과 고리대금업에 대한 주장도 마찬가지였다. 그는 상업에 대하여 어느 나라도 모든 물자가 충족되거나 잉여가 없을 수 없기 때문에 상인의 존재를 배격할 수 없다고 하였다(중세 초기에는 교회가 상업을 탐욕의 죄를 범하는 것으로 백안시하였다). 고리대금에 대해(당시 고리대금이 만연하였다), 빌려 준 후 받을 때까지 시간의 경과는 기쁨의 상실 등 손해가 있으므로 이자를 받는 것은 정당하다고 주장하였다(성경에서는 빌려준 것에 대해 이자를 받는 것을 금지하고 있다). 그리고 이윤 추구에 대해, 투자자는 위험을 부담하기 때문에 이윤을 얻을 권리가 있다고 주장하였다. 그의 이 같은 이자와 이윤에 대한 옹호는 교회의 재산을 옹호하는 것이었다.

재산에 대해 성 토마스는 '사유재산은 선한 생활에 필수적인 것'이라는 아리스토텔레스의 주장을 그대로 채용하여 사유재산제도를 옹호하였다.

이때까지만 해도 일부 교파에서는 그리스도인의 절대 빈곤 실천을 주장하고 있었으나, 존 22세(John XXII, 1316~1334) 교황은 1322년 "그리스도 인은 전대(錢袋)를 차지 말라"고 하는 교리를 이단으로 선언하였다. 이로써 사유재산은 본유적(本有的) 죄악이라고 하던 교리는 공식적으로 사라졌다.

그 대신 교회는 사유재산을 옹호한 구약의 구절들을 열렬히 인용하였다. 구약에는 "이삭을 다 줍지 말 것", "공정한 거래를 위해 저울의 추를 정확히할 것", "곳간의 양식이 떨어지지 않게 하는 하나님의 축복" 등 사유재산을 전제로 하는 율법과 율례가 많이 있다. 성 토마스의 사유재산 옹호는 교회가 최고의 부자였던만큼 이상할 것이 조금도 없다.

제 8 장

중세의 변화

11세기 이전의 중세는 거의 전적으로 장원 중심의 농업경제에 의존하였다. 11세기를 계기로 상공업과 도시가 발달하기 시작하였고, 새로운 기자재가 발명·도입되어 중세의 사회, 경제, 문화 전 영역에서 새로운 기운이 일어났다. 12세기에 일어난 중세의 변모는 장차 2세기 후에 시작된 르네상스에로의 길을 닦는 전정(前程)을 이루었다.

소작의 확대 11세기 이래 인구의 증가로 영주는 풍부한 노동력을 쉽게 얻을 수 있게 되어 영주 직영지를 분할하여 농민소작지로 전환하는 곳이 많았다. 이렇게 하는 것이 영주에게 더 유리하였기 때문이다. 이에 따라 직영지의 노예들도 해방되어 농노로 신분이 바뀌어 갔다. 그리고 화폐경제의 발전으로 영주는 흔히 임금 노동자를 고용하였고, 농민들은 점점 더 많이 지대(地代)를 화폐로 지불하였다. 이것은 인간적 예속을 특징으로 하던 중세의 인신(人身) 관계에 변화가 생겼음을 의미하는 것이었다(칼 마르크스의 표현을 빌리면 자본주의적 생산관계로의 변화).

상공업의 발달 11세기 이후 원격지 상업은 귀족계급의 사치품에 대한 수요 증대 그리고 조선술과 항해술의 발달을 배경으로 하여 지중해권과 북유럽권에서 크게 발달했다.

1096년에 시작된 십자군 원정에서 제노바, 피사, 베네치아 등의 북부

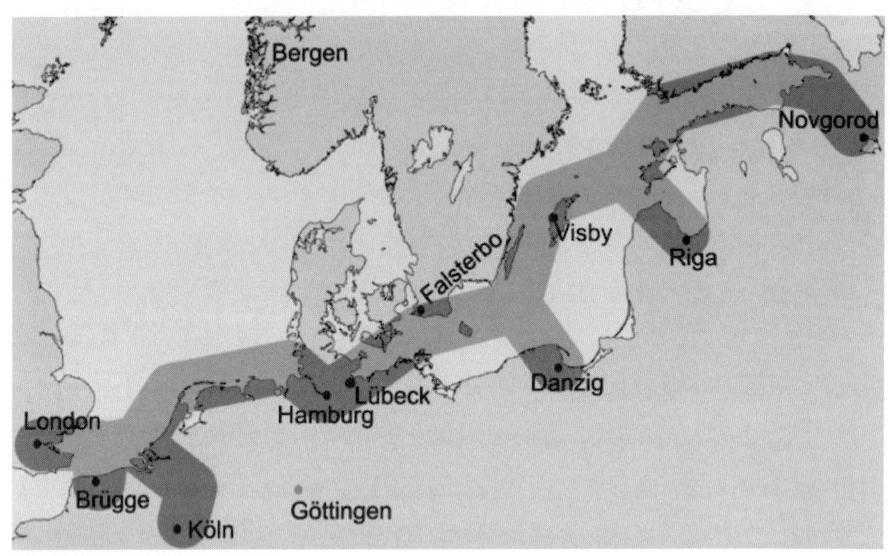

한자동맹국 사이의 주 통상로

이태리 도시들은 군대와 군수품 수송을 독점했고, 레반트와 예루살렘 지역에 상업 거점을 확보하여 교역활동을 했다.

북유럽에서는 12세기에 도시들간의 상업동맹인 한자동맹(Hanseatic League)이 체결되고, 신성로마제국의 대부분 도시들(Hamburg, Stettin, Bremen, Rostock 등)이 여기에 포함되었다. 제국 바깥에 있는 도시들 가운데도 한자동맹에 가맹한 도시가 적지 않았는데, 예컨대 브르주(Bruges, 오늘날의 벨기에에 위치), 런던(London), 단치히(Danzig, 폴란드 도시) 등이 그들이다 이들 가맹 도시에는 1년에 1~2주 정도 개최되는 견본시(見本市)가 형성되었는데 견본시에서는 대량의 상품이 거래되었을 뿐 아니라 금융업이 크게 발달하였다.

13세기 말경, 베네치아의 마르코 폴로(Marco Polo, 1254~1324)가 유럽인으로서는 처음으로 실크 로드를 지나 중국(元나라)을 여행하고 「동방견문록」(東方見聞錄, Il Milione)이라는 책을 펴냈다. 이로써 많은 유럽인들이 동방에 대해 새로운 관심을 가지게 되었으며, 수많은 기독교 선교사들이 줄을 이어 동양으로 갔다.

원격지 상업이 발달함에 따라 수공업도 발달했다. 원래 수공업 제품은 농촌 가정에서 자급용으로 생산하던 것이었는데 12세기 이후 상업의 발달로 생산방식이 주문생산으로 바뀌고 또 주문생산이 시장생산으로 바뀌어 수공업자는 농업에서 분리되어 경제적으로 자립할 수 있게 되었다.

당시 수공업자는 작업장·도구·원료를 비치하고 자신의 가족과 1~2명의 직공(journeymen)과 견습공(apprentices)을 거느리고 제품을 생산하여 직접 시장에 내다 팔았다. 이것이 13세기에 이르면 상업자본가가 생산비용을 미리 대어주는 선대제(先貸制)가 성립하여 수공업제품의 시장화(市場化)가 본격화하였다.

도시의 발달 수공업과 시장이 발달함에 따라 중세에 도시가 발달했다. 중세 도시는 편력 상인이 먼저 영주의 성곽 주변에 집단 정착하고 이어 이들 정착지에 농촌의 수공업자들과 이탈 농민들이 개별적으로 합류하여 형성되기 시작하였다. 이들 도시는 인구의 계속적 유입으로 비약적으로 성장하여 12세기와 13세기 이태리 도시들의 면적은 10배 이상으로 확장되었다.

중세에는 주민수가 10만 명이 넘는 도시는 찾아보기 힘들었고 거주인구가 1만 명 이상이 되면 대도시로 취급되었다. 원격지 상업과 수출 위주의 수공업이 발달한 베네치아, 밀라노, 피렌체, 겐트, 쾰른, 런던, 파리 등이 이에 해당하였다.

인구가 2,000~1만 명인 도시는 중도시에 속했고 50~2,000 명인 도시는 소도시로 분류되었는데 중세 도시들 가운데 90~95%가 소도시들이었다.

도시의 시민은 자유로운 시민들로 구성되었다. 사업경영과 판매활동에는 자유가 불가결하게 요구되었다. 도시사회의 역동성을 위한 자유의 필요는 도시로 흘러들어 오는 사람들에게 인신적 자유를 쉽게 허용하는 관습이 생겨 통용되었다. 이것은 농노들을 도시로 유인하는 주요 요인이었다. 도망한 농노가 도시의 성곽 안에서 영주에게 붙들리지 않고 1년 1

중세도시

일만 무사히 넘기면 자유인으로 인정되었다.

중세 도시에서는 도시에서 산다고 해서 바로 시민이 되는 것은 아니었다. 자유인으로서 일정한 소득을 가지고 소정의 절차에 따라 「시민서약」을 하였을 때에만 시민권을 획득하여 시민으로서의 의무와 더불어 특권을 누릴 수 있었다. 이렇게 창출된 시민층은 자유롭고 법적으로 평등하며 통일적인 공동체를 이루었다.

도시공동체는 초기, 그들에게 사법권과 징세권을 행사하던 도시권(都市圈)의 영주들로부터 그러한 권리를 매수하거나 또는 도시권 영주들에 대항한 유혈 투쟁을 벌여 도시의 자치권을 획득했다.

도시자치권으로는 사법권과 행정권을 들 수 있다. 12세기에 대부분의 도시에 도시법이 성립하여 도시가 그 안의 시장을 통제하고 행정상의 자치를 실현할 수 있는 근거를 마련하였다. 도시법에 따라 시민들 사이에서 재판관이 선출되고 법정이 설치됨으로써 시민들 스스로 시민간의 분쟁을 법률적으로 해결할 수 있게 되었다.

곧 도시는 행정적 자치권도 획득하였다. 시정(市政)은 처음에 대체로 시민 전체의 회의에 의해 이루어졌으나 차츰 부유한 상인 가문 출신들로 구성되는 시참사회(市叅事會)가 전체 시민회의를 대신했고, 시참사회 의장이 시장(市長)이 되어 행정을 총괄했다. 건축, 징세, 경리, 소방 등 필요한 분야별 행정은 시참사회의 의원 가운데서 담당자가 임명되어 처리하였다. 이러한 자치권은 12세기에는 어느 도시에서나 확립되었다. 도시는 독자적인 경제정책을 추진했고 자체의 요새와 군대를 가지고 있기도 했다. 독자적인 사법권과 행정권을 가지는 중세도시는 중세사회에서의 지방분권적인 세력 중의 하나였다. 이것은 농촌에서의 영주권(領主圈)과 대비되는 재미있는 현상이었다(당분간은 대칭되는 두 세력이 공존한 것이다).

중세도시의 특징으로 또 한 가지 지적할 수 있는 것은 도시인의 길드 조직이었다. 길드는 상인과 수공업자들의 동업조합이라 할 수 있는 경제적 규율기관이었다. 먼저 상인 길드가 조직되었고 이어 수공업 길드가 조직되었는데 수공업 길드는 직종별로 분화되었다.

조합원 사이의 평등을 기초로 하는 길드는 조합원 사이의 경쟁배제와 이윤획득의 기회균등 보장을 위해 상품의 생산과 유통과정을 강력히 단속하는 규제 단체적 성격을 띠었다. 길드는 영업시간, 영업장소, 매매가격, 제품의 양과 질, 특히 수공업자 길드의 경우 견습공, 직공의 훈련기간과 주인의 자격 요건, 그리고 작업 도구와 견습공의 수 등 조합원 상호간의 자유로운 경쟁의 배제와 균등한 이윤보장을 위한 기준과 규칙을 엄격히 정하여 시행했다.

길드는 동업자를 규합하고 협력을 강화함으로써 수공업 발달에 기여하였으나 나중에는 경쟁의 배제와 비가입자를 차등 대우하는 길드의 귀족화로 오히려 수공업 발달을 저해하는 장애요인으로 작용하기도 하였다.

도시도 초기의 자유와 평등의 시민자치와는 달리 차츰 부유 상인 중심의 도시귀족이라는 새로운 지배계급이 생겨 도시의 경제와 정치권력을 장악하였다. 12세기 말 이래 중세도시에도 확실한 빈부 격차가 생겨 소수의 도시 지배계급은 도시 주변의 토지 등 대부분의 부를 소유하고 대저택에 거주하면서 호화로운 생활을 즐긴 반면에 절대 다수의 도시민은 생계를 잇기도 힘든 빈민층을 형성하였다.

도시는 주변 농촌에 대해 봉건적 관계를 해소시키고 새로운 농업 발전을 촉진한 긍정적인 역할을 하였으나, 이것만이 아니고, 도시는 농촌경제를 도시경제에 종속시키고, 농산물을 염가로 구입하는 한편, 도시의 공산품을 강매하며 세금을 붙여 소금을 다량 구매하도록 강요하는 등 경제적으로 착취를 하기도 하였다.

신발명과 개량 12세기에 유럽에서는 유래 없이 많은 새로운 기자재의 발명과 개량이 있었다. 이들은 생산력을 증대시켰으며, 경제 발전에 기여를 하였다. 이 시기에 나타난 대표적인 발명과 개량을 열거하면 다음과 같다.

- 영국 요크샤(Yorkshire)에서 풍차가 등장하였다.
- 이태리에서 제지(製紙)가 시작되었다.
- 인도로부터 물레가 도입되었다.
- 항해 기술에 혁명이 일어났다. 나침반과 항해도와 항로의 조견표가 실용되기 시작하였다. 나침반은 9세기에 이미 중국에서 고안된 것이었는데 아라비아인에 의해 지중해로 건너오고 1302년에 이태리 선원에 의해서 개량되었고 그 유효성 때문에 금새 보급되어 널리 사용되었다. 항해도도 이때 이태리인에 의해 만들어지고, 간단한 계산만으로 항로 선택이 가능한 항로 조견표가 이용되었다. 이러한 기술혁신으로 항해 공간과 시기가 대폭 확장되었다.
- 이태리에서 안경이 발명되었다.
- 회교국가인 스페인을 통해 우주관측기들이 도입되었다.
- 아라비아숫자가 10세기경에 유럽에 소개되었는데 이것이 12세기에는 점차 실용화되었다. 아라비아숫자는 원래 인도에서 인도수학자들에 의해 발명·개발된 것으로서 페르시아인들이 유럽에 전파하였었다. 페르시아인들은 이 숫자를 「힌두-아라비아 숫자」라고 불렀으나 유럽인들은 숫자의 기원을 몰랐기 때문에 그냥 「아라비아 숫자」라고 불렀다. 아라비아숫자는 로마숫자에 비해 비교할 수 없을 만큼 편리하고, 잘못 읽거나 잘못 쓸 일도 거의 없었던 데다 0이라는 관념도 있었다. 아라비아숫자는 14세기 복식부기가 베네치아인에 의해 고안되자 상인들에 의해 순식간에 보급되었다. 상인들은 복식부기장을 아라비아숫자로 적어 넣은 것이다. 복식부기는 한번 훑어보기만 해도 장사의 전모를 알 수 있었으므로 상업기술의 혁신이라고 할 만한 것이었다.

교황권의 실추

11세기 말부터 생성된 스콜라 철학은 성 토마스 아퀴나스에 의해 13세기 후반에 이르러 거의 완성되었다. 이와같이 교회 내부에서 나타난 사상가들은 가톨릭 신학을 괄목할 만하게 발전시키는 성과를 거두었으나, 부를 얻어 타락하고 황제권과 다툼을 벌여 온 조직으로서의 교회는 여전히 세력과 부를 추구하는 세속적 관심을 지속하였다. 토마스 사후(死後) 14세기로 접어든 즈음에 교회는 그들의 관심이 어떠하였든 변화의 시류를 맞이하였고 그에 따라 14세기에 교황권은 실추한다. 교황권이 세속화하게 된 원인 중에서 근본적인 원인은 부유한 상인 계급이 대두한 것과 일반 신도들 사이에서 지식이 증대된 것을 들 수 있다.

이 두 요소는 모두 이태리에서 비롯되었다. 14세기 동안에 북부 이태리의 여러 도시들이 특히 부유해졌다. 그리고 학식 있는 평신도들, 특히 법률과 의학 지식이 풍부한 일반인들이 점차 증대하였다. 여러 도시들의 독립정신은, 황제의 위협이 제거된 지금에 와서는, 교황에 대항하는 경향이 있었다. 그리고 왕들은 세상의 세력판도가 변화하고 있는 시대의 흐름을 눈치 채고 있었다.

그러나 이 세기 초엽에는 아직 교황의 존재가 건재한 듯하였으며 교황의 탐욕이 대담하게 드러나고 있었다. 그러나 실상은 그 탐욕으로 인하여 교황의 정신적 권위는 크게 실추하였다. 그 결과 교황의 세력은 여러 세속 세력 중의 하나인 상대적인 것으로서 병립되었으며, 교회 자체 내에서도 교황에 대항하는 분파가 생겨나 공공연히 활약하였다.

보니페이스 8세(Boniface Ⅷ, 1294~1303)는 그의 재임 기간에, 마침 서기 1300년을 맞이하자 이것을 이용하여 안식의 해(安息의 年, The year of Jubilee)라는 제도를 만들었다. 이 해에 가톨릭 신도 중에서 누구나 로마를 방문하여 일정한 종교의식을 행하면, 그는 모든 죄를 사(赦)함 받게 된다는 교서(敎書)를 내렸다. 이 교서에 의해 교황청은 많은 돈을 벌었으며, 로마인들도 방문객들로 인해 이득을 보았다(이 안식의 해는 원래 백년 만에 한 번씩 돌아오는 것으로 하였었는데, 이득이 많아지자 50년으로 단축시키고, 다음에는 다시 25년으로 단축시켜서 오늘날까지 이르게 되었다). 맨 처음의 안식의 해는 교황이 거둔 성공의 절정인 것처럼 보여졌으나, 이 해는 동시에 교황권 쇠퇴의 시작의 해였다.

보니페이스 8세는 교직자들에 대한 세금징수권을 두고 프랑스 왕 필립 4세(Philip Ⅳ)와 갈등을 일으켰다. 필립 4세는 교회를 업신여겼다. 분쟁이 심각하게 되자 왕은 군대를 파견하여 그를 체포하였다. 그는 로마로 탈출하였으나 그곳에서 고민 끝에 죽었다. 그 후로 오랫동안 어느 교황도 프랑스 왕과 대립하려고 하지 않았다.

그때 교회 안에는 강력한 프랑스 당파가 형성되어 있었는데 추기경들은 프랑스파의 대표적인 한 추기경을 교황으로 선출하고 클레멘트 5세(Clement Ⅴ, 1305~1314)라고 불렀다. 그는 교황직에 올라 아비뇽에 정착했으며 이곳에 교황청이 7대에 걸쳐 70년 동안 존속하였다.

돈이 필요했던 필립 4세 왕은 성당 무사단(聖堂武士團)이 소유하고 있던 프랑스 안의 부동산(토지)을 빼앗기 위해 클레멘트 5세 교황에게 협조를 구하였다. 교회가 우선 이 성당 무사단을 이단으로 만들어 주어야 했다. 그리하여야 왕과 교황은 그 탈취물을 분배할 수 있었다. 1307년 어느 날 프랑스의 성당 무사단의 무리들이 일제히 체포되었다. 심한 고문을 하여 그들이 사탄의 앞잡이었다고 자백시켰다. 그리고 재산을 모두 몰수 하였다(1313). 왕은 사악한 목적을 위해서조차 교황(자국 안에 머물고 있는)을 이용할 수 있었다.

아비뇽의 교황청(1309~1377)

프랑스에 적대적인 세속의 군주들은 교황과도 대립하였다. 그리하여 오캄의 윌리엄 등은 황제의 보호를 받게 되었으며, 얼마 뒤의 위클리프(Wycliff)는 이와 마찬가지로 영국의 집권자인 곤트의 존(John of Gaunt)의 보호를 받게 되었다.

교회의 대분열 교황직이 모든 가톨릭 교회의 지도적인 위치에 서려면 로마에 돌아가서, 프랑스에 의존하고 있는 처지를 벗어나야 한다는 것은 분명한 사실이었다. 그리하여 우르반 5세(Urban Ⅴ, 1362~1370)는 1367년에 로마로 갔으나, 이태리의 정치 정세는 너무나 복잡하여, 그로서는 감당키 어려웠으며, 죽기 얼마 전에 그는 다시 아비뇽으로 돌아왔다.

다음 교황 그레고리 11세(Gregory Ⅺ, 1370～1378)는 이태리 주교들의 프랑스 교황청에 대한 적개심을 무마하기 위해, 로마로 돌아가 온갖 노력을 다하였으나 허사로 끝나고, 그가 죽은 뒤 교회는 이른바 대분열(The Great Schism)에 빠졌다(1378).

즉 추기경 선거인단(the College of Cardinals)에서는 프랑스파와 로마파의 대립이 심하여 교황을 각기 따로 선출하였다. 로마파는 이태리인을 선출하여 우르반 6세(Urban Ⅵ, 1378~1394)라고 칭하였고, 프랑스파는 제네바인을 선출하여 클레멘트 7세(Clement Ⅶ, 1378~1394)라고 칭하고 아비뇽에 거주하였다.

이리하여 교회의 대분열이 시작되어 40년 동안이나 계속되었다. 프랑스는 물론 아비뇽 교황(Avignon Pope)을 지지하였고, 프랑스의 적대 국가들은 로마 교황(Roman Pope)을 지지하였다. 스코틀랜드는 영국과 적대관계에 있었으며, 영국은 프랑스의 적국이었므로 스코틀랜드는 자연히 아비뇽 교황을 승인하였다. 두 교황은 각각 자기의 지지자들 사이에서 추기경들을 선출하였다. 교황이 죽으면, 그를 추종하는 추기경들은 즉시 또 한 사람의 교황을 선출하였다.

교회 분열은 어떻게든 해결되어야 할 과제였다. 이럴 즈음 파리대학은 하나의 새로운 학설을 주장하였다. 종교회의에 우선권(Power of Initiative)을 주어 해결토록 하라는 것이었다. 1409년 피사에서 회의가 소집되었다. 그러나 회의는 우스운 결과를 낳았다. 즉 이 회의에서는 두 교황이 다 이단이며, 분열의 책임을 져야 하므로 자리에서 물러나야 한다고 선언하고 교황을 또 한 사람 선출하였다. 이제 교황은 둘이 아니라 셋이 되었다.

이 회의의 결과로 제3의 교황이 된 자는 해적 출신인 존 23세(John XXIII, 1400~1415)이다. 가톨릭 교회의 모습이 말이 아니었다.

그러나 종교회의의 운동의 지지자들은 여기서 단념하지 않고 분열 종식을 위한 운동을 계속 전개하였다. 이들은 1414년 콘스탄스에서 새로운 종교회의를 소집하고 먼저 존 23세를 폐위시키고, 그리고 로마 교황에게 사임을 권고하여 성공하였다. 아비뇽 교황은 사임을 거부하였으나, 그가 죽은 후 프랑스가 영국의 지배 아래 있었던 정세(政勢)의 영향을 받아 아비뇽 교황청은 소멸하고 말았다. 그리하여 마침내 종교회의에서 선출할 교황에 반대할 자는 없게 되었다. 1417년 종교회의에서는 교황을 선출하여 마르틴 5세(Martin V, 1417~1431)라고 불렀다. 이렇게 하여 교회의 대분열은 간신히 수습되었다.

종교개혁의 전조

14세기 들어 교황의 권위가 퇴락하고 있을 때 교회 내부에서도 교황권에 도전하는 개혁적인 학자들이 나타났다. 그 대표적인 학자가 오캄의 윌리엄, 옥스퍼드 대학의 위클리프, 프라하의 후스 등이다.

오캄의 윌리엄

오캄의 윌리엄(William of Occam, 1290~1349)은 14세기에 교황과 세속 군주가 권위를 다툴 때, 세속 군주의 편에 서서 교황에게 타격을 입혔다.

그는 런던으로부터 꽤 멀리 떨어진 서남쪽의 작은 마을인 오캄에서 태어났다. 그는 어린나이에 성 프란시스 교단의 탁발승이 되어 런던과 옥스퍼드에서 공부하였다.

오캄의 윌리엄

그는 '사도(使徒)의 빈곤'과 관련된 교리를 둘러싸고 존 22세 교황(1316~1334, '그리스도인은 전대를 차지 말라'는 교리를 이단으로 선언한 바 있다)과 마찰을 빚어, 교황으로부터 파문을 당하였고, 그리하여 그는 반 교황파의 리더로서 활동하였다.

그가 파문을 당한 사건의 경위는 이러하였다. 즉 수도원의 탁발승들에게 남겨진 재산을, 탁발승들의 소유로 할 것인지 혹은 그 재산을 일단 교황에게 바쳐 교황의 소유로 만든 후에 탁발승들이 사용만 할 것인지 하는 문제를 두고, 프랜시스코 교단과 교황 사이에 이견이 있었다. 교황은 탁발승의 소유로 할 것을 주장하였고 프랜시스코 교단은 탁발승의 무소유 원칙을 고집하였다. 이때 오캄은 자연히 자기 교단의 편을 들었다. 싸움이 점점 가열되어 교황은 오캄과 그의 동료 몇 사람을 파문하였다. 오캄은 자신을 투옥 또는 처형을 할지도 모른다는 두려움에서 신성로마의 루이 4세 황제(The Emperor Louis Ⅳ)에게 보호를 요청하였다. 그를 보호하자, 교황은 루이 황제까지 파문을 하였다. 이에 대항하여 반 교황파들은 교무총회(教務總會)를 소집하여 여기서 도리어 교황을 파문하였다. 이와 같이 14세기 초에는 교황과 황제가 서로 다투는 국면이 더욱 치열해졌다.

오캄은 루이 4세에 의존한 망명생활을 하면서 프랜시스코파 개혁가 그룹을 이끄는 지도자로서 역할을 하였다.

존 22세 교황을 뒤이은 교회 안의 프랑스 당파 출신인 클레멘트 5세(Clement V) 교황은 앞서 본 바와 같이 교황청을 프랑스의 아비뇽(Avignon)으로 옮겼는데 그후 교황은 정치적으로 프랑스 왕 밑에 종속되어 버렸다.

영국과 독일은 교황에 대적하는 입장이었다. 이유는 영국과 독일이 동맹을 맺고 프랑스와 전쟁을 치루었기 때문이었다. 영국과 프랑스의 대립은 곧 황제와 교황의 대립을 의미하였다.

교황의 적들은 교무총회(教務總會)가 교황보다 우위의 종교적 권위를 갖고 있다고 주장하면서 교무총회의 개최를 요구하였다. 그것이 교황과 싸우는 방편이었다. 교황과 싸운 이때의 이들을 총회운동파라고 부르기도 하였다.

이때부터 교황에 대한 반대운동은 황제의 편을 드는 데 그치지 않고 민주주의적인 개혁을 요구하게 되었다. 반대운동의 성격이 발전한 것이다. 이 운동은 새로운 힘을 얻었으며, 나중에는 마침내 종교개혁까지 가져오는 씨앗이 되었다.

오캄은 교황에 반대하는 총회운동파의 일원이었으며, 교무총회를 민주주의적인 방식으로 구성할 것을 주장하였다.

오캄의 인식론 여기서 이제 오캄의 윌리암이 내놓은 이론들을 보기로 하자.

오캄은 성 토마스 이후의 가장 중요한 중세의 철학자이다. 그의 인식론은 토마스보다 더 철저한 아리스토텔레스주의자로서 '오캄의 면도날'이라는 별명이 붙여졌다. 그는 그의 신학(神學)에서 이성(理性)의 무용(無用)을 주장함으로써 토마스와는 반대되는 입장이었다. 오캄은 무엇보다도 아리스토텔레스로 돌아가려고 하였다. 그는 성 어거스틴이나 아라비아 철학들의 영향에서 벗어나 순수히 아리스토텔레스에게 복귀하려고 하였다. 그 결과 오캄은 자신도 모르는 사이에 이성적 사유를 중시한 스콜라 철학을 종식시키는 데에 한 몫을 하였다. 오캄은 그의 형이상학에서 인간의 지식은 다 개체의 사물에서 비롯되며, 먼저 직관적(감각적) 지식이 있은 다음에야 추상적 지식이 가능하다고 하였다. 그는 검증할 수 없는 추상적 가설들을 경험된 사실들을 설명하는 근거로 삼아서는 안 된다는 입장을 확실히 밝히고 있다. 이러한 그의 입장을 우리는「오캄의 면도날」(Occam's razor)이라고 부르고 있다. 그의 면도날에 해당하는 격언은 이러하다. 즉 "적은 것으로 행할 수 있는 일을 많은 것으로 행하는 것은 부질없는 일"이라고 하였다. 오캄은 불필요한 가설들을 제거하는 데에 면도날을 사용하였다.

그는 유명론자(唯名論者, nominalist)였다. 유명론의 입장은 개별적인 것만이 실재하여 보편적인 것은, 예컨대 인간, 학교, 하천 같은 것은 실재하지 않고 다만 개별적인 것에서 추상된 보편화된 이름에 지나지 않는다는 것이다. 즉 유명론은 보편을 단순히 하나의 이름(보통명사)으로 축소해서 이해하는 입장이다. 이름은 정신적인 관념이다.

보편관념은 오로지 '사물들이 있은 뒤에' 생긴 관념으로서 정신 속에 있을 따름이다. 보편관념은 어떤 하나의 사물에 대하여 '부정확한' 기호의 구실을 할 수 있되, '정확한' 기호의 구실은 하지 못한다. 정확하고 명석한 관념은 단일적인 대상의 기호이다. 관념이 보편적으로 되면 될수록 그것이 지시하는 대상은 더욱 많아지고, 또 이 대상들을 더욱 막연하게 지시하게 된다. 현실적으로 존재하는 사물들을 직접 경험하지 않고서는 그것들에 관한 지식이 있을 수 없는 것과 꼭 마찬가지로 감각적 경험을 떠나서는 그것들에 관해 전적으로 올바른 인식을 할 수가 없다.

그는 구체적인 사물들에 관한 명제와 우리의 보편관념들간의 관계에 관한 명제를 구별함으로써 그의 논지를 더욱 분명히하였다.

자연과학(물리학, 식물학, 광물학 등)은 첫번째 명제들로 되어 있고, 또 현실적으로 존재하는 세계에 관한 진리를 될 수 있는 대로 많이 제공할 것을 목표로 삼는다. 우리의 보편관념들에 관한 두 번째의 명제는 직접적으로 관찰된 사물을 문제삼는 것이 아니며, 또 진리에 관심이 있는 것도 아니다. "흑색(黑色)은 백색(白色)이 아니요," "대머리는 머리 터럭이 없는 것이다"고 하는 따위의 명제들이 이런 명제들이다. 논리학은 이런 명제들을 다루는 것이다. 논리학은 대상들간의 관계들을 찾아내고 있는 것이 아니라, 오히려 관념들간의 관계들을 해명하고 있는 것이다.

그는 논리학의 사변이 신과 같은 존재를 진실로 증명할 수는 없는 일이라고 보았던 것이다. 그는 하나님의 존재에 대한 갖가지 논증(사변적인 가설에 기초한)은 만족할 만한 것이 되지 못한다고 하였다. 그는 신학의 견지에서 볼 때에 이성은 전혀 소용없는 것이라고 했다.

그는 인간들이 하나님을 알 수 있는 것은 전적으로 계시에 의한 것이다. 우리는 계시에 의해서 하나님이 인간을 사랑한다는 것을 알고, 계시에 의해서 하나님이 인간들에 대한 그의 은총의 통로로서 교회를 세웠다는 것을 알며, 계시에 의해서 하나님이 인간 예수에게서 성육(成肉)하였음을 안다고 했다.

오캄의 윤리학 오캄의 윤리학은 신의 신성한 명령이 핵심이다. 어떤 일이 인간에게 도덕적으로 또는 의무적으로 허용되느냐 금지되느냐 하는 것은 오로지 신이 자의적으로 정하는 데에 달려있다.

그러므로 출애굽기에서 이스라엘인들이 '이집트인들을 사취한 것'은 도둑질이나 약탈이 아니라, 도덕적으로 허용될 수 있고, 실제로 그랬어야만 했던 일이다. 왜냐하면 신이 그렇게 하라고 명했기 때문이다(이스라엘인들이 이집트를 떠나기 직전의 일로서 출애굽기 12:34~36에 나오는 이야기이다. "이스라엘 자손이 모세의 말대로 애굽 사람에게 금은 패물과 의복을 구하매 여호와께서 애굽 사람으로 하여금 백성에게 은혜를 입히게 하사 그들의 구하는 대로 주게 하시므로 그들이 애굽 사람의 물품을 사취하였더라").

그는 도덕의 원리는 합리적(合理的)인 것이 아니고 신의 자의에 의한 것이라고 하였다. 하나님은 도둑질과 간음을 좋은 것이 되게끔 할 수도 있었을 것인데 그러나 하나님은 그의 의지에 의하여 이것들을 사악한 것으로 정하였다. 옳고 그름은 하나님의 무제한한 의지를 따라 정해진 것이다.

오캄의 정치학 오캄은 망명 기간에 많은 정치적인 논문을 썼다. 그러나 그가 이때에 쓴 정치학은 출판된 것이 없고, 지하에서 배포된 몇 가지가 남아있을 뿐이다.

그는 정치적 논설에서, 그가 신학과 윤리학에서 강조했던 신의 계시나 자의와 같은 명제는 사라지고 '세속적'인 견해를 표명하였다.

그는 세속적인 권력과 정신적인 권력의 분리를 주장하였다. 가톨릭 교회가 가지는 권력의 원천으로서 부는 부적절한 것이라고 하였다(그 당시로서는 매우 대담한 말이다). 가톨릭 교회는 정신적인 권력을 가지며, 이것은 세속으로부터 분리된 별개의 것이다. 이러한 그의 신념은 교회와 국가의 분리를 규정하는 헌법을 제안하기에 이르렀다.

교황과 황제는 반드시 분리되어야 하되 동등하며, 각자는 자기 영역에서 우월하다.

세속의 권력은 범법자를 처벌하고 모두를 법에 복종하도록 강제하기 위해 필요한 것이다. 왜냐하면 에덴동산에서 타락이 있은 후 이기적·착취적으로 변한 인간들의 세속 물질에 대한 무절제한 탐욕을 견제하기 위해서는 법이 불가결하게 되었다. 그리고 법을 강제할 능력이 없으면 법은 쓸모없는 것이 되어 버릴 것인만큼 세속의 권력이 필요한 것이다.

인간의 세속적 권력 없이 신의 뜻에 따라 살려면 타락 전의 에덴동산에서와 같이 부를 소유하지 말아야 한다. 비록 무소유의 이상에 완전히 도달할 수는 없다고 하더라도 모든 기독교인은 무정부적인 이상향을 희구하여야 한다. 그러므로 기독교인은 가능한 한 정신적인 것과 세속적인 것이 섞이는 것을 피해야 한다.

"이러한 이유로, 기독교의 수장(首長)은 세속의 잘못에 대해 사형(死刑)이나 다른 체형(體刑)을 가하는 권한을 가지고 있지 않다. 세속의 잘못에 대한 형벌은 당연히 세속의 권력에 부여되어 있다. 그러므로 교황은 오직 정신적인 형벌로써 과오자를 바로잡을 수 있을 뿐이다. 교황이 세속의 권력에서 뛰어나거나 세속의 부를 많이 가지는 것은 불필요한 것이며, 다만 그리스도 교인들이 자발적으로 그에게 복종하는 것으로서 충분한 것이다." 오캄에게 있어서는 교회와 국가의 분리는 이상과 세속의 분리였다.

오캄은 세속 정부의 최상의 형태는 군주제라고 주장하였다. 나아가 그는 공통 의지와 같은 것은 존재하지 않는다는 근거에서 대의제(代議制)

형태의 정부는 싫어하였다. 그는 초능력자의 지도자를 기대하지도 않았다. 그와는 반대로 선량한 보통 사람도 훌륭한 왕이 될 수 있다고 생각하였다. 아마도 그를 보호해 준 루이 황제를 두고서 이런 생각을 가지지 않았나 싶다. 오캄은 군주제에 만족하였다. 왜냐하면 현실세계는 본질적으로 결함투성이라고 믿었기 때문이었다.

오캄은 존 22세 교황이 죽은 후에도 그를 뒤이은 두 명의 교황과 계속 싸웠다. 오캄은 언론의 자유를 옹호하였다. 어떤 자가 잘 알면서도 신학적인 오류를 주장하고서 회개할 것을 거부한다면 교황은 그에게 정신적인 형벌을 가할 수 있을 것이다. 그러나 어떤 자가 잘 모르고서 신학적인 오류를 수천 번 주장하고서 잘못을 깨닫고 회개를 하려고 한다면 교황은 결코 그를 이단으로 판단해서는 안 된다.

"신학과 상관없는 순수히 철학적인 주장이라도 누구에 의해 비난되거나 금지되어서는 안 된다. 왜냐하면 그러한 주장과 관련하여 누구라도 자신이 즐겨하는 바를 자유롭게 말할 수 있는 자유를 가지지 않으면 안 되기 때문이다." 오캄의 이러한 발언은 서양 역사상 언론의 자유를 옹호한 최초의 것이라고 후일 존 밀턴(1608~1674)이 지적하였다(Areo pagitica에서).

오캄은 중세 말에 변화를 초래시킨 중요 인물 중의 한 사람이다. 그가 주장한 신의 존재에 관한 계시론이나 윤리에 관한 신의 자의론(恣意論)은, 이성으로써 신앙의 문제를 해명하려던 스콜라 철학의 입장을 근본부터 흔드는 것이었다. 사실상 오캄은 스콜라 철학이 추구해 온 신앙과 이성의 결합을 파괴하였다. 스콜라 철학이 시들어가자 그 자리에는 신비주의의 눈부신 부활이 일어났다. 사가(史家)들은 14세기의 신비주의는 여러 철학 체계의 한 국면이 아니라 하나의 철학 체계로 되었다고 평가했다.

하나님을 체험했다고 하는 느낌이 신앙의 본래적 근거로 삼아졌다. 이성과 그 이성이 애써 전개하는 논쟁들은 심심풀이 정도로 받아들여졌고, 어떤 때는 재미없는 오락보다도 못한 것으로 여겨졌다. 스콜라 철학의 풍부한 내용은 망각되고 이제 스콜라 철학은 말장난과 동일시되었다.

그러나 우리가 기억해야 할 것은 스콜라 철학은 무엇보다도 하나님의 존재, 하나님과 세계와의 관계에 관심을 가졌다는 점, 또 이보다는 일관성이 덜할망정 진리탐구의 도구로서 이것을 소중히 여겼다는 점을 그 전반적인 특색으로 삼을 수 있다. 그런데 이제는 이 도구, 즉 이성(理性)이 으뜸가는 관심의 대상이 되는 문제를 탐구할 수 없다고 여겨졌을 때 중세에서 가장 중요시되던 이 철학은 드디어 빛을 잃고 무대 뒤쪽으로 사라질 수밖에 없었다.

위클리프의 개혁운동 14세기 교황청이 아비뇽에 설치되고, 교회가 대분열을 일으키던 교황권의 세속기에 교황에 도전하여 후일 종교개혁의 씨앗을 심은 또 한 사람의 중요한 신학자가 있었는데 그는 존 위클리프(John Wycliffe, 1320~1384)였다. 그는 오캄과 마찬가지로 영국인이었다.

위클리프는 수도승이나 탁발승이 아니고, 교구에 거주하는 성직자였다. 그는 옥스퍼드에서 크게 명성을 떨치고, 1372년에 신학박사 학위를 받았다. 그는 교황청의 비리를 신랄하게 비판한 옥스퍼드대학의 신학 강사였다. 그는 라틴어 성서를 영어로 번역하였다.

위클리프가 이단이 된 것(1372)은 나이가 50이 넘어서였다. 이때까지는 충실한 정통파로 있었다. 그가 이단이 된 것은 오직 도의심 때문이었다. 그것은 가난한 자에 대한 동정심과, 부유한 성직자들에 대한 증오심에서 비롯된 것이었다.

그는 옥스퍼드대학에서 1376년 「시민 주권론」이라는 제목의 강의를 시작하였는데 그의 주장은 다음과 같다. 즉 오직 의(義)만이 주권(主權)과 재산(財産)을 관장할 자격이 부여될 수 있으며, 불의(不義)한 교직자는 그럴 자격이 없다. 어떤 성직자가 그의 재산을 보유하느냐의 여부는 민권(民權)에 의해서만 결정지을 수 있다. 그는 한걸음 나아가서 재산은 죄의 결과라고 가르쳤다. 그리스도와 사도들은 재산을 갖지 않았다. 그러므로 성직자들은 재산을 가져서는 안 된다.

그의 이러한 주장은 탁발승(托鉢僧) 이외의 성직자들을 격분시켰으나, 영국정부는 그의 분명한 주장을 지지하였다. 왜냐하면 교황은 영국에서 막대한 염보를 염출하고 있었기 때문이다. 영국으로서는 교황에게 돈을 보내지 말라는 가르침이므로 매우 바람직하였던 것이다. 더구나 교황은 프랑스에 예속되어 있고, 영국은 프랑스와 전쟁을 하고 있었으므로, 그의 교리는 실로 안성맞춤이었다.

위클리프는 교회의 대분열이 일어났던 해인 1378년부터 이듬해까지 교황에 대항하는 학술적인 논문을 계속하여 썼다. 그는 말하기를, 왕은 신의 대목(代牧)이요, 따라서 주교들은 그 왕에게 예속되어 있다. 그는 교황을 반(反) 그리스도(Anti-Christ)라고 낙인을 찍고, 교황이 콘스탄틴 황제의 증여를 받으므로(문서를 위조하여) 그 이후의 교황은 모두 배교자가 되었다고 규탄하였다.

리차드 2세(Richard Ⅱ)가 소수당으로 머물러 있는 동안에 정권을 잡은 곤트의 존은 위클리프를 오랫동안 힘껏 도왔다. 그러나 교황 그레고리 11세(Grerory Ⅺ, 1370~1389)는 위클리프의 강의에서 18개 항목에 걸친 이단을 찾아내고 그를 주교의 법정에 소환하였다. 그러나 옥스퍼드대학은 위클리프가 교황의 재판을 받도록 보내는 것을 거절하였고, 왕후와 대중도 그를 옹호하고 나섰다.

순회설교자들에게 지침을 주고 있는 존 위클리프 교수

위클리프는 가난한 성직자들을 순회설교자로 임명하였다. 그들의 중요한 사명은 주로 가난한 사람들에게 설교하는 일이었다. 그는 성직자의 권한을 공박하여 화체설(化體說)까지도 부인하였다(화체설은 사제(司祭)가 신도의 천당 행(行)과 지옥 행(行)을 결정한다는 주장이다). 그는 이 화체설 교리는 기만적이고 독신적(瀆神的)인 어리석은 것이라고 주장하였다. 이렇게 되자 기득권자들의 반발을 우려하여 곤트의 존은 그에게 침묵을 지킬 것을 명하였다.

1381년 농민폭동이 일어나자 위클리프의 입장은 더욱 악화되었다. 이 폭동의 주동자인 존 볼이라는 사회주의자가 위클리프를 숭배하는 자(者)이었기 때문이다. 옥스퍼드대학은 힘이 닿는 데까지 위클리프를 보호하였으며, 영국 의회에서도 그를 정죄하기를 거부하였다.

위클리프는 1384년에 평안히 죽었다(그런데 그가 죽은 후 콘스탄틴 종교회의(1414)는 그의 시체를 파내어 화형(火刑)에 처하도록 정죄하였다).

영국의 그의 추종자들인 롤라드(Lollard, 14~15세기 위클리프파 교도)파는 심한 박해를 받고 잠복하였다. 그러나 리차드 2세의 아내인 보헤미안 여인은 위클리프를 존경하였으며, 그리하여 위클리프의 교리가 보헤미안에 전파되었다.

이들 보헤미안 가운데 위클리프를 존경하고 추종하였던 개혁가가 있었는데, 그가 존 후스(John Huss, 1369~1415)이다. 보헤미아는 지금의 체코 공화국의 동북부 지방을 지칭하는 말이며, 이 지역 주민들은 체코어를 사용하며, 그 당시에는 보헤미아의 왕이 있었다.

후스의 개혁운동 후스(Huss)는 보헤미아의 후시네크(Husinec: '거위마을' 이란 뜻)에서 농민을 양친으로 하여 태어났다. 그는 프라하대학에서 공부하였고 박사학위를 취득한 후, 프라하의 베들레헴 성당의 주임 신부가 되었다.

위클리프의 저술들은 후스의 대학시절 프라하대학에서 대단한 바람을 일으켰었다. 그때 프라하대학은 체코계와 독일계로 나뉘어 있었는데 위클리프의 영향은 이 두 파의 대립을 더욱 첨예하게 만들었다. 후스가 함께 한 체코계는 위클리프의 교황에 도전한 개혁정신에 찬동하였고, 독일계는 위클리프를 이단으로 규탄하였다. 보헤미아 왕이 체코계를 편듦으로써 체코계가 우세하였고 독일계는 프라하대학을 떠났다.

후스는 교황 존 23세(John XXIII, 1400~1415)가 면죄부의 판매를 허가한 데에 대해 격분하고 더욱 과격해졌다. 그는 교황이 순전히 자신의 이익을 위해 행동하고 있으며 더 이상 교황의 도덕적 권위를 인정할 수 없다고 선언하였다. 그는 나아가서 교황이 면죄부 판매를 허용한 것은 체코 백성을 착취하는 행위라고 주장하였다. 당시 제3의 교황인 존 23세는 그의 적대자들인 다른 교황들과 겨루기 위해 십자군을 지원할 모금을 목적으로 면죄부의 판매를 허용하였다.

교황에 대한 후스의 도전은, 보헤미아 왕에 대한 감출 수 없는 도전을 의미하였다. 왜냐하면 보헤미아 왕은 면죄부를 판 이익을 교황과 나누어 가졌기 때문이다. 그리하여 후스는 왕의 지원을 상실하였다.

존 23세는 후스를 파문하고, 주임 신부직에서 내쫓았다. 후스는 시골로 은퇴(1412)하였으나 더욱더 열정적으로 집필에 정진하였다. 그는 이 기간에 쓴 「교회론」에서 "교회의 궁극적인 권위는 그리스도에서 비롯되는 것이다. 교회의 유일한 우두머리는 그리스도 한 분뿐이다. 전적으로 무식하고 돈만 아는 교황은 많은 과오를 범할 수 있다. 잘못된 교황에 반항하는 것은 그리스도에 복종하는 길이다"고 주장하였다.

1414년 11월 콘스탄스에서 교회의 분열을 수습하고 교회를 개혁하겠다는 명분으로 종교회의가 소집되었다.

시지스문트(Sigismund) 신성로마 황제는 후스에게 종교회의에 출석하여 자신의 주장에 대해 해명할 것을 촉구하였고 신분 안전을 보장하였다. 후스는 이 회의가 중요한 회의였기 때문에 갔다. 그러나 후스가 콘스탄스에 도착하자마자 그들은 바로 후스를 체포하였고, 쇠사슬에 묶어 수개월 동안 감옥에 가두었다.

회의는 이듬해(1415) 재판을 열어 고인이 된 위클리프와 후스를 이단으로 기소하였다. 그들은 후스에게 자신의 주장들을 취소할 것을 요구하였다. 그러나 후스는 이를 모두 거절하였다. 후스가 최후를 맞이하고 있을 때 존 23세 교황은 그에게 불어닥친 퇴임 압력을 면하기 위해 콘스탄스를 떠나고 없었고 후스는 교황의 억류로부터 콘스탄스 대주교의 관할로 옮겨져 라인 강변의 성곽 감옥에 구금되어 있었다.

회의는 위클리프와 그의 추종자인 후스를 이단으로 정죄하고, 위클리프의 시신을 꺼내어 화형에 처하고, 그의 저술을 불태우며, 그리고 후스는 산 채로 화형에 처하고, 그의 저술을 불태우도록 판결하였다.

후스의 화형장 모습

후스는 화형장에서 이같이 마지막 기도를 올렸다. "주님! 예수여, 내가 이 잔인한 죽음을 인내하고 감당하는 것은 주님을 위해서입니다. 내가 주님께 기도하노니 나의 적들에게 자비를 가져 주소서." 이것은 마르틴 루터가 종교 개혁을 하기 100년 전 일이었다.

그의 사형 집행자들은 그의 재(災)를 삽으로 퍼서 호수에 던졌다. 그래서 그의 유해라곤 아무 것도 남은 것이 없었다. 그러나 몇몇 체코인들이 후스가 죽은 곳의 땅에서 한 움큼의 흙을 긁어모아 기념물로서 보헤미아로 가져갔다.

보헤미아인들은 후스의 처형에 격분하였으며 종교회의와 관계를 끊었다. 그들은 그후 수십 년간 신성로마 황제와 교회의 권위를 인정치 않았고 세 번에 걸친 그들에 대한 군사 공격을 격퇴하였다. 그후 그들은 서방의 나머지 기독교계와는 손을 잡았고, 자체적으로는 모라비아 형제단(The Moravian Bterhren, Moravia는 체코의 지역 이름)을 결성하여 웨슬리(Wesley) 인(人)들을 개종시키는 데에 큰 역할을 하였다.

새로운 사태 15세기에 일어난 새로운 사태들은 교황권을 하나의 상대적인 세속적 세력으로 악화시켰다. 새로운 사태 중의 하나는 화약의 발명이었다. 새로운 군사 무기인 화약은 왕권(王權)을 강화하고 봉건적인 영주 계급을 약화시켰다. 왕들은 신흥 중류계급과 손을 잡고 귀족 영주들이 누려 온 분권적 권한을 회수하기 시작하였다.

유럽에서 인도로 직접 항해한 바스코 다 가마(Vasco da Gama, 1460 혹은 1469~1524)와 미대륙을 발견한 콜럼부스(Columbus, Christopher, 1446~1506)는 세계를 확대시켰고 지동설(地動說)을 재기(再起)한 코페르니쿠스(Copernicus, Nicolaus, 1473~1543)는 하늘을 확대시켰다.

콘스탄틴 황제의 토지 증여는 꾸며낸 이야기라고 해서 부인되고 학자들의 웃음거리가 되었다. 비잔티움의 도움으로 플라톤을 신 플라톤 철학자나 어거스틴파를 통해서가 아니라 직접 알게 되었다.

새로 일어난 문화는 본질상 이교(異敎)의 문화이므로 그리스와 로마를 숭배하고 중세를 천시하였다. 그리하여 건축이나 문학에 있어서도 고대 모형을 모방하였다. 이 세상은 가톨릭의 구속을 벗어난 즐거움과 명성, 미와 모험 등을 위한 기회를 제공하는 장소로 보이게 되었다. 오랜 세기에 걸친 금욕주의는 이제 예술과 쾌락의 소용돌이 속에서 다 잊어버리게 되었다. 근대는 이와 같이 즐거운 해방의 순간에 탄생된 것이다.

제 9 장

이 슬 람 교

마호메트(Muhammad, 570~632)가 이슬람교(Islam, 회교)를 세우기 이전까지, 아라비아는 각 부족이 분열하여 민심이 피폐하고 온갖 미신이 유행하고 있었다. 아라비아는 대부분이 사막으로 되어 있었으므로 인구가 늘어감에 따라서 점점 생존이 어려운 처지에 놓이게 되었고 물건들을 빼앗기 위해 부족끼리 싸우지 않으면 안 될 형편이었다.

그런데 마호메트의 출현으로 형편이 달라졌다. 마호메트가 이슬람교를 세워(623) 민족을 통일시켰으며(630) 그가 죽은 후 그의 후계자들은 곧 정복에 나섰고 놀라운 속도로 진척되었다. 이들의 정복은 표면상으로는 이슬람의 확대라는 종교적 이유를 내세웠으나 실제에 있어서는 정복에 의해 손쉽게 얻어지는 부에 매혹되어 정복을 계속하였다. 신자들의 의무는 이슬람교를 위해 될 수 있는 대로 세계를 크게 정복하는 것이라고 말했다. 그러나 기독교인이나 유대교인이나 조르아스터 교인들을 박해할 이유가 없었다. 이들은 시리아(636), 이집트(642), 페르시아(650)와 터키의 일부를 굴복시켰으며, 669년에는 콘스탄티노플을 포위하였고 동쪽으로는 인더스강까지, 712년에는 스페인까지를 완전히 손아귀에 넣었다. 그러나 732년의 투르 전쟁에서 패배당한 후로는 서방에로의 팽창은 저지되었다. 이것은 마호메트가 죽은 지 100년 후의 일이었다. 정복자들은 이들 정복지를 이슬람 국가로 만들었다. 이것이 사라센제국(Saracen Empire)이다.

가브리엘로부터 첫 계시를 받고 있는 마호메트

이슬람(Islam)이란 '신에게 바치는 법'이라는 뜻인데, 그들의 경전인 코란(Koran)에 기록된 하나님의 말씀을 믿는 종교이다. 이슬람을 믿는 신도를 모슬렘(Muslim)이라고 부르는데 '귀의자'라는 뜻이다. 이슬람은 마호메트가 7세기 초 코란을 완성함으로써 일신교로서 나타났다. 코란에는 마호메트가 20년 동안 메카(Mecca)에서 일한 설교가 포함되어 있으며 신앙의 체계와 정치 조직 체계는 그가 메디나(Medina)로 망명한(622년, 52세) 이후에 성립되었다. 그는 8년간 이곳에 머문 후 메카로 돌아왔다.

모슬렘들은 마호메트가 망명한 날인 622년 6월 6일을 그들 월력(月曆)의 기원인 헤지라(Hegira)로 삼았다. 그가 메카로 돌아온 지(630년, 60세) 2년 이내에 이슬람 종교가 아라비아 반도 전역에 보급되었다. 종교 집단일 뿐 아니라 정치적 공동체(ummah)였다. 즉 "이슬람은 종교요 국가이다"(Islam is a religion and state).

이슬람이 중동 지역에 급속히 퍼진 것은 종교적 이유보다는 사회 경제적 이유가 더 컸다. 모슬렘들은 생활에 필요한 물건을 약탈하기 위하여 정복을 하였다. 전투에 차츰 경험을 쌓는 동안에, 적들이 허약하다는 것이 드러나게 되자 전투는 하나의 좋은 직업이 되었다. 그래서 남보다 더 잘 싸울 줄 알았다.

이들은 별로 싸움을 하지 않고서도 많은 제국을 손에 넣을 수 있었다. 거기에는 별로 큰 파괴가 없었으며, 시민들의 행정기구도 별로 변화를 일으키지 않고 그대로 보존할 수 있었다. 페르시아와 비잔티움제국에서는 정부가 고도의 조직체를 갖고 있었었다. 아라비아인들은 처음에는 그 복잡성에 대하여 도저히 이해할 수 없었다. 그리하여 각 부서에는 거기에 익숙한 현지 사람들을 쓸 수밖에 없었다.

현지인들은 대체로 새 주인인 아라비아인 아래에서 일하는 것을 언짢게 생각하지 않았다. 왜냐하면 새 주인의 치하에서 그들의 세금이 과거에 비해 상당히 삭감되고, 그리고 새 주인이 까다로운 간섭을 할 수 없었기 때문에 일을 해 나가기가 더 쉬웠던 것이 이유이다. 그리고 정복지에서 타(他) 종교의 예배가 허용되긴 하였으나 모슬렘과 세금에 차등을 두었으므로 기독교를 버리고 이슬람교로 개종을 많이 하였다.

사막 지대에서 궁핍한 생존의 고난과 싸워 온 이들이 약 20년이 지나자, 갑자기 세계에서 가장 부유한 지역의 주인이 될 수 있었고, 옛 문명의 가장 세련된 결정체를 손에 넣게 되었다.

사라센제국은 칼리프(Caliph, 마호메트의 후계자)를 군주로 하는 전제군주국가였다. 칼리프는 마호메트의 후계자로서, 그의 신성한 성품을 대부분 물려받아야 했다. 칼리프의 지위는 형식상 선거하기로 되어 있었지만 얼마 후에는 세습제도가 되어버렸다. 이슬람교는 마호메트의 사위인 알리(Ali)가 죽은 후, 두 파로 갈라졌다. 하나는 다수인 수니(Sunni) 파이고, 다른 하나는 소수의 시아(Shiah) 파이다. 알리의 직계는 시아파였다.

그 첫번째 왕조인 우마이야드(Umayyard) 왕조는 수니파에 의해 건설되었었다. 이 왕조는(수도를 다마스커스에 두었으며) 750년까지 존속하였다.

회교로 개종한 페르시아인들은 언제나 시아파에 속하였다. 그리하여 우마이야드 왕조는 페르시아인의 영향으로 전복되었고 페르시아인의 이익을 옹호하는 아바시드(the Abbasids) 왕조가 뒤를 이었다. 수도를 다마스커스로부터 바그다드로 옮겼다.

아바시드 왕조는 우마이야드 왕조 때와는 달리 광신적인 데에 더 호감을 가졌다. 그러나 그들은 이 제국 전체를 지배하지는 못하였다. 우마이야드 가문의 한 사람이 아바시드에 의한 대대적인 학살을 피하여 스페

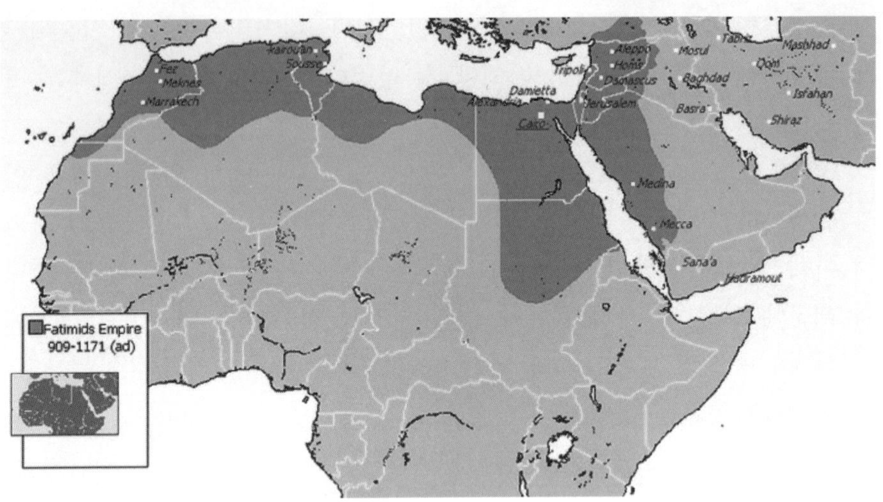

사라센 제국의 초기(7세기) 영토

인으로 도주하여 그곳에서 합법적인 통치자로 인정을 받았으며, 스페인은 그때부터 회교세계의 다른 부분으로 독립하게 되었다.

아바시드 왕조 초기에, 칼리프는 그 권력과 영화가 절정에 달하였다.

아바시드 왕조의 마지막 칼리프는 1256년에 몽고인들에 의해 살해되었다. 이때 바그다드의 시민 80만 명이 한꺼번에 학살당하였다.

1453년 오스만 투르크가 콘스탄티노플을 점령한 후 모슬렘 통치를 계승하여 19세기까지 유럽에서 유고슬라비아, 알바니아, 불가리아, 시실리를 이슬람 국가로 만들고 파키스탄 지역과 스마트라, 필리핀, 말라야 그리고 중국에도 신강성 일대, 아프리카의 소말리아, 잠비아, 수단을 이슬람교로 개종시켰다. 그리하여 현재 세계 인구의 약 6분의 1(7억~8억)이 모슬렘이다.

모슬렘 국가에서는 상업이 발달하였다. 제국의 방대한 판도, 세계적인 용어가 된 아라비아어의 보급, 그리고 모슬렘의 윤리관이 상업을 높이 평가하는 등 이 모든 여건이 합쳐져 상업의 발달을 촉진시켰다.

그들은 도로를 개수하여 상업에 활용하였으며, 그들이 가진 관개 기술로써 농업을 진흥시켰다.

코 란 코란(Koran)은 '신의 진정한 말씀과 마호메트의 언행이 적혀 있는' 이슬람의 경전이다. 신의 진정한 말씀은 천사 가브리엘(Gabriel)이 마호메트(Muhammad)에게 전해 준 것이라고 그들은 주장한다. 코란에서의 핵심 인물은 마호메트이다. 그는 예언자이다. 이 예언자는 자기를 신이라고 하지 않았으며 그의 후계자들도 그를 신이라고 말하지 않았다. 그러나 마호메트는 여러 예언자 가운데 한 예언자가 아니라, 궁극적인 예언자이며, 그에게 주어진 계시는 하늘의 뜻을 나타내는 불변의 표현이다. "마호메트가 없이는 신이 없다"고 말한다. 이것을 믿느냐가 모슬렘의 기본이다.

양피지에 쓴 코란(7세기)

이 밖의 주요 교리는 다음과 같다.

1. 신은 절대적으로 유일하다. 단순한 일신교로서 삼위일체론(三位一體論)이나 도성인신론(道成人身論)과 같은 정교한 신학은 없다.
2. 인간의 의지는 자유롭다.
3. 신성한 계시에는 보상의 약속과 벌의 위협이 존재한다.
4. 죄인은 이단자와 참신자 사이의 중간에 있다.
5. 인간은 성전(聖戰: 신성한 전쟁)에 참가할 의무가 있다. 이것은 죄인을 타파하는 의무와는 전혀 다르다. 성전(聖戰)은 이슬람교를 믿지 않는 불신자(不信者)와 싸우는 것이다. 싸우다 죽으면 낙원에 간다.
6. 낙원은 흐르는 물과 과일과 꽃과 아름다운 여성과 머리가 아프지 않는 술이 즐비한 곳이다.

그러나 코란 내용의 대부분은 유대교 경전인 구약(舊約)과 그리스도 이후의 기독교 경전인 신약(新約)의 내용을 산만하게 끌어모아 기복적(祈福的)인 탄원과 운율을 붙여 장황하게 늘어놓은 것이다. 유대교, 기독교에서와 같이 아브라함(Abraham)을 모슬렘의 조상이라고 하고 있으나 아브라함의 본부인(本夫人)인 사라(Sarah)와의 소생인 이삭(Issac) 대신에, 아브라함이 이삭보다 먼저 낳은, 하녀 하갈(Hagar)의 소생인 이스마엘(Ismael)

을 족보의 정통으로 삼고 있는 것같이 약간의 차이를 보여주고 있다.

코란은 모두 114장(sura, chapter)으로 되어 있는데 글이 긴 장(章)부터 차례대로 편집을 하였기 때문에 사건의 연대가 무시되어 있다.

유대·기독교의 바이블(Bible)에서는 족보가 자세히 나와 누가 누구의 아들이며, 인간관계가 어떠한지가 확실하고 사건의 전후좌우가 분명하지만, 코란에는 사건의 전후와는 상관없이 장(章)의 길이가 긴 것부터 앞쪽에 배치하였기 때문에 아들 이름이 부(父)의 이름보다 앞서 나오는 등의 혼란이 많아 코란만 읽어서는 누가 누구의 아들인지조차 알 수가 없고, 또한 그들은 이런 문제를 별로 중시하지도 않고 있다(그래서 코란을 잘 해독하기 위해서는 바이블(기독교의 신·구약)을 먼저 알아야 한다).

코란에 등장하는 인물들은 거의 모두가 바이블에 나와 있는 인물들이다. 이들은 원래 히브리인들임에도 코란은 그들을 마호메트의 종교적 선배들로 표현하고 있어, 혈통이나 인종에는 관심을 두지 않고 있다.

코란에 따르면 신의 전령(傳令)은 아담, 노아, 아브라함, 모세, 예수 그리고 마침내 마호메트로 이어진다.

예수 어머니의 처녀 잉태를 인정하고 예수를 메시아라고 쓰고 있으나 메시아에 큰 의미를 두지 않았으며, 십자가(十字架) 처형이나 부활에 대하여는 언급이 없다. 예수를 한갓 선지자로 표현하고 마호메트가 예수 뒤 최후의 선지자라고 적고 있다.

인간의 선행과 악행을 구분하고 선행으로서는 신에 대한 경외, 겸손, 희망, 자비, 정직, 죄악의 타파를 중시하였다.

의 식 코란은 의식(儀式)을 신앙의 베개(Pillar of Faith)라는 말로 표현하고 있는데, 고백, 기도, 자선, 금식, 순례가 그것이다. 기도는 하루에 5회 하도록 하되 금요일 정오 기도만은 사원(寺院, mosque)에서 할 것을 요구했다.

금식은 월력(月曆)으로 아홉 번째 달인 라마단(Ramadan, 2월경) 한 달 동안은 해가 뜬 이후부터 해가 지기까지 건강한 성인은 음식을 먹지 말 것을 요구하고 있는데, 이것은 가장 잘 지켜지고 있는 의식이다.

순례는 열두째달(5월경) 메카(Mecca)를 방문하는 것이다. 순례에서 돌아오면 하지(Haji)라는 칭호를 붙여준다.

국 가 관 이슬람교의 국가관(國家觀)은 다른 종교에 비해 더욱 신본위(神本位)이다. 국가는 다른 목적이 아니라 신에 봉사하기 위해 존재하는 것이다. 그러므로 모슬렘의 종교적 지도자인 칼리프(Caliph)가 정권을 잡는 것이 당연하며 또한 칼리프에 의한 정부가 좋은 정부이다. 왜냐하면 칼리프는 신의(神意)를 전달하는 전령(傳令)이기 때문이다.

후에 비(非) 칼리프가 집권을 하는 경우가 생기자 그들은 모든 권력은 신으로부터 나온다고 주장하였다. 이에 따라 좋은 정부와 나쁜 정부의 구별이 희석되었다. 집권자가 신앙을 보호하고 신성법(사라센 국가에서는 코란이 법(法)의 원천이다)에 따라 행정의 책임을 수행한다. 사제(司祭)는 인정치 않고 있으며, 신학자이거나 법률가로서 국가를 위한 법의 안내자가 종교 문제도 다루고 있다.

이슬람과 사회 이슬람교의 출현으로 아랍 사회의 여러 관습과 관행이 크게 바뀌었다. 예컨대 결혼·이혼·상속 등 가족 관계를 보면 이전에는 외삼촌(外三寸)을 중심으로 하는 모계제(母系制)였다. 이것이 이슬람에 의해 일부다처(一夫多妻)의 가부장적(家父長的)인 부계제(父系制)로 바뀌었다. 여성은 남성에 복종하여야 하며, 여성은 상속(相續)이나 간증(干證) 등의 가치에서 남성의 반 값으로 치부하였다.

과거에는 결혼이 양가(兩家)의 장(長)들 사이의 계약이었다. 그러나 이슬람 이후에는 결혼에 있어서는 신랑의 동의가 있어야 했다. 신부의 동의는 필요 없으며 신부의 아버지는 신부를 강제로 결혼시킬 수 있었다. 모슬렘 남자는 비 모슬렘 여인과 결혼할 수 있었으나 모슬렘 여인이 비 모슬렘 남자와는 결혼을 할 수 없다. 한 남자는 4명까지의 처를 둘 수 있었다(一夫四妻制). 그들은 남아를 선호하였으며, 여자 아이가 태어나면 생매장을 하는 것이 흔하였다(코란에 이것에 대한 언급은 없다). 이혼은 남자의 일방적인 선언으로 가능했으며 여성에게 과실이 없는 이혼일 때에는 여성이 결혼할 때 갖다 바친 지참금을 반환해야 했다. 간음을 죄로 간주하였다.

사회적 윤리는 단합과 형제애를 기초로 하였다. 개인적 탐욕과 자만을 배격하였다. 신자들은 서로 평등하며, 노예와의 결혼도 허용하고 인종차별을 인정하지 아니하였다. 고리대금을 허용치 아니하였다.

사막을 환경으로 하는 아라비아에서는 상업과 무역이 본업이었다. 신성법(모슬렘 法)은 상업에 대한 자세한 지침과 규율들을 규정하였다. 도시에서는 상가가 올바로 배열되어야 한다고 규정하고 사원(寺院) 주변에는 생필품 상점과 책방을 배열하고, 도살장은 성문 부근에 두어야 한다고 하였다. 상거래에 관한 규율에서는 거래에 대한 즉각적인 청산과 교환의 공정 및 상대방에 대한 신의를 강조하고, 이자를 받고 대여하는 것을 금지하였다.

제 10 장

르 네 상 스

'르네상스'(Renaissance)라는 용어는 '재탄생'(再誕生)이란 뜻을 가진 불어이다. 이태리어로는 '리나스키멘토'(Rinascimento: 'ri-다시'; nascere-'태어남')라고 하는데, 뜻은 역시 같다.

르네상스에 대한 정의는 학자에 따라서 조금씩 다르지만 일반적인 합의로는 중세 후기인 14세기부터 피렌체(Firenze: Florence)에서 시작되어 2~3세기 동안 유럽에서 일어난 문화운동을 말한다. 이 운동은 결과를 두고 보았을 때 미래 역사의 진로를 예고하는 문명의 선도자 역할을 하였으며, 중세와 근세를 연결하는 가교이기도 하였다.

문화운동으로서 외부로 나타난 르네상스의 특징은 다음과 같다.

1) 종교에 대한 존중심을 상실한 르네상스인들은 그들의 지적 호기심을 충족시키기 위하여 과거 그리스·로마의 고전(古典)을 열심히 공부하였으며 이를 통해서 잊어버리고 지냈던 인간의 지혜와 변설(辯舌)의 감동과 문학과 예술의 아름답고도 생동감 넘치는 표현을 재발견하였고 그것들을 재현하려 하였다. 르네상스 학자들은 그리스·로마의 문학과 역사학 및 명연설집을 발굴하는 데에 최대의 관심이 있었다. 이것은 이보다 앞선 중세의 라틴학자들이 전적으로 그리스와 아랍의 철학과 자연과학 및 수학에 열중하던 것과는 확연히 대조를 이루는 것이었다.

르네상스 초기의 단테, 보카치오와 함께 3대 거장 중 또 한 사람인 페트라르카는 서정시인이기도 하지만 고전을 연구한 인문학자로서 더 잘 알려져 있다. 페트라르카는 고대 로마에서 손꼽히는 문필가인 키케로(Cicero)의 저술을 수도원 도서관에서 찾아내었다. 그는 키케로의 저술에서 사용된 평이한 어휘와 간결하면서도 명쾌한 논리적인 문장구성에 크게 눈을 떴다. 그는 세네카(Seneca)와 베르길리우스(Bergilius) 및 플라톤(Plato)의 고전을 연구하는 데에 있어서도 크게 기여하였다. 그 이외에도 콜로키오 살루타티(Coluccio Salutati, 1331～1406), 니콜로 데 니콜리(Niccolo de Niccoli, 1364～1437), 포기오 브라치오리니(Poggio Bracciolini, 1380～1459)와 같은 인문주의자들도 유럽에 흩어져 있는 도서관들을 뒤져 고전을 연구하고 소개하는 데에 기여하였다.

비잔틴제국이 1453년 오토만 투르크(Ottoman Turke)에 의해 멸망하자 고등교육기관들도 이와 함께 문을 닫았는데, 지금까지 비잔틴에서 활동해 온 많은 그리스 학자들이 이태리로 건너오면서 그들의 지식과 많은 문헌들을 함께 갖고 왔다. 이것도 이태리 르네상스의 밑거름이 되었다.

2) 문학작품 및 저술들을 속어(俗語)로 썼다. 르네상스 초기의 대표적 문학작품으로서 우리는 흔히 단테(Alighieri Dante, 1265～1321)의 신곡(神曲, Divine Comedy)을 든다(단테가 신곡을 펴낸 연도가 1300년이었는데, 이로써 어떤 학자는 르네상스의 기점을 1300년으로 잡기도 한다).

신곡은 사후세계를 둘러본 견문기로서, 저자 단테는 라틴어가 아닌 자기 고장의 속어인 이태리어로 썼다. 문학작품을 속어로 쓰는 것은 르네상스의 한 가지 특징을 이룬다. 그런데 이 당시에는 국제어인 라틴어 사용이 붐을 이루고 있던 때였다. 12세기부터 이태리 각 지역에 설립된 대학들에서는 라틴어로 강의를 하였고, 각 마을마다 생겨난 중등학교에 해당하는 「라틴학교」에서도 라틴어가 필수로 가르쳐졌다. 「라틴학교」는 교회에서 운영하는 학교가 아니라 시청에서 운영하는 학교였다. 르네상스가 시작되던 시절, 이태리 도시국가들은 비로소 국가의 기능을 제대로 발휘할 때였으며 외국에 외교관의 상주공관을 두고 외교활동도 활발히 수행하였었는데, 정부의 모든 공문서와 외교문서는 모두 라틴어로 작성되었다. 그래서 공무원이 되려면 라틴어 지식이 필수적이었다.

신곡을 속어로 쓴 단테 자신이 볼로냐(Bologna) 대학에서 수사학(修辭學)을 공부한, 그리스어와 라틴어에 능숙한 최고 수준의 지식인이었다. 그럼에도 불구하고 단테가 속어인 이태리어를 사용한 것은 이태리어가 라틴어보다 더 편했기 때문일 것이다. 아무리 라틴어를 잘한다고 하더라도 라틴어는 이미 일상생활에서는 쓰지 않는 죽은 말인 이상, 밤이나 낮이나 눈만 뜨면 사용하는 모국어보다 더 잘 할 수는 없었을 것이다. 그러므로 르네상스 작가들은 자기가 더 잘 할 수 있는 언어로 문학 작품을 씀으로써 표현의 자유를 확대하였다.

단테 (피렌체 바르젤로 궁 예배실 소재)

보카치오(Giovanni Boccaccio, 1313~1375)도 「데카메론」(Decameron)을 이태리어로 썼고, 페트라르카(Frannesco Petrarca, 1304~1374)도 이태리어로 저술을 하였다.

속어로 쓴 그들의 작품들은 인간의 고매한 이성뿐 아니라 섬세한 감정까지도 훌륭히 표현할 수 있다는 깊은 가능성을 보여주었다.

르네상스가 시작되던 시기에 이태리에서 라틴어 붐이 일어나 언어의 세계화가 진척되고 있었으나, 다른 한편으로는 작가들이 자기 고장의 속어로 작품을 쓰는 언어의 지방화가 동반되었던 것이다. 문학작품을 모국어로 쓰는 경향은 르네상스 이래 오늘날까지 그대로 지속되고 있다.

보카치오

3) 한 가지 재미있는 현상으로서 르네상스가 진행된 도시들에서는 연설이 유행하였다. 사람들은 길거리에서나 어떤 집회에서나 명연설을 듣는 것을 큰 즐거움으로 생각하였다. 사

람들은 연설자들이 과거 로마 원로원에서 말한 명언(名言)이나 그리스 여류시인이 지은 시구(詩句)를 인용할 때 박수갈채를 보냈다. 연설가들은 주로 인문학자들이었다. 정부의 관료가 새로 부임하거나, 주교의 헌신식이 있을 때에는 한두 명의 인문학자가 연설을 하는 것이 관례가 되었다. 성직자들도 고전을 탐독하였고 청중들은 성직자가 그의 설교에서 고전에서 찾아낸 철학을 말해주기를 바랐다.

4) 르네상스시기에 사람들은 고대의 문헌뿐만이 아니라, 폐허를 뒤지고 강바닥을 훑어 고대에서 만들어진 유물들을 파내었다. 사람들은 발굴된 조각품에서 인간 나체에 대한 아름다움을 새삼스러이 재발견하였다. 누구의 솜씨였는지도 알 수 없으나 고대 그리스에서 만들어진 「비너스 상(像)」과 「원반 던지는 사나이」, 제정로마 때 만들어진 「싫지 않은 강탈」과 같은 조각상들은 르네상스 미술가들의 영혼을 점화시키고도 남음이 있었다. 레오나르도 다 빈치(Leonardo da Vinci, 1452~1519), 미켈란젤로(Michelangelo Buonarroti, 1475~1564), 라파엘로(Raffaello Sanzio, 1483~1520)는 그리스 로마의 전통을, 중세를 생략해 버린 채, 바로 전수하여 불후의 나체상들을 조각하였다.

5) 회화에 있어서도 르네상스 화가들은 고대 벽화에서 원근법을 발견하였다. 그들은 그것을 좀더 과학적으로 재구성하여 원근법에 의한 회화를 확실하게 꽃피워 놓았다.

6) 건축에서도 오늘날 르네상스 양식이라고 부르는 새로운 설계들이 나왔다. 그 중에 대표적인 것이 둥근지붕(Dome, Cupola)이다. 브루넬레스키(Brunelleschi, 1377~1446)는 1418년 피렌체 대성당을 마무리하는 공모(公募)에 둥근지붕을 설계하여 당선되었다. 그의 이 기법은 이전의 고딕식 건축과는 완전히 다른 양식으로서 르네상스 건축의 시작을 예고하는 것이었다. 고딕성당의 뾰족한 지붕을 대체한 둥근지붕은 실은 고대 로마의 방식을 되살린 것이었다.

르네상스의 진원지 피렌체 르네상스가 시작된 곳은 이태리 북쪽에 위치한 도시국가 피렌체(Firenze)였다. 단테, 보카치오, 페트라르카, 레오나르도 다 빈치, 미켈란젤로, 브루넬레스키의 출신지가 모두 피렌체였다. 참으로 이상한 일처럼 보인다. 어찌면 그들과 같은 천재적인 인물들이 모두 피렌체 출신인가? 하늘의 조화인가, 역사의 운명인가 하는 생각마저 든다. 그러나 좀더 냉정하게 살펴보면 피렌체의 환경이 그들의 천재성을 발휘하게 한 원인으로서 피렌체로 하여금 르네상스의 발상지가 되도록 한 것이 아닌가 여겨진다.

그러면 그 당시 피렌체의 환경은 어떠하였던가?

피렌체는 그때 가장 번영한 이태리 내의 5개 도시국가 중 하나였다. 5개 도시국가로는 밀라노 공국, 교황 직할국, 나폴리 왕국, 베네치아 공화국 그리고 피렌체 공화국이었다. 이 다섯 도시국가들은 로마제국 멸망 후 분열과 혼돈 속에 있던 이태리 반도 내에서 자력갱생을 위해 꿈틀거린 도시 중심의 콤뮨들 가운데서 비교적 성공을 거두어 이웃 콤뮨들을 복속시켜 국가다운 도시를 형성하였다. 피렌체 공화국은 13~14세기에 금융업과 수공업이 대단히 발달하여 경제적인 부를 향유하였다.

피렌체는 원래 기원전 59년에 당시 집정관이었던 줄리어스 시저

피렌체시

(Julius Caesar)에 의해 건설된 도시였다. 도시는 완벽한 로마식 도시로서 아름다운 아르노강을 끼고 전체 모양이 네모꼴로, 가도를 통해 시외와 연결되며 로마인이 도시에 필요하다고 생각한 모든 시설을 갖추고 있었다.

로마 교황청의 직할령을 바로 남쪽 이웃에 두고 있던 피렌체는 10세기 이래 로마 교황청의 수입·지출과 재정을 관리하는 은행 업무를 시작하여 13~15세기에는 유럽의 최대 금융본부로 성장하였고, 또한 직물업으로도 크게 성공하여, 이 방면의 중심지가 되었다. 더욱이 12세기 이래로 번창한 원격지 무역으로 피렌체 경제는 더욱 발달하여 당시 이태리의 5대 도시국가 중에 부에 있어서 베네치아 공화국과 어깨를 견주었다.

이제 피렌체와 같은 일부 이태리 도시국가는 중세의 전형적인 토지 중심의 경제 모형과는 완전히 다른, 상업과 산업 중심의 경제 모형으로 전환해 있었다. 이때 피렌체의 경제를 좌지우지하는 실력자들은 동업자 조합인 각종 길드들의 대표자들이었다. 이들이 실제로는 피렌체의 정치까지도 주무르고 있었다.

모직상 길드, 면직공업자 길드, 갑옷 제조업자 길드, 건축가와 조각가 길드 등은 자기네 길드의 위상을 높이는 한 방법으로서 사람들이 많이 통행하는 공공장소에 자기 길드의 수호성인의 상(像)을 세웠다. 각 길드는 경쟁적이었으며, 조각가들에게 주문을 하여 제작을 시켰다.

신약(新約)의 마태복음을 쓴 마태(Matthew)는 원래 세리(稅吏)였던 관계로 은행가 길드의 수호성인으로 모셔져 있었으며, 낙타털을 입고 다녔던 세례 요한(John)은 모직상 길드의 수호성인으로, 이교상(異敎像) 제작을 거부하였던 기독교 초기의 순교자 4명은 건축가와 조각가의 수호성인이 되었다.

각 길드에서는 다른 길드의 상(像)보다 돋보이는 작품을 내놓으려 하였고, 조각가들은 솜씨를 다투어 새로운 기법으로 조각을 제작하였다. 길드의 주문제작에 동원된 조각가로는 기베르티(Lorenzo Ghiberti, 1378~1455), 도나텔로(Donatello, 1386~1466), 베르키오(Verrochio, 1435~1488)

등이었다. 이들은 모두 피렌체 출신이다.

그리고 르네상스 회화(繪畵)는 어떻게 시작되었는가 하면 피렌체 교회 내부의 벽화들로 시작되었다. 피렌체의 부자들은 교회에 헌금한 염보의 대가로 교회 안에 가족예배실을 따로 두는 특전을 부여받았다. 이 시대 교회는 그런 용도로 크건 작건 양쪽 벽면이나 제단 양쪽에 가족예배실을 두었다. 부자들은 예배실을 아름답게 꾸미기 위해 큰 비용을 들여 벽에 회화를 그려 넣었다. 어떤 이는 예배실 안에 석관(石棺)을 두는 무덤을 설치하기도 하였다. 부자들의 이 같은 기호는 경쟁적이었다. 벽화에 대한 수요는 아주 컸고 화가들에게 많은 기회를 주었다.

원근법 원리를 회화에 적용시켰던 마사치오(Masaccio, 1401~1428)도 가족예배실의 벽화를 그렸다. 그가 그린 브랑카치 가족예배실(Cappella Brancacci)의 「성삼위일체」(1425~1428) 벽화는 「베드로 성인의 일생」과 「아담과 이브의 낙원추방」으로 구성되어 있다. 그의 그림은 성경이야기가 생생한 인간의 감정을 지닌 통렬한 모습으로 묘사되고 있다.

피렌체의 아르노 강가에 있는 작은 산타 트리니타(Santa Trinita) 교회에는 사세티(Sassetti) 가(家)의 예배실이 있다. 성 프란체스코(St. Francesco)의 일생과 목동들의 경배가 그려져 있는 이 벽화는 도메니코 기를란다요(Domenico Ghirlandaio, 1449~1496)의 작품이다.

이 즈음 피렌체에서는 조각과 회화의 제작이 일상화되어 있었으며, 조각가와 미술가들에게는 상당한 보수가 주어졌다. 프렌체시 중심부에는 「보데카」라고 불리는 공방들이 모여 있었는데 여기서는 그림도 그리고 조각품을 조소하는 작업을 하였다. 보데카에는 누구나 마음대로 드나들 수 있었으며 물건을 사거나 눈요기를 하거나 제작중인 작품을 보고 한바탕 비판을 늘어놓기도 하는 친숙한 장소였다.

르네상스 예술을 고무하는 피렌체의 환경은 메디치(Medici) 가의 적극적인 관심과 후원으로 더욱 꽃을 피웠다. 메디치가의 코시모(Cosimo de Medici, 1389~1464)는 가업(家業)이던 금융업을 확장하여 크게 성공시키고, 정권마저 장악하여 1434년 참주정(僭主政)을 확립하였다. 메디치가의 참주정은 그의 손자 로렌초(Lorenzo de Medici, 1449~1492; '위대한 사람' 로렌초(Lorenzo 'il Magnifico')라고 부르기도 하였다. 집권 1469~1492)까지 이어져 화려한 치세가 60년 동안 이어진다. 이 기간이 바로 피렌체 르네상스의 전성기였다.

코시모는 옛날 플라톤이 아테네에 세운 「아카데미」를 본떠서 「아카데미아 플라토니카」(Academia Platonica)를 설립하였다. 로렌초에 이르기까지 메디치가는 학자 문인들을 아낌없이 지원하였다. 아리스토텔레스에 정통한 고전학자이자 소설가인 안젤로 폴리치아노(Angelo Poliziano, 1454~1494), 단테평전을 쓴 플라톤 철학자인 크리스토프르 란디노(Cristopher Landino, 1424~?), 인간의 존엄성을 감동적으로 설파한 융합주의 철학자 피코 델라 미란돌라(Pico della Mirandola, 1463~1494) 등이 그들이었다. 폴리치아노와 미란돌라는 피렌체 출신이 아니었지만 로렌초의 위대함에 매료되어 이곳으로 옮겨와 피렌체에서 살았다.

로렌초는 피사의 대학(the University of Pisa)을 재건하여 저명한 학자들을 각지로부터 초빙하였다. 로렌초는 묻히고 버려져 있는 고대 유물들의 발굴을 장려하고, 또한 발굴된 유물들을 대대적으로 사들였다. 이태리 반도는 과거 로마제국의 본거지였던만큼 마음을 먹고 발굴 작업에 나서자 고대유물들이 지천으로 쏟아져 나왔다.

로렌초는 예술가들도 물질적으로 후원하고 그들의 작품을 고가(高價)로 사들였다. 예술과 돈은 동행관계였다. 예술가들은 예술품에 돈을 퍼붓는 메디치가로 모여 들었다. 그 가운데는 레오나르도 다 빈치, 미켈란젤로와 같은 이 고장 출신의 천재들과 라파엘로 같은 다른 고장 출신의 천재들이 포함되어 있었다. 로렌초는 "메디치가는 오래지 않아 사라지더라도 이들 예술품은 그보다 더 오래 남아 있을 것"이라고 말하였다. 그는 인간의 손으로 만든 예술품에 항구적인 가치를 부여한 인본주의자(人本主義者)였으며, 또한 현실주의자였다. 시(詩)를 쓰기도 한 로렌초는 "청춘은 얼마나 아름다운가! 하지만 순식간에 지나가버린다. 즐기고 싶은 자는 어서 즐겨라! 확실한 내일은 없으니까"라는 시구(詩句)를 남기기도 했는데 이 시구는 오늘날 영화관으로 사용되고 있는 피렌체의 한 건물 벽면에 지금도 그대로 씌어 있다.

보티첼리의 「비너스의 탄생」

메디치가는 기독교 소재(素材)가 아닌 그림들을 좋아하였다. 보티첼리(Sandro Botticelli, 1445~1510)에게 주문하여 그리게 한 「봄」(1477~1478)과 「비너스의 탄생」(1485)은 고대 신화나 인문학자들의 구상에 의한 것이다.

로렌초는 피렌체에 새 건물과 새 도로를 건설하여 아름답고 근사한 도시로 변모시켰다.

로마의 르네상스 르네상스는 태풍의 눈이 옮아가듯이 피렌체로부터 로마로 옮아갔다. 그 태풍의 눈이 로마에 머문 시기는 15세기 후반부터 16세기 중반까지 약 90년 동안이었다. 이 기간을 포함하는 시기의 교황청은 종교만을 주관하는 기관이 아니라, 로마시를 중심으로 하는 중부와 그리고 동북부의 해안까지 이르는 큰 영토를 지닌 교황직할령을 다스리는 정부였다. 이 지역은 고대 로마제국의 전통이 다른 곳에 비해 더 많이 남아 있는 곳이었으니만치, 교황들은 로마시를 '세계의 머리'(Caput Mundi)로서 재건하려고 하였고, 자신은 가톨릭교회의 수장인 교황일 뿐만 아니라, 로마제국의 황제와 같지는 않을지라도 로마를 다스리는 군주를 겸하고 있다는 생각을 가지고 있었을 것이다.

실제에 있어서 교황은 십자군 출정 이래 자신의 군대를 보유하고 있었으며 이웃의 공국이나 공화국들과 동맹을 맺거나 갈등을 빚으면서 자기 영토와 권익의 보존을 위하여 국제정치를 연출하고, 로마에 상주하는 각국의 대사들과 수시로 직접 상대하면서 외교를 벌였다. 교황은 내부적으로는 때때로 음모와 매수, 정실인사로 추기경들을 포섭하여 교황권을 유지하였다.

교황은 권력투쟁과 권력유지에 있어서 충분히 세속화되어 있었다. 교황은 백성을 천국으로 이끄는 양치기의 어른이 아니라 그의 종교적 특권을 세속 정치에 이용하는 일반적인 정치가로 변모해 있었다. 교황이 이같이 속화(俗化)되어 있을진대, 세상의 추세와 민심의 동향에 민감할 수밖에 없었으리라. 교황은 세상 사람들이 그리스·로마의 나체 조각상에서 아름다움을 느끼고 내세에서보다는 현세에서의 즐거움과 낭만을 더 중시한다는 것을 재빨리 감지하였다.

교황들은 교회를 아름답게 꾸밀 생각을 하였고, 이참에 고위직의 성직자들에겐 더 많은 물질을 베풀어 더 호화로운 생활을 즐기도록 할 마음을 먹었다. 이리하여 교황들은 르네상스를 로마화하였다. 즉 그들은 르네상스를 좀더 직접적으로 교황청으로 끌어들였고, 르네상스의 후견인이 되었다.

식스투스 4세(Sixtus Ⅳ, 1471~1484), 이노센트 8세(Innocent Ⅷ, 1484~1492), 알렉산더 6세(Alexander Ⅵ, 1492~1503), 율리우스 2세(Julius Ⅱ, 1503~1513), 레오 10세(Leo Ⅹ, 1513~1521), 폴 3세(Paul Ⅲ, 1534~1549)가 그들이었다.

제노바 출신인 식스투스 4세는, 피렌체 공화국의 실질적인 군주였던 메디치(Medici) 가를 뻣뻣한 도전자로 여겨 로렌츠를 제거하려던 암살 음모에까지도 개입한 적이 있었지만 역설적으로 그는 메디치가가 학문과 예술을 진작시킨 역할은 모두 그대로 모방을 하였다.

식스투스 4세는 메디치가의 코시모가 부활시킨 「아카데미 플라토니카」를 로마에도 이식하여 많은 돈을 주고 인문학자들을 모아서 「아카데미아 로마나」(Academia Romana)를 설립하였다. 그는 역시 로마의 도시계획을 정비하고 옛 문헌과 문서를 모아 도서관을 설립하였으며 고대 조

식스투스 4세

시스티나 예배당

각들을 모아 박물관을 지어 소장하였다.

그는 베드로 대성당 곁에 오늘날 「시스티나 예배당」(Capella Sistina; 영어로는 Sistine Chapel)이라고 불리는 건물을 지어 르네상스 회화의 전당으로 만들었다. '시스티나'(Sistina)라는 말은 '식스투스'(Sixtus)의 여성형으로서 '예배당'Capella)이 여성형이기 때문에 '식스투스'가 '시스티나'로 여성화된 것이다.

이 「시스티나 예배당」은 몇 단계를 거쳐 르네상스 회화의 전당으로 완성된다. 첫 단계는 식스투스 4세가 초빙한 움브리아(Umbria)와 피렌체의 화가들인 페루치노(Pietro Perugino, 1446~1524), 보티첼리(Sandro Botticelli, 1445~1510), 코시모 로셀리(Cosimo Rosselli, 1439~1506), 루카 시뇨렐리(Luca Signorelli, 1445~1523), 도메니코 기를란다요(Dominico Ghirlandaio, 1449~1494) 등이 맡았던 시기이다. 직사각형 공간의 가로 40미터, 세로 3.5미터인 양쪽 벽면에 그린 12면 벽화들이 그것이다.

두 번째 단계는, 식스투스 4세의 조카이며 19년 뒤에 교황이 된 율리우스 2세(Julius Ⅱ, 재임 1503~1513)가 초빙한 미켈란젤로가 맡는다.

33세의 미켈란젤로는 천장 전체를 꽉 메운 「천지창조」를 그리기 시작하여(1506) 4년 후에 끝냈다. 마지막 단계를 맡은 화가도 역시 60대의 미켈란젤로였다. 서쪽 벽면 전체에 그려진 「최후의 심판」이 그것이다. 「최후의 심판」을 주문한 사람은 폴 3세(Paul Ⅲ)였고, 작품이 완성된 것은 7년 뒤인 1541년이었다. 시스티나 예배당이 르네상스 회화의 전당으로 바뀌어간 시기는 로마시가 르네상스의 중심이 된 시기와 그대로 일치한다.

에스파냐 출신인 알렉산더 6세는 부패하고 세속적이며, 야심에 가득 찼던 교황으로 알려져 있다. 그의 아들인 체사레 보르자(Cesare Borgia, 1475~1507)는 로마냐(Romania) 공국의 집권자로서 자신의 군사 강국을 건설하려는 야망을 품고 이웃 제후국들을 정복하고 있었는데 알렉산더는 교황의 권위와 권력을 총동원하여 아들을 도왔다.

르네상스의 대표적 정치사상가인 마키아벨리(Niccolo Machiavelli, 1469~1527)가 쓴 「군주론」에서 이태리를 구출할 군주의 적격으로서 상정되었던 인물이 바로 체사레 보르자였었다.

알렉산더 6세가 관계를 가진 르네상스 예술가는 핀투리키오(Pinturicchio, 1454~1513)였다. 핀투리키오의 아름다운 벽화가 그려진 방은 '보르자의 방'이라고 불리며 지금도 교황청 안에 건재해 있다.

율리우스 2세 교황은 4세기에 세워진 「성 베드로 대성당」을 개축하였다(1504). 미켈란젤로에게 「시스티나 예배당」 천장에 「천지창조」를 그리게 한 율리우스 2세는 움브리아 출신의 라파엘로(Raffaello Sanzio, 1483~1520)에게도 벽화를 주문하였다. 바티칸궁에 있는 오늘날 「라파엘로의 방들」이라 불리는 실내의 모든 벽면의 벽화들이 그것이다. 유명한 「아테네 학당」도 그 가운데 하나이다.

레오 10세 교황은 피렌체에서 르네상스를 후원했던 메디치가의 직손이다. 즉 '위대한 사람'이라는 존칭이 붙여졌던 로렌초의 둘째 아들이다.

이 교황시절에 로마에는 짧은 기간이나마 레오나르도 다 빈치와 미

교황 레오 10세

켈란젤로, 라파엘로가 함께 머물면서 교황청 안에서 창작에 열중하였다. 레오 10세는 아버지인 로렌초처럼 고대 미술품을 수집하는 일에도 열심이었다. 이 교황이 유적발굴단 총감독으로 임명한 라파엘로는 로마 최초의 본격적인 발굴 작업을 지휘하였다. 현재 바티칸 미술관에 소장되어 있는 고대 미술품들은 레오 10세가 선봉에 섰고 그후 역대 교황들이 이어받은 유적 발굴 작업에서 얻은 성과이다. 원래의 중세교회는 고대 그리스·로마의 유품을 이교(異敎)의 상(像)이라는 이유로 싫어했으나, 이제는 기독교의 본산인 교황청에서도 중세가 완전히 과거가 되어버린 것을 보여준다.

레오 10세가 가장 사랑한 예술가는 라파엘로였다. 라파엘로가 37세의 젊은 나이에 세상을 떠나자 교황은 애통한 나머지 신들만의 전당으로 알려진 판테온(Phanteon)에 안장할 것을 허락하였다.

레오 10세는 르네상스를 꽃피우는 데 소요되는 막대한 자금을 조달하기 위해 궁리 끝에 면죄부를 판매토록 하였다. 이렇게 하여 바티칸으로 보내진 돈이 미켈란젤로가 설계한 성 베드로 대성당이나, 라파엘로가 그리는 걸작이나, 레오 10세의 호화 생활로 바뀌었다. 여기에 분노한 사람이 종교개혁에 나선 마르틴 루터였다(후술).

르네상스의 사상

르네상스를 하나의 문화운동이라고 할 때 르네상스에 함유되어 있는 중심적인 사상은 무엇이었던가?

우선 르네상스에서 나타나는 사상적인 인상들은 어느 정도는 혼란스럽고 잡다하다. 금전적 이익과 부를 추구하는 경제동물적인 생각이 강하게 나타나는가 하면, 다른 한편으로는 못 가진 자에 대한 연민과 청빈을 사모하는 마음도 나타난다. 정치적으로는 민중의 참여와 관료에 의한 합리적 행정을 옹호하면서도 독재와 음모, 암살과 배신과 같은 정치행태를 당연한 것으로 받아들인다. 교육과 학문을 중요한 가치로 생각하면서도,

다른 한편에서는 궤변과 미신에 귀를 기울여 궤변과 미신이 지시하는 대로 행동을 취하기까지 한다. 기독교가 가르치는 윤리가 도덕의 기본이 되어 있으면서도, 간통과 사기·협잡이 광범위하게 실행되고 있었다. 성당에서는 경건·절제·검소를 설교하면서도, 성직자들은 성당 안에 비치된 호화로운 그림들과 나체 조각품 사이를 자랑스럽게 거닐었다. 또한 지식인 사회에서는 관념적인 사유와 이데아 사상을 좋아하는 플라톤파와 경험과 구체성을 좋아하는 아리스토텔레스파로 갈라져 있었다. 이와 같이 혼란스럽게 표출되는 잡다한 생각과 사상을 르네상스적이라고 말해도 틀린 말은 아닐 것이다.

그러나 이것을 뒤집어서 말하면 개인주의의 결과라고 할 것이다. 즉 르네상스의 대표적 사상은 개인주의, 그것도 주관주의적 개인주의로서 도덕적·정치적 공약수가 무너진 극단적인 성격을 띤 것이었다. 그리고 다음으로 주관주의적 개인주의를 가져온 정신적 동기는 자유의 추구였다고 할 것이다. 여기서 말한 자유는 추상적 개념이 아니라 구체적인 개념으로서, 즉 '하고 싶은 것을 하는' 것을 의미하였다. 르네상스에서의 자유는 '말하고 싶은 것을 말하고' '표현하고 싶은 것을 표현하는' 것이었다. 이것은 르네상스 문학과 예술에서 실천되었다. 하고 싶은 것을 하지 못하거나 할 수 없는 것이 속박이다. 그러므로 자유는 속박으로부터 벗어나는 것이라고 말할 수도 있다. 다시 말해서 르네상스의 핵심 사상은 '속박'을 벗어나 '자유'를 추구하는 것이었다.

기독교의 유일신 교리는 절대명제이기 때문에 이 명제에서 벗어나거나 벗어난다고 비춰지는 것에 대해서는 용납을 하지 아니하였고 걸핏하면 가혹하게 정죄(定罪)하였다. 이것은 인간의 정신과 행위에 대한 속박일 수밖에 없었다. 르네상스가 자유를 추구한 것은 기독교의 교리와 기독교에 대한 중세 교회의 가르침으로부터 벗어나려고 하는 정신적 움직임이었다. 유일신을 부정한다든가, 천당 지옥 관념을 거부한다든가 하는 것처럼 기독교의 본질적 교리로부터 벗어나는 100%의 자유까지는 추구하지 못했을지언정, '하고 싶은 것'을 20%나 30%까지는 '하는' 자유의 추구였다. 미켈란젤로는 교황청의 의뢰를 받아 작품을 만들 때 기독교적인 소재에 기본을 두었지마는 어느 정도의 범위에서는 자신이 하고 싶은 대로 하는 자유를 추구하였다.

한 가지 예로서 「시스티나 예배당」 천장에 그린 「천지창조」에는 하나님이 최초의 인간인 아담을 창조한 장면이 있는데, 여기서 미켈란젤로는 하나님을 건장하고 잘생긴 중년 노인으로 그려놓았다. 성경에는 분명히 하나님의 모습은 인간이 상상할 수 없는 영(靈)이라고 하였는데도 미켈란젤로는 하나님을 완전히 인간의 모습으로 그려놓은 것이다. 중세 초기였거나 혹은 성화(聖畵)를 배격한 비잔틴제국에서였다면 미켈란젤로를 하나님에 대한 불경죄(不敬罪)로 기소를 했을 법도 한 일이었음에도, 그의 「천지창조」에 대해서는 주문자인 율리우스 2세 교황도 만족하였고, 모든 보는 이가 그림의 아름다움에 감탄을 하였을 뿐 다른 이의가 없었다. 단테의 「신곡」에서도 중세 교회가 가르친 대로 인간들이 내세에 가게 될 지옥·연옥·천당이 무대로 되어 있지만 내세에서 선과 아름다움을 나타내는 존재로서 예수 그리스도가 아니라 인간 여성인 베아트리체(Portinari Beatrice)를 등장시키고 있다.

르네상스가 추구한 20%, 30%의 자유는 100% 신과 종교가 차지하고 있던 자리에 20%, 30%나마 인간이 비집고 들어간 것이었다. 그리하여 신본주의(神本主義)를 조금씩 밀어내고 그 자리에 인본주의(人本主義 humanism)를 올려놓았다.

인본주의는 인간의 아름다움과 존엄, 인간이 먹고, 일하고, 잠자는 현실의 중요성에 눈을 돌리는 것이다.

르네상스인들은 그들이 추구하는 자유가 성취된 모형을 고대의 문헌과 예술품에서 발견하였고, 따라서 고전과 고대 유물을 애지중지하였다. 그러나 그들의 자유추구가 과거지향으로만 나간 것이 아니었다. 자유추구의 정신은 새로운 것, 진실한 것, 정의로운 것이 무엇인가를 알아내려고 하는 탐구 정신으로 발전하였다. 레오나르도 다 빈치의 생물, 역학, 원근법 등에 대한 끝없는 탐구는 르네상스 정신의 표본이라 할 것이다.

그러면 르네상스 사상을 담고 있는 몇몇 르네상스인과 그들의 개별적인 작품을 보기로 하자.

단테의 신곡 단테(Alighieri Dante, 1265~1321)는 피렌체의 귀족가문 출신으로서, 볼로냐대학에서 철학·논리학·수사학을 공부하였으며 특히 과거 라틴시대의 고전 문학에 탐닉하였다. 그는 라틴어가 아닌 이탈리아어를 시어(詩語)로 선택하여 이성과 감성을 명확히 표현할 수 있다는 것을 보여주었다.

당시 피렌체에서는 국가 기능이 활발해지면서 라틴어로써 공문서를 작성하였기 때문에 라틴어가 널리 보급되어 있었으며, 단테 자신도 라틴어에 능통하였다. 그러나 그가 이태리어를 문학용어로 사용한 것은 아무리 라틴어에 능하다고 하더라도 사어(死語)인 라틴어보다는 일상으로 사용하는 이태리어가 더 표현하고 싶은 것을 더 잘, 더 풍족히 표현할 수 있는 언어였기 때문이다.

단테는 당시 피렌체의 독립을 주장하는 백당(白黨)과 교황의 지배에 따르자는 흑당(黑黨)이 대립한 권력투쟁에서 백당에 가담하였다가 패배자의 편이 되는 바람에 피렌체로부터 추방되어 평생을 방랑생활로 끝을 맺었다. 방랑중에 구상하여 1300년 봄부터 이야기가 시작되는 「신곡」(神曲, Divine Comedy)은, 일인칭의 주인공이 지옥·연옥·천국으로 안내되어 그곳에 모여 있는 과거 이 세상의 인간들을 만난다.

이 세상에서 죄를 지은 인간들은 전부 지옥에 가 있다. 지옥에 간 인간이 가장 많다. 죄의 가지수도 많은데 인간은 죄인이기가 십상인 것 같다. 육욕의 죄를 범한 자, 대식가(大食家), 정치를 하려고 있는 힘을 다 짜낸 자, 어느 당파에도 속하지 않은 기회주의자, 탐욕과 낭비를 한 자, 이교 이단의 무리, 폭군, 자신의 몸에 공격을 가한 자살자와 자기 재산을 탕진한 자, 남색한 자, 고리대금업자, 신을 모독한 자, 성직을 매매한 교황, 점쟁이, 위선자, 악착녀(女), 이간자, 위조자, 육친을 배반한 자, 윗분을 배반한 자, 예수를 배반한 자 등이 불과 얼음과, 갈고리와 뱀과 육신 절단과 물어 찢음과 말뚝 십자가와 서로 욕지거리, 치고받음 따위의 갖가지 형벌을 받고 있다.

연옥은 맑은 공기에 산과 해변이 있는 섬이다. 연옥에는 구원받은 자들이 오는 곳이다. 다만 죄를 씻어야만 연옥 안으로 들어올 수 있다. 주인공이 천국에 이르렀을 때는 베아트리체가 안내한다. 베아트리체는 단테가 소년시절에 사모한 여인이다. 젊은 나이에 요절한 후 천국에 올라간 그녀는 영원한 구원자로서 선의 대변자로서 묘사된다. 천국에는 세례 요한, 베드로, 프랜시스코, 토마스 아퀴나스, 베네딕트, 도미니크 등 모든 성인들과 다윗, 솔로몬 등 하나님을 아는 왕들과, 십자군 용사, 아담 등이 있었다. 아담은 5천년 동안 지옥의 맨 위층인 림보에 있었으나 예수님의 대속으로 천국에 올라왔다. 주인공은 천국에서 한순간 언어를 초월한 신(神)의 모습을 감지하였다. 신은 세상을 움직이는 사랑이었다. 신곡의 군데군데에는 지상에서 벌어지고 있는 교황·성직자와 수도원의 타락과 부패를 한탄하는 문구가 나온다. 신곡에는 지금까지 인간이 가지고 있는 모든 지식과 모든 문제점과 최근의 역사와 현재의 세도까지 망라되어 있다.

르네상스 시기에 피렌체인들은 신곡의 구절을 외워 인용하는 것이 예사였다고 한다. 단테의 비판가들은 단테가 신을 대신해서 심판을 내리고 있다고 비난한다. "이 단테의 책은 요컨대 시인의 이단적 행위이다. 감언으로써 남의 관심을 그리로 끌어들여, 남을 자기의 권위 아래 놓으려는 것이다"고 하였다.

보카치오의 데카메론 보카치오(Giovanni Boccaccio, 1313～1375)는 「데카메론」(Decameron)의 첫머리에서 1348~1350년에 피렌체에서 창궐했던 페스트의 위력을 묘사하고 있다.

'10일간의 이야기'라는 뜻을 가진 「데카메론」은 페스트에 겁을 먹은 나머지, 도시를 버리고 시골로 피신한 7명의 숙녀와 3명의 남자가 현실에서 찰나적인 재미라도 누리고자 열흘 동안 각자 하루에 한 가지씩 이야기를 하기로 하여, 도합 100가지의 이야기를 하였는데 그것들을 수록하고 있다.

그들이 나눈 이야기는 대부분이 안타까운 사랑에 관한 이야기이며, 사랑으로 인해 고뇌에 빠진 여인들을 기쁘게 해 줄 내용을 담고 있다. 인간생활의 이면과 거짓과 위선을 폭로하는 이야기에는 성직자들이 그것의 대표자들로 등장한다.

보카치오도 속어인 이태리어(語)로 이 작품을 썼다. 이 작품을 통해 이태리어 문학을 고대 라틴 문학의 수준으로 끌어올려 놓았다.

페스트는 신으로부터의 천벌이라 여기고 염세에 빠지거나 더욱 종교에 귀의할 법도 하건만 실상은 그 반대였던 것 같다. 「데카메론」에서는 페스트가 성직자와 속인을 구별하지 않고 죽음으로 몰아넣는 것을 보고 종교를 부질없는 것으로 여겼으며, 현세를 더욱 중시하고 하루라도 더 향락하며 사는 것이 귀하다는 생각을 드러내고 있다.

레오나르도 다 빈치 레오나르도 다 빈치(Leonardo da Vinci, 1452~1519)는 피렌체 근교의 '빈치' 마을에서 태어났다. 그의 이름은 '빈치'에서 온 레오나르도라는 뜻으로 성(姓)이 없는 셈이다. 변호사와 농촌 여인 사이에서 태어난 사생아였기 때문이다. 그는 14살쯤에 베르키오(Andrea Verrocchi)의 제자로 들어가 미술 수업을 시작하였다.

레오나르도는 근대적 경험과학을 시작한 과학자이며, 용도에 맞는 기구를 창안한 엔지니어이며 건축가였다. 그의 탐구 대상은 무한하였다. 그는 인체의 해부에 열중하여 인체의 구조와 기관들을 도시(圖示)하였고, 비행기를 실험하였으며, 움직이는 다리를 설계하고, 대포나 전쟁 무기를 고안하였으며 건축설계도 하였다. 그는 그림에 관해서는 자신을 소개하는 글에서 "그림도 누구보다 잘 그릴 수 있다"고 맨 끝에 한 줄을 써넣었을 뿐이었다.

레오나르드의 자화상(1512~1515)

그가 밀라노(Milano)에 있는 한 수도원의 안쪽 벽면에 그려 넣은 「최후의 만찬」은 원근법의 진수를 보여준다. 건물의 공간과 그림의 공간이 연결되어 이 건물의 내부가 그림 속의 만찬석만큼 더 깊어 보인다.

그는 선(線)원근법뿐만 아니라 공기원근법도 구사하였다. 사람의 눈과 사물 사이에는 공기가 있기 때문에 사물의 원근에 따라 색조와 윤곽이 다르다는 것이다. 그의 저서 「회화론」에서 "가까이 있는 사물의 밝은 부분은 먼 곳의 밝은 부분보다 더 밝으며, 가까운 곳의 어두운 부분은 먼 곳의 어두운 부분보다 더 어둡다. 가까이 있는 사물은 붉은 색조를 띄고 먼 곳에 있는 사물은 푸른 색조를 띈다. 사물의 윤곽은 먼 곳일수록 덜 선명하다"고 하였다. 그가 그린 「모나리자」는 윤곽선을 마치 안개에 싸인 듯 희미하게 그리는 자신의 스푸마토(Sfumato) 기법을 섬세하고 우아하게 적용하여 신비감을 자아내게 한다.

사물에 대한 레오나르도의 경험주의적인 태도는 자연히 이데아를 강조하는 플라톤을 멀리하게 하였다. 피렌체 메디치가의 코시모가 설립한 「아카데미아 플라토니카」에 많은 지식인들이 드나들고 있었으나 레오나르도는 이곳에 발걸음을 하지 아니하였다. 이러한 이유 때문이었는지 로렌초가 미켈란젤로는 자기 집에 데려다가 성장을 도와주었으면서도 레오나르도에 대해서는 밀라노에 가보라고 소개장을 써주는 정도의 대우를 하였을 뿐이다.

교황 레오 10세도 레오나르도의 탐구에 넌더리를 내어, 그의 시체

레오나르드의 「최후의 만찬」

해부를 금지시켰고, 그림을 주문하지도 않았다. 그러나 레오나르도를 존경한 프랑스 왕 프랑시스와 1세는 그를 프랑스로 초청하여 성(城) 하나를 거처로 제공하였다. 레오나르도는 그 성에서 운명할 때 그가 간직하였던 「모나리자」를 프랑시스와 1세에게 주도록 유언하였다.

미켈란젤로 미켈란젤로(Michelangelo Buonarroti, 1475～1564)는 레오나르도보다 23년 늦게 태어난 후배이다.

피렌체의 근처 카프테제 출생인 미켈란젤로는 메디치가 주변의 인문학자들과 교류하면서 신 플라톤주의에 공감하고 현상계의 원형인 이데아를 그의 작품에서 구현하려고 하였다.

훌륭한 시인이기도 했던 미켈란젤로가 남긴 시 중에 다음과 같은 구절이 있다. “대리석이 어떤 생명력을 지니도록 하는 것은 예술가의 손에 의해서만 가능하며, 손은 이데아를 따를 뿐이다.” 현상계의 사물과 사물의 본질인 이데아 사이의 관계에 대한 관념은 플라톤주의의 사고방식이다.

미켈란젤로는 그의 긴 생애에 걸맞게 수없이 많은 작품을 남겼다. 미켈란젤로는 로마의 르네상스를 혼자서 다 해냈다고 해도 과언이 아닐

60세 때의 미켈란젤로

정도로 그의 작품으로 성 베드로 대성당과 교황궁, 시스티나 예배당을 꾸몄다.

그의 회화와 조각상은 거의가 다 나체이다. 그는 인간의 나체에서 최고의 아름다움과 역동성을 발견하였고 그것을 나타내려고 하였다. 그는 인간을 사랑한 점에서 휴머니스트였으며, 플라톤적인 관념론자이었던 관계로 상상력이 풍부하였다. 레오나르도나 미켈란젤로나 다같이 천재들이었으나 미켈란젤로가 상상력에 있어서는 레오나르도보다 더욱 뛰어난 듯하다.

그의 나체 애호는 소년시절부터이다. 17세 때의 조각품인 「센토들의 싸움」도 나체들의 군상이고, 22세 때의 조각품인 「바카스」도 나체이다. 그가 26세 때 잠시 피렌체로 돌아왔을 때 정청(政廳)의 의뢰로 높이 4미터 10센티짜리의 「다비드」상(像)을 제작하였다. 완성된 대리석상은 목동의 모습도, 장군의 모습도 아닌 젊은 미남의 완전한 나체였다. 이 상(像)은 지금도 피렌체 정청 광장에 세워져 있다. 그가 로마로 자리를 옮겨 24세 때 제작한 「피에타」는 현재 성 베드로 대성당 안에 놓여 있다. 죽은 예수를 마리아가 무릎에 안고 있는 모습이다. 이 작품에서 예수의 몸집이 마리아의 몸집보다 훨씬 작게 빚어져 있으나, 사실적(寫實的)이 아니라고 느껴지기보다는, 어머니와 가엾은 아들과의 관계를 더욱 실감케 한다. 마리아는 듬직하고 균형잡힌 체구이면서도 얼굴만은 10대의 청순한 소녀의 모습이다. 이러한 구도는 아마도 미켈란젤로만이 상상해 낼 수 있는 것일 것이다.

시스티나 예배당의 천장화를 율리우스 2세 교황이 처음 주문했을 때는 12사도를 그려달라는 것이었으나, 미켈란젤로는 훨씬 주제가 큰 「천지창조」를 그릴 것을 마음먹고 이것을 교황에게 설득했던 것이다. 33세

미켈란젤로의 「천지창조」 중에서

때부터 시작하여 4년에 걸쳐 그린 「천지창조」는 「빛의 창조」에서부터 「노아 홍수」에까지 이르는 성화들인데 이 속에 나오는 인물들은 거의가 다 나체의 모습들이다.

폴 3세 교황은 1535년 르네상스의 거장들 가운데 혼자 살아남은 60세의 미켈란젤로에게 시스티나 예배당에 유일하게 남은 벽면 전체를 이용하여 「최후의 심판」을 그려달라고 주문한다. 천장 전체에 「천지창조」를 그렸을 때 미켈란젤로는 30대의 젊은이였다. 그 때문인지 그때에는 작품을 완성하는 데 3년밖에 걸리지 않았지만, 「최후의 심판」을 완성하는 데는 6년이 걸렸다(1541). 이 그림에서는 수많은 나체의 인물들이 불안 속에 떨고 있는 것이 충격적이다. 지옥의 인물들은 버러지처럼 작게 그려져 있다. 튼튼한 나체의 예수는 단호해 보이며 마리아만은 옷으로 몸을 감싸고 예수 곁에 움츠리고 있다. 이로써 시스티나 예배당을 르네상스 회화의 전당으로 창조하는 일은 모두 끝났다.

라파엘로 라파엘로(Raffaello Sanzio, 1483~1520)는 교황직할국 안에 있는 우르비노(Urbino)에서 태어났다. 레오날드보다는 31년, 미켈란젤로보다는 8년 후배이다. 아버지는 궁정화가였다. 어머니와 아버지가 연달아 세상을 떠나 라파엘로는 11살 때 고아가 되어 삼촌 손에 양육되었다.

1504~1508년 피렌체를 자주 드나들면서 필요한 재료를 구입하고, 피렌체에서 나오는 미술품들을 감상하였다. 레오나르도 다 빈치가 피렌체로 돌아와 있던 1500~1506년과 시기가 겹치기 때문에 아마도 라파엘로는 레오나르도의 작품들로부터 영향을 받았을 것으로 짐작되고 있다.

라파엘로는 교황 율리우스 2세(1503~1513)로부터 특별한 사랑을 받았다. 율리우스 2세는 자신이 과거 로마제국 황제의 위치까지를 겸하려는 야심찬 인물이었다. 그는 교황이 되자 로마가 고대의 위용을 다시 갖추는 데 온 힘을 기울였다. 그의 정책은 기독교 중심 정책이라기보다는 고전주의 정책이었다.

그는 라파엘로에게 그가 개인접객실로 사용하는 바티칸궁 안의 「서명실」에 벽화를 그릴 것을 주문하였다. 26세의 라파엘로가 2년 동안(1509~1511)에 그린 것이 7.7미터 폭의 「아테네 학당」이다.

라파엘로

이 그림 속에는 시대를 달리하는 고대 그리스의 철학자·과학자들이 한꺼번에 등장한다. 플라톤, 아리스토텔레스(5~4세기 B.C.), 피타고라스(6세기 B.C.), 유클리트(4~3세기 B.C.), 그리고 고대 페르시아의 예언자였던 조로아스터(11~10세기 B.C.) 등이 진지한 모습으로 학구에 임하고 있다. 그림의 한가운데는 플라톤과 아리스토텔레스가 나란히 걷고 있는데 관념론자인 플라톤은 손가락으로 하늘을 가리키고 있고, 경험론자인 아리스

라파엘로의 「아테네 학당」

토텔레스는 손바닥으로 땅을 가리키고 있다.

가톨릭의 수장인 교황이 어떻게 이교(異敎)의 학자들을 교황청 안에 그리게 하였을까 하는 의문은, 르네상스 교황의 성격이 그러하였다는 것으로써 해답이 될 것이다.

라파엘로는 선배들인 레오나르도(31년 연상), 미켈란젤로(8년 연상)와 함께 교황청에서 짧은 기간이나마 일한 적이 있다. 라파엘로는 두 선배를 대단히 존경하였기 때문에 「아테네 학당」에서 레오나르도의 얼굴 모습을 플라톤의 얼굴로, 미켈란젤로의 얼굴 모습을 아리스토텔레스의 얼굴로 그려 넣었다고 한다.

마키아벨리의 군주론 마키아벨리(Niccolo Machiavelli, 1469~1527)는 메디치가의 '위대한 사람' 로렌초(Lorenzo 'il Magnifico')보다 20년 후에 태어난 사람이다. 피렌체의 평민 출신으로서 대학을 다니지 못한 그는 로렌초가 사망한 지 6~7년 후에 피렌체 정청에 취직하여 15년 동안 서기관으로서 일을 하였다. 그가 맡은 일은 군사와 외교 분야였다. 그는 서기관으로서 결정권은 없었으나 실무자로서는 핵심적인 위치에 있었다. 마키아벨리가 서기관으로서 일하던 때는 메디치가가 축출된 후 공화정이 회복되어 종신대통령 소데리니가 재임하던 시기였는데, 실권(實權)은 대통령도 포함된 9인위원회에 속해 있었다. 군사문제와 외교문제에 대한 결정도 여기에서 하였는데 마키아벨리는 9인위원회의 비서관까지도 겸임을 하여, 그들과 직접 대화를 나누고, 국방정책을 세우기도 하고, 외국에까지 출장을 하여 외교 교섭을 벌이기도 하였다.

마키아벨리는 메디치가의 로렌초의 아들들이, 메디치가가 권력으로부터 축출된 지 18년 만에 쿠데타를 일으켜 소데리니 대통령을 몰아내고 피렌체의 권력을 되찾았을 때(1512), 소데리니 대통령과 가까웠다는 이유로 면직이 된다.

메디치가는 '위대한 사람' 로렌초가 사망한 후 그의 맏아들인 피에로(Pietro)가 권력을 계승하였으나 그의 경솔한 행동으로 2년 만에 축출되었었다(1494). 그후 4년 동안 도미니크파 설교사 사보나롤라(Savonarola)가 정권을 잡고 일종의 청교도적인 운동을 벌였다. 그러나 그의 선동정치에 동원되어 온 민중들이 그에게 등을 돌려 그를 목매달아 죽였다(1498). 그 후 피렌체는 공화정이 회복되고 소데리니가 종신대통령이 되었었다. 이번에 쿠데타를 일으킨 로렌초의 아들들은 37세의 2남 조반니 추기경과 34세의 3남 줄리오였고 장남 피에로는 죽고 없었다. 이들 형제들은 에스파냐의 무력공격 앞에 소데리니 대통령이 속수무책으로 떨고 있는 기회를 포착하여 쿠데타를 일으켜 성공하였다. 조반니 추기경은 곧 레오 10세 교황이 되었고, 피렌체는 줄리오가 지배를 하였다. 줄리오는 자신을 '로렌초 2세'라고 칭하였다.

마키아벨리는 실직을 당한 후 분을 삼키면서 저술에 열중하였는데 「군주론」도 이 시기에 쓴 것이다. 그는 르네상스의 다른 필자들과 마찬가지로 모국어인 이태리어로 책을 썼으며 문장력이 뛰어나 읽는 이로 하여금 상큼한 쾌감을 느끼게 한다고 한다. 그는 「피렌체사(史)」, 「전략론」, 희극 「만들라골라」 등을 남겼으나, 마키아베리가 르네상스 정치사상가로

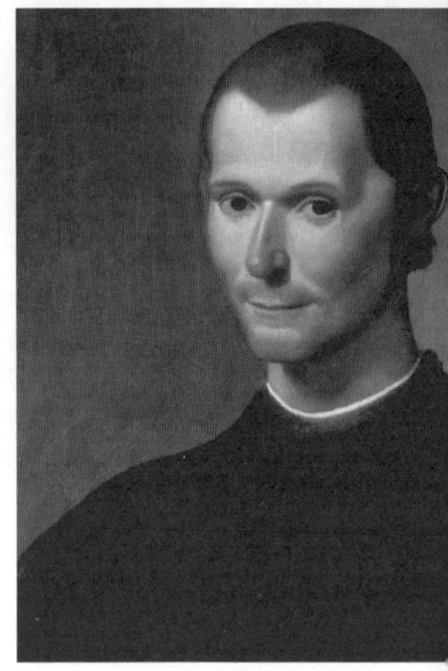
마키아벨리

유명해진 것은 「군주론」 때문이다. 그는 혹시나 복직을 할 수 있을까 하는 희망으로 「군주론」을 집권자인 로렌초 2세에게 바쳤다.

「군주론」의 내용은 정치를 인간의 공동선을 달성하기 위한 윤리적 동기에 의한 것으로 본다거나(아리스토텔레스), 인간의 고상한 이상을 실현하기 위한 수단으로 본다거나(플라톤) 하는 전통적인 관점과는 확연히 다른 관점에서 파악하는 것이었다. 즉 그는 정치의 본질을 권력의 장악에 있는 것으로 파악하고, 어떻게 하면 권력을 획득할 수 있으며, 어떻게 하면 획득한 권력을 계속해서 유지할 수 있을 것인가를 역사적 경험을 바탕으로 서술하고 있다. 그는 군주가 될 수 있는 자질을 갖춘 인물로는 알렉산더 6세 교황의 아들로서 32세에 죽은 체사레 보르자(Cesare Borgia)를 꼽았다.

체사레 보르자

체사레 보르자는 마키아벨리가 서기관으로 일하고 있을 당시 로마냐 공국의 지배자이며 교회군 총사령관으로서, 부패와 야심의 대명사이던 교황 아버지로부터 절대적인 후원을 받아 이웃나라들을 정복하던 인물이었다. 마키아벨리는 체사레를 3번 직접 만난 적이 있는데, 그는 마키아벨리보다 6살 아래였다. 체사레는 음흉하고 냉혹했으며, 결단력이 있고, 영리하였다. 그는 예컨대 그의 형 간디아 공을 암살하였고, 여동생과 4살짜리 딸까지를 정략결혼에 내세웠으며, 적대적 동맹국들의 지도자들에게 화평교섭을 제의하여 한 자리에 모이게 하고는 한꺼번에 참살해버리는 그런 사나이였다. 그의 사고방식과 행동은 기독교의 10계명과 예수의 가르침을 모조리 배반하는 '마귀'의 소행과도 같은 것이었다.

마키아벨리는 군주에게 도덕성은 필요 없으며, 도덕적이게 거동하는 것이 민중 조작에 효과가 있다면 그런 체나 하라고 말하고 있다. 그래서 그의 「군주론」을 피도 눈물도 없는 잔인한 권모술수를 가르치는 책으로 보고 그의 주장하는 바를 「마키아벨리즘」이라고 부르기도 한다. 마키아벨리의 주장은 르네상스의 정치사상이 중세를 지배해온 기독교 윤리로부터는 멀리멀리 떠나 있음을 보여준다.

정치로부터 윤리성을 배제한 마키아벨리의 주장은 영원한 논란거리가 될 수밖에 없을 것이다. 즉 정치와 윤리를 완전히 분리할 수 있는가? 분리가 가능하다 하더라도 그러한 정치가 바람직한 것인가에 대해 의문을 가지는 것은 당연하기 때문이다.

그러나 어떤 사상을 시공을 초월하는 절대적인 기준에서 평가할 때는 당연히 논란이 일어날 수 있지만 어느 한 시대의 상황과 그 시대의 특징인 시대성과 관련지어 상대적으로 평가할 때에는 좀더 쉽게 이해할 수 있으며 수긍까지도 할 수가 있다.

마키아벨리의 「군주론」은 당시의 위협적인 환경에서 나온 것이다. 북의 프랑스와 남의 에스파냐가 이태리를 무대로 격돌을 벌이고 있었고, 동쪽으로부터는 강력한 터키 제국의 세력이 밀려오고 있을 때였다. 이태리 내부의 분열되어 있는 도시국가들과 그들보다 더 작은 규모의 국가들은 각기 독립을 원하면서도 외부로부터의 위협과 더불어, 자기네들 끼리의 분쟁으로 그들이 염원하는 평화와 안전은 도저히 기대할 수 없는 상황이었다.

마키아벨리가 「군주론」을 쓴 데에는 목적이 있었다. 즉, 이태리의 안정과 자유를 지키기 위해서는, 분열되어 이는 이태리가 우선 하나로 통일이 되어야 한다고 믿었다. 그는 공화정에 공명(共鳴)하는 공화정 지지자였음에도 불구하고, 통일의 요구에 부응하기 위해서는 군주정이 필요하다는 결론에 도달한 것이다. 그는 체사레가 병마로 인해 요절한 것을 인간으론 어쩔 수 없었던 불운이었으나 그 사람이 생각한 것과 그것을 실천으로 옮긴 방법은 옳았다고 보았다. 마키아벨리의 생각으로는 윤리에서 도덕이나 양심보다는 평화와 안정이 훨씬 더 중요한 것이었다. 전쟁과 내란으로 인한 죽음과 파괴를 당함이 없는, 평화와 안정은 생존에 관련된 문제이고, 도덕과 양심 따위는 생존이 있은 후에나 생각해 볼 수 있는 부차적 가치로 보았던 것이다.

르네상스 시대에 이태리인들의 일반적인 생각은, 기독교를 그렇게 오랫동안 믿어 왔지만 인간의 본질은 좀처럼 변하지가 않으며, 인간은 본질적으로 제가 살기 위해서는 도덕이나 양심 따위는 당장이라도 내동댕이칠 수 있는 존재라는 것이었다.

마키아벨리의 사상을 잘 드러내는 「군주론」의 몇 대목을 인용·소개하면 아래와 같다.

- 국가는 정체(政體)가 무엇이든 간에 사려와 힘을 아울러 갖지 않으면 살아남을 수가 없다.
- 개인들 사이에서는 법률이나 계약서가 신의(信義)를 지키는 데에 도움이 된다. 그러나 국가권력자들 사이에서 신의를 지키게 하는 것은 오로지 무력(武力)뿐이다.
- 선(善)을 행하는 것밖에 생각하지 않는 자는 나쁜 인간 속에서는 파멸하는 경우가 많다. 그러므로 자기를 보전하고자 하는 군주는 나쁜 자가 되는 것을 배워야 하며, 더욱이 그것을 필요에 따라 사용하거나 사용하지 않는 기술도 터득해야 한다.
- 군주가 가장 명심해야 할 것은 좋은 상태로 국가를 유지하는 것이다. 나라를 지키기 위해서는 신의에 어긋나는 행위도 해야 하는 경우가 있고, 자비심을 버려야 할 때도 있다. 나라를 지키는 일에 성공만 하면, 그가 쓴 수단은 누구나 훌륭하다고 생각할 것이고, 칭찬받게 될 것이다.
- 군주는 여우의 성질과 사자의 성질을 갖추고 있어야 한다. 사자만으로는 덫으로부터 몸을 지킬 수 없고 여우만으로는 이리로부터 몸을 지킬 수 없으나, 여우라면 덫을 피할 수 있고 사자라면 이리를 쫓아

버릴 수 있기 때문이다. 다만 여우의 성질은 아주 교묘히 속에 감추어놓고서, 시치미를 뚝 떼고 의뭉스럽게 행사할 필요가 있다.

- 어느 한 나라를 정복한 정복자가 그곳에서 권력을 계속 유지하기 위해서는 정복지에 눌러서 거주해야 하며, 과거 그곳을 통치했던 왕이나 참주에 대해서는 가차 없이 탄압을 가하여, 가(家)들의 가손들까지도 몰살을 시키되, 법률이나 세제(稅制)는 바꾸지 말아야 한다.
- 군주로서 사랑을 받는 것과 무섭게 여겨지는 것 중에서 하나를 선택해야 할 경우에 어느 쪽이 바람직스러울까? 나는 사랑을 받는 것보다 무섭게 여겨지는 편이 군주로서 안전한 선택이라고 말하고 싶다. 왜냐하면 인간은 무서운 자보다는 사랑하는 자를 사정없이 해치는 성향이 있기 때문이다. 그러나 원한과 증오를 사는 일만은 피해야 한다. 요컨대 가신(家臣)의 소유물에 손을 대는 것과 같은 무도한 짓은 하지 말아야 한다. 사람은 자기 아버지를 죽인 자보다 자기 소유물을 빼앗아간 자를 더 오래 기억한다.
- 군주는 종교를 적으로 돌려서는 안 된다. 또 신과 관계되는 모든 것을 적으로 돌리지 않도록 조심해야 한다. 왜냐하면 이 대상이야말로 바보들의 머리에 너무나 강력한 영향력을 가지고 있기 때문이다.
- 군주가 엄중히 경계해야 할 일은 경멸당하거나 얕잡아 보이는 것이다. 경멸은 군주가 변덕스럽고, 경박하며, 소심하고 결단력이 없을 때 국민의 마음 속에 싹튼다.
- 군주된 자는 유능한 인재를 등용하여 그 공적을 충분히 보상해 줄 줄 알아야 한다. 국민이, 취득한 것을 빼앗기기 싫어서 재산 불리기를 두려워하거나 무거운 세금이 두려워서 거래를 침체시키는 일이 일어나지 않도록 주의해야 한다.
- 인간은 자기를 지켜주지 않거나, 과오를 교정할 능력을 안 가진 지도자에게 충성을 다하지 않는다.
- 사람들은 역사상의 인물이 조국을 위해 진력한 행위를 본받으려고는 하지 않는 것이 일반적이다. 나는 그것을 본받았을 때의 이익을 생각하면 이런 경향이 여간 유감스럽지 않다. 이런 경향은 기독교의 악영향 때문이라고 생각한다. 왜냐하면 고대 사람들은 그것이 좋고 나쁘고 간에 야망이라는 것에 경의를 표했지만, 기독교에서는 야망을 품는 것 자체가 악이기 때문이다.

- 세상만사가 운명에 의해 좌우된다는 의견에 나도 찬성하지 않는 바는 아니다. 그러나 우리 인간의 자유 의지의 불꽃이 완전히 꺼져 버린 것은 아니다. 운명도 나머지 절반의 동향은 우리 인간에게 맡겨놓은 것이 아닌가 하는 생각이 든다. 운명에다 자신의 의지를 결합시키고자 할 때는 신중하기보다는 과감한 편이 낫다고 단언한다. 왜냐하면 운명의 신은 여신이기 때문에 그녀에 대해 주도권을 쥐려면 난폭하게 다룰 필요가 있는 것이다. 운명은 정복의 욕망을 노골적으로 드러내고 덤비는 자에게 기우는 모양이다.

르네상스의 확산 이태리 피렌체에서 시작되고 로마로 옮아갔던 르네상스는 빠른 속도로 유럽의 다른 지역으로도 확산되어 나갔다. 독일에서 발명된 활판 인쇄술은 르네상스의 새로운 아이디어를 쉽게 전파시킬 수 있도록 하였다. 베네치아가 인쇄업의 중심지가 되었다.

르네상스의 시작과 더불어 음악에서도 개혁이 일어나 네덜란드의 대위법이 이태리로 도입되어 음악에서 최초의 국제적 형식이 조성되었다.

르네상스는 이태리의 부유 상인들을 통해 포르투갈과 스페인에 도입되고 스페인에서는 미구엘 세르반테스(Miguel de Cervantes, 1547~1616)가 쓴 「돈키호테」(Don Quixote)라는 최초의 서방 소설이 출간되었다.

르네상스는 또한 북유럽으로 옮아가 영국에서는 투도르(Tudor) 왕조시대가 영국 르네상스의 시작을 장식하였는데 이때 윌리엄 셰익스피어(William Shakespeare), 에드먼드 스펜스(Edmund Spence), 토마스 모어 경(Sir Thomas More), 프란시스 베이컨(Francis Bacon), 존 밀턴(John Miton) 등 문필가들의 작품들이 쏟아져 나왔으며 이니고 존스(Inigo Jones)와 같은 건축가들이 이태리 양식의 건축을 영국에 소개하였다.

프랑스에서는 샤르르 8세 왕의 이태리 침공 이후 1495년 왕에 의해서 이태리 르네상스가 이곳에 소개되었다. 흑사병에 대처하지 못하는 교회의 무능이 세속주의를 진작시키는 한 요인이 되었다. 프랑시스 1세(Francis Ⅰ) 국왕 때에는 레오나르도 다 빈치를 포함한 이태리 예술가들을 초빙하였으며 거금을 들여 화려한 궁전들을 지었다. 1533년, 메디치가(家)의 로렌초 2세(줄리오)의 딸로서 피렌체에서 태어난 14세의 카테리나 디 메디치(Catharine de Medici, 1519～1589)가 프란시스 1세 왕의 둘째 아들 앙리(Henry Ⅱ)와 결혼을 하였다. 카테리나 비(妃)는 그의 고향 피렌체로부터 미술·과학·음악·발레까지를 프랑스의 궁정으로 직수입하였다(그녀는 앙리 2세(Henry Ⅱ)의 처로서 왕비가 되었고, 남편이 죽은 후에 자신이 낳은 세 아들, 프란시스 2세(Francis Ⅱ), 샤르르 9세(Charles Ⅸ), 앙리 3세(Henry Ⅲ)의 모후(母后)로서 막강한 권력을 행사하였다).

르네상스를 프랑스에 보급한 카테리나 디 메디치

15세기 후반에 르네상스 정신은 독일에 도달하였다. 합스부르크 왕가의 맥시밀리안 1세 황제(Emperor Maximilian Ⅰ, 재위 1493～1519)는 신성로마제국의 최초의 진정한 르네상스 군주였다.

르네상스는 13세기 이래의 헝가리-이태리 관계의 발전에 힘입어 중부 유럽 지역에서 최초로 헝가리에 도입되었다. 피렌체 건축 양식이 전통적인 양식과 결합하여 독특한 헝가리 르네상스 건축을 만들어냈다. 이태리 대학들에서 공부한 많은 헝가리 젊은이들은 직접 피렌체의 인문주의자들과 접촉을 갖고, 그들의 사상을 헝가리에 도입했다. 부다(Buda) 시는 알프스 이북 르네상스의 중심지가 되었으며 마티아스 코르비누스(Mattias Corvinus, 재위 1458～1490) 왕이 설립한 도서관은 유럽에서 가장 많은 세속 서적을 소장하였다.

폴란드에도 15세기 중엽 이래 이태리의 인문주의자들이 왔다. 미라노공국의 보나 스포르자(Bona Sforza) 공주가 1518년 폴란드의 지그문트 1세 왕(King Zygmunt Ⅰ)과 결혼했을 때 많은 이태리 예술가들이 그녀와 함께 와서 폴란드의 르네상스를 진작하였다.

러시아는 희랍정교(Orthodoxy)와 비잔틴의 유산에 애착을 가진데다가 유럽의 문화 중심지들로부터 멀리 떨어져 있었기 때문에 르네상스의 영향이 제한적이기는 하였으나 여러 방면에서 영향을 받았다.

이반 3세(Ivan Ⅲ)는 1475년 이태리 건축가들을 러시아로 초청하여 넓은 공간과 비례 및 대칭의 특색을 가진 르네상스 건축 양식을 도입하였다. 1485년에는 알로이시오(Aloisio)라는 밀라노 출신 건축가에게 크레믈린 안에 테렘궁전(Terem Palace)을 짓도록 위탁하였다. 알로이시오는 또한 다른 이태리 건축가와 함께 크레믈린의 외벽과 탑을 건설하는 데 크게 기여하였다. 러시아 황실은 황궁의 신축·개축을 거의 전적으로 이태리 건축가들에게 의뢰하였으며 아르창겔 대교회당(the Cathedral the Archangel)을 비롯한 12개의 교회도 알레비시오(Alevisio)라는 이태리 건축가에 의해 설계되었다. 아르창겔 대교회당은 희랍정교회 건축물의 전통과 르네상스 양식이 성공적으로 결합된 건물로서 유명하다.

16세기 중엽까지는 러시아인들도 중유럽으로부터 회화를 받아들여, 이반 표도로프(Ivan Pyodorov)가 러시아 최초의 미술가로서 알려지게 되었다.

르네상스 시대에 개발된 많은 신기술들은 좀더 일찍 15세기에 유럽으로부터 러시아인들이 받아들였는데, 그것은 주로 대포와 같은 군사무기들이었고 러시아는 대포 제조에 일등국이 되었다.

또 다른 기술로는 포도를 증류시켜 알코올을 만드는 것이었다. 이 기술은 원래 아랍인이 발명한 것인데 14세기 말경에 러시아에 온 제노바인이 러시아인에게 가르쳐 주었으며, 이 기술을 사용하여 이시도레(Isidore)라는 이름을 가진 모스크바의 한 수도사가 최초의 러시아 보드카를 생산하였다고 한다.

그러면 알프스 북쪽 지역을 대표하는 2명의 르네상스 시대 사상가로서 에라스무스와 토마스 모어 경(卿)을 소개하기로 한다. 에라스무스는 네덜란드 출신으로서 가톨릭을 버리지는 못했으나 자유분방한 인문주의자였으며, 영국의 토마스 모어는 르네상스의 자유추구와 도덕적 타락에 회의를 느끼고 질서와 규율을 추구한 반(反) 르네상스적 입장을 취한 사상가였다.

에라스무스 에라스무스(Desidrius Erasmus Roterodamus, 1466~1536)는 네덜란드 로테르담(Rotterdam) 출신으로서, 북구(北歐)에서 르네상스 정신을 대표적으로 유포시킨 인문주의자였다. 북구에서는 르네상스가 시작하자마자 곧 종교개혁이 뒤따랐었다.

그는 무엇보다도 뛰어난 문필가였다. 그는 라틴어와 그리스어에 능통했으며, 성경을 라틴어에서 그리스어로, 그리고 그리스어에서 라틴어로 번역하였다(번역에는 자신의 의도를 조금씩 삽입하여 의역(意譯)을 해 놓았다고 후대 학자들이 비판하고 있다).

성경뿐만 아니라 키케로(Cicero)의 연설문이나 성 암브로스(St. Ambroso)의 서한 같은 고전에 해당하는 문헌들을 수많이 번역하였고, 많은 비평문과 주석들을 내놓았다.

에라스무스의 문장은 특별히 아름다우며, 그의 박학다식은 세인들을 매료시켰다. 에라스무스의 작품들은 당대에도 다른 작가들의 것에 비해 월등히 많이 읽혔고, 지금도 유럽의 도서관들에서 단일 작가의 것으로는 가장 많이 대출된다. 그는 북구가 낳은 르네상스 천재라고 칭해진다.

그는 로테르담에서 태어났으나 네덜란드에서 산 것은 어릴 때의 4년에 불과하고, 나머지는 프랑스, 이태리, 영국, 스위스에서 생애를 보냈다. 그는 신부인 아버지의 사생아로서 태어난 것 같으며 그는 그 자신의 출생에 대해 희화한 글로 표현하고 있다. 그는 어려서 가난 때문에 수도원에 보내져 수도사가 되었고, 파리와 영국에서 공부하였다. 그는 파리 유학시절 르네상스 인문주의의 영향을 받았다. 영국 케임브리지대학에서 5년간 교수생활을 하였으며 스위스 바젤에서 세상을 떠났다.

그는 가톨릭의 부패와 의식의 엄격성 등에 대해 매우 비판적이었지만, 가톨릭의 교리나 정신에 대해서는 지지하였다. 예컨대 그는 종교개혁가들의 운명예정설에 의해 밀려나 있던 자유의지를 옹호하였다. 그는 종교 개혁가들이 벌이는 싸움을 싫어하였으며 가톨릭의 개혁이 가톨릭 내부에서 이루어지기를 바랐다.

에라스무스

그는 루터(Martin Luther: 후술)로부터는 보수적이라는 비판을 받았고, 가톨릭 내부의 반 종교 운동가로부터는 종교계혁의 씨를 뿌린 자라는 비판을 받았다. 그는 양쪽으로부터 의심을 받았으나 궁극적으로는 가톨릭에 가담하였다.

그러나, 에라스무스가 세상에 미친 영향은 종교와 관련해서보다는, 르네상스의 인간중심사상과 자유를 당대뿐만 아니라 후대에까지 확산시킨 데 있다. 그의 대표작이라 할 수 있는 「우신예찬」(愚神禮讚: the Praise of Folly)은 그의 풍자의 재능이 유감없이 발휘된 걸작으로서 초판(1511) 1,600부가 금세 매진될 정도로 인기가 있었으며 거듭한 책으로서 그 영향력이 대단하였다. 그 내용을 소개하면 다음과 같다.

제1주제는 생명과 자연 자체의 근원에 있는 광기(狂氣)이다. 이를테면 연애나, 결혼, 교우(交友)와 같은 인간사는, 만약에 그 동기나 결과를 냉정히 생각한다면 도저히 몸을 던질 수 없는 것임에도 불구하고, 사람들은 사랑을 하고, 결혼을 하며, 친구와 교제를 한다. 여기에서 인간은 자기의 바람이 허망한 꿈이었음을 깨닫기도 하고, 좌절과 고통을 겪기도 하며 배신의 치욕을 맛보고 인간의 못남과 연약함을 발견하기도 한다. 그러나 인간을 인간답게 하는 것은 몸을 던져 사랑하고 결혼하는 우매한 행동이며 이것이 도리어 건전한 인간적 예지라고 불릴 수 있는 것이다. 여기서 어리석음을 주관하는 여신이 나타나 이것은 모두 자신의 덕분이라고 자화자찬한다.

우리는 인간의 광기에서 르네상스인의 낙관주의와 인간에 대한 애정을 느끼게 된다.

제2주제는 지혜의 광기이다. 그런데 실제로는 이것이 지혜와는 관계없는 착란이다. 교황, 사제, 신학자, 왕과 제후가 광기의 체현자(體現者)들이다. 그들이 지혜랍시고 주장하는 면죄와 속죄, 성모 숭배, 성찬화육설(聖餐化肉說), 신학상의 논쟁, 스콜라 철학 등은 제정신에서가 아니라 정신착란에서 나온 미친 소리들이고, 그들은 미친 바보들이다.

교황은 겸손과 청빈을 본받아야 할 것이고 유일한 무기는 성령이어야 할 것임에도 성령과는 멀리 떠나 있다. 파문이나 정죄와 책벌, 제명을 마음대로 하고 있으며 성령에 구애를 받지 않고 있다. 그들은 종교를 전혀 갖고 있지 않으며 남이 부러워하면 만족할 뿐이다.

이러한 어리석음에 대한 독설은 여신이 독백을 하는 형식으로 쏟아져 나온다. 여신은 인간의 어리석음과 착란을 가차없이 비판하는 고발자의 풍모를 띠고 있다.

이 책은 현실의 종교는 어리석음의 한 형태라는 심각한 암시로 끝을 맺고 있다.

이 책에서 풍자의 대상이 된 신학자·수도사측으로부터 즉시 반박이 일어났으며 특히 교회권력으로부터 위험시되었다. 에라스무스는 스스로 나서서 "나는 주의를 환기시키려 한 것이지 물어뜯으려 한 것은 아니다…. 사람들의 인습(因習)을 옳게 인도하려 한 것이지 해독을 끼치려 한 것이 아니다"고 변명하였다.

이 책은 1542년 파리대학 신학부, 52년에는 로마 교황청에 의해 금서(禁書)로 처분되었다.

르네상스에 대한 회의 북방유럽의 지식인들은 이태리에서 일어나고 있는 르네상스에 대하여 의혹의 눈으로 바라보았다. 그들의 눈에 비친 이태리인은 지나치게 물질지향적이고 금전적 이익을 위해서는 누구와도 손을 잡고 누구와도 손을 끊을 수 있는 약삭빠른 경제동물이라고 보았다. 도덕과 윤리는 저만치 멀리 있는 관념의 일부일 뿐이며 개인주의에 빠져 세상일을 주관적으로 판단하고 선택해 버리는 도덕적 무정부주의자라고 생각하였다. 셰익스피어의 소설에 나오는 「베니스의 상인」도 결코 좋은 인간으로 묘사되진 않았다.

이러한 이태리인에 대한 좋지 않은 선입견을 가진 북방 지식인들은 이태리에서 전개되는 르네상스도 돈장난의 산물로 보는 시각이 있었다. 이태리에서 제작되는 멋있는 그림이나 조각품도 이태리인의 습성인 사치와 낭비와 허영을 반영하는 것으로 보았다.

그들은 당시 교황청의 부패와 세속권력화를 결코 마음에서 용인하지는 않았지만, 교황청의 종교적 권위마저를 도외시하는 인문주의자들의 태도를 더욱 옳지 않은 것으로 보았다. 그들은 르네상스가 추구하는 자유는 어떤 권위도 인정하지 않는 인간의 추악한 교만으로 보았다. 그들의 생각으로는 자유를 추구하는 일보다는 질서와 기강이 더 인간생활에 긴요한 것으로 보았다. 그러므로 교황의 궁극적인 권위를 부정하는 것은 자기 자신 이외에는 아무도 존경하지 아니하려는 성향으로서, 그러한 성향을 가진 자를 그들로서는 절대로 신뢰할 수 없다는 것이었다. 그래서 그들은 이태리의 르네상스를 회의(懷疑)의 눈으로 보았다.

한편 그들도 인간의 문제를 하늘의 뜻에 맡겨버리거나 내세에서나 해결될 것으로 기대하는 신본주의적 사고방식 대신에 인간의 문제를 인간 스스로가 관심을 갖고자 하는 르네상스의 인본주의에는 공감을 하였다.

영국의 토마스 모어(Sir Thomas More, 1478~1535)는 이태리 르네상스를 비판적으로 본 격조 높은 이상주의자로서 당시 북방지식인의 사상을 대표하는 인물 중의 한 사람이다.

모어의 시대는 투도르 왕조(Tudor Dynasty)의 헨리 8세 치하(治下)로

토마스 모어

서 정치적으로는 왕권이 강화되고 있었으나, 사회적으로는 귀환병의 실직과 부랑화(浮浪化), 그리고 농촌에서의 엔클로져(Enclosure: 울타리 두르기)로 말미암은 농민 이촌과 그들의 빈곤이 심각하던 시기였다.

모어를 분노케 한 것은 이태리를 비롯한 유럽 각지에서의 자본주의 형성 과정이 인간의 정신에 미친 물질주의였다. 14세기부터 15세기에 걸친 상인들의 대외무역활동과 금·은에 대한 추구는 새로운 항로와 신대륙의 발견을 가져왔고, 이것은 다시 금(金)에 대한 사람들의 갈망을 한층 더 부추겼다. 과학적 탐구가 연금술이라고 하는 방향으로 치우쳤던 것도 그것 때문이었다. 교회도 군주도 영주도 금·은의 재보(財寶)를 몸에 붙이고, 속인들도 셰익스피어의 극(劇)에 등장하는 인물처럼 황금에 미친 사람들이었다.

토마스 모어는 그가 라틴어로 쓴 소설인 「유토피아」(Utopia)에서 인간이 추구해야 할 이상적 삶이라고 믿는 그의 사상을 피력하였다. '유토피아'는 '좋은 곳'(utopo)이라는 그리스어로부터 조어(造語)한 것이다.

「유토피아」는 모어가 국회의원을 이미 지내고, 런던 시민을 보호하는 2명의 경찰청장 중의 한 사람으로서 도시 빈민들을 열성으로 돌보던 시기에(38세 때) 출간한 책이다.

소설의 형식은 유토피아에서 5년 동안 거주했던 라파엘 히스로디(Raphael Hythlody)라는 여행객이 독자에게 들려주는 이야기이다.

유토피아에서는 토지를 공유하며 사유재산이 없는 공산주의 공동체이다. 모든 해악의 근원이 사유재산제도에 있다는 것을 그들은 잘 알고 있다.

물자는 마을의 4지구에 있는 중앙시장에서 운반해 와서 창고에 넣어두고 누구든지 아무것도 소유하지 않지만, 모든 사람이 가난을 모른다.

「유토피아」의 유토피아 전경

유토피아에는 화폐가 없으며, 금·은은 아이들의 구슬치기와 같은 노리개의 재료로 쓰인다.

유토피아는 폭이 40마일 길이가 125마일인 초승달 형의 섬으로서 54개의 마을로 이루어져 있다. 한 농장에는 40명 정도가 종사하는데 2명의 노예도 포함되어 있다. 이 농장은 2명의 현명한 남녀노인의 지도에 따라 경작된다.

노예는 중죄를 지었거나 외국에서 사형 선고를 받은 자 중에서 사들여 온 자들로 한다. 또 이혼이나 간통을 하여 결혼생활을 망친 자도 노예가 된다.

식사는 공동으로 하며, 부엌일은 부녀가 하고 소년들은 시중을 든다. 5세 이상 소년으로서 아직은 시중을 들 수 없는 꼬마들을 어른들이 식사를 하는 동안 '긴 침묵'으로 기다리다가 어른이 먹다 남은 것만 먹는다. 이것은 노동하지 않으면 적게 먹어야 한다는 것을 가르치기 위한 것이다.

유토피아인의 의복은 흰색의 린넬이 아니면 자연색의 모직물로 만들어지며, 보통 한 사람이 한 벌을 7년간 사용한다.

유토피아 섬의 주민은 매일 6시간 일하고, 8시간을 자며, 남은 시간은 정신적 오락이나 공부하는 데에 쓴다. 이곳은 빈곤도 사치도 없고 짧은 시간의 노동으로 사람들의 생활이 보장되고, 소수의 학자를 제외하고는 모두가 육체노동을 해야 한다.

남녀는 구별 없이 평등한 교육을 받는다. 남녀는 군사훈련도 다같이 받으며, 전쟁에도 다같이 참전한다. 정치는 대의군주제(代議君主制)로서 군주를 선출하며 기간은 종신으로 한다. 그러나 군주가 독재를 하여 참주(僭主) 노릇을 하면 면직된다. 전쟁은 자신의 국토를 방위하기 위해서, 동맹국을 구출하기 위해서, 참주정치에서 억압받는 나라를 구출하기 위해서 등 3가지 경우에 허용된다.

주민들은 신(神)과 영생(永生)을 믿으나 어떤 종류의 신앙을 가져도 좋다. 다만 무신론자는 허용되지 않는다. 허용되지 않는다고 하는 것은 참정권을 주지 않는다는 뜻이며 그 이외에는 어떠한 괴로움도 당하지 않는다. 형벌을 가볍게 하며, 동물을 도살할 때에도 난폭한 방법을 쓰지 않는다.

이상과 같은 유토피아 사상은 인간의 희망을 내세에서 구하는 것이 아니라 세속에서 구하는 이상주의를 반영하고 있다.

토마스 모어는 런던에서 태어났으며 아버지는 작위를 가진 변호사였다. 그는 옥스퍼드대학에서 그리스문학과 라틴문학을 공부하였으며 희극을 쓰기도 하였다. 그는 성직자가 되기를 희망하여 수도원 곁에 거처를 정하고 엄격한 훈련을 받기도 하였으나 세속생활로 돌아와 법률공부를 다시 하여 변호사가 되었다. 그는 에라스무스와 교제하여 절친한 친구가 되었다. 그는 평생을 일관되게 가톨릭에 충실하였다. 34세(1504)에 국회의원이 되었고, 그 후에 런던 경찰청장과 왕궁의 추밀원위원이 되었으며 이때 남작 작위를 받았다.

그는 헨리 8세의 눈에 띄어 왕의 사절로 일한 후 수상(Land Chancellor)이 되었다. 그는 헨리 8세가 영국의 교회를 로마 교황청으로부터 분리하여 왕의 권능 아래 두는 영국의 종교개혁에 반대하였으며 이로 인하여 처형되었다(후술). 로마교황청은 후일 그를 성인으로 서품하였다.

제 11 장

종 교 개 혁

마키아벨리가 「군주론」을 쓰고 있을 때 독일에서 마르틴 루터(Martin Luther)는 종교개혁을 주장하는 자신의 명제를 비텐베르그(Wittenberg) 교회 정문에 내걸었다.

일반적으로 학자들은 종교개혁을 르네상스의 북구(北歐)적 표현이라고 해석한다. 이들 학자에 따르면 이태리에서는 새로운 정신이 고전(古典)을 부활시킴으로써 인간의 지성을 해방시켰다고 한다면, 북구에서는 성경에 충실함으로써 인간의 양심을 해방시켰다. 원래 북구인(北歐人)들은 종교심이 두터워 내면적 경향이 강하였기 때문에 종교의 테두리 안에서 새로움을 찾았다고 하였다.

마르틴 루터

루터의 생애 마르틴 루터(Martin Luther, 1483～1546)는 1483년 11월 10일 당시 신성로마제국에 속한 독일 중동부의 아이슬레벤(Eisleben)이라는 농촌에서 장남으로 태어났다. 아버지는 구리광산을 소유한 지방 유지였으며 아들이 법률가가 되기를 바랐다. 루터는 17살 때, 그리 멀지 않은 에르푸르트대학(University of Erfurt)에서 수사학과 논리학 등을 공부하여 석사학위를 따고, 아버지의 뜻에 따라 법학대학원에 입학하였다. 그러나 그해 여름 한 사건을 계기로 그의 인생 행로의 모든 것이 뒤바뀌었다.

그 사건은 다름이 아니라, 천둥폭우가 우심한 가운데를 친구와 함께 말을 타고 학교로 돌아가고 있었는데 번쩍 하는 섬광과 함께 벼락이 바로 곁에 떨어져 두 친구가 그 자리에서 즉사하였다. 마르틴은 겁에 질려 "살려주세요. 성 안네여! 제가 수도사가 되겠습니다" 하고 외쳤다. 목숨이 살아남은 루터는 자기가 한 말을 후회하였지만, 이 서원(誓願)을 지키기 위해 법대를 자퇴하고 에르푸르트에 있는 한 어거스틴계의 수도원에 들어갔다.

젊은 마르틴 수도사는 수도원생활에 헌신하면서, 하나님을 기쁘게 하며 기도를 통해 타인들을 도우려 하였다. 그는 금식(禁食)과 긴 시간의 기도, 순례와 끊임없는 고백을 하였으며, 죄를 씻기 위해 수도원 계단을 무릎으로 기어오르기도 하였다. 그러나 마음의 평화는 그로부터 달아났다. 하나님을 위해 더 많은 노력을 하면 할수록 그는 자신의 죄성(罪性)을 점점 더 많이 깨닫게 되는 것이었다.

수도원의 선배들은 지나친 자기반성에 몰입되어 있는 마르틴을 염려하여 그를 성직자로 임명함과 동시에 학교로 보냈다. 그리하여 마르틴은 비텐베르그대학에서 성서학(聖書學)을 공부하여 1512년(29세) 신학박사 학위를 받았고, 이 대학의 교수가 되었다.

루터는 강의준비를 위해 성경을 더욱 깊이 공부하였으며, '고해'(告解: Penance), '의로움'(righteousness)과 같은 용어의 참뜻을 서서히 깨닫기 시작하였다. 그는 교회가 몇 가지 핵심적인 문제에서 진리의 빛을 상실하고 말았다고 확신하였다. 그 중에서도 가장 심각한 것은 하나님과의 평화의 관계를 상실한 것이었다.

1516~1517년, 교황의 사절로서 요한 테첼(Johann Tetzel) 수도사가 로마의 성 베드로 대성당을 재건축할 돈을 모으기 위해 면죄부를 팔 목적으로 독일로 파견되었다. 그때 로마 가톨릭 교회의 가르침에 따르면, 신앙만으로써는 사람을 증명할 수 없고 자선과 선행(fides caritate formata)

마르틴 루터

같은 행위가 수반된 신앙이라야만 사람을 증명할 수 있으며, 선행의 과실(果實)은 돈을 교회에 헌납함으로써 얻어질 수 있다고 하였다. 면죄부 판매 사절로 온 테첼은 "모금함에 주화(鑄貨)가 떨어지면서 '댕그랑' 하는 소리를 내자마자 연옥의 영혼은 천당으로 올라간다"고 주장하였다.

당시의 독일은 이태리의 교역(交易)이 독일을 통해서 북해와 발틱해로 진출함에 따라 도시들이 발달·번영하였으며, 에르게비르게(Erggebirge)와 하르츠(Harz) 같은 광산에서 귀금속광물이 풍부히 채굴되어 국제무역상인들의 활동이 활발하였다. 그럼에도 불구하고 독일은 실질적인 통일을 못 본 곳으로서 교황청의 착취가 심했다.

루터는 1517년 할로인 데이(Halloween Day: 10월 31일)에 로마 가톨릭 교회의 면죄부 판매에 항의하는 「95개항 탄핵문」을 비텐베르크 교회문에 게시하였다(34세). 많은 사람들은 루터의 이 행동을 프로테스탄트 종교개혁(Protestant Reformation)의 출발점으로 인용한다. 루터 이전에도 존 위클리프(John Wycliff), 존 후스(John Hus)와 같은 선각자들이 이미 같은 이유로 목숨을 걸고 싸워 개혁의 기초를 닦았으며, 루터는 그 기초 위에 그의 개혁을 행동으로 옮긴 것이다.

면죄부를 팔고 있는 교황의 사절단

루터는 특히 제86항에서 이같이 질문하였다. "오늘날 교황의 부(富)는 최대부자 크라수스(Crassus: 옛 로마의 집정관)보다 더 많은데 왜 교황은 자신의 돈이 아니라 가난한 신자들의 돈으로 베드로 성당을 재 건축하려 하는가?" 그리고 그는 오직 하나님만이 죄를 사(赦)하실 수 있는 까닭에, 면죄부가 사는 사람(買入者)의 모든 형벌을 면제시킨다고 주장하는 자들은 잘못을 범하고 있는 것이며, 기독교인들은 그 같은 거짓보증을 믿고서 예수 따르는 것을 소홀히해서는 안 된다고 주장하였다.

그는 「그리스도 교인의 자유」라는 항에서 "기독교인은 가장 자유로운 군왕(君王)이요 아무의 신하도 아니다. 동시에 그는 만인의 가장 충성스러운 하인(下人)이요 모든 사람에 종속한다"고 주장하였다.

루터는 "각 개인은 자기의 양심에 따라 신앙의 기본적 문제들을 해결할 권리와 의무가 있다"고 주장하였다. 즉 루터의 개인주의는 르네상스 인본주의자들의 개인주의보다 더 철저함을 보여주었다.

루터의 「95개항 탄핵문」은 곧 라틴어에서 독일어로 번역·복사되어 두 주일 안에 전 독일에 전파되고, 이어 국경을 넘어 각국어로 번역되어 두 달 안에 전 유럽에 퍼졌다.

교황 레오 10세(Leo X)는 루터를 억압할 방안을 신중하게 모색하면서 서서히 움직였다. 그는 탄핵 벽보가 붙은 지 3년이 경과한 1520년 6월 루터에게 교황칙서를 보내, 만약에 그가 쓴 문건들 가운데서 95개 항을 포함한 41개의 문건을 60일 이내에 취소하지 않으면 파문을 당할 수도 있을 것이라고 경고하였다. 이에 대해 루터는 교황에겐 성경을 마음대로 해석할 권한이 없다고 주장하는 논문을 발표하고, 그해 12월 10일 교황의 칙서를 비텐베르그에서 공개리에 불태워버렸다. 그 결과로, 교황 레오 10세는 1521년 1월 3일 루터를 파문하였다.

「95개항 탄핵문」을 강제로 금지시킬 것인지에 대한 문제가 세속 정부의 관심이 되었다. 그리하여 신성로마제국의 황제 칼 5세(Karl V)는 귀족의원들로 구성되는 총회를 1521년 4월 18일 라인 강변의 보름즈(Worms)에서 소집하고 루터에게 이 회의에 출두할 것을 요구하였다. 칼

5세가 사회를 본 회의에서 황제를 대신한 심문관은 루터가 쓴 문건들을 눈앞의 테이블에 쌓아놓고 루터에게 문건에서 주장한 바를 지금도 그대로 믿느냐고 물었다.

보름즈 총회에서 당당히 답변하는 루터

루터는 대답에서, 자신의 글 중에 표현이 과격하게 나타난 부분에 대해서는 사과한다고 하고, 그러나 자신이 주장하고 가르친 대부분에 대해서는 철회를 할 수 없다고 하였다.

그는 "성경의 증거에 의해서나 또는 평범한 상식이나 분명한 이성에 의해 내가 확신하지 아니하는 한 나는 철회할 수도 없고 철회하지도 아니할 것이다. 무엇이든 양심에 반(反)하여 행동하는 것은 안전하지도 현명하지도 않기 때문이다. 나는 여기에 서 있다. 다른 사람이 아닌 내가 할 수 있다. 하나님이 나를 돕고 계신다. 아멘"이라고 대담하게 말했다.

총회가 끝난 후, 루터의 운명을 결정하기 위한 비공식회의가 닷새 동안 열렸다. 황제는 교황에 가세하는 최종 초안을 제시하였는데, 거기에서 루터를 가공할 이단자로 규정하고 그의 강의를 금지하며 체포할 것을 요구하였다. 또한 독일에서 루터에게 음식이나 거처를 제공하는 자는 범죄자로 다스릴 것이며 누구라도 법적 책임을 짐이 없이 루터를 죽이는 것을 허가한다고 기술해 두고 있었다.

색슨(Saxony) 주(州)의 선제후(選帝侯) 프레데릭(Frederick the Wise)은 루터가 회의장을 나섰을 때 가면을 쓴 기병들로 하여금 루터를 납치하여 아이제나하(Eisenach)의 발트부르그(Wartburg) 성(城)으로 데려오도록 하였다. 루터를 살리기 위해서였다. 루터는 여기서 약 1년간 머물렀다. 루터는 휘날리는 턱수염을 기르고, 기사의 복장을 하고는 예르그(Jörg)라는 가명(假名)을 가졌다. 이 기간에도 루터는 여전히 일에 열중하여 성경을 라틴어에서 일상적인 독일어로 번역하였다. 번역한 신약을 1년 이내에 출판하였다(다음으로는 구약을 번역하였고, 1534년에 독일어로 된 완본(完本)이 출간되었다).

교황과 가톨릭교회에 대한 루터의 도전이 큰 사건으로 진동하자, 당시의 제후·영주·국왕 및 세속집단들은 각기의 이해관계에 따라 루터를 지지하는 루터파와 전통적인 가톨릭파로 분열되어 내란과 전쟁을 불러일으켰다.

몰락해 가던 기사계급은 교회영지를 빼앗기 위해 소위 「기사의 반란」(1522)을 일으켰으며, 교회의 착취에 반감을 품고 있던 농민들은 루터개혁의 '자유'에 고무되어 '농노제 폐지', '성직자 선거' 등의 요구를 내걸고 1524~1525년 이른바 「농민전쟁」(Peasants' War)을 일으켰다.

루터를 가장 열렬하게 지지했던 농민들은 그들의 상류계급에 대한 공격을 루터가 지지해 줄 것으로 믿고 있었다.

루터는 농민들의 고통에 대해서는 동정을 하였으나 피압박자도 현재의 권위에 복종해야 한다고 반응하였다. 루터는 폭동지역을 여행하는 동안 수많은 수녀원과 수도원과 주교궁과 도서관들이 불타는 데에 대해 격분하였다.

루터는 농민폭도들이 재산의 공유를 외치는 것도 도저히 용납할 수 없었다. "사도행전에서 사도들과 제자들이 자발적으로 재산을 공유한 경우를 제외하고는 복음이 재산의 공유를 언급하지 아니하였다," "우리의 농민들은 남의 재산은 공유로 하고 자기 재산은 자기 재산으로 하기를 원한다," "농민들이 제정신을 잃고 발광을 하고 있다"고 비난하였다. 그는 비텐베르그로 돌아와 폭력은 마귀의 장난이라고 비난하고 귀족들은 일어나 폭도들을 미친개를 때려잡듯이 진압하라고 촉구했다.

많은 폭도들은 루터가 봉기를 지지하지 아니하자 무기를 내려놓았고 일부는 배신감을 느꼈다. 농민전쟁을 지도한 뮌체르(Müntzer)가 사로잡혀 처형된 후 1525년 5월 프랑켄하우젠 전투(the Battle of Frankenhausen)에서 농민측이 패배함으로써 종교개혁의 혁명적 단계는 끝이 났다. 그후 과격주의는 재침례교회운동으로 물러나고 루터의 종교개혁은 세속권력의 비호 아래 번성했으나 이로 인해 루터파 교회들은 국가의 종속기관처럼 되어갔다.

루터파를 지지하는 섹슨(Saxony), 헷세(Hesse), 브란덴브르그-안스바하(Brandenburg-Ansbach) 주의 선제후와 귀족들은 군사동맹을 결성(1529, Schmalkaldic League)하고, 교황편에 서 있는 칼 5세 황제와 이른바 슈말칼덴(Schmalkalden) 전투를 벌였다. 칼 5세는 패배하여 다음과 같이 양보를 하였다. 즉 그는 제후와 도시가 가톨릭이나 프로테스탄트 어느 쪽을 택하더라도 그것을 인정하기로 약속하였다. 그 결과 유럽의 북쪽은 주로 루터의 신교(프로테스탄트) 쪽을 택하고 남쪽은 구교(가톨릭) 쪽을 택했다.

농민전쟁과 슈말칼덴 전쟁으로 득을 본 측은 제후들이었다. 그들은 전쟁 과정에서 교회의 토지를 몰수하고 도시와 농촌에서의 징발권을 획득했으며 귀족과 도시민의 특권을 제거시킬 수가 있었다. 제후들은 교황청의 예속으로부터 벗어나 현세 주권의 권력자로 발돋움을 하였다.

1529년 터키제국의 군대가 비엔나를 점령하였을 때 루터는 종교적인 이유에서가 아니라 세속적인 이유에서 국가를 방위하는 것은 정의로운 일이라고 주장하고 칼 5세 황제와 독일 백성들에게 터키에 대항해서 싸울 것을 촉구하였다.

루터는 그를 지지해 준 헷세 주의 영주 필립(Philip)이 두 번째 아내를 맞아들이는 중혼문제로 곤경에 처하자 필립을 도와줌으로써 나쁜 평판을 받아야만 했다. 루터는 필립이 여론의 질타를 받았을 때 필립에게 "거짓말을 해 버리세요. 강하게 중혼 사실을 딱 잡아떼세요"라고 충고를 하였다. 필립은 그렇게 하였으나 비밀이 오래 지켜질 수는 없었다. 루터가 거짓말을 교사한 사실은 굉장한 추문으로 떠돌았으며 그의 일생일대의 실수로 평가되었다.

루터는 41살 때 26살의 수녀 카타리나(Katharina)와 결혼을 하였고 6

명의 자녀를 낳았다. 그들의 결혼생활은 행복하였으며 성공적이었다.

루터는 40 중반부터 병마에 시달렸다. 현기증, 실신, 이명(耳鳴), 한쪽 눈에 백내장 등이 왔다. 그의 건강은 점점 더 악화되었다. 로마교황청과의 해를 거듭한 싸움, 개혁가들 사이의 이견과 반목, 필립의 중혼사건에 연루된 추문 등이 그의 건강을 악화시켰을 것이다. 그는 49살 때부터는 신장과 방광의 결석(膀胱結石)과 관절염으로 고통을 받았고 한쪽 귀가 먹었다. 그는 맥주를 많이 마셨고 화를 잘 냈다. 말과 글에서 거친 어투가 일쑤였고, 불평과 감정을 드러냈다. 나쁜 건강 때문이었을 것이다.

누군가 그에게 "하나님을 진정으로 사랑하십니까?"라고 묻자, "하나님을 사랑하느냐구요? 때로는 하나님을 미워합니다"라고 대답하였다고 한다.

그는 태어난 고향인 이이슬레벤을 방문하여, 설교를 하고 그리고 친지를 돕기 위해 정부 관리들을 만난 이후 가슴에 통증이 와 자리에 누웠다. 그를 동행한 동료들이 "신부님! 주 예수 그리스도를 믿는 가운데 죽을 준비가 되셨습니까?"라고 묻자, 분명한 목소리로 "예"라고 대답하고 세상을 떠났다(62세).

루터의 사상 루터는 젊었을 때 가장 위대한 사상가들에 대해서까지도 의문을 품었다. 그는 모든 것을 스스로 경험하여 실험을 해 보려고 하였다. 그는 철학이 인생에 대해 확신을 주지 못하는 것으로 생각하였다. 왜냐하면 철학이 이성(理性)의 유용성에 대해서는 확신을 주지만 하나님을 사랑하는 것에 대해서는 아무것도 말해 주지 않았기 때문이었다. 루터에게 더욱 중요한 문제는, 이성은 인간들을 하나님에게로 인도할 수 없다는 점이었다. 그는 아리스토텔레스에 대하여, 아리스토텔레스가 이성을 중시한 것은 존경할 부분이지만, 하나님에 대한 사랑에 대해 침묵한 것에 대해서는 미워하였다. 루터는, 이성이 인간과 제도에 관하여 의문을 제기하는 데에는 이용될 수 있겠지만 하나님에 관해서는 쓸모가 없는 것이라고 생각하였다. 루터는 인간들은 오로지 신성한 계시를 통해서만 하나님에 관해 배울 수 있다고 확신하였다. 그래서 성경은 그에게 점점 더 중요한 것이 되었다. 성경에 따르면, 구원은 하나님의 은혜의 선물이며, 이 선물은, 그리스도가 우리의 죄를 대신하여 십자가 위에서 죽으셨기 때문에 하나님께서 우리의 죄를 용서하시겠다고 하신 약속을 우리가 믿을 때 받을 수 있다고 하였다. 루터는 하나님이 죄인인 인간을 두고 '의롭다고 인정하시는 것' —죄를 사함— 은 오로지 하나님의 소관이라고 하였다. 그리고 '의로움'(righteousness)은 기독교인들이 전적으로 외부로부터 받는 것이다. 즉 의로움은 그리스도로부터 올 뿐만 아니라, 실제로는 그리스도의 의로움이며, 의로움은 신앙으로 말미암아 기독교인들의 내면에 녹아들어 있는 것이라기보다는 기독교인들에게 그냥 던져져서 주어져 있는 것이다.

루터가 그의 모든 저술에서 가장 강조하는 것은 신앙(믿음)이었다. 신앙만이 사람을 올바르게 하고 하나님의 법을 지키게 하는 이유가 거기에 있는 것이다. 신앙은 성령(Holy Spirit)을 수반한다. 기독교인은 직접적인 성령의 체험을 통해 삶의 영성(靈性)을 확신할 수 있다. 죄지은 모든 인간들은 그 자신의 노력이나 덕성 없이, 예수님이 피 흘리신 대속을 통해서, 오로지 하나님의 은혜로 죄 사(赦)함을 공짜로 받는다. 이것만은 반드시 믿어야 한다. 이것은 노력이나 법이나 덕성으로나 무슨 다른 방법으로는 도저히 얻어질 수 없는 것이다.

모든 인간들은 본질적으로 죄인들이다. 오직 하나님의 은혜만이 인간들을 옳게 만든다. 그는 말하기를 "죄인이 되라! 그리고 너의 죄가 강하도록 하여라. 그러나 그리스도에 대한 믿음은 더 강하게 가지라. 그리스도는 죄와 사망과 이 세상을 이긴 자이니 그리스도 안에서 기쁨을 누리라. 우리가 이 세상에 있는 동안 우리는 죄를 지을 것이다. 우리의 인생은 정의(正義)가 주재(駐在)할 장소가 못 된다."

믿음만이 죄 사함을 보장한다는 것이 루터의 입장이었음에도 불구하고, 루터는 후일 죄를 용서받는 데는 회개가 있어야 한다는 입장도 승인을 하였다.

루터는 하나님과 구원과 신앙의 관계에 관해서는 완전히 성 어거스틴에게로 돌아갔다. 그러나 교회와 관련된 어거스틴의 가르침은 따르지 않았다.

그는 하나님이 교황에게 성경을 해석할 독점적인 권리를 주지 않았으며, 따라서 교황과 성직자는 오류를 범할 수 없다고 하는 무류성(無謬性) 교리는 틀린 것이라고 하였다.

그는 모든 기독교인은 모두가 고백자로서 하나님에게 직접 고해를 할 수 있다고 주장하고 신부 앞에서의 강제적인 고해를 부정하였다. 그는 신과 인간의 보다 직접적이고 내면화된 관계 확립을 위하여 성모숭배와 성인숭배를 미신적인 행위로 간주하였다. 그는 수도사와 수녀가 한 서원(誓願)은 구원을 얻기 위한 부당하고도 헛된 의도이기 때문에 서원을 깨뜨리는 것은 죄가 아니라고 하였다.

사람이 죽은 후의 영혼에 대한 루터의 사상은 특별하다. "죽음 가운데서 영혼은 의식(意識)이 없다," "죽음 후에 영혼은 자기의 침실에 들어가 평화롭게 잠이 든다," "사람의 영혼은 현생에서 매일의 노동으로 지쳐 있으며 밤이 오면 침실에 들어간다"고 주장하였다. 이것을 우리는 '루터의 영혼수면설'이라고 부른다.

루터의 원래 사상은 종교문제에 있어서 개인적 결정과 자유주의였으나, 그의 배후에 국가권력이 있었기 때문에 그의 교리는 점차 국가교회주의로 변질되었다.

제후의 날개 아래 보호를 받은 루터는 통치자에 대한 무조건의 복종을 강조했다. 절대군주제가 성립되어 가고 있을 당시, 중요한 사상적인 문제는 군주에 대한 인민의 저항권이 있느냐 없느냐 하는 두 유형의 이론이 대두되고 있었는데, 루터는 통치자에 대한 저항은 어떤 경우이든 사악하다는 견해를 피력하였다.

루터는 자신의 견해는 어디까지나 성경(로마서3:1~2)에 근거를 두고 있는 것으로 포장하였다. 루터는 "정부가 정당하게 행동하든 않든 간에 기독교인이 정부에 반대하는 것은 아무리 생각해도 적절하지가 않다. 우리보다 우월한 모든 사람에게 복종하고 봉사하는 것보다 더 훌륭한 일은 결코 없다. 이 같은 이유 때문에 불복종은 또한 살인, 음란, 절도, 부정직 및 이러한 것들을 다 합친 것보다 더 큰 죄이다"면서 "나는 인민이 옳은 것을 행하는 것보다는 제후가 악한 것을 행하는 것을 차라리 감수하려 한다"고 말했다.

그리고 그는 교회가 자체 정화에 실패한다면 세속 통치자가 그것을 맡아야 한다는 주장을 폈다. "왕들과 제후·귀족들이 개혁을 위한 길을 마련하기 시작한다면, 이것이 최선책이자 가능한 유일한 구제책이 될 것이며, 그렇게 되면 지금은 두려워하고 있는 주교들과 성직자들도 따라오게 될 것이다"고 말하였다.

정치에 관한 그의 견해들은 환경에 너무 많은 지배를 받은 때문인지 일관성이 없었다. 만약 신민의 맹목적 복종이 원리라고 한다면 제후들은 신성로마황제의 법률상 부하로서 황제에 복종해야 할 것이었음에도 불구하고, 루터는 칼 5세 황제가 교황편이었으므로 "황제가 제국의 권위를 넘어서면 저항을 받아 마땅하다"고 주장하였다.

루터는 반(反) 유대주의(Anti-Judaism)적이었다. 그의 태도는 그리스도를 죽인 죄를 지은 거부된 자들로 유대인을 보는 문화적 전통을 반영하는 것이었다. 그는 기독교인들이 예수를 구세주로 믿는 데에 비해서 "유대인들은 예수의 신성(神性)을 거부하는 불경건자이자 거짓말쟁이"라고 생각하였다. 루터는 일찍이 유대인을 기독교로 개종시키기 위해서는 그들에게 친절해야 한다고 가르쳤으나, 개종노력에서 실패한 후, 그는 유대인에 대해서 점점 더 사나워졌다. 그는 주장하기를 "유대인들은 더 이상 선인(選人)이 아니며, 마귀의 자식들"이라고 하였다. 루터는 유대인 교회(시나고그: Synagogue)에 방화를 하고, 유대인 기도서를 찢어버리며, 랍비들의 설교를 금지시키고 유대인의 재산과 돈을 몰수하며, 그들의 집을 때려부수고, 이들 '독충'들을 강제노동에 처박거나 '영원히' 추방할 것을 지지하였다. 루터는 "유대인 그들이 우리를 죽일 수만 있다면 우리를 죽일 것"이라고 말하고 "우리가 유대인을 죽이지 않는 것은 잘못"이라고 하였다.

루터의 이 같은 반 유대주의 발언은 비록 이것이 인종적인 편견에서가 아니라 종교적인 이유에서였다고 하더라도, 그의 사상은 독일에서의 유대인 배척운동 형성에 크게 기여하였다. 1930~1940년대 제3제국(나치정권)이 끔찍한 반 유대주의 정책을 펼 때 그들은 루터를 자주 인용하며 이용하였다. 독일에서 나치스를 집권케 한 1928년 총선 때에 가톨릭 우세 지역에서보다는 프로테스탄트 우세 지역에서 나치스 지지 표가 더 많이 나온 것은 사실(史實)이다.

1980년 이래 루터파 교회들은 유대인에 반대하는 루터의 발언과 절연하기로 했으며, 누구라도 그의 발언을 빌미로 삼아 루터파 교인들에게 반감을 갖게 하는 것을 거부하기로 하였다.

교회의식 개혁 루터는 로마 교황청과 결별한 교회들의 조직개혁에도 몰두하였다. 그러나 그는 사람들을 혼란스럽게 하지 않기 위해 극단적인 변화는 피하였다. 그는 독일어로 된 기도서가 필요하다는 요구를 받고 "소박한 사람들이 기독교인이 되도록 고무하는 「기도서」"를 작성하였다.

그는 예배방식을 가톨릭미사에 기초를 두기는 하였으나, 미사를 하나님에게 드리는 제사로 보여지는 흔적은 모두 제거하고, 그 대신 미사를 하나님으로부터의 선물에 대해 감사하는 기념식의 양식으로 바꾸었다. 그리하여 미사에선 누구나 포도주와 빵을 얻도록 하였다. 그는 제병(祭餠)과 성잔(聖盞)을 높이 드는 것을 유지시켰으나 법의(法衣), 제단(祭壇), 촛불과 같은 장식들을 그대로 둘 것인지 말 것인지는 각 교회가 임의로 선택토록 하였다. 일부 개혁가들은 예배에서 음악을 없앴으나, 루터는 예배에서 회중들이 독일어로 찬송가와 시편을 합창하고, 「기도서」의 일부와 「사도신경」을 다 함께 낭독하도록 하였다.

루터는 신자들이 쉽게 기독교의 기초를 익히도록 하는 방법으로서 교리문답서를 만들었다(1529). 그는 「대(大)교리문답서」와 「소(小)교리문답서」 두 권을 작성하였다. 대교리문답서는 목사들과 강사들을 위한 지침서로 쓴 것이고, 소교리문답서는 일반신도가 암기하도록 하기 위해 쓴 것이다. 교리문답서에는 10계명, 사도신경, 주기도문, 세례, 최후의 만찬 등에 관해 질의·응답의 형식으로 그 의미들을 간결하게 풀이하여 수록하였다. 예컨대, 삼위일체를 설명할 때 3위는 배워야 할 교리가 아니라, 알아야 할 대상들이었다. '아버지'는 창조하고 '아들'은 구원하고, '성령'은 성결케 하는, 제가끔의 성격을 가진 존재들이며, 이 셋이 모여 하나의 신성한 통일을 이루는 것이 삼위일체라고 설명하였다. 루터는 남녀노소를 포함하는 모든 계급의 모든 사람들이 함께 부를 수 있는 노래들을 찬송가로 도입하였다. 그가 찬송가로 인가한 시편 46장 '내주는 강한 성이요'는 지금도 찬송가집에 실려 있다.

츠빙글리의 종교개혁 루터의 종교개혁에 자극받아 다른 나라들에서도 종교개혁운동이 일어났다. 상업으로서 번영한 자치도시인 스위스의 취리히(Zürich)에서 먼저 일어났다. 루터가 독일에서 종교개혁운동을 시작한 2년 뒤인 1519년 취리히시 그로스뮌스타(Grossmünster) 성당의 주임신부인 츠빙글리(Huldrych Zwingli, 1484~1531)가 스위스에서의 종교개혁을 시작하였다.

츠빙글리는 지난 12년간도 사제직에 있었지만 하급성직자로서, 의사로 말하면 수련의(修鍊醫)와도 같은 위치였는데, 이제 막 취리히시 위원회에 의해 주임신부로서 임명되었고, 시간적으로 츠빙글리는 주임신부가 되자말자 지체없이 종교개혁에 곧바로 착수한 셈이었다.

그는 자신의 신학적 이론은 결코 루터로부터 영향을 받은 것이 아니고 독자적인 것이라고 주장하지만 그는 루터가 교황에 맞서 일어선 것을 대단히 높이 평가하였고, 루터의 논문들을 열심히 읽었던 것이 분명한만큼 루터로부터 신학적 영향도 받았을 것으로 짐작되고 있다. 츠빙글리는

츠빙글리

신학적으로는 루터와 마찬가지로 성 어거스틴의 추종자였으며 성경이 그의 신학의 초석이었다.

츠빙글리는 1484년 새해(1월 1일)에 스위스의 빌트하우스(Wildhaus)에서 농부의 9자녀 중 셋째로 태어났다. 그는 삼촌의 후원으로 교육을 받았는데 비엔나대학(the University of Vienna)을 다니다가 스위스의 바젤대학(the University of Basel)으로 옮겨 인문학으로 석사학위를 받았다.

츠빙글리가 주임신부로 취임한 지 한 달째 되던 1519년 1월 말 교황 사절이 면죄부를 팔기 위해 취리히시(市)의 성문에 도착하였다. 이에 대해 츠빙글리와 그의 신도들은 불편하고도 불쾌한 심기를 가졌고, 이러한 시민들의 심기를 알아차린 시 위원회는 사절이 시에 들어오는 것을 거부하였다. 로마교황청은 독일에서 일어난 루터에 의한 저항을 수습하는 일에 열중하던 형편이었기 때문에, 취리히시 당국의 조치에 대해서는 아무 말도 못하고 사절을 소환하였다.

이리해서 취리히시에서는 면죄부 판매가 실현되지 아니하였으나 가톨릭 교회의 부패에 대한 개혁의 분위기는 고조되어 갔으며 그 한가운데에 츠빙글리가 있었다.

츠빙글리는 그의 설교에서 가톨릭교회의 도덕적 타락을 공격하고 개인의 이름까지를 적시하면서 비난하기도 하였다. 그는 또 이른바 성인(聖人)들에 대한 예찬을 거부하고 그 성인이 진정한 성인인지 진위를 가릴 것을 주장하였다. 지옥의 불에 대해서도 의문을 제기하고, 침례를 받지 않은 어린이는 저주를 받는다는 교리에 대해서도 극력 반론을 폈으며 교황의 파문권에 대해서도 이의를 제기하였다. 그는 또한 10.1조가 신성법에 따른 제도라는 주장에 대해서도 공격을 하였다.

츠빙글리의 개혁요구는 여기서 끝나지 않았다. 1522년 들면서, 그와 그의 동료들은 사순절(Lent) 기간의 금식은 성경에 근거가 없는 것이라고 비판하면서 일부러 소세지 2개를 잘라서 나누어 먹었다. 이어서 그들은 성직자에 대한 독신(獨身) 요구를 폐지할 것을 주교에게 청원을 하였다. 이 문제는 츠빙글리에겐 추상적인 일이 아니었다. 그는 안나 라인하르트(Anna Reinhard)라는 한 미망인과 비밀리에 결혼을 하고 있던 참이었다. 그들의 동거생활은 세상이 다 알고 있던 일이었으며 2년 후(1524) 첫 아이가 출생하기 석 달 전에 정식결혼식을 올렸고, 그들 사이에 4명의 자녀를 두었다.

취리히시를 관내에 두고 있는 콘스탄체(Constance) 교구의 주교는 전통적인 입장을 고수하였기 때문에, 츠빙글리를 편드는 취리히 시와 주교 사이에는 불편한 관계가 계속되었고, 스위스 연방 내의 다른 주들(州: 캔턴, Canton)과도 긴장이 고조되었다. 당시의 스위스 연방(Swiss Confederation)은 13개 주(Canton)들로 구성되어 있었는데, 오늘날과 같이 연방정부를 수립하고 있었던 것이 아니라, 각 주는 사실상 독립체였으며, 연방 내외의 다른 주나 국가들과 임의대로 동맹을 체결하는 사정이었다.

취리히시는 1523년 이래 그 같은 긴장관계를 완화할 목적으로 각 주의 대표와 교회들의 대표 및 개혁파들이 참가하는 회의를 여러 차례 소집하였다. 그러나 회의가 문제를 해결시켜 주지는 못했다. 오히려 회의 도중이나 회의 직후에 츠빙글리파는 새로운 개혁들을 요구하여 문제를 추가시켰고, 개혁파 가운데서도 재침례파(anabaptists)는 좀더 과격한 요구를 들고 나와 개혁파끼리도 충돌을 빚었다. 츠빙글리측이 새로이 제기한 개혁안에는 교회에서 미사를 없애고 그 대신 친교예배(communion liturgy)로 할 것, 성촉절(聖燭節:Candlemas, 매년 2월 2일) 행사를 하지 말 것, 법의(法衣)를 입은 성직자들의 행렬행진을 없앨 것, 교회 안에서 성상(聖像: 그림)과 조상(彫像: 조각품)을 치울 것, 예배 때에 음악을 없앨 것 등이었다.

츠빙글리의 개혁요구를 둘러싸고 연방은 완전히 분열하였다. 13개 주 가운데에 특히 루체르네(Lucerne), 우리(Uri), 슈비츠(Schwyz), 운테르발덴(Unterwalden), 추크(Zug) 등 5개 주는 츠빙글리의 개혁으로부터 자신들을 지키기 위해 1524년 군사동맹을 체결했다. 그리고 4개 주가 여기에 동조했다. 츠빙글리의 개혁을 지지한 주는 나머지 4개인 베른(Bern), 바젤(Basel), 샤프하우젠(Schaffhausen), 취리히(Zürich) 등이었다. 결국 스위스연방은 가톨릭(구교) 지지 9, 프로테스탄트(신교) 지지 4로 나뉘었다.

이들 양 진영에서는 각기의 신념에 따른 순교와 처형들이 일어났으며 특히 5개 주에서는 어떤 개혁기도에 대해서도 탄압을 가하였다. 츠빙글리는 취리히로부터 5개 주로 들어가는 식빵의 공급을 봉쇄하려고 하였다. 긴장은 절정에 달하였다. 마침내 5개 주는 1531년 10월 9일 취리히에 대해 선전포고를 하였다. 그리하여 이른바 카펠전투(Kappel War)가 벌어졌다. 취리히 군은 3,500명 가량이었고 5개 주의 병력은 약 두 배였다. 개전 1시간이 채 못 되어 전투는 끝났다. 전투에 직접 참가한 츠빙글리는 취리히측 500명 사상자 중의 한 사람으로서 47세를 일기로 전사하였다.

츠빙글리의 후계자로 임명된 하인리히 불링게르(Heinrich Bullinger)는 모든 사태를 잘 수습하였다. 그는 츠빙글리를 예언자 및 순교자로서 추앙하고 그의 모든 개혁을 정통으로 받아들였다. 그리고 스위스연방의 종교적인 분열을 기정사실로 한 채 국면을 안정시켰으며, 개혁 도시들과 주들을 단결시켜 카펠전투에서의 패배를 만회토록 도왔다.

칼 비 니 즘

요한 칼빈(John Calvin, 1509~1564)은 루터와 츠빙글리보다 25년 연하(年下)이고 츠빙글리가 죽은 지 3년 이후에나 종교개혁운동에 들어선 사람으로서, 종교개혁의 제 2기를 연 개혁가 중의 한 사람이다.

칼빈도 루터처럼 성 어거스틴의 교리를 추종하고 성경을 그의 신학의 초석으로 삼고 있으나, 그의 신학의 철저성으로 말미암아 루터와는 거리가 있는 독자적인 신학을 창조해 갔다. 그래서 사람들은 그의 신학을 그의 이름을 딴 「칼비니즘」(Calvinism)이라고 부른다. 칼비니즘은 종교개혁 이후 프로테스탄트(신교)의 전개과정에서 세계적인 영향을 미쳤다.

칼빈의 종교개혁 칼빈은 북프랑스 노용(Noyon)에서 다섯 아들 가운데 둘째 아들로 태어났다. 아버지는 대성당의 공증인 겸 등기관리인으로 부자였으며 어머니는 여관집 딸이었다.

칼빈은 어릴 때 매우 조숙했으며 뛰어나게 영민하여 이웃 유지들로부터 장학금을 받아 중등학교 때부터 파리에 가서 공부했다. 그는 어릴 때 성직자가 되는 것이 꿈이었으나, 아버지가 법률가가 되기를 바랐기 때문에 아버지의 뜻을 좇아 오르레앙즈대학(the University of Orleans)과 부르제대학(the University of Bourges)에서 조용히 법률을 공부하였다.

그가 법률을 공부하는 과정에서도, 우연찮게 훌륭한 지식인들을 만나 그리스어와 히브리어를 공부했으며 그것들로 된 성경의 원전을 탐독하곤 했다.

그는 스무 살 즈음 프로테스탄트에 매력을 느껴 가톨릭 교회와는 관계를 끊고 개혁파들과 교제를 하였다.

그가 23살 때 변호사 자격을 획득하고 파리에 머물고 있을 때, 그와 친한 개혁파 친구 하나가 전통 가톨릭파와 충돌을 일으키는 바람에 그마저 피신을 해야 할 처지가 되었다. 당시 프랑스에서는 익명의 개혁파들이 가톨릭 미사를 공격하는 플랜카드를 여러 도시에서 동시 다발적으로 게시한 이른바 「플랜카드사건」이 일어나(1534년 10월 중순), 이것이 개혁파에 대한 폭력적 반격을 불러일으켜 분위기가 험악하였다. 칼빈은 친구가 미리 도망가 있는 스위스 바젤(Basel)로 갔다(26세).

요한 칼빈

칼빈은 바젤에서 그의 최고 명작인 「기독교 강요(綱要)」(The Institutes of Chrisian Religion)의 초판을 출간하였다. 27살 때였다. 초판은 여섯 장(章)밖에 되지 않는 작은 책이었는데 성경상의 주제에 대한 해설서로서 그의 신학을 피력한 것이었다. 그의 신학은 성 어거스틴을 따른 것이었다(프로테스탄티즘(Protestantism)을 성립시킨 3대 인물인 마르틴 루터, 울드리히 츠빙글리, 요한 칼빈이 모두 성(聖) 어거스틴의 정신적 제자들이었다). 칼빈은 「기독교 강요」를 일생 내내 보완하여, 그가 사망하기 직전에 출간한 마지막 판은 4권 80장의 방대한 저작집으로 성장해 있었다. 그러나 책에 담겨 있는 그의 기본신학은 초판(初版) 때나 마지막 판 때나 거의 바뀐 것이 없다는 것이 전문가들의 평가이다.

칼빈은 초판 출간 이후, 종교개혁가들이 많이 망명해 살고 있는 신성로마제국의 자유도시인 슈트라스부르크(Strassburg)로 향하다가, 신성로마제국과 프랑스 사이의 군사작전으로 길이 막혀 제네바를 우회하게 되었다. 그는 제네바에서 하룻밤만 지내기로 마음먹었던 것이었는데, 여기서 프랑스인 개혁가인 윌리엄 파렐(William Farel)을 만나 평생을 이곳에서 보내게 되었다.

파렐은 칼빈에게 자기가 하고 있는 제네바에서의 종교개혁운동을 도와달라고 요청을 하였고 칼빈은 이것을 아무 조건없이 받아들였다. 칼빈에게 주어진 직함은 '강사'(講師: reader)였는데 이것은 성경을 가르치는 성경선생 같은 위치였다. 이렇게 하여 칼빈은 '성직자'의 길로 들어서게 되었고, 나중에는 '목사'로 선임되어 무수한 설교와 성경 강해(講解)와 성경주석과 신학논문으로 세상에 큰 영향을 미쳤으나 그는 한 번도 정식으로 성직서임(聖職敍任)을 받은 적이 없었다.

파렐과 칼빈의 교회개혁은 얼마간 시 위원회의 후원을 받으며 순조로이 진행되었다. 그러나 제네바 시(市) 위원회는 이 두 사람과 이견이라도 있을 때는 이 두 사람이 프랑스인이기 때문에 스위스에 대한 충성심이 부족한 것이 아닌가 하는 시각으로 바라보았고 점점 더 두 사람에 대한 견제와 지시가 심해져 더 이상 일을 할 수 없는 상황이 되었고 마침내 시 위원회로부터 제네바를 떠나달라는 요청을 받았다.

칼빈은 보따리를 싸지 않을 수 없었으며, 스트라스부르크로 향했다.

여기서 그는 3년을 체류하게 된다. 그는 특정 교회에 소속하지 않고 세군데 교회를 드나들면서 일했다. 매일 성경을 가르치고 주일(主日)에는 두 번 설교를 하였다. 그리고 청소년들을 위한 교리문답서도 만들었다.

칼빈은 이곳에서 이델레떼 더 부레(Idelette de Bure)라는 아이가 둘 딸린 미망인과 결혼을 하였다(칼빈 31세). 칼빈은 아내를 몹시 사랑하였고, 행복했으나 그녀의 사망으로 결혼생활은 9년 만에 끝났다. 40세에 홀아비가 된 칼빈은 평생 재혼을 하지 않았다.

제네바 시 위원회는 로마교황청으로부터, 제네바 교회가 가톨릭으로 복귀해 주기 바란다는 서한을 받자, 이것에 대해 어떻게 반응을 했으면 좋겠는지 슈트라스부르크에 가 있는 칼빈에게 자문을 구했다. 칼빈은 제네바 교회의 개혁 지지 입장을 강력히 옹호하는 답신을 작성하여 보냈고, 이 답신이 교황청으로 전달되었다. 제네바 시 위원회는 칼빈이 제네바로 돌아오도록 초청을 하였다. 칼빈은 제네바로 돌아가는 것이 그곳에서 겪은 끔찍한 수모의 경험 때문에 "백 번 죽는 것보다 더 싫었지만" 하나님의 부름을 따르기로 하였다.

칼빈이 처음에 제네바에 왔을 때는 망명자로 왔었지만 이번에는 공식적인 영접을 받으며 가족을 마차에 태워 제네바에 들어섰다. 시 위원회는 칼빈을 제네바 교회의 수장으로 즉시 임명하였다(32세).

시 위원회는 칼빈의 개혁을 뒷받침하는 법령들을 통과시켰다. 법령은 장로와 목사들로 구성되는 「종교법원」(Consistory)을 설립키로 하였고, 정부가 법원 출두 소환권을 갖되, 종교법원은 오로지 종교문제와 관련된 사안만 심판하며, 가장 심각한 처벌로서 파문을 할 수 있는 권한을 갖도록 하였다. 그 이외의 일반 사건을 다루거나 징역형을 부과하는 사법권은 정부가 행사하기로 하였다.

칼빈은 제네바에서 목회를 하는 동안에 주일(主日)에 두 번, 주중(週中)에 세 번씩 설교를 하는 강행군으로 모두 합쳐 2,000번 이상의 설교를 하였다. 한 번의 설교 시간은 1시간 이상이었고, 회중의 수는 400~500명이었다(제네바 시민치고 그의 설교를 듣지 않은 사람은 거의 없었을 것이다).

칼빈은 제네바에서 일할 때 상당 기간 동안 제네바의 기득세력들로부터 강력한 저항을 받았다. 경제적으로 정치적으로 힘을 가진 가문들로 구성된 이들 세력은 칼빈을 '프랑스 촌놈'이라는 뜻인 '삐까르'(picard)라고 부르면서, 그가 잘못된 교리를 가르친다고 공격하였고, 종교법원의 권위도 인정을 하지 않으려고 하였다. 이들은 시 위원회에서도 다수 석을 차지하여 칼빈의 권위는 1546~1553년(칼빈 37~44세) 약 7년 동안 최저점에 떨어져 있었다. 칼빈은 제네바 교회의 수장직을 사임하려고 하였다. 그러나 시 위원회는 사임을 허락하지 않았다. 칼빈 반대자들은 그들이 칼빈의 권위를 억누를 수는 있어도 칼빈을 제거할 만큼 충분한 힘을 갖고 있지는 않다는 것을 스스로 알았기 때문이다.

칼빈의 어려운 처지를 반전시키는 계기가 생겼는데, 그것은 미카엘 세르베투스(Michael Servetus)라는 이단자가 제네바에 나타난 일이었다. 세르베투스는 스페인인으로서 공공연히 삼위일체를 부정하고, 가톨릭과 프로테스탄트를 싸잡아 공격을 하는 번잡한 사나이였다. 그에게는 체포령이 내려져 있었지만 그는 쉴 새 없이 팸플릿과 편지를 쓰고 세계 각지를 돌아다니며, 여러 사람과 만나 논쟁을 일삼았다.

그는 칼빈이 쓴 「기독교 강요」의 대목마다 비판하는 주석들을 가득히 써 넣어 그 책을 칼빈에게 우편으로 붙이고, 동봉한 편지에서 "언제 한 번 만나자"고 제의하였다. 칼빈은 그의 친구 파렐에게 보낸 편지에서 "만약에 그자가 온다면, 내 힘이 미치는 한 나는 그자를 살려서 보내지 않을 것"이라고 하였다.

세르베투스가 알려지지 않은 이유로 제네바에 들려 칼빈이 생피에르 교회(St. Pierre Church)에서 하고 있는 설교에 참석하였다. 칼빈은 그를 체포케 하였다. 그리고 그의 죄를 나열한 고발장을 법원에 제출하였다. 칼빈을 반대해 온 기득 세력의 유력자가 재판장을 맡았지만, 세르베투스가 이단자로서 워낙 악명이 높았고, 세계가 이 재판을 주시하고 있었기 때문에 재판장은 칼빈을 억제하는 수단으로 세르베투스를 이용할 수는 없었다. 세르베투스에겐 산 채로 화형에 처하는 선고가 내려졌다.

세르베투스가 죽은 후에 실시된 시 위원 선거에서 칼빈파들이 다수를 차지하자 칼빈 반대파들은 쿠데타를 시도하였으나 실패로 끝나 도망을 가고, 남아 있던 자들은 잡혀서 칼빈의 동의로 처형되었다. 이것으로 제네바에서 칼빈의 종교개혁에 대한 반대는 끝이 났다.

생피에르 교회

칼빈이 만년에 가진 또 하나의 주요한 관심은 청소년을 위한 학교를 설립하는 일이었다. 그는 50살 때(1559) 문법학교(초중등학교)와 상급학교 등 두 개의 학교를 세우고 저명한 학자들을 선생으로 초빙하였다. 5년 이내에 문법학교에는 1,200명의 학생이, 그리고 상급학교에는 300명의 학생이 재학하였다. 문법학교는 오늘날 제네바에 있는 칼빈예비학교(College Calvin)로 되었고 상급학교는 제네바대학(the University of Geneva)이 되었다.

그는 생피에르 교회에서 설교를 마친 후 호흡장애를 일으켜, 한 달 후 54살을 일기로 세상을 떠났다. 그가 죽은 후 많은 사람들이 그의 시신을 보기 위해 몰려들었는데, 그의 동료들은 칼빈을 성인으로 모시려고 한다는 비난을 들을까봐 겁이나 그 이튿날 서둘러 플랜팔레(Plainpalais) 공동묘지에 매장을 하고는 아무런 표지를 남기지 않았다. 그래서 칼빈의 묘지는 정확한 위치가 알려져 있지 않다.

칼빈의 신학 칼빈은 그의 「강요」(綱要)에서 인간의 지혜는 두 가지 부분으로 이루어져 있다고 하였다. 즉 하나는 하나님에 대한 지식이며, 다른 하나는 그들 자신들에 대한 지식이다. 그런데 하나님에 대한 지식은 인간에게 내재해 있는 것도 아니며 또한 이 세상을 관찰해서 발견되어질 수 있는 것도 아니다. 하나님에 대한 지식을 얻는 유일한 길은 성경을 공부하는 것이다. 칼빈은 말하기를 "누구라도 창조주

하나님께 도달하기 위해서는 안내자이며 선생인 성경이 필요하다"고 하였다. 그는 성경의 권위를 증명하려고 노력하지 않았으며 오히려 그것은 자명한 것으로 기술하였다.

그는 신에 대한 삼위일체설의 견해를 지지하였고, 신을 상(像)들로 묘사하는 가톨릭의 견해는 우상숭배를 유발한다고 강하게 비판하였다.

그는 섭리에 대하여 언급하여, 하나님은 그의 힘으로 그가 만든 이 세상을 돌보고 지키며, 그의 섭리로 개별적인 부분들을 다스린다고 하였다. 인간은 하나님이 왜 특별한 일들을 행하는지 완전히는 이해할 수 없으나, 인간이 행하는 선과 악의 행동은 예외없이 하나님의 심판을 받게 된다고 하였다.

칼빈은 원죄와 인간의 타락에 관해서는 성 어거스틴의 이론을 직접적으로 채용하였다. 죄는 아담의 타락으로 시작되었고 전 인류에 전염되었다.

인간 모두가 악의 끝지점까지 내몰려 있을 정도로 죄의 지배가 충만하다. 그러므로 타락한 인간들에겐 구원이 필요하며, 구원은 그리스도에게서 발견할 수 있다. 인간을 구원하는 것은 하나님의 일방적인 자비에 의한다. 인간의 구원은 인간 스스로의 덕성이나, 선행이나, 기도나, 신앙에 의한 것이 결코 아니다. 이 같은 구원에 대한 칼빈의 사상을 학자들은 하나님의 '주권 은혜'(Sovereign Grace)란 말로 축약하였다. 인간이 구원을 받아 천국엘 가느냐, 구원을 못 받고 지옥에 떨어지느냐는 하나님의 절대 주권에 속한다는 것이다. 루터는 구원을 받기 위해서는 인간의 믿음, 즉 예수님이 인간의 죄를 대신 뒤집어 쓰시고 십자가 처형을 당하셨다는 것을 믿는 신앙이 있어야만 구원을 받을 수 있다고 주장하는 것과 관련하여 우리는 인간의 신앙이 구원의 조건이 되는가라는 의문을 가질 수 있다. 이것에 대하여 칼빈은 "루터의 말이 옳다. 그러나 인간으로 하여금 그러한 신앙을 갖게 하는 것도 하나님이시다"고 하였다. 그러므로 하나님의 주권은 흔들림이 없다고 주장한다.

하나님의 주권 은혜론은 다음과 같은 다섯 가지 핵심 내용을 갖는 것으로 풀이될 수 있다.

1) 인간은 왜 스스로 선행이나, 덕성이나, 기도나, 신앙으로 자신을 구원하는 데에 스스로 조력을 할 수 없는가? 그 이유는 인간의 '전면적 타락'(Total depravity) 때문이다. 인간이 모든 면에서 타락하게 된 것은 아담이 자기의 분수와 한계를 지키는 데에 실패한 사실(선악과를 따먹은 사실)에 의해 인간의 본질이 죄성(罪性)으로 변해 버렸기 때문이다. 그래서 인간은 본질적으로 그 마음이 하나님을 사랑하는 쪽으로 기울거나, 남을 위하는 쪽으로 기울기보다는 자신의 이익을 우선하는 쪽으로 기울고 만다. 그래서 인간은 그 스스로의 능력만 가지고서는 도덕적으로 하나님을 따르는 길이나 구원을 받을 수 있는 길을 선택할 수가 없다.

2) 그래서 하나님에 의한 구원은, 인간의 눈으로 볼 때는 '무조건적 선별'(Unconditional election)에 의해 이루어진다. 인간은 자신이 구원받고 싶다고 해서 구원의 대상으로 선별되는 것도 아니고 구원을 받고 싶지 않다고 해서 구원의 대상이 안 되는 것도 아닌 '무조건적인 선별'에 의한다.

3) 이와 같이 구원에서 '선별'이 있다고 한다면, 예수가 십자가 위에서 대속적(代贖的)으로 죽으신 것은 모든 인간을 위해서가 아니라 '선별된' 일부의 인간을 위해서였는가라는 의문을 갖게 된다. 여기에 대하여 칼빈은 "예스"라고 대답한다. 칼빈에 따르면 예수의 십자가 대속(代贖)은 그 가치와 힘에 있어서는 인류 전체의 죄를 다 갚을 수 있는 것이지만, 그 실현에 있어서는 전체가 아닌 일부를 위해 설계된 것이다. 이것은 다시 말해, 예수의 죽음에 의해서는 오직 선별된 자들의 죄만이 대속된다는 것을 의미한다. 이러한 칼빈의 사상을 학자들은 '제한적 대속'(Limited atonement)이라는 말로 표현한다.

4) 일단 어떤 사람이 하나님의 은혜로 구원의 대상으로 결정되면 그는 이것을 싫다고 뿌리칠 수가 없다. 이것은 '저항할 수 없는 은혜'(Irresistible grace)이다. 구원의 은혜는 그 대상자들의 저항을 없애고 그로 하여금 복

음의 부름에 순종케 하여 은혜의 신앙을 갖도록 한다. 하나님이 일단 누구를 구원키로 결정하면 그 사람은 어떤 일이 있어도 구원된다. 성령(Holy Spirit)의 역사(役事)에는 누구도 저항을 할 수가 없으며, 성령은 선별된 죄인이 협력하고, 믿으며, 회개하고, 스스로 기꺼이 그리스도에게로 오도록 한다.

5) 하나님은 주권자이시며, 그의 뜻은 인간이나 다른 그 무엇에 의해서도 방해를 받을 수 없는 것이기 때문에 하나님이 동행하기를 바라시어 부름을 받은 자는 끝까지 신앙을 지키게 된다. 이것을 '성인들의 지조(志操)'(Perseverance of the saints)라고 한다. 여기서 성인들이란 특별히 거룩하거나 시성(諡聖)이 되었거나, 천국에 가 있는 사람들이 아니라, 하나님이 자신과 동행하기를 바라시어 별도로 떼어놓은 사람들을 말한다. 베드로나 바울과 같은 성인들은 한 사람도 빠짐없이 참혹한 죽음을 당하면서까지도 그들의 신앙을 끝까지 지켰는데, 그들이 신앙을 지킬 수 있은 것도 성령의 힘이었다고 칼빈은 말한다.

하나님의 '주권 은혜'에 관련한 이상 다섯 가지 교의(教義)는 칼빈 자신이 조목별로 정의하여 제목을 붙인 것이 아니고 후일의 칼빈 연구자들이 정리를 한 것이다. 칼빈 연구자들은 5가지 교의의 머리글자를 따서 이것을 아름다운 꽃인 '튤립'(T.U.L.I.P.)이라고 부르고 있다.

칼빈이 제시하는 또 하나의 핵심적인 사상은 '운명예정론'(Predestination)이다. '주권 은혜'도 그의 '운명예정론'(Predestination)과 직결되어 있다. 인간의 운명은 하나님에 의해 이미 만세전(萬歲前)부터 정해져 있다는 것이다(하나님 차원에서의 시간 개념은 전(前)도, 후(後)도, 길고, 짧음도 없기 때문에 만세전이 언제부터인가를 따질 수는 없는 것이다). 인간이 하나님의 주권 은혜에 의해 구원을 받아 천국에 갈 것인지, 구원에서 제외되어 지옥에 갈 것인지는 인간이 태어날 때부터 예정되어 있다는 것이다.

천국행과 지옥행에 관해서뿐만 아니라 인간이 이 세상에서 무슨 직업으로 어떤 일을 할 것인지도 예정이 되어 있다. 어떤 사람의 직업은 하나님이 지정해 준 하나님에 의한 소명(召命: Beruf)이다. 직업에 충실한 것이 하나님에 충성하는 것이 된다. 칼비니즘에서는 인간의 자유의지의 흔적은 거의 보이지 않으며, 교황이나 신부의 역할의 의미도 찾아볼 수가 없다. 칼빈에게 있어 인간의 자유의지가 작동을 할 수 있었다면 그것은 아담이 타락하기 이전에 있었던 일일 뿐이었다. 타락 이후에는 인간의 자유의지가 작동을 한다고 한들 인간에게 가득찬 죄성(罪性)으로 인해 자유의지는 악을 선택하는 데에서만 자유로울 뿐이다. 전통적인 가톨릭 교리에서는 교황과 신부는 하나님의 대리인으로서 인간의 죄를 사(赦)하고, 구원을 도울 수 있었지만, 칼비니즘에서는 개개인의 구원 여부는 하나님에 의해 직접 미리 정해진 것이므로 교황과 신부의 설 자리가 없어지고 말았다.

칼빈은 인간의 예정된 운명은 현세에서 그것이 반영되어 나타난다고 말하였다. 즉 어떤 사람의 운명이 구원을 받고 있는 것이라면, 그는 그의 현세의 일에서 부와 명성을 거두거나 출세를 하는 등으로 성공으로 나타날 것이다. 그러나 인간은 자신의 운명이나 남의 운명을 완전하게 알 수는 없다.

운명예정론에 대한 신자들의 반응은 어떠하였을까? 이것은 흥미로운 질문이다. 인간 삶의 모든 일과 내세까지도 운명지어져 있다고 하는 것을 믿는다면, 사람들은 인생의 목표를 세울 필요도 없고 열심히 일할 이유도 없어, 되는 대로 살아가면 그뿐이라는 태도를 가지게 될 것으로 짐작된다. 그러나 학자들의 연구결과는 그렇지가 않다. 운명예정론에 대한 권위있는 연구로서 막스 베버(Max Weber, 1864~1920)의 「프로테스탄트 윤리와 자본주의 정신」은 칼빈주의 교인들의 운명예정관념이 17세기 이래의 유럽 자본주의를 형성시킨 정신적 기초가 되었다고 말하고 있다. 즉 운명예정론을 믿는 칼빈주의 교파 신도들은 자신들이 구원을 받았는지 못 받았는지 불안해하며, 자신들이 구원을 받은 것으로 믿고 싶어했으며, 그것을 현실 생활에서 증명해 보이려는 마음을 가졌다고 한다.

칼빈주의 교인들은 그들의 직업이 하나님의 소명임을 믿고 자기 직업에 대해 회의(懷疑) 없이 자부심을 가지고서 충실하였다. 그가 상인이라면 상품의 수급과 확보와 거래에 신용을 지키고, 그가 수공업자라면 질 좋은 제품을 만들기 위해 노력하였다. 현대적 용어로는 직업의식이 투철하였다. 그들은 현세에서 성공을 하기 위해 예컨대 양복 한 벌을 기워 가면서 10년을 입었으며 빵 한 조각으로 식사를 때우고 새벽부터 밤까지 열심히 일하며, 굴뚝에 들어가 청소하는 것도 언짢아하지 않는 노동에 대한 긍지로 돈을 모았다. 모은 돈은 그들의 산업에 재투자를 하여 더 큰 이윤을 가져왔고 이리하여 점점 더 큰 자본을 형성해갔다. 이 같은 그들의 현세적 금욕과 열심의 노동과 성공을 위한 이윤 추구는 습관이 되었으며, 습관은 사회적 윤리로서 자리를 잡았다.

막스 베버에 따르면 칼빈주의 교인들이 가진 윤리가 서구 자본주의 형성에 크게 기여하였다. 칼비니즘의 운명예정론은 사람들로 하여금 자포자기나 퇴영적 생활태도를 가지게 한 것이 아니라 그와는 반대로 현세적 성공을 위한 합리적 정신과 건전한 실행을 초래시켰다.

칼빈이 일한 곳은 주로 제네바(Geneva)였지만 칼비니즘은 유럽의 여러 곳으로 전파되었다. 칼비니즘은 영국에서 신학체계의 주류를 이루었다. 영국에서 생긴 청교도(Puritan)도 칼비니즘에 의한 개신교의 일부이다. 스코틀랜드에서는 존 녹스(John Knox)에 의해, 네덜란드에서는 윌리엄 아메스(William Ames)에 의해서, 그리고 독일에서는, 특히 네덜란드와 근접한 지역에는 올리비아누스(Olivianus)와 같은 사람에 의해 전파되었다.

칼비니즘은 또한 프랑스, 헝가리, 리투아니아, 폴랜드에서 영향력이 컸고 스칸디나비아, 특히 스웨덴에서 인기가 있었다.

미국의 중부대서양 연안 주들과 뉴 잉글랜드 지방의 이주자들은 거의 모두가 칼빈주의 교도들이었다. 이들 중에는 영국의 청교도, 프랑스의 위그노파 교인(Huguenot), 뉴욕에 정착한 네덜란드 이주자, 스코틀랜드-아이리시의 장로 교인들이 포함되어 있었다.

네덜란드의 칼빈교도들은 남아프리카에 이주하여 이곳을 그들의 식민지로 만드는 데 성공을 거두었다.

아프리카 서부의 시에라 레오니(Sierra Leone)는, 미국독립전쟁 때 영국을 위해 싸운 흑인 칼빈 교도들이 이주해와 식민지로 만들었다. 칼빈교단에서는 19~20세기에 대대적인 해외 선교활동을 벌였는데, 선교사를 특별히 많이 파견한 곳이 인도네시아, 한국, 나이제리아였다. 한국에서는 칼비니즘이 장로교파를 통해 보급되었다.

오늘날, 칼빈 교도를 포함한 전 세계의 개신교회에 소속한 신도 수는 약 7,500만 명이다.

영국의 종교개혁 영국에서의 종교개혁은 헨리 8세(Henry Ⅷ, 1491~1547) 국왕에 의해 그의 사적(私的)인 왕가의 문제가 동기가 되어 루터나 칼빈에 의한 종교개혁 방식과는 거리가 먼, 국교(國敎)의 형태로서 전개되었다. 즉 영국에 있는 교회들은 로마교황청의 지배로부터 벗어나되, 그 대신 영국의 국왕이 교회를 통솔하는 유일한 권력을 가지며, 교회의 의식은 다소 변경하되 주요 교리는 전통적인 가톨릭의 그것을 보존하는 것이었다. 그는 수도원을 해체시키고 그 토지를 몰수하였다.

이 같은 영국에서의 새로운 교회 체계를 사람들은「영국 국교회」라 부르며, 영국 국왕은 교회에 대한 자신의 권능에 도전하는 자에 대해서는, 그가 가톨릭이거나 프로테스탄트이거나를 막론하고 엄격한 형벌로 다스렸다.

헨리 8세의 아버지 헨리 7세부터 시작된 투도르 왕조(Tudor Dynasty)는 프랑스와의 장미전쟁을 경과하면서 왕권을 크게 신장하여 왕의 절대권력을 구축하였다.

헨리 8세는 일찍이 17세 때, 에스파냐 페르디난도 2세(Ferdinando Ⅱ)의 딸인 캐더린(Catharine of Argon, 1485~1536)과 결혼하였다. 캐더린은 헨리 8세보다 6살이 많은 연상으로서 원래는 헨리 8세의 형인 아더

(Arthur)와 결혼하였으나 병약한 아더가 결혼 후 6개월 만에 죽는 바람에 미망인이 되어 있다가, 남편의 동생인 헨리 8세와 결혼을 다시 하게 되었다.

앤 볼린

헨리 8세와 캐더린 사이에는 딸 메리(Mary: 후일 메리 여왕이 됨)가 있었으나 헨리 8세는 투도르 왕조를 공고히할 아들을 열망하였다. 캐더린은 아들 둘을 낳기는 하였으나 둘 다 영아 때 사망해 버렸고 더 이상 출산을 할 수 없는 40대로 들어섰다.

이즈음 헨리 8세는 캐더린의 시녀인 앤 볼린(Anne Boleyn, 1501/1507~1536)을 발견하고, 젊고 매력적인 그녀에게 마음을 빼앗겨 구애를 하였다. 그러나 앤 볼린은 왕을 거절하였다. 왕은 점점 더 애를 태우며 그녀의 환심을 사려 하였다. 앤 볼린은 왕이 자기와 정식 결혼을 해준다면 사랑을 받아들이겠다고 하였다.

헨리 8세는 교황에게 캐더린은 원래 형의 아내였고 캐더린과의 결혼은 자기의 동의 없이 부왕이 강제한 결과로 이루어진 것이라는 변명을 내세우며, 캐더린과의 결혼을 무효화시켜 줄 것을 청원하였다.

헨리 8세는 이때가 한창 유럽에서 종교개혁 열풍이 뜨거웠던 상황이었음에도 교황을 확실히 지지하여 프로테스탄트들을 탄압하였다. 그래서 많은 프로테스탄트들이 영국을 떠나기도 하였다.

교황은 헨리 8세의 요구를 들어주고 싶었으나, 캐더린의 조카가 신성로마제국의 황제 칼 5세(Charles V)로서 고모의 이혼을 반대하였기 때문에 양쪽의 눈치를 보면서 시간을 끌기만 하여, 결론 없이 7년 세월이 흘렀다.

이제 나이 40세에 이른 헨리 8세는 더 이상 기다리지 못하고 앤 볼린과 비밀리에 결혼을 하였다(1531). 그녀가 임신을 한 것을 알았을 때 그는 행동을 취하지 않을 수 없었다. 그는 로마교황청과 관계를 끊기로 하고, 영국의 교회들을 국왕의 지배 아래 두는 입법을 추진함과 동시에 캐더린과의 이혼을 교황 대신 런던 주재 추기경에게 부탁하여 허가토록 하고 비밀 결혼을 합법화시키는 조처들을 취하였다. 수상 토마스 모어 경(卿)은 왕의 그 같은 입법추진과 조처들에 반대하여 수상직을 사임하였다. 모어 경은 평소 루터에 의한 종교개혁에 대해서도 '믿을 수 없는 자들에 의한 소행'이라고 보고 가톨릭의 권위를 지키려고 하였었다. 앤 볼린은 딸 엘리자베드(Elizabeth: 후일 엘리자베드 1세 여왕이 됨)를 낳았다. 캐더린은 궁으로부터 쫓겨났고 1533년 새로운 부부는 대관식을 가졌다. 토마스 모어 경은 대관식에 초청됐으나 가지 않았다.

이듬해 영국의 국왕이 영국에 있는 모든 교회의 수장(the Supreme Head of the Church of England)임을 선포하는 법을 제정하였다. 교황청은 이에 대해 헨리 8세를 파문하였다. 그리고 캐더린과의 결혼을 무효화하고 앤과의 결혼을 합법화한 것도 효력이 없다고 선언했다. 또한 영국과의 외교관계를 단절하고 대사를 철수시켰다. 앤 볼린은 왕비가 된 후, 죽는 날까지 3년 동안 권력을 휘둘렀다. 그녀는 이 기간에 임신을 자주 했으나 알려진 것만 3번 유산을 하였다. 아들을 열망하는 헨리 8세는 앤 볼린의 유산에 실망하였으며 그녀의 비 복종적인 태도를 증오하였다. 그는 그가 그녀를 사랑하게 된 것은 마귀의 장난에 걸려든 것이라 생각했다. 그는 그녀를 죽여 없애고 새로이 아내를 맞이할 계획을 세웠다. 그는 앤 볼린에게 오빠와의 근친상간이라는 죄를 뒤집어 씌워 사형을 선고하고 참수하였다.

헨리의 교회정책에 반대하는 자들에 대해서는 신속한 탄압이 가해졌다. 반대자들은 고문당하고 처형당하였다. 토마스 모어 경(卿)(Sir Thomas More)과 존 피셔(John Fisher) 로체스트 주교(Bishop of Rochester)는 왕이 교회의 수장임을 인정하는 선서를 거부하였다. 이 이유로 이 두 사람은 '대역죄'의 죄명으로 처형되었다. 수장령과 더불어 헨리 8세는 모든 종교적인 정책을 스스로 결정하였다. 교회는 왕의 동의 없이는 어떠한 규정도 만들 수 없도록 하였다. 그의 종교정책은 극단을 피하고 대체로 중간노선을 취하는 것이었다.

당시 영국에는 소작인들에게 경작을 시키는 넓은 땅들을 소유한 다수의 교단이 있었다. 헨리는 그들을 해체시키고(1536~1540) 영국 토지의 약 5분의 1을 국왕의 은혜를 입은 토지 귀족들에게 넘겼다.

헨리는 교회의 조직과 의식을 많이 변경시켰다. 주교는 왕이 지명하고 성직자들이 형식적인 투표로 선출하는 형식을 취하였다. 그는 성직자들이 미신, 상(像), 유골, 기적, 순례에 반대하는 설교를 할 것과 촛불을 제거할 것을 명령하였다. 그리고 의식에서 라틴어 대신 영어를 사용할 것과 성인(聖人)들을 모시는 신전(神殿)들을 파괴할 것도 명령하였다.

수도원을 해체시키는 그의 개혁은 반발을 유발하여 헨리 8세 치세에 가장 큰 위협을 안겨주기도 하였다. 그 당시 빈민들을 지원하는 기관으로는 수도원이 유일하였었는데, 수도원의 해체로 인하여 런던 바깥 북쪽 대부분의 인구가 타격을 받게 됨으로써 이른바 「은혜의 순례」라고 불리는 약 3만 명의 폭도가 참가한 대규모 폭동이 일어났다(1536~1537). 이 폭동은 폭동지도자가 체포되고 약 200여 명이 처형됨으로써 진압이 되었다. 이 밖의 다른 지역에서는 수도원 해체가 환영을 받았다.

헨리 8세의 로마 교황청으로부터 영국 교회를 분리시킨 개혁은, 투도르 왕조에뿐만 아니라 영국의 전 역사에 엄청난 결과를 가져왔다. 이것은 영국으로 하여금 강력한 국가로의 전환을 가능케 하였으며 귀족들이 교회로부터 경제적·정치적 권력을 전취할 수 있게 하였다. 단기적인 전술이 장기적인 사회적 결과를 가져왔던 것이다.

헨리가 죽기 전에, 그의 왕위를 계승할 유일한 아들 에드워드(Edward Ⅵ)가 오직 9살에 불과하였으므로 섭정위원회(regency council)를 설치하여 왕권을 위임시켰는데 이것이 결과적으로는 영국의 종교개혁을 공고하게 만드는 데 기여하였다. 에드워드는 헨리가 앤 볼런을 처형한 지 열흘 뒤에 결혼한 세 번째 왕비인 제인 세이모어(Jane Seymour)가 낳은 아들이다. 제인은 출산 후유증으로 금새 사망하였다.

12명으로 구성된 섭정위원회는 제인 왕비의 큰 오빠인 에드워드 세이모어(Edward Seymour)가 장악하고 있었다. 그는 종교개혁을 지지하는 강력한 리더십을 가진 사람으로서 영국의 종교개혁을 공고히하고 왕권을 강화하는 데 기여하였다. 에드워드 6세는 16살이 되기 전에 사망함으로써 왕관이 캐더린이 낳은 매리(Mary) 공주에게 넘어갔었고, 그 다음으로는 앤 볼린이 낳은 엘리자베드 공주에게 계승되었다. 헨리는 일생동안 6명의 처를 가졌으며 앤 볼린 외에 또 한 명의 왕비를 참수하였다.

프랑스의 종교개혁 종교개혁의 영향은 16세기 초에 유럽 전역에서 감지되었다. 종교개혁의 가장 위대한 주창자는, 이미 본 바와 같이, 독일인 마르틴 루터(Martin Luther)와 프랑스인 요한 칼빈(John Calvin)이었다. 프랑스에서 칼비니즘(Calvinism)은 사회 각층에 침투하였다. 특히 도회지의 교양 있는 장인(匠人)들의 사회와 귀족에 퍼졌다.

프랑스에서는 칼빈주의 신교도들(the Calvinist Protestants)을 위그노(Huguenot)라고 불렀다. 이 별명의 어원이 어딘지는 확실치 않으나, '야간 패거리' 정도의 뜻이거나 그보다 더 경멸적인 어감을 가지고 있는데, 칼빈주의 교도들이 성경공부와 기도를 위해 밤중에 이집저집에 모여 집회를 갖는 것을 빗댄 조어(造語)인 것 같다. '위그노'란 호칭은 그들의 적대자들이 사용한 것이었으나, 역사적인 용어로 되었다.

위그노들은 가톨릭 교회의 교리와 의식에 대해 매우 비판적이었다. 그들은 가톨릭이 죽음과 사자(死者)에 대한 강박관념으로 미사를 하고 있으며, 가톨릭교회의 성인경배, 성찬의식(聖餐儀式), 성직계급 따위는 속죄와 구원에 아무런 도움을 주지 못한다고 보았다. 그들은 기독교인의 생활을, 하나님의 구원에 의지하며, 하나님에 대한 단순한 믿음을 가지고 성경에 복종하며 사는 것이라고 보았지, 교회의 성체성사 같은 복잡한 의식에 의지하여 사는 것이 아니라고 생각하였다.

프랑스에서 가톨릭들은 위그노를 반대하였다. 그들 사이의 적대와 긴장은 세계 다른 어느 곳보다도 심각하여 1562~1598년 사이에 8번에 걸친 내란이 벌어졌는데 역사가들은 이들 내란을 「종교전쟁」 또는 「위그노전쟁」이라고 부른다.

신도의 수에서 가톨릭과 위그노는 각각 1백여 만 명씩으로 비슷하였으며 가톨릭파는 교황과 에스파냐의 원조를 받았고, 위그노는 영국의 지지를 받음과 동시에 독일과 스위스로부터 용병을 받아들여 '전쟁'은 30년이나 계속되었다.

프랑스 왕실은 처음에는 위그노를 탄압하였으나 위그노의 교세가 급속도로 확장되고 이곳저곳 칼빈계열 교회가 생겨나자, 왕권의 보호와 국가의 통일을 위해 '전쟁'을 회피시키고자 양측간의 화해를 기도하는 등으로 정책에 융통성을 두었다. 이로 인해 때로는 평화의 분위기가 돌아오는 것 같기도 하였으나 이것은 표면적인 현상이었을 뿐, 저변에서의 종교대립은 일촉즉발의 긴장상황이었다.

가톨릭과 위그노 사이의 내란이 소강상태중이었던 1572년에 발생한 「성 바르솔로뮤 날의 대학살」(St. Bartholomew's Day Massacre) 사건은 종교대립이 결과시킨 가장 참혹한 희생이었다.

사건의 경위는 이러하였다. 프랑스의 샤르르 4세 왕은 교황과 에스파냐 왕 및 가톨릭인들의 반대를 무릅쓰고 자기의 여동생인 마가레트 공주(Princess Margaret)를 위그노인 나바르 공국의 앙리 왕자(Duke Henry of Navarre: 나중에 프랑스의 앙리 4세가 됨)와 결혼을 시켰다. 가톨릭과 위그노 사이의 잠정적 휴전을 고정시키기 위해서였다. 위그노의 부호들과 실력자들이 그들의 신랑을 옹위하기 위해 파리로 모여들었으며 결혼식장도 그들이 대부분의 자리를 메우고 좌중의 분위기를 좌우했다. 위그노의 하객 가운데는 그들의 지도자로서 위그노를 무장시키고 기병까지 창설했던 가스파르 데 꼴리뉴 제독(Admiral Gaspard de Coligny)도 있었다. 이것을 본 가톨릭 교도들은 위그노들이 앞으로는 궁중까지 진출할 것이 아닌가

성 바르솔로뮤 날의 대학살

하는 우려와 공포감에 사로잡혔다. 결혼식이 있은 4일 후, 꼴리뉴 제독이 루브르궁으로부터 숙소로 돌아가던 중 저격을 당하여 크게 다쳤다. 이 암살미수 사건은 위그노측으로부터의 폭동을 예고하는 것이었다. 샤르르 4세 왕과 그의 측근들(왕의 모후인 카테린 드 메디치(Catherine de Medici)가 그들의 의사결정에서 결정적인 역할을 했으리라는 추측이 있다)이 예상되는 위그노에 의한 폭동을 선제 진압하기로 결정을 내리고, 왕이 위그노를 죽일 것을 명령하였다. 이리하여 위그노에 대한 살육이, 암살미수 이틀 뒤인 성 바르솔로뮤 날로부터 시작되어 6주간 파리와 전국에서 자행되었다. 이때 죽은 희생자 수는 5천 명 내지 3만 명으로 추산되어 정확한 수치를 가늠할 수 없으나, 이 사건으로 인해 위그노가 자신들을 가톨릭으로 위장하거나 개종하는 등으로 교세가 크게 위축되었다. 그러나 위그노들은 그 후 보복행위에 나서 가톨릭 교도와의 '전쟁'을 계속했으며, 전쟁을 쉴 때에도 가톨릭 교도들을 죽이거나 가톨릭 교회를 불사르는 등의 일에는 쉬지를 않았다.

1589년 발르와(Valois House: Catherine de Medici가 시집온) 왕가의

대가 끊기자, 부르봉 왕가(Bourbon)의 앙리가 프랑스 왕위를 앙리 4세 (Henry Ⅳ, 1553～1610, 재위 1589~1610)로서 계승하였다. 즉위 이전에 가톨릭과의 관계개선을 위해 가톨릭으로 개종했던 그는 종교전쟁을 해결할 목적으로 1598년 「낭트 칙령」(the Edict of Namtes)을 발표하였다.

칙령은 가톨릭을 프랑스의 국가종교로 삼되, 국왕 아래서 신교(Protestants)에게도 평등한 권리가 부여되며, 국왕의 지배영역 안에서 상당한 정도의 종교적 및 정치적 자유를 허용하였다(프랑스에서는 그것이 가톨릭이든 신교이든 로마 교황청의 종교 지배권이 크게 미치지 못하였다).

낭트의 칙령으로 위그노의 권리가 보호되고 다년간의 내란이 겨우 끝났다. 그러나 칙령의 효력은 시간이 지날수록 희미해졌으며, 루이 14세 (Louis XIV)는 마침내 1685년 「낭트칙령」을 폐기시키고 신교도들을 불법화하였다. 루이 14세는 신교의 예배를 금지시키고 가톨릭으로의 개종을 강요했으며 무장군인들을 동원하여 말을 듣지 않는 신교도의 집을 점령·약탈하였다.

이 결과 위그노들은 프랑스를 대대적으로 탈출하였다. 약 18만 내지 20만 명의 위그노들이 유럽에서 비 가톨릭 지역인 영국(약 4만명), 아일랜드(약 1만명), 네덜란드(5만~6만), 독일(2만 5천), 스위스(2만 2천), 스칸디나비아와 러시아 등 북동유럽(2천), 남아프리카(400명), 미국(4천명) 등으로 떠났다. 미국에 온 위그노들은 플로리다와 뉴욕에 첫 정착을 하였다.

망명 위그노들은 프랑스 신교도로서의 정체감을 가지고 그들의 언어와 문화의 우월성에 대한 확신과 현세와 내세에서 축복받은 존재라는 신앙을 가졌다. 그들은 새로운 정착지에서 주로 상공업과 지적인 일에 종사하였다.

프랑스로부터의 위그노의 대탈출은 프랑스에 두뇌부족을 가져왔다. 프랑스 정부는 프랑스 식민지에 비 가톨릭교도의 정착을 금지하였기 때문에, 영국 식민지에 비해 프랑스 식민지에서 인구성장이 둔하였다. 영국 식민지에 정착한 위그노들은 영국과 프랑스가 식민지쟁탈 전쟁을 벌일 때(1759～1760) 영국측을 도와 프랑스 식민지를 빼앗는 데 크게 기여하였다. 루이 14세의 위그노 탄압정책은 프랑스를 가톨릭 우세국가로 만드는 데는 성공했으나 그 대신 위그노들을 세계로 확산시킴으로써 신교의 세계화를 가져오는 데 기여하였다.

스코틀랜드의 종교개혁 스코틀랜드에서도 외부에서 일어난 종교개혁의 영향을 받아, 종교개혁운동이 일어났다. 스코틀랜드에서 종교개혁을 시작한 사람은 조지 위스하트(George Wishart)였으며 그것을 성취시킨 사람은 존 녹스(John Knox, 1514~1572)였다. 위스하트와 녹스는 종교적인 사제지간이었다. 녹스는 위스하트의 영향을 받아 신교로 개종하였고 위스하트를 수행하면서 경호까지 하는 최측근의 추종자였다. 녹스는 에딘바라(Edinburgh) 부근의 농촌에서 농부의 아들로 태어났으며 어머니는 그가 어릴 때 세상을 떠났다. 그는 성 앤드루스대학(the University of St. Andrews)에서 신학을 공부하였다.

위스하트는 스코틀랜드 출신으로서 성처녀 마리아(Virgin Mary) 경배를 반대하는 개혁적인 교리를 설교한 이유로 이단으로 몰려, 영국·독일·스위스 등으로 망명을 한 후에 1544년 스코틀랜드로 귀국하였다. 그런데 그의 귀국 시기가 좋지를 않았다.

그때는 스코틀랜드의 갓난애기 여왕 메리(Mary, 1542~1587)의 섭정인 제임스 해밀턴 공(Duke James Hamilton)과, 철저한 가톨릭인 여왕의 어머니 메리(Mary of Guise: 프랑스 기즈 가문 출신으로서 제임스 5세 왕의 처)와 추기경 데이비드 비튼(David Beaton)이 스코틀랜드에서 신교도들의 뿌리를 뽑아버리기 위해 강력한 탄압정책을 펴기로 결정한 때였다.

그들이 이끄는 스코틀랜드 정부는 위스하트를 체포하여 성 앤드루스성(the Castle of St. Andrews)으로 압송해서 비튼 추기경이 공식적으로 그를 이단자로 기소하였다. 그 결과 위스하트는 1546년 3월 비튼 추기경이 입회한 자리에서 화형(火刑)을 당하였다.

두 달 후 위스하트의 추종자 5명은 비튼 추기경이 살고 있는 성 앤

존 녹스

드루스 성에 잠입하여 위스하트를 처형한 데에 대한 보복으로 비튼을 살해하였다. 그리고 그들은 안드류스 성을 계속 점령하고 동지들을 끌어 모아 치외법권적인 농성을 하였다. 농성에 가담한 동지들은 약 1백 50명 정도였는데 존 녹스는 거기에 합류한 그 중의 한 사람이었다.

여왕의 어머니 메리는 이러한 반란상태를 해결하기 위해 가톨릭을 옹호하는 프랑스 정부에 원조를 요청하였다. 프랑스는 군함을 파견하여 성 앤드루스 성을 포위하고 농성자들을 포로로서 잡았다. 존 녹스는 프랑스 갤리(Galley) 선(船)의 노예가 되어 쇠사슬에 발목이 묶인 노수(櫓手)로서 19개월 동안 혹사를 당하였다(1547.6~1549.2). 녹스는 어떤 이유에서인지는 확실하지 않으나 노예 신분에서 풀려났다.

녹스는 바로 영국(England)으로 망명하였다. 당시 영국의 집권자들은 신교도들이었다. 어린 에드워드 6세 왕(King Edward Ⅵ)의 섭정 에드워드 세이모어(Edward Seymour: 에드워드 6세 왕의 어머니 Jane Seymour (Henry 8세의 세 번째 부인)의 큰 오빠)와 캔터베리(Canterbury)의 대주교 토마스 크랜머(Thomas Cranmer)는 확실한 개혁파들이었다. 녹스는 그들로부터 영국 국교회에서 일할 수 있는 허가를 받을 수 있었다. 녹스의 열정적인 설교는 회중들에게 대단한 감명을 주었다. 그는 영국에서 그의 첫 번째 처(Marjorie Bowes)가 될 명문가의 딸을 만나 결혼하였다.

녹스는 에드워드 6세 왕이 죽을 때(1553.7)까지, 영국에서 궁정으로부터도 인정을 받는 목사로서 주요 교회에서 일을 하였다. 에드워드 사후(死後), 왕위를 이어받은 메리(헨리 8세와 첫 부인 캐더린 사이의 딸) 여왕이 영국에서 가톨릭을 재건하여, 영국이 더 이상 신교도들에게 안전지대가 아니게 되자, 녹스는 친구들의 권유를 받아들여 비탄 가운데서 대륙으로 떠났다(1554.1)

그는 프랑스를 거쳐 제네바에 도착하였다. 칼빈을 만나 토의하였으나, 그의 마음은 이미 정해져 있었다. 그는 영국의 메리 여왕을 공격하는 팸플릿을 발행하고, 신성로마황제 칼 5세에 대해서도 “네로에 못지않은 그리스도의 적”이라고 공격하였다. 그는 세속군주에게 무조건 복종하라는 칼빈의 교리와는 달리, 세속군주에 대한 인민저항권을 주장하였다.

그는 약 1년 동안(1555.8~1556.9) 스코틀랜드에 돌아가 순회설교를 한 후 아내와 장모를 데리고 제네바로 돌아왔다. 그는 칼빈의 도움을 받아 영어와 이태리어를 사용해도 좋다는 허가를 받은 제네바의 한 교회에 목사로 취임하며 1주일에 3번 이상 설교를 하는 바쁜 생활을 하였다.

그는 1558년, 그의 가장 잘 알려진 팸플릿인 「해괴한 여인천하에 반대하는 첫번째 나팔소리」(The First Blast of the Trumpet Against the Monstrous Regiment of Women)를 발간하였다. 그는 여성의 지배를 “해괴하다”고 하였다. 그가 말한 여성들은 영국 여왕 메리(Mary Tudor), 스코틀랜드에서 새로이 섭정이 된 모후 메리(Mary of Guise), 스코틀랜드 여왕 메리 등을 지칭하는 것이었다. 그의 팸플릿은 여성혐오(misogyny)의 고전으로 불리고 있다. 그는 말하기를, 책을 쓴 목적은 “매국녀이며 가짜들인 사악한 여자들이 나라를 다스린다는 것이 신 앞에 얼마나 잘못된 일인가를 보여주려는 것”이었다. 여자들을 적대시하는 녹스의 편견은 그 시대로서는 비정상이 아니었다. 그러나 이 팸플릿은 후일 복잡한 영향을 미쳤는데, 예컨대 영국의 여왕이 된 엘리자베스(Elizabeth Tudor)는 팸플릿의 직접적인 표적이 아니었음에도 녹스를 결코 용서하지 않았다.

녹스는 1559년 5월 스코틀랜드로 돌아왔다. 섭정 메리는 녹스를 범법자로 규정하고, 그를 포함한 신교도들을 스터링(Stirling)으로 소환하였다. 녹스의 신교도들은 즉결재판과 처형의 가능성을 우려하여 스터링 대신에, 성벽이 있어 포위될 경우에도 견디기 쉬운 퍼스(Perth)로 향하였다. 이곳의 요한 침례교회에서 녹스는 열렬한 설교를 하였다. 자극을 받은 청중의 일부가 폭도로 변하며 교회를 완전히 유린하고 다른 두 수도원도 공격하여 금·은을 약탈했으며 성상(星像)들을 박살내었다. 섭정 메리는 군사력으로 퍼스를 장악하려 하였으나 부하들의 이반으로 실패하여 퇴각하고, 다른 한편에서는 프로테스탄트들이 이웃나라로부터 녹스를 돕기 위해 모여들었다. 이제 폭도들로 변한 신교도들의 광포(狂暴)가 중부 스코틀랜드를 휩쓸었다. 이 지역의 거의 모든 교회와 수도원들이 약탈되었다. 완전히 혁명 상황이었다.

녹스는 섭정 왕후가 프랑스로부터의 도움을 요청할 것으로 예견하고 비밀리에 영국 군대의 파병을 교섭하였다. 프랑스의 군대가 에딘바라(Edinburgh)의 외항인 레이드(Leith)에 도착하자, 신교도들은 이에 대한 반응으로서 에딘바라를 점령하였다. 스코틀랜드의 귀족단은 이번엔 메리 왕후를 섭정 직에서 폐위하였고 그의 비서인 윌리엄 메이트랜드(William Maitland)가 프로테스탄트로 넘어와 녹스와 손을 잡고 정무를 인수하였다. 메이트랜드의 집권은 녹스의 종교개혁을 결정적으로 도왔다. 메이트랜드는 녹스에게 종교 지도자로서의 역할을 다하도록 자유를 보장하였다. 메이트랜드는 백성들의 애국심에 호소하여 프랑스의 지배에 대항해서 싸울 것을 촉구하였다. 영국으로부터도 신교도들을 지원하기 위한 군대가 도착하였다. 그런데 이때 메리 섭정이 갑자기 에딘바라에서 사망을 하여(1560.6.10) 적대관계를 종식시킬 수 있는 길이 열렸다. 에딘바라 조약이 체결되었고, 프랑스와 영국의 군대들은 각각 스코틀랜드로부터 철수하였다.

1560년 8월 1일, 스코틀랜드 의회는 녹스와 다른 5명 목사들의 신앙고백에 기초하여 종교개혁을 합법화하는 3개의 법안을 통과시켰다. 첫째는 스코틀랜드에서 교황의 사법권을 폐지하고, 둘째 개혁신앙에 위배되는 모든 교리와 의식을 폐기하며, 셋째 스코틀랜드에서 미사 의식을 금지시키는 것 등이었다. 또한 의회는 녹스와 5명의 목사에게 교회를 새로운 개혁교회(Kirk)로 재조직하는 임무를 부여하였다.

교회의 재조직에 따라, 각 교회의 회중들은 그들의 대표자인 장로들을 통해 그들의 목사를 선택·거부할 자유를 가지게 되었으며(그러나 한번 선택하면 해임은 할 수 없었다), 각 교구는 과거 가톨릭교회의 재산이었다가 지금은 대부분 귀족의 수중에 들어간 재산에서 지원을 받아 가능한 한 자립을 하도록 하였다. 주교는 10~12명으로 구성되는 '감독'들에 의해 임면(任免)되도록 하였다. 그리고 기본적인 교리에 기초를 둔 국민교육기관을 수립토록 하였다. 이렇게 해서 스코틀랜드의 종교개혁은 성립되었다.

4년 전에 첫 부인을 잃은 녹스는 1564년 두 아들을 가진 50세의 홀아비로 17세의 신부를 맞아 재혼을 하였으며 새 신부에게서는 딸 셋을 얻었다. 메리 여왕이 두 번째 남편(Darnley)이 살해된 지 불과 석 달 후, 살해자로 혐의를 받고 있는 자와 세 번째 결혼을 하자 민심이 등을 돌렸다. 이때(1567) 프로테스탄트들은 메리 여왕을 붙잡아 투옥을 하고 퇴위를 강제했다. 두 번째 남편과의 사이에서 태어난 생후 13개월 된 유일한 아들이 제임스 6세로서 왕위를 계승했다. 대관식에서의 설교를 존 녹스가 했다. 제임스 6세는 프로테스탄트로서 자랐다. 녹스는 1572년 62세를 일기로 젊은 아내가 읽어주는 성경을 들으며 세상을 떠났다. 성 길레스(St. Giles) 교회 묘지에 묻힌 그의 무덤 묘비에는 '육신에 대하여 전혀 두려워하지 않았던 자, 여기에 잠들다'라고 적혀 있다.

존 녹스의 사상 녹스는 변화를 가져오기 위해서는 정부에 대항하여 싸우는 것이 백성의 의무라는 혁명적인 철학을 가졌었다. 그는 세속지배자에 대한 맹목적 복종을 가르친 루터와 칼빈의 교리를 거부하고 왕이라고 할지라도 신앙에 위배되었을 때는 항거하여야 하며, 그것은 기독교인의 종교적인 의무라고 말하였다. 우리는 그의 이 같은 주장을 '인민저항권'이라고 부른다. 그는 성경에서 이스라엘이 불신앙의 왕을 따랐을 때 이스라엘 백성들이 형벌을 받았다고 지적하고 "왕들이 불경스러운 해위를 명하였을 때에도 왕에게 복종하라고 하나님이 명했다고 말하는 것은 하나님을 부정(不正)의 창조자라고 말하는 만큼이나 불경스러운 것이다. 우상숭배, 독신(瀆神) 및 하나님에 반(反)하는 범죄에 대해서는 통치자뿐 아니라 백성 전체가, 또한 개개인이 자신의 일로서 시정에 나서야 한다"고 주장하였다.

세속권력에 대한 백성의 의무와 관련된 부분을 제외하고는 녹스는 칼빈의 신학을 따르고 있다. 즉 하나님의 주권, 성경의 권위, 그리스도에 대한 믿음을 통한 구원의 불가피성을 강조한다. 이러한 기본 교리 외에도 녹스는 스코틀랜드 종교 개혁에서 몇 가지 특징적인 교회조직을 도입하였는데, 사람들은 이러한 녹스의 교리와 의식(儀式)을 통틀어 현대의 장로교회주의(Presbyterianism)라고 부른다.

장로교회에서는 지방의 교회 회중은 회중 대표자들에 의해 지도를 받으며, 이론적으로 주교로부터의 지도는 없다. 회중의 대표기관은 장로회와 집사회이다. 장로회(the Office of elder)를 구성하는 장로들은 성직자 서임을 받은 비 성직자들로서 목회에 참견하고 모든 수준의 일에 대해 결정권을 가진다. 집사회(Office of deacon)는 소속교인들과 그들의 가족 및 주변 공동체의 일을 돌본다. 한 개인이 장로직과 집사직을 겸할 수 있다.

스코틀랜드의 교회들은 장로주의 노선에 따라 개혁되었으며 스코틀랜드 국가교회가 되었다.

반종교개혁 종교개혁의 폭풍을 맞은 가톨릭은 크게 허물어졌다. 교황의 권위는 맥없이 흔들리고, 많은 교회들은 교황청의 지배로부터 떨어져 나갔으며, 또한 가톨릭이 입은 재산상의 피해는 측량할 수조차 없었다.

이러한 위기일 때 교황청이 취할 수 있는 길은 둘 중의 하나일 것이다. 가톨릭의 붕괴를 감수하며 자멸할 것인지, 아니면 다시 한 번 기사회생을 도모할 것인지 하는 것이었다. 선택은 후자일 수밖에 없었다. 가톨릭이 예수 이후 걸어온 험난한 투쟁의 경력과 오랜 전통과 내부에 포용하고 있는 많은 인재들이 도저히 자멸의 길을 택할 수는 없는 노릇이었기 때문이다.

가톨릭에서는 신교운동에 대항하기 위하여 자체 강화에 나섰다. 이것이 교황청과 가톨릭 신자들에 의해 전개된 반 종교개혁(Counter Reformation)이다. 교황들은 1530년 이후 이태리의 트리엔트(Trient)에서 종교회의를 연속적으로 소집하여(1545~1563) 종교 문제와 교회에 대한 교황의 지상권(至上權, Sovereignty)을 재확인하고 가톨릭에 반대하는 책들의 이름을 열거한 금서목록(禁書目錄)을 제정하였으며 '배교자'를 처단하기 위해 로마에 종교재판소(the Roman Inquisition)를 세웠다.

이와 동시에 교리를 엄격히하여 성직자의 독신생활과 청렴을 의무화하고 승려들에게 엄격한 기율을 가르치는 등의 교육을 실시하였으며 이를 위한 학교를 세웠다.

가톨릭을 재건하려는 반 종교개혁은 하급 성직자나 평신도에 의해서도 자발적으로 전개되었는데 그 대표적인 것이 예수회(the Society of Jesus)에 의한 운동이다.

예수회는 로욜라의 이그나시우스(Ignatius of Loyola, 1491~1556)와 그의 친구 프란시스 자비에(Francis Xavier)가 1539년에 자발적으로 창립한 교단이며, 이듬해(1540)에 폴 3세(Paul Ⅲ) 교황에 의해 승인을 받았다. 예수회에 소속한 회원들을 제수잇(Jesuits)이라고 불렀으므로, 이 단체를 일명 제수잇 교단(the Jesuits Order)이라고도 한다. 이 교단은 회원들에게 교황 명령에 대한 무조건의 절대복종(unquetioning obedience)과 절대적인 자기 절제(absolute self-abnegation)를 서약케 하고 군대와 같은 조직과 규율을 부과하였다. 이 교단의 서약은 이러하다. 즉

> "우리 모두는 한 마음이며 교회와 일치되어 있다. 만약에 교회가, 우리 눈에는 희게 보이는 것을 검다고 규정하면 우리는 한결같은 태도로 검다고 외쳐야 한다. 우리는 우리 주 예수그리스도의 영(靈)과 그의 신부(新婦)이신 정통 교회의 영(靈)이 우리를 지배하고 우리를 구원으로 이끈다는 것을 의심없이 믿는다. 그러므로···"

이 단체의 창설자이자 제1대 총감(the Superior General)인 이그나시우스 자신이 군인 출신이었다. 그는 스페인의 한 귀족 가문에서 태어나 기사(騎士)가 되었는데 팜플로나 전투(the Battle of Pamplona, 1521)에 참가하였다가 중상을 입었다. 그는 회복 과정에서 종교서적에 심취하였으

이그나시우스

며, 처녀 마리아와 아기 예수의 환상을 보는 등의 종교적인 체험을 하고 하나님을 위한 사업에 자신을 바치기로 결심하였다. 그는 하루 7시간의 기도를 시작하여 때로는 동굴에서 기도를 하고, 「정신훈련」(Spiritual Exercises)이라는 교본을 만들었으며, 성지를 순례하였다. 그는 1524~1537년 기간에 스페인과 파리에서 신학과 라틴어를 공부하였고 43세에 석사학위를 받았다. 그는 파리에서 신·구 양측간의 충돌과 칼빈이 파리를 빠져나간 망명을 보았다. 1539년에 그와 그의 핵심 동료 6명이 모여 스스로 청빈과 자선과 복종을 서약하고 만든 단체가 예수회였다.

제수잇들은 인생 행로를 좌우하는 것은 인간의 자유의지라고 믿었으며 운명 예정론을 반대하였다. 그들은 구원은 믿음으로써만 되는 것이 아니고, 믿음에 행동이 함께 수반되어야 한다고 믿었다. 그들은 위험이나 고난을 두려워해서는 안 되며 신교에 대해서는 무자비한 탄압을 가할 것을 촉구하였다.

제수잇들은 교황의 권위 회복이 그들의 주요 목표였으며 종교적·도덕적 문제와 관련된 교황의 최고성을 재확인하려고 하였다. 그러나 그들은 종교개혁으로 인한 세속 군주들의 왕권 강화로 이제는 더 이상 교황이 군주를 지배할 수 없게 되었다는 현실 인식에 겸허하였다.

그들은 세속 통치자들의 권력은 하나님에게서 연유하는 것도 아니고 교황에게서 연유하는 것도 아니며, 그 자체의 세속적 목적을 위해 공동체로부터 생겨난 것이라고 보았다. 왕권은 그 성질과 기원에 있어서 세속적이며, 인간이 통치자들 가운데 오직 교황만은 하나님으로부터 직접 연유되는 권력을 가진다고 하였다. 그러므로 교황은 세속적 문제에 있어서 하등의 권한이 없다는 것을 인정하였다. 그러나 다만 세속의 일 가운데서도 정신적인 목적들을 위해서는 교황의 정신적 권위가 작용할 여지가 있다고 유보하였다.

제수잇 교단의 권위 있는 이론가는 로베르트 벨라르미네(Robert Bellarmine,

이태리 출신, 1542~1621) 추기경이었다.

제수잇 교단은 선교사들을 유럽 각지에 보내어 학교와 대학들을 세워 선교와 교육에서 괄목할 성공을 거두었다. 제수잇 교단은 유럽에서 가톨릭 세력의 유지와 회복에 주요한 역할을 하였다. 일시 신교화(新敎化)하였던 폴란드를 가톨릭으로 되돌렸으며, 아일랜드를 가톨릭에 머물게 하였고 네덜란드에서도 가톨릭을 유지시키는 데에 성공하였다. 제수잇 교단은 그후 식민지들에 진출하여 포교에 힘써 많은 신도들을 만들어 내었다.

제 12 장

절 대 주 의

절대주의(Absolutism)란 역사 편찬에서 사용하는 편년사적(編年史的)인 용어로서, 군주(왕)의 권한이 교회나 국회나 사회유지나 그 어떤 기관에 의해서도 제약되지 않는 형태를 말한다. 유럽에서 절대주의는 중세에서 자본주의로 전환되는 중간 과정에서 나타나는데 그 시기는 16세기 초부터 18세기 말까지이다. 절대주의에 수반된 특징으로는 중세의 분할 체제가 희석되고, 정부의 권력이 커지며, 국가의 법률들이 통일되고, 교회와 귀족의 영향력이 감소된다.

또한 절대군주들은 직업적 상비군, 전문적 관료, 국가 법률들의 법전으로의 편찬, 그리고 왕권강화를 정당화하는 이론 등을 구축하는 데에 열중하였다. 경제적으로는 부국강병을 도모하는 중상주의 정책을 실시하였다. 절대군주들은 그들 자신과 휘하 귀족들의 위광(威光)을 위한 건축과 행차 등에 거금을 소비하였다.

절대군주국가에서는 군주들이 귀족들에게 궁정에서 살기를 요구하였으며, 귀족의 부재토지(不在土地)는 국가의 관료들이 대신 관리하였다. 이것은 귀족으로 하여금 그들의 생활을 왕의 부조(扶助)에 의존하게 함으로써 귀족의 실질적인 권한을 축소시키기 위한 조처였다(그러나 실제에서 군주의 권한이 문자 그대로 절대적이었던가에 대해서는 이견(異見)이 많다. 이것은 각 나라마다, 각 군주마다 그때그때의 상황과 군주의 개성에 따라 차이가 있었다).

유럽의 각국에서 절대주의가 성립된 배경은, 첫째 종교개혁 이후 신·구교의 대립과 그로 인한 내란과 전쟁 등에 의해 조성된 정치적·사회적 혼란과 불안이었으며, 둘째는 무역항로의 개척에 따른 해상권을 둘러싼 국가간의 긴장과 전쟁, 셋째는 새로이 대두한 상업자본가라는 신흥세력과 구 귀족세력간의 알력과 신흥세력과 군주의 이해관계가 서로 맞아떨어짐으로써 신흥세력이 왕권을 지지하게 된 점 등이다. 변화와 혼란, 거기서 비롯되는 불안과 공포는 절대왕권이 성립할 수 있는 배경이었다.

절대주의는 사람들의 마음 속에 절대주의에 걸맞은 이데올로기를 형성시켰다. 절대주의의 토양이 된 전쟁은 영토의 점유로써 성패가 가려졌으며, 영토를 점령하면 그 땅에 대하여 승리자의 배타적인 주권이 행사되었다. 전쟁은 또한 일상생활에서 언어와 관습을 같이하는 민족의 단결을 촉진시켜 민족의식을 고양하였다. 한 민족이 정치체와 관련되었을 때 그것을 사람들은 국민(國民)이라 불렀으며, 외부로부터의 위협과 같은 상황 아래서는 국왕을 중심으로 하여 국민이 내부적으로 단결하는 국민국가의식(國民國家意識)을 낳았다. 그러므로 절대주의는 국왕의 배타적 주권주의(主權主義)·영토주의(領土主義: 國境主義)·민족주의 내지 국민국가주의(國民國家主義, Nationalism)를 수반하는 사상이며, 경제적으로는 국익(國益) 중심의 경제적 민족주의 내지 국민경제사상을 낳았다. 절대주의시대의 경제는 아직 산업혁명 이전의 상업이 국부(國富)의 원천을 이루고 있었기 때문에 국민경제사상은 중상주의(重商主義)로 나타났다(후술).

유럽에서 절대주의 체제를 가장 먼저 수립한 국가는 에스파냐였다. 합스부르크 왕가(House of Habsburg)의 펠리페 2세(Felipe Ⅱ, 1556～1598)가 즉위하여, 숙적인 프랑스의 발르와 왕가(thd House of Valois)에 대항하기 위하여 가톨릭 교도였던 영국의 여왕 메리 1세(Mary Ⅰ, 1553～1558: 영국 헨리 8세와 첫 왕비 캐더린 사이에서 태어난 딸)와 결혼하였다.

칼 5세(Karl Ⅴ: Felipe Ⅱ의 아버지로서, 에스파냐 왕과 신성로마제국의 황제를 겸하였던 합스부르크 왕가의 거물)로부터 시작된 에스파냐의 패권과 번영은 펠리페 2세 시대에 그 절정에 달하였다. 에스파냐는 유럽 최강의

해군국으로서 1571년 지중해로 진출해 오는 터키제국을 동지중해의 레판토(Lepanto) 해전에서 격파하여 지중해의 패권을 확보했다.

펠리페 2세

펠리페 2세는 광대한 영토 위의 이질적인 국민들을 통합하기 위하여 가톨릭에 입각한 종교적인 통일을 시도하였으나 성과는 좋지 않았다. 가톨릭 신앙의 일률적인 강요는 네덜란드 신교도들의 독립운동을 불러일으켜 부유한 경제 중심지인 네덜란드를 상실하게 하였다. 마침내 신교도였던 영국 여왕 엘리자베드 1세(Elizabeth Ⅰ)를 응징하기 위하여 무적함대(Armada)를 파견하였으나 1588년 영국에 참패함으로써 에스파냐는 제해권을 상실하고 이후 급속도로 쇠퇴하게 되었으며 유럽에서 에스파냐의 우월적 지위는 다른 신흥절대주의 국가에로 넘어가게 되었다.

영 국 영국에서는 엘리자베드 1세(Elizabeth I: 재위 1558~1603) 여왕이 즉위하여 국교도(國教徒, the Anglican) 이외에는 신·구교를 막론하고 탄압을 가하였다. 그녀는 신교도이기는 하였으나 종교 자체에는 별 흥미를 가지고 있지 않았다. 그러나 교회를 국왕의 지배 아래 두려는 왕권 강화에 관심이 컸기 때문에 국교회를 철저히 옹호하였다. 이로 인해 가톨릭인 에스파냐의 펠리페 2세와의 관계가 점점 더 악화되었다.

엘리자베드 1세

더욱이 여왕은, 실제로는 해적들인 영국의 고래잡이 선단을 후원하여, 신대륙으로부터 에스파냐로 들어오는 귀금속을 약탈하고, 에스파냐의 식민지에 모직물과 노예를 밀수출하였다. 재정적으로 손실을 입게 된 펠리페 2세는 엘리자베드를 폐위시킬 목적으로 영국의 구교도들과 음모를 꾸며 스코틀랜드의 여왕이었던 메리(Queen Mary of Scots)를 영국의 왕으로 옹립하려 하였으나, 엘리자베드 여왕은 메리를 처형하여 화근을 끊었다(1587). 이를 계기로 양국 사이에 전쟁이 벌어져 1588년 펠리페는 무적함대(the Invincible Armada)를 편성하여 쳐들어 왔으나 영국 해군이 승리하였다. 이 이후 에스파냐의 제해권은 사라졌다.

전쟁의 승리로 엘리자베드 여왕의 인기는 절정에 달했으며 국왕의 절대권도 완숙하였다. 그녀가 즉위할 당시, 종교 갈등으로 찢겨진 하나의 가난한 국가였던 영국은 이제 세계 최고의 힘과 부를 가진 국가로 성장하였다.

프 랑 스 프랑스에서는 가톨릭과 위그노 사이에 종교적인 내란이 벌어지고 있던 16세기 말에는 왕권이 거의 바닥에 떨어져 있었다. 그러나 부르봉 왕가(House of Bourbon)의 앙리 4세(Henry IV, 1589~1610), 루이 13세(Louis XIII, 1610~1643), 특히 루이 14세(Louis XIV, 1643~1715) 치하에서 왕권은 급속히 상승하였다.

앙리 4세는 낭트 칙령(1589)으로 가톨릭을 국가의 종교로 삼되, 국왕의 관할 아래서 신교(新敎)도 평등한 권리를 갖게 함으로써 근 30년간 끌어오던 종교전쟁을 종식시켰다. 그는 프랑스의 발전과 왕권의 강화를 위해서는, 서쪽(에스파냐)과 동쪽(신성로마제국)에서 프랑스에 위협을 가하고 있는 합스부르크가(家)의 세력을 타파할 필요가 있다고 생각하여, 프랑스가 가톨릭 위주임에도 불구하고, 독일의 신교측을 지원하여 가톨릭인 황제에 대항하게 하였다. 앙리 4세가 광적인 구교도에 의해 암살된 후 그의 아들 루이 13세(Louis XIII, 1610~1643)와 손자 루이 14세(Louis XIV, 1643~1715)를 거치는 동안 절대제는 착실하게 구축되었다.

루이 13세 치하의 재상이었던 추기경 리슐리외(Richelieu, 1585~1642)는 종교상의 목적에서보다는, 부르봉 왕권의 강화가 국력의 증진과 직결된다는 정치적인 견지에서, 절대왕권에 비판적인 위그노들을 탄압하여 낭트 칙령에 의해 인정된 위그노의 종교적·정치적 자유를 없애고 그들의 본거지인 라 로셸(La Rochelle) 항을 점령하였다. 그는 또한 귀족 세력을 억압하여 귀족들을 왕권의 장식물로 만들었다. 국왕에 직속된 지사(知事)들을 각지에 파견하여 지방의 정치·치안·재정을 감찰하게 하여 중앙집권적 관료체제의 확립을 도모하였으며, 고등법원의 권한을 축소시키고, 국회를 소집하지 않는 등 절대주의의 확립에 노력하였다. 그는 독일에서 발단한 30년전쟁에 개입하여 신교측을 지원함으로써 합스부르크가(家)의 세력을 약화시키는 데에 성공하였다.

리슐리외

루이 13세의 사후(死後) 불과 4살의 루이 14세가 즉위하였다. 이에 이태리 출신의 추기경 마자랭(Mazarin, 1602~1661)이 재상이 되어 루이 14세의 미성년기를 보좌하였다. 당시 권한이 축소된 고등법원과 귀족들은 일부 시민계급과 합세하여 프랑스-스페인 전쟁이 한창인 때에 「프롱드의 난(亂)」(the War of Fronde, 1649~1652)을 일으켰다. 근 4년 동안 계속된 이 난은 부르봉 왕권의 강화에 대한 귀족세력의 최후의 반항이었다. 이 난은 성년이 된 루이 14세에 의해 진압되어 오히려 부르봉 절대왕권의 확립에 도움이 되었다.

루이 14세

재상을 두지 않고 친정(親政)을 실행한 루이 14세는 왕자다운 위엄, 예지, 풍채로써 절대군주로서의 체제를 정비하여 프랑스의 절대군주가 되었으며, '태양왕'으로 불리게 되었다. 루이 14세는 국왕의 충실한 하수인으로서 콜베르(Colbert, 1619~1683: 마자랭의 개인비서 출신)를 재무장관으로 기용하여 전형적인 중상주의 정책을 채택하였다. 콜베르는 프랑스의 경제를 일으키고, 식민지 획득에 노력하여 성공을 거두었다. 그 결과 17세기 후반에 프랑스의 국부(國富)와 국력은 크게 증대하였다.

루이 14세는 국부를 배경으로 파리 교외에 웅대하고 화려한 베르사유(Versailles) 궁전을 지었고, 프랑스의 고전문학과 바로크 예술이 꽃을 피웠다. 루이 14세의 호화롭고 세련된 궁정생활은 유럽 각국 군주들의 본보기가 되었으며, 프랑스어는 당시 유럽 외교계와 사교계의 통용어가 되었다.

루이 14세는 군사력의 양성에도 힘써 17세기 후반에 프랑스는 유럽 제1의 군사강국이 되었다. 그러나 그는 영토를 팽창시키려는 야망으로 이웃나라들과 많은 전쟁을 치름으로써 재정을 결핍시켜 프랑스의 위광을 위축시키고 절대주의의 모순을 증대시키는 결과를 가져왔다.

독 일 독일에서는 신·구교의 대립으로 「30년전쟁」(1618~1648)을 빚었으나, 영국과 프랑스에서 종교대립과 내란이 절대주의 성립의 밑거름이 된 사실과는 달리, 독일에서는 도리어 황제권이 약화되고 국력이 분열하여 지방화하는 결과를 가져왔다. 그래서 독일의 경우는 절대주의 시대에 절대주의 성립이 실패한 사례를 보여준다. 독일에서 절대주의 성립의 실패는, 30년전쟁이 국내 문제로서의 범위를 벗어나, 유럽의 거의 모든 국가가 참가한 국제전쟁으로 변화한 데에 그 원인이 있다. 그러면 30년전쟁의 경과를 보기로 하자.

17세기의 시작까지 독일을 구성하고 있는 작은 국가들과 공국들에서는 가톨릭과 신교의 교세가 거의 비슷해졌다. 황제를 선출하는 선제후(選帝侯)의 수(數)도 3대 3으로서 마지막 선거권자인 황제의 향배가 중차대할 수 있는, 불안한 균형을 이루고 있었다. 이런 상황에서 1617년 위기가 왔다. 즉 신성로마제국 황제 마티아스(Mathias, 1557~1619)가 열렬한 가톨릭인 그의 사촌동생 페르디난드(Ferdinand, 1578~1637)를 보헤미아의 왕(1617~1619)으로 선임하였을 때 신교도 보헤미안들은 크게 반발하였다. 일단의 신교도들은 페르디난드가 종교적인 칙령을 함부로 남발하지 말아줄 것을 바라는 그들의 청원을 무시하자 프라하의 왕궁으로 찾아가 왕과의 면회를 요구하다 시비 끝에 왕의 참모들을 창밖 아래쪽 마초(馬草)더미 위로 내던졌다. 이것을 그들은 '프라하의 창틀'(Defenestration of Prague) 사건이라 불렀는데 이 사건은 신교도들의 봉기를 유발하는 신호

프라하의 창틀사건

가 되었다.

페르디난드는 마티아스가 죽자 신성로마제국의 황제의 직까지 계승하여 겸하였다. 이어서 보헤미아의 신교도들은 선제후 프레더릭(Frederick)을 보헤미아의 대항왕(rival king)으로 선출하였다. 페르디난드 황제는 프레더릭을 응징하기 위해 출병하였다. 황제군은 프레더릭 군(軍)을 프라하 근처 하이트 마운트 전투(the battle of the White Mount, 1620)에서 참패시켰다. 보헤미아의 반란군들은 전반적으로 황제의 용병에 의해 궤멸되었으며 가톨릭 신앙이 강제적으로 회복되었다. 이제 합스부르크 왕가와 스페인인들이 유럽에서 자리를 굳히게 되었고 황제의 의지를 어디에서도 관철시킬 수 있을 것처럼, 다시 말해 절대주의가 성립하는 것처럼 보였다.

그러나 이 다음의 단계부터 상황은 거꾸로 전개되었다. 겁을 먹은 독일의 신교도 제후들은 동맹을 구하러 사방에 탐문하여 대규모의 신교도 연맹을 결성하였다. 연맹에는 독일의 제후국들과 영국·홀랜드·덴마크 등 신교국들이 참여하였고, 역설적이게도 가톨릭인 프랑스가 배후에서 비밀리에 지원을 하였다. 이 연맹에는 스웨덴(구스타부스 왕, Gustavus)도 참가하였다.

16세기 이래 합스부르크가(家) 세력의 타도를 가장 중요한 외교목표로 설정해온 프랑스는, 연맹군의 혈전에도 불구하고, 독일 황제의 세력이 좀처럼 꺾이지 않는 것을 보고 1635년 독일 문제에 직접 개입키로 하였다. 그리하여 프랑스 군(軍)은 남부 독일로 침입하였고 스웨덴 군도 새로 공격을 개시하였다. 이제 전쟁은 종교적인 대립의 성격이 사라지고, 합스부르크가(家)와 부르봉가(家)간의 정치적인 유럽 패권 쟁탈전으로 변화하게 되었다. 전세가 황제군에게 불리한 가운데 1643년부터 평화교섭이 진행되었고 1648년 베스트팔리아(Westphalia) 조약의 성립으로 30년전쟁은 그 막을 내리게 되었다.

이 조약의 내용은 향후 100년 이상 유럽의 정치 지도를 결정지은 것이었는데 몇 가지 주요 대목을 보면 다음과 같다. (1) 스웨덴은 발틱 남쪽 해안에 영토를 획득하였고, (2) 프랑스는 라인강 좌안의 영토를 획득하고 국경선을 안정시켰으며, (3) 독일 내에 신교제후들은 각기의 영토에 대하여 완전한 주권을 가지며 제후 상호간 또는 외국과 조약을 체결할 수 있게 되었으며, (4) 바바리아(Bavaria)와 프러시아(Prussia: Brandenburg)는 독립국가로 부상하였고, (5) 신성로마제국의 황제는 독일문제에 대하여 영향력이나 통제력을 갖지 않게 되었으며, (6) 독일 각 제후국의 신앙은 제후의 신앙에 따르도록 하였다.

역사가들은 베스트팔리아 조약에 의해 독일의 연방분립이 확정된 것은 '독일제국의 사망증명서'와 다름이 없다고 하였다. 독일은 4대강의 하구(河口)를 모두 외국에게 빼앗겨 내륙국이 되어버렸으며, 원래의 독일 인구 1천 500만 중에서 그 3분의 1이 타국에 편입되어 버렸다. 그러나 프러시아만큼은 오히려 영토를 획득하여 그 발전의 계기가 되었다. 국제정치적인 관점에서 볼 때, 30년전쟁으로 인해 합스부르크가(家)의 세력이 후퇴하고 그 대신 프랑스의 세력이 크게 신장하였다.

절대주의시대의 정치사상

절대주의는 군주의 절대권 수립을 특징으로 한다. 그러므로 절대주의 사상의 가장 중요한 핵심은 군주가 가지는 절대권의 성격은 어떠한 것이며, 왜 권력이 군주에게 귀속되어야 하는가 하는 것이었다.

결론부터 먼저 말하면 군주의 절대권력의 성격은 불가양(不可讓)의 최고 유일의 주권(Sovereignty)이라는 개념으로 승화하였고, 권력의 군주 귀속은 어떠어떠한 이유로 필연적이라는 것이었다. 어떠어떠한 이유는 이론에 따라 각기 다르게 설명되지만(앞으로 각각의 이론적 차이를 보게 될 것이지만) 권력의 군주 귀속을 필연으로 본 점에서는 마찬가지였다.

그런데 군주의 절대권 사상은 하루아침에 성립된 것이 아니고 고대 페르시아 이래의 왕권신수설들에 기원을 두고 있거니와, 왕권신수설은 인간이 왕권에 대해 해석을 할 때 가장 쉽게 떠올릴 수 있는 발상이었다. 그런데 절대주의 시대의 군주절대권 사상은 과거 고대 이래의 그것과는 좀 다르다. 즉 과거의 왕권절대권은 종교에 대한 권한까지를 왕이 당연히 다 갖는 것을 의미한 것인 데 비하여, 절대주의 시대의 왕권절대권 사상은 왕권을 교황권에 대칭시키는 상대적인 입장에서, 혹은 세속권에 국한시키는 제한적인 입장에서 절대권을 의미하는 것이었다.

다시 말해 절대주의 시대의 군주절대권 사상은 처음부터 여러 곳으로부터 저항과 도전을 받으면서 성립한 것이었다. 로마교황으로부터의 도전, 칼빈주의자들로부터의 도전, 제후·귀족들로부터의 도전, 그리고 외국군주로부터의 도전이 있었다.

우리가 편의상 절대주의 시대에 국왕의 절대권을 옹호하는 파를 왕당파(王黨派)라 하고, 그것에 저항하는 파를 반 왕당파(反王黨派)라고 부르기로 한다면, 국왕이 절대권 수립에 성공하였다고 하는 것은, 그러한 잡다한 반 왕당파의 도전들을 물리치고 승리를 거두었다는 것을 의미한다.

그러나 반 왕당파설은 절대 왕정기가 끝난 다음, 다음 시대를 여는 사상으로서 빛을 보게 된다. 그러면 대표적인 왕당파설과 반 왕당파설을 보기로 하자.

왕당파설(王黨派說)

왕권을 옹호한 이론들은 왕의 직위의 신성성을 주장하는 경향이 있었는데, 이 경향은 16세기 말에 이르러서도, 고대 적부터 널리 승인되어 온 왕권신수설(王權神授說)을 재확인하는 것으로 결정(結晶)되었다. 왕권신수설은 왕권은 하나님으로부터 직접 연유하며, 합법적 상속을 통해 계승되는 왕권에 대해서는 누구도 침범할 수 없는 불가침의 권한이라고 역설하였다.

그 대표적인 초기 이론은, 이미 본 것과 같이, 마르틴 루터와 요한 칼빈에 의해 제기되었다. 그 주창자가 수많은 신도에게 영향을 주는 루터와 같은 종교개혁의 지도자들이었던만큼 그 설득력과 위력도 컸다. 이들의 왕권신수설은 다음과 같은 성경의 기술에 그 근거를 두고 있었다.

> 로마서 13장 1-2: "(1) 각 사람은 위에 있는 권세들에게 굴복하라. 권세는 하나님께로 나지 않음이 없나니 모든 권세는 다 하나님이 정하신 바라. (2) 그러므로 권세를 거스른 자는 하나님의 명을 거스름이니 거스른 자는 심판을 자취(自取)하리라."

루터는 "통치자에 대한 저항은 어떤 경우이든 사악(邪惡)하며 우리보다 우월한 모든 사람에게 복종하고 봉사하는 것보다 더 훌륭한 일은 없다"고 역설하였다.

칼빈도, 통치자에 대하여 신민들이 저항할 수 있는가, 맹목적으로 복종해야 하는가에 대해 맹목적 복종을 강하게 신봉했다. "장관은 하나님의 대리자이며 그에 대한 저항은 하나님에 대한 저항이다. 통치할 의무를 조금도 갖지 않는 사사로운 개인이 국가의 조건에 관해 시비함은 쓸모없는 일이다. 만약에 통치자가 의무를 태만히했다면 그에 대한 처벌은 하나님의 소관사이지, 신민의 소관사가 아니다"고 했다. 이러한 교리의 중요성은 주로 그것에서 연역되는 실제적 결과에 있었다. 즉 첫째는 비록 교리상의 차이는 있지만 신민의 무조건적인 복종의 의무는 왕권의 신수(神授)에 기인한다는 것, 둘째로는 왕은 교황권과 같은 어떤 외부적 권력에 의해 폐위될 수 없는 존재라는 것이 그것이다. 아직 절대주의가 채 성립하기 이전의 이러한 루터나 칼빈의 왕권신수설은 절대군주제를 지향한 의도에서 나온 것도 아니었고, 민주주의에 반(反)한 전제주의를 의도하여 나온 것도 아니었다. 그들의 왕권신수설은 교황에 대한 신뢰가 실종되고 종교적 대립으로 인한 내란과 전쟁이 계속되고 있는 상황에서 왕을 통해서라도 질서와 정치적 안정을 가져오고 싶어하는 마음에서 나온 것이었다.

이러한 마음은 상황의 진전에 따라 점점 더 강해졌으며 절대군주제에 대한 바람도 이제 신과는 상관없는 의미를 갖는 것으로 변화하였다. 즉 종파간의 전쟁이 계속됨에 따라 신·구교 어느 한쪽도 결정적인 승리를 거둘 수는 없다는 전망이 점점 확실해졌다. 사람들은 그들 사이의 다툼이 결국은 모든 문명을 파괴해 버릴지도 모른다는 인식에 도달하였다. 그래서 그들이 종교적으로는 신교나 구교나 어느 한쪽으로 남아 있더라도 종교적인 차이를 초월하여 모든 사람이 왕에게 민족국가의 수장으로서 충성을 하는 것이 문명의 파멸을 회피할 수 있는 유일한 가능의 방법이라고 생각하게 되었다. 왕권이 신으로부터 나왔건, 다른 무엇에서 나왔건 그것과는 상관없이 왕권이 절대적으로 강력하여야겠다는 현실적인 필요에 논의의 초점이 있었다. 이러한 논의를 '절대주의이론'이라고 부른다.

장 보댕 절대주의이론의 초기 대표자는 프랑스인(人) 장 보댕(Jean Bodin, 1530~1596)이었다. 부유한 양복장인의 아들로서 앙제(Angers)에서 태어난 그는 칼멜(Carmel) 승단(僧團)이 제공하는 교육을 고향과 파리에서 받고, 툴루즈(Toulouse) 대학에서 법률을 전공하였다. 그는 변호사, 판사가 되었으며, 한때는 왕가(王家)의 고문으로도 일하였다.

장 보댕

보댕은 평생토록 가톨릭에 머물러 있었지만 종교적 당파심으로부터 초연하였다. 그는 종교적인 내란은 참으로 잘못된 생각에서 비롯된 것이라고 믿었으며, 모든 프랑스인은 자신의 종교를 남에게 강제하려는 야심을 갖기 전에 자신의 나라를 앞세워야 하며, 평화는 종교적 통일보다 더 중요하다고 강조하였다.

보댕의 정치사상은 성 바르솔로뮤의 대학살이 있은 지 4년 후인 1576년에 출간된 「국가론 6권」(Six Books of the Commonwealth)에 집대성되어 있다. 이 책은 총 1천 페이지가 넘는 방대한 저술로서 최초의 총괄적인 정치학 이론서로 평가되고 있다.

보댕이 이 책을 출간한 당시의 프랑스는 대학살로 갈기갈기 찢어진 사회의 깊은 불안과 종교전쟁의 포악함이 한창일 때였다. 보댕은 사회의 질서와 안정을 가져오기 위해서는 왕의 역할과 권한이 절대적으로 강화될 필요가 있다고 생각한 것 같다. 그래서 그는 그의 정치이론의 핵심으로서 '무제한적이며 비분리적인 주권'(unlimited and indivisible sovereignty) 개념을 내놓았다. 이 개념에 따르면 "각 국가는 공동체를 다스리는 데에 필요한 모든 권한을 갖는 한 사람(또는 단일 존재로 정의되는 한 집단)이 반드시 있어야 하며, 그 사람이 그 국가의 주권자이다. 만약에 어느 한 사람은 법을 만들고, 다른 한 사람은 경제를 운영한다면 거기에는 불일치가 있을 것이며 그 국가는 곧 붕괴되고 말 것이다. 다시 말하건대, 주권자가 누구에 대해서 책임을 진다고 하면, 그는 진정한 주권자일 수가 없다. 그러므로 그 누구에게도 주권자의 권한에 제약을 부과할 권한이 없으며, 또한 군대의 힘으로 주권자에게 저항할 권한도 없다"는 것이다.

보댕의 이러한 견해는 보댕만의 견해가 아니라 당시 이미 생겨나고 있던 '정치우선주의자'(Politique)로 알려진, 즉 '종교적 고려보다는 정치적 고려를 먼저 해야 한다고 지적하는 사상가' 집단이 공유한 견해였다. 그들은 왕권 속에서 평화와 질서의 개연성(蓋然性)을 발견하고 왕을 모든 종교적 분파와 정치적 당파 위에 군림하는 민족국가의 통일의 구심점으로 삼으려 하였다. 그들은 혼란의 시대에 나타나는 강력한 정부를 기대하는 경향을 대변하는 것이었다. 그들은 한 국가 안에서 여러 종류의 종교를 허용하는 가능성을 최초로 통찰한 무리였다. 그들은 대부분이 가톨릭이었으나, 그들의 정치적 고려로서는, 기독교의 분열이 불가피하며, 어떤 하나의 종파도 다른 종파들을 결코 설복하거나 강제할 수는 없는 시대에 이르렀다는 냉엄한 현실을 직시할 준비가 되어 있었다.

그들을 평한 비평가들은 "사람들의 영혼을 구제하기보다는 왕국과 그들 가정의 평온을 더 중시하는 자들, 왕국이 하나님을 둘러싸고 전쟁을 하기보다는 하나님 없이 평화에 안주하는 것을 더 원하는 자들이며, 그들이 권장하는 종교적 관용은 도덕적 관점에서가 아니라, 살아남기 위한 하나의 정책에서 나온 것"이라고 말했다.

보댕이 1588년에 쓴 「7인 회의」(Colloquium of the Seven)라는 책은 각각 종교적·철학적 입장이 서로 다른 7명의 지식인의 대화를 다루고 있는데, 그 7명은 자연주의 철학자, 칼빈주의자, 모슬렘, 가톨릭, 루터파 신교도, 유대인, 회의주의자 등이었다. 그들간의 대화의 결론은, 각자의 주장에는 피상적인 차이가 있지만 그들이 주장하는 진리의 본질에는 아무런 차이가 없다는 것을 인정하는 것이다. 이 책으로 인해, 보댕은 서방세계에서 최초로 종교적 관용을 주창한 사람으로 칭찬을 받기도 하였다.

보댕은 국가를 가족들의 결합으로 보았다. 가족은 아버지가 그 가족에 대하여 절대적 권리를 가지는 가부장제(家父長制)의 공동체이며, 국가는 가족들로부터 생겨나는 하나의 자연적 공동체라고 하였다. 국가가 생겨난 것은 자연적 필요에 의해서이며 국가의 주권은 가족이나 여타 집단 위에 군림하는 것이라고 하였다. 주권적 권력이 인정되지 아니하는 한 무정부상태의 혼란이 야기될 것이므로 국가를 형성한 자연적 필요가 충족

될 수 없다고 하였다.

주권이 어디에 귀속하느냐에 따라 현실적으로 군주정(君主政), 귀족정(貴族政), 민주정(民主政)이 존재할 수 있으나, 주권이 주권으로서 가장 완전한 성격을 지니기 위해서는 한 사람에게 주권이 귀속하는 군주정이 가장 우수한 것이라고 주장하였다.

보댕에 따르면 주권은 시민으로 하여금 시민이 되게 하는 복종을 가능케 하는 것이다. 주권은 "법률에 의해 구속받지 않으며, 양도될 수도 없으며, 어떠한 명제에도 종속되지 않는다"고 그는 말했다. 주권은 법의 원천이기 때문에 법률에 의해 구속되지 않는다. 주권자는 그 신민(臣民)에 대하여 책임을 지지 아니한다. 주권은 어떤 우월자나 동등자 또는 열등자의 동의를 구함이 없이 신민에게 집단적으로나 개인적으로 법률을 부여하는 권한이다.

보댕은, 신민에게는 주권자에 반대하여 반란을 일으킬 권한이 없다고 하였으나, 만약에 주권자가 하나님의 법(the law of God)과 자연의 법(the law of Nature)에 반하는 것을 명령했을 때에는 우리들은 그것에 복종해서는 안 된다고 주장하였다. 자연법은 인간법(人間法)의 상위에 위치하며 정의에 대한 어떤 불변적 기준을 제공하는 것이라고 했다. 하나님의 법과 자연의 법은 누구도 반박할 수 없는 종교적·도덕적 규율을 만들었다. 만약에 주권자가 예컨대 도둑질을 하라든가, 간음을 하라든가 하는 등으로 하나님의 법을 어길 것을 명령하였을 때는 우리들은 기필코 복종하지 말아야 하며, 그러나 그가 이것 때문에 우리에게 벌을 가하면 우리는 무슨 벌이든 얌전히 받아들여야 하는 것이라고 보댕은 말했다.

그렇다면, 보댕의 주권은 완전하게 무제한적인 것은 아니다. 예컨대 홉스(Hobbes)의 주권론에 비해 훨씬 덜 무제한적이다.

앞서, 보댕은 국가를 가족의 결합으로 보았다고 말했었다. 그런데 보댕은 국가와 가족과의 관계에 있어서도 무제한의 주권을 제약하는 주장을 하였다. 그는 가족의 결합이 국가를 형성한다고 하고 국가에 대하여 군주는 주권을 가진다고 하면서도 가족의 소유권은 종류가 다른 별개의 것이며, 주권은 군주에게 속하지만 재산은 가족에게 속한다고 하였다. 이것은 사유재산의 보호를 위한 난공불락의 보루를 구축하고자 하는 그의 소망이 반영된 것이다.

보댕은 사유재산의 존중과 외국과의 협약준수는 자연법의 요구이기 때문이라고 주장하였다. 재산권은 너무 신성하기 때문에 주권자가 그 소유자의 동의 없이는 그것에 관여할 수 없다고 하였다. 따라서 군주가 과세를 할 때만은 등족회의(等族會義)의 동의가 필요하다고 주장하였다. 외국과의 협약준수도 자연법의 요구로 간주한 것은, 마키아벨리를 겨냥한 것이며, 국제교섭에서의 신뢰의 필요성을 절감하였기 때문이었다.

보댕이 주권을 하나님의 법과 자연의 법 앞에서는 유보되는 것으로 주장한 것은 토마스 아퀴나스의 견해와 비슷하다. 즉 보댕의 자연법은 아직은 신에 근거를 둔 것으로서, 이후의 신으로부터 독립적인 자연법과는 의미가 다르다.

토마스 홉스 정치이론가인 토마스 홉스(Thomas Hobbes, 1588~1679)는 사회계약 개념을 근거로 하는 영국의 군주주권론자였다. 그는 여러 단계의 논리적 과정을 거쳐 그 결론으로서 군주주권론을 제시하였다. 그는 그의 논의를 인간의 태생적 본성에서부터 시작한다. 그는 그의 대표작인 「리바이어던」(Leviathan: 巨人이라는 뜻)에서 종래의 사변적 논의를 배척하고 자연과학적 논의를 채용하여 신이나 초자연적인 것과는 상관없는 사상을 전개하였다.

홉스는 옥스퍼드대학에서 지리(地理)를 공부한 철학자로서 유럽대륙을 여행하여 갈릴레오, 베이컨, 케플러 등 과학자들과 교제하면서 물질의 운동에 관해 많은 관심을 가졌다. 그는 독신으로서 사생아인 딸을 하나 두었으며 무신론자였다.

홉스에 따르면, 인간은 배태되면서부터 신체기관들이 운동을 하며, 인간의 생명은 사실상 그 운동 속에 존재한다. 자체 내의 운동과 외부에

토마스 홉스

서의 자극은 중추신경에 전달되며, 중추신경계통에서 비로소 감각으로 나타나 심장에 전달된다. 이때 심장의 생명운동이 조장되면 쾌락이 생기고 방해받을 때는 고통과 비애가 생긴다. 인간은 쾌락을 주는 것에는 접근하고자 하며, 고통을 주는 것에는 멀리하고자 하는 반작용(反作用)을 한다.

접근하고자 하는 욕구(appetite) 및 욕망(desire)의 대상이 선(善: 매력)이며, 멀리하고자 하는 혐오의 대상이 악(惡: 미움)이다. 선을 추구하고, 악을 피하고자 하는 감각운동은 결국 자기 보전과 자기 확장을 위해 행사된다. 이것이 곧 자연권(jur Naturale)이다. 인간의 감각운동 기능은 평등하며 따라서 그 행사의 권리인 자연권도 평등하다. 각자의 자연권이 무제한으로 허용되는 자연상태(Natural condition)에서는 필연적으로 만인 대 만인의 투쟁(萬人對萬人의 鬪爭: Homo Homini Lupus)을 이루게 되며, 여기에서는 법이나 규칙이 없으므로 원래 목적인 자기보존과 자기확장이 오히려 불가능하며, 비명횡사(非命橫死)할지도 모르는 위험 가운데 놓이게 된다.

여기서 인간은 공포와 불안이 없는 안정과 평화를 찾게 된다. 이성은 평화에 필요한 제 조건을 찾아내게 된다. 이때 인간의 이성에 의해 발견된 법칙이 자연법(自然法)이다.

> "자연법은
> … 우리의 힘이 미치는 한(限) 생명과 신체기관들의 항구적 보존을 위해서, 해야 할 일과 간과해야 할 일들에 관여하는 올바른 이성의 명령이다.
> … 인간은 이 자연법에 의해, 인간의 생명에 해(害)가 되는 행위는 금지되어야 하며, 득(得)이 되는 행위는 고무되어야 한다."

그리하여 자연법이 자연권을 제약하게 된다. 이러한 자연법에 의한 자연권의 제한은 사회의 모든 성원간에 동시적으로, 그리고 상호적으로 약속하지 않으면 안 된다. 즉 그렇게 하기로 계약(契約)을 맺어야 한다.

그러나 여기서 계약만으로는 부족하다. 계약을 깨고자 하는 욕망이 있을 수 있고 계약을 실제로 깨는 사람도 있을 수 있기 때문이다. 그러므로 계약을 보장할 수 있는 강제적인 공공권력(公共權力: common power)이 요청된다. 이때 다수의 사람들의 동의(同意)에 의해서 한 사람 혹은 하나로서 정의(定義)되는 한 집단에 그 공공권력이 위탁되고 위탁받은 자가 주권자가 된다. 주권자는 신민(臣民: subjects)에게 사회에서 필요한 의무를 수행토록 강제할 권력을 가진다.

공권력이 주권자에게 주어진 것은 주권자와 신민 사이의 계약에 의한 것이 아니다. 이것은 신민 상호간의 계약에 의한 것이다. 그러므로 주권자가 임의로 계약을 수정·파기할 수 없으며, 신민도 계약의 실효(失效) 등을 이유로 내세워 복종을 거부할 수 없다. 일단 계약이 성립된 이상, 신민들은 자의(自意)로 자신의 자연권을 스스로 제한하여 그것을 주권자에게 위임할 것을 약속한 것이므로 주권자에 대해 절대복종을 하는 것이 의무이며, 주권자의 권위에 대해서도 도전할 수 없다.

그럼에도 불구하고, 보댕에서도 주권자의 주권에 유보가 있었던 것과 같이, 홉스도 그것에 유보를 두고 있다. 즉 인간의 자기보전권은 태생적인 것이고 이것을 위해 주권을 위임한 것이므로 주권자도 신민의 생존을 위협할 수는 없으며, 주권자가 인민을 살상·투옥할 때는 인민도 주권자에게 저항할 수 있다고 하였다. 저항이 성공하여 주권자가 권력을 상실하면, 그는 이 사실에 의해 더 이상 주권자가 아니며, 신민은 새로운 주권자에게 복종하면 된다. 이렇다고 할 때, 홉스의 사상은 군주제의 옹호에 핵심이 있었다기보다는 인간의 자기보존 이기심을 옹호하는 데에 핵심이 있었다.

후일의 사상가들은 홉스의 이론을 공화정이나 대의제 정부형태에 적용시키는 데에 아무런 곤란도 느끼지 않았다.

왕당파들은 "그러한 논리로 군주의 주권을 옹호할 바에야 차라리 홉스가 태어나지 않았더라면 좋았을 것"이라고 했다. 왜냐하면 그의 논리는 군주제가 의존하는 충성과 경외의 정서 등을 모두 약화시키는 용해제였기 때문이다. 국가가 개인을 위한 유용성의 차원으로 전락하였다고 그들은 개탄하였다.

위고 그로티우스 유럽에서 왕권이 강화되던 절대주의 시대는 전쟁이 빈번하였다. 절대주의는 왕의 전투에서의 승리와 더불어 성장하였다고도 말할 수 있다.

제해권(制海權)을 둘러싼 에스파냐와 터키 제국 사이의 레판토 해전(the battle of Lepanto, 1571), 무적함대의 참패(1588)로 끝난 에스파냐-영국 전쟁, 독일에서의 30년전쟁, 스페인-네덜란드의 80년전쟁 등이 그것이다. 이렇게 전쟁이 잦은 상황에서 국제관계 및 전쟁에 관한 사상은 어떠하였던가? 이에 관련한 최고의 이론가는 자연법에 기초하여 국제법의 기초를 놓은 위고 그로티우스(Hugo Grotius, 1583~1645)였다.

그로티우스는 네덜란드가 낳은 천재였으며, 남다른 삶을 산 특이한 존재였다. 그는 8살 때 라틴어로 운율에 맞춘 시(詩)를 쓰기 시작했으며, 11살에 라이덴대학(the University of Leiden)에 입학하였고 15살에 첫 저술을 내었다. 그리고 프랑스에서 잠시동안에 오를레앙대학(the University of Orleans)으로부터 법학박사 학위를 받았다.

헤이그(Hague)에서 변호사업을 개시하여 곧바로 번창하였을 때인 24살에 홀란드(Holland), 젤란트(Zeeland), 웨스트 프리슬란트(West Friesland) 등 3개 주를 통활하는 검찰총장으로 발탁되었으며(1607), 28살(1601)에는 로테르담(Rotterdam)의 시장(市長, pensionary)이 되어 네덜란드 연방 공화국 연방위원회(the State General)의 위원이 되었다. 그는 젊은 나이임에도 불구하고 최일급 정치인 중의 한 사람이 되었고 이로 인해 정상부(頂上部)의 권력투쟁에 연루될 수밖에 없었다.

당시 스페인으로부터 독립을 꾀하는 네덜란드 연방 공화국(the United Provinces of Netherlands)은 이 공화국의 통령(stadtholder)인 오렌지 공(公) 마우리스(the Prince of Orange, Maurice)가 이끌고 있었고, 이 공화국

위고 그로티우스

의 연방위원회는 국무장관인 올덴바르네벨트(Oldenbarnevelt)가 대표하고 있었다.

네덜란드 연방군 사령관으로서 스페인으로부터의 독립전쟁을 지휘해온 마우리스 공은 올덴바르네벨트의 정치적 후견인이었으나 올덴바르네벨트가 마우리스 공의 동의 없이 스페인과 12년 휴전조약을 체결함으로써 두 사람 사이에 긴장이 높아져 있었다. 그 긴장은 신학상의 분열로 절정에 달하였는데, 즉 마우리스는 정통 칼빈파의 주장을 좇아 타 교파와의 타협을 거부하는 입장이었고, 올덴바르네벨트는 자유의지를 신봉하는 야코부스 아르미니우스(Jacovus Arminius)의 종교적 관용 정책을 지지하였다.

마침내 마우리스는 자신에게 권력을 집중시키기 위해 연방위원회를 해산시키고 올덴바르네벨트와 그의 종교적 동조자인 그로티우스를 체포하였다(1618). 마우리스는 올덴바르네벨트를 처형하고 그로티우스에게는 종신징역을 부과하였다(1618, 35세).

그로티우스는 그의 대담한 처(Maria van Reigersbergen)의 도움으로 감옥에서 반출되는 책 상자 속에 몸을 숨겨 탈출에 성공하여 프랑스로 망명하였다(1621). 프랑스는 그를 환영하였고, 연금을 지급하였다. 여기서 그는 「전쟁과 평화에 관한 법」을 집필하였다. 그는 마우리스가 사망한 후 귀국을 원했으나 불허되었다. 그래서 그는 이번에는 독일 함부르크로 갔다(1632).

이곳은 스웨덴의 바로 이웃으로서 스웨덴의 유력자들과 쉽게 접촉할 수 있었고 스웨덴은 그에게 프랑스 주재 스웨덴 대사가 되어줄 것을 요청하였다. 스웨덴의 구스타프 국왕이 평소에 그의 저술을 말안장에 꽂고 다닐 정도로 높이 평가한 때문이었다. 그는 당시 17세기 유럽의 초 강대국이었던 스웨덴의 대사로서 10년 동안 그 자리에서 일했다. 이 기간에 그는 30년전쟁을 종결짓는 협상을 성공시키는 데에 조력하였다. 새로이 즉위한 여왕(Christina)이 그를 소환하였으므로, 스톡홀름으로 항해하던 중 풍랑을 만나 파선되어 크게 다쳤다. 그 후유증으로 세상을 떠났다 (1645, 62세).

그의 생존시기는 스페인과 네덜란드 사이의 80년 전쟁기간이었으며 또한 유럽에서 가톨릭 국가와 프로테스탄트 국가 사이에 벌어진 30년전쟁 기간이기도 하였다. 이런 여건에서 그로티우스가 국가와 국가 사이, 종교와 종교 사이의 분쟁에 깊은 관심을 가진 것은 조금도 놀라운 일이 아니다. 그는 좀더 넓은 도덕적 합의의 기반 위에서 그러한 분쟁들을 제어하기 위해 엄청난 노력을 하였다. 그는 국가들 사이에도 공통의 법이 있어야 한다는 것을 확신하였다. 현실적으로 전쟁과 관련한 법적인 억제 규정은 매우 부족하며 사람들은 매우 사소한 이유로, 어떤 때에는 전혀 아무 이유도 없이 전쟁을 향해 달려간다는 사실에 주목하였다. 그리고 전쟁이 한번 벌어지기만 하면 법에 대해서는 전혀 존경심을 갖지 않으며, 공공연히 범죄를 쉽게 저지른다는 것도 알았다.

그는 많은 사람들이 국제적으로 어느 정부의 행위를 규율할 수 있는 규범이 있을 수 있겠는가에 대해 회의(懷疑)를 하고 있다는 것을 잘 알고 있었지만 그러한 회의를 거부하는 사람들의 숫자가 많아지면 그러한 규범이 성립될 수 있으리라고 믿었다. 그는 시간이 다소 오래 걸릴지라도 국제법은 성립할 것이며, 국제법은 반드시 있어야 한다고 확신하였다. 그는 국제법은 자연법에 근거를 두어야한다고 생각했다.

그로티우스는 그의 자연법 이론에 입각하여 실제로 국제법의 기초를 놓은 사람이다. 우선 그의 자연법 이론을 보면 다음과 같다. 그는 자연법을 사물과 사건의 본질에 대해 그것의 옳고 그름을 가름하는 지각적 판단이라고 정의하였다. 그에 따르면 모든 사물과 사건은 그 스스로의 본질에 의해 옳고 그름을 지니고 있다. 이런 견해는 칼빈주의자의 생각을 깨뜨리는 것이다. 즉 하나님이 더 이상 윤리적인 것의 유일한 원천이 될 수 없다는 것이었다. 그는 평생 동안 칼빈주의에 맞서 싸웠다. 그는 때때로 기독교와 종교에 대하여 글을 썼지만 법에 대하여는 종교적인 의견과는 상관없는 독립적인 견해를 가지고 있었다.

그는 자연법의 원천은 인간의 본성이라고 하였다. 다시 말해 자연법을 낳은 어머니가 인간의 본성(human nature)이다. 인간의 본성으로부터 윤리·정치·법이 다 생겨나는 것이며, 따라서 윤리·법률·법은 따로따로 떼어서 생각할 필요가 없다.

인간의 본성은 두 가지 속성을 가진다. 첫째는 '자기보존의 욕구'(the desire for self-preservation)이며, 둘째는 '사회에의 필요'(the need for society)이다.

이 두 속성은 서로 협조하며, 서로 정보를 제공한다. 자기보존욕구는, 다른 사람들에 부응하려는 사회에의 필요에 의해서 제약되며, 사회에의 필요는 자기보존욕구에 의해 제약된다. 자기보존욕구와 사회에의 필요 충동은 둘 다 정서적이기도 하고 인식적이기도 하다. 또한 그 둘은 비합리적일 수도 있고 합리적일 수도 있으며 무분별한 본능의 힘을 가질 수도 있고 사려 깊은 계획을 가질 수도 있다. 우리들은 원천적으로 사회적 존재임과 동시에 자기보존적 존재이기 때문에 우리의 성공적인 생존을 위해서는 두 가지 속성에 따르는 것이 불가피하다. 예컨대 우리는 남에게 속한 것에는 손을 대지 말아야 하되, 순수하게 우리의 이익이 될 것에 대해서는 합리적으로 추구를 해야 한다.

자연법은 우리 인간에게 의무(obligation)를 지우고 있다. 다시 말해 우리 인간이 어떤 행동은 하고 어떤 행동은 하지 말 것을 요구하고 있다. 자연법은 우리가 우리의 합리성·사회성·자기보존에 필요한, 도움이 되는 행동을 할 것을 요구한다.

자연법은 나쁜 행동(evil deeds)은 반드시 고쳐져야 할 것을 요구한다. 자연법은 보상의 정의(compensatory justice)를 요구한다. 예컨대 도둑질해 간 물건은 되돌려질 것을 요구하며, 이러한 보상의 정의(正義)가 원상회복(restitution)이다. 나쁜 행동은 사회의 도덕적·법적 형평을 깨뜨리며, 다른 사람에게는 부당하게 피해를 입히면서 자기는 부당하게 이익을 취한다. 건강한 사회관계를 유지시키는 것은 필수적인 일이기 때문에 나쁜 행동을 벌하는 것도 필수적인 일이다.

다음으로 국제법에 관련된 그의 이론을 보면 다음과 같다. 그로티우스는 이렇다 할 이유도 없이 발생하는 무법적인 전쟁에 대해서는 그것에 대한 억지를 갈구했음에도 불구하고 다른 한편으로 정당한 전쟁을 인정하였다. 그는 전쟁이 법률적으로 정당한가 아닌가라는 질문에 대하여, 그것이 정의로운 전쟁이라면 자연법에 부합할 뿐만 아니라 때로는 자연법에 의해 촉구된다고 말했다.

"사람은 목적에 도달하려고 하며 또한 그 목적에 꼭 필요한 일을 하려 할 것이다. 우리들은 우리들 자신을 보호하지 않으면 안 되며, 우리들 생명에 꼭 필요한 사물을 지켜야 하며, 우리의 당연한 몫을 얻어야 하며, 범법자를 처벌하여야 하며, 이와 동시에 국가를 방위해야 한다···. 이런 신성한 목적들이 전쟁을 개시하고, 수행하는 원인이 된다···. 어떤 전쟁은 반드시 치러져야 하는 것이 하나님의 뜻이다···. 누구라도 하나님의 뜻, 즉 정의(正義)를 거부하지 않을 것이다···. "

그로티우스는, 일부 학자가 전쟁은 도덕과 법률의 영역 바깥에 있는 사태라고 주장하는 것과는 달리, 전쟁은 정의의 수단이 될 수 있다고 주장하였다. 그는 "법률적 해결에 실패하였을 때 전쟁이 시작된다"고 하고, 전쟁은 "아직 범해지지 않은 과오나, 이미 범해진 과오"에 대한 반응으로서 정당하게 수행된다고 말했다. 전쟁을 정당화시키는 목록은 길지만 한두 가지만 예를 들면, 처벌, 자기방어(自衛), 자선의 보호 등을 포함한다.

그러나 그는 자기방어에 한계를 부여하여, '다수에게 유용한' 공격에 대해서는 그것으로부터 자신을 방어할 권리를 누구도 갖고 있지 않다고 주장하였다. 이 원리는 개인과 국가 양쪽 모두에게 적용된다. 그러므로 사회의 중요한 누군가에 의해 공격을 받았을 때는 개인과 국가는 그것에 복종할 의무가 있다고 주장하였다.

전쟁이 정당하게 시작되었을지라도, 그 전쟁이 정의로울 수 있도록 정당하게 싸우지 않으면 안 된다고 그는 주장하였다. 그는 전쟁에서의 행위를 규율할 가장 기본적인 규칙은, 전쟁의 목적 달성이라는 견지에서, 꼭 필요한 일로 보이는 것만 허용되어야 한다고 주장하였다. 즉, 그에게 있어서는, 전쟁이 정의에 기여할 때에만 정당화될 수 있다는 것이었다.

그로티우스는 해양자유의 원칙을 이론화하였다. 1609년에 발표한 「바다의 자유」(The Freedom of the Seas)라는 논문에서 만약에 영국·스페인·포르투갈 같은 나라들이 바다를 제 맘대로 통제할 수 있다고 한다면 네덜란드는 동인도로 향하는 항해를 할 수 없게 될 것이다, 바다의 자유는 국민들과 국가들 사이에 의사를 소통하게 하는 핵심 국면이다, 바다는 무한히 넓고 불안정하며 고정된 경계를 둘 수 없기 때문에 어느 한 국가도 바다에 대한 통제를 독점할 수가 없다고 그는 주장하였다.

영국측에서는 바다는 육지의 연장으로서 연접(連接) 바다는 연안국이 독점적으로 사용하여야 한다고 주장하였다. 결국 육지로부터 어느 거리까지를 육지의 연장으로 볼 것인가에 대한 많은 논의는, 해안으로부터 3마일까지로 낙착을 보았다. 3마일은 대포의 착탄거리로서 육지영토를 보호한다는 의미에서 이 정도의 범위만큼은 자유해양에서 제외시키자는 데에 국제적으로 합의를 하였다.

마지막으로 국가의 권력에 관한 그로티우스의 견해를 보면 다음과 같다.

국가의 권력에 관하여 그는 '대체로' 군주의 절대권을 옹호하는 입장을 취하고 있다. 그러나 그의 이론은 군주의 절대권의 근거를 신의(神意)에 두는 루터나, 사회계약이라는 가정(假定)에 두는 홉스와는 달리, 개인의 권리에서부터 출발한다. 즉 그는 개인적인 사람들과 개인적인 사람들의 집단은 권리의 보유자들이라고 주장한다. 그는 앞에서 말한 자기보존과 자기방어를 위한 권리 이외에도 재산에 대한 권리를 열성적으로 옹호하였다. 이와 동시에 그는, 개인의 권리가 양도되거나 무효로 될 수 있는 여러 양상의 환경이 존재한다는 것을 강조하였다. 그는 노예제도를 비유로 들면서, 만약에 개인이 자기의 노동을 팔 수 있다면, 그는 자기의 자유도 팔 수 있을 것이다. 만약 그가 그의 자유를 전부 팔았다면, 그는 물론 노예가 된다. 그러므로 노예제도는 정의(正義)로운 사회와 배치되는 것이 아니라고 주장한다.

"그렇다면 어떤 사람들이 그들 자신의 의향으로 그들을 다스릴 권리를 한 사람이나 몇 명의 사람에게 양도하고, 그들 스스로는 그러한 권리를 전혀 갖지 않는 것이 부당하다고 할 이유가 있겠는가?"라고 하였다. 그에 따르면, 백성은 그들의 권리를 통치자에게 양도하고, 그 대신 평화롭고 안정된 사회를 부여받고 있다. 장기간에 걸쳐 발생하는 수많은 부분적인 결정들과 후속 결정들을 통해서, 개인들은 점진적으로 그들이 자연적으로 보유하고 있던 권력의 일부를 어떤 기관들에 양도해 주면서 그 기관들이 사회를 다스릴 것에 동의하였다. 마침내 그들 기관들은 하나의 단일하고도 확고한 실체로 조형(造形)되었는데, 그것이 국가이며 국가의 권력은 집단적인 합의의 결과이다. 그의 국가권력에 관한 이론은 홉스와 유사하나, 홉스에 비해 논리가 좀더 부드럽고 자연스럽다.

반왕당파설(反王黨派說)

반왕당파(monarchomaque)라는 용어는 왕이 잘못을 저질렀을 때 그에 대한 저항권을 주장하는 파(派)를 말할 뿐이지, 꼭 군주제 자체에 대한 반대를 주장하는 자들을 의미하는 것은 아니다.

종교개혁 원조들인 마르틴 루터와 요한 칼빈이 세속통치권자에 대한 맹목적 복종을 강조했음에도 불구하고, 종교개혁가 중에서도 존 녹스 같은 이는 인민저항권을 주장하였고 특히 칼빈파의 후계자들 가운데는 왕이 신의(信義)를 그르칠 때는 인민이 저항하는 것이 그리스도인(人)의 종교적 의무라고 하는 주장을 펴는 개혁가들이 많았다.

특히 반왕당파설은 프랑스의 칼빈 교도인 위그노들에 의해 가장 잘 제기되었다. 그들의 설은 주로 1572년 「성 바르솔로뮤 날의 대학살」(Saint Bartholomew Day's Massacre) 후에 나타난 것들이다. 그들은 샤르르 4세 왕의 명령에 의해 저질러진 그때의 학살참극을 경험한 사람들이었다.

헌정이론

헌정이론은, 절대왕정은 역사적으로 볼 때 자연적 관행에 위반된다고 주장하였다. 즉 중세의 역사를 통해 왕이 절대권을 가진 적이 없으며 왕위세습제도도 최근의 일로서 이것도 인민의 묵시적 동의를 전제로 하는 것이라고 주장하였다. 그 대표적 이론가는 프란시스 오토망이다.

오토망(Francis Hotman, 1524~1590)은 파리의 유명한 법률가 집안 출신으로서 오를레앙대학에서 법률공부를 하고, 1547년 신교로 개종하였다. 그는 칼빈의 비서가 되기 위해 제네바로 갔다가 칼빈의 추천으로 로잔(Lousanne) 대학의 역사학 교수가 되었으며(1550), 1553년에 제네바 시민권을 얻었다.

오토망

그는 그후 약 20년 동안을 위그노의 대표로서 가톨릭 측과의 비밀협상 등(정략적인 일)에 종사하면서도 가족의 안전을 위해 여러 곳을 옮겨 다녔고, 여러 대학에서 교수로서 명성을 얻었다.

그가 부르제대학의 교수로 있을 때 바르솔로뮤 대학살 사건이 일어났다. 그는 가족과 함께 프랑스를 탈출하여 다시 스위스로 가서 제네바 대학과 바젤(Basel) 대학의 교수로 있었다. 그는 나바르 공국의 앙리 왕(후일 프랑스의 앙리 4세 왕)을 보필하는 추밀원위원으로 임명되었으며(1585), 바젤에서 은퇴하여 그곳에서 죽었다.

오토망은 왕은 원칙적으로 선출되어야 하며, 그의 권력은 전 왕국(全王國)을 대표하는 국무회의에 의해서 제한된다고 주장하면서, 정치제도는 고대로부터의 고유한 관행과 국민의 동의에 기초한 헌법에 의거하여야 한다는 이른바 헌정이론(Constitutional Desire Theory)을 주장하였다. 그는 탁월한 법학이론가로서 평화가 이루어지기 위해서는 헌법이 있어야 한다고 주장하였다. 그는 프랑스의 법률들을 수렴하는 국가법전의 필요성을 널리 전파하였다. 그는 선출군주제와 더불어 대의정부(代議政府)를 주장하였다. 그에 따르면 왕은 그 사회의 목적에 봉사하기 위해서 인간 사회가 제도화한 것이며 따라서 왕의 권력은 제한된다. 이러한 헌정주의 이론은 「폭군토벌론」에서 체계화되었다.

「폭군토벌론」 「폭군토벌론」이라는 과격한 어감의 우리말로 번역되어 있는 이 소책자의 원래 제호(題號)는 「폭군에 대항하는 방어」(Vindiciae contra tyrannos: Defences against tyrants)라는 좀 더 온건한 이름이며, 인민주권과 법치주의의 사상을 핵심으로 담고 있다.

이 책자는 1579년 스위스의 바젤에서 스테픈 주니우스 브루투스(Stephen Junius Brutus)라는 가명(假名)의 저자로서 첫 출간되었다. 이 책의 진짜 저자는 1572년의 성 바르솔로뮤 대학살에서 간신히 목숨을 건져 망명한 위그노인 우베르 랑케(Hubert Lanquet, 1518～1581)와 필리페 디 모르네이(Phillippe de Mornay, 1549～1623)일 것으로 추정되고 있다.

이 책은 4개의 질문을 차례차례 제기하면서 그것에 대해 이론을 펴고 있다. 이 책의 내용을 원래의 순서대로 요약하면 아래와 같다.

1) 첫 질문은 백성은 군주에게 복종할 것인가, 하나님께 복종할 것인가이다. 역사의 모든 시대에서 백성들은 하나님에게 단순히 그리고 절대로 복

종해야 한다는 것을 성경은 증언하고 있다. 수많은 선지자들이 왕들의 명령은 하나님의 법에 어긋나서는 안 된다고 말해 온 것은, 하나님의 뜻은 언제나 옳지만 인간의 뜻은 때때로 옳지 않을 수도 있기 때문이다. 우리 인간들은 하나님의 계명에 대해서는 예외 없이 언제나 복종을 해야 한다는 것에는 의심의 여지가 없다. 그러나 한계를 가진 인간인 왕(王)에 대해서도 마찬가지여야 하겠는가?

2) 둘째 질문은, 만약 백성들이 왕에게 복종을 해야 한다면, 왕이 하나님의 법에 반(反)하는 명령을 내렸을 때, 백성은 어떻게 해야 하는가이다.

하나님은 무(無)에서 하늘과 땅을 창조하셨다. 그러므로 하나님이 주인이며 경영자이시다. 하나님의 권력은 무한하다. 왕들은 하나님의 대리인들로서, 왕의 권력은 유한하다. 이 지구의 모든 거주자는 농부들이건, 왕들이건, 제후들이건 모두가 하나님으로부터 급료를 받는 자들이며 가신들이다. 하나님은 왕이 그의 법을 지킬 것을 명하고 있으며 왕을 늘 그의 눈으로 보고 계신다. 만약에 왕과 그의 후계자들이 하나님에게 복종하면 왕국을 오래 보존하도록 하고, 그 반대이면 왕국에 대한 왕의 지배를 단기간으로 끝나게 할 것을 약속하고 계신다.

우리들은 두 종류의 성약(聖約)을 왕이 즉위할 때 했다. 첫째는 하나님과 왕과 백성 등 3자 사이의 약속이며(백성도 하나님의 백성이기 때문에), 둘째는 왕과 백성 사이의 약속이다(백성은 충성스럽게 복종을 할 것이며 왕은 바르게 다스릴 것이라는 약속). 첫 번째 약속에서 필수적인 것은 경건(敬虔)이며 두 번째에서 필수적인 것은 정의이다. 경건이 '부족'하였을 때 하나님은 보복자로서 왕과 백성을 벌하며, '정의'로부터 '이탈'하였을 때는 백성이 합법적 징벌자로서 '왕'을 벌해야 한다.

왕들은 하나님의 가신들이므로 그들이 중죄를 지었을 때에는 그들이 받고 있는 이익을 박탈하는 것이 당연하고 그들이 반역적일 때애는 그들의 소유를 박탈하는 것이 당연하다. 이렇다고 할 때 이 질문은 간단히 해결된다. 즉 "하나님이 주권적 주인이고 왕이 가신일진대, 우리가 가신에게보다는 주인에게 복종하는 것을 누가 감히 거부하겠는가? 만약에 하나님이 이것을 명령하시고, 왕이 그것에 반(反)하는 다른 것을 명령하였을 때, 우리가 왕에게 복종하기를 거부하여(그렇지 않으면 하나님에게 불복종을 하지 않을 수 없는) 불충자(不忠者)로 규정지어지면 자랑이 아니겠는가?"

3) 세 번째 질문은 하나님의 법을 지키기 위해 군주들에게 저항하는 것이 합법적인가이다(이 질문에 대한 해답의 말은 길다). 만약에 왕이 하나님의 법을 위반하고 교회를 황폐화시키며 그것의 회복을 방해한다면 누가 해결자가 되어야 할 것인가? 이러한 경우 구약에서는 유대백성들이 해결을 하였다. 마찬가지로 기독교 국가에서는 모든 백성에게 이것이 허용되어야 한다고 나는 믿는다.

그러나 누가 왕을 벌할 것인가가 문제이다. 왕이 성약을 한 것이 백성 각자를 상대로 한 것이 아니었다면 백성이 개별적으로 왕을 벌할 수는 없다. 백성이 전체 인민의 자격으로 저항할 때는, 백성은 그들 영토 내의 자연적 지도자들, 예컨대 지방행정관이나 자치도시의 관리들과 같은 하급관리자(상급관리자는 왕일 수도 있으므로 왕보다 낮은 관리자라는 의미에서)를 통해 행동해야 한다.

구약에서 보는 바와 같이 왕을 선택하는 분은 하나님이시지만, 왕을 세우는 자는 백성이다. 백성이 왕들의 손에 홀(笏: 왕권)을 쥐어주며, 하나님에 의해 선택된 왕을, 백성이 그들의 투표로써 승인을 한다. 왕들은 그들이 쥐고 있는 권력이, 하나님으로부터, 그리고 그 다음으로는 백성들로부터 나왔다는 것을 인정해야만 하며 그들의 최대의 관심과 생각을 백성의 이익을 위한 것에 두어야 한다. 왕들은 그들이 다른 사람들보다 훨씬 우수한 그 무엇으로 만들어졌으므로 마치 양떼나 소떼에게 명령을 할 수 있듯이 다른 사람들에게 명령할 수 있는 월등히 높은 위치에 있다는 헛된 상상에 들떠 있지 말고, 그들도 다른 사람과 같은 모습과 조건을 가지고 있으며, 그들의 왕관은 백성들의 어깨 위에 얹혀 있는 것이며, 앞으로는 그들 자신의 어깨에 국가의 크나큰 짐이 얹히리라는 것을 기억하도록 해야 할 것이다.

신명기 17장 14절에서, 모세가 말하기를 "네가 너의 하나님이 너에게 주신 땅에 이르러 그곳을 소유하고 그곳에 거하며 만일 네가 우리도 우리 주위의 열국같이 우리 위에 왕을 세우고 싶은 생각이 나거든 너의 하나님이 너의 형제 중에서 선택하신 자를 네 위에 세우라"고 하였다. 왕의 선택은 하나님의 소관이며, 왕을 세우는 것은 백성의 소관이라는 것을 확실히 알았을 것이다. 왕이 없는 백성은 있을 수 있지만 백성 없는 왕은 있을 수 없다. 왕은 백성에 의해 만들어지는 것이다. 그러므로 백성은 왕 위에 있다. 전체로서의 백성이 왕 위에 있다는 것은 가장 명백한 사실 중의 하나이다. 다른 사람에 의해 세워졌다면 세워진 사람은 그를 세운 사람들 밑에 있는 것이 당연하며 그의 권위는 다른 사람들로부터 받은 것이다. "한 국가를 배(船)에 비유한다면 왕은 선장이며, 전체로서의 백성은 배의 소유주이다. 소유주는 선장의 지시를 따르고, 선장은 공중의 선(善)을 도모한다. 선장은 다름 아닌, 좀더 무거운 짐을 지고 좀더 큰 위험에 자신을 노출시키고 있는, 공중을 위한 심부름꾼일 뿐이다.

왜 왕은 세워졌으며 그의 기본적 의무는 무엇인가를 우리는 알아야 한다. 우리는 정해진 어떤 일이 적절한 목적을 가지고 있을 때, 그 일을 옳고 좋다고 생각한다. 인간은 본질적으로 자유를 사랑하고 굴종을 싫어하며, 복종하기보다는 명령하기를 좋아한다. 그럼에도 인간이 자기 자신을 남의 명령에 종속시키는 것은 어떤 특수하고도 대단한 이익을 기대하기 때문이다. 왕들이 세워진 것은 정의를 유지하고 국가와 개인들을 위험과 무질서로부터 무력으로 보호하기 위해서이다. 성(聖) 어거스틴이 말한 것처럼 '주인이나 우두머리라고 불리는 자들은, 마치 남편이 아내를 위하여, 아버지가 자식들을 위해서 그렇게 하는 것처럼 다른 사람들에게 선과 유익을 제공하는 사람들이다.' 그래서 그들은, 그들에게 베푸는 자에게 복종을 하는 것이며, 베푸는 자는 그가 명령하는 대상자들에게 봉사를 하는 것이다. '그러므로 지배는 봉사 이외에 아무 것도 아니다. 왕들과 황제들의 유일한 의무는 백성에게 좋은 것(善)을 제공하는 것이다.'

왕들은 그 자신의 의지와 즐거움에 따라 일을 처리할 권한이 있는가? 왕이 법을 따라야 할 것인가, 아니면 법이 왕에 의해 좌우되어야 할 것인가? 법이 법으로 된 이유는, 법이 사람들에게 방향을 지시하고 사람들로 하여금 법에 복종하도록 하였기 때문이다. 법은 많은 현인들의 지혜를 몇 마디 말로 축약해 놓은 것이다. 법은 이성과 지혜 그 자체이며, 모든 교란으로부터 자유로우며, 인간들의 노여움, 야심, 증오 등에 의해 동요되는 것이 아니다. 여러 사람은 한 사람에 비하여 더 명확하게, 더 멀리 본다. 어느 한 사람의 의견에 따르기보다는 법에 따르는 것이 훨씬 낫다. 국가의 안녕이 법을 지키는 데에 의존한다면 법이 한 사람의 기분에 의해 좌우되어서는 안 된다. 만약 그렇게 된다면 정부의 지속적 안정이란 있을 수가 없다. "만약에 왕이 일시적 또는 계속적으로 정신 이상에 걸린다면 나라 전체가 불가피하게 황폐해지고 말 것이 아니겠는가? 그러나 만약에 법이 왕보다 우월하다면, 그리고 왕도 부하가 우두머리에게 하듯이 법에 복종을 하도록 규제되어 있다면 누가 왕보다 법을 덜 존중하는 정신나간 짓을 하겠는가?"

일반적으로 말해지고 있는 바와 같이, 백성은 왕의 노예가 아니며, 전쟁에서 붙들렸거나 돈으로 팔린 포로도 아니다. 백성은 하나의 전체로서 고려할 때 주인이며, 그들의 개개인은 왕의 형제들이거나 친척들이다. 다윗 왕이 백성들을 그의 형제라고 부르면서 부끄러워하지 않았다. 고대의 왕들은 '나의 아버지, 왕'이라는 뜻인 히브리어로서 '아비멜레히'(Abimelech)라고 불리었다. 온유와 자비의 하나님은 그의 왕들에게, 백성이 공포 때문에서가 아니라 사랑 때문에 복종을 하도록 하라고 가르치고 계신다.

"군주가 그의 백성을 형제처럼 다스린다면 그는 그가 위험 가운데서도 안전하게 살아갈 것을 확신할 수 있을 것이지만, 반면에 그가 그의 백성을 노예처럼 사용한다면 그는 그가 어느 사막에서 거대한 노예집단의 한 가운데에 혼자 남겨진 상황과도 비슷한 환경에서 불안과 공포 속에서 살아야 한다는 것을 명심해야 할 것이다."

앞서 본 바와 같이 왕을 세울 때는 계약을 맺은 이중의 약속이 있다. 첫째는 하나님과 왕과 백성 사이에서, 둘째는 왕과 백성 사이에서 맺은 이중의 약속이다. 이제 여기에 대해 다시 언급해야겠다.

첫 번째 약속(혹은 계약)에서 지켜야 할 오직 한 가지 의무는 '경건'이다. 그리고 두 번째 약속에서는 '정의'이다. 전자에서, 왕은 하나님에게 종교적으로 봉사하며 하나님의 영광을 위해 그의 노력의 최선을 다해야 할 의무를 진다. 그리고 후자에서 왕은 백성의 이익을 위해 최선을 다해야 할 의무를 진다. 첫째는 "만약에 네가 나의 계명을 지킨다면"이라고 표현되는 조건이며, 둘째는 "만약에 네가 정의를 각 사람에게 평등하게 나누어준다면"이라고 표현되는 조건이다.

그런데 왕이 잘 다스릴 의무와 정의를 공정하게 나누어주어야 할 의무를 경시하고, 거꾸로 그의 백성을 약탈하고, 타락시키며, 왕으로서의 진정한 자질을 방기한 채, 힘으로 백성을 굴종케 하고 복종서약을 시킨다면 어떻게 하겠는가? 만약 강도·해적·폭군이 인간사회와는 인연을 맺음이 없이 칼을 들고 너의 목을 겨누며 많은 돈을 내놓으라고 억압해 온다면 어떻게 하겠는가? 군주가 계약의 의무를 고의로 위반하면 그가 바로 폭군이다. 왕들 가운데는 합법적으로 왕이 되었으나 부당하게 다스리는 자가 있고, 불법적으로 왕이 되었으나 정당하게 잘 다스리는 자가 있다. 폭군이란 어떻게 해서 왕이 되었느냐에서보다는 그가 행위를 전제적(專制的)으로 할 때 붙여지는 이름이다.

나는 나에게서 빼앗아 가는 목자보다는 나를 먹여주는 도둑을 더 좋아하며, 나는 판사로부터 폭행을 당하는 것보다는 강도로부터 정의를 얻기를 더 좋아하고, 의사로부터 독약을 받아먹기보다는 돌팔이로부터 치료받기를 더 좋아한다.

자연법은 우리에게 우리의 생명과 자유를 지키고 유지할 것을 가르치고 명령하고 있다. 늑대에 대한 개들에서 보는 것처럼 자연은 이것을 본능에다 각인시켜 놓았다. 자연법뿐만 아니라 국가의 법도 모든 개인은 침략자에 대항해서 자신을 지킬 것을 규정하고 있다. 알렉산더 대왕이 침략을 해 왔을 때 그에게 저항하는 것은 합법적인 것이다. 사람관계와 규칙과 예의를 규정하는 시민법도 누군가가 폭력이나 일삼고 이 법을 어겼을 때는 저항할 것을 규정하고 있다. 자연법·국법·시민법이 모두 우리들에게 폭군에 대항하여 무기를 들 것을 명령하고 있다. 질서와 공중도덕을 위배하면서 백성을 지키겠다고 나서는 선동자들도 우리는 억압해야 하며 그들을 이성의 경계선 안으로 끌어 들여야 한다.

우리가 꼭 기억해야 할 것은 모든 군주들도 인간으로 태어났으며 그들의 이성과 열정도 다른 사람들의 그것과 다를 것이 없다는 사실이다. 그러므로 우리는 군주라고 해서 완전무결할 것을 기대해서는 안 된다. 그들도 실수와 부족과 과오가 있을 수 있다. 우리가 폭군으로 의심 없이 규정하는 자는 사리에 닿지 않게 안하무인격으로서, 또한 그의 백성들을 모욕하고 유린하는 도둑으로서 국가를 황폐하게 하며 법률적 절차와 법적 권한을 왜곡하거나 무시하고, 신앙과 약속과 정의와 경건을 경멸하며 그의 백성을 적으로 취급하는 군주를 우리는 폭군으로 선언해야 한다.

"그는 그의 위에 있는 주인들에 의해 폐위되거나, 혹은 공공의 안녕에 관련한 줄리아 법(the law Julia)에 따라 정당하게 처벌되어야 한다."

전체로서의 백성은 그들의 주권을 대표할 기구를 가져야 하며, 어떤 곳에서는 선제후(選帝侯), 자치영주, 귀족 등이 대표자가 될 수 있을 것이며, 혹은 다른 곳에서는 의회가 대표기관이 될 수도 있을 것이다. 폭군을 제거하는 데에 폭력 이외에 다른 수단이 없을 때, 대표기관이 백성들에게 무기를 들고 일어서라고 외치는 것은 전적으로 합법적인 것이다. 그러나 개인들이 제 마음대로 폭군들에 대하여 칼을 휘두를 수는 없을 것인데, 그 이유는 군주들이 특정 개개인에 의해 세워진 것이 아니라 전체 백성의 한 덩어리에 의해 세워졌기 때문이다.

4) 마지막으로 네 번째 질문은 이웃나라의 군주는 폭군에 의해 고통받

는 다른 나라의 백성을 도울 권리가 있는가이다. 폭군들이 이곳저곳에서 있어온 것과 같이, 폭군에 반대하는 이웃나라의 군주들이 있어 왔다는 것은 모든 역사가 증언하는 바이다. 이 시대의 군주들도 그같이 가치 있는 예를 본받아 폭군들의 몸과 마음을 억압해야 하며, 국가와 그리스도 교회 양쪽의 억압자들을 견제하여야 한다. 그렇지 않으면, 이웃나라의 군주들까지도 자칫하다가는 폭군이라는 악명의 칭호에 섞여 들어가 버리고 말 것이다.

이 나의 논문을 한 마디로 결론 짓는다면, 경건은 법과 하나님의 교회가 유지될 것을 명령하고 있다. 정의는 국가의 폭군들과 파괴자들이 이성으로 돌아갈 것을 요구하고 있으며, 자선은 억압받는 자를 구제하고 회복시킬 권리를 추구하고 있다. 이런 일들을 경시하는 자들은, 이 세상으로부터 경건, 정의, 자선을 완전히 내쫓아 버리는 엄청난 짓을 다 했을 경우에만, 이러한 말들을 듣지 않게 될 것이다.

이상으로 약 40쪽 분량의 「폭군토벌론」을 대강해서 소개하였다. 이 소책자는 역사적으로 중요한 문헌이며, 이 한 가지 이유만으로도 반드시 읽어야 할 책이다. 그러나 이보다 이 책을 더 흥미롭게 읽을 수 있는 더 큰 이유는, 저자들이 이 책 속에 집어넣은 찬란한 생각들에 있다. 그 생각들은 장차 정부의 통제로부터 벗어나는 개인의 자유와 관련한 서양 사상의 전개를 예견하고 있다.

중 상 주 의

절대주의의 성립의 경제적 배경은 상업자본가의 대두와 그들과 세속 권력과의 협력이었다.

15세기 이래 신항로의 개척, 신대륙의 발견 등으로 원격지 상업이 크게 확대되었고, 그에 따른 상인들의 주문 증가로 제조업도 크게 발달하였다. 이로 인해 상업자본가는 과거로부터 내려오는 토지귀족들과 경제적인 역량에서 대등하게 되었으며, 이 양자 사이에서는 세력균형이 이루어졌다. 이런 상황에서 군주의 입장은 매우 유리해졌다. 행동이 자유로워졌으며, 선택의 영역도 커졌다. 이것도 절대주의의 성립에 좋은 조건이 되었다. 군주는 자신의 권력 확장을 위해서는 귀족들보다는 상업자본가와 이해관계가 더 일치한다는 것을 알았다. 귀족은 지방분권적이고 자신의 지배영역을 고수하려는 입장이기 때문에 왕권의 신장에는 방해가 되는 것이었으며, 상업자본가측에서 볼 때도 귀족중심의 봉건제는 시장조성과 확대에 장애가 되었다. 그리하여 왕은 상업자본가의 요구를 도왔으며 상업자본가는 왕이 필요로 하는 돈을 제공하였다. 군주의 목표는 절대왕권이 통용되는 강력한 민족국가(nation-state)를 형성하는 것이었고, 이것이 상업자본가의 요구와 맞물려 생겨난 경제 정책이 중상주의(Mercantilism)였다. 정치적 절대주의가 시민권의 신장으로 말미암아 국권중심체제로 바뀌어 갈 때도, 중상주의는 여전히 부국강병의 경제 정책으로서 18세기 말까지 유럽의 강자인 영국과 프랑스에서 지속되었다. 중상주의는 유럽경제가 과도기에 처해 있을 때 발전하였다. 분산적인 중세사회는 중앙집권화된 민족국가로 대체돼 가고 있었다.

16세기 중세기에서 중상주의를 추구하는 가장 중요한 이론적 근거는 좀더 크고 강력한 민족국가들(nation-states)을 지역 권력의 중심부로 만들어 이들을 공고히하자는 것이었다. 다시 말해 중상주의는 국가를 부강하게 만드는 데에 목적을 둔 경제적 민족주의(economic nationalism)였다. 중상주의의 국부를 위한 기본 정책은 무역에 있었다. 무역에서 수입을 억제하고 수출을 진작시켜 금·은과 같은 귀금속을 많이 보유하려고 하였다. 그들을 경화(硬貨)의 보유량과 국부(國富)를 동일시하였다. 그들의 정책은 무역에서 흑자를 내고 국내에서 고용을 유지하는 것이었다. 보강 정책들로서 유럽 바깥에 식민지를 건설하고, 농업보다는 상대적으로 유럽의 산업과 상업을 더 성장시키며 무역의 양과 범위를 증가시키고, 구상무역에 의한 단순한 교환보다는 상대적으로 특히 금 · 은의 획득에 중점을 두어 귀금속 화폐체계를 신장시키려 하였다.

중상주의 시대 동안에, 민족국가 사이의 무력 분쟁은 역사상 다른 어느 시대에 비해서 보다 훨씬 더 잦았으며, 더 치열하였다. 주요 국가들의 육군과 해군은 이제 더 이상 어떤 특수 위협이나 특수 목적에 투척하기 위해 마련한 임시 병력이 아니라 직업적인 상비 병력이었다. 각 정부의 기본적인 경제 목표는 다른 나라로부터의 공격을 저지하고 자기 영토를 확장할 자국 군대를 지원할 수 있는 충분한 양의 경화를 확보하는 일이었다. 중상주의 정책은 이론가들에 의해서가 아니라 상인과 공무원들에 의해 추구되었다. 상인 계급은 그들이 민족국가의 군대를 지원할 모든 공과금과 세금을 지불하는 대신에, 정부로 하여금 그들의 사업상의 이익을 외국과의 경쟁에서 보호해 줄 정책을 수립해 주도록 유도하였던 것이다. 나라들은 거의 언제나 전쟁에 직면하고 있었기 때문에 상대 국가의 금·은을 고갈시키는 것은 무역에서 직접 이익을 얻는 것과 다름이 없는 바람직한 일이었다.

중상주의자들은 경제 체계를 제로-섬 게임으로 보았다. 즉 그들의 생각으로는, 어느 한쪽이 얻으면, 다른 쪽은 반드시 그만큼 잃는 것이었다. 그러므로 경제 정책이 어느 한쪽에 이익을 주고자 할 때에는 다른 쪽에 필연적으로 해를 주는 것이 되며, 경제가 공동의 선을 증가시키기 위해 사용될 가능성은 전혀 없는 것이었다.

이 시기에 무역에서 일어난 중요한 변화는 복식부기제도와 현대식 회계 방식의 도입이었다. 이러한 새로운 도입은 무역의 입출입 내역과 균형을 면경알처럼 선명하게 들여다 볼 수 있게 하였다.

보호무역 정책은 여러 형태로 실천되었다. (1) 국내적으로, 정부는 새로운 산업에 대하여 자본을 제공하고, 길드의 규칙과 세금을 면제시키며, 국내 및 식민지 시장에서 독점권을 부여하고, 성공적인 생산에 대해서는 칭호와 연금을 제공토록 하는 것이었다. (2) 정부는 국내 제조업자와 경쟁이 되는 물품의 수입에 대하여 관세, 할당(쿼터), 금지조치 등의 제재를 가하여 국내 산업을 지원하였다. (3) 연장(도구), 주요 장비의 수출을 금지시키고, 숙련 노동자의 해외 이주도 금지시켰다. 이것은 장비나 숙련 노동자들이 외국 산업을 도와줌으로써 국내 산업과 경쟁을 벌이게 될 것을 우려한 때문이었다. 이와 동시에 외교관들은 주재국의 제조업자들을 자기나라(외교관의 나라)로 이민을 오도록 부추겼다. (4) 국토의 땅은 한 뼘이라도 농업·광업과 제조업을 위해 활용되어야 한다고 믿었으며, 국내에서 발견·생산되는 모든 원료는 국내 제조업에서 사용되도록 하였다. 그 이유는 완제품이 원료보다는 더 높은 가치를 가지기 때문이었다. (5) 금·은의 수출을 전적으로 금지시켰으며 모든 국내 화폐는 모두 통용토록 하였다. (6) 외국 물건의 수입은 가능한 한 억제하며, 수입이 불가피하여 들여오는 물건에 대해서는 금·은 대신에 다른 국내생산품으로 결재하였다. (7) 수입품은 원료에만 한정토록 하였으며 들여온 원료들은 국내에서 완제품을 제조하는 데에만 사용하도록 하였다. (8) 노동인구는 되도록 대규모로 보유하도록 하되 노동자와 농민은 '생계를 겨우 유지하는 한계선'에서 살도록 하는 것이 좋다고 보았다. 이들 '하층계급'은 돈과 시간에 여유를 갖거나 교육을 받으면 필연적으로 못된 짓을 하거나 게으름을 피울 것이며, 경제에 해로움을 결과시킬 것이라고 그들은 생각하였다.

영 국 영국은 엘리자베드 1세 여왕(1558~1603) 시절에 최초의 대규모적이고도 통합적인 중상주의 정책을 시작하였다. 이 시기는 엘리자베드 여왕 정부가, 스페인에 대항할 수 있는 해군과 상선단을 건설하기 위해 산만한 각종의 노력을 기울이고 있던 때였다. 당시 스페인은 국내에서 귀금속을 보다 더 많이 보유하기 위해서 해상 무역에서 횡포를 자행하였다. 엘리자베드의 중상주의 정책을 입안한 대표적인 인물은 그 자신이 상인인 토마스 먼(Thomas Mun, 1571~1641)이었다. 중상주의 정책은 투도르 왕조(Tudor dynasty)와 스튜아트 왕조(Stuart dynasty) 시기에도 줄곧 채용되었으며, 이때에 로버트 월폴(Robert Walpole)의 역할이 컸다. 영국에서, 국내 경제에 대한 정부의 통제는 일반법과 의회의 착실한 권력 신장으로 말미암아, 대륙의 그것에 비해서는 훨씬 약하였으나, 정부 통제에 의한 독점은, 특히 시민전쟁 이전부터도 흔히 있는 일이었다.

국내정책 중의 한 가지는 '노는 땅'을 농산물 생산지로 전환시킨 것이었다. 중상주의자들은 국가의 모든 땅과 모든 자원을 최대한 활용하는 것이 국가권력을 극대화시키는 길이라고 믿었다. 그후 영국에서 중상주의가 절정에 이른 것은, 유력 상공인들이 대거 의회에 진출하여 이제 도리어 왕권을 견제하던 장기 의회 정부(the Long Parliament Government, 1640~1660) 기간 동안이었다. 영국의 중상주의는 주로 무역을 통제하는 형태를 취하였다. 수출을 장려하고 수입을 억제하는 광범한 규정들이 실시되었다. 수입에 대해서는 관세가 부과되고 수출에 대해서는 장려금이 교부되었다. 그리고 원료의 수출은 완전히 금지되었다.

크롬웰(Oliver Cromwell, 1599~1658)의 집권기인 1651년에 통과시킨 「항해법」(航海法, the Navigation Act)은 외국배들은 영국 연안에서의 교역에 종사하지 못하도록 금지시키고, 대륙으로부터 수입되는 모든 상품들은 영국배로 운송하거나 아니면 상품의 원산지 국가에 등록되어 있는 배로 운송하도록 규정하였다.

1663년의 「주요상품에 관한 법」(the Staple Act)은 「항해법」을 연장하여, 유럽으로 수출되는 모든 식민지의 산품들은 일단 영국의 항구에 하적(下積)하였다가 다시 목적지로 재 수출할 것을 요구하였다.

영국은 자신들의 식민지들에 오로지 원료만을 생산하여 오직 영국과만 무역을 하도록 허용하였다. 이런 정책은 식민지의 주민들과의 갈등을 야기시켰으며 미국독립전쟁을 일으킨 주요한 원인들 가운데 하나가 되었었다. 그러나 전체적으로 볼 때, 중상주의 정책은 영국을 세계의 주도적인 무역국가 및 국제적인 초강대국으로 만드는 데에 주요한 영향을 미쳤다.

프 랑 스 프랑스에서는, 군주정치가 프랑스 정치에서 주세력이 된 직후인 16세기 초에 중상주의가 일어났다. 1539년 스페인으로부터의 양모 제품 수입을 금지시키는 법령을 공표하였고 그 이듬해에는 귀금속의 수출을 규제하는 여러 조처들을 취하였다. 16세기 나머지 기간 동안에 더 많은 보호주의 정책들을 도입하였다. 프랑스에서의 중상주의 발달은 루이 14세 밑에서 22년 동안이나 재무장관직에 있은 장

1666년의 콜베르

밥티스트 콜베르(Jean Baptiste Colbert, 1619~1683)와 밀접한 관계가 있다. 그래서 프랑스 중상주의를 때로는 '콜베리즘'이라고 부르기도 한다. 콜베르의 지휘 아래, 프랑스 정부는 수출을 증가시키기 위해 경제에 깊이 개입하였다. 보호주의 정책은 수입을 제한하고 수출을 장려하기 위한 것들이었다. 산업들은 길드와 독점체제로 조직되었고, 생산은 정부 지침에 의해 규제되었다. 정부는 지침에서 얼마나 많은 갖가지의 다양한 제품들이 생산되어야 하는가를 지시하는 수천가지의 지침들을 산업체들에게 내려보냈다.

산업을 진흥시키기 위해 외국으로부터 외국인 장인(匠人)들과 기술자들을 데려 왔다. 콜베르는 또한 무역에 지장을 주는 국내의 장벽들을 없애고 내부 관세도 줄였으며, 도로와 운하를 서로 연결한 건실한 수송망을 건설하였다. 콜베르의 정책은 대단한 성공을 거두었다.

프랑스의 산업 생산과 경제는 이 시기에 괄목하리만큼 성장하였으며 프랑스는 유럽의 패권국가로 되었다. 그러나 프랑스를 무역대국으로 만드는 데에는 덜 성공적이었으며, 무역 부분에서는 영국과 네덜란드가 유럽에서 선두를 유지하였다.

영국, 프랑스, 기타 국가들이 취한 해양정책은 해양에서의 주도권을 장악하기 위해서였다. 이 시기엔 식민지의 증가와 더불어 신대륙으로부터 스페인과 포르투갈로 금이 점점 더 많이 운송됨에 따라 해양에 대한 통제권은 국가권력의 크기를 가늠하는 핵심으로 간주되었다. 이 시대의 각 정부들은 강력한 해군과 상선단(商船團)의 건설에 힘을 쏟았다. 프랑스의 콜베르는 프랑스 항구에 입항하는 외국 선박들에 대해서 부담을 가중시키고 프랑스 조선업자들에 대해서는 보조금을 지급하였다.

기타 국가 유럽의 다른 나라들도 일반적으로 중상주의를 허용하였으나, 그 정도에는 차이가 있었다. 극히 효율적인 무역국가로서 유럽의 금융 중심지가 된 네덜란드는 무역규제에 흥미가 없었으며 중상주의를 거의 채용하지 않았다.

중부 유럽과 스칸디나비아에서는 30년전쟁(1618~1648)이 끝난 이후에 중상주의가 두드러졌다.

신성로마제국의 합스부르크 가문 출신 황제들은 주상주의 정책에 오랫동안 관심을 갖고 있었으나, 제국이 방대하고 분권화된 특성으로 말미암아 중상주의의 실천이 용이하지 않았다.

그러나 제국 내의 일부 공국들은 중상주의를 채용하였는데 특히 프러시아가 그러하였다. 프러시아의 프레더릭 대공(Frederick the Great)은 아마도 유럽에서 제일 철저하게 경제를 통제하였다.

스페인에서 17세기에 경제가 붕괴할 때 그들은 거의 경제정책을 갖고 있지 않았으나 필립 5세가 프랑스로부터 중상주의를 도입한 것이 약간의 성공을 거두었었다.

러시아에서는 피터 1세 황제(Peter the Great)가 중상주의를 시도하였으나, 상인계급의 부족과 산업 기반의 취약으로 인해 거의 성공을 거두지 못했다.

제 13 장

과학의 발달과 근대철학

종교분쟁과 교회세력의 분열은 종교적 힘의 상대적 위축을 가져왔고, 이로 인하여 르네상스 때에 태동한 예술과 과학이 종교적 압력을 벗어나 다시금 독자적으로 발전하게 되는 계기를 주었다. 이것은 17세기의 과학의 눈부신 승리로 선언될 수 있으며 이로써 근대가 개시되었다.

과 학 혁 명

근대는 과학이 존재함으로 말미암아 과거의 시대와는 다르다. 그래서 우리는 17세기의 과학적 성과를 「과학혁명」(Scientific Revolution)이라고 부른다. 17세기 이전까지는, 기원전 5세기의 플라톤과 10세기의 토마스 아퀴나스가 1500년의 시차에도 불구하고 서로 대화할 수 있고 서로가 이해할 수 있는 동위의 세계를 형성하고 있었지만, 17세기 이후에는 뉴턴이 하는 말을 플라톤이 도무지 이해할 수가 없는 세계로 변화하였다. 그 이유는 거듭 말하지만, 과학의 발달 때문이었다. 17세기에 이루어진 과학적 발명·발견을 잠시 열거해보면 다음과 같다.

- 복안현미경: 1590년경에 발명되었다.
- 망원경: 1608년 네덜란드인인 리퍼쉬(Lippersy)에 의해 발명되었다. 이것을 제일 먼저 과학적인 목적에 사용한 사람은 갈릴레오였다. 갈릴

레오는 한난계도 발명했을 가능성이 크다.

- 기압계는 갈릴레오의 제자인 토리첼리(Torricelli)가 발명하였다.
- 공기펌프는 게리케(Guericke, 1602~1686)가 발명하였다.
- 자석은 1600년에 길버트(Gilbert, 1540~1603)에 의해 발명되었다.
- 혈액순환이 하비(William Harvey, 1578~1657)에 의해 발견되었다. 하비는 근대 생리학의 개조로 불리는 영국의 의사로서 혈액순환을 재발견, 심장에서 폐로 흐르는 소순환과 심장에서 전신을 도는 대순환이 있음을 밝혔다. 하비 이전에는 갈렌(Galen, 129~200AD)에 따라 피는 심장으로부터 일방적으로 흘러 장기에 이르러 소멸되는 것으로 믿었다.
- 정충(精虫)과 세균은 리우벤회크(Leeuwenhoek, 1632~1723)가 발견하였다.
- 로버트 보일(Robert Boyle, 1627~1691)은 보일의 법칙(일정온도에서 일정량의 기체의 압력은 그 부피에 반비례한다)을 발견하였다.
- 대수(對數: log)는 나피에르(Napier)가 1614년에 발견하였다.
- 해석기하학은 17세기의 몇몇 수학자들의 연구로 이루어진 것이지만 데카르트(Descartes)의 공적이 가장 크다.
- 미분과 적분은 뉴턴(Newton)과 라이프니츠(Leibniz)가 각각 따로 발견하여 오늘날 모든 고등 수학의 도구가 되어있다.

이러한 숱한 기계기구의 발명과 과학적 발견들이 이루어진 가운데서도 특별히 4명의 뛰어난 과학자가 이 시대를 빛냈다. 코페르니쿠스, 케플러, 갈릴레오, 뉴턴이 그들이다. 이들이 17세기 이른바 「과학혁명」(Scientific Revolution)을 가져온 주인공들이다.

코페르니쿠스 니콜라우스 코페르니쿠스(Nicolaus Copernicus, 1473~1543)는 폴란드 사람으로서 성직자였다. 그는 젊은 시절에 이태리를 여행하여 이태리 르네상스의 상황을 목격하였다.

그는 1500년에 로마에서 수학 교수직에 있다가 귀국하여 여가만 있으면 천문학에 정력을 쏟았다. 그는 태양 중심 우주론(heliocentric cosmology)를 제창하여, 우주의 중심으로부터 지구를 밀어냈다. 그는 태양이 움직이는 것이 아니라, 지구가 태양을 중심으로 2중의 운동을 하고 있다고 주장하였다. 태양이 우주의 한 가운데에 있고, 지구가 하루 한 번의 자전(自轉)과 1년에 한 번 태양을 도는 공전(公轉)을 한다고 하였다. 그는 모든 천체의 운동은 원형이며 또 통일되어야 할 것은 자명한 일이라고 생각하였다.

그의 고찰에서 그리스 천문학자들이 미처 생각지 못한 것은 하나도 없었지만 근 1000년 중세 동안 세상에서 잊혀졌던 과학의 원리를 재생시킨 것이었다. 그는 아리스토텔레스의 태양 중심설을 모르는 것처럼 보였다. 그러니만치 그의 학설은 그 자신의 독자적인 노력의 결과라고 봐야 할 것이다. 그는 진실하고 정통적인 신자였으므로 그의 주장으로 인해 우주의 중심이 지구로부터 태양으로 옮아가는 것을 원치 않았다. 그래서 그는 그의 학설이 성서에 위배된다는 견해에는 끝까지 반대하였다.

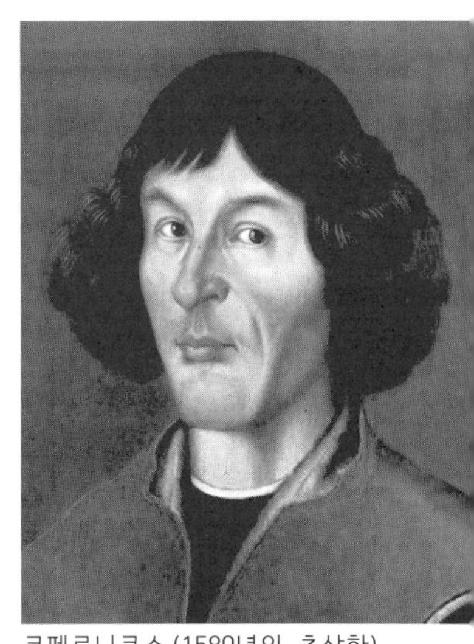
코페르니쿠스 (1580년의 초상화)

루터는 코페르니쿠스의 지동설이 나오자, 성경의 여호수아기(10장:11~12)에는 기브온 전투 때 태양을 중천에 머무르게 하였다는 기록을 증거로 하여 지동설은 "주제넘은 점성가의 말"이라고 비난하였다. 코페르니쿠스는 이러한 비난을 두려워하여 자기의 학설을 출판하려고 하지 않았으며, 그가 죽은 해(1543)에 출판한 주요저서인 「천체 운행에 관하여」에서 그를 대신하여 친구가 쓴 서문에서 태양중심설은 단지 일종의 가설로서 쓴 것이라고 변명을 하였다.

코페르니쿠스의 장점은 관찰에 있어서의 꾸준한 인내력과 가설을 구성하는 대담성이었다. 그는 하늘에 나타난 천체의 운동에 대하여 그 당시의 기구로써 알 수 있는 것은 모조리 알고 있었다. 그리하여 그는 지구가 자전한다는 것이 다른 모든 천체가 돈다는 것보다 유리한 학설이라는 것을 알게 되었다.

그의 꾸준한 관찰과 대담한 가설의 구성은 후배들에게 천문학 연구의 한 방법론을 제시한 것이 되었다. 그의 방법론이 미친, 좋은 영향은 첫째 옛날부터 믿어오던 것이 옳지 못한 것일 수도 있다는 사실을 인정한 것이고, 둘째는 과학적인 사리의 판단은 꾸준히 사실을 수집하고, 또 그 사실을 서로 연결시키는 법칙을 대담하게 예측해 보는 데 있다는 것이었다.

케 플 러 요하네스 케플러(Johannes Kepler, 1571~1630)는 독일의 수학자·천문학자이며 「과학혁명」의 핵심인물 중의 한 사람이다. 코페르니쿠스의 태양중심설이 나온 지 약 1백년 이후에 다시 태양중심설을 내놓은 천문학자이다. 그런데 그의 태양중심설은 태양을 중심으로 하는 유성의 운동에 관한 새로운 법칙을 밝힌 점에서 코페르니쿠스를 능가하였다. 그가 내놓은 유성운동에 관한 3가지 법칙은 다음과 같았다. 첫째 유성들은 태양을 초점으로 하여 그 주위를 타원형의 궤도를 그리며 돈다. 둘째 유성과 태양을 연결하는 직선은 같은 시간 내에 같은 크기의 영역을 지나간다. 셋째 어떤 유성의 공전기간(P)의 제곱은 그 유성과 태양과의 평균거리(d)의 세제곱과 비례한다($aP^2=d^3$, a=상수).

앞의 두 법칙은 1609년에 발표되었으며, 나머지 하나는 1619년에 발표되었다. 유성이 타원형으로 운동한다는 첫번째 법칙을 현대인들은 쉽사리 이해할 수 있을 것이지만, 그 당시에는 전통적인 관습과 다른 것이어서 이해하는 데에 커다란 노력이 필요하였다. 전통적으로 원은 완전한 형체이므로 신이 만든 천체는 분명히 완전한 모습인 원으로 운동을 할 것이라고 믿었다. 그리고 원운동은 자연스러운 것이지만 타원은 그렇게 생각되지 아니하였다. 그러므로 케플러의 첫번째 법칙이 받아들여지기까지는 상당한 시간이 걸렸다.

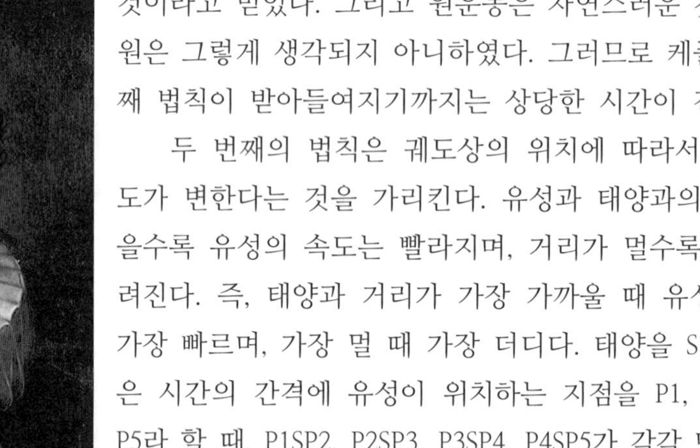

케플러 (1610년의 초상화)

두 번째의 법칙은 궤도상의 위치에 따라서 유성의 속도가 변한다는 것을 가리킨다. 유성과 태양과의 거리가 짧을수록 유성의 속도는 빨라지며, 거리가 멀수록 속도는 느려진다. 즉, 태양과 거리가 가장 가까울 때 유성의 속도는 가장 빠르며, 가장 멀 때 가장 더디다. 태양을 S라 하고, 같은 시간의 간격에 유성이 위치하는 지점을 P1, P2, P3, P4, P5라 할 때, P1SP2, P2SP3, P3SP4, P4SP5가 각각 만드는 면적의 각 크기는 같다는 것이 그의 법칙이다.

세 번째 법칙은 단순화시켜 말하면 유성과 태양의 거리가 멀수록 유성의 공전기간이 길다는 것을 의미한다. 이 법칙은 뉴턴 인력(引力)에 관한 역제곱의 법칙(law of the inverse square)을 입증해 주었다(후술).

갈릴레오

갈릴레오 갈릴레이(Galileo Galilei, 1564~1642)는 이태리의 수학자·물리학자·천문학자로서 뉴턴을 제외하고는 근대 과학의 가장 위대한 창시자 중의 한 사람이다. 그는 미켈란젤로가 죽은 날에 태어났고, 뉴턴 태어난 해에 죽었다. 갈릴레오는 코페르니쿠스를 지지하였다. 태양중심설과 지동설을 강력히 주장하였고, 그는 케플러와도 편지 왕래를 하면서 그의 발견을 받아들였다. 갈릴레오는 네덜란드 사람이 최근에 망원경을 발명했다는 소식을 듣고 그도 망원경을 만들어서 재빨리 천체를 관찰하였으며 여러가지 중요한 사실들을 발견하였다. 그는 금성의 상(像)을 포착하였으며 목성(木星)의 4 위성들을 발견하였다. 그는 또한 은하(銀河)가 수많은 별로 이루어져 있다는 것을 발견하였다. 우주는 그때까지 생각하던 것보다 훨씬 더 크고 넓다는 것을 깨닫기 시작하였다.

그는 또한 역학의 창시자였다. 그는 역학에 있어서 가속도의 중요성을 발견하였다. '가속도'라는 것은 크기나 혹은 방향에 있어 속도의 변화를 의미한다.

그는 처음으로 낙하하는 물체의 법칙을 발표하였다. 이 법칙은 '가속도'의 개념을 정립한 가장 간단한 법칙이다. 이 법칙은 자유로 낙하하는 물체는 공기의 저항이 없는 한, 그 가속도가 일정하다고 한다. 한편 그 가속도는 그 물체의 무겁고 가벼움, 크고 작음에 관계없이 모든 물체에 대하여 동일하게 해당된다는 것이다. 이 법칙의 철저한 증명은 1654년경에 공기펌프가 발견됨으로써 가능해졌다. 이때부터 진공 상태에서 물체가 떨어지는 것을 실제로 볼 수 있었으며, 깃털이나 납이나 다 같은 속도로 떨어지는 것을 알게 되었다. 갈릴레오의 증명은 물질의 큰 덩어리나 작은 덩어리는

갈릴레오 (1636년의 초상화)

낙하 속도에서 아무런 차이도 없다는 것이었다. 그리고 만일 물체가 진공 속에서 자유롭게 낙하한다면 그 속도는 일정한 비율로 증가한다. 매초마다 속도가 약 32피이트씩 증가한다는 것이다. 이것이 가속도이다.

갈릴레오는 탄환의 날아가는 속도와 떨어지는 곡선에 대하여 연구하였다. 그는 탄환이 수평으로 날아갈 동안의 수평속도는 「관성의 법칙」에 따라 항상 일정하며, 탄환이 떨어지기 시작하고부터는 관성의 법칙과 낙하의 법칙이 작용하여 곡선을 그리며 낙하하지만, 밑으로 향하는 수직속도만은 낙하의 법칙에 따라서 속도가 점점 증가한다는 것을 보여주었다. (이때까지만 해도 뉴턴이 없었으므로 탄환이 왜 떨어지기 시작하는지 정확한 이유를 몰랐다).

갈릴레오는 진자(振子)의 법칙을 발견하였다. 산델리아 등(燈)이 큰 폭으로 흔들리건 작은 폭으로 흔들리건 한 번 흔들리는 데에 요하는 시간은 같다. 길이 981mm의 추가 한 번 흔들리는 데 걸리는 시간이 1초이다. 이것이 자연법칙이다. 바이올린 현(絃)은 같은 길이, 같은 조임에서는 같은 소리가 난다.

갈릴레오는 종교재판에서 유죄를 선고받았다(1633). 그러나 그는 자기의 학설을 취소하고 지구의 공전, 자전을 주장하지 않기로 약속하고 방면(放免)되었다. 이 때문에 이태리에서는 몇 세기 동안 과학이 발달하지 못했다.

뉴 턴 아이작 뉴턴 경(Sir Isaac Newton, 1642～1727)은 영국의 물리학자·수학자·천문학자로서 인류 역사에 가장 크게 영향을 미친 사람 중의 한 사람이다. 뉴턴은 부유한 농부였던 그의 아버지가 죽은 지 석달 후에 태어났다. 그는 그의 어머니의 말에 의하면 찻잔 속에 들어갈 만한 아주 작은 미숙아였다. 그의 어머니는 그가 두 살 때 재혼을 하였고 뉴턴은 외할머니에게 맡겨졌다. 그는 의붓아버지를 싫어하였고, 재혼을 한 어머니에 대해서도 적개감을 가지고 있었다. 그는 "아버지와 어머니를 불태워 죽이겠다고 협박을 하였다"고 회고하였다. 그는 12살부터 17살까지는 그랜트함의 킹스 스쿨(the King's School, Grantham)에 다녔다. 어머니는 남편의 사망으로 다시 과부가 되었으며 뉴턴을 농부로 만들려고 하였다. 그러나 킹스 스쿨의 교장이 어머니를 설득하여 뉴턴을 학교로 데려왔다. 그는 이 학교의 최일급 학생이었다. 뉴턴은 1661년 6월 케임브리지에 있는 트리니티대학(the Trinity College, Cambridge)에 근로학생으로 입학하였다. 당시 이 대학은 아리스토텔레스 중심의 교육을 하였으나, 뉴턴은 데카르트와 같은 좀더 진보적인 철학자의 생각과 코페르니쿠스, 갈릴레오, 케플러와 같은 천문학자들의 이론을 더 좋아하였다. 그는 1665년 수학으로 학위를 받았다(23세). 2년 후 그는 이 학교의 강사가 되었다. 그는 수학·광학·역학에서 천재로서 인정받기 시작하였다.

뉴턴 (1689년의 초상화)

뉴턴은 만유인력의 법칙을 발견하였다. "즉 모든 물체는 두 물체의 질량을 곱한 것에 정비례하고, 두 물체 사이의 거리의 제곱에 반비례하는 힘으로써 서로 끌어당긴다. 두 물체의 질량을 각각 a, b라 하고 a, b 사이의 거리를 ℓ이라 할 때 두 물체 사이의 인력의 크기 $\theta = a \cdot b/\ell^2$이다. 이러한 항식(恒式)에서 그는 유성과 그 위성들의 운동, 혜성의 궤도, 조수(潮水) 등 모든 유성에 관한 학설을 유도해 낼 수 있었다. 그래서 그는 코페르니쿠스(예, 지구의 공전)와 케플러(예, 유성의 공전기간의 제곱은 그것의 태양으로부터의 평균거리의 세 제곱에 비례한다), 갈릴레오(예, 탄환의 낙하)가 마련해 놓은 가설을 진실인 것으로 완성시켰다.

뉴턴은 생명 없는 물체가 움직이게 되는 힘의 원천에 대한 개념을 도입하지 않고서도 천체의 운행에 관한 방정식을 세울 수 있다는 것을 보여주었다. 관찰할 수 있는 것은 물체와 물체 사이의 배치와 가속도뿐이다. 이와 같은 관계가 힘을 매개로 하여 생긴다고 하더라도 그것은 우리의 지식에 아무런 도움도 되지 못한다. 관측에 의하면, 유성들은 언제나 그들과 태양과의 거리의 제곱에 반비례하여 그들이 태양으로 향하는 가

속도를 지니고 있다.

뉴턴과 같은 이들 과학자들에 의한 과학적 발견은 자연현상에 언제나 적용할 수 있는 보편적 법칙이 있으며, 이는 수학적 공식으로 요약할 수 있다는 것을 보여주었다. 레오나르도 다 빈치가 말한 것처럼 '자연은 자신의 법칙을 깨지 않는다.' 자연현상에 대한 실험은 같은 조건 아래서는 언제나 같은 결과를 낳는다는 것을 사람들로 하여금 확신케 하였다.

사고의 변화 위에서 고찰해 온 과학적인 연구의 결과로 말미암아 지식인들의 사고방식은 완전히 달라졌다. 법칙의 지배력은 사람들의 이성을 점령하여 이제는 더 이상 마력이나 마술 같은 것을 믿지 않게 되었다.

1700년에는 지식인들의 정신적인 견해는 완전히 근대적으로 되었다. 1600년까지만 해도 극소수의 사람을 제외하고는 중세적 사고방식을 갖고 있었던 것이다. 정신적 견해의 변화에 대하여 첫번째로 이야기해야 할 것은 신의 역사(役事)에 대한 기독교적인 믿음이 사그라진 점이다.

종래의 믿음으로는, 신은 우주의 창조주일 뿐만 아니라, 지금 이 순간에도 신은 심지어 한 사람 한 사람의 일거수 일투족까지를 지켜보고 계시며, 그것은 최후의 심판의 자료가 되는 것이었다. 천체가 움직이고, 비·바람·구름 등 자연이 움직이는 것은 신의 끊임없는 역사(役事) 때문이라고 믿었다.

그런데 이같은 믿음은, 과학자들이 발견한 운동의 법칙에 의해서 변경되었다. 즉 생명이 없는 물체도 한 번 움직이기 시작하면 어떤 외부로부터의 원인이 그것을 정지시키지 않는 한, 언제까지나 운동을 계속할 것이라는 법칙이다. 예컨대 태양계를 살펴보면 스스로의 법칙으로서 운동을 계속하고 있으며, 외부로부터의 어떠한 간섭도 필요하지 않다.

「가속도의 법칙」을 설명할 때도 가속도가 생기는 이유는 '인력'이라는 '힘'에 의한다고 말하겠지만, '힘'이라는 말을 전혀 쓰지 않더라도 가속도를 결정하는 공식을 세우는 데는 아무런 지장이 없다. 뉴턴의 견해에 따르면, 유성들은 처음에 신의 손에 의해 내동댕이 쳐진 것이다. 그러나 신이 이렇게 하여 인력의 법칙이 정해진 후로는 만물은 그 이상 신의 간섭을 받을 필요없이 불변의 법칙에 따라 자연히 돌아가게 된다. 신의 작업은 창조로써 종결되었다.

이렇게 볼 때, 신은 창조주로 남을 수는 있지만, 지금의 사물의 움직임과 인생과는 아무런 관계가 없는 것이다.

두 번째로 이야기할 것은 우주에 있어서의 인간의 위치에 대한 견해가 달라지게 된 것이다. 중세기에는 지구가 우주의 중심이었으며, 만물은 인간과 관련하여 하나의 목적을 가지고 있었다. 그러나 뉴턴의 시대에 와서는, 지구는 다른 별과 별반 다를 것이 없는 하나의 유성이며, 수많은 유성 중의 하나에 불과할 뿐이다. 우주의 크기는 너무나 엄청나서 지구는 이에 비하면 하나의 바늘 끝 정도밖에 되지 않는다. 이 한없이 넓은 우주가 오직 바늘 끝만한 곳에 살고 있는 인간을 위해 설계되었다고는 보여지지 않는다. 우주에 대한 목적론적인 사고방식은 이제 과학적인 논리에서 제거되었다. 예를 들어 말하자면, 하늘은 신의 영광을 드러내기 위해 존재하는 것이라고 믿을 수는 있지만 이러한 신앙을 천문학의 계산에까지 개입시킬 수는 없을 것이며, 이 세상이 어떤 목적을 가지고 있는지는 알 수 없지만 그 목적이 과학의 해석에까지 참견할 수는 없을 것이다.

세 번째로 이야기할 것은 지옥의 형벌에 대해서이다. 그와 같이 광대한 우주를 만드신 창조주께서, 조그마한 신학적인 과실을 문제삼아 인간을 지옥에 떨어뜨리려고는 하지 않을 것이다. 과학의 발달을 통해 신의 위대성은 과거보다 더 커진 것이다.

천국은 완전하고 세상(世上)은 불완전하다는 믿음을 갖고 있었지만, 자연법칙이 지배하는 세상이 불완전하다고도 볼 수 없다. 이 세상 바깥에 천국(지옥) 같은 곳이 따로 있을지도 의문이다.

인간들의 마음은 이제 우주와 자연에 대한 새로운 신비감과 그 앞에서의 자신에 대한 왜소감을 가지게 되었을지언정, 이제 신으로부터의 직접적인 축복이나 응징은 기대하지 않게 되었다. 자연 앞에서 인간은 왜소하다고 하더라도 인간의 문제는 인간 스스로가 해결할 수밖에 없다는, 비록 해결에까지는 이르지 못하더라도 해결을 위해 노력하는 데까지는 노력해 볼 수밖에 없다는 자기책임의식이 커졌다. "내가 할 수밖에 없다"는 의식은 두려움도 주지만 자부심도 갖게 한다. 일들이 잘 되어나갈 때는 자부심 쪽이 더 강화될 것이다.

과학이 발달하던 시기는 다른 일들도 거의 다 잘 되고 있었으므로 인간의 자부심이 고양되었다. 이 시기에 서부유럽 사람들은 과학에서의 승리만이 아니라 급속하게 부유해졌으며 또한 온 세상의 주인이 되어가고 있었다. 그들은 남·북 아메리카를 정복하였으며, 아프리카와 인도에서 권력을 잡는가 하면, 중국에서도 존경을 받고, 일본도 그들을 경외하였다. 17세기 서유럽 사람들이 자기들은 주일마다 죄를 고백하는 비참한 죄수가 아니라, 훌륭한 존재라고 자부심을 가진 것도 당연한 일이다.

근세 철학의 대두

과학의 발달로 신에 대한 관념이 변화하자, 그에 따른 새로운 사조(思潮)의 철학이 대두하였다. 이 시대는 다른 한편으로는 왕권의 강화와 정부의 커진 권한을 지지하는 절대주의와 부국강병을 위한 중상주의가 사회의 통념으로서 사람의 마음을 지배하던 때이기도 하였다. 교회권위의 위축과 또한 과학의 발달로 신에 대한 관념이 변화하여 인간의 자부심이 커감으로써, 지난 1000년 동안 사라졌던 철학이 다시 대두하였다. 지난날의 중세기 동안 철학은 교부철학에 매몰되어 인문학으로서의 철학은 자취를 감추었으나, 이제 변화한 세상, 특히 17세기의 과학 혁명은 그것의 성과를 반영하는 새로운 근세 철학을 나오게 하였다.

근세 철학의 초기 대표자는 베이컨(1561～1626), 데카르트(1596～1650), 스피노자(1632～1677) 등이다. 이들의 철학은 신과의 관계에 있어서 베이컨은 신을 별개로 취급하였고, 데카르트는 신(神)과 과학을 공존시켰으며, 스피노자는 신을 없애버렸다. 그러면 이들 각자의 철학을 고찰키로 하자.

베 이 컨 프랜시스 베이컨(Francis Bacon, 1561～1626)은 근대 경험론(empiricism)의 선구자이다. 그는 인간의 지식은 관찰과 실험을 통한 경험에서 얻어지며, 이렇게 얻어진 지식을 귀납적으로 집합함으로써 진리에 접근할 수 있다고 주장하였다. 우리는 이것을 간단히 「베이컨의 방법론」(Baconian method) 혹은 「과학적 방법론」(scientific method)이라고 부른다. 그는 명망 높은 공직자로서 일생을 마칠 수도 있었겠으나, 뒤늦게 연구에 몰두하여 의외의 학문적 업적을 남긴 사람이다.

그는 명문귀족인 니콜라스 베이컨 경(Sir Nicolas Bacon)의 둘째 아들로 태어나서, 어릴 때에는 집에서 가정교사를 두고 교육을 받았다. 12살 때 케임브리지에 있는 트리니티대학(Trinity College)에 들어가서 3년 동안 전담 교수 밑에서 라틴어와 중세의 교과목들을 공부하고, 파리의 푸아티에대학(the University of Poitiers)에서도 교육을 받았다. 그는 10대의 나이로 프랑스 주재 영국대사관에서 외교업무를 보조하는 한편, 프랑스, 이태리, 스페인 등지를 3년 동안 여행하면서 각국의 언어와 국가체계 및 법률을 익혔다.

그의 아버지의 갑작스러운 죽음으로, 18살 때 영국으로 귀국했다(1579). 그는 아버지 재산의 오직 5분의 1만을 유산으로 받게 되어 부채를 많이 졌다. 그러나 그는 그의 집안의 막강한 인맥으로 엘리자베드 1세(1533～1603, 재위: 1558～1603) 여왕 시기에 법정변호사가 되었으며, 이를 출발로 하여 관직에 나갔다(1582). 그는 23살에(1584) 국회의원이 되었으며, 의회에서 공개적으로 스코틀랜드 여왕이었던 메리를 처형하라고 촉구하기도 했다(1586). 그는 법률가, 국회의원, 여왕의 자문관 등으로 일하다가 메리의 아들인 제임스 1세(James Ⅰ, 1566～1625, 재위: 1603～1625)가

베 이 컨

즉위하자, 그의 처지가 많이 좋아졌다.

베이컨은 1603년(42세) 기사의 칭호를 받고 1607년에는 법무차관에 임명되었다. 다음 해엔 민사법원(the Star Chamber)의 법원장이 되었다. 많은 수입에도 불구하고 그는 옛날의 부채에서 아직 헤어나지를 못하였다. 1613년 베이컨은 마침내 검찰총장이 되었다. 1618년에는 대법관에 임명되고 남작의 작위를 받았다. 제임스 1세로부터의 총애였다.

그러나 그의 훌륭한 공직 경력은 대법관이 된 지 2년 만에 불명예 가운데 끝이 났다. 영국의회의 법률집행위원회는 그를 소송당사자로부터 뇌물을 먹은 부패의 죄로 기소하였다. 그는 그 선물이 자기의 판결에는 아무런 영향도 미치지 않았다고 주장했으나 뇌물을 받은 사실은 그대로 인정하였다.

그는 4만 파운드의 벌금과 왕이 지시하는 동안 런던탑 안의 감옥에 감금당할 것을 선고받았다. 이 선고는 단지 부분적으로만 집행되었다. 벌금을 지불하라고 강요당하지도 않았으며, 단지 4일 동안만 잠시 감금되었다. 그러나 심각한 것은 의회가 그를 공직으로부터 추방하며 의회의 의원직도 가질 수 없다고 선고한 것이었다. 그는 이제 공직생활을 포기할 수밖에 없었다. 그리하여 그는 남은 생애 약 6년간을 연구와 저술에 열중하게 되었다.

그는 "종교를 믿고, 존중하지만," 신과 교리에 대해서 인간은 알 수 없는 것이 많으므로, 인간은 다만 종교에 대해 "감탄하고 숭배할 뿐"이라고 전제하고, 그러므로 철학(학문)을 할 때에는 종교적 신앙을 제외시키고, 철학은 눈에 보이는 세계와 인생을 그 대상으로 삼아야 한다고 주장하였다. 그가 종교에 대하여 존중의 뜻을 나타낸 것은, 그가 사회의 중진으로서 종교계와 마찰을 빚지 않기 위해서일 것이며, 그가 얼마나 진정으로 종교적이었는지는 의문스럽다.

그는 경험론자였다. 그는 인간의 지식은 관찰과 실험을 통한 경험의 과정 속에서 점차적으로 생긴다는 인식론적인 견해를 가지고 있었다. 그의 경험은 감각적인 경험을 의미하였던만큼, 그는 사물에 관한 지각을 믿었던 것이다. 그는 이성(理性)이 갖고 있는 관념들은 그것들이 관찰된 사실에 의해 확증되기 이전에는 상상에서 온 허구에 불과하다고 주장하였다.

그는 학자들을 대자연으로 끌어내어, 연역적 사상체계에 의해 형성되어 있는 그들의 선입견을 버리게 하고 세계의 여러가지 사실에 관한 생생한 관찰에로 시선을 돌리도록 하려고 노력하였다.

그는 과학자들이 인간에게 유용한 지식을 가져다 준 것에 감탄하였다. 그는 "인쇄술, 화약, 콤파스, 이 세 가지는 이 세상의 모든 모습과 사물의 상태를 바꾸어 놓았다. 첫째 것은 저술에서, 둘째는 전쟁에서, 셋째는 항해에서 그렇게 하였다. 여기서부터 수많은 변화가 뒤따랐다. 어떠한 제국도, 어떠한 단체도, 어떠한 별도 이들 기계적 발견보다 더 크게 인간사에 영향을 미친 적은 한 번도 없다"고 과학적 연구의 중요성을 웅변적으로 찬양하였다. 그는 "우리가 자연의 법칙을 순응할 줄만 안다면 많은 일을 이룩할 것을 기대할 수 있으며, 자기의 앞길을 더욱 풍부하게 만들 수 있을 것"이라고 하였다.

베이컨은 철학자들 중에서 최초로 사물의 진실에 도달하기 위해서는 연역법(演繹法)보다 귀납법(歸納法)을 택할 것을 강조하였다. 그는 귀납법을 적용함에 있어서는 단계적인 절차를 밟아갈 것을 권유하였다. 즉 사실로부터 경험적으로 얻은 자료들을 모아 이것들로써 한꺼번에 결론을 짓는 「단순예거형 귀납법」을 쓰지 말고, 단계적인 방법을 쓸 것을 강조하였다. 즉 첫번째에는 가장 낮은 단계의 보편적 지식(공리)을 얻고, 그와 같은 보편성들이 많이 얻어지면 거기서 제2단계의 보편적 지식(법칙)을 얻을 수 있으리라고 생각하였다. 그는 사실에서 공리, 공리에서 법칙에 도달하는 귀납법적 논증으로 자연을 해석하는 것이 철학자의 의무라 하였다.

그는 연역법을 경멸하였을 뿐만 아니라 수학에 대해서도 실험적인 면이 부족하다는 이유로 낮게 평가하였다. 그는 자연현상은 신의 목적을 드러내는 것이라는 주장을 부정하지는 않았지만, 현상을 실제로 연구하는 데 있어서 신학적인 설명을 도입하는 것에는 반대하였다.

베이컨은 인간이 인식상의 과오를 범할 수 있는 모든 가능성을 미리 알고서, 그것을 모면할 것을 권유하였다. 이와 관련하여 베이컨이 제시한 유명한 철학 중의 하나가 '우상'(idols) 이야기이다. 그가 말하는 「우상」이란 인간으로 하여금 인식에 과오를 범하게 하는 나쁜 습성을 가리킨다. 그는 우상으로서 '종족의 우상', '(소)굴의 우상', '시장(市場)의 우상', '극장의 우상' 등 4가지를 들고 있다.

첫째, '종족의 우상'(Idols of the tribe, idola tribus)은 모든 종족에게 공통된 우상이다. 즉 사람들이 자기의 감정과 바람에 맞추어 사물을 해석하거나 판단하는 과오를 말한다. 예컨대, 사람들은 단순한 것을 좋아하기 때문에 유성들의 궤도를 원이라고 믿는다 —사람들은 자기가 목적을 추구하고 있기 때문에 자연도 목적을 추구하고 있다고 믿는다—. 사람은 바람과 두려움이 강하기 때문에 기도가 응답을 얻을 것이라고 믿는다.

둘째 '굴의 우상'(Idols of the Dens, idola specus)은 개인에게만 특별한 것이다. 즉 개인이 가진 편견이나 특수성으로 인해 범하게 되는 과오를 말한다. 사람은 소속 당파가 있고, 읽는 책이 다르며, 또 취미도 가지가지이다. 비유해서 말하면 개인은 자기의 고유한 (소)굴을 가지고 있는 것이다. 이 굴로부터 바깥을 내다보면 시계(視界)가 제한되며 사물을 정확하게 볼 수가 없다.

셋째, '시장의 우상'(Idols of marketplace, idola fori)은 언어의 오용에서 비롯되는 것이다. 즉 사람들은 언어에 의해 쉽게 기만을 당하는 경향이 있다. 예컨대, 시장에서 '중국산 향신료는 모두가 가짜다'라고 외치면 사람들은 실제(實際)가 그러한 것으로 믿는 경향이 있다. 사물과 언어는 일치하는 것으로 생각하기 때문이다. 운명의 여신을 실제하는 신으로 숭배하고 '제일원인'이니 하는 것에 관한 공허한 논리의 체계를 세우며, 쓸데없는 논쟁을 일삼는다.

마지막으로, '극장의 우상'(Idols of the Theater, idola theatri)은 권위의 남용에서 결과되는 것이다. 즉 연출가가 연기자의 연기를 지배하는 것과 같이, 압도적인 권위가 사람의 판단을 좌우하는 경향을 말한다. 예컨대, 아리스토텔레스라든지 스콜라 철학과 같은 기존의 사상은 비록 그것이 틀린 경우에도 사람의 생각에 확증을 심어주는 작용을 한다.

데카르트 르네 데카르트(René Descartes, 1596～1650)는 프랑스의 철학자, 수학자, 물리학자이며 그의 성년기의 대부분을 네덜란드에서 보냈다. 그는 '근세철학의 아버지'라고 불려지며, 그가 쓴 「첫 철학에 대한 명상」(Meditation on First Philosophy)은 오늘날에도 대학에서 철학과 학생들의 표준교재로 사용되고 있다. 그는 해석기하학의 창시자이며 과학 혁명에서도 핵심적인 인물이었다. 그는 수학과 천문학으로부터 많은 영향을 받은 비범한 철학적 능력의 소유자였다.

그는 사물을 파악함에 있어서, 감각은 신뢰할 수 없으며, '생각'(thoughts)하는 이성이 사물을 옳게 파악할 수 있다고 보았다. 그는 인간의 감각에 의존하는 경험주의와 귀납법을 배격하고 이성주의와 연역법을 옹호하였다. 스피노자, 라이프니츠와 함께 이성적 합리주의의 전통을 세웠다.

데카르트는 프랑스의 투레이느(Touraine, 현재는 Descartes) 지방에서 태어났다. 그가 1살 때 어머니는 세상을 떠났고, 그의 아버지는 지방의회 의원이었으며, 대토지를 소유한 부자였다. 그는 11살 때 제수잇 계통의 예비대학(the Jesuit College Royal Henry-Le-Grand at La Fleche)에 들어갔다. 졸업 후 푸아티에대학(the University of Poitiers)에서 공부하여 법무면허증을 취득하였다(1616년, 20세). 그는 일생 동안 가톨릭교도였으며 특히 제수잇 교단에 호감을 가졌다.

그의 아버지의 뜻을 따른다면 변호사가 되어야 했겠지만, 그는 공부

데카르트

를 집어치우고, 다양한 경험을 쌓기로 마음을 먹었다. 그는 여행을 하고, 법정과 군대를 방문하며, 각계 각층의 사람들과 어울리면서 “모든 시간에 무엇이건 자기에게 나타난 일을 성찰하여 그것으로부터 교훈을 얻고자” 하였다.

그는 1618년(22세) 네덜란드 공화국의 사관학교에 입교하여 군사훈련을 받고 바바리아 군에 입대하였다. 1620년 신성로마제국 황제군과 보헤미아 신교 반란군 사이에 벌어진 하이트 마운트 전투 때에 그는 그 현장에 있었다.

그는 1622년(26세)에 프랑스로 돌아와 파리와 유럽의 다른 지방에서 시간을 보내다가 그 이듬해 자기의 모든 재산을 팔아 채권에 투자를 하였다. 이것이 그의 일생 동안 안락한 수입을 제공해주었다. 1627년 루이 13세(1601～1643)의 재상 리슐리외(Richelieu) 추기경이 위그노를 탄압하기 위해 라 로셀(La Rochelle) 항구를 포위하였을 때 데카르트는 프랑스 정부군의 군인으로서 그 작전에 참가하였다.

데카르트는 1628년(32세)에, 당시 학문 활동이 가장 자유로웠던 네덜란드 공화국에 다시 돌아왔다. 여기서 그는 그가 죽기 한 해 전인 1649년까지 21년 동안 살았다. 그가 수학과 철학을 연구하고, 주요 저서들을 출판한 것은 전부 이 기간 동안이었다. 그는 이곳에서 학생으로 등록하여 수학을 공부하기도 하고, 대학의 강사로서 가르치기도 하였지만, 그는 주로 자신이 비전문가로서 연구하고 구상한 것을 책으로 써 내는 일에 대부분의 시간을 보냈다. 그의 저술의 범위는 넓고 놀라운 업적을 쌓았다 그는 결혼을 하지 아니하였으나 그가 암스테르담에 있을 때(37세) 파출부 소녀와 관계를 가져 딸 하나를 얻었다. 그 아이가 5살에 죽은 것이 그의 일생에서 겪은 가장 큰 슬픔이었다고 한다.

그가 외출을 할 때는 양복을 말쑥이 차려입고 칼을 차고 다녔다. 그는 생애 마지막 1년은 스웨덴의 크리스티나 여왕(Queen Christina)의 초청을 받아 여왕의 가정교사로 일하다가, 아마도 늦잠을 자는 버릇을 가진 그가 여왕의 일정에 맞춰 새벽 출근을 한 것이 건강에 무리를 주었는지, 폐염에 걸려 54세로 세상을 떠났다.

우리가 아는 그의 유명한 철학적 명제는 '코기토 에르고 숨'(cogito ergo sum)이다. 즉 '생각한다, 그러므로 존재한다'는 뜻이다. 영어로는 'I think, therefore I am.'이다. '내가 존재하므로 생각한다'가 아니고, '생각하므로 내가 존재한다'이다. 즉 '생각'이 전제가 된다.

데카르트는 진정한 지식들이 나올 수 있는 '확고한 기초'를 찾고자 하였다. 그는 '확고한 기초'를 찾기 위해 일단 의심할 수 있는 것은 다 의심해보았다. 우리는 이것을 데카르트의 '방법론적 회의주의'(methodological skepticism)라고 부른다. 예컨대 "내가 지금 가운을 입고 난로 옆에 앉아 있다는 것이 사실인가?"라고 의심해 본다. 여기에 대해 "꿈일 수도 있고, 정신병자의 환상일 수도 있다···. 나는 몸뚱아리나 육체가 없을지도 모른다"라고 의심을 할 수 있다. 그러한 의심이 곧 생각이다. 생각한다 함은 의심하고, 이해하고, 착안하고, 긍정하고, 부정하고, 욕구하고, 상상하는 것 등을 의미한다. 위의 예에서 나의 육체는 없을지도 모른다는, 그러한 의심을 하는 생각은 확실히 있다. 존재를 의심하는 그것이 바로 내가 존재한다는 것을 증명하는 것이다. 생각은 정신이 한다. 생각하는 것이 정신(mind)의 본질이므로, 우리가 깊이 잠잘 동안에도 정신은 생각을 한다. '나는 생각한다. 그러므로 나는 존재한다'는 명제는 정신을 물질보다 더 확실한 것으로 보는 것이다. 데카르트에게 있어, 유일하게 의심할 여지가 없는 지식은 '생각하는 것'(thinking thing)이다.

그리고 나의 정신이 다른 사람의 정신보다 더 확실하다는 것이다. 그리하여 데카르트로부터 나온 모든 철학은 주관주의(主觀主義)로 기울어지는 경향이 있다. 데카르트는 감각에 의존해서 사물을 이해하는 것은 신뢰할 수 없는 것이라고 주장하였다.

데카르트는 감각의 한계를 보여주기 위해 밀납(wax)을 예로 들었다. 한 조각의 밀납은, 밀납이 가지고 있는 어떤 특성들, 즉 모양, 크기, 색깔,

질감, 냄새 등을 우리에게 알려 준다. 그런데 우리가 그 밀납 조각을 불곁으로 가져가면 이들 특성들은 완전히 변한다. 감각이 우리에게 알려 주는 밀납의 모든 특성들이 다름에도 불구하고 밀납은 여전히 같은 밀납이다. 그러므로 밀납의 본성을 정확하게 파악하기 위해서는 우리는 감각을 사용할 수 없다. 우리는 우리의 정신을 사용하지 않으면 안 된다. 데카르트는 결론짓기를 "내가 나의 눈으로 보고 있다고 생각하는 그것은 사실 순전히 우리 정신 속에 있는 판단의 능력으로 파악되고 있는 것이다"고 하였다.

같은 맥락으로서, 데카르트는 믿을 수 없는 지각을 배제하고, 그 대신에 방법론으로서 오직 연역법(deduction)만을 인정하여 지식의 체계를 세워나갔다. 다시 말하여 그는 연역법에 기초하여 세계에 관한 지식을 얻을 수 있다는 가능성과 그리고 지식을 얻을 수 있는 유일한 믿을 수 있는 방법은 이성에 의존하는 것이라는 가능성을 구축하였다.

데카르트의 체계에서, 지식은 심상(心像), 즉 아이디어(Idea)의 형태를 취한다. 철학적 탐구는 아이디어들을 숙고하는 것이다. 데카르트는 아이디어를 세 종류로 나누었다.

첫째는 외래(外來) 아이디어이다. 예컨대 듣는 소리, 느끼는 더위 등과 같이 우리 밖에 있는 사물에 의해 우리 정신 속에 생기는 것으로 여겨지는 아이디어를 말한다.

둘째, 인위(人爲) 아이디어이다. 예컨대 '인어'(人魚), '도깨비' 등과 같이 우리 스스로가 만들어 내는 아이디어이다.

셋째, 본유(本有) 아이디어(angeborene idea)이다. 우리의 정신 안에 저절로 생긴 아이디어를 말한다. "우리 정신 속에 외계(外界)의 사물에서 온 것도 아니요, 내 의지(意志)의 결정에 따라 생긴 것도 아닌, 오직 나의 생각하는 능력으로부터 유래하는 아이디어가 있음을 탐지할 수 있다. 이러한 아이디어를 나는 '본유 아이디어'라고 부른다. 본유 관념은 저 바깥으로부터 유래한 아이디어나 우리 스스로가 지어낸 아이디어와는 구별된다···. 예컨대 수학적 공리에 관한 아이디어, 철학적 공리에 관한 아이디어, 신에 관한 아이디어가 본유 아이디어에 해당된다···. 본유 아이디어는 그것이 일단 우리 정신 속에 형성되면, 우리의 정신을 흔히 잘못 기울어지게 하는 물리적·사회적 세력으로부터 우리를 해방시킨다. 본유 아이디어는 '순수한 지적 역량'이요, 기계적 작용력과는 근본적으로 다른 '자연의 빛'을 발산하게 된다. 본유 아이디어는 심리학적으로 내려진 제약된 결론이 아니라, 절대 진리에 대한 투명한 인식으로서의 이성적 판단에로 이끌어간다."

데카르트는 본유 아이디어에 근거하여 신(神)의 존재는 입증되는 것이라고 주장한다. 신에 대한 그의 아이디어는 "무한하고 영원하며 변치 않고 독립적이며, 전지전능하여 나 자신과 그 밖의 모든 존재들(나 바깥에 그런 존재들이 정말 있다면)을 창조한 실체"이다. 그가 신에 대해 그러한 아이디어를 갖는 것은, 그 안에 신의 아이디어를 불러일으키는 존재, 즉 신이 있다는 것을 증명하는 것이라고 주장하였다.

데카르트의 주장은 결국 인간의 정신은 신이 준 것이라는 견해이다. 그는 인간의 정신을 올바르게 사용하기만 하면 세상의 진리를 발견하기에 모자람이 없다고 보았다. 그러므로 인간은 자연계의 존재들에 대해서도 지식에 도달할 수 있는 권능을 가지고 있다고 믿었다. 그에 따르면 인간의 정신으로 말미암아 우리는 신과 자연 둘 다를 파악할 수 있는 권리와 능력을 가진다.

데카르트는 정신과 육체의 관계에 관하여 2원론(dualism)을 주장하였다. 육체는 외연(extension)과 운동(motions)을 가진 물질적 실체로서 물리의 법칙에 따라 하나의 기계처럼 움직인다. 그 반면에, 정신은 비물질적 실체로서 외연과 운동이 결여되어 있으며 물리의 법칙을 따르지 아니한다. 정신은 생각을 하고(thinks) 생각(thoughts)을 갖는다. 데카르트는 오직 인간만이 정신을 가지고 있으며, 뇌(腦)의 하단부에 있는 송과선(松果腺, the pineal gland)에서 정신은 육체와 만나 상호작용을 한다고 주장하였다. 그의 송과선 이야기는 이상스럽지만, 어쨌든 그에 따르면 송과선은 정신이 거처하는 장소이다. 정신이 육체를 지배하지만 육체도, 사람이 열정을 벗어나 행동할 때와 같이, 합리적 정신을 가지도록 영향을 미친다. 정신과 육체와의 관계에 관한 데카르트 이전의 논의들은 단방향(單方向: unidirectional)이었었다. 동물들도 사람과 마찬가지로 송과선을 가지고 있지만, 오직 사람만이 마음을 가지고 있다. 그래서 동물들은 고통을 느낄 수 없다고 그는 믿었다.

데카르트를 평가할 때, 정신과 물질(육체)을 갈라놓은 그의 이원론은 종교적 신앙을 위한 정신의 세계를 보장하는 동시에, 다른 한편으로는 일정불변한 법칙에 따라 전개되는 자연의 세계를 안심하고 연구할 수 있는 논리적 근거를 제공해 주는 것이었다.

스피노자 바루흐 스피노자(Baruch Spinoza, 1632～1677)는 네덜란드의 철학자로서 17세기 철학의 대표적인 이성주의자(理性主義者: rationalist) 중의 한 사람이며 18세기의 계몽주의와 성서 비판의 초석을 놓았다. 그는, 신이 곧 자연이며, 자연이 곧 신이라고 보았으며, 이로써 무신론 철학의 단초를 열었다. 그의 사후(死後)에 출판된 걸작인 「윤리학」(Ethics)에서는 데카르트의 정신과 육체를 분리한 이원론에 반대를 하였다. 헤겔(Georg Wilhelm Friedrich Hegel, 1770～1831)은 말하기를 지금의 모든 철학자는 “하나같이 스피노자주의자이거나 혹은 철학자가 전혀 아니다”라고 하였다.

스피노자는 포르투갈계의 유대인으로서 네덜란드에서 태어나 거기에서 짧은 일생을 보냈다. 그의 아버지는 수입 상인으로서 부유했으나, 그가 어릴 때 부모가 세상을 떠났다. 그는 어릴 때 유대교육을 받았고, 그후 반덴 엔덴(Vanden Enden)이라는 무신론자가 경영하는 전문학교에서 라틴어 공부를 하였다. 그는 그의 비 정통적인 견해로 인해 유대인 사회로부터 파문을 당했다(1656, 24세). 그의 아버지로부터의 상속을 모두 여동생에게 넘기고 자신은 렌즈를 가는(연마) 일로 생계를 유지하면서, 사적인 학자로서 20여 년 동안 철학에 몰두하였다. 그는 조용하고도 겸손하게 독신으로 살았다. 44세 때 폐기능 장애로 세상을 떠났다.

그가 살았던 암스테르담과 로테르담은 세계 각지로부터 갖가지 관습과 신념을 가진 사람들을 태우고 들어오는 상선들이 입항(入港)하는 세계주의의 중심지였다. 이곳들의 야단법석은 르네상스 시절의 지중해 지역 처럼 종교적 권위의 중압으로부터 벗어나 자유로운 사상이 어느 정도로는 가능할 수 있도록 보장해 주었다.

스피노자가 만나는 친구들은 대부분이 기성교회들의 권위와 전통적 독선을 거부하는 일탈적인 기독교인들이었으며 그들은 이성주의를 지향하는 경향을 가지고 있었다. 스피노자는 '경험주의자'와 대비되는 '이성주의자'로서 데카르트 및 라이프니츠와 연합되어 있다.

스피노자

스피노자는 신은 단지 철학적으로만 존재하며, 추상적이고도 비 인격적이라고 믿었다. 스피노자는 자연이 곧 신이라고 하였다. 신과 자연은 동일한 실체에 대한 두 개의 이름이라고 보았다. 신과 자연은 단일한 본질(substance)이다. 자연 안에 존재하는 모든 것도 하나의 본질을 가질 뿐이다. 우리를 둘러싼 현실의 전부를 지배하는 법칙들도 오직 하나의 체계가 있을 뿐이다.

스피노자는 자연(신)이 우주적으로 가지는 단 하나의 본질(substance)을 말하면서, 본질의 하위개념으로 두 가지를 추가한다. 즉 속성(attributes)과 양태(modes)이다. 그는 본질, 속성, 양태를 이렇게 설명한다.

"본질은 오직 하나뿐이다. 자기 이외의 것으로부터 생길 수 없는 까닭에 본질은 스스로 존재하며 다른 어떤 존재의 개입을 거부한다. 본질은 영원하며 일정한 법칙에 따라 움직인다. 본질은 생산하는 역량을 지니고 있다. 본질은 무한히 많은 속성을 가지고 있다. 속성의 하나하나는 본질의 요소들을 구현하고 있으며, 인간의 지성이 그것을 지각할 수 있다. 예컨대, 물은 다른 조건이 일정할 때 일정한 온도에서 언다는 물리적 법칙은 본질이 가진 하나의 속성이다. 양태는 본질이 가감되어, 다른 것과는 다른 것으로 인식되어 존재하는 것이다. 예컨대 사막을 빙하에 대비할 때와 같이 서로 다른 것으로 나타난 것들이 양태이다. 본질은 하나임에도 불구하고 현실의 모습이 갖가지인 것은 본질(자연·신)이 무수히 많은 속성과 양태를 지니고 있기 때문이다."

스피노자는 데카르트가 정신과 물질(육체)의 관계를 서로 분리되어 있는 이원론(dualism)으로 파악하고 있는 데 대하여 견해를 달리한다. 스피노자는 물리적 세계와 정신적 세계는 하나이며 같은 것으로 본다. 우주적 본질은 육체와 정신을 포함하고 있으며 이들 사이에는 차이가 없다. 이러한 항등식은 정신과 육체에 관한 문제를 중립적인 일원론으로 해결한 것이다.

자연의 본질이 정신과 물질을 하나로서 포함하고 있다는 그의 견해는 범신론(pantheism)의 경향을 띠고 있는 것이며, 그의 철학에서 유대교나 그리스도교의 신과 같은 인격적인 신이 완전히 사라지고 없는 점은 무신론(atheism)을 드러낸다.

그래서 스피노자의 종교관(宗敎觀)을 두고 말할 때 우리는 그를 '무신론자'라고 하거나 '범신론자'라고 평가한다.

스피노자는 철두철미한 결정론자였다.

그에 따르면 만물은 본질(자연)에 의해 존재하게끔 그리고 결과를 가져오는 원인이 되게끔 결정지어져 있다. 우리들은 원인과 결과의 복잡한 사슬을 오직 부분적으로만 이해하고 있을 뿐이다.

신은 섭리로써 우주를 다스리지 않으며 신은 그 자체가 결정론적인 체계(deterministic system)이다. 이 체계 안의 모든 것은 자연의 일부를 이룬다. 그러므로, 이 체계를 음미하건대, 신은 자연세계이며, 인간적인 성격(personality)을 가지고 있지 않다.

이 세상에서 일어나는 모든 일들은 전적으로 필연의 작동에 의한 것이며, 심지어 인간의 행위도 완전히 결정지어져 있다. 그래서 인간의 자유는 우리에게 일어나는 일에 대해 "안돼"(no)라고 말할 가능성이 아니라, 오로지 "그래"(yes)라고 말할 가능성이다.

스피노자는 모든 일은 필연적으로 그것이 일어난 그런 식으로 일어날 수밖에 없다고 생각한다. 그러므로 인간은 자유의지를 가지고 있지 않다. 그러나 사람들은 그들의 의지는 자유롭다고 믿는다.

"인간은 그들 자신의 욕구를 의식하지만 그 욕구가 결정지어지게 된 원인에 대해서는 모르고 있는 것이다."

인간들이 주제넘게도 자유의지를 가지고 있는 것으로 가정하는 것은 욕구에 대한 자각의 결과이지만 인간들은 왜 그들이 원하며, 그들이 하고 있는 바와 같은 행동을 왜 하는지를 이해하지 못한다.

스피노자는, 그의 도덕철학에서, 선(善)과 악(惡)은 상대적인 개념이라고 보았다. 처음부터 내재적으로 선하거나 악한 것은 없으며, 다만 특정 개인에게 상대적으로 선하고 악한 것이 있을 뿐이다. 전통적으로 선하거나 혹은 악한 것으로 여겨져 온 일들은 순전히 인간들에게 대해서만 선하거나 악한 것이다. 스피노자는 결정론적인 우주에서의 모든 일은 어떤 확실한 필연성에 의해서 일어나며 그리고 최상의 완전성을 지니고 있다고 생각하였다. 스피노자의 세계에서는 우연에 의한 일은 아무것도 없으며 예기치 못한 사고(事故)에 의한 일도 있을 수 없다.

스피노자에 따르면 현실(reality)은 완벽하다. 만약에 환경이 불길하게 보여진다면 그것은 오직 현실에 대한 부적절한 관념에 기인하는 것이다. 인간이 복잡한 전체를 잘 파악할 수 없는 것은 전체적 연계를 고려하지 못하는 과학의 한계 때문이다. 감각적 지각은, 수사(修辭)를 위해서는 쓸모가 있지만 우주의 진실을 발견하는 데에는 부적합하다. 또한 감정은 부적절한 이해로부터 형성된다. 흥분·분노·열정과 같은 감정은 현실에 대한 이해의 부족에서 생겨나는 것이다. 희망과 공포의 감정도 마찬가지이다. 희망과 공포는 다 장래의 일을 확실치 않은 것으로 간주하는 데서 비롯되는 것인데, 그러나 실제에 있어서 미래의 일은 결정되어 있는 것이다. 미래의 일을 변경할 수 있다고 생각하는 것은 오로지 무지에서 비롯된 것이다. 일어날 일은 반드시 일어날 것이며, 미래는 과거와 마찬가지로 변경할 수 없도록 고정되어 있는 것이다.

우리는 우주적인 자연의 일부이다. 인간이 보다 큰 전체의 본의 아닌 부분인 한(限), 인간은 언제나 부자유 가운데 있는 것이다. 그러나 이성을 통해 단일한 전체로서의 본질(실재)을 파악하는 한 그는 자유롭다.

제 14 장

계 몽 주 의

17세기 후반부터 18세기를 통하여 서유럽에서는 계몽사상(Enlightenment)이라는 경험론적 합리주의 사상이 나타났다.

계몽주의는 시민사회가 성장하여 시민계급이 절대왕정에 맞서 사회의 새로운 주인공이 되기 시작하고, 자연과학이 비약적으로 발전함으로써 얻어진 새로운 지적 기반을 배경으로 하여 전개되었다.

군주의 절대권 아래서 신민(臣民)의 무조건 복종이 주조(主潮)를 이루던 유럽의 절대주의 시대는 어떤 이유에 의해 시민계급의 근대사회로 전환하게 되었는가? 그것은 뒤에서 설명하겠으나 우선 간단히 말하면 자립적인 시민계급이 생성된 때문이었다.

시민 계급이란 시민의식을 가진 계급이라고 정의해도 좋을 것이다. 즉 왕권에 신세를 지고 싶지도 않고 종속도 되고 싶지 않으며 자신이 독립적으로 자율할 수 있는 권리를 가지고서 자유롭게 살고 싶다는 의식을 가진 계급이었다.

절대왕정이 영국에서는 '좋은 왕 베드'(good king Beth)라는 칭송을 듣던 엘리자베드 여왕 시절을 절대제의 절정기로 하여 기울기 시작했고, 프랑스에서는 베르사유 궁전의 장엄·화려가 상징하던 태양왕 루이 14세를 절정으로 하여 기울기 시작하였다. 계몽주의의 성장은 이 같은 절대주의의 쇠퇴와 맞닿아 있는 것이었다. 객관적 상황이 사상에 영향을 미치느냐, 사상이 상황에 영향을 미치느냐 하는 인과관계의 설정은 역사현실에서 매우 어려운 일이지만, 대체적으로 말해서 영국에서는 시민혁명이 계몽주의를 이끌어 내었고 프랑스에서는 계몽주의가 상황의 대 변화인 혁명을 이끌어 내었다.

계몽사상은 사상가에 따라 다양하였으나 다음과 같은 공통의 특징을 지니고 있다.

1) 계몽사상은 새로운 시민사회 건설의 원리로서 자연법을 내세우고 있다. 자연법은 이성에 기초를 둔 영구적인 법으로서 실정법(實定法)에 대하여 평가를 내리는 척도가 되며, 그것을 시정하는 힘이 된다. 고대 그리스에서 생겨난 이 자연법사상은 홉스에 이르러 절대 군주제를 옹호하는 이론으로 이용되었다가 지금은 시민권을 옹호하는 이론으로 변질되었다. 즉 시민사회는 자연법에 기초한 사회계약에 의해 성립되어야 한다.

2) 계몽사상은 현실과 사실에서 출발을 하여 귀납적 방법에 의해 원리를 파악하였다. 계몽주의는 인식론에 있어서는 감각적 혹은 물리적인 입장을 취하고, 이성을 존중하였다. 이 이성은 데카르트가 말하는 바와 같이 초월적인 것, 경험에 선행하는 본유적인 것이 아니라, 경험에 의해 형성되는 이성이었다.

3) 계몽주의는 이성을 거울삼아 일체의 계시, 전통, 권위에 대하여 비판을 가하였다. 이성에 의해 세계를 지배할 수 있다고 생각하였으며 이성에 맞지 않는 비합리적인 것을 배격하였다. 이 점에서 계몽주의는 합리주의(Rationalism)가 되었다. 종교는 비 합리주의적이기 때문에 계몽주의가 공격할 목표 중의 하나였다.

이성이 지배하는 현재가 과거보다 좋다고 생각하고, 따라서 미래는 더 좋아질 것이라는 미래에 대한 낙관론적인 생각을 가졌다. 미래는 이성의 완벽한 지배에 의하여 모든 부정(不正), 불의(不義), 악(惡)이 제거될 것이며, 인간의 문화는 무한히 발전할 수 있다.

4) 이성은 모든 인간이 가지고 있는 보편적 현상이다. 이성의 소유자인 개인은 존엄하며 개인의 생각과 행위는 존중되어야 한다. 모든 개인은

자유롭고 평등하며 주체성(主體性)을 가지는 존재이다(개인주의).

5) 따라서 계몽주의는 이성을 가진 모든 인간이 참여하는 운동이 되었다. 개인은 자신에 대한 자각뿐 아니라 타인에 대해서도 계몽을 시켜야 할 필요를 갖게 된 것이다. 지금까지 피 지배계급으로서 무시되었던 일반 대중이 문화 창조와 사회에 참여해야 할 이유가 있으며, 계몽주의는 그러한 계기를 가지고 왔다.

영국에서의 시민혁명

실로 계몽사상은 영국의 시민혁명에서 탄생하였다. 이 사상은 미국과 프랑스에 전해져 미국의 독립전쟁(1775~1781, 독립선언: 1776)에 큰 영향을 미치고, 프랑스에서는 구 제도 아래에서 핍박받던 시민계급이 절대주의에 대항하는 무기가 되었다(프랑스대혁명, 1789~1799. 후술).

영국에서 청교도혁명(1642)과 명예혁명(1688) 등 시민혁명이 일어난 배경과 경과를 보면 다음과 같다. 영국에서는 중세 말 농민들이 농노적 구속을 벗어나면서 요만(yeomanry)이라 불리는 독립자영 농민층이 형성되었다. 또한 이 시기에 하층 귀족과 상층 도시민, 그리고 상층 농민층으로 이루어진 향신계급(鄕臣階級, gentry)이 출현하였다.

농촌의 요만들 가운데는 부업으로 시작한 모직업(毛織業)을 성공적인 산업으로 성장시킨 사람들이 있었다. 이들 농촌의 모직 업자들은, 농촌의 제조업을 자본 공급으로 지배해 온 상인들에 의한 객주제(客主制)에 의존하지 않고 독립적으로 경영을 해 왔다. 객주제는 사실상 농촌 제조업자들을 수탈하는 제도였으므로, 농촌 제조업자들은 모직 업자들과 손을 잡고 상인층과 대립하며 상인층의 독점을 반대하고 산업의 자유를 요구하게 되었다. 농촌 제조업자들 사이에는 칼빈 교도들이 많았는데 이들은 그들의 성장한 세력으로 상업자본과 결탁한 절대제에까지 항거를 하게 되었다.

절대제의 절정기였던 엘리자베드 1세 여왕(재위: 1558~1603) 이래의 영국의 왕위는, 스튜아트 왕조의 제임스 1세(1603~1625), 그의 아들 찰스 1세(1625~1649), 청교도 혁명으로 크롬웰(Oliver Cromwell, 1599~1658, 집권:1649~1658)의 집권으로 왕정이 정지되었다가 다시 왕정이 회복되어 찰스 1세의 아들 찰스 2세(1660~1685)가 즉위하고, 찰스 2세가 아들이 없으므로 그의 동생 제임스가 제임스 2세로서 계승하였다.

이상의 모든 왕들은 한 사람도 예외 없이, 투도르 왕조를 통해서 일단 확립된 군주의 절대왕권을 절대로 놓치지 않으려고 발버둥을 쳤다. 그러나 의회에 대거 진출한 산업자본가와 근대적 지주계급은 의회를 이용하여 왕권을 제한시키기 위한 조치들을 취하였다.

절대왕권을 고수하려는 왕들은 가급적 의회를 소집하지 아니하고 무시하려고 하였으나, 의회의 동의를 통해서만 세금을 거둘 수 있는 대헌장(Magma Carta,1215) 승인 이래의 전통으로 말미암아 왕들은 돈이 필요하였기 때문에 부득이 의회를 소집하였다.

향신계급을 주축으로 하는 의회지도자들은 의회가 소집되기만 하면 왕권을 견제하기 위한 입법조처를 취했다. 특히 찰스 1세 이후, 왕과 의회의 대립관계는 아무도 속일 수 없는 명백한 사실이 되었으며, 양자 사이에는 사실상 사생결단의 투쟁이 전개되었다.

찰스 1세는 유럽대륙의 전쟁에 수시로 개입하여 재정난에 시달리게 되었으며 이를 타개하기 위해 1628년 제3의회를 소집하여 새로운 과세를 요구하였다. 그러나 의회는 동의는 고사하고 오히려 권리청원(Petition of Rights)을 제출하였고 찰스 1세는 마지못해 이를 승인하였다(1628).

권리청원은, 첫째 의회의 동의없는 과세는 없으며, 둘째 법에 의하지 않고는 체포·구금할 수 없고, 셋째 국민의 의사에 반하는 군대의 민간숙박은 있을 수 없으며, 넷째 일반인의 재판은 군법에 의할 수 없다는 내용이었다. 첫째와 둘째는 400여 년 전에 당시 봉건 제후들이 왕에게 대항하여 얻어낸 대헌장(Magma Carta, 1215)에서의 '대표 없이 과세 없다'는 원칙과 재판에 의하지 않고는 불이익을 당하지 않는다는 원칙을 재확인한 것이었으며, 셋째와 넷째는 국왕의 군사작전을 제한시키려는 것이었다.

의회의 반항에 분노한 찰스 1세는 의회를 해산하고(1629) 그 이후 11년간 의회를 소집하지 아니한 채 자의적인 정치를 하였다. 그러나 1640년 스코틀랜드와의 전쟁에서 패하여 궁지에 몰린 찰스는 전비(戰費)의 조달을 위해 의회를 소집하지 않을 수 없었다.

이 의회는 1660년까지 지속되어 이른바 장기의회(Long Parliament, 1640~1660)가 되었다. 장기의회는 소집되자마자 왕권을 제한하는 혁명적인 법안들을 통과시켰다. 즉 선박세를 비롯한 부당한 과세를 폐지하고, 성실청(星室廳, the Star Chamber)과 같은 왕권의 특별법정을 해체하며, 강압적인 국교회 정책을 철회하고, 3년 회기법(Triennial Act)을 제정하여 의회는 국왕의 소집이 없더라도 3년에 한 번은 열도록 하였으며, 의회의 승인이 없이는 의회를 해산하거나 정지할 수 없다고 정하였다.

찰스는 의회의 이 같은 입법을 절대왕정 자체에 대한 전면 도전으로 받아들였으며, 군대를 동원하여 의회를 굴복시키려 하였다. 의회는 이에 대해 민병대를 조직하여 대항하였다. 이것은 시민전쟁(1642~1650)으로 치닫고 그 결과 의회가 승리를 거두었는데 이것을 '청교도혁명'(the Puritan Revolution, 1642년을 혁명 연대로 잡고 있다)이라 부른다.

크롬웰

의회군(議會軍)의 승리에 결정적 공로자는 크롬웰(Oliver Cromwell, 1599~1658)이었다. 그는 향신(gentry) 출신의 열렬한 청교도로서, 신앙심이 두터운 청교도들로 구성된 철기병(Ironsides)을 조직하여 마스턴 모어(Marston Moor) 전투(1643)에서 국왕군을 격파하여 전세를 장악하였다.

크롬웰은 시민전쟁이 한창이던 1649년 찰스 1세를 의회 내의 특별재판에 회부하여 사형에 처했다. 국왕과 의회의 대결이 이토록 치열하였던 것이다. 크롬웰은 왕정을 폐지하고 자유공화국(Free Commonwealth)을 수립하였고 군대를 배경으로 약 10년간 독재정치를 실시하였다. 그는 산업자본가와 근대적 지주를 위하여 중상주의 정책을 실시하여 영국의 자본주의를 확립시키는 기초를 닦았다.

크롬웰의 사망(1658) 이후, 왕정이 복구되어 대륙에 망명해 있던 찰스왕자가 찰스 2세로서 즉위하였다(1660).

찰스 2세도, 그리고 그의 후임인 제임스 2세도 절대왕권을 고수하려고 하기는 마찬가지였다. 이들은 프랑스의 루이 14세와 협약을 맺고 가톨릭으로 개종까지 하였으며, 전제정치를 노골적으로 표방하였다. 이들의 친 프랑스정책은 영국 산업자본가의 이익에 반(反)하는 것이었다. 의회 지도자들은 절대왕정의 영속화를 두려워하여 제임스 2세를 제거하기 위한 비밀행동을 취하여 성공을 거두었는데 이것이 곧 '명예혁명'이다. 즉 제임스 2세의 딸로서 신교도인 메리(Mary)와 그의 남편인 네덜란드 총독 오렌지 공 윌리엄(William, Duke of Orange)이 영국의 공동 왕이 되어 줄 것을 요청하였다. 윌리엄이 이를 받아들이고 1688년 11월 약 1만 4,000명의 병력을 이끌고 영국에 상륙하자 제임스 2세는 옥쇄를 데임스강에 던져 버리고 프랑스로 망명하였다.

윌리엄 3세(William Ⅲ, 1689~1702)와 메리 2세 (Mary Ⅱ,1689~1697)가 공동 왕으로 추대되어 왕관을 받을 때 의회가 제시한 권리의 선언을 승인하였다. 이로써 영국의 절대왕정은 타파되고 의회 중심의 입헌정치로의 길을 열었다. 이 사건은 유혈을 보지 않고 이루어진 혁명이기 때문에 '명예혁명'(Glorious Revolution)이라고 불린다.

권리의 선언은 (1) 의회의 승인 없이 법률을 제정하거나 정지시키는 것은 비합법적이며, (2) 의회의 승인 없이 과세할 수 없으며, (3) 의회의 승인 없이 상비군을 유지할 수 없으며, (4) 의회의 선거는 자유로워야 하며, (5) 의회는 자주 소집되어야 하고, (6) 법률은 공정하고 적절하게 운영되어야 한다는 것이었다. 이 권리의 선언은 '권리장전'(權利章典, Bill of Rights)으로 법률화되었다(1689).

윌리엄 3세는 아들이 없었으므로 메리의 여동생 앤(Anne, 1702~1714)이 왕위를 계승하였고, 앤의 치세에서 통합법(Act of Union, 1707)으로 영국과 스코틀랜드 두 왕국이 정식으로 결합하여 「대영 통일왕국」(United Kingdom of Great Britain, 대영제국)이 되었다.

앤 여왕도 아들이 없었으므로 왕위계승법에 따라 제임스 1세의 손녀의 아들인 독일의 하노버(Hanover) 공이 조지 1세(George Ⅰ, 1714~1727)로 왕위를 계승하였다. 조지 1세는 영어조차 잘 몰랐기 때문에 정치를 장관들에게 맡겼고, 의회에서 다수의 의석을 차지한 정당이 내각을 조직하여 의회에 책임을 지고 정치를 행하는 내각책임제도가 수립되기 시작하였다.

존 로크 영국의 존 로크(John Locke, 1632~1704)는 계몽사상의 선구자였으며 행동하는 지성인이었다. 그의 생애는 찰스 1세가 의회를 해산중이던 시기부터, 시민전쟁, 청교도 혁명, 찰스 1세의 처형, 크롬웰의 독재, 왕정 복고, 명예혁명과 제임스 2세의 망명, 앤 여왕의 즉위까지 이어져 있다. 그는 '자유주의의 아버지'(the Father of Liberalism)로 알려져 있으며, 프란시스 베이컨의 전통을 계승한 영국의 경험주의자였다. 그의 정치사상은 사회계약이론에 근거를 두고 있다.

로크의 아버지는 시민전쟁 초기에 의회군의 기병대위로 복무한 적이 있는 시골의 가난한 변호사였다. 로크의 어머니는 가죽무두질공(工)의 딸로서 매우 미인이었다. 부부는 다 같이 청교도였다. 로크는 찰스 1세 왕이 의회를 해산시키고 전제정치를 펴던 시기인 1632년에 이엉으로 지붕을 이은 조그마한 통나무집에서 태어났다.

로크는 12살(1647) 때 런던에 있는 명문 웨스트민스터스쿨(the Westminster School)에 보내졌다. 수년 전 아버지의 군대 시절의 사령관이 후원해 준 덕분이었다. 이곳을 졸업하고 로크는 옥스퍼드대학에 입학하였다. 이곳에서 그는 인문학으로 학사(1656) 및 석사학위(1658)를 취득하고, 다시 의학을 전공하여 1674년 의학학사가 되었다(42세). 그는 의학을 공부하던

로 크

중이던 1666년 간염을 치료받기 위해 옥스퍼드에 온 정계의 지도자인 섀프츠베리의 애슬러 경(Lord Ashley of Shaftesbury)을 만났다. 섀프츠베리 경은 로크에게서 좋은 인상을 받고 자기의 수행원이 되어 줄 것을 설득하였다. 이리하여 로크는 섀프츠베리의 개인의사로서 런던의 그의 저택에 입주(入住)하였다(35세).

섀프츠베리의 간염이 악화되어 목숨이 위태로워졌을 때 로크는 섀프츠베리에게 수술을 받도록 설득하였는데 이것 또한 목숨을 건 모험이었다. 그는 수술을 받아 낭종(囊腫)을 제거하고 건강을 되찾았으며, 로크를 생명의 은인으로 여겼다. 섀프츠베리는 왕의 가톨릭종교와 전제정치에 반대하는 위그(whig) 당의 창건자로서 로크의 정치사상에 큰 영향을 끼쳤다.

섀프츠베리가 1672년에 대법관이 되었을 때 로크는 정치에 관여하게 되었다. 1675년 섀프츠베리가 실각하자 로크는 해외로 빠져나가 프랑스를 일주하는 여행 등으로 시간을 보냈다. 1679년 섀프츠베리가 짧은 기간이나마 정치적 호기를 맞이하였을 때 로크는 귀국을 하였다. 이 시기에 로크는 섀프츠베리의 권유를 받고 「정부론」(The Two Treatise on Government)의 집필을 끝냈다(혹자는 「정부론」이 명예혁명을 정당화하기 위해 혁명 후에 집필된 것이라고 주장하였으나 로크 연구가들의 조사에 의하면, 혁명 전에 집필이 완성되었다).

로크는 찰스 2세 왕을 암살하려고 계획했던 이른바 '라이가(家)의 음모'(Rye House Plot)에 가담하였다는 혐의를 받게 되어 1683년(51세) 네덜란드로 도망갔다. 그의 전 재산이 몰수되었다. 로크는 이곳에서도 집필에 열중하였다. 로크는 명예혁명을 실현시키게 되는 오렌지 공 윌리엄의 처(제임스 2세의 딸이며 윌리엄과 함께 공동 왕으로 추대된 메리)가 1688년 영국으로 돌아올 때 그녀와 동행하여 귀국하였다(56세).

로크는 위그당의 지성적 영웅으로 추앙받았으며 이 시기에 뉴턴과 깊이 교제하였다. 로크는 죽을 때까지(1704, 72세) 마샴 부인(Lady Masham)이라는 그의 가까운 여자친구 집에 식객으로 10여 년간 머물렀다. 그는 결혼을 한 적이 없으며 자식도 없었다. 로크의 생애 동안은 입헌군주제와 의원내각제가 걸음마를 시작한 수준이었다.

로크의 정치사상이 가장 잘 드러나 있는 저서는 1690년(명예혁명 2년 후)에 출간된 「정부론」이다. 그는 이 책에서 모든 인간은 자연 상태(State of nature)에서 완전히 자유롭고, 평등하고, 독립적이었으며 자신의 생명(life), 건강(health), 자유(liberty), 소유물(possession)을 지킬 자연권(natural right)을 가지고 있었다고 주장하였다. 그리고 그는 인간의 본질은 이성으로 특징지어진다고 주장하고, 인간은 자기들 모두가 평등하고 독립되어 있으므로 타인의 생명, 건강, 자유, 소유물을 침해해서는 안 된다는 것을 이성으로부터 배운다고 하였다. 이러한 그의 주장은 미국독립선언서에서 "생명, 자유, 그리고 행복의 추구"(the pursuit of happiness)라는 표현으로 나타났다. 로크는 자연 상태에서, 지키는 자신들의 권한만으로는 충분치 않았기 때문에 사람들은 시민사회를 수립하여 그 사회의 정부로부터 도움을 받아 문제를 해결키로 하였다고 가정하였다. 자연 상태에서 충분치 않은 것은 3가지 부족 때문이었다. (1) 정사(政事)와 인간 활동의 기준이 되는 법(law)이 없고, (2) 권위를 갖는 재판관(judge)이 없으며, (3) 정당한 집행권을 쥐어 줄 권력(power)이 없는 것 등이었다. 이 같은 부족을 메우기 위해 자유롭고 평등한 인간이 향유하는 자유의 일부를 '편의상' 계약으로 정부에 양도(transfer)가 아닌 위탁(entrust)을 한 것이다. 다시 말해 계약의 내용은 시민의 자유의 일부를 정부에 위탁하고, 그 대신 정부는 정권을 만들어 시민을 보호하는 것이다. 로크는 정부를 만든 당초의 목적에 대하여 "사람들이 결합하여 정부를 조직하고 정부의 지배를 받으려고 하는 주요 목적 중의 하나는 그들의 소유물(사유재산)의 보전에 있었다"고 말했다.

따라서 정부의 임무는 사람들의 생명, 건강, 자유, 소유물을 지키는 일이다. 정부가 이것을 게을리하거나, 유린했을 때는 시민사회를 수립한 본래의 계약에 위배되는 것이므로 정부를 혁명을 통해 갈아치우는 것이 당연하다고 주장하였다. 로크의 이러한 주장은 명예혁명(1688)을 정당화하는 것이었다. 혁명은 시민의 권리일 뿐만 아니라, 어떤 환경 아래에서는 의무이기도 하다고 주장하였다.

로크는 또한 정부의 권력분립을 지지하였다. 전제주의 군주제는 군주와 신민 사이에서 갈등이 생겼을 때 이것을 해결할 중립적인 권위가 없다. 그러므로 권력은 군주를 대표로 하는 행정부와 국민의 투표로 선출되는 입법부로 나누되, 행정부와 입법부가 불화할 때 이것을 처리할 수 있는 독립적인 사법부가 있어야 한다. 사법부가 독립적이어야 할 또 다른 이유는 왕도 재산과 관련하여 원고나 피고가 될 수 있으므로 왕이 재판관이 될 수는 없기 때문에 사법부가 따로 있어야 한다. 정부의 기능을 행정, 입법, 사법으로 분리하는 것은 자유주의의 특색이다. 그의 이 같은 생각은 볼테르(Voltaire), 몽테스키외(Montesquieu), 스코틀랜드의 많은 계몽사상가들에게 영향을 미쳤다.

그리고 미국의 독립 운동가들에게도 마찬가지로 지대한 영향을 미쳤다. 그의 자유와 사회계약에 관련한 주장은 미국의 알렉산더 해밀턴(Alexander Hamilton), 제임스 메디슨(James Madison), 토머스 제퍼슨(Thomas Jefferson)과 기타 미국의 건국 선조들의 저술에 지대한 영향을 미쳤다. 토머스 제퍼슨은 로크의 영향에 대해 “나의 생각으로는 지금까지 생존했던 사람 중에서 베이컨, 로크, 뉴턴, 이 세 사람이 가장 위대하였다. 한 사람도 예외 없이 이들은 물질과학과 정신과학에서 도출한 상부구조의 토대를 놓아주었다”고 말했다.

로크는 경제학적 발상의 이론을 내놓았다. 그는 노동가치설을 주장하고 사유재산의 보호를 매우 중시하였다. 그는 노동이 재산을 창출한다고 하였다. 그러면 어째서 공유(共有)인 상태로부터 사유재산이 생겼는가? 로크는 ‘노동의 투하’라고 하였다. 각자의 신체는 확실히 자신의 사유재산이며, 신체에 의한 '노동'이 대상물에 투하됨으로써 원래 공유물이었던 것이 사유재산이 된다고 했다.

"떡갈나무 밑에서 주은 도토리나, 산림 속에서 따낸 사과열매로 자기 생명을 이어가는 자는 확실히 그 물건을 소유한 것이다. 누구라도 그 식물(食物)을 그의 것이 아니라고 부정할 수가 없다." "노동은 최초로 소유권을 낳는다." 현실에서 '빈자'와 '부자'는 '노동과 근면'의 정도에 의해 결정된다고 하였다. 그의 소유와 노동을 연결시킨 이런 주장은 신흥의 소유층에 있어서는 참으로 그들의 일상적인 이익과 감정에 만족스러운 것이었다. 기성의 특권계급이 누리는 소유는 노동과 연결된 것이 아니었기 때문이다. 대부분의 신흥계급들은 소비생활에 있어서 검소하고 금욕적이며 규칙적인 생활태도를 지니고 있었다.

그러면 어디까지 소유할 수 있는가에 대해, 축적에는 한계가 있어야 하며 사용되지 않는 소유물은 낭비이며 자연에 대한 침해라고 하였다. 그러나 그는 화폐를 도입한다면, 축적물을 썩혀 낭비하는 일이 없이, 재산의 무한 축적을 가능하게 할 것이라고 주장하였다. 그러므로 화폐를 보유하는 것은 낭비를 가져오지도 않으며 자연에 대한 침해도 될 수 없다고 하였다. 그는 또한 금·은은 소유자의 수중에서 썩지도 부서지지도 않을 것이므로 남에게 피해를 줌이 없이 축적을 할 수 있기 때문에 금·은 화폐의 소유를 지지하였다.

로크는 화폐의 무한 소유에도 문제가 있다는 것을 인식한 것 같았으나 그는 다만 정부는 재산의 무한 축적과 재산의 공평 배분이라는 상반되는 두 가지 원칙 사이에서 야기되는 갈등을 완화시켜야 할 것이라고 지적하였을 뿐이었다.

그는 가격과 관련하여 그가 의회에 보낸 편지에서 수요·공급 이론을 주장하였다. "어떤 물건의 가격은 사는 사람과 파는 사람의 비율에 의해 오르내린다. 이것이 가격이 정해지는 규칙이다"고 말했다. "돈은 모든 것에 대해서 해답을 준다." "돈에 대한 수요는 항상 충분하거나 충분 이상이며, 변화는 거의 없다." "돈에 대한 수요가 제한되건 혹은 일정하건 간에 이것과는 상관없이, 돈에 관한한 수요는 절대적으로 공급에 의해 규정된다.”

그는 또한 수요와 공급의 결정 인자들을 연구하였다. 수요에 있어서, 물건은 일반적으로 그것이 교환될 수 있고, 소비될 수 있고, 희소할 때 가치가 있는 것으로 간주된다. 그리고 어떤 물건이 수입(收入)의 흐름에 기여할 때 그 물건은 수요된다.

토지가 가치를 가지는 것은 “매년 일정한 수입을 가져다 줄 팔 수 있는 상품을 창출하는 토지의 꾸준한 생산력 때문”이다.

돈에 대한 수요도 물건이나 토지에 대한 수요나 거의 같다. 돈이 교환의 수단으로서나 혹은 대부할 수 있는 기금으로서 필요한가 아니 한가에 따라 돈에 대한 수요가 정해진다. 교환의 수단으로서의 돈은 교환을 통해 우리의 삶에서 필요한 필수품이나 편의품들을 조달할 수 있게 해준다. 그리고 대부할 수 있는 기금으로서의 돈은, 토지와 같이 매년 일정한 수입이나 이식(利息)을 가져다 줄 때이다. 공급은 수요에 상응해서 이루어지지만, 공급할 물건이 있느냐, 생산이 되느냐, 잘 되느냐, 아니 되느냐 등 상황에 따라 제약된다.

로크는 돈의 기능을 두 가지로 분류하였다. 하나는 가치를 가늠하는 ‘척도’(counter)로서이고, 다른 하나는 물건을 구입할 수 있는 ‘담보’(pledge)로서이다. 금과 은은 국제적 거래에서 적당한 화폐이지만 종이돈은 적당치 않다. 금과 은은 모든 사람들이 동일한 가치를 갖는 것으로 취급하지만, 종이돈의 가치는 그것을 발행한 정부 아래에서만 유효할 뿐이다.

로크는 어느 나라든 무역에서 흑자를 내도록 해야만 한다고 주장하였다. 그렇지 않으면, 그 나라는 뒤처지게 될 것이며 무역에서의 손실로 고통을 받게 된다.

세계화폐는 그 보유가 꾸준히 상승하는 까닭에 어떤 나라든 그들의 화폐 보유고를 늘리도록 노력하지 않으면 안 된다. 그는 상품의 움직임이 있는 것과 같이 한 나라의 돈의 보유에서도 움직임이 있고, 자본의 움직임은 교환율을 결정한다고 주장하였다. 돈의 움직임은 상품의 움직임에 비해 덜 변덕스러운 것이지만 어느 나라의 화폐보유가 다른 나라의 그것에 비해 상대적으로 크면 그 나라의 교환이 동등 이상으로 증가하고, 수출에서도 출초(出超)가 된다고 보았다.

그는 또한 지주, 노동자, 중간매개자 등과 같이 성격이 각기 다른 경제 집단의 현금수요를 계산하였다. 각 집단의 현금수요는 지급기간의 길이와 밀접히 관련된다. 중간 매개자들의 활동은 자금순환을 확대시키고, 그들의 이익은 노동자와 지주의 수익을 잠식한 것이다. 그러므로 중간 매개자들은 사람들의 공사적(公私的) 경제에 부정적인 영향을 미친다고 로크는 주장하였다. 로크의 경제학은 신흥산업가들의 이해관계를 반영한 것이었다.

로크의 이론은 인식론 분야에서도 의의가 컸다. 그는 경험주의자였다. 우리의 모든 지식은 경험에 근거를 두고 있다. 경험을 함으로써 정신 속에 관념이 생기며 관념에 의해서 생각을 할 수 있다. 로크는 인간의 정신은 처음에 백지장(tabula rasa)이라고 가정하였다. 이것은 정신이 '먼저 있다'(pre-existing)는 데카르트의 철학과는 대조되는 것이다. 사람이 태어날 때는 그의 정신에 아무런 관념도 없으며 사람의 지식은 오로지 감각적 지각을 통한 경험에 의해 점진적으로 개화(開化)된다.

경험의 원천은 감각(sensations)과 반성(reflections)에 있다. 감각은 외관(外官, out sense)에 의한 외부 대상에 대한 지각이며, 반성은 내관(內官, internal sense)에 의한 의식, 즉 마음에 대한 작용이다. 관념은 감각에서 왔건 반성에서 왔건 수동적인 것이다.

관념으로서의 지식은 정신 속에서만 존재하는 주관적인 것이다. 따라서 사람들은 우주의 본질에 대하여 영원히 알 수 없을지도 모른다. 그러나 인간이 경험을 통해 알게 된 지식으로써 인간사를 어떻게 처리할 것인지는 알 수가 있다. 간단한 지식이라도 중요한 것이다. 예컨대 선원이 바다의 깊이는 모를지라도 닻의 길이가 얼마인지를 알고 있는 것은 많은 도움을 준다(로크는 인간 인식의 한계를 인정하고 있다).

로크는 인간의 정신을 '빈 것'(empty)에서부터 출발된다고 보았기 때문에 교육이 중요하다고 강조하였다. 한 사람이 어떤 사람이 되느냐는 90%

가 교육에 의존한다. 백지장에 무엇을 찍어 가느냐가 정신의 모습을 만들어 가므로 교육의 실시는 어릴 때일수록 더 유효하다고 그는 주장하였다.

로크는 자기정체성과 자아에 대한 개념도 정립하였다. 그는 자아(self)를 '의식의 계속'(continuity of consciousness)이라고 처음으로 정의하였다. 그의 이런 정의는 루소, 칸트(Kant)와 같은 후일의 철학자들에게 영향을 주었다. 의식은 감각적이거나, 기쁨 혹은 고통을 느끼거나, 행복할 수 있거나 불행할 수 있는, 의식이 미치는 한의 의식 그 자체라고 그는 풀이하였다.

로크는 종교에 관해서는 관용을 주장하였는데 그 이유를 다음과 같이 3가지로 요약하였다.

1) 보통의 사람들은 일반적으로 대립적인 종교적 관점들의 진정한 주장들이 무엇인지 믿음직스럽게 분별할 수가 없다.

2) 설령 분별할 수가 있다고 하더라도 믿음은 폭력으로써 강제될 수는 없는 것이므로, 하나의 '진정한 종교'를 강요하는 것은 바람직한 결과를 가져오지 못할 것이다.

3) 종교의 통일을 강제하면 종교의 다원화를 허용하는 것보다 더 심각한 사회적 무질서가 초래될 것이다.

로크는 신앙은 죄인에 대한 구제보증이 아니라, 현세에 있어서의 행복의 도표이자, 인간을 위한 완전한 생활규율이며, 이를 실천하면 행복을 얻을 수 있다고 했다. 기독교는 인간 이성에 일치되는 자연의 세계이며 인간 전체의 이익과 조화를 이루는 것이다.

이와 같이 로크는 신앙으로부터 비 합리적이거나 초월적인 계시와 관념을 제거해 버렸다. 그리하여 이신론(理神論, deism)의 철학적 토대를 만들었다. 이신론은 이성을 최고의 지점까지 끌어올리는 근대정신과 전통적 기독교와의 타협의 산물이라 할 수 있다.

영국에서의 청교도혁명과 그후 신앙상의 '관용'에 관한 일반적 경향은 사실상 종교적 정열에 '냉각'을 가져왔는데 이에 이신론이 첨가됨으로써 '냉각'이 더욱 촉진되었다. 그러므로 혹자는 이신론을 '위장된 무신론'이라고도 평가하였다. 종교적 정열의 냉각에 따라, 신앙은 점차로 사회 입법 속에 '세속화'(世俗化)되어 갔다.

프랑스의 계몽주의

영국의 계몽사상은 프랑스에 전해져 새로운 시민권(civil right) 운동으로 전개되었다. 전형적인 절대왕조를 수립하여, 전형적인 중상주의를 추구해 온 프랑스는 연이은 왕위계승 전쟁과 대외전쟁으로 절대주의의 절정이었던 루이 14세 시절에도 이미, 겉으로 드러난 궁정의 호화에도 불구하고, 속으로는 국고가 비고, 일반국민의 생활은 비참해져 빈부의 격차가 현저하고, 제3 신분의 대부분을 차지하는 시민계급과 농민들은 중상주의의 특혜정책으로 역차별을 받게 되어 반감을 품게 되었다.

17세 초엽 이래 프랑스인의 생활은 바로 현세적인 향락, 현세적 이익, 즉 세속의 세계를 지향하고 있었다. 정신적으로는 반(反) 신학적, 반(反) 형이상학적인, 유물론적 교설이 나올 수밖에 없었다. 이러한 환경에서 17세기 초엽에 이미 무신론이 프랑스에서 6만 명의 추종자를 가졌고, 그 가운데 5만 명이 파리에 살고 있었다. 민중은 무신론으로 무장하기 시작하였고, 영국풍(英國風)의 이신론(理神論, deism)은 프랑스에서는 오히려 무신론 쪽으로 발전하였다.

프랑스에서도 지식인들 사이에서는 이신론이 유행하였다. 이신론자들은 신이 인간에게 사랑과 은총을 베풀거나 기도에 응답한다고 생각하는 것을 인정하지 않는 대신에, 기계와도 같은 우주의 창조자인 동시에 우주라는 기계를 법칙에 맞게 영원히 움직이도록 한 신을 설정하였다.

프랑스의 왕후귀족들은 사치와 형식을 일삼고 유한 귀부인들은 정신적인 사치·허영을 만족시키기 위하여 화려한 객실(salons)을 열고 문인과

당시의 살롱 모습

철학자들을 초대하여 담소(談笑)를 나누고 끽다(喫茶)를 즐겼다. 문인·철학자들은 때로는 귀부인의 애인이 되기도 하고 그들의 후원을 받는 피보호인이 되기도 하였다. 이들 귀부인들의 행태는 결과적으로 귀족정을 안으로부터 무너뜨리는 역설적인 동력이 되었다. 프랑스의 계몽사상은 살롱에 출입하는 이들 문인과 철학자에 의해 전개되었는데 귀부인들은 그들의 재담(才談)에 찬사를 보내고 동의를 하였지만, 실은 이들 살롱출입자들에 의한 계몽사상은 그들을 접대하는 기성 지배계급을 무너뜨리는 첨병들이었던 것이다.

프랑스의 계몽사상은 여성 귀족을 상대로 하는 담화에서 시작되었기 때문에 그들의 저술 또한 화려한 문체와 쉬운 글로 쓰여 있는 것이 특색이다. 계몽사상가들의 교설(教說)은 세론(世論)을 변화시키고 있었으며, 혁명을 위한 무기를 제공하고 있었다.

계몽사상가들은 다른 한편으로 민중을 계몽하는 운동에도 게을리하지 않았다. 그들은 그들끼리 따로 모여 민중을 어떻게 계몽하면 좋을 것인지 전략을 숙의했으며 수많은 팸플릿을 만들어 민중들에게 돌렸다. 좋은 사회를 가져오기 위해서는 민중들의 편견과 무지를 해소해야 한다고 믿은 계몽사상가들은 인간이란 그가 받은 교육의 산물에 불과하다고 생각하였다. 그래서 일부 계몽주의자들은 백과사전을 편집하여 지식을 보급하였다.

왕정(王政)은 뒤늦게 계몽사상가들이 '바람직스럽지 못한 놈들'이라는 것을 알아차리고 그들을 투옥하거나 그들의 글에 대해 인쇄를 금지시키는 등의 탄압을 가하였다. 그러나 그들의 연락망은 이미 커져 있었으며, 그들은 무수한 팸플릿 등을 비밀리에 연쇄적으로 출판·보급하여 급기야는 자유·평등·박애를 지향하는 혁명투사들을 대량으로 만들어냈다.

프랑스의 계몽사상은 사회경제적 조건이 다른 신분들, 즉 제1 계급(귀족), 제2 계급(승려), 제3 계급(일반시민) 사이의 권력과 세금부담의 불균형이 심각한 이른바 구체제(앙시앵 레짐, ancient regime)의 모순에서 발생한 사상이기도 하지만 그것의 가장 큰 사상적 원인은 영국에서 일어난 시민혁명의 영향에 있었다.

프랑스 계몽사상의 3대 대표자는 몽테스키외(Montesquieu, 1689~1755), 볼테르(Volteire, 1694~1774), 루소(Rousseau, 1712~1778) 등이다. 이들은 모두 영국에 체재한 경험이 있었으며 영국 숭배자들이었다. 이 시대의 영국광(英國狂)들은 프랑스의 사조(思潮)를 주도하였다.

몽테스키외

몽테스키외(Charles de Secondat, baron de Montesquieu, 1689~1755)는 계몽주의 시대에 활약한 프랑스의 사회평론가 및 정치사상가였다. 그는 권력분립론으로 유명하다.

몽테스키외는 프랑스 서남부의 브레드(Brede)에 위치한 유서 깊은 귀족 집안의 대 저택에서 태어났다. 아버지는 군인이었으며, 어머니는 남작의 작위와 대 재산의 상속녀였다. 어머니는 그가 7살 때 세상을 떠났다. 몽테스키외는 가톨릭계 대학을 졸업하고 26살 때(1715) 신교도와 결혼을 하였는데 그의 신부(Jeanne de Lantique)는 막대한 지참금을 그에게 가져다 주었다. 이듬해에 그는 삼촌의 사망으로 남작의 작위와 함께 재산을 물려받았다.

몽테스키외

이 해에 영국에서는 명예혁명(1688~1689)의 후속조처로서 입헌군주제를 선언하였다. 이보다 앞서 스코틀랜드는 대영통일왕국(The United Kingdom of Great Britain)으로 합병을 하였었다(1707).

1715년에는 또한 장기집권을 하였던 루이 14세가 죽고 5살의 루이 15세가 왕위를 계승하였다. 이러한 국가적인 전환들이 몽테스키외의 사고에 커다란 영향을 미쳤다.

그는 27세 때 보르듀(Bordeux)의 법관이 되었으나 파리의 궁정과 살롱에 매력을 느껴 파리로 올라와 담소와 쾌락을 즐기며 소일하였다. 이 시기에 그는 파리를 방문한 페르시아인이 이 사회의 엉터리 상황을 지적하는 이야기를 풍자적으로 기술한 평론집인 「페르시아인의 편지」(Persian Letter, 1721, 32세)를 출간하여 선풍적인 인기를 끌었다. 이 책은 외국어로 번역되고 그의 문명(文名)을 날리게 하였다. 그의 문필과 사교생활은 그를 「프랑스 아카데미」(French Academy) 회원이 되게(1728) 할 정도로 영향을 미쳤다.

그는 이 해부터 2년 반에 걸쳐(1729～1731) 오스트리아·헝가리를 포함한 유럽 전역을 여행하였는데 이태리에서 1년, 영국에서 18개월을 체재하였다.

이 여행 후 그는 지적생활에 몰두하여 14년간의 준비 끝에 「법의 정신」(The Spirit of Laws)을 출간하였다(1748, 59세). 이 책은 즉시 세인의 관심을 끌었으며 뜨거운 찬반 양론을 일으켰다. 가톨릭 교회에서는 이 책을 금서목록에 올렸으며, 유럽의 다른 나라들, 특히 영국으로부터는 극찬을 받았다.

또한 아메리카 대륙의 영국 식민지에서 몽테스키외는 높은 평가를 받았다. 그의 언설(言說)은 장차 미국의 건국자들이 될 인사들에 의해 성경 다음으로 가장 빈번히 인용되었다. 미국의 독립선언(1776) 이후에도 몽테스키외의 저작은 미국 건국자들에게 강력한 영향력을 지니고 있었는데 그 가운데 '헌법의 아버지'인 버지니아주의 제임스 메디슨(James Madison)에게 미친 영향은 특별하였다. "어느 누구도 다른 사람을 두려워할 이유가 없는 정부를 세워야 한다"고 하는 몽테스키외의 철학은 메디슨 및 그의 동료들로 하여금 다음과 같은 원칙을 상기케 하였다. 즉, 그들의 새로운 국민정부는 명백히 정의(定義)되고 균형잡힌 권력의 분립을 필수요건으로 하며, 그들의 헌법은 이러한 그들의 정부를 수립하기 위한 자유롭고도 안정된 기초이어야 한다는 것이었다.

그는 이미 「페르시아인의 편지」에서 사회비판을 시도하였다. 승직자는 복종·청빈·순결이라는 3개의 서약을 한다. 그러나 가장 잘 준수되는 것은 복종 하나이고, 청빈은 말뿐, 순결은 언어도단의 타락 상태이다. 이러한 기독교도에게 무슨 종교적 신념이 있을 것인가라고 비판하였다.

그는 페르시아인의 입을 빌려 왕위에 대해서도 비판하였다. "왕이란 위대한 마법사이다. 신하를 마음대로 지배할 뿐 아니라, 신하들의 생각을 왕 마음대로 조종한다. 왕은 금전이 없다 하더라도 한 조각의 종이를 꺼내어 돈이라고 일러주면 신하는 희희낙락 납득한다. 국왕의 손이 닿으면 만병(萬病)이 통치(通治)된다는 신념을 갖게 하는 형편에 이르러서는 왕의 힘이 위대하다고 하지 않을 수 없다." 이 같은 풍자로부터 고심 끝에 적극적인 개혁을 위해 제시한 이론이 「법의 정신」이었다.

몽테스키외는 사회가 성립하기 이전의 자연상태에서 인간은 법을 가지고 있었다고 하면서 그것을 자연법(自然法, Lois de la Nature)이라 하였다.

첫번째의 자연법은 평화였으며, 자연상태에서 인간은 겁이 많고 약하여 서로 투쟁하지 않았다. 두 번째의 자연법은 먹을 것을 구하는 욕망이었으며, 세 번째의 자연법은 두려움을 덜기 위해서나, 혹은 이성에 대한 끌림으로 서로 접근하고자 하는 바람이었다. 네 번째의 자연법은 서로 어울려 사회생활을 하고자 하는 원망(願望)이었다. 이들 자연법들은 간섭이나 방해 없이 저절로 생긴 자유의 원리에 의한 것이었다.

네 번째까지의 자연법에 이르러 사회가 성립한 후 인간은 자력(自力)을 자각하여 자기의 이익을 구하게 되고 자력에 의해 자기를 보존하게 된다. 여기서 개인 사이에 충돌이 생기게 된다. 이를 조정하기 위해 실증법들이 만들어졌는데 여기에는 세계의 각 국민간의 관계를 규정하는 만민법(droit des gens)과 사회의 지배자와 피지배자와의 관계를 규정하는 시민법(droit civil)이 포함된다.

실증법들은 인간을 인도하는 이성(理性)이 그 국가의 특수조건에 적응하여 만든 것이다. 특수조건으로는 정체(군주제, 공화제, 전제정 등), 자연환경, 생활습관, 종교, 경제, 인구, 풍습, 법과 법과의 관계 등이다(이와 같이 여러 요소를 연구의 분석에 포함시키는 것을 인류학적 방법론이라 한다면, 몽테스키외는 이것의 선구자였다).

법을 집행하기 위해서는 권력이 요구된다. 그런데 모든 권력은 남용될 수 있다. 권력의 남용은 자연법의 원리인 자유를 유린한다. 권력의 남용을 막으려면 권력이 권력을 억제할 수 있도록 권력을 안배할 필요가 있다.

정부의 권력은 입법·사법·집행 3가지에 관련된 것이므로 입법권, 사법권, 집행권 등 셋으로 나누어 이 셋이 반드시 서로 분리되고 서로 의존적이 되도록 해야 한다. 만약에 동일인 혹은 동일 단체의 수중에 입법권과 집행권이 합치된다면 자유는 존재할 수 없게 된다. 즉 동일 군주 혹은 동일 원로원이 폭정적으로 법을 제정하여, 그 법을 폭정적으로 집행할 우려가 있기 때문이다. 또 재판권이 입법권과 집행권으로부터 분리되어 있지 않을 경우에는 자유가 있을 수 없게 된다. 즉 재판자는 그가 하고 싶은 대로 법을 제정할 것이기 때문이다. 그러므로 3권 가운데 어느 하나의 권력이 다른 나머지 두 가지 권력을, 각각이든 합치이든, 능가해서는 안 된다. 이것이 몽테스키외의 3권분립론(三權分立論)의 골자이다.

이러한 그의 견해는 매우 급진적인 것이었다. 왜냐하면, 당시 프랑스 군주국의 3개 계급 구조는 승려·귀족·평민으로 나뉘어 있었는데, 그의 3권분립론은 그러한 3개 계급 구조를 완전히 배제시키는 새로운 발상이었기 때문이다.

이 같은 몽테스키외의 이론은 절대왕정에 속박을 느끼며 경제적 자유와 재산보존을 요구하는 당시 프랑스 산업시민의 생각을 반영한 것으로서 후세 입헌정체의 발전에 지대한 기여를 하였다. 그의 삼권분립론은 앞서 언급한 바와 같이 미국독립혁명을 통해 그 전형적인 형태를 실현하게 되었다.

몽테스키외의 역사관은 역사에 있어서의 개인의 역할이란 미미한 것이며 역사적인 사건은 중대한 운동에 의해 발생하게 되는 것이라고 보았다. 그는 로마가 공화정에서 제국으로 전환하게 된 것은 시저(Caeser)나 폼페이(Pompey)라는 개인에 원인이 있는 것이 아니라 인간의 야심에 원인이 있으며, 그들이 아니었더라도 누군가에 의해 마찬가지로 되었을 것이라고 말했다.

몽테스키외는 이른바 기상학적 기후이론도 내놓았다. 그것은 다름이 아니라 기후는 사람의 천성과 그의 사회에 본질적인 영향을 미친다는 것이었다. 너무 더운 곳에 사는 사람은 성미가 "화급하고" 너무 추운 곳에 사는 사람은 "차갑거나" "완고하다"고 하였다. 그러므로 프랑스를 포함하는 중부 유럽의 기후가 가장 적당하다고 하였다.

몽테스키외는 약한 시력 때문에 고생을 하였는데 1755년(66세) 고열로 사망할 즈음에는 완전히 장님이 되었었다.

볼 테 르 볼테르(Voltaire, Francois Marie Arouet, 1694~1778)는 시민의 자유를 주장한 프랑스의 계몽주의 문필가·철학자였다. 그는 희곡, 시, 소설, 논설, 역사, 과학 등 모든 분야에 걸쳐 팸플릿을 포함한 2,000여 권의 책과 2만 통 이상의 편지를 쓴 기지에 넘친 다산(多産)의 저술가였다. 볼테르는 그의 필명(筆名)이다. 그는 엄격한 검열과 심한 처벌 위험에도 불구하고, 사회개혁을 공공연히 주장하였다. 볼테르는 로크, 몽테스키외, 루소와 더불어 미국의 독립과 프랑스혁명에 결정적으로 영향을 미친 계몽사상가들 중의 한 사람이다.

그는 공증인으로서 하급회계공무원이었던 아버지와 귀족출신의 어머니 사이에서 파리에서 태어났다. 그는 제수잇계 대학(college Louis-le-Grand)에서 교육을 받았다. 그는 대학에서 라틴어와 그리스어를 배웠고, 나중엔 이태리어·스페인어·영어에 능통하였다.

그는 작가가 되기로 결심하였으며, 파리를 무대로 배회하면서 정부와 교회를 비판하여 11개월 동안 바스티유 감옥에 투옥되기도 하고 해외로 피신하는 것이 일쑤였다. 그는 감옥에서 구상한 희곡 「에디페」(Edipe)로 일약 문필가로 유명해졌다.

볼테르

그의 재빠른 지각과 즉석즉답의 재치와 명료하고도 해학적인 비판적인 혀로 말미암아 그는 당시의 몇몇 프랑스 귀족들로부터 미움을 샀다. 한번은 볼테르가 로한(Rohan) 가문의 젊은 귀족으로부터 모욕을 당하고 이것을 되받아쳤었는데(1725, 31세), 로한가(家)는 유죄선고의 내용이 적힌 루이 15세의 사인이 든 편지를 매수(買受)하여 볼테르를 없애려고 하였다. 볼테르는 무기한의 투옥을 두려워하여, 스스로 영국으로 망명할 것을 대안으로 제시하여 당국에 의해 받아들여졌다. 그의 영국 망명은 3년 동안(1725~1728) 계속되었으며, 이때의 경험은 그의 많은 아이디어에 영향을 미쳤다. 영국의 입헌군주제는 프랑스의 절대군주제와는 대조적이었으며, 영국의 언론 및 종교의 상대적인 자유도 프랑스와 비교할 때 훨씬 선진화된 것으로 보였다. 그는 영국에서 신고전주의 작가들로부터 영향을 받았으며, 아직 대륙에는 잘 알려져 있지 않은 셰익스피어(Shakespeare)의 작품에도 관심을 가졌다.

볼테르는 귀국 후 「영국에 관한 철학적 편지」(Philosophical Letter on English)라는 에세이집을 출간하였다(1734). 이 책은 영국의 입헌군주제와 시민의 자유를 칭찬하는 것으로서, 대 논란을 불러일으켰으며, 이로 인해 이 책은 불살라지고 그는 강제로 다시 추방되었다. 볼테르는 이번에는 삼페인·로레인 국경에 위치한 차탈레 후작(Marquis Chatelet)의 시레 대저택(Chateau de Cirey)에 체류하였다. 그는 이곳에서 후작부인의 애인이 되었고 후작은 가끔 그의 아내와 아내의 애인을 방문하였다. 볼테르와 후작부인과의 관계는 15년간 지속되었으며 두 사람은 지적인 동반자였다. 두 사람은 그 당시로서는 엄청난 수인 2만 1천권 이상의 책을 모았으며, 함께 공부하고 함께 '자연과학'의 실험도 하였다. 볼테르는 그가 영국에 망명했을 적에 뉴턴의 이론을 신뢰하였는데 그는 뉴턴의 광학을 실제로 실험을 해 보았다. 흰 빛은 모든 색깔의 빛의 합성이라는 뉴턴의 이론은 실험에서 입증되었다. 뉴턴이 사과가 떨어지는 것을 보고 만유인력을 발견하였다고 하는 이야기는 유명한데 이 이야기를 전파한 사람이 볼테르였다. 볼테르는 이 이야기를 런던에서 뉴턴의 조카딸로부터 들었다고 하였다. 볼테르와 후작부인의 공저인 「뉴턴철학의 핵심」(Element of Newton's Philosophy)은 뉴턴의 이론을 대중들이 훨씬 잘 받아들일 수 있게 하였다.

후작부인과의 깊은 결합에도 불구하고, 볼테르는 1744년(50세)에 이르자 대 저택에서의 생활에 갑갑함을 느꼈다. 그래서 그 해에 파리를 방문하였고 거기서 그의 질녀(Marie Louise Mignot)에게서 새로운 사랑을 발견하였다. 처음에는 성적 매력에 이끌린 것이었으나, 훨씬 뒷날에 동거를 시작했으며 볼테르가 죽을 때까지 함께 살았다. 이 동안 후작부인 역시 새로운 애인을 가졌었다. 볼테르는 제네바와 가까운 프랑스의 페르네(Ferney)에 큰 집을 사서 기거하였다.

1778년 그의 마지막 비극작품인 「이레네」(Irene)의 개막공연을 보기 위해 20년 만에 처음으로 파리를 방문하였다. 관객들은 그를 돌아온 영웅으로 열렬히 맞이하였다. 이 여행은 83세의 그에게 무리가 컸음인지 앓아눕게 되었고 세상을 떠났다. 교회에 비판적이던 볼테르는 자신에 대한 교회 장례식을 생전에 거부하였었다. 그러나 그의 친구들은 그를 샴페인에 있는 셀리에르(Scelliéres) 수도원에 묻었다. 그가 죽은 지 17년이 지난 1791년, 프랑스 의회는 그를 프랑스혁명(1789)을 이끌어낸 선도자로 인정하여 그의 유해를 파리로 옮겨와 팡테옹(Pantheon) 사원 안에 안치하였다.

볼테르는 그의 젊은 시절, 영국망명으로부터 돌아온 후에 출간한(1734) 「영국에 관한 철학적 편지」에서 영국의 사회상을 찬미하였다. 이 책은 24편의 편지로 이루어져 있는데 내용을 보면 다음과 같다.

1~7편까지는 영국에서의 신앙의 자유를 소개하고 "종교가 한 나라에 하나가 있으면 전제(專制)가 되고, 둘이 있으면 항쟁(抗爭)이 격렬해지며, 영국과 같이 교파가 여럿이 있으면 평화롭게 공존한다"고 했다. 8~9편에서는 영국의 민주적 의회정치의 성립을 설명하고 이것을 극도로 찬

미했다. "영국의 내란은 항상 자유의 원칙을 승인함으로써 끝이 났다. 영국의 국민은 왕실과 항쟁하여 왕권을 제한시키는 데 성공하였다. 이러한 성공은 역사상 대영제국에서 처음 일어났다."

10편에서는 영국상업의 성대함을 서술하고, 11편에서는 종두(種痘)에 대해 서술했다. 12~13편에서 영국의 계몽사상가 존 로크의 경험철학을 소개, 칭송하였고, 14~17편에서는 아이작 뉴턴의 광학, 인력(引力)이론, 수학, 연대학(年代學)을 소개하고 그의 뛰어남을 강조하였다.

18편 이후에는 영국의 문학을 논하여 영국의 코메디, 영국 문인의 사회적 지위 등을 논하였다. 특히 셰익스피어 희곡이 프랑스 희곡에 비하여 더욱 빈번하고도 치밀한 무대활동을 연출토록 하고 있는 점 등의 우수성을 지적하였다. 이 책은 영국에 대한 찬미와 존경으로 가득 차 있었는데 이것은 프랑스 사회를 개혁시키려는 의도인 것을 누구나 알아볼 수 있었다.

볼테르는 역사를 세계적 관점에서 본 최초의 학자이다. 그는 역사를 외교적 혹은 군사적 사건으로 엮어가는 전통으로부터 벗어나 관습·풍속·예술 및 과학에서의 성취를 강조하였다. 그는 역사를 보편적 맥락에서의 세계 문명의 진보로 보았다. 그래서 그는 민족주의나 전통적인 기독교식 해설을 거부하였다. 그는 유럽을 민족국가들의 모임이 아니라 하나의 전체로서 취급하였다. 그는 세계사를 쓰려고 시도하였고 신학적인 구도를 배격하였다. 그는 자연의 정상적인 진행과 배치되는 것은 무엇이든 믿어서는 안 된다고 경고하고 이성(理性)이 세상을 진보시킬 것이라고 확신하였다. 그는 이따금씩 중국, 타일랜드, 일본을 찬란한 비 유럽문명의 본보기로 이용하였고 유럽의 노예제도를 신랄하게 비판하였다.

종교와 관련하여, 볼테르는 기독교를 배격하였다. 그는 신을 믿음에 있어서 하나의 경전이나 계시의 전통이 필요한 것은 아니라고 하였다. 그는 오히려 이성과 자연에 대한 경외에 기초를 둔 보편타당한 생각이 더 중요하다고 강조하였다. 볼테르는 다른 계몽주의자들과 마찬가지로 그 자신을 이신론자(理神論者, deist)로 간주하였다.

"신앙이란 무엇인가? 명백한 것을 믿는 것이 신앙이 아니겠나! 내 마음에는 완전하게 명백한 것이 있는데 그것은 다름 아니라, 필연적이며, 영원하고, 최고인, 지적인 존재가 있다고 하는 사실이다. 이것은 신앙의 문제가 아니라, 이성의 문제"라고 그는 말했다. 볼테르는 프러시아의 왕 프레더릭 2세(Frederick Ⅱ)에게 보낸 편지에서(1767.1.5자) "기독교는 세상을 오염시켜온 가장 이상스럽고 가장 황당한 피묻은 종교"라고 말했다.

그는 그의 만년에 종교에 대한 관용을 위해 투쟁을 벌일 때 교회에 반대하는 그의 목소리를 더욱 더 높였다. 그는 공개적으로 "교회는 시종일관하여 진보와 고매함과 인간성과 합리성을 짓밟아온 지독한 적(敵)이며," "교회의 관심은 사람들을 어린이같이 무지하고도 굴종적인 상태로 묶어두려는 것이었다"고 공격하였다.

그는 자신을 무신론자라고 평가하는 사람들을 향해 "만약에 신이 존재하지 아니한다면 신을 발명할 필요가 있을 것"이라고 말했다.

볼테르는 공정한 재판을 받을 권리와, 종교의 자유와 같은 시민권 획득을 위해 그리고 구체제(앙시앵 레짐, ancien regime)의 위선과 부정의(不正義)를 타도하기 위해 지칠 줄 모르는 투쟁을 벌였다.

앙시앵 레짐에서는 제1, 제2, 제3 계급 사이에 권력과 과세 부담의 불균형이 있었다(제3 계급인 일반 백성과 중상층이 세금의 대부분을 부담하였다).

볼테르는 처음엔 대중민주주의를 불신하였다. 그는 대중민주주의를 대중의 무지막지를 번식시키는 것으로 간주하였다. 볼테르는 지극히 높은 문맹률 등 사회구조를 감안할 때 오직 계몽군주만이 변화를 가져올 것이며, 군주의 합리적 관심은 백성의 교육과 복지를 향상시키는 데에 있을 것이라고 생각하였다. 그러나 그는 프레더릭 왕에 대해 실망과 환멸을 가진 이후 그의 철학을 바꾸었다. 그는 그의 불후의 명작인 「순박함이냐 혹은 낙천주의냐」(Caudide or Optimism, 1759)에서 새로운 결론으로서

"우리의 정원을 가꾸는 일은 우리의 몫"이라고 하고, 민주주의의 실현을 위해 대중을 계몽할 것을 강조하였다.

장 자크 루소 장 자크 루소(Jean-Jacques Rousseau, 1712~1778)는 제네바 태생의 문필가·계몽사상가로서 프랑스에서 활동하였다. 그는 인간에게 고통과 타락을 가져온 것은 문명이므로 인간은 모름지기 "자연으로 돌아가라"(Back to Nature)고 주장하였다. 그는 현재의 시민사회는 사기(詐欺)에 의한 왜곡된 사회계약의 결과라고 주장하고, 새로운 사회계약을 맺어 주권을 위임해야 한다고 주장하였다. 새로운 사회계약은 '일반의지'(general will)에 기초를 두어야 하며, 일반의지가 주권의 담임자라고 말하였다. 그는 일반의지가 무엇인지 명백히 정의하지는 않았으나, 그가 시사한 바로는 각 개인들의 이기심이나 사적인 동기에 의한 개인의 특수의지는 서로 상충되므로 특수의지들이 상충으로 인해 멸실된 이후에 남은 공공을 위한 의지들의 결합이 일반의지인 것으로 시사하였다. 일반의지에 주권을 위임해야 한다는 그의 사상은 독재정치의 철학을 만들어낼 수 있는 것이었다.

루 소

그는 자유보다는 평등을 더욱 중시하였으며 인간이 불평등하게 된 것은 사유재산제도에 있었다고 주장하고 사유재산제도가 생긴 것이 현존 시민사회(civil society)의 출발이었다고 말하였다. 그는 현존 시민사회를 개혁의 대상으로 보았다. 평등과 자연을 찬미하는 그의 사상은 하층민의 혁명 열기를 북돋우었으므로 프랑스혁명 기간에는 그의 철학이 가장 인기가 높았다. 특히 혁명 수행 과정에서 일어난 자코뱅당의 공포정치를 지지하는 이론적 무기로 사용되었다.

루소의 사상은 다른 계몽주의자들의 그것과는 대조적인 것이 많다. 루소의 사상은 우리가 그의 생애를 보면 좀 더 이해하기가 쉽다. 루소를 철학교과서에서는 낭만주의의 아버지라고 말한다. 낭만주의는 지성이나 이성보다는 감수성과 감정에 경도되어 사물을 이해하고 판단하는 사조이다. 주관(主觀)과 열정이 중요하다. 나태하고 지루한 이성 우위의 논증에 대한 반동이며, 흥분을 좋아한다. 고요한 전원풍경보다는 뇌성벽력과 폭풍우를 사랑하고, 과장된 표현을 즐기는 것이 낭만주의의 특징이다.

낭만주의라 할 때 이 단어에서 풍기는 뉘앙스는 쾌락과 행복을 상상케 한다. 루소의 철학이 감수성에 기초를 두고 있는 것에서 낭만주의임에는 틀림없으나 그의 인생은 결코 달콤한 뉘앙스의 낭만주의와는 거리가 멀었으며 어릴 때부터 가난과 열등감에 시달리는 비참한 것이었다.

루소의 아버지는 제네바 시민으로서 칼빈교도였으며 시계 제작기술자였다. 역시 칼빈교도인 어머니는 그가 태어난 지 9일 만에 산욕열로 세상을 떠났다. 그와 그의 형은 아버지와 고모뻘 되는 친척이 길렀다.

루소가 읽기를 어디서 배웠는지 기록이 없으나, 그는 5~6살 때 이미 읽기를 잘 하였으며, 아버지는 매일 저녁식사 후에는 모험소설을 읽도록 격려했으며, 어떤 때는 재미가 있어 밤을 새며 책을 읽었다고 한다.

루소가 10살이 되었을 때 아버지가 재혼을 하여, 사실상 루소를 버렸으며, 루소는 어머니 쪽 아저씨에게 맡겨졌다. 이 아저씨는 루소를 그 자신의 아들과 함께 2년 동안 제네바 교외의 작은 마을에 사는 한 칼빈교회 목사의 집에 하숙을 시켰다. 이곳에서 두 소년은 수학과 그림의 기초를 귀동냥으로 익혔다. 루소는 공부를 좋아한 것 같으나 평생 한 번도 학교에 다닌 적이 없다.

루소의 어린시절에 대한 기록은 그의 사후에 출판된 「참회록」(Confession)이 전부이다. 참회록에도 누락된 부분이 많아서 확실치 않은 점이 있다. 루소는 13살 때 조판가 밑에서 도제로서 일했으며 얻어맞기가 일쑤였다. 15살 때 제네바로부터 도망을 쳐서 이웃 사보이로 갔다. 여기서 루소는 가톨릭신부를 찾아가 개종을 하겠다고 하였다. 임시 거처와 몇 푼의 돈을 얻기 위해서였다. 이 신부는 루소를 전문적인 개종인도자인 29세의 바랑(Francoise Louise de Warens) 부인에게 소개하였다. 바랑 부인은 귀족가문 출신으로서 남편과 별거중이었다. 루소 소년은 바랑 부인의 주선에 따라 제네바 시민권을 포기하고, 완전 개종하였다.

10대의 루소는 스스로 먹고 살기 위해 사환, 보조원 등으로 일하였고 이태리와 프랑스를 방랑하였다. 그와 동행하던 친구가 간질병으로 발작을 일으키자 행인들이 동전을 던져 주기 위해 모여들었는데, 루소는 그 돈의 일부를 슬쩍한 적이 있었다고 그의 참회록에서 썼다. 이 시기에 루소는 바랑 부인의 집에 가끔 들렀으며, 그는 부인을 우상처럼 우러러보고 "마망"("maman", 어머니)이라고 불렀다. 바랑 부인은 그의 헌신에 기분이 들떠, 그에게 음악을 직업으로 삼으라면서 음악교습을 시켰다. 루소는 이때에 배운 음악 실력으로 후일 오페라를 작곡하여 상연하였다. 루소가 20살이 되었을 때, 14살 연상인 바랑 부인은 그를 애인으로 만들었다. 루소는 그들 사이의 성적관계로 인해 정신적 혼란과 불편을 겪었으나, 바랑 부인을 항상 그의 일생에서 최대의 사랑을 준 여인으로 생각하였다. 낭비라고 할 만큼 돈을 펑펑 쓰는 바랑 부인은 큰 도서실을 가지고 있었으며 손님 접대와 음악 감상을 좋아하였다. 바랑 부인은 자기 주변의 사교클럽에 루소를 소개시켜 재담과 착상을 익히도록 하였으나, 낮에는 여전히 바랑 부인을 '마망'이라고 부르고 밤에는 애인이 되는 이중성과 모순의 생활로 우울증에 빠졌다. 이중성은 그 후에도 숙명처럼 따라다녔는데, 이로 인해 위선과 자책, 열등감과 허영 등 상반되는 속성이 함께 서식하는 성격이 형성되었는지도 모른다.

그는 30세 때(1742) 파리로 올라왔고, 그 이듬해에는 베니스 주재 프랑스대사의 비서로 취직하여 1년 동안 베니스에 머물렀다. 여기서 그는 프랑스인들이 경멸하는 이태리 음악에 심취하였다. 그의 취업은 명예로운 자리였으나 봉급을 제대로 받지를 못하여, 그는 정부 관료제에 대한 적대감을 가지게 되었다.

파리로 돌아온 후, 땡전 한 푼 갖지 못한 루소는 예쁘장한 테레즈(Therese Levasseur)와 사귀어 애인이 되었다. 테레즈는 바느질을 해서 먹고사는 침모였는데 잔소리가 심한 어머니와 여러 형제 자매를 혼자서 부양하는 일자 무식의 처녀였다. 처음엔 루소와 그녀가 함께 살지 않았으나 나중에는 테레즈와 그의 어머니를 그의 가정부로 삼아 데리고 와서 함께 살았으며 그녀의 많은 식구들의 부양을 루소가 떠맡았다. 함께 살기 전에 테레즈는 루소의 아이를 다섯 명이나 낳았고 루소의 설득으로 신생아를 모두 고아원에 보내 버렸다. 그 당시 프랑스의 영아 사망률은 50%가 넘었는데, 고아원에 보내진 기아(棄兒)들은 사망률이 10명 중 8, 9명이 죽었다. 루소가 자식을 버린 일은 참회록에도 씌어 있지만(참회록은 그의 사후(死後)에 출판되었다) 볼테르가 이 사실을 폭로하였었다.

루소는 1750년(38세) 디종 아카데미(Academie de Dijon)가 주관하는 논문경진대회에 응모하였다. 제목은 "예술과 과학의 발달이 도덕향상에 도움이 되었는가?"였었는데 루소는 예술과 과학의 발달은 인류의 도덕적 타락에 기여하였다는 부정적 주장을 폈다. 이 논문은 1등으로 당선이 되었고, 루소는 일약 유명해졌다(그의 출세는 다른 문필가에 비해 매우 늦은 것이었다).

루소는 1752년(40세), 그가 작곡한 오페라 「시골 점쟁이」(The Village Soothsayer)를 루이 15세 왕을 위해 상연하였다. 왕은 이 작품에 크게 만족하여 루소에게 종신연금을 제의하였다. 루소는 이 제의를 거절하였으며 "왕의 연금을 거절한 사람"이라는 평판을 얻었다. 그에 대한 다른 호의들도 때때로 거절하는 그의 퉁명스러운 태도는 사람들의 마음을 상하게 하였고 그를 문제시하게 하는 원인이 되었다.

제네바시는 1754년(42세) 유명해진 그를 초청하였다. 그는 제네바로 돌아가 칼빈주의로 재 개종하고 제네바 시민권을 재 취득하였다.

1755년 루소는 그의 제2의 주요저서인 「불평등기원론」(Discourse On the Origin and Basis of Inequality Among Men)을 완성하였는데 이것은 앞서의 「예술과 과학론」을 발전시킨 것이었다.

이 시기에 루소는 프랑스에서 가장 부유하고 유력한 룩셈부르크 공작(Duc de Luxemburg)이나 콘티 영주(the Prince of Conti)와 같은 귀족들로부터 후원을 받고 있었다. 그들은 루이 15세와 루소의 여자 친구 퐁파두르 부인(Mme de Pompadour) 주변의 정파(政派)에게 접근하는 통로로서 루소를 이용하였다.

이제 루소는 그의 전성기에 도달하였다. 1761년에 출판한 그의 감상적인 소설 「줄리에, 새로운 엘로이즈」(Julie, ou la nouvelle Heloise)는 공전의 성공을 거두었다. 9백 페이지 달하는 이 소설이 환상적으로 묘사한 스위스 시골의 자연의 아름다움은 사람들의 심금을 울렸으며 알프스를 향한 19세기의 열광을 예비한 것이었다. 연이어 그 다음 해(1762) 4월, 그는 「사회계약론」(Of the Social Contract, Principles of Political Right)을, 5월에는 「에밀」(Emile, On Education)을 출간하였다. 「에밀」의 마지막 장(章)에서 루소는 겸손한 시골 출신의 가톨릭신부를 등장시켜 그의 종교관을 피력하였다. 신부의 신념은, 신은 오로지 하나님 한 분이시며 예수를 신격화하지 않는 유일주의(Unitarianism)였고 원죄와 성령의 계시를 부인하였다. 이것은 구교와 신교 양쪽을 다 분노케 하였다. 더욱이 신부는 모든 종교를 다 같이 가치가 있는 것으로 여겼으며, 따라서 사람들은 그들이 자랄 때 가졌던 종교에 부응하여야 한다고 주장하였다. 이와 같은 루소의 종교적 무차별주의(religious indifferentism)로 말미암아 그의 책은 프랑스와 제네바 양쪽으로부터 금서처분을 받았으며, 그에 대한 구속영장이 발부되었다.

루소의 후원자인 룩셈부르크 대공과 콘티 영주는 루소를 프러시아 왕의 보호령인 노이차텔(Neuchatel)의 모티에르(Motiers)로 피신시키는 한편, 금지된 그의 책을 표지만 바꾸어 홀랜드에서 인쇄해다가 프랑스에 배포하였다. 모티에르의 그의 집에 돌이 날아들자, 루소는 1765년 영국으로 망명을 하였고, 데이비드 흄(David Hume)이 그를 돌봐주었다. 루소도 테레즈도 영어를 할 줄 몰랐으므로 친구도 사귈 수 없었다. 고립된 루소는 정서적 불안과 편집증에 사로잡혀 흄을 포함한 다른 사람들이 그를 해치려는 음모를 꾸미고 있다고 상상하였다. 흄은 그의 한 친구에게 보낸 편지에서 "그(루소)는 오랫동안 절반쯤 미쳐 지냈는데 지금은 완전히 미쳐 있다"고 썼다. 공식적으로는 프랑스 입국이 불허되고 있었으나, 루소는 가짜 이름으로 1767년(55세) 파리로 몰래 돌아왔다. 테레즈와 결혼을 하였다. 지금까지 그는 그녀를 항상 자기 집의 '가정부'라고 소개하였다. 그녀는 쓸 줄도 읽을 줄도 몰랐지만, 음식 솜씨가 뛰어났다. 1770년 프랑스 정부는 책을 출판하지 않는다는 조건으로 그의 귀국을 허용하였다. 8년간의 피신생활에서 풀려난 것이었다.

이후에도 그는 책을 몇 권 더 썼다. 「폴랜드 정부론」, 「루소판사와의 대화」, 「외로운 산책자의 공상」 등이 그것이다. 그는 명성을 날렸음에도 불구하고 그의 정신건강은 이것을 향유할 형편이 못 되었다. 그는 의도적으로 숨어서 지냈다. 그는 1778년 파리 동북쪽 28마일 거리의 엘므농빌(Ermenonville)에 있는 지라르댕 후작(the Marquis Rene Lous de Girardin)의 저택에서 아침 산보를 하다가 뇌출혈로 쓰러져 세상을 떠났다. 66세. 그는 처음 엘므농빌에 묻혔었는데, 그의 많은 숭배자들이 이곳을 순례하였다.

그의 사후 16년, 프랑스 의회는 그의 유해를 파리의 팡테옹 사원으로 옮겨, 공교롭게도 생전에 그의 앙숙이었던 볼테르의 묘석(墓席) 바로 건너편에 안치하였다.

그러면 여기서 루소의 사회에 관한 이론을 들어보기로 하자.

루소는 자연상태(the State of Nature)를 가정하였다. 그는 그의 자연상태를 실제 그랬을 것으로 상정(想定)한 것이 아니고 "현재 존재하지 않을뿐더러, 전에도 존재하지 않았으며, 또 앞으로도 존재하지 않을 상태, 그럼에도 불구하고 이념(理念)을 갖기 위해 또한 우리의 현재의 처지를 분명히 파악하기 위해 필요한 상태"를 '자연상태'로서 그려내었다.

자연상태에서 자연인(自然人, Natural Man)은 어떠하였던가?

"최초의 인간, 그가 한 조각의 땅 위에 울타리를 치고서는 '이것은 내거야'라고 말하자, 사람들은 순진하였으므로 그의 말을 믿는다는 것을 알았다. 이 사기꾼이야말로 다름아닌 시민사회의 창설자이다. 그 이후 별별 노력을 다했지만 어느 누구도 수많은 범죄와, 살육과, 공포와, 불운으로부터 인류를 구원하지 못하였다. 이 사기꾼의 말을 조심하라! 만약에 네가 지구의 모든 과일은 우리들 모두에게 속하며, 지구는 누구에게도 속하지 않는다는 것을 잠시라도 잊는다면 너는 잘못된 것이다."

일찍이 홉스는 주장하기를 "자연상태에서 사람은 선(善)에 대한 관념이 없었고 덕(德)을 몰랐기 때문에 심술궂고 버릇이 나빴다"고 하였다. 이와는 대조적으로 루소의 가정(假定)은 "타락하지 않은 도덕"이 자연상태에 만연했으며, 자연상태의 인간들은 '고상한 야만인'(the noble savage)이었다고 시사하였다. 루소가 말하는 야만인(그것은 인류학적 야만인이 아니다)은 "좋은 남편이고, 친절한 아버지이며, 욕심 없는 자연의 은총에 대한 신앙을 가진 자"였다. 루소에 따르면, 도덕성은 사회적 형성물이 아니라, 오히려 "타고나는 것"이라는 의미에서 "자연적"이며, 그래서 사람이 고통을 보면 본능적으로 싫어하고 그로부터 연민이나 동정의 감정이 생겨나는 것이다. 그러나 인간이 이처럼 도덕적일 수 있었던 자연상태는 사람들 사이에 상대적인 평등이 널리 퍼져 있었던 지극히 짧은 기간에 불과하였고, 문명(사회)이 시작되자 불평등과 시기와 부자연스러운 욕구가 생겨났다. 사회가 타락하는 단계에서 사람들은 그의 동료들과 자주 경쟁을 벌이게 되었고, 다른 한편으로는 그들에게 점점 더 크게 의존하게 되었다. 이와 같은 경쟁과 의존이라는 이중의 압박으로 말미암아 인간들은 생존과 자유 두 면에서 위협을 받게 됐다. 사회가 인간에 미친 부정적인 영향은 자기애(自己愛, amour de soi, self-love)를 자만심(自慢心, amour-propre, pride)으로 변화시킨 사실이다.

자기애(amour de soi)는 이성(理性)이라는 인간의 힘과 결부된 본능적인 자기 보존의 욕구이다. 이와 대조적으로, 자만심(amour-propre)은 인위적이며 사람으로 하여금 자기 자신을 남과 비교하도록 부추기며, 그래서 근거 없는 공포감을 갖게 하고 남의 고통과 약점을 즐기게 만든다.

루소는 「예술과 과학에 관한 논문」에서 예술과 과학은 인간에게 유익을 가져오지 못하였다고 주장하였다. 왜냐하면 예술과 과학은 인간의 진정한 필요에 의해 생겨난 것이 아니라 오히려 자만심과 허영의 결과였기 때문이다. 더욱이 예술과 과학이 창조한 나태와 사치의 기회는 인간을 타락시키는 데에 기여하였다. 지식의 진보는 정부를 더욱 강력하게 만들었기 때문에 개인의 자유를 박멸시켰다. 그리고 그는, 물질적 진보는 질투와 공포와 의심으로 우정을 대체시켜 버렸기 때문에 진정한 우정의 가능성은 실질적으로 훼손되고 말았다고 결론지었다. 다른 계몽주의자들의 낙관적인 견해와는 달리, 루소는 진보를 인간의 복리에 배치되는 것으로 보았다. 루소는 「불평등논문」에서 현 사회에서 우리가 보는 바와 같이 사회는 인간을 타락시키고 있으며 사실상 사회계약은 성공을 거두지 못했다고 주장했다.

루소는 그의 가장 중요한 저술이라 할 수 있는 「사회계약론」(The Social Contract)에서 사회계약에 대한 그의 생각을 본격적으로 피력하였다. 그는 기존의 '잘못된' 사회계약(홉스의 사회계약)을 비판하고 새로운 사회계약을 제안하였다. 루소는 현 사회를 만들어 낸 사회계약은 원래부터 결함이 많은 것이었다고 주장했다. 그 사회계약은 부자들과 유력자들의 제안에 의해 성립된 것으로서 그들이 일반 국민을 기만하여 그들의 자유를 부자와 유력자에게 양도하도록 했으며 불평등을 인간사회의 기본인 것으로 제도화시켰다. 불평등은 남의 눈을 통해 가치를 평가토록 만듦으로써 한 사회에서 인간적 정체성과 진정성을 훼손시켰으며, 사회는 상호의존과 위계로 특징지어졌다.

「사회계약론」의 마지막 장(章)에서 루소는 "무엇을 해야 할 것인가?"를 묻고 새롭고도 보다 공평한 사회계약이 필요하다고 대답하였다. 그러면 루소의 새롭고도 보다 공평한 사회계약이란 어떤 것을 의미하였는가? 결론부터 먼저 말하면, 평등한 사회를 만들어, 각자가 그의 모든 권리와, 동시에 각 단체의 온갖 양보를 전체적인 공동사회에 돌리는 것이다. 각자가 자기 자신을 전체와 결합시킴으로써 개인은 자유롭게 살 수가 있는 것이다. 루소는 개인이 자신을 보존하고 자유를 계속 지니기 위해서는 사회 계약을 통해 자신들의 자연권에 대한 주장을 포기하고 시민사회의 일원으로 합류하는 길이 있을 뿐이라고 주장했다. 이것은 하나의 전체로서의 인민의 '일반의지'(general will)에 승복하는 길이다(루소의 체계에서 일반의지는 매우 중요한 역할을 하고 있다). 새로운 사회계약은 개인이 전체로서의 인민의 의지인 일반의지에 복종하는 것이기 때문에 개인이 타인의 의지에 종속되는 것을 막아주며, 또한 전체 인민은, 집단적 의미에서, 법의 제정자들이므로 개인이 그들 자신에게 복종하는 것을 보장하는 것이다.

루소는 법을 제정하는 권한인 주권은 인민의 손 안에 있어야 한다고 주장하고, 주권과 정부를 확실하게 구별하였다. 정부는 장관들로 구성되며, 일반의지를 실천하고 강제집행하는 임무를 진다. 주권은 법의 지배이며, 이상적으로는 인민의 집회에서 직접 민주주의에 의해 결정된다. 루소는 주권은 위임될 수 없는 것이므로 인민이 대의기구를 통해 주권을 행사하는 것에 반대하였다. 루소가 구상한 공화정 정부는 제네바와 같은 도시국가였으며, 프랑스는 너무 컸기 때문에 루소의 기준에는 맞지 않았다.

루소의 사상에 관한 논쟁은 계속 그의 '일반의지'에 관한 이견(異見)들에서 비롯되고 있다. 불행히도 일반의지의 뜻은 불확실하며 논쟁의 여지가 많은 개념이다. 어떤 평론가들은 루소의 일반의지는 프로레탈리아 독재이거나 도시빈민에 의한 전제정치 이상의 것이 아니라는 견해이다. 그들은 루소의 궁극적 목표는 자연상태의 원시적 평등을 재현시키는 것이었으며, 평등이라는 최고의 전제가 없이는 그의 일반의지는 의미가 없는 것이었다고 평했다. 그들을 또한 일반의지란 대중의 열정을 편들어 이성적 의견을 질식시킨 기초 위에서 하나의 통일된 의지를 세우고자 하는 욕망이며 이러한 욕망은 프랑스혁명의 난폭성에 크게 기여하였다고 평가하였다. 다른 입장의 평론가들은 그렇지 않다고 주장한다. 그들은 루소가 일반의지를 대중으로부터 개인을 보호하고 개인이 대중을 위해 희생되어서는 안 된다고 강조한 점을 상기시키고 있다. 아무튼 만약 일반의지가 모두의 선(善)에 충성스러운 것이라면 각자에 의한 고도의 약속이 필요할 것이다. 그러나 현실에서 이것이 어렵다고 한다면, 일반의지는 독재자들에 의해, 독재를 합리화시키는 주권으로서 쉽게 이용될 것이었다.

루소는 종교의 관용을 지지했으며 어느 교파의 종교를 믿어도 좋다는 종교적 무차별주의자였다. 이러한 견해는 신교나 구교에서 볼 때는 이단이었다. 그래서 그는 양쪽으로부터 백안시되고 그의 책은 금지되었다. 그러나, 루소는 다른 계몽사상가들과는 달리, 종교의 필연성을 확실하게 인정하였다. 그는 인간을 포함한 창조에서 신의 존재를 보았으며 신이 좋기 때문에 신의 창조물도 좋은 것이라고 생각하였다. 그는 원죄를 부인하고 "인간의 가슴에 원천적인 악은 없다"고 하였다.

총체적으로 볼 때 루소의 사상은 혁명에 적합한 것이었다. 앞서 말한 바와 같이, 루소의 현실타락에 대한 비방과 "자연으로 돌아가라"는 그의 구호는 혁명의 정열을 유발하였고, 그의 인민주권설은 왕정(王政)을 우습게 만들었으며, 자연적 덕성과 무지를 예찬한 그의 사상은 농민 등 하층민의 심정을 대변함으로써 프랑스대혁명(1789～1799)을 가져온 가장 뜨거운 사상적 무기가 되었다.

프랑스혁명 과정에서 농민과 하층민을 대변한 자코뱅당(Jacobin clubs)의 로베스피에르(Robespierre)가 열렬한 루소의 신봉자였음은 우연이 아니다. 로베스피에르는 혁명과업 수행으로서 과격한 개혁을 요구할 때는, 특히 평등을 제고하기 위해 기획한 토지 재 분배와 같은 정책을 내놓을 때는 전(全) 프랑스에 루소를 선전하였다. 로베스피에르는 공포정치(the Reign of Terror) 기간에 루소를 프랑스혁명의 가장 극단적인 국면과 일체화시켰다. 루소에 자극받은 혁명가들은 이신론(理神論, deism)을 프랑스의 새로운 공식적 시민종교로 도입하였다.

아일랜드의 평론가 에드먼드 버커(Edmund Burke)는 1791년 영국의회에 보낸 서신에서 "프랑스혁명의 난폭성은 우연적인 사고가 아니라 처음부터 기획된 것이며, 그 뿌리는 루소의 허영심과 교만과 도덕적 실패에 있다"고 썼다. 그는 루소가 1766년 영국에 와 있었을 때를 회상하여 말하기를 “나는 거의 매일 그의 행동을 알 수 있는 좋은 기회를 가졌었다. 그는 내 마음에 어떤 의문도 남기지 않았거니와 요컨대 그는 그의 가슴이나 그의 이해(理解)를 가늠하는 어떤 원칙도 가지고 있지 않았으며, 있는 것은 오직 허영심뿐이었다”고 했다. 버크는 루소의 미려한 달문(達文)의 재능을 인정하였으나, 루소에겐 신사가 지녀야 할 품위와 따스한 느낌이 부족한 것을 개탄하였다.

“품위와 기품… 은 생활의 규칙으로서 매우 중요한 것이다. 도덕적 품위는 사악성을 크게 감소시킨다. 루소는 강렬한 힘과 동력을 지닌 작가이지만, 어떤 의미에서의 품위이든 간에, 품위라고는 전혀 없는 사람이다. 루소를 공부한 당신네의 혁명 지도자들은 세련된 모든 것은 귀족적인 성격을 가지고 있다고 생각하고 있다…. 루소 때문에, 당신네의 지도자들은 귀족적인 것은 다 파괴해 버리려고 결심하고 있다.”

루소를 이같이 혹평한 버커는 프랑스혁명이 대중을 세뇌(洗腦)시킨 극소수의 역모가의 작품이라고 믿고 있는 사람이었다. 심리학적 관점에서, 고아처럼 자라, 학교교육도 재산도 없이 열등한 위치에서 살아야 했던 한 사람의 개인적 생활 경험이 그의 사상에 영향을 미치고, 그의 사상이 과격한 사회 변동을 초래하는 원인이 되었다는 주장도 가능은 할 것이다. 그러나 혁명의 실상을 볼 때, 혁명의 보다 주된 원인은 구 체제(앙시앵 레짐) 자체에 있었으며, 혁명의 결과는 개인의 자유와 권리를 고양하는 역사의 발전에 기여한 것이었다. 루소의 역할은 이 기여에 공헌하였으며 그가 역사에 미친 영향이 막대한 점에서 그의 중요성이 인정되고 있다.

제 15 장

아담 스미스

스코틀랜드의 철학자 아담 스미스는 절대왕권과 종교적 권위에 반대하는 계몽주의 사상가였지만, 다른 계몽주의자들이 흔히 거론하는 가상적(假想的)인 자연상태와 사회계약설을 부인하였다. 그는 또한 인간은 자기 보전을 위해 자기를 우선에 두는 이기심을 가지고 있지만 도덕적 감정을 지닌 착한 존재로 보았고, 그러므로 개인이 자유롭게 활동하는 것이 전체 사회의 조화를 형성하는 데에 장애를 일으키는 것은 아니라는 철학을 내세워 자유주의의 길을 넓혔다.

스미스는 또한 개인이나 한 국가의 자유로운 경제활동이 사회 전체의 부를 더 크게 증진시켜 모두에게 유익한 결과를 가져온다고 주장하였다. 경제에 관한 이 같은 주장을 담은 「국부론」은 현대경제학의 첫 저서로서 스미스는 '현대경제학과 자본주의의 아버지'로 널리 지칭되고 있다. 그의 학설은 경제활동에서 자유무역 및 자유방임을 지지한 것으로서 그 이전 280년 동안 유럽의 경제정책을 지배해 온 중상주의를 깨뜨리고 새로운 경제질서를 가져왔다.

아담 스미스의 생애 기간 동안에 영국은 국내적으로 의회민주주의 제도가 착실히 성장하여 왕은 국가통합의 상징적인 존재로 변모하고 정부의 행정권은 의회의 다수당이 장악하는 체제로 뿌리가 내려지고 있었다. 대외적으로는 식민지 개척이 성공을 거두어 아메리카 대륙의 동부를 비롯하여 세계 도처에 식민지를 보유하게 되었다. 7년전쟁(1756～1763)이 끝난 즈음에는 식민지의 수가 30개가 넘었다.

아메리카 대륙에 대한 영국의 식민정책은 이른바 '유익한 태만' 정책으로서 식민지 주민에게 광범한 자치를 허용하고 아메리카 식민지가 스스로 발전하도록 내버려 두었다. 식민지에서는 광대한 토지와 부족한 노동력으로 급속히 물질과 부를 획득해 갔으며 주민들의 대부분이 쉽사리 땅을 보유하는 유산계급이 되었고, 사회에는 평등주의 풍토가 마련되어 있었다. 재산의 획득을 통한 사회적 지위의 상승이 어렵지 않았기 때문에 사회적 유동성이 컸다.

그런데 이 같은 사정에 변화가 일어났다. 영국은 7년전쟁에서 승리함으로써 유럽의 패권자로 자리를 굳혔으나 전쟁으로 인한 재정적자로 파산을 걱정할 형편이 되었으므로 그 탈출구를 아메리카 식민지에서 찾으려 하였다. 그리하여 7년전쟁이 끝난 1763년부터 식민지에 엄격한 중상주의정책을 적용하여 통제를 강화하여 지금까지 식민지가 누려오던 자유를 억압하였다. 이로 말미암아 1763년~1776년 기간에 영국과 미국 식민지 사이에는 심각한 갈등이 야기되었다. 이 시기는 아담 스미스가 「국부론」을 구상하고 집필한 시기에 해당한다. 아담 스미스가 국부론을 발행한 때가 1776년 4월이며, 그로부터 3개월 후 미국이 독립선언문을 발표하였다. 아담 스미스는 그의 생전에(1790 사망) 미국이 독립전쟁에서 승리하여(1781), 3권분립원칙에 입각한 자주주의 연방국가를 수립하고 조지 워싱턴이 초대 대통령이 취임(1789)하는 것을 보았다.

생 애 아담 스미스(Adam Smith, 1723～1790)는 스코틀랜드의 커콜디(Kirkcaldy)에서 태어났다. 아버지는 변호사이며 공무원이었는데 스미스가 태어난 지 6개월 후에 사망하였다. 어머니(Margaret Douglas)는 귀족 출신이며 후처로 결혼해서 아담을 낳았는데 남편을 일찍 여의게 되었다. 스미스는 4살 때 여자 집시에게 납치되었다가 구출된 적이 있다. 어머니는 그가 학문적인 야심을 갖도록 고무하였고, 6살이 되자

아담 스미스

스코틀랜드에서 최고 명문으로 알려진 커콜디의 버그 예비학교(the Burgh School of Kirkcaldy)에 보냈다. 스미스는 이곳에서(1729~1737) 라틴어, 수학, 역사 및 작문을 공부하였다. 그는 기억력이 뛰어났고 몸이 약한, 누구에게나 친절하여 모두가 좋아하는 학생이었다. 13살이 되었을 때 스미스는 스코틀랜드의 글래스고대학(the University of Glasgow)에 입학하여 도덕철학을 공부하였다. 여기서 그는 자유와 이성(理性)과 언론자유에 대한 열정을 키웠다. 17살 때 그는 스넬(Snell) 장학금을 받아 영국의 옥스퍼드대학(the University of Oxford)으로 갔다. 옥스퍼드대학의 교수들은 가르치는 척조차도 하지 않는, 지성적으로 질식된 곳이라는 것을 알았다. 옥스퍼드가 그의 인생에 도움을 준 것은 거의 없었다. 한번은 그가 데이비드 흄(David Hume)의 「인성론」(人性論, Treatise on Human Nature)을 읽고 있는 것을 대학 당국자가 발견하고는 책을 압수하고 그를 심하게 징계하였다. 그러나 도서관에 많은 책이 소장되어 있어서, 그는 책을 빌려 스스로 공부를 하였다. 그는 장학금이 끝나기 전인 1746년(23세)에 옥스퍼드를 떠났다.

스미스는 그의 「국부론」에서, 영국의 대학들이 스코틀랜드의 대학들에 비해, 강의의 질이 낮고 지적활동이 빈약한 이유는 교수들에게 강의능력에 상관없이 많은 봉급을 주는 데 있으며, 학문적으로 우수한 교수들은 영국의 국교회 목사들만큼이나, 어쩌면 그 이상의 안락한 생활을 할 수 있었던 때문이라고 말했다.

스미스는 1748년(25세)부터 캐임즈 경(Lord Kames)의 후원을 받아, 에든버러(Edinburgh)에서 공개강좌를 개최하였다. 그의 강의 주제는 변론술, 순수문학, '부(富)의 발달' 등이었다. 뒤의 주제는 이른바 "자연적 자유의 명백하고도 단순한 체제"라는 그의 경제철학에 관한 최초의 해설이

데이비드 흄

었다. 스미스는 공공연설에 서툴렀지만, 그의 강의는 성공적이었다.

1750년 스미스는 그보다 10살 이상 연상인 철학자 데이비드 흄(David Hume)을 만났다. 스미스와 흄의 관계는 다른 어느 계몽주의자들과의 관계보다도 더 지적으로나 인간적으로 결속되어 있었다. 여기서 잠깐 흄의 사상을 보기로 하자.

흄은 경험주의 철학을 보다 철저화시킨 사람이다. 그는 정부 형성에 있어 사회계약론을 부인해버렸다. 홉스나 로크의 사회계약론은, 신께서 사회질서나 국가권력을 부여하셨다는 사고방식을 완전히 뒤집는 이론이었다. 이것은 민주주의 사상의 발전을 크게 도운 획기적인 학설이었다. 하지만 사회계약론에는 문제가 있었다. 사회계약이란 경험적으로 검증할 수 없는 '이론적 허구'인 것이다. 사회계약론에 결별을 고한 사람이 바로 흄이었다.

흄은 "인간은 이기적이다. 하지만 타인에 대한 애정이 전혀 없는 사람은 없다. 도덕감각은 이 애정에서 비롯된다"고 했다. 이런 자연스러운 애정은 육친이나 친구 등 좁은 범위에서만 적용된다. 따라서 그 자체는 사회형성원리가 될 수 없다. 흄은 이 자연스러운 애정이 부족하고 이기심이 강할수록 사람들 사이에 재산 싸움이 발생한다고 말했다. 그러나 사람들은 이윽고 자기 재산을 평화롭게 사용하는 일에 동의한다. 그것이 모두에게 이익을 주기 때문이다. 사람들은 타인의 재산에 손대지 않으려고 스스로를 억제한다. 이것이 습관화되어 인습(convention)으로 굳어진다. 그 결과 사회가 형성된다. 이것이 흄이 주장한 사회 형성 과정이다. 즉 사람들 사이에서 경험적으로 형성되는 공통적 이해감각(理解感覺)에 바탕을 둔, 습관적 인습이야말로 사회 형성 원리라는 것이다.

흄은 도덕감각에 즐거움을 주는 행위를 덕, 불쾌감을 주는 행위를 악덕이라고 했다. 즉 즐거움을 주느냐 혹은 불쾌감을 주느냐 하는 효율성을 도덕의 근거로 삼았다. 또 모든 인간에게는 타인의 기쁨과 고통을 자기 것처럼 느끼는 공감(sympathy) 능력이 있다고도 말했다. 더 나아가 흄은, 사회가 성립되면 정의와 불의의 관념이 발생한다고 주장했다. 정의란 타인의 권리(예컨대 소유권)를 침해하지 않고 공공이익에 보탬을 주는 것이다. 그러나 흄은, 사람들이 아둔해서 눈앞의 이익에 자주 사로잡힌다고 말했다. 그래서 공정함에 반발하는 불의에 빠지기 쉽다. 모든 사람은 그런 약점을 지니고 있다. 그러므로 사회에서 정의가 유지되려면, 정의를 준수하는 사람이 이득을 얻는 환경이 조성되어야 한다. 그러한 환경을 조성하기 위해 만들어진 것이 정부(政府)이다. 그리하여 정부에는 정의를 수행하고 모든 분쟁의 시비를 가릴 수 있는 권한이 주어진다. 이것이 정부의 기원에 관한 흄의 주장이다.

흄은 무신론자였다. 경험론자인 흄의 주장은, 인간의 감각으로 파악할 수 없는 신은 존재한다고도, 존재하지 않는다고도 말할 수 없다. 그러므로 그런 인간의 능력을 넘어선 것을 생각하느라 골몰하기보다는, 인간 생활을 주의 깊게 관찰함으로써 인간을 고찰하고 인간의 본성을 밝히는 것이 더 중요하다는 것이었다. 인간 본성에 대한 흄의 관심은 스미스의 사상 정립에 영감을 주었다(후술).

1751년(28세), 스미스는 글래스고대학에서 논리학 교수로서 자리를 얻었다. 에든버러에서 가진 공개강좌의 성공이 크게 영향을 미친 것이었다. 그 이듬해 도덕철학 주임교수가 사망하자 스미스가 그 자리를 계승하였다. 그는 그 이후 13년 동안 대학인으로서 "생애에서 가장 보람되고, 가장 행복하고, 가장 명예로운" 시간을 보냈다.

영국에서 증기기관을 발명하여 산업혁명을 일으키는 생산력을 제공한 제임스 와트(James Watt, 1736~1819)가 1756년 글래스고대학에 기사(技士)로 취직하여 스미스와 인연을 갖게 되었다. 이 시기에 스미스는 이 대학의 재무위원으로서 대학의 재산과 시설을 관리하고 있었다. 와트는 스코틀랜드의 조선업의 도시 그리녹(Greenock)에서 목수의 아들로 태어나 기계공이 되었는데 글래스고대학에서 개설한 야간강좌에 출석하여 앤더슨 교수를 만난 것이 이 대학에 취직하는 계기기 되었다. 와트는 이 대학에서 교육용인 뉴코멘(Newcomen)의 증기엔진을 수리하고, 열 손실이 심한 증기엔진의 개량에 몰두하여, 69년 새로운 이 증기엔진을 발명하였다. 와트는 프랑스·이태리·독일어 등 3개 국어를 공부하여 각국의 과학 문헌을 독파한 외에도, 철학서를 읽고 시와 음악을 사랑했으며, 고대사와 법률과 예술에 대한 지식도 풍부했다고 하니, 아마 스미스의 강의도 청강했을 것이다.

스미스는 1759년 「도덕적 감정」(The Theory of Moral Sentiments)을 출간하였다. 이 책은 글래스고에서의 그의 강의를 재편집한 것이었는데 어떻게 인간의 도덕심(morality)이 행위자(agent)와 관찰자(spectator) 사이의 공감(sympathy)에 근거하는가를 다룬 것이었다. 이 책 출간 이후 스미스는 매우 유명해졌으며, 멀리 제네바, 파리로부터도 그의 강의를 듣기 위해 학생들이 글래스고로 전학을 해 왔다. 이 즈음부터 스미스의 관심은 법학과 경제 쪽으로 기울였다.

국부를 증가시키는 원인은, 국가가 보유한 금·은의 양에 있는 것이 아니라 노동에 있다는 강의를 하였다. 그의 강의는 당시 서유럽의 지배적인 경제정책으로서 금·은 보유를 중시하는 중상주의와는 배치되는 것이었다.

1762년 글래스고대학은 스미스에게 법학박사 학위를 수여하였다(39세). 1763년 말 재무장관을 지낸 찰스 타운센드(Charles Townshend)로부터 그의 양자인 젊은 버클루 공작(Duke of Buccleuch)의 가정교사가 되어 달라는 제안을 해 왔다. 스미스는 이 제안을 받아들이고, 교수직을 사임하였다. 그는 학생들에게 고별강의를 하고 학생들로부터 받은 청강료를 봉투에 따로따로 넣어 학생 각자에게 돌려주었다. 학생들은 처음엔 거절했으나 선생의 진지한 뜻을 끝내 사양할 수가 없었다.

그는 가정교사가 되는 대가로서 300파운드의 연봉과 일체의 여행경비와 그 위에 가정교사의 임무가 끝나면 종신토록 매년 300파운드의 연금을 받기로 하였는데 이것은 그가 교수로서 받을 수 있는 수입의 약 두 배였다. 가정교사로 스미스가 첫 여행을 한 곳은 프랑스의 툴루즈(Toulouse)였으며, 이곳에서 1년 반 동안 머문 후, 일행은 프랑스 남부를 경유하여 제네바로 갔었고, 거기서 스미스는 볼테르를 만났다. 그후 다시 파리로 와서 미국의 벤저민 프랭클린(Benjamin Franklin)과 같은 지적인 지도자를 알게 되었고 특히 중농학파(Physiocratic school)의 거두인 프랑수아 케네(Francois Quesnay)를 만난 것은 뜻깊었다. 당시의 지배적인 경제이론인 중상주의에 반대하는 중농주의자들은 자유방임주의를 주창하여 "하게하라, 가게하라, 세상은 저절로 움직인다!"(Laissez faire et laissez passer, le monde va de lui meme!)는 모토를 내걸고 있었다.

파리 근교에서 소지주의 아들로 태어난 케네는 16살 때 외과의(外科医)의 도제로서 출발하여 루이 15세의 시의(侍医)가 되었다. 그러나 늘상 감도는 궁정의 음모에는 일체 가담치 아니하고 경제학자들과 어울려 경제학을 공부하였고, 루이 15세의 싱크 탱크(think thank) 역할을 동시에 하고 있었다.

스미스가 케네를 만났을 때는 그는 베르사유 궁전 2층에서 살고 있었다. 그는 그 방에서 문인들을 위한 살롱을 열었다. 케네는 이미 72세였지만 왕성한 문필활동을 펼치고 있었다. 스미스는 「경제표」(Economic Table)의 저자인 케네를 매우 존경했다. 스미스는 '농업만이 생산적이고 상공업은 비생산적'이라는 학설에는 찬성할 수 없었지만, 생산적 노동과 비생산적 노동에 대한 분석으로부터는 깊은 시사를 받았다. 또한 「경제표」는 '생산물이 어떤 식으로 각 계급에 분배되며, 다음 해 생산의 전제조건을 만들어 내는가'라는 문제를 연구하는 시각(視角), 즉 재생산에 대한 시각을 스미스에게 가르쳐 주었다.

1766년 파리에서 예기치 못한 사건이 발생하였다. 버클루 공작과 그와 동행하던 그의 동생 휴 스코트(Hue Scott)가 함께 병이 났는데 동생이 끝내 사망하고 만 것이다. 스미스 일행은 시신을 운반하여 런던으로 돌아올 수밖에 없었고, 가정교사의 일도 끝나버렸으나 버클루 공작과의 사제로서의 좋은 관계는 계속되었다.

스미스는 고향 커콜디로 돌아왔다. 이후 10년간 그는 그의 「국부론」 저작에 심혈을 기울였다. 1776년 3월 9일 마침내 「국부론」이 런던에서 출판되었다. 흄은 스미스가 「국부론」을 펴낸 것을 누구보다 기뻐하였다. 흄은 그의 유고(遺稿)의 관리를 스미스에게 부탁하고, 그 해에 사망하였다. 스미스는 흄이 남긴 「자서전」의 서문을 쓰면서 친구의 인품을 찬양하고, 평온하게 죽음을 맞이하던 모습을 전했다. 교회는 이 글을 보고 스미스를 비난하였는데, 말인즉 무신론자가 선량하고 덕망 높은 인간이 될 수는 없으며 평온하게 죽을 수도 없다는 것이었다.

「국부론」에 대한 논단의 반응은 냉담했다. 게다가 책값은 당시 노동자의 한 달치 임금보다 더 비싼 1파운드 16실링이었다. 더구나 책 내용도 쉽지 않았다. 그러나 의외로 이 책은 잘 팔려나갔다. 처음에 몇 부를 인쇄했는지 알 수 없지만, 초판이 반년 만에 매진되었다. 2년 뒤에는 제 2판이 나왔다. 「국부론」은 스미스 생전에 제 5판까지 출판되었다. 그리고 곧 독일어 · 프랑스어 · 덴마크어 등으로 번역되어 국제적 독자층을 얻게 되었다.

논단에서 냉담하게 대했던 「국부론」이 널리 퍼질 수 있었던 것은, 그 시대의 문제를 가장 깊이 파악하고 해결방향을 제시했기 때문이었다. 게다가 그 해결방향은 '개인의 해방'이라는 당시 사람들의 시대정신과도 맞아 떨어졌다.

1778년, 스미스는 스코틀랜드 세관의 세관위원장으로 임명되었다. 이 지위는 수입이 매우 많은 자리였다. 당시 토리당의 수상이자 재무장관이었던 스노 경(Sir Snow)은 예산안을 작성할 때 스미스의 저서를 많이 참고한 데에 대한 감사의 뜻에서 스미스를 그 자리에 임명한 것이었다. 그의 봉급은 600파운드였고 버클루 공에게서 받는 연금 300파운드까지 합치면 1년에 900파운드라는 제후와도 같은 수입을 얻게 되었다. 세관일은 비교적 단순하였다. 하지만 월요일부터 목요일까지 매일 위원회 회의를 열어야 했다. 그는 취임 이후 4년 동안 한 번도 회의를 거른 일이 없었다.

스미스는 세관위원장 취임에 즈음하여 에든버러의 상류층 거주지역인 케넌게이트(Canongate)에서 팬무어 저택(Panmur House)이라 불리는 큰 집을 빌려 어머니와 함께 이리로 이사를 하였다. 에든버러를 방문하는 유명인들은 대개 팬무어 저택에서 식사 대접을 받았는데, 스미스 집안은 간소하고 소박한 대접으로 유명했다. 그의 어머니는 1784년 향년 90세로 세상을 떠났다.

스미스는 당시의 주요한 정치문제와 관련하여 유명한 정치가들과 친하게 지냈으며, 그들에게 상당한 영향을 주었다. 당시(18세기 중반)의 가장 큰 정치문제는 역시 미국·아일랜드·인도 등 식민지 문제였다. 식민지 문제는 '전쟁과 평화'의 문제이자 '재정과 세금부담'의 문제였다. 스미스는 「국부론」 마지막 부분에서 썼듯이, 평화와 부담 경감을 위해, 정치가들에게 결단을 내리라고 촉구하였다. 미국 식민지 사람들에게 본국 의회 선거권을 주어 합방(合邦)을 하든지, 식민지 분리 독립을 인정하든지 하라고 하였다. 그런데 스미스는 전자는 불가능하진 않아도 너무 이상주의적이라고 생각했다. 그는 전자를 못하면 후자라도 선택해야 한다고 말했다.

한편 스미스는 아일랜드 문제에 대해, 스코틀랜드와 마찬가지로 합방하는 게 낫다는 의견을 냈다. 스미스는 스코틀랜드와 영국의 합방(1707)이 가져다 준 제일 큰 이점은 다음 2가지로 보았다. 즉 중·하층 사람들이 귀족제로부터 해방된 것과 무역자유를 얻은 것이다. 그는 미국과 합방을 하면 스코틀랜드 합방과 같은 효과를 낳으리라고 보았다. 아일랜드와 영국의 합방은 1801년에 이루어졌다.

국내에서는 재정문제와 관련하여 의회개혁이 큰 문제로 대두되고 있었다. 1770년대 말부터 1780년대 중반에 걸쳐 요크셔의 토지 보유자들을 중심으로 조직적인 의회 개혁운동이 일어났다. 이 운동의 요구조건은 성인 남자에게 보통선거권을 주는 참정권의 확대, 부패선거구 폐지, 의원임기(당시 7년)의 단축 등이었다. 의회 개혁에 관한 스미스의 직접적인 발언은 남아 있지 않지만 그가 1762~1763에 「법학강의」에서 다음과 같이 쓴 것을 볼 수 있다.

> "국민의 자유를 보장하려면 우선 재판권이 국왕으로부터 독립해야 하고, 하원이 국왕의 장관에 대한 '실정(失政) 탄핵권'을 가져야 하며, 인신보호법이 제정되어야 하고, 선거가 자주 이루어져야 한다. 그리고 선거방법도 바꿔야 한다."

선거방법에 대하여 스미스는 당시 스코틀랜드의 선거권 자격이 연간 수입 600파운드 이상인 것과, 연간 수입 40실링 이상인 영국의 경우를 비교하고, 영국 선거제도가 보다 민주적이며, 그것이야말로 국민의 자유에 대한 영국 특유의 보종이라고 주장했다.

그러나 스미스는 급격한 개혁은 원치 않았다. 급격한 개혁에는 희생이 따르기 때문이다. 스미스는 「도덕적 감정」에서 어떤 이상적 정책이나 법이라도, 모든 반대를 짓누르고 단숨에 시행해서는 안 된다고 했다. 그는 그것을 오만한 행동이라고 비판했다. 그리고 그는 국민의 관습이나 기호를 고려해서 그들이 받아들일 수 있는 최선의 법을 수립해야 한다고 주장했다.

스미스는 1787~1789 기간의 글래스고대학교 총장으로 선출되었다. 이 자리는 명예직에 가까웠으나 그는 감사한 마음으로 이 지위를 받아들였다.

스미스는 방광염과 치질을 앓고 있었다. 1790년 6월이 되자 스미스의 용태는 심각해졌다. 죽음이 코앞에 다가왔음을 깨달은 스미스는 두 친구에게 유고관리를 부탁했다. 공표할 가치가 있는 몇몇 원고만 남기고 나머지는 전부 태워달라는 것이었다. 그때 16권 정도의 원고가 소각되었다. 스미스는 원고들이 소각되자 마음이 편해졌는지 기운을 되찾았다. 그날은 마침 일요일이어서, 저녁 무렵이 되자 친구들이 평소처럼 그의 팬무어 집에 모였다. 스미스는 친구들을 기분 좋게 환영하였다. 그는 밤이 되어도 좀처럼 자려하지 않고 친구들과 함께 있으려고 했다. 하지만 친구들이 그런 그를 말렸다. 스미스는 9시 30분쯤 침실로 갔다. 그런데 그는 자리를 떠나면서 이렇게 말했다.

"여러분, 저는 여러분과 함께 있고 싶습니다. 하지만 이제는 헤어져서 저 세상으로 갈 수밖에 없군요."

스미스는 다음 일요일을 맞이하지 못했다. 그는 1790년 7월 17일 토요일에 저 세상으로 떠났다.

스미스는 한 번도 결혼을 하지 않았다. 스미스가 젊었을 때 그의 고향에 사는 '진'(Jean)이라는 매우 아름답고 교양 있는 여성을 몇 년 동안 사랑했으나 사랑이 이루어지지 않았다. 이때 실연한 뒤로 스미스는 결혼 생각을 완전히 버렸고, 그녀도 평생 결혼하지 않은 채 세상을 떠났다.

스미스는 평생 동안 "지적인 여성들의 영웅이자 우상"이었다고 한다. 스미스의 인간적 매력에 끌린 여성이 여럿이었다고 한다. 스미스는 프랑스 여행에서 돌아온 후 그보다 6년 먼저 세상을 떠난 어머니와 함께 살았으며, 어머니가 세상을 떠난 후 스미스는 기력을 잃기 시작하였다고 한다. 스미스는 전형적인 방심벽(放心癖)의 교수였다. 어떤 것에 정신을 집중하면 다른 것은 다 잊어먹고 멍청한 빈 마음이 되어버렸다. 그는 말투와 걸음걸이가 특이하고 가끔 기행(奇行)을 하였다. 그러나 그는 자비로웠으며 형언할 수 없이 온화한 미소를 지니고 있었다. 그는 혼자서 중얼거리다가 혼자서 웃는 독백의 버릇(獨白癖)도 있었다. 그는 한 번은 빵과 버터를 차(茶) 주전자에 넣어 끓여서 이것을 마시고는 "지금까지 마신 차(茶) 중에서 제일 맛이 없다"고 개탄하였다. 또 다른 일화는, 스미스가 잠옷을 걸치고 외출을 해서, 걸으면서 백일몽을 꾸었는데 교회 종소리에 정신을 차리고 보니 마을을 15마일(24km)이나 벗어나 있었다고 하였다.

스미스는 용모가 이상스러웠다. "큰 코에, 튀어나온 두 눈망울, 불쑥 내민 아랫입술, 실룩거리는 안면, 어눌한 말씨를 가진" 사람이었다. 스미스는 그의 생김새를 인식하고 있었다고 한다. "나의 책 이외에는 잘난 것이 하나도 없습니다"라고 했으며 자기의 초상화를 그리게 하지 않았다. 그래서 그의 초상화는 모두 기억을 더듬어 그려진 것들이다.

스미스의 종교적 견해에 대하여, 스미스는 옥스퍼드에 있을 때 일반적으로 기독교를 거부했으며 이신교도(理神教徒)로서 스코틀랜드로 돌아온 것으로 알려져 있다.

「도덕적 감정」

「도덕적 감정」(The Theory of Moral Sentiments)이 출판된 1759년은, 북아메리카 식민지 쟁탈이 주목적이었던 영국과 프랑스간의 7년전쟁(1756~1763)이 한창이던 때였다. 식민지를 둘러싼 전쟁으로 말미암아 국가재정이 파탄지경에 이르는 환경에서, 국가의 역할을 한정하고 개인의 자유를 확보하는 원리를 구상하고자 한 것이 이 책의 주제였다.

스미스의 인간의 본성에 관한 견해는 흄의 그것으로부터 영향을 받았다. 스미스는 흄과 마찬가지로 인간을 이기적인 존재로 보았다. 그 무엇보다도 인간은 자기 자신을 우선시한다는 점에서 그랬다. 하지만 스미스는 「도덕적 감정」에서 이렇게 말했다. "인간이 아무리 이기적인 존재로 보인다 해도, 인간의 본성에는 분명 몇 가지 원리가 존재한다. 이 원리는 인간이 타인의 행운이나 불운에 관심을 가지도록 해 주며, 타인의 행복에 기쁨을 느낀다. 사실 인간은 타인의 행복에서 '그것을 보는 기쁨' 밖에 얻지 못하지만, 인간은 그것을 필요로 한다. 다른 한편 우리가 타인의 비극을 직접 보거나 생생하게 느꼈을 때, 타인의 슬픔과 같은 슬픔을 느끼곤 한다. 이는 명백한 사실이므로 따로 증명할 필요가 없다. 그렇다면 이러한 감정은 모든 인간에게 존재하는 것이며, 인간 본성에 의한 것이라 할 것이다."

다시 말하면 인간은 타인의 기쁨과 고통을 자기 것처럼 느끼는 '공감능력'이 모든 인간에게 있다는 것이다. 인간의 공감능력에 처음 주목한 학자는 흄이었다. 스미스는 공감이 어떻게 성립되는지를 깊이 탐구하였다. 스미스는 어떤 사건이 발생했을 때 기쁘거나, 슬퍼하거나, 화내거나 하는 사람을 당사자(agent)라 하였다. 이때 관찰자(spectator)가 당사자의 감정을 공유하려면, 관찰자는 상상력을 발휘해 당사자의 입장에 스스로 서 봐야 한다. 관찰자가 만약에 자신이 같은 사건을 겪었다면 당사자와 마찬가지로 기뻐하거나 슬퍼하거나 화냈을 거라고 생각할 경우, 비로소 관찰자는 당사자에게 공감(共感)할 수 있을 것이다. 스미스는 이러한 의미의 공감을 'sympathy'라는 단어로 표현하였다. 이 단어는 사실 '동정'이라는 뜻도 지니고 있다. 동정이란 단어는 불행한 사람을 보고 불쌍하게 여기는 뉘앙스를 풍긴다. 그러나 스미스가 사용한 sympathy에는 동정의 뜻이 전혀 없다. 그의 sympathy는 감정을 공유하는 행위이며, 희로애락(喜怒哀樂)이라는 모든 감정을 아우르는 것이다. 스미스는 같은 의미로 'fellow-feeling' 즉 '동료감정'이라는 말도 사용하곤 했다.

그렇다면 왜 인간은 상상력을 발휘해서 타인의 입장이 되어 보려고 노력하는 걸까? 이 물음에 스미스는 '공감을 얻으려는 욕구' 때문이라고 대답하고 다음과 같이 설명했다.

"우리가 공감해 주면 당사자는 기뻐한다. 공감이 부족하면 당사자는 상처를 받는다. 게다가 우리(관찰자)도 공감하는 데에 성공하면 기쁘고, 실패하면 상처를 받는다." 관찰자인 우리가 당사자의 입장이 되어 보려고 노력하는 것은 공감의 기쁨을 얻으려는 욕구 때문이다. 그러나 관찰자는 당사자가 겪는 사건을 직접 경험하진 못하므로, 관찰자의 감정은 당사자의 감정보다 아무래도 약하게 마련이다. 따라서 당사자가 감정을 다 드러내면 관찰자는 보통 "너무 심한 거 아닌가?"라고 생각한다. 그러면 공감은 이루어지지 않는다. 이렇게 되면 관찰자로부터 공감을 얻으려는 당사자의 욕구 역시 만족되지 못한다. 공감을 얻기 위해서는 당사자가 감정을 억제해야 한다. 그래야 관찰자들이 공감할 수 있다. 다시 말해 당사자도 "내가 만약 관찰자 입장이었다면, 어디까지 공감할 수 있을까?"라고 냉정하게 자문하면서 상상력을 발휘해야 한다.

'공감'(sympathy)은 기본적으로 당사자와 관찰자가 서로 입장을 바꿔 생각함으로써 성립한다. 하지만 스미스의 주장에 의하면, 관찰자가 당사자의 감정과 그에 따른 행동을 그럴 듯하다고 인정할 때 비로소 공감이 이루어진다. 즉 공감은, 행위를 인정하는 원리인 것이다. 그리고 모든 사람은 상황에 따라 당사자도 되고 관찰자도 된다.

그런데 당사자가 감정을 얼마나 억제해야 관찰자가 그에게 공감할 수가 있을까 그 대답은 당사자와 관찰자가 어떤 관계냐에 따라 달라진다. 관찰자가 당사자의 가족이나 친구일 때보다는 그냥 아는 사람일 때, 당사자는 자신을 억제하려고 더 노력해야 한다.

"우리는 친구가 곁에 있을 때보다 그냥 아는 사람이 곁에 있을 대 더 침착하게 행동하려고 노력한다. 그리고 그냥 아는 사람 앞에서보다는 모르는 사람들 앞에서 더욱 그렇게 행동한다."

스미스는 이 '모르는 사람들'과의 공감을 중시했다. 친구나 가족은 쉽게 당사자의 처지를 이해하고 그를 편드는 법이다. 그러나 모르는 사람들에게는 이것이 안 통한다. 스미스는 편파심이나 기대감과는 전혀 무관계한 모르는 사람의 시선, 즉 세간의 시선이야말로 공평한 관찰자의 시선이라고 말했다. 또 그는 당사자가 그런 시선으로 자기 자신의 감정 및 행동을 살펴봐야 한다고 주장했다. 스미스의 이런 생각이 가장 잘 드러나 있는 「도덕적 감정」의 일부를 인용하면 다음과 같다.

> "우리가 스스로를 보는 자연스러운 시선보다는, 타인이 우리를 보는 자연스러운 시선에 따라 자신을 살펴봐야 한다⋯. 다른 사람들이 자신을 어떻게 볼지 생각하라. 그런 마음으로 자신을 살펴보면, 내가 남 보다 특별한 것이 없다는 사실을 깨달을 수가 있다. 결국 나도 대중의 한 사람에 불과한 것이다. 만약 어떤 사람이, 공평한 관찰자가 받아들일 만한 원리에 따라 행동하고자 한다면 그는 자애심(自愛心)과 자존심을 잠시 버리고, 자신의 감정 및 행동 수준을 타인이 이해할 수 있는 정도까지 떨어뜨려야 한다. 그러면 다른 사람들은 관대한 마음으로 그를 이해할 것이다. 그가 자기 행복을 다른 누구의 행복보다 우선시하고, 자신의 행복을 얻기 위해 최선을 다한다고 해도, 누구도 뭐라 하지 않을 것이다⋯.
> 사람은 재산과 명예와 지위를 둘러싼 경쟁에서, 다른 모든 경쟁자보다

앞서기 위해 온갖 노력을 할 수 있다. 또 온 신경과 근육을 사용할 수도 있다. 하지만 그가 만약 다른 경쟁자들 중 누군가를 밀치거나(밀어내려 하거나) 때리거나(뒤통수를 치거나) 한다면, 관찰자들은 관대한 마음을 버릴 것이다. 그것은 정당한 경쟁이 아니기 때문이다."

"이기심을 자유롭게 추구할 수 있다"는 스미스의 자유방임론에는 이와 같이 전제조건이 붙어 있는 것이다. 즉 공평한 관찰자의 시선(세간의 눈)이 허용하는 한도를 벗어나선 안 된다는 것이다. 모든 사람은 결국 대중의 일원이다. 대중의 일원으로서의 특권만 가지고 만족해야 한다. 그 이상을 바라는 것은 과도한 이기심이다.

스미스는 모르는 사람들과의 공감을 중시했다. 왜냐하면 근대사회는 혈연이나 지연으로 묶인 공동체가 아니라 국민적인 공동체이기 때문이다. 사람들은 좀더 유리한 직업을 찾아 끊임없이 이동한다. 따라서 우리는 전혀 모르는 사람들과 관계를 맺어야 한다. 즉 근대사회는 모르는 사람들로 이루어진 것이다. 그러나 모르는 사람들의 입장, 즉 공평한 관찰자의 입장이 되어 보는 것은 퍽 어려운 일이다. 공평한 관찰자의 입장에 서려면, 행위자는 일방적인 상상력을 발휘해야만 한다. 그래서 행위자는 감정의 강도를 잘못 판단할 수도 있다. 스미스는 이 약점을 다음의 방법으로 극복할 수 있다고 말했다.

"다른 사람들의 행위를 계속 관찰하라. 그것이 우리를 자연스럽게 인도해 줄 것이다. 그 결과 무엇은 해도 되고 또 무엇은 삼가야 할지에 대한 일방적 규칙이 형성된다."

이 과정에서 우리는, 어떤 상황에서 어떤 행동이 공감을 이끌어 내는지 경험적으로 깨닫는다. 그리고 다른 사람들의 행동을 지속적으로 관찰하는 동안 어떤 행위에 사람들이 일반적으로 혐오감 또는 호의를 표시하는지 알게 된다. 이리하여 자연스럽게 도덕성에 관한 규칙이 우리 내부에 형성된다.

스미스는 여기서 '양심'에 대해 언급하였다. 위에서 말한 과정을 거쳐 공평한 관찰자의 시선이 개인의 가슴 속에 스며들면 이것이 양심이다.

다음은 '여론'이다. 스미스는 세간의 시선이 늘 공평한 관찰자의 시선이지만은 않다는 새로운 사실을 지적하였다. 세상은 편견으로 가득 차 있다. '여론'이란 이런 편견으로 왜곡된 세간의 시선을 말한다. 그래서 양심과 여론은 대립되는 경우가 있다. 양심과 여론이 대립될 때 개인을 지탱해 주는 것은 양심이다. 스미스는 여론을 하급법원, 양심을 상급법원에 비유하였다. 양심이 여론보다는 더 중요한 것이다.

스미스는 평등하고 이기적인 일반인들이 서로 공감하는 가운데 스스로 양심 및 도덕적 규칙을 만들어 내서 사회관계를 형성·유지해 나간다고 설명했다. 이것은 정부나 행정기관이 나서서 도덕 교육 지침을 제정하는 세상과는 전혀 다른 원리를 말하는 것이다. '공감이론 세계'의 주민들은 매일 자율적인 인간으로 성장·행동한다. 이처럼 스미스의 자유주의는 자율적인 인간성에 바탕을 두고 있다.

사람들은 부(富)를 추구한다. 왜 사람들은 부를 추구하는지를 이것도 스미스는 공감원리로 설명한다. 사람들은 슬픔에 대해서보다는 기쁨에 공감하기 쉬운 경향을 갖고 있기 때문에 사람들은 자신의 가난함을 감추고 부유함을 과시하려고 한다. 어려움을 드러내 봤자 사람들은 괴로움의 반(半)도 이해해 주지 않는다고 느끼기 때문에 어려움을 사람들 앞에 드러내야 하는 것을 분하게 생각한다. 사람들이 부를 추구하는 것은 부가 가져다 주는 안락과 쾌락 때문이기도 하지만 이보다는 사람들에게 인정받고 싶어서이다.

인류의 근면을 불러일으켜서 계속적으로 운동을 하게 만드는 것은 바로 부의 추구에서 비롯된다. 스미스는 이것을 긍정적으로 보았다. 각 개인이 저마다 자신의 부의 획득을 목적으로 행동한 결과 생산력이 발전해서 사회 전체가 풍족해진다는 것이다. 아무도 사회 전체를 풍족하게 하기 위해 행동한 것이 아니지만, 의도하지 않은 결과가 나타났다. 이것을 스미스는 '보이지 않는 손'(invisible hands)에 의한 인도라고 말하였다.

"사람이 기쁨에 공감하기 쉬운 경향을 갖는다"고 하는 것에서 민중이 부유한 사람들이나 세력 있는 사람들을 따라가려고 하는 현상을 설명한다. 이것은 유력자로부터 은혜를 받고자 하는 기대에서가 아니라 그런 사람들의 경우에 대한 감탄에서라고 스미스는 말한다. "그들의 은혜는 소수자에게밖에 미치지 않지만, 그들의 행운은 모든 사람의 관심을 끈다. 그들이 그렇게 완전에 가까운 행복체계를 달성하는 것을 우리는 돕고 싶어하고, 우리는 그들이 고맙게 생각할 것이라는 허영심 또는 유력자를 안다고 하는 명예감정 외에는 아무런 보상도 없이, 그들에게 봉사하고 싶어 한다."

여기서 스미스는 정부의 발생에 대하여 말한다. 사람들이 정치사회에 들어가는 일반적 원리로서는 특정인에게 권위를 인정하여 정치적 지도자로 만드는 데서 출발한다. 지도자로 인정되는 데에는 완력, 정신적 능력, 연령 등이 요소가 될 수 있으나 가장 커다란 의미를 갖는 것은 그가 가진 부(富)이다. 그것은 반드시 부한 자에 대한 가난한 자의 종속성 때문이 아니라 부유한 자에 대한 공감 때문이다.

수렵채취사회를 지나 목축사회가 되면서 가축무리의 사유가 발생해서, 부의 불평등을 가져오고 가난한 자는 부유한 자에 의존하지 않으면 살아갈 수 없게 되어 부유한 자에 대한 가난한 자의 인정(認定)에 추가하여 부유한 자는 가난한 자에게 생계를 베풀고 그 대신 봉사와 종속을 요구하게 된다. 여기서 스미스는 확고하게 권력을 장악하는 정부가 발생했다고 한다. 정부의 발생은 매우 자연스럽게 이루어진 것이다. 공감의 원리에 의해 부유한 자의 권위를 자발적으로 인정한 위에, 생계를 위해 의존이 불가피해졌기 때문에, 부유한 자로 구성되는 정부에 복종하는 일은 자연스럽게 이루어졌다는 것이다. 스미스의 이론에서는 사회계약설과 같은 가상의 설계가 없이도 부를 기본으로 하는 정부의 발생을 유추할 수가 있었다.

「국 부 론」 1776년, 스미스가 저술한 「국부론」(The Wealth of Nations)의 발행은 중상주의 시대에 종지부를 찍은 일로서 상징된다. 또한 국부론은 산업혁명 시작 시기의 경제를 반영하는 것이며,

자유시장경제가 더 생산적이며, 그들의 사회에 더 많은 이익을 가져다 준다고 주장하였다(상세히는 후술).

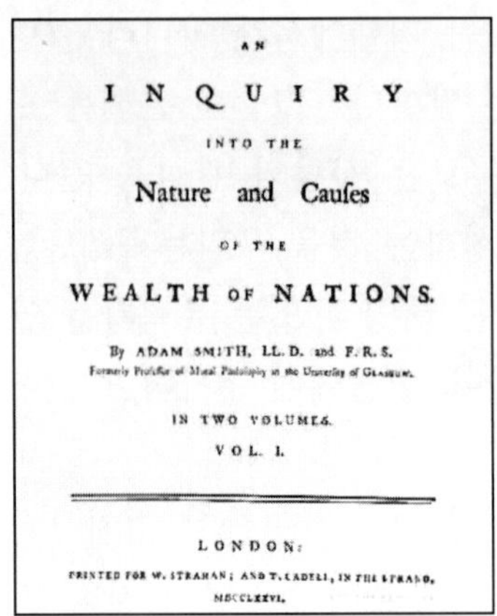
AN

INQUIRY

INTO THE

Nature and Causes

OF THE

WEALTH OF NATIONS.

By ADAM SMITH, LL.D. and F.R.S.
Formerly Professor of Moral Philosophy in the University of Glasgow.

IN TWO VOLUMES.

VOL. I.

LONDON:

PRINTED FOR W. STRAHAN; AND T. CADELL, IN THE STRAND.
MDCCLXXVI.

「국부론」 표지

국부론의 주요한 주제 중의 하나는 '보이지 않는 손'이라는 개념이다. 이에 대해 스미스는 산업가가 그 산업의 생산품이 최대의 가치를 가지게끔 그 산업을 이끄는 것은 그가 오로지 그 자신의 이익만을 도모하고자 하는 의도에서이다. 그러나 그의 그러한 의도들은 '보이지 않는 손'에 의해 그가 전혀 의도하지 아니한 다른 결과를 가져오게 된다. 전혀 의도하지 않았다고 해서 사회에 나쁜 것도 아니다. 그 자신의 이익을 추구함으로써, 그가 실지로 사회에 도움을 주려고 의도했을 때보다 더 효과적으로 더 자주 사회에 도움을 주게 된다.

'보이지 않는 손'이라는 언급은 오직(「국부론」 제4편 제2장: "수입에 대한 제한에 관해") 한 군데에서만 나오지만 '보이지 않는 손'의 개념은 스미스 경제학의 일관된 테마이다.

중상주의에 대해서는 앞에서(제12장)에서 소개한 바 있지마는 여기서 잠시 그 골자를 다시 한 번 상기하기로 한다.

명예혁명 이후 본격적으로 취해지게 된 중상주의 정책은 무역통제정책을 중심으로 한 자국 산업 보호정책이었다. 그것은 주안점을 완성품의 수출에 두고 완성품의 수입을 억제해서 국내시장 독점을 도모했다. 한편으로 수출상품의 생산비를 낮게 억제하기 위해서, 원료에 대해서는 수출을 막고, 수입을 자유화하고, 노동자의 임금을 낮추는 정책을 취했다. 대외적으로는 식민지 확산 정책을 씀으로써 종종 전쟁에 휩쓸렸다. 스미스가 「도덕적 감정」을 집필하고 있었을 때 영국은 식민지를 둘러싸고 프랑스와 사투(死鬪)를 벌이고 있었다. 전쟁에선 이겼으나 전쟁비용으로 말미암아 공채(公債) 누적이 거액에 달해 국민에게 무거운 세금을 부과하여 민심이 동요하였다. 정부는 재정부담의 일부를 미국식민지 주민들에게 떠맡기려고 해서 반발을 불렀다. 정부는 식민지에서의 반발을 힘으로 억누르려고 했다. 또한 중상주의 정책에 의한 무역의 통제는 밀수를 증가시켜 그 단속이 시민생활을 숨 막히게 만들었다. 외제 치마를 입은 부인을 발견하면 그 남편에게 세금을 부과하는 형편이었다. 왜 이런 억압적인 정책이 취해졌는가?

그것은 수출과 수입의 차를 가능한 한 크게 해서 그 차액을 귀금속으로 유입시키려고 했다. 귀금속의 유입은 가장 중요한 수익이며, 한 나라의 수익은 금과 은을 유출한 다른 나라의 손실과 일치하는 것이라고 보았다. 무역을 통한 수출입 전체를 볼 때 순수 증가는 없는 것이라고 중상주의자들은 생각하였다.

〈자유무역주의〉 스미스의 「국부론」은 중상주의이론에 대해 몇 가지 중요한 비판을 가하였다. 첫째 그는 무역을 완전히 자유롭게 할 경우에는 양쪽에 다 이익이 된다는 것을 보여주었다. 자유무역으로 시장이 확대되면 생산의 증가를 촉진시켜 효율성과 풍요를 보증하는 규모의 경제를 가능케 한다고 주장하였다. 따라서 정부와 특정산업 사이의 공모(共謀)로 다른 분야 국민의 경제활동을 제약하는 것은 전체 국민에게 해롭다고 주장하였다.

중상주의자들은 무역을 통한 수출입 전체를 볼 때, 순수 증가는 없는 것이라고 생각하였으나 스미스의 견해는 달랐다. 스미스에 따르면 중상주의자들의 그러한 생각은 절대적 수익과 상대적 수익의 개념을 이해하지 못한 오류이다. 예컨대, 포르투갈은 영국보다 포도주와 의류 두 가지 다를 더 효율적으로 생산하지만 영국에서는 포도주에 비해 의류를 비교적으로 더 싸게 생산을 한다. 그래서 만약 포르투갈이 포도주에 전문화하고, 영국이 의류에 전문화하여 두 나라가 무역을 한다면 두 나라가 다 이득을 보는 것으로 끝이 날 것이다. 이것은 상대적 수익 원리에 따른 무역의 상호이득의 예이다. 아담 스미스의 경제이론에서는 무역은 쌍방에 다 같이 이득을 가져다주므로 죽고살기식의 경쟁과 같은 무(無) 아니면 전부(全部)인 제로-섬 게임(zero-sum game)이 아니다. 중상주의자들이 귀금속의 획득을 부의 증가로 간주하고, 귀금속에다 중요성을 두는 데 대하여 스미스는 그들이 "부와 돈을 혼동하는 대중적 어리석음"에 빠져 있다고 비판하였다.

〈부의 개념〉 스미스는 부의 개념에 대하여 발상의 전환을 촉구하였다. 스미스는 참된 부는 금·은으로 된 돈이 아니라 생필품이나 편의물품 등 노동생산물이라고 생각했다. 돈은 그 자체로는 아무런 인간의 욕망도 필요도 채워주지 않는다. 돈으로 생필품이나 편의품을 구입해야 비로소 사람들의 욕망이나 필요를 채울 수가 있다. 생필품과 편의품이 풍부하게 시장에 있어야만 돈을 갖는 것에 의미가 생긴다. 그래서 생필품이나 편의품 등 노동생산물이야말로 참된 부이며, 돈은 단순한 유통수단에 지나지 않는다고 생각했다.

노동생산물이 풍부하게 공급되는지의 여부는 다음의 두 가지 사정에 의한다.

첫째는 노동이 이루어질 때에 어느 정도의 분업으로 이루어지는가이며, 둘째는 노동인구 가운데 생산적 노동에 종사하는 사람들의 비율이다. 스미스는 이 중에서 첫째 것을 더 중시했다. 그리고 미개사회와 문명사회를 비교해서 다음과 같이 말했다.

미개사회에는 일할 수 있는 사람은 모두가 일을 하고 있는데도 매우 가난해서 허약한 자를 방기하거나 굶어죽게 하고 있으나, 문명사회에서는 다수의 사람이 전혀 노동을 하지 않으면서 노동하는 사람의 몇 배나 되는 생산물을 소비하고 있는데도 불구하고, 생산물이 풍부하기 때문에 가장 가난한 사람조차도 그 어떤 미개인보다 더 많은 생필품과 편의품을 향유하고 있다. 이것은 미개사회와 문명사회의 노동생산력의 차이에서 비롯되는 것이며, 노동생산력을 획기적으로 높인 것은 분업의 발달 때문이다.

〈분 업〉 스미스는 분업으로 인한 생산력의 증대에 관해 이같이 말했다(「국부론」은 '분업'을 책의 첫머리에서 다루고 있다). "한 사람의 직공이 핀 제조의 모든 공정을 혼자서 하는 경우에는 하루에 1개의 핀을 만드는 것도 어렵지만, 10명의 직공이 분업체제로 작업을 한 경우에는 한 사람당 하루에 4,800개의 핀을 만들 수가 있었다"고 하였다. 분업이 생산력을 끌어올릴 수 있는 이유를 3가지로 지적한다.

(1) 분업이 일을 단순한 직업으로 분해해서 그 단순작업을 노동자의 평생 직업으로 함으로써 노동자의 기능(숙력도, 솜씨, 판단력)을 향상시키기 쉽게 하며, (2) 어느 일에서 다른 일로 옮겨갈 때, 예를 들어 혼자 할 때에는 도구를 바꾸거나 하면서 보통 잃어버리게 되는 시간을 절약하는 것이며, (3) 노동자가 단순한 직업에 종사함으로써 그 작업을 능률적으로 하는 방법을 쉽게 발견하거나, 도구의 개량이나 새로운 기계를 발명하기가 쉽기 때문이다(스미스에 의하면 기계 등의 발명은 분업의 결과였다).

그런데 분업에는 작업장 내 분업과 사회적 분업이라는 2종류의 분업이 있다. 핀 제조공장의 예는 작업장 내 분업이지만 사회적 분업은 다양한 각종의 물건과 서비스를 사람들이 도처에서 나누어 생산하고, 그것들을 서로 교환해서, 사람들이 필요를 충족시키는 상태를 말한다. 둘 모두 노동생산성을 높인다는 점에서 공통점을 지니고 있으나 스미스는 사회적 분업 쪽을 보다 본원적인 것으로 보았다. 왜냐하면 스미스는 분업의 발생과 발전을 인간의 지혜의 결과가 아니라 인간의 교환 성향에서 그 근거를 찾았기 때문이다. 스미스는 인간본성 안에 교환 성향이 있다고 생각했다.

〈교환과 화폐〉 분업이 한 차례 확립되면 각 사람은 자신 혼자만의 노동으로 필요를 채울 수 있는 것은 매우 적기 때문에 누구나가 교환에 의해 생활을 하며, 바꿔 말하면 어느 정도는 상인이 되는 것이다. 이 상업사회에서는 각자가 가진 재능을 모두가 이용하는 공동의 재산이 되는 것이다. 분업은 사람들 사이의 재능의 차이를 만들어내고, 그 차이를 유용한 것으로 만든다. 상업사회에서는 어떠한 재능도 사회적 분업의 한 조각을 감당하고 있는 한, 동등한 것이며 직업에 귀천은 없는 것이다.

다음으로 화폐에 대하여 스미스는 말했다. 화폐의 발생은 물물교환의 불편을 회피하기 위해 사람들이 공동으로 만들어 낸 것이다. 예컨대 어떤 사람이 교환할 물건을 가지고 있지 않을 때는 물물교환을 할 수 없으므로 "남이 자기의 노동생산물과 교환하는 것을 거부하지 않을 특별한 상품을 수중(手中)에 갖고 있는 방식으로 문제를 처리하려고 노력했음이 틀림없다"고. 초기의 특별한 상품은 소나 양 같은 가축이거나, 소금, 말린 대구 같은 것이었다. 이것이 점차 보다 편리한 것으로 변화하여 마침내 화폐가 발생하였다. 분업의 발전 → 상품교환의 발전 → 화폐의 발생이다. 화폐가 발생하자 상품의 가치는 화폐로 표현된다. 이제 상품의 가치와 가격을 고찰할 차례가 되었다.

〈상품의 가치〉 스미스는 상품의 가치에는 2종류가 있다고 한다. 하나는 한 상품이 인간의 필요 내지 욕망을 채워주는 '사용가치'이며, 다른 하나는 한 상품이 다른 재화를 구매하는 힘으로서의 '교환가치'이다. 교환가치는 사용가치를 전제로 한다고도 하지만 이 두 가지는 전혀 다르다. 예를 들어 물은 인간생활에 빠뜨릴 수 없는 것이므로 사용가치는 매우 크지만 교환가치는 보잘것 없다. 경제생활에선 교환이 중요하므로 경제학이 연구대상으로 하는 것은 교환가치이다. 그럼 교환가치의 크기는 어떻게 결정될까?

상품(노동생산물)의 교환은 노동의 교환이라고 생각하는 스미스는, 상품 A의 가치는 A로써 구매 또는 지배할 수 있는 노동의 양과 같다고 하였다. 바꾸어 말하면 A의 가치는 A를 생산하는 데 필요로 했던 노동량으로 결정된다는 '투하노동가치론'(존 로크)의 사고방식이다. 예컨대, 한 사람의 노동자가 원료에 6실링의 가치를 붙여서 생산물을 생산했다고 하자. 이 6실링이 '투하노동가치'이다.

임금은 노동자가 자본가에게 판 노동력의 가격이다. 노동자의 하루치 생활비가 4실링이라고 하면, 단순화시켜 말해서, 고용주는 노동자에게

4실링을 지불하면 된다. 이것이 노동력의 가치이다. 이 경우 '투하노동가치'와 '노동력가치'의 차액 2실링이 잉여가치로서 고용주의 주머니로 들어간다. 이것을 자본가의 '이윤'이라고도 할 수 있다.

〈상품의 가격〉 상품의 가격은 그 상품이 나오기까지 노동자에게 지불된 모든 임금과 자본들이 취한 모든 이윤으로 결정될 수도 있겠으나 이 상품의 생산과정에 토지에 의존하는 부분이 있어서 지주들에게 지대를 물었다면, 상품 가격에는 '지대'까지가 포함되어야 할 것이다.

상업사회의 계급이 노동자, 산업자본가, 지주로 이루어져 있다면 상품가격에 지대까지를 포함시키는 것이 옳다. 그러므로 일반적으로 말해서, 상품의 가격은 임금, 이윤, 지대로 구성된다. '가격구성론'이라는 것은 먼저 임금, 이윤, 지대가 저마다 독립적으로 결정되고, 그것들이 합계되어 상품가격이 결정되는 것을 말한다. 이에 비하여 '가격분해론'이라는 것은 먼저 상품 가격이 결정되고 그것이 임금, 이윤, 지대로 분해되는 것을 말한다.

스미스는 어느 한 시점에서 어느 한 지역을 들여다보면 임금, 이윤, 지대 저마다에 대해서 평균율이 존재한다고 하며 그것을 '자연율'이라고 부른다. 그리고 어느 상품의 가격이 임금, 이윤, 지대에 '자연율에 따라서 지불하기에 알맞게 과부족이 없는 경우' 그 가격을 '자연가격'이라고 부른다.

〈상품의 시장가격〉 하지만 상품이 실제로 매매되는 경우의 가격은 '시장가격'이며 이것은 상품의 '수요'와 '공급'의 관계에서 변동한다. 수요보다 공급이 크면 시장가격은 자연가격을 밑돈다. 그러면 임금, 이윤, 지대 중 한 가지 이상이 자연율 이하로 떨어질 수밖에 없다. 그것이 만약에 임금이면 노동자가 그 상품의 생산 부문으로부터 좀더 임금이 높은 부문으로 이동을 하게 된다. 그래서 그 상품의 생산량이 줄어들고 따라서 공급이 감소하므로 시장가격은 상승한다. 시장가격이 자연가격 이상으로 상승하면 우선 이윤이 늘어나므로 자본가는 생산을 확대하려고 한다. 노동자의 고용도 늘어나므로 임금도 상승할 수 있다.

이리하여, 생산이 증가하고 공급이 증가하면 그 상품의 가격은 다시 하락으로 바뀐다. 즉 시장가격이 자연가격을 기준으로 해서 상하로 변동한다. 이를 통해 노동력, 자본, 토지가 다양한 사업 부분 사이에 적절하게 배분되어 사회 전체의 다양한 생산물의 수급이 자동적으로 조정된다. 이것이 스미스가 말하는 가격의 자동조절 작용이다.

그리고 스미스는 이 같은 가격의 자동조절은 3가지 원인으로 방해를 받을 수 있다고 지적하였다. 즉 상업상의 비밀, 자연적 조건, 행정상의 규제 등 3가지이다. '상업상의 비밀'이란, 예를 들어 말하면, 어느 특정 상품의 시장가격이 자연가격 이상으로 뛰어오른 경우 그 상품을 공급하는 자본가는 될 수 있는 한 그 변화를 감추려고 하고, 또한 생산비를 줄일 수 있는 신기술을 개발한 경우, 될 수 있는 한 그것을 비밀로 해 두려는 것 등을 가리킨다. 두 번째의 '자연적 조건'은 프랑스의 특정 포도주를 생산하는 포도농장처럼 "매우 특수한 토양과 위치를 필요로 하기 때문에" 다른 어느 큰 나라에서 아무리 같은 맛과 질의 포도를 생산하려고 노력해도 소용이 없는 경우이다. 세 번째의 '행정상의 규제'는 길드의 배타적 특권이나 도제법(徒弟法) 등으로 '경쟁을 소수자로 제한하거나 배척하는' 모든 법적·행정적 조치이다.

이상 3가지의 원인은 어느 것이나 독점효과를 가지며, 시장가격을 자연가격 이상으로 끌어올리는 요소이지만, 첫번째의 영업상의 비밀은 그리 오래 계속되는 것이 아니고, 두 번째의 자연적 조건은 어쩔 수 없는 것이다. 스미스의 엄격한 비판은 당연히 세 번째 원인을 향하게 된다(후술).

한편 자연가격 자체는 임금, 이윤, 지대라는 그 구성 부문들의 자연율이 저마다 변동하게 되면 이와 함께 변동한다. 그들 자연율은 그 사회가 경제적으로 성장, 정체, 쇠퇴 가운데 어느 상태인지에 따라 달라진다. 스미스는 이렇게 말하고 다음으로 임금, 이윤, 지대의 분석에 들어간다.

〈임 금〉 스미스의 임금에 관한 고찰은 주로 「국부론」의 제1편 제8

장에서 이루어진다. 스미스는 실질임금을 고용주와 노동자의 계약에 따라 결정되는 것이라고 하였지만 양자의 이해는 같지 않다고 그 대립을 인정한다. 노동자는 임금을 올리려고 하고 고용주는 그것을 내리려고 하기 때문이다. 쟁의(爭議)가 일어나면 고용주가 이기는 결과가 나타날 것이지만 임금에는 그 이하로는 내릴 수 없는 최저율이라는 것이 있다.

스미스는 임금은 노동자가 가족을 구성하여 다음 세대의 노동자를 육성할 수 있는 것이어야 한다고 말했다. 노동자의 부부가 다 일을 한다고 할 때 아내는 자기 부양을 할 수 있는 정도를 벌 수 있을 것이며, 남편은 자식 부양 몫까지를 벌어야 한다. 자식이 2명이라 할 때 남편은 적어도 자기 부양비의 2배까지는 벌어야 할 것이다. 이것이 임금의 최저율이다.

다음으로 스미스는 어떤 경우에 임금이 최저율을 넘어 상승하는지 혹은 거꾸로 하락하는지를 분석하였다. 스미스에 의하면 임금변동의 기본적인 요인은 노동력에 대한 수요의 동향이다.

따라서 임금은 생산이 계속적으로 급속히 확대되고 있는('가장 급속히 부유해지고 있는') 나라에서 가장 높으며, 생산이 축소되고 있거나 쇠퇴하고 있는 나라에서는 최저율 이하가 되어 굶어죽는 사람까지 나온다. 당시로서는 미국식민지가 가장 부유해지고 있는 나라였다.

〈이 윤〉 이윤에 대하여 스미스는 이윤 변동도 사회의 부(富)의 성장, 정체, 쇠퇴 상태에 상응한다고 말했다. 그러나 그 상응 방향은 임금의 경우와는 반대라고 하였다. '자본의 증가는 임금을 상승시키지만, 이윤을 낮추는 경향이 있다.' 여기서 스미스가 이윤이라고 말하는 것은 투하자본액에 대한 이윤액과의 비율인 '이윤율'이다. 영국에서 헨리 8세 이후 부는 상승하고 임금은 계속 증가해 왔는데도 이윤율이 저하돼온 이유가 무엇일까? 스미스의 설명은 자본이 증가해서 개발이 진행되면 유리한 투자면이 적어지고 경쟁이 격화되기 때문이라는 것이었다(이것을 우리는 스미스의 '경쟁에 의한 이윤율 저하론'이라고 부른다). 스미스는 미국식민지에서는 예외적으로 임금과 이윤이 모두 높다는 것을 인정하고 있으나 이 상태는 "영토의 넓이에 비해서 자본이 부족하고, 그 자본에 비해서 인구가 부족"하기 때문이며, 이런 현상은 잠시동안의 일시적인 것에 지나지 않는 것이다. 그러나 "큰 자본은 적은 이윤을 가져온다고 해도 일반적으로 큰 이윤(이윤율)을 가져오는 작은 자본에 비해 더 급속히 이윤의 양이 증대한다"고 하며, 이윤율은 저하해도 이윤량은 증대하므로 부유를 향한 전진은 자본가에게도 나쁠 것이 없다고 말하였다. 중국과 같이 정체하고 있는 나라는 낡은 법률과 제도를 변혁하면 새로운 개발의 여지를 가지게 되어 다시 전진할 수 있을 것이라고 하였다.

동인도 식민지처럼 쇠퇴하고 있는 곳에서는 자본이 감소하고 임금은 저하하지만 이윤은 상승한다고 말한다. 잔존 자본의 소유자는 이전보다도 싸게 노동자를 쓸 수가 있으므로 생산비를 싸게 할 수 있고 한편 전체로서 자본의 공급량이 감소했으므로 시장에서는 높은 가격으로 팔리기 때문이다. 이런 곳에서는 '거대한 재산을 갑작스레 쉽게 얻는다'고 스미스는 말한다.

〈지 대〉 다음은 지대(地代)에 대해서이다. 스미스는 이제까지 임금과 이윤을 가격구성론의 입장에서 취급해 왔으나, 지대에 대해서는 가격분해론의 입장에서 취급하였다. 즉 '임금과 이윤의 높고 낮음은 가격의 높고 낮음의 원인이 되는 데 비하여, 지대의 높고 낮음은 가격의 높고 낮음에 따른 결과'라고 지대의 특수성을 지적한다. 이것은 무슨 뜻인가? 자본가는 이윤이 조금이라도 높은 사업에 자본을 투하하려고 하기 때문에 자유경쟁 아래에서는 평균이윤이 형성된다. 평균이윤을 얻을 수 없으면 자본가는 그 사업에서 자본을 거두어들인다. 따라서 생산물 가격이 자본가가 노동자에게 임금을 지불한 후에 평균이윤을 확보하는 수준을 넘는 경우에만 지대를 지불할 수가 있다. 생산물 값이 그 수준을 넘을지의 여부는 수요에 의존하는 것이다. 예를 들어보자. 보다 풍부한 새 광산이 개발되어 보다 싼 비용으로 생산물이 공급되면 그 생산물의 시장가격은 하락하고, 뒤쳐진 옛 광산에서는 평균이윤의 확보도 겨우 할지 모른다. 옛 광산의 자본가는 만약 지주에게 지대를 지불해야만 한다면 광산에서 자본을 거두어들여서 다른 사업에 투자할 것이다. 그러나 스미스는 인간의 식량을 생산하는 농업에서는 인구 증가에 의한 수요의 증가와 함께 경작지가 확대되어 가므로 식량은 언제나 수요가 있으며 농산물 값은 언제나 지대를 지불할 수 있는 수준으로 결정된다고 생각하였다.

한편 스미스에 의하면 자본 축적의 진전은 임금을 상승시켜 인구 증가를 촉진하고 인구 증가는 식품 수요를 증대시켜서 경지 확대와 농업 개량을 진척시킨다. 농업 생산력의 발전과 더불어 농공 분리가 이루어진다. 이리하여 사회적 분업이 전개되면 식품 이외의 다양한 토지 생산물에 대한 수요가 발생하여 다양한 토지에 지대를 발생시킨다. 이처럼 스미스에 따르면 부유를 향한 진전은 지대를 증대시킨다. 즉 스미스는 인구 증가를 부유를 향한 진전의 원인이 된다고 낙관적으로 보았다(스미스의 사망(1790) 이후 맬서스(Thomas Robert Malthus, 1766~1834)는 그의 「인구론」(1798)에서 식량의 증가와 인구의 증가는 일치하지 않아 과잉 인구가 빈곤과 악덕을 발생시킬 것이라고 비관적으로 보았다). 이상과 같이 임금, 이윤, 지대를 고찰한 스미스는 「국부론」 제1편을 3대 계급에 관한 고찰로 매듭짓는다.

〈지주, 노동자, 자본가〉 먼저 스미스는 지주계급의 이익은 사회의 일반적 이익과 이어져 있다고 한다. 지대가 부유를 향한 전진과 함께 증대하기 때문이다. 하지만 그들은 노동도 배려도 없이 수입을 얻을 수 있으므로 나태하고 무식해져서 사회의 일반적 이익이 자신의 이익에 배치되지 않는다는 것을 모르고, 공공사업을 오도시키는 경우가 있다고 하였다.

다음으로 스미스는 노동자의 임금도 부유의 전진과 함께 상승하므로 노동자 계급의 이익도 '사회이익과 이어져 있다'고 한다. 하지만 노동자도 자신의 이익이나 사회의 이익을 이해하지 못한다. 그의 생활 상태는 그에게 필요한 정보를 습득할 여유를 갖지 못하게 하며, 설령 정보를 얻었다 해도 그의 교육과 습관은 그것을 판단할 능력이 없는 사람으로 만들기 때문이다.

마지막으로 자본가 계급인데, 스미스에 의하면 이윤율은 "사회의 번영과 함께 상승하지 않으며 쇠퇴와 함께 하락하지도 않는다"고 한다. 거꾸로 이윤율은 번영하는 나라에서 낮고 급속히 파멸하고 있는 나라에서 높다. 그러므로 이 계급의 이익은 사회의 이익에 대해서 다른 2개 계급의 이익과 같은 맥락을 갖지 않는다.

그리고 이 계급은 늘 계획이나 기획에 관여하고 있기 때문에 지주계급에 비하여 훨씬 더 예민한 이해력을 가지고 있다. 이들은 무엇이 자신들의 이익이 될 것인지를 잘 알고 있기 때문에 시장의 확대나 경쟁의 제한을 위한 정책 등 자신들의 이익을 위한 정책을 공공의 이익을 위해서라고 주장하며 실현시켜 왔다.

스미스는 이상과 같이 말하고 자본가 계급의 법률 내지 규제에 대한 제안에 대해서는 "가장 면밀하고 의심 많은 주의를 기울여, 오랫동안 신중히 검토한 다음이 아니면 결코 그것을 채용해서는 안 된다"고 경고하였다. 스미스는 '자본가'라는 용어를 사용하지 아니하였으며 다만 '이윤으로 생활하는 사람들'이라고 말하였다. '상인과 제조업자'가 자본가 계층에 포함될 수 있으나 상인과 제조업자라고 하더라도 소상인처럼 자본보다는 노동에 의존하는 정도가 높은 상업 행위자는 이에 해당하지 아니하며 주로 자본투하에 의존하여 이윤을 얻는 자를 의미한다. 해외 무역업자, 독점 상공업자, 객주(客主) 등이 이에 해당될 것이다. 다시 말해, 중상주의 정책의 직접적 수혜자들이 이에 속한다.

〈자산축적〉 각자가 필요로 하는 모든 것을 스스로 조달하는 미개사회에서는 어떤 자산도 비축하거나 축적할 이유가 없다. 그러나 분업이 발달하면, 자기가 필요로 하는 물건의 대부분을 남으로부터 구매하지 않을 수 없다. 그러므로 자기가 생산하는 물건을 완성하여 팔아서 구매력을 가질 그때까지는 자신을 유지시킬 축적된 자산이 필요하다. 뿐만 아니라 분업작업을 유지하기 위해서도 원료와 도구의 비축이 필요하다. 분업이 가능하기 위해서는 그 전제로서 충분한 자재가 저축(stock)되어 있어야 한다. 그 자재가 생산자 자신의 소유이든 타인의 소유이든 그것은 상관없다. 자산의 축적은 성질상 분업에 선행되지 않으면 안 되며 따라서 선행하는 자산축적의 증가에 비례해서 노동의 세분화도 점점 증가할 수 있다. 노동이 세분화될수록 생산도 큰 비율로 증대한다. 사회의 부유를 향한 전진은 자산축적의 전진을 전제로 한다. 어떤 사람이 소유하는 자산이 며칠 또는 몇 주일 동안 생활하는 데에 충분한 것이 되지 않을 경우, 그는 좀처럼 거기서 어떤 수입을 얻으려는 생각을 하지 않고, 그것을 소비용으로 쓴다. 그러나 그가 몇 달 또는 몇 해 동안 생활해 갈 수 있는 자산을 갖고 있는 경우에는 그는 당연히 그 대부분에서 수입을 얻으려고 노력하며, 소비용과는 따로 챙겨둘 것이다. 이와 같이 수입을 자신에게 가져다 줄 거라고 그가 기대하는 부분은 그의 자본이라고 불린다.

〈고정자본과 유동자본〉 스미스는 자본을 고정자본과 유동자본으로 분류하였다. 고정자본과 유동자본 둘 다 이윤을 낳는다. 이윤, 임대, 지대 가운데의 하나로부터 파생소득을 가져오는 것에 지나지 않는 집세와 같은 것은 자본에 들어가지 않는다.

스미스의 고정자본의 정의(定義)는 소유주를 바꾸지 않고 이윤을 가져오는 것으로서 기계, 도구, 영업용 건물, 개량된 토지, 인간이 획득한 능력이 거기에 들어간다. 인간의 능력을 고정자본에 넣은 것은 자본가가 구매한 노동력이 공장 안에서는 다른 생산재와 함께 생산요소의 형태를 취한 생산자본의 일부를 이루는 것을 스미스가 깨달았기 때문일 것이다.

스미스의 유동자본의 정의는 예컨대 상인이 자신이 가진 재화를 남들과 계속해서 교환함으로써 수익을 얻는 것과 같이, 소유주를 바꿈으로써 이윤을 가져오는 것으로 그 안에 스미스는 화폐, 식료품, 의복, 가구, 건자재(건물의 재료), 완성상품 등이 거기에 들어간다. "소유주를 바꿈으로써 이윤을 가져온다"는 정의에서 보면, 화폐를 제외한다면, 이것들은 모두 상품의 형태를 취한 상품자본이라고 해도 좋을 것이다. 스미스가 화폐를 여기에 넣은 것은 소유주의 바뀜을 매개함으로써 간접적으로 이윤의 실현에 기여한다고 생각했기 때문일 것이다. 또한 이것은 그가 화폐의 형태를 취한 화폐자본을 깨닫고 있었음을 의미한다.

여기서 자본운동에 관한 스미스의 설명을 들어보자. 자본가는 우선 화폐자본으로 기계나 원료 등의 생산수단과 노동력을 구매한다. 화폐자본은 생산요소의 형태를 취한 생산자본(고정자본)으로 모습을 바꾼다. 생산이 이루어지고 새로운 상품이 만들어져서 생산자본은 상품자본(유동자본)으로 모습을 바꾼다. 이 상품자본을 판매해서 다시금 화폐로 바꾼다. 처음과 끝이 화폐이므로 얼마만큼 이윤이 발생했는지를 알 수 있다. 회수한 화폐에서 처음과 같은 금액을 다음의 생산에 투하하면 같은 규모의 생산이 되풀이 되므로 단순 재생산이 된다.

이윤의 일부를 추가해서 보다 많은 자본을 투하하면 확대재생산이 된다. 자본축적이란 확대재생산을 말하는데, 자본은 이상과 같이 3개의 형식, 즉 생산자본 → 상품자본 → 화폐자본을 되풀이하면서 그 가치를 증식시킨다.

그런데 생산자본에서 상품자본으로 이행할 때 생산자본의 가치가 한 번에 전부 상품자본으로 이전하는 것은 아니다. 한 차례의 생산에 투하되는 원료의 가치는 새로운 상품에 전부 이전되지만 장기간에 걸쳐서 몇 번이고 생산에 사용되는 기계와 같은 것의 자본은 일부밖에 이전되지 않는다. 현재 사용되고 있는 유동자본과 고정자본의 개념은 이러한 가치이전 방식의 차이에 근거를 둔다.

〈생산적 노동과 비생산적 노동〉 앞서, 한 나라에서 노동생산물(진정한 부)이 얼마나 풍부하게 공급되는지를 규정하는 첫번째 요인은 분업에 따른 노동자의 기능, 즉 숙련도, 솜씨, 판단력 등이며 두 번째 요인은 한 나라의 노동인구 중 얼마만큼이 생산적 노동에 종사하느냐에 달려 있다고 하였다. 이와 관련하여 스미스는 노동을 생산적 노동과 비생산적 노동으로 구분하였다. 노동 가운데 어떤 종류는 그것이 투하된 대상의 가치를 증가시키지만, 또 다른 종류의 노동은 그런 효과를 낳지 않는다. 전자는 가치를 생산하기 때문에 생산적이라 하였고 후자는 비생산적이라고 하였다. 이와 같이 제조공의 노동은 일반적으로 그가 가공하는 재료의 가치에, 그 자신의 생활비의 가치와 그의 고용주의 이윤가치를 덧붙인다. 그리고 그가 제조한 상품은 그 노동이 끝난 뒤에도 한 동안은 존속한다. 이와 반대로 가사를 돕는 하인의 노동은 어떤 것의 가치도 덧붙이지 않는다. 그의 노동은 일반적으로 그것이 수행된 그 순간 소멸되고, 나중에 그것과 교환하여 같은 양의 노동을 획득할 수 있는 축적이나 가치를 남기는 일은 거의 없다. 따라서 사회적으로 유용한 대부분의 노동도 위의 구별에 따르면 비생산적 노동이 되어버린다. 스미스가 비생산적 노동으로 간주한 직업은 가사사용인 이외에도 많이 있다. 주권자(왕, 집권자 등), 사법관, 군인, 성직자, 법률가, 의사, 문필가, 배우, 도화사, 음악가, 가수, 무용수 등등.

그런데 스미스에 따르면 매년 생산물 중에서 투자자본을 회수한 부분은 재생산을 할 때 주로 생산적인 노동자를 유지하는 데 쓰인다. 그는 회수한 자본을 계속해서 자본으로서의 기능을 유지할 수 있도록 대상물의 가치를 증가시키는 일손에 투자를 하는 것이다. 반면에 이윤과 지대로 들어온 수입은 주로 비생산적 노동자와 전혀 노동하지 않는 사람들을 유지하는 데에 쓰인다. 임금이란 노동자 개인의 입장에서는 수입이지만, 재생산의 관점에서 보면 자본인 것이다. 그러므로 한 나라의 노동인구 중 얼마 만큼이 생산적 노동에 종사하는지는, 자본(임금)과 수입(이윤 및 지대)의 비율에 따라 규정된다. 당시 대지주와 대상인은 가사사용인을 많이 고용했는데, 스미스는 이런 가사사용인을 태만한 주인들을 위한 비생산적 노동자로 보았다. 그는 "어떤 분야에서든 자본과 수입의 비율은 곧 근면과 태만의 비율이다"라고 말하며, 절약에 의해 수입을 자본으로 바꿔야 한다고 주장했다. 자본은 철저한 절약으로 증가되고, 낭비나 미숙한 경영으로 감소된다.

〈자본투자의 우선순위〉 다음으로, 스미스는 같은 양의 자본이라고 하더라도 어느 곳에 쓰느냐에 따라 부가가치가 다르다고 보고, 어떤 순서로 자본을 투자하는 것이 효율적인지를 검토했다. 자본의 사용방법을 넷으로 구분했다. 자본을 쓰는 다음 4가지 방법은 그 사회의 전반적인 편의를 위해서나 본질적으로 필요한 것이다.

(1) 농업·광업·어업 등 자연생산물 산업, (2) 자연생산물을 가공하는 제조업, (3) 자연생산물 또는 제조품을 풍부한 곳에서 부족한 곳으로 옮기는 도매상업, (4) 그것들의 일정분량을 그것을 필요로 하는 사람들의 그때그때의 수요에 맞춘 작은 부분으로 분할하는 소매상업이다. 그리고 도매상업을 또 국내상업, 외국과의 수출입무역, 중계무역 등 셋으로 구분했다. 스미스는 가장 생산적인 것은 농업이고, 그 다음이 제조업, 국내 상업, 수출입무역 순이라고 했다. 농업에 쓰이는 자본의 부분이 가장 크고, 그 크기에 비례하여 생산적 노동의 양도 크다. 농업에 사용되는 자본은 제조업에 사용되는 같은 금액의 어떤 자본보다 많은 양의 생산적 노동을 활동시킬 뿐 아니라 이 자본의 사용이 그 나라의 토지와 노동의 연간 생산물에 훨씬 큰 가치를 부가한다. 농업 다음으로는 제조업에 쓰이는 자본이 최대량의 생산적 노동을 활동시켜서 연간생산물에 최대의 가치를 부과한다. 국내상업은 이쪽의 상품을 저쪽으로 내보낼 때 적어도 같은 가치의 다른 상품을 대신 가지고 들어온다. 그것은 두 쪽 생산물의 가치를 증가시키는 것이며 두 쪽의 노동생산비를 흡수하는 것이므로 우리측 한쪽의 노동생산비를 흡수하는 무역보다 자본사용의 효율이 크다. 따라서 이 순서로 자본을 투자하는 것이 가장 효율적이고 자연스런 방법이라고 주장했다. 그는 농업이 가장 생산적인 추가적인 이유로는 첫째로 농업은 항상 수요가 있으므로 그 농산물의 가격에서 이윤뿐만 아니라 지대까지 낳으며, 둘째로 농업에서는 가축도 생산적 노동자라는 것이다. 이것은 무역을 중시하는 중상주의가 '풍요로 향하는 자연스러운 순서'를 왜곡하고 있다는 것을 보여주었다.

〈농업과 도시 발달〉 스미스의 주장에 따르면, 인위적인 정책이 없고, 이윤이 공평할 때 사람들은 자연스럽게 농업에 투자한다고 한다. "토지에 자본을 투하하는 사람은 그 자본을 제조업과 외국무역에 비해 보다 더 잘 감독할 수 있다. 그의 재산은 무역상인의 재산에 비해 잘못될 위험이 적다." "인위적인 법률의 불의(不義)가 방해하지 않는 한 농촌생활의 즐거움, 농촌생활이 주는 독립성은 사람을 끌어들이는 매력을 가지고 있다."

농업은 대장장이, 목수, 석공, 무두장이, 구두제조자 등을 필요로 하고 만들어낸다. 그런 사람들이 도시를 형성한다. 말하자면 도시란 농촌주민들이 자신들의 자연 생산물을 제조품과 교환하기 위해 만들어낸 상설시장인 셈이다. 자연스러운 형성에 맡겨졌더라면 "모든 도시의 발달 및 부의 증진은 농업생산의 결과로서 그에 비례하여 생겨났을 것"이다. "그런데 유럽의 모든 나라에서는 이 자연적인 순서가 많은 점에서 완전히 뒤집혀 있다. 이들 도시들 중 몇 군데는 무역상인들에 의해 고급품 제조업, 즉 원격지를 대상으로 하여 판매하기에 알맞은 제조업이 도입되었다. 이리하여 무역상인과 제조업이 손을 잡고 농촌개조의 주요 부분을 주도하게 되었다. 왜 이런 전도현상이 일어난 것일까?" 스미스는 다음 2가지 이유를 들었다.

첫째, 로마제국 몰락 이후 성립된 「대토지소유제」에서는 장자(長子)상속제와 한정(限定)상속제(권리자가 상속인을 한정해서 소유지를 온전히 상속하는 제도)가 도입되었다. 이 제도 아래에서는 토지분할이 거의 불가능하고 토지시장에서의 토지공급을 제한해서 땅값 상승을 유발하고 있다. 다시 말해 농업에 대한 투자를 불리하게 만들고 있는 것이다.

둘째, 도시가 각종 특권을 획득하거나 부여받거나 했기 때문이다. 즉 도시의 상공업 발전이 인위적으로 조장된 것이다. 이 경우 도시의 상업은 외국무역을 중심으로 발전한다. 이때 외국무역과 함께 성장하는 제조업을 스미스는 '외국무역의 자손으로서의 제조업'이라고 불렀다.

그러나 스미스는 도시발달이 농촌의 경작 및 개량에 어느 정도로는 공헌한 긍정적인 면을 간과하지 않았다. 공헌방식은 크게 3가지였다. (1) 큰 시장을 제공했다. (2) 많은 상인들이 토지를 구입해서 지주가 되었는데, 이들이 대개 좋은 개량자로 활약했다. (3) 상업과 제조업은 농촌주민들에게 질서와 뛰어난 통치를 선물했으며 이와 더불어 개인의 자유와 안전을 가져다 주었다.

〈농업의 발달〉 스미스는 이 3가지가 봉건영주제의 해체를 가져오는데 기여했다고 했으며 이를 중시하였다. 스미스는 영주가 자신의 부를 '공적인 대우'에서 '개인적 사치'로 바꾸려다 그 권력을 잃었다고 말했다. 영주가 권력을 잃으면 농민은 독립성을 얻는다. 영주가 개인적 사치를 위해 지대 인상을 요구할 때 이제는 농민들도 조건을 내걸게 되었다. 그들이 토지개량에 들인 자본을 이윤과 함께 회수할 수 있도록 해달라고 했다. 영주가 이를 보장했을 때만 농민은 영주의 요구를 인정했다. 이리하여 장기차지계약(長期借地契約)이 성립되면서 농민의 경작권이 안정을 찾았다.

스미스는 이렇게 말했다. "공공의 행복에 있어서 가장 중요한 혁명은, 이처럼 공공을 위해 봉사할 마음이라곤 전혀 없었던 두 계급 사람들, 즉 대토지 소유자와 소작 농민들에 의해 일어났다. 가장 유치한 허영심을 만족시키는 것, 그것이야 말로 대토지 소유자들의 유일한 동기였다. 소작농민들도 자신들의 이익이라는 관점에서 행동한 것에 지나지 않았다. 전자의 어리석음과 후자의 근면함이 불러일으킨 그 위대한 혁명에 대해서는 전자도 후자도 미처 알지 못했다."

농민은 이렇게 독립했다. 그러나 당시 유럽에서는 장자상속법과 각종 영대(永代) 소유권이 대소유지의 분할을 방해하고, 토지시장에의 토지공급을 줄여 땅값 상승을 초래하고 있었다. 이런 현실이 "모든 개량자들 가운데 가장 근면하고 가장 총명하고 가장 성공하기 쉬운 사람들"인 소규모 토지 소유자의 광범위한 성립을 방해한다고 스미스는 말했다. 참고로 북아메리카 식민지에서는 누구나 토지를 쉽게 얻을 수 있다. 그래서 그곳에는 독립 자영농민이 많다. 이런 북아메리카 식민지가 빠르게 풍요로워지는 것을 예를 들어 유럽에도 평등한 분할상속을 도입해야 한다고 그는 생각했다.

하지만 유럽의 모든 나라 중에선 그래도 영국이 법률상 안정을 보장받고 있는 자영농민층이 가장 많고 농업개량사업에 가장 열성적이라고 말했다. 그리고 스미스는 영국농업의 발전이 '외국 무역의 자손으로서의 제조업'과는 다른 형태의 제조업을 이미 만들어내고 있다고 생각했다. 그는 이를 '농업의 자손으로서의 제조업'이라고 불렀다. 이러한 농촌공업은 리리, 헬리팩스, 셰필드, 버밍엄, 울버햄프턴 등에서 발전했다. 이들 지역은 뒷날 산업혁명의 중심도시가 된다.

〈길드, 도제법, 정주법에 대한 비판〉 토지의 장자상속제와 한정상속제가 농촌의 자연스러운 발달을 방해한다고 스미스가 지적하였다. 그가 말하는 자연스러운 발달이란 개인들이 사적인 동기에 의해, 제도에 의한 방해를 받음이 없이, 자유스럽게 경쟁하고 자유스럽게 활동하는 것을 의미한다. 그런데 당시 자연스러운 발달을 저해하는 것 가운데는 동업조합(길드), 도제법, 정주법도 포함된다. 동업조합이 확립되어 있는 도시에서는, 직업을 얻으려면 우선 정규자격을 가진 스승 밑에서 도제(徒弟)로서 일해야 했다.

그것이 직업적으로 독립할 자격을 얻기 위한 필수조건이었다. 또 동업조합은 스승 한 사람이 거느릴 수 있는 도제의 수나, 도제로서 일하는 기간 등을 규제했다. 예컨대 셰필드의 칼 제조인은 한 번에 한 명의 제자밖에 둘 수 없었으며, 노리치의 직물공도 기껏해야 두 명밖에 못 두었다. 게다가 도제 기간은 보통 7년이었다. 동업조합의 이 모든 규약들은 경쟁을 제한하여, 그 직업에 종사하는 사람의 수를 억제하는 효과를 지니고 있었다. 이에 관해 스미스는 "도제 수의 제한은 그것을 직접적으로 억제한다. 긴 도제 기간은 교육비를 증대시킴으로써 그것을 간접적으로, 그러나 충분히 효과적으로 억제한다"고 말했다.

도제법(1563년 제정)은 그때까지 존재하던 개별적 동업조합의 규약들을 일반법의 형태로 만든 것이었다. 스미스는 이 같은 제도를 부정적으로 보았다. 그 직업을 보다 잘 관리하기 위해서는 동업조합이 필요하다는 의견도 있었다. 이에 대해 스미스는 다음처럼 반박했다. "직인을 효과적으로 단련해 주는 것은 고객들이다. 직인들에게 배타적 특권을 주어서는 안 된다. 그들이 믿을 것이라곤 오직 자신에 대한 평판뿐이어야만 한다."

그리고 스미스는 동업조합의 배타적 특권을, 모든 인간이 자신의 노동력에 대해 가지고 있는 소유권을 침해하는 특권이라고 비판했다. "우리는 각자 자신의 노동에 대한 소유권을 가지고 있다. 이것은 다른 모든 소유권의 본원이자 가장 신성하고 불가침한 기초이다. 가난한 사람이 가지고 있는 세습 재산은 그들의 가업(家業) 기술이다. 그는 누구를 방해하는 일 없이 자신이 적당하다고 생각하는 방법으로 이 기술을 사용할 수 있어야 한다. 이 행위를 방해하는 것은 가장 신성한 소유권에 대한 명백한 침해이다."

게다가 영국에는 노동자의 자유로운 이동을 방해하는 정주법(定住法)이 있다. 이것은 교구(教區)가 빈민구제를 책임진다는 영국구빈법 체계의 일환으로서 1603년 엘리자베드 구빈법 이래 몇 번이나 변하면서 18세기까지 이어졌다. 그런데 빈민구제 비용은 교구민이 부담하므로 어느 교구도 다른 교구에서 빈민이 이주해 오는 것을 좋아하지 않았다. 빈민이 다른 교구로 이주하려면 현재 살고 있는 교구의 교구위원과 빈민감독관이 서명하고 치안판사가 승인한 증명서를 가지고 있어야 했다. 하지만 증명서를 발행한 교구는 그 빈민의 이주비를 부담해야 했기 때문에 그들은 쉽게 증명서를 발행하지 않았다. 증명서 없이 이주한 사람은 추방당해야만 했다.

스미스는 "비행을 저지른 적도 없는 사람을, 그가 살고자 하는 교구에서 추방한다는 것은 자연적 자유와 정의에 대한 명백한 침해"라고 말했다. 그래서 그는 동업조합의 배타적 특권을 타파하고 도제법과 정주법을 폐지해야 한다고 주장했다. "가난한 직인이 하나의 업종 혹은 한 장소에서만의 제한된 고용에서 벗어나, 다른 업종이나 다른 장소에서 고발 또는 추방의 두려움 없이 직업을 찾을 수 있어야 한다"고 스미스는 말했다.

〈수입억제책에 대한 비판〉 이것도 역시 중상주의에 대한 비판의 일환이 되겠으나 스미스는 수입억제책에 대해 다음과 같이 비판했다.

첫째로 높은 관세나 절대적 금지를 무기로 하여 수입을 억제하는 정책이 시행되면 관련 산업이 국내시장을 독점하게 되어 그 산업의 이윤이 높아진다. 이 정책에는 자본과 노동력을 인위적으로 끌어올리는 효과가 있기 때문이다. 그러나 사회의 총자본과 총노동을 증대시키지는 못하므로 쓸데없거나 유해한 규제이다. 이 정책이 국산품을 동종의 외제품만큼이나 싸게 만든다면 그것은 쓸데없는 규제다. 만약 이것이 외제품보다 더 비싸게 만든다면 유해하기까지 하다. 뭔가를 사는 것보다도 만드는 데에 더 많은 비용이 든다면, 어떤 가장(家長)이 그것을 만들려고 하겠는가?

두 번째, 수입억제책은 자국에 불리한 무역 차액을 가져다주는 특정 국가를 상대로 펼쳐진다. 즉 이 국가로부터 들어오는 거의 모든 재화의 수입에 특별제한을 더하는 것이다. 이것은 상대국의 보복을 초래한다. 당시 영국과 프랑스 사이에서는 공정한 거래가 거의 이루어지지 않고 밀무역만 횡행하고 있었다. 스미스는 이 억제책이 국민적 편견과 증오에서 비롯되었으며 그런 국민감정을 부채질까지 한다고 비판했다. "상업은 개개인 사이에서나 국민들 사이에서나 결합과 우호의 상징이 되어야 한다. 그러나 상업은 현재 불화와 증오의 최대 원인이 되고 말았다." 스미스는 자유무역으로 이행할 것을 촉구했으나, 이행에는 제조업자가 큰 타격을 받지 않도록 갑자기 도입해선 결코 안 되며 오랫동안 신중을 기해야 한다고 말했다.

〈수출장려책에 대한 비판〉 수출장려책에 대해 스미스는 "장려금의 지원 없이는 이루어질 수 없는 무역이라면, 손해보는 무역임에 틀림없다" 고 말했다. 그런데 영국에서는 공산품 수출장려금 제도보다 곡물수출 장려금제도가 먼저 실시되고 있었다. 농업을 중시하는 스미스의 관점에서 보면 이것은 좋은 정책이 아닐까? 스미스는 "노"(no)라고 하였다. 그 이유는 아래와 같다.

곡물수출장려금제도는 풍년에 수출을 장려함으로써 국내시장의 곡물 값을 높게 유지하며, 그래서 흉년의 곡물 부족을 완화할 수 있는 비축행위를 없애는 제도이다. 이 제도의 실시로 곡물 값은 비싸게 유지되고, 명목임금은 급등한다. 그런데 곡물 값도 화폐에 의한 명목가격이기 때문에, 곡물 값이 올라가면 화폐인 은(銀)의 가치는 떨어진다. 이는 일반적인 물가의 상승을 초래한다. 따라서 곡물의 명목가치가 아무리 높아져도 전보다 더 많은 노동을 유지할 수 있는 건 아니다. 따라서 장려금제도는 곡물재배 촉진이라는 목적을 달성할 수 없다. 이것이 스미스의 주장이다.

두 번째의 수출장려책은, 특정 외국과 통상을 맺고, 일반적으로는 수입을 억제하는 특정상품의 수입을, 그 조약체결국에 한해서만 인정을 하는 특례를 주고, 그 대신 그 조약 체결국에 이쪽의 상품도 많이 사가도록 하는 것이다. 스미스는 이러 조약이 결국 조약체결국 상공업자에게 독점권을 줌으로써 자국의 상공업자를 불리하게 만든다고 말했다.

세 번째의 수출장려책은 환세(還稅)이다. 이 정책만은 스미스도 긍정적으로 평가했다. 이것은 어떤 상품에 이미 부과했던 세금을 그 상품이 수출될 때 환불하는 제도이다. 이 정책은 특정사업에 대한 자본집중을 유발하지 않는다. 스미스는 이 정책이 사회의 모든 산업들 사이에서 자연스럽게 형성된 균형을 파괴하기는커녕, 오히려 '세금으로 인해 그 균형이 무너지는 일'을 막는다고 말했다.

이처럼 그는 환세를 제외한 모든 무역통제정책에 비판적이었다. 그것은 국내의 자연스러운 산업구조를 파괴한다. 또 그러한 정책 덕분에 다량의 귀금속이 국내로 흘러들어와 봤자 물가상승이 발생해 화폐가치가 하락하므로 귀금속은 자연스럽게 흘러나가 버린다. 누구도 그것을 붙잡을 수는 없다. 이러한 사고방식을 '화폐수량설'이라고 한다. 스미스의 자유무역론은 이러한 사고방식과 연결되어 있다.

〈식민지 정책에 대한 비판〉 아메리카 식민지에서 생산된 원자재들 중에서, 항해법이나 기타 법규에 열거되어 있는 상품은 영국에만 수출할 수 있었다. 설탕·담배·면화·쪽(藍) 등이 이에 해당했다. 그리고 식민지들에서 만들어진 완성품이나 정교한 제품에 대해서는 영국에서 수입을 못하도록 억제했고, 식민지에서 그 산업이 성장하는 일을 막으려고 했다. 이에 관해 스미스는 다음과 같이 개탄하였다.

"그들이 자신의 생산물들로부터 만들어 낼 수 있는 온갖 것을 만들지 말라고 금지하는 행위, 그들이 자신의 자본과 노동을 그들 자신에게 가장 유리하다고 판단한 방식대로 사용하는 일을 금지하는 행위, 이것은 인류의 가장 신성한 권리에 대한 명백한 침해이다."

그러나 스미스는 식민지에 대한 권리를 전면 포기하라는 제안은 하지 않았다. 그런 제안은 영국 국민의 긍지에 상처를 입힐 뿐만 아니라 영국정부가 받아들일 리도 없다고 생각했던 것이다. 그래서 스미스는 영국과 미국의 합방(合邦)이라는 방안을 내놓았다. 즉 식민지 사람들에게 본국 의회에 출석시킬 대표에 대한 선출권을 주고, 무역의 자유를 허락하는 대신, 그들로부터 세금을 거둬들이는 방안을 제안한 것이다. 그리고 스미스는 이 합방안이 실현되지 않을 경우, 영국은 아메리카 식민지로부터 과감히 손을 떼야만 한다고 주장했다.

〈국가의 역할〉 중상주의 정책과 제도를 제거하면 단순한 자연적 자유제도가 모습을 드러낼 것이라고 스미스는 말하고 그 모습을 이렇게 묘사했다. 즉 "이 제도 아래에서 개인은 정의의 법을 위반하지 않는 한, 자신의 이익을 자기 나름의 방법으로 추구하는 행위를 완전히 자유롭게 할 수 있다. 그리고 개인이 자신의 노동과 자본을 가지고 다른 어떤 사람이나 어느 계급의 사람들과 경쟁하는 일도 완전히 자유롭게 할 수 있다. 주권자는 개인의 경제활동을 감시해서 사회이익에 가장 적합한 방향으로 이끌어 가려고 하는 의무로부터 완전히 벗어나게 된다"고 하였다. 즉 개인의 경제활동에 대한 정부의 간섭은 배제된다는 것이었다.

이러한 자연적 자유제도 아래에서는 국가의 역할이 다음의 3가지로 한정된다. 즉 국방·사법·공공사업이 그것이다.

1) 국방에 대하여: 농경사회에서는 농부가 군인으로 출정을 하여도 수입에 큰 지장이 없었으므로 자신이 쓰게 되는 군사비용은 자담(自擔)할 수가 있었다. 그러나 상공업의 발달 등으로 직업이 분화되어, 일하는 장소를 떠나는 순간, 수입의 원천이 말라버리는 사람이 많아졌다. 그러므로 스미스는 군사비는 공비(公費)로 조달해야 한다고 말했다. 그리고 문명의 발달로 군사기술도 복잡하게 발전하여 군인도 하나의 사회적 분업을 담당한 자로서 존재해야 할 필요가 생겼다. 그런데 "군인이란 직업을 다른 직업으로부터 독립된 개별적인 특수직업으로 만들 수 있는 주체는, 오직 국가 뿐"이라고 하고, 상업사회에서는 상비군제도가 적당하다고 했다. 당시 상비군을 자유에 대한 위협이라고 보는 견해도 있었는데, 이에 대해 스미스는 이렇게 반박했다. "주권자 스스로가 장군이고, 그 나라 귀족이나 지방명사가 군대의 핵심장교인 경우를 생각해 보라. 이들은 정치적 권위의 가장 큰 수혜자들이다. 그러므로 최대의 이익을 얻기 위해 그 권위를 유지하려 할 것이다. 이런 사람들이 군사력을 지배한다면, 상비군은 결코 자유에 대한 위협이 될 수 없다."

2) 사법에 대하여: 스미스는 "재판의 공평한 운영이야말로 각 개인의 자유를 보장하며 개인에게 자신은 안전하다는 느낌을 준다"고 말했으며 그러기 위해서는 사법권을 행정권으로부터 분리할 뿐만 아니라 독립시켜야 한다고 주장했다. "행정권의 변덕 때문에 재판관이 어떤 직무에서 제외되어 버릴 위험이 존재해서는 안 된다. 재판관의 봉급은 올바르게 지불되어야 한다. 이것이 행정권의 호의(好意)나 경영능력에 좌우되어서는 안 된다." 이처럼 스미스는 사법권의 재정적 독립을 강조했다. 그에 의하면 재판관의 보수를 비롯한 모든 재판비용은 법정수수료로 마련할 수 있다. 그는 법정수수료의 바람직한 방법도 제시하고 있다. 사람들은 규칙으로 정해진 법정수수료를 각 소송의 일정한 시기에 회계사에게 납부하고, 회계사는 그것을 정해진 비율에 따라 각 재판관에게 배분하되 결심(結審) 때까지는 재판관에게 지불하지 않는 것이다. 이 경우 법정수수료는 자극

제 역할을 하여 법정이 사안(事案)을 열심히 심의하고 결정하도록 돕는다.

3) 공공사업에 대하여: 공공사업으로 공공시설의 조성과 보통교육의 진흥 등 2가지를 들었다.

첫째, 공공시설의 조성은 도로·다리·운하·항구 등의 건설·유지를 뜻한다. 이런 사업들은 "사회의 일반인들에게는 어떤 부담도 지우지 않으면서 그 자체가 스스로 경비를 마련한다"고 스미스는 말한다. 이것들은 운영하면서 충분한 수입을 올릴 수 있다는 것이다. 예를 들어 도로·다리·운하는 그 시설을 이용하는 마차와 선박에 소액의 통행세를 부과함으로써 건설도 유지도 가능하다. 이 경우 사치스런 마차에 부과하는 통행세가 '짐마차'의 통행세보다 높게 매겨지면, 그 나라의 재화운송비가 저렴해질 것이다. 스미스는 이렇게도 말했다. "그 사업 자체에서 나오는 수입 이외의 돈으로 공공시설을 할 경우, 수송할 재화도 거의 없는 시골에 그저 정치가의 별장이 있다는 이유로 도로가 만들어질 수가 있다"고 하였다. 스미스는 이처럼 공도(公道) 등은 통행료와 같은 수수료로 건설·유지가 가능하며, 정부가 이를 책임지고 관리해야 한다고 주장했다. 그리고 런던의 도로 포장이나 조명 등의 설치처럼 특정 지역에만 편의를 제공하는 사업에 관해서는 지방행정기관에 맡기는 것이 좋겠다고 지방분권의 사고방식을 도입하였다.

둘째, 교육의 진흥과 관련하여 먼저 대학경비는 수업료로 충당할 것을 제안하였다. 스미스는 대학이 공적수입이나 기부재산에 전면적으로 의지하는 일을 반대했다. 그러면 옥스퍼드의 경우처럼 교수들이 게을러진다는 것이었다. 스미스는 한편 교수를 교회나 정부장관 등과 같은 외부 권위에 굴복하게 만드는 일에도 반대했다. 그는 교육기관의 자치를 옹호하고 동시에 교육기관이 타성에 젖는 일을 막기 위해 경쟁원리를 도입해야 한다고 말했다 그래서 학생이 내는 청강료에 따라 교수의 급여를 지급해야 한다고 주장했다. "교사들이 그 의무를 다하는 동안에는 대부분의 학생들도 그 의무를 게을리하지 않는다. 12~13세가 넘은 학생들에게는 구속이 필요 없다. 학생들이 지도교수와 기사(技士)를 자유롭게 선택할 수 있어야 한다. 교사가 그 의무를 다하는 한, 강제나 구속은 교육의 어떤 부분을 수행하는 데에도 필요가 없다." 당시 대학교육은 중류 이상의 사람들이 주로 받았으므로 그 비용은 학생의 수업료에서 마련할 수 있었다.

그러나 민중을 위한 보통교육은 그렇게 할 수 없었다. 노동자의 경우에는 아이에게 초등교육조차 받게 할 여유가 없고 아이들은 일찍부터 자신의 식비를 벌어야 했다. 「국부론」 제1편에서 분업의 효율성을 강조했던 스미스는 제5편에서 민중교육을 다루면서 분업의 유해성을 문제삼았다. 분업으로 인해 노동자는 한 가지밖에 할 줄 모르는 어리석고 무식한 인간이 되며, 분업으로 일하기가 쉬워짐으로써 어린이를 일찍부터 노동현장으로 내몬다고 개탄하였다. 그는 분업의 유해한 영향을 교육으로써 방지하고자 했다.

"교육의 가장 기본적인 부분인 읽기·쓰기·계산은 생애의 매우 빠른 시기에 터득할 수 있는 것으로, 최하위 직업에 종사하는 사람들까지도 대개 그것을 배울 시간은 가지고 있다." 따라서 국가는 각 교구, 지구에 학교를 설립하고 싼 수업료로 교육을 제공해야 한다고 주장했다.

스미스의 이 주장은 가장 먼저 등장한 '의무교육론'일 것이다. 스미스는 민중이 사려깊은 민중으로 성장하는 데에 필요한 최소한의 교육을 보장하라고 국가에 요구했다. 스미스는 민중이 교육을 받으면 받을수록 열광이나 미신에 사로잡히는 일이 적어지고, 당파나 반동세력의 의도를 간파하는 힘이 커지고, 질서를 중시하는 성향이 강해진다고 말했다. 제1편 총괄에서 나오는 노동자는 공공의 이익과 자신의 이익이 어떤 관계인지조차 이해하지 못하는 판단력이 없는 노동자였다. 스미스는 그들이 판단력을 갖춘 민중으로 성장할 것을 바랐던 것이다.

〈국교회 제도에 대한 비판〉 스미스는 종교의 자유화에도 관심을 기울였다. 그는 대담하게도 국가와 교회가 결착되어 있는 국교회제도에 반대하고, 정교(政敎) 분리를 내세웠으며, 성직자들의 자유경쟁을 주장했다. 정치가 종교와 손을 끊으면 작은 종파들이 난립할 것이며, 이것이 교회의 자유를 가져올 것으로 예상하였다. 작은 종파들로 난립하면 성직자들은 신자를 끌어들이려고 경쟁하는 과정에서 그들의 교의(敎義)도 부조리나 기만이나 광신으로부터 벗어나 자유를 얻을 것이며, '단순하고 합리적인 종교'가 탄생할 것이라고 하였다.

스미스는 과학과 철학은 '열광과 광신을 씻어주는 해독제'라 말하고 과학과 철학을 열심히 하자고 제안하였다. 그리고 "타인에 대한 중상이나 음란 수준에까지 가지 않는 한, 사람들에게 대중오락을 즐길 자유를 주어야 한다"고 주장했다. 이것은 종교적 광신과 열광으로 인한 음침한 분위기를 해소시키자는 취지였다.

〈조세의 4원칙〉 국방·사법·공공사업과 여기에 주권자의 권위를 보호하기 위한 비용을 더한 것이 국가의 경비이다. 이 경비는 어떻게 조달할 것인가?

이미 보았듯이 사법비는 법정수수료, 공공시설비는 통행료, 고등교육은 수업료 등의 징수로 꽤 많은 부분이 조달된다. 따라서 이것들을 제외한 나머지 경비는 국가수입을 통해 마련되어야 한다.

국가가 수입을 얻는 방법으로서 하나는 독자적인 수입원을 가지거나 다른 하나는 조세이다. 그러나 국가가 사업을 직접 경영하여 독자적 수입을 얻는 방법은 불안정하고 지대수입은 안정적이지만, 공유지보다는 사유지가 더 빨리 개량되므로 공유지는 차라리 공매에 붙이는 게 낫다. 따라서 스미스가 국가의 수입으로 생각한 것은 조세였다.

스미스는 4가지 조세원칙을 확립하였다. (1) 개인 수입에 비례하는 세금이라는 '공평의 원칙'(proportionality), (2) 납세금액, 납세시기, 방법, 납세처 등이 명확해야 하는 '명확성의 원칙'(transparency), (3) 납세자의 형편에 맞는 시기와 방법으로 징수되어야 한다는 '편의의 원칙'(convenience), (4) 징수에 들어가는 비용을 최소한으로 줄이는 '효율성의 원칙'(efficiency)이다.

스미스는 임금과 이윤에 대한 과세를 부적당한 것으로 보았으며, 지대에 대한 과세가 가장 바람직하다고 말했다. 임금에 대한 과세는 임금을 올리게 하며, 이때 자본가는 상품가격을 올려 그 임금분을 마련하므로 결국은 소비자가 부담을 지게 된다. 이윤에 대한 과세는, '자본가는 세계시민'이므로 이 경우에는 자본의 국외도피 현상이 일어날지도 모른다. 지대에 대한 과세는 지대의 크기에 비례한 세금이 가장 공평하므로 국가의 기본법으로서 적당하다는 것이다. 지주들은 부자들이므로 부자들은 국가에 의해 보호되고 있는 그들의 재산으로부터 나오는 수입의 일부를 국가에 납부하는 것이 옳다고 말했다. 스미스는 또한 부자들의 주된 지출인 사치품과 호화품에 대한 과세를 주장하고 대저택 같은 것에 중과세를 하여야 한다고 했다. 그는 이와 같은 불평등 과세는 불합리한 것이라 할 수 없다고 하였다. 그는 부자들이 그들의 수입에 비례해서뿐만 아니라 비례 이상으로 공공비용을 부담하는 것은 전혀 불합리한 것이 아니라고 주장하였다. 스미스는 누진세의 사고방식을 도입한 것이었다.

〈공채에 의한 전쟁〉 스미스는 영국이 공채를 발행하여 아메리카 식민 전쟁을 수행하고 있는 데 대해 반대를 하였다.

전쟁의 비용을 세금으로 조달한다면 국민들은 그 부담을 금세 깨닫고 전쟁에 대한 태도를 결정할 것이다. 하지만 공채의 발행으로 전비(戰費)를 충당할 때에는 국민들은 그것을 못 느끼고 오히려 전쟁으로 얻을 헛된 희망을 꿈꾸며 전쟁을 즐기는 경향이 있다고 스미스는 말했다.

영국에서는 18세기 초 조지 1세(George Ⅰ) 시대에는 이미 영구공채(永久公債) 관행이 뿌리를 내리고 있었다. 영구공채란 국민이 매입한 공채에 대하여 정부는 정기적으로 이자만 지급하고 일정기간에 원금을 상환할 의무가 없는 정부발행공채를 말한다. 정부는 공채에 대한 이자 부분만큼만 증세(增稅)를 하면 되기 때문에 국민들은 큰 부담을 느끼지 아니한다.

스미스는 공채로 국민의 화폐를 끌어모아 전쟁비용을 충당하는 것은 위험한 일이라고 지적했다. 국가가 전쟁비용을 조세로 조달하는 한 과세대상은 지대와 사치품이기 때문에, 애초부터 지주나 부자에 의해 비생산적으로 사용되던 비용이 전쟁이라는 다른 비생산적인 용도로 쓰일 뿐이다. 그러나 공채는 생산적인 부분에 투자될 수 있었던 화폐자본을 흡수해서 전쟁이라는 사회적 낭비에 쏟아부어 버린다. 게다가 공채가 누적될수록 증세(增稅)의 움직임이 서서히 일어난다.

사태가 이대로 진행되면 국가는 파산한다. 그런 파멸의 길을 회피하려면 공공수입을 대폭으로 늘려야 한다. 그러기 위해서는 미국식민지 및 아일랜드와 합방(合邦)해서 현행 세금제도를 제국의 전역으로 확대하는 것이 좋다고 스미스는 말했다. 합방을 통해 아메리카 거주민에게 제국 유지비를 공동으로 부담시키지 않는다면, 남은 길은 경비를 대폭 줄이는 것뿐이다. 그러려면 식민지를 방치(독립승인)할 수밖에 없다. 파멸의 길을 회피하는 방법은 식민지를 합방하느냐 방치하느냐, 이 두 가지뿐이다. "지금이 그 결단을 내릴 때"라고 스미스는 위정자에게 호소하면서 「국부론」을 끝맺었다.

제 16 장

미국독립·프랑스혁명·산업혁명

앞장에서 본 바와 같이 계몽사상은 개인의 자유와 권리를 요구하였으며 이러한 사상의 배경에는 새로이 성장한 시민계급이 있었다. 계몽사상과 시민계급은 18세기 후반 정치적으로는 미국의 독립과 프랑스의 대혁명을 초래시켰으며, 사회경제적으로는 과학·기술의 발달에 의거하여 같은 시기에 산업혁명을 가져왔다. 이로써 인류역사는 자유주의시대를 열었다.

미국의 독립혁명

영국과 아메리카 식민지 사이에 갈등이 야기된 직접적 동기는 영국이 7년전쟁으로 말미암은 재정위기를 타개하고 그 부담을 공유하기 위하여 식민지에 몇 가지 새로운 세금을 부과한 데에 있었다. 7년전쟁이 끝난 1763년 이전까지는 아메리카 식민지에 대한 영국의 '유익한 태만' 정책에 의해 미국식민지 주민들은 광범한 자치권을 향유하며 자유롭게 부를 증식해 왔었는데 영국의 식민지정책이 엄격한 중상주의로 바뀌면서 새로운 세금까지 부과하였던 것이다.

1764년 영국정부는 설탕법을 제정하여, 식민지가 설탕·포도주·커피·직물을 수입할 경우, 이에 대하여 관세를 부과하려고 하였다. 또한 1765

년에는 인지세법을 제정하여 증권·은행권·법정문서·신문·팸플릿·광고, 심지어는 학생들의 학위증에까지 인지를 붙이도록 하였다. 그리고 1767년의 타운센트법을 통하여 유리·납·차·종이·페인트의 수입에 대하여 관세를 부과하려 하였다. 이러한 법들은 모두 영국정부가 세입을 늘리기 위해 제정한 것이었다.

새로운 세금의 부과에 대해 식민지인들은 크게 반발하였다. 그들은 런던에 있는 본국 의회에 대표를 보낸 적이 없음을 상기시키면서 '대표 없는 과세는 없다'는 원리를 표명하였다. 식민지들은 납세거부운동과 더불어 본국상품 불매운동까지 전개하였다. 식민지인들의 저항은 1773년 12월의 '보스턴 차 투수(茶 投水) 사건'으로 절정에 달했다. 그것은 식민지의 과격파가 보스턴 항에 정박중인 3척의 영국 선박에 올라가 거기에 실려 있던 차를 전부 바다에 던져버린 사건이었다.

이 사건에 대한 영국정부의 태도는 강경하였다. 영국정부는 매사추세츠를 응징하여 다른 식민지에 경종을 울리려고 하였다. 보스턴 항구를 폐쇄시키고 범행자들에게 가혹한 처벌을 내리기 위해 영국 본토나 다른 식민지로 신병을 옮겨 재판을 받도록 법을 강화하였다. 그리고 매사추세츠의 자치를 실질적으로 무효화하여 종래 식민지의회의 하원이 선출하던 상원의원들을 국왕이 직접 임명하도록 하였다. 이에 대해 식민지의 13개 주들은 공동으로 대처하기 위하여 1774년 그들의 대표를 필라델피아에 보내 대륙회의를 열게 하였다.

그 뒤 영국정부와 식민지간의 관계는 1775년 4월부터 무력충돌로 발전하였다. 매사추세츠의 렉싱턴과 콩코드에서 영국군과 식민지 민병대 사이에 처음 충돌이 일어나면서 식민지는 완전히 반란상태에 들어갔다. 식민지는 버지니아 출신의 조지 워싱턴(George Washington, Feb.22, 1732～Dec.4, 1799, 재임: 1789～1797)을 사령관으로 하는 대륙군을 창설하여 영국군에 대항하였다. 이때 계몽사상가로서 영국에서 건너온 지 얼마 안 되는 토머스 페인(Thomas Paine, 1737～1809)이 「상식」(Common Sense, 1776)이라는 작은 책자를 출판하여 식민지인들의 목표를 독립으로 설정토록 하는 데 결정적인 역할을 하였다(후술).

마침내 1776년 식민지 대표들이 다시 필라델피아에 모여 7월 4일 영국으로부터의 독립을 선언하였다. 제퍼슨(Thomas Jefferson, 1743~1826)이 기초한 독립선언서의 문체와 사상은 매우 간결하였다. 그것은 로크나 몽테스키외 등 유럽 계몽주의자들의 철학을 당시의 미국의 상황에 적용시킨 것이었다.

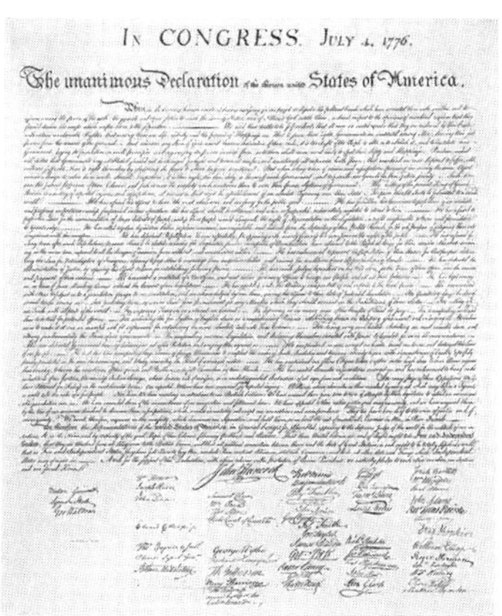
IN CONGRESS. JULY 4, 1776.
The unanimous Declaration of the thirteen united States of America.

미국독립선언서

독립선언서는 18세기의 지적 구조로서는 최고의 권위를 지녔던 자연법사상에 기초를 두었다. 모든 사람은 평등하게 창조되었고 그들은 양도할 수 없는 천부의 권리, 즉 생명·자유·행복을 추구할 권리를 부여받았다고 주장하였다. 이 독립선언서의 정신은 그후 미국의 헌법 속에 잘 구현되었다. 또한 독립선언서는 이러한 자연적 권리들을 지키기 위하여 정부가 세워지는 것이라고 강조하고 정부가 그와 같은 목적을 제대로 수행하지 못하면 인민은 그 정부를 폐지하고 새로운 정부를 세울 수 있는 권리를 가진다고 주장하였다.

식민지인들은 독립전쟁의 수행 과정에서 통일정부의 결여, 자금 부족, 병력의 훈련 및 충원의 부족 등으로 어려움을 겪었으나, 외세의 유리한 개입으로 도움을 받았다. 영국과 오랜 적대관계에 있던 프랑스와 스페인은 병력을 파견하고 자금을 제공해 주었으며 영국의 패권을 두려워한 러시아·덴마크·스웨덴·네덜란드·프로이센·오스트리아·포르투갈 등은 무장중립동맹을 맺어 식민지에 우호적인 태도를 보였다. 마침내 1781년 9월 대륙군은 프랑스군의 도움을 얻어 버지니아의 요크타운에서 영국군에 대해 마지막 승리를 거두었다. 그리하여 1783년 9월 파리조약이 체결되어 영국은 아메리카의 독립을 승인하였다.

이 결과로 독립된 13개 주(州)는 13개 공화국이 되고 이들은 처음에는 공동의 관심사를 협의하기 위하여 결속력이 느슨한 연합체(confederation)

를 형성하였다. 이들 신생국들은 그들이 경제적·사회적·군사적으로 상당한 취약점에 당면해 있음을 알았다. 독립전쟁 당시 남발한 지폐와 채권 때문에 인플레이션이 심했으며 독립 후의 경제적 혼란과 불경기로 인하여 계급투쟁의 성격을 띤 사회적 갈등이 노정되고 있었다. 영국은 오대호 남쪽 지방에 군대를 계속 주둔시키고 있었으며 남부에서는 스페인군이 미국인들의 미시시피강 통행을 방해하고 있었다. 이 같은 어려운 상황에서 미국인들은 강력하고 통일된 국민국가의 필요성을 절실히 느끼게 되었다. 그리하여 각 공화국 내의 보수적 지도층을 중심으로 통일적인 중앙정부수립의 가능성이 검토되었다.

그 결과 1787년 5월 필라델피아에서 중앙정부의 수립을 가져올 헌법을 제정하기 위한 제헌회의가 열렸다. 제헌회의는 헌법제정의 기본원칙으로 다음의 셋을 정하였다. 첫째 중앙정부는 각 공화국의 간섭없이 독자적으로 행동할 수 있고, 그 뜻을 개인들에게 직접적으로 행사할 수 있는 힘을 가져야 하며, 둘째 정부권력을 입법·사법·행정으로 나누어 세 개의 동등한 기관에 분배하고, 서로 견제와 균형을 취해야 하며, 셋째 공화국들을 중앙정부에 통합시키면서 동시에 공화국은 이전부터 맡고 있던 권한과 독립성의 일부를 보유하도록 허용하는 연방주의 형태를 취해야 한다는 점을 정하였다.

마침내 1787년 7월 통일국가인 미국을 수립하기 위한 연방헌법을 채택하였다. 1789년 초에 선거가 실시되어 연방의회가 구성되었으며 조지 워싱턴(George Washington, 1732~1799, 재임: 1789~1797)이 각 주에서 선출된 선거인들에 의해 초대 대통령으로 선출되었다. 새로운 공화국은 연방 우위의 원리를 실천해 나갔다.

조지 워싱턴

이것은 재무장관 해밀턴(Alexander Hamilton)의 영향력이 크게 작용한 것이었다. 그는 연방정부가 경제에서 강력한 역할을 행사해야 한다고 생각했으며 미국의 장래는 농업보다 상공업의 진흥에 있다고 보고 연방정부가 기업가들을 지원해야 한다고 강조하였다. 그는 우선 국가의 신용을 확립하기 위하여 독립전쟁중에 발생한 모든 채무를 연방정부가 인수하였고, 기업활동에 자금을 대여해 주기 위해 미국은행(Bank of America)을 설립하였으며, 세입증대를 위하여 각종 물품세를 부과하였다. 이러한 해밀턴의 중앙집권적인 정책에 대해 농민세력과 농업지대인 남부는 크게 반발하였다. 제퍼슨을 지도자로 하는 이들 지방분권세력은 연방 기능의 약화와 지방자치의 강화를 주장하였다. 그리하여 해밀턴을 중심으로 하는 '연방파'와 제퍼슨 중심의 '공화파'로 두 개의 정치집단이 형성되었다. 양 정파는 미국정부의 정책을 둘러싼 대립에도 불구하고 미국의 공화주의적 정체(政體)에 대해서는 아무런 의견 차이를 보이지 않았다. 그리하여 미국은 그 정체를 계속 유지하는 데 성공하였다.

토머스 페인의 「상식」

「상식」(Common Sense)은 토머스 페인(Thomas Paine, 1737~1809)이 쓴 49쪽짜리 팸플릿이다. 미국의 독립혁명기간중인 1776년 1월 10일 "한 영국인이 씀"이라고만 사인이 된 익명으로 첫 출판이 되었다. 페인은 2년 전에 영국으로부터 이민을 온 사람이었다. 이 소책자는 출판 즉시 성공을 거두어 그 당시까지의 미국 역사상 최대의 부수가 팔렸고 가장 크게 배포되었다. 당시 미국이 독립을 해야 할 것인가의 여부에 대해 아직까지는 미정인 상황에서 이 「상식」은 미국식민지 주민에게 영국의 지배로부터 독립을 해야 한다는 강력한 주장을 전달하였다. 페인은 문체와 논리에서 그 당시 계몽주의 문필가들이 흔히 이용하던 철학이나 고전의 인용을 삼가고 그 대신 일반인들이 이해할 수 있도록 간결하고도 쉽게 썼다. 페인은 「상식」을 일반인에 익숙한 성경구절을 인용해 가면서 설교체로 구성하였다. 출간 첫 석달 동안에 12만 부가 팔렸고 첫 일년 동안에 25판을 거듭하면서 50

만 부가 팔렸다. 당시 미식민지의 자유민의 총 수요가 2백만 명이었다. 페인은 「상식」에서 들어온 인세(印稅)를 다음과 같은 쪽지글과 함께 조지 워싱턴의 대륙군에 기증하였다.

토머스 페인

> "억압받는 한 사람으로서 저의 바람은 정의롭고 선한 일에 조력하는 것입니다. 작가의 일상적인 수입까지를 제가 거부하는 것은 그 일의 영광을 더 크게 하려는 생각에서입니다."

「상식」은 모두 4편으로 되어 있다. 제1편에서 페인은 사회와 정부를 구별하고, '자연적인 자유'(natural liberty)의 상태에서 사회와 정부의 관계를 논하였다. 정부가 없이 자연 가운데서 살던 사람들은 따로 떨어져 사는 것보다는 함께 사는 것이 더 편하다는 것을 발견하고는 사회를 창조하였다. 사회가 성장함에 따라 문제들이 발생하였고 그래서 모든 사람들이 모여 문제를 완화시키기 위해 규정들을 만들었다. 사회가 계속 성장함에 따라 규정을 강제할 정부가 꼭 필요하게 되었다. 규정들은 오랜 기간에 걸쳐 법률로 바뀌었다. 너무 사람들이 많아졌으므로 그들이 법을 만들기 위해 한 장소에 모두가 다 모일 수는 없었다. 그래서 그들은 선거를 하기 시작하였다. 페인은 선거가 정부와 사회와의 사이에 최적의 균형이라고 주장했다. 그리고 그 다음으로 그는 영국의 헌법에 대해 비판을 가했다. 그는 영국헌법에는 두 가지 전제(專制) 정치가 들어 있다고 지적하였다. 즉 단지 상속에 의할 뿐 인민을 위해서는 아무 것도 기여함이 없는 왕과 귀족이 자행할 수 있는 군주전제정치와 귀족전제정치가 그것이다.

제2편에서, 페인은 성경적 관점과 역사적 관점에서 군주제를 비판하였다 그는 만인은 평등하게 창조되었으므로 왕들과 백성들을 구별하는 것은 잘못이라고 주장하였다. 그리고 그는 과거에 왕들이 야기시킨 문제

들을 고찰하였다.

> "영국에서 한 왕은 전쟁을 일으켜서 땅을 빼앗긴 것 이외에는 아무 것도 한 일이 없었다. 그는 나라를 가난하게 했을 뿐이다. 하나님의 눈으로 볼 때 정직한 한 사람이 왕관을 쓴 악한들 모두보다 사회를 위해서 훨씬 더 가치가 있다."

페인은 또한 존 로크에 의해 개발된 '혼합형태'의 정부인 입헌군주제를 비판하였다. 입헌군주제는 정부의 권력을 법률제정권을 갖는 의회와 법률집행권을 갖는 왕에게 분리시키는 것으로서 로크는 입헌군주제야말로 쉽사리 전제정치가 될 수 없도록 왕권을 충분히 제한하는 제도라고 하였다. 그러나 페인은 그러한 제한으로는 불충분하다고 주장하였다. '혼합형태'에서는 왕이 그에게 부과된 제한을 실제적으로는 쉽게 초월하여 권력을 자기 손에 집중시켜 버릴 것이다. 페인은 혼합형태의 정부를 지지하는 자들이 군주의 권력을 위험스러운 것으로 인식하고 있다면, 왜 그들은 도대체 그들의 정부체계 안에 군주를 포함시켜야 하는 것인지 의문을 제기하였다.

제3편에서, 페인은 영국과 미국식민지 사이의 적대관계를 언급한 후 미국식민지가 취할 최선의 행동은 독립이라고 주장하였다. 페인은 미국의 대헌장으로서(as an America Magna Carta) 대륙헌장(Continental Charter)을 제정할 것을 제안하였다. 각 식민지(州)에서 7명씩의 대표들을 선출·파견하여 대륙회의(Continental Conference)를 구성하고, 이 대륙회의에서 대륙헌장을 초안할 것을 덧붙였다. 대륙헌장은 "만인에게 자유와 재산 그리고··· 종교의 자유"를 보장하고 의회중심형태인 새로운 국민국가의 건설을 규정할 것이었다.

토머스 페인은 다음과 같은 방식으로 의회가 창설되어야 할 것이라고 제안하였다. 즉 각 식민지를 구(區, district)로 나누고, 각 구(區)에서 적당한 수의 대표를 의회에 보내되 각 주(州)에서 합산한 대표가 최소한 30명이 되도록 하여 의회에 모인 대표자의 총수가 최소한 390명이어야 한다. 의회는 매년 소집되며, 전체 회의에서 대통령을 선출한다. 대통령의 선출과 법률안의 통과에는 의회 재력수의 5분의 3 이상의 찬성을 요한다.

제4편에서 페인은 독립전쟁에서 식민지군이 군사적인 승리를 거두게 될 것이라고 전망하고, 미국에서 대량으로 생산되는 고무를 이용하여 선박을 건조하여 급속히 영국의 해군에 맞설 수 있는 해군을 창설할 것을 주장하였다.

페인은 제3편에서 독립을 주장할 때 다음과 같은 말로서 영국의 지배에 반대를 하였다.

- 일개 섬이 대륙을 지배한다는 것은 말이 안 된다.
- 미국은 '영국의 나라'가 될 수 없다. 미국은 전 유럽으로부터의 사람들과 영향으로 구성되어 있다.
- 설령 영국이 미국의 '어머니 나라'라고 하더라도 자기 자식에게 그토록 잔인하게 상처를 입히는 무서운 어머니는 없을 것이다.
- 미국은 영국의 일부로서 불필요한 유럽의 전쟁에 끌어들이려고 하면서도, 미국이 잘 해 온 국제무역으로부터는 미국을 배제시키고 있다.
- 영국이 통치하기에는 두 나라 사이의 거리가 너무 멀다. 잘못된 일에 대해 영국의회에 청원을 낼 경우에 그 회답을 받으려면 1년이 넘게 걸릴 것이다.
- 신세계(미대륙)는 종교개혁 직전에 발견되었다. 청교도들은 하나님께서 그들에게 영국 지배의 압제로부터 도망칠 수 있는 피난처를 주기를 원하셨다고 믿고 있다.
- 영국은 그들 자신만의 이익을 위해 식민지를 통치하고 있으며, 식민지 백성의 이익은 전혀 고려하지 않고 있다.

역사가인 우드(Gordon S. Wood)는 「상식」을 평가하여 "독립혁명의 전 기간을 통하여 가장 선동적이고 가장 인기있는 팸플릿이었다"고 말하였다.

프랑스혁명

프랑스혁명(The French Revolution, 1789～1799)은 프랑스와 유럽의 역사에서 발생한 과격한 사회적·정치적 봉기였다. 수백 년 동안 프랑스를 통치해 온 절대군주제는 3년 안에 붕괴해버렸다.

프랑스 사회는 거리에 나선 자유주의적인 정치집단과 대중으로부터 끈질긴 공격을 받아 중세적·귀족적·종교적 특권들이 증발해 버림에 따라 서사시적인 변화에 들어갔다. 신분질서와 전통에 대한 옛 관념들은 시민권과 양여할 수 없는 천부의 권리라는 새로운 계몽주의의 원리 앞에 굴복을 하였다.

프랑스혁명은 1789년 5월 삼부회의가 소집됨에 따라 시작되었다. 혁명의 첫해에 제3 신분의 의원들이 6월 테니스코트의 선언을 발표하였고, 7월에는 파리 시민들이 바스티유(Bastille) 요새를 쳐들어갔으며, 8월에는 「인간과 시민의 권리 선언」을 통과시켰고, 10월에는 파리 여성들이 베르

국민의회에 의한 테니스코트 선언

사유를 향한 행진을 벌여 왕실을 파리로 옮기도록 하였다. 그 다음 2~3년은 개혁을 추진하는 자유주의적인 각종 회합과 개혁을 좌절시키는 보수적인 군주제 사이의 긴장으로 점철되었다. 1792년 9월 공화정이 선포되고 그 이듬해에 루이 16세가 처형되었다. 외부적인 위협 또한 혁명의 전개에 결정적인 역할을 하였다. 1792년에 발발한 프랑스혁명 전쟁은 프랑스의 찬란한 승리로 끝을 맺었다. 전쟁에서 프랑스는 이태리 반도와 저지대 국가들과 라인강 서쪽 영토를 점령하였다. 이러한 성취는 수세기 동안의 지난 프랑스 정부들을 무색하게 만들었다.

국내적으로는 대중의 감정이 혁명을 현저하게 과격화시켰다. 1793년부터 1794년까지의 공포정치(the Reign of Terror)로 그 과격함이 절정에 이르렀으며, 이 기간에 1만 6천 명 내지 4만 명이 목이 잘려 죽었다. 로베스피에르(Robespierre)와 자코뱅(Jacobins) 당이 몰락한 후, 1795년 집정관 정부가 집권하여 1799년까지 권력을 유지하였다가 보나파르트 나폴레옹(Napoleon Bonaparte)의 통령(Consulate) 정부로 대체되었다.

현대는 프랑스혁명의 그늘에서 태어났다. 공화제의 성장, 자유민주주의, 세속주의의 보급, 현대 이데올로기의 발전, 전면전쟁 등은 모두가 혁명 과정에서 태어난 것들이다. 프랑스혁명의 배경과 경과를 좀더 구체적으로 들여다보면 다음과 같다.

프랑스혁명의 원인들 중의 하나는 구 체제가 가진 실상(實相)에 있었다. 경제적 요인으로서는 수년간의 흉작 이후 빵값의 앙등으로(보통 4파운드짜리 빵 덩어리 하나에 8소스하던 것이 1789년 말에는 12소스로 올랐다) 인해서 빈곤층의 기아와 영양실조가 그 하나이다. 게다가 농촌 지역으로부터 대규모 인구집중 지역으로 식료품을 실어 나르는 수송체계의 난맥상은 식품부족과 빵값 앙등의 사정을 더욱 악화시켰다. 또 다른 원인은 전임 왕들에 의한 많은 전쟁과 함께 미국 독립전쟁에 대한 프랑스의 개입으로 야기된 재정 경색의 결과로 프랑스는 거의 파산 상태에 이르러 있었던 것이다. 국가의 부채가 거의 20억 리브르(livres)에 이르렀으며 이로 인한 사회적 부담은 북아메리카에 있던 식민지의 상실과, 상업에 대한 영국의 지배력 성장 등으로 더욱 커졌다. 프랑스의 비효율적이고도 낡은 재정체계로는 국가부채를 처리할 수 없었는데 부적절한 조세체계가 주는 부담은 사태를 더욱 악화시켰다.

한편 베르사유의 왕실은 하층계급과는 동떨어져 있으며 하층계급의 고통에 대해 무관심한 것으로 일반 민중들은 생각하였다. 이론상으로 루이 16세는 절대군주였지만 실제에 있어 그는 우유부단했으며, 강한 반대에 직면하면 뒤로 물러서는 것으로 알려져 있었다. 왕은 정부의 지출을 줄이면서 재정위기를 탈출하려고 노력하였으나 의회의 귀족층 반대자들은 그가 꼭 필요로 하는 입법을 쉽사리 좌절시켰다. 또한 왕의 반대자들은, 군주제에 항거하는 여론을 일으키면서 정부와 정부 관리들을 때로는 거짓·과장된 정보로 비판하는 팸플릿을 유포하여 왕정의 권위를 손상시켰다.

계몽주의 사상이 고양되어감에 따라 혐오와 열망이 점차 몇 군데로 초점이 모아졌다. 왕의 절대권을 혐오했으며, 농민·노동자·시민계급은 귀족이 보유한 전통적인 영주(领主)의 특권과 공공정책에 미치는 교회의 영향력을 혐오하였다. 가난한 지방 성직자는 귀족적인 주교제를 혐오하였다. 종교의 자유에 대한 열망, 사회적·정치적·경제적 평등에 대한 열망과 공화제에 대한 열망이 강렬하였다.

돈을 물 쓰듯하며 오스트리아의 스파이라는 소문이 팽배한 마리 앙투아네트 왕비(Queen Marie-Antoinette)에 대한 증오도 혁명이 일어나게 된 배경이었다.

혁명의 직접적 계기가 된 것은 재정위기를 모면하기 위한 삼부회의의 소집이었다. 루이 16세는 재정 고갈을 완화하기 위해 1786년 모든 토지에 대해 그 소유자의 신분에 관계없이 평등하게 과세하는 조처를 내렸다. 이에 대해 지금까지 면세 특혜를 누려오던 귀족계급은 이 조처에 대하여 삼부회의를 소집하여 동의가 있기까지는 세금을 낼 수 없다고 반발하였다. 귀족들은 삼부회의가 소집되면 자신들이 정국을 장악할 수 있을 것으로 생각하였다. 왕이 굴복하여 삼부회의를 위한 선거가 1789년 2월에 실시되었다.

선거를 앞두고 귀족계급과 평민계급 사이에는 각 계급의 대표수 및 회의운영방식을 두고 이견이 심각하였다. 1789년 5월 5일 삼부회의는 베르사유 궁전에서 국왕과 왕비의 친림 아래 엄숙히 개회되었다. 나이 30의 로베스피에르(Maximilen Robespierre, 1758~1794)도 제3신분의 초선의원으로서 개회식에 출석하였다. 개회는 하였지만, 각 계급간의 이견은 해소가 되지 않고 있었다. 귀족대표는 신분별 회합과 신분별 투표를 주장한 반면 평민대표는 합동회합과 개인별 투표를 주장하여 끝내 합의에 이르지 못했다. 이렇게 되자 제3신분은 6월 17일 따로 모여 스스로를 「국민의회」라고 선언하였다. 이때부터 국민의회는 1791년 9월 말 국민의회가 해산할 때까지 2년 3개월 동안 프랑스혁명 전반기의 사태에서 주도적 역할을 수행하였다. "국민의회는 프랑스 왕국의 헌법을 제정하고 실시할 때까지는 결코 해산하지 않겠다"는 이른바 「테니스 코트의 선서」를 발표하였다. 대세에 밀린 루이 16세는 세 신분의 합류를 지시하면서 국민의회를 승인하였다. 국민의회는 7월 9일 '제헌의회'라고 선언하고 헌법제정에 착수하였다. 이에 놀란 루이 16세는 만일의 사태를 위해 군대를 베르사유 주위에 집결시키고, 인민의 대표자로서 인기가 높았던 네케르(Jacques Necker)를 재무장관직에서 면직하였다. 이것은 국왕이 특권계급의 진영에 가담한 것을 의미하였다.

루이 16세의 반동조처는 평민들의 분노와 불안을 불러일으켰다. 파리는 금방 폭동과 혼란과 약탈로 들끓었다. 훈련받은 무장군인들로 구성된 프랑스 수비군 일부가 곧 폭도들에 가담하였다. 7월 14일 반란자들은 왕권의 상징으로 여겨지는 바스티유 요새에 많은 무기들과 탄환이 저장되어 있는 것에 눈을 돌렸다. 수시간 전투 끝에 요새를 함락시켰다. 폭도들은 파리 시청으로 쳐들어가 시장(Bernard de Launay 후작)을 때려죽이고, 자른 머리를 장창(長槍) 끝에 꽂아 시내를 누비고 다녔다.

폭력사태에 놀란 왕은 뒤로 물러앉았다. 테니스 코트 선서 당시에 국민의회의 의장을 맡았던 베일리(Jean-sylvian Bailly)가 새로이 조직된 콤뮨형태의 시정(市政)을 맡아 시장이 되었다. 왕은 파리의 새로운 정세를 기정사실로 인정하였다. 이에 따라 전국의 도시들도 콤뮨을 결성하여 시정혁명에 들어갔다. 시정은 그 대부분을 국민의회파가 장악하였다. 귀족들은 이민자로서 프랑스를 떠나기 시작하였고 그 중 일부는 내전을 음모하거나 혁명에 대항하기 위한 유럽동맹을 촉구하였다.

7월 말에 이르자 인민주권정신이 프랑스 전역에 퍼졌다. 농촌지역에서는 많은 농민들이 외국의 침입에 대비하여 민병을 조직하고 자신들을 무장하기 시작하였다. 일부 농민들은 '대공포'(the Great Fear)로 알려진 농민반란의 일부로서 귀족의 대저택을 공격하고 봉건문서를 불태웠다. 법과 질서는 완전히 붕괴되고 있었다.

국민의회는 민중의 요구를 받아들이고 새로운 사태를 추인하는 일에 착수하였다. 1789년 8월 4일 국민의회는 '8월 포고'로 알려진, 봉건주의의 폐기를 선언하였다. 제2신분의 영주권(領主權)과 제1신분이 걷는 10.1조를 일소하였다. 몇 시간 안에 귀족·성직자·성읍·주(州)·조합·도시들은 그들의 특권들을 잃었다.

1789년 8월 26일, 의회는 「인간과 시민의 권리선언」(The Declaration of the Rights of Man and of the Citizen)을 채택하였다. 「인권선언」이라고도 불리는 이 선언은 법률적 효력을 가지는 헌법이라기보다는 원칙에 관한 하나의 성명이었다. 라 파에트(La Fayette, 1757～1834)가 기초한 인권선언은:

제1조 "인간은 태어날 때부터 자유와 평등의 권리를 가진다."

제2조 "모든 정치적 결합의 목적은 인간의 빼앗을 수 없는 자연적 권리를 유지하는 데에 있다."

제3조 "주권의 원천은 인민에게 있다."

제4조 "법률은 일반의사의 표현이다. 모든 시민은 스스로 혹은 그 대표자를 통해 법률의 제정에 참여할 권리가 있다."

앙투아네트 왕비와 세 자녀들

제5조 "사상과 의사(意思)의 자유로운 교환은 인간의 권리이다."
제6조 "소유권은 아무도 침범할 수 없는 신성한 권리이다."
· · ·

인권선언은 전반적으로 계몽사상을 반영한 것이었다. 이때까지만 해도 프랑스혁명은 입헌군주제 노선에 따라 진전하였다. 그러나 루이 16세는 「인권선언」을 인정하지 않았고, 혁명노선은 좌파로 기울어져갔다.

1789년 10월 5일, 파리의 시장에서 일하는 여성들이 중심이 되어 약 7,000명의 굶주린 여성들이 모여 빵 값의 인하를 요구하며 베르사유 궁전으로 행진해 갔다. 이들은 간단한 무기들을 들고 빵이 부족한 것을 마리 앙투아네트 왕비의 탓이라고 비난하면서 그녀를 죽이라는 노래를 불렀다. 질서유지의 임무를 띤 2만 명의 국가경비대가 현장에 있었음에도 불구하고 그 이튿날 새벽 폭도들은 궁정 안으로 난입하였다. 두 명의 경비병이 살해되었고 그들의 머리는 잘리어 높이 장창 끝에 꽂혔다. 왕비와 두 시녀는 비밀통로를 통해 간신히 빠져나와 왕의 거실로 갔다. 그 직후에 폭도들은 왕비의 거실 안으로 밀어닥쳐, 있는 대로 약탈을 하였다. 대규모의 군중이 궁전 뜰에 모여 왕비를 발코니로 나오게 하라고 소리쳤다. 왕비가 두 아이와 함께 나타나자 군중들이 아이들은 안으로 들여보내라고 요구했다. 그래서 왕비는 약 10분 정도 혼자서 서 있었다. 이 동안 군중 가운데 몇 명은 머스킷 소총으로 왕비를 겨누고 있었다. 그녀가 머리를 숙여 인사하고 안으로 들어갔을 때 폭도 중의 일부가 그녀의 용기에 감동하여 "왕비 만세!"(Vive la Reine!)라고 외쳤다. 왕비의 침착한 행동이 군중을 크게 진정시켰으나 아직도 군중의 일부는 왕가를 파리로 옮길 것과 빵을 요구하였다. 루이 16세는 할 수 없이 동의하였다. 대혼란 가운데에 궁전의 전 막료들과 국민의회 의원들이 왕가와 동행하여 파리로 돌아와 튈르리 궁(Tuileries Palace)

으로 들어갔다. 이것은 사실상 가택연금이었다. 파리로 들어올 때 폭도들은 개선장군들과 같았다. 루이 16세와 그의 가족들은 다시는 베르사유로 돌아가지 못했다. 여성들의 베르사유를 향한 행진은 프랑스혁명에 전기(轉機)를 가져온 사건이었다. 제3신분의 도시노동계급(특히 여성)이 계산에 넣을 만한 세력이라는 것을 보여주었다. 행진에 가담한 많은 여성들이 시장의 생선가게에서 일하는 근로여성들이었다.

국민의회는 11월 교회재산의 몰수를 결정하고 그것을 담보로 아시냐(Assignat)라는 지폐를 발행하였다. 구 체제 아래에서 교회는 왕국 전체 토지의 약 10%를 소유한 최대의 단일 지주였다. 교회는 정부에 대한 납세가 면제되었다. 그리고 도리어 전체 인민들로부터 수입의 10분의 1인 십일조를 징수하였었다. 교회의 권력과 부는 위그노와 같은 집단이 혐오해 마지않는 대상이었다. 볼테르(Voltaire)와 같은 계몽주의 사상가들은 가톨릭교회를 먹칠하고 프랑스 군주제를 흔듦으로써 그들의 혐오에 불을 질렀다. 의회는 세입을 위해 몰수한 교회 토지들을 경매에 붙여 매각하였다. 매입자들은 부농을 포함한 시민계급들이었다. 토지 매각의 수혜자들인 이들은 더욱 굳건하게 혁명체계에 협조하였다. 이제 교회가 스스로를 유지할 힘을 상실하게 되었으므로 국가가 성직자에게 봉급을 지급키로 하였고, 이전까지 교회가 담당해온 극빈자·환자·고아 등에 대한 구휼사업도 정부가 인수했다. 이것은 실제에 있어서 교회의 국유화를 의미하였다.

혁명 두 번째 해인 1790년은 좀더 적극적으로 반(反) 기독교 정책을 강행하였다. 2월, 의회는 모든 교단을 해체시켰다. 신부와 수녀에게는 개인생활로 돌아갈 것을 종용했으며, 이들 중 소수는 실제로 결혼을 하였다. 7월에는 「성직자 시민헌장」(The Civil Constitution of the Cleargy)을 통과시켜 나머지 성직자들을 국가의 피고용인으로 만들었다. 또한 교구신부와 주교를 선거로 뽑도록 하고 성직자에 대한 봉급의 등급을 정하였다. 선거제는 사실상 프랑스 교회에 대한 교황의 권위를 부인하는 것이었기 때문에 많은 가톨릭교도들이 선거제에 반대했다. 마침내 의회는 11월 모든 성직자들에게 「시민헌장」에 대한 충성을 서약할 것을 요구하기 시작했다. 이로써 성직자 사회는 요구대로 서약을 하는 쪽과 여전히 교황에게 충성하는 쪽 등 두 쪽으로 갈라졌다. 전국 성직자의 24퍼센트만이 서약에 참가했다. 이렇게 저항이 만만치 아니하자, 의회는 저항 성직자를 "강제로 망명케 하든가, 국외로 추방을 하든가, 아니면 반역자로 처형할 것"을 규정한 법률을 통과시켰다. 교황 피우스 4세(Pope Pius Ⅳ)는 「성직자 시민헌장」을 결코 용납하지 않았고, 프랑스 내의 교회들은 더욱 고립되었다.

1791년은 국내외적으로 반혁명 세력의 위협이 증대하고 있는 가운데 치명적인 사건이 발생하였다. 즉 6월 20일 밤 루이 16세와 그의 가족들이 외국에 있는 망명귀족과 합류하기 위해 독일로 탈출하려다 그 이튿날 늦게 바렌느(Varennes)에서 발각되어 붙들렸다. 그들은 하인으로 변장한 옷을 입은 채 파리로 압송되었다. 그들이 파리에 도착했을 때 군중들은 침묵하였다. 의회는 왕권을 임시적으로 정지시켰다. 왕과 마리 앙투아네트 왕비는 억류되었다.

9월, 의회는 헌법을 완성하였다. 헌법은 의회 다수자의 의견에 따라 공화제보다는 입헌군주제를 채택하였다. 그리고 루이 16세는 상징적인 국가의 대표로 남아 있도록 하였다. 그러나 이 입헌군주제 헌법은 1년 만에 폐기된다. 그 경과를 보기로 하자. 입헌군주제 헌법을 만든 국민의회는 1791년 9월 29일 임기를 마치고 해산하였다.

이 헌법에 의해 곧 입법의회가 10월 1일에 개회되었다. 입법의회의 정파 구성을 보면 총 745석 중에 입헌군주제 지지자가 165석, 지롱드파(자유공화주의자)와 자코뱅당(과격혁명주의자)를 합친 시민계급 성향인 자가 330석, 어느 정파에도 속하지 않은 자가 250석이었다. 의장석을 중심으로 입헌군주제 지지자 165명은 오른쪽에, 시민계급 성향의 330명은 왼쪽에, 그리고 무소속은 가운데에 자리를 잡았다. 여기에서 우파·좌파·중간파라는 용어가 나왔다. 이러한 세력 분포의 입법의회는 그들이 국가통치를 담임하려 하였으나 1년 이내에 완전한 실패임이 드러났다. 그 이유는 국고는 텅텅 비고, 육·해군은 기강이 완전히 무너져 있었으며 인민들은 안전하고도 성공적인 폭동에 재미를 붙이고 있었기 때문이다.

혁명의 열정으로 과격해져 있던 파리 시민들은 의회의 조처를 기다릴 것도 없이 스스로 혁명의 길을 진전시켜 나갔다. 1792년 8월 10일 밤 과격한 파리 시민들과 파리에 집결해 있던 의용군들은 반 국왕 무장봉기를 일으켰다. 이들은 국왕이 있던 튈르리 궁을 습격하여 왕의 가족들을 감옥에 가두었다. 입법의회는 이들의 요구에 따라 왕권을 정지시키고 새로운 헌법을 제정할 「국민공회」(Convention)를 소집하기로 결정하였다. 9월 20일 공회의가 소집되어 사실상의 프랑스정부가 되었다. 국민공회는 그 이튿날 왕정의 폐지를 만장일치로 결의하고 공화제를 선언하였다. 후일 이날이 프랑스 공화국 달력(月曆)의 첫날(기일, 奇日)이 되었다. 이로써 프랑스 제1공화국이 탄생되었으며, 지롱드당이 정권을 잡았다.

혁명기의 정치는 피할 수 없이 프랑스로 하여금 오스트리아 및 그 동맹국들과 전쟁을 붙도록 이끌어갔다. 오스트리아는 프랑스 왕의 구금상태에 항의하여 그에게 완전한 자유를 보장할 것을 촉구하였고 여의치 않으면 군사행동을 불사할 것이라 위협하였다. 프랑스측은 이에 굽히지 않고 맞섰다. 집권 지롱드당은 혁명을 전쟁을 통해 유럽 다른 지역에도 수출하기를 바랐기 때문이다. 이런 연유 등으로 프랑스는 지난 4월 이래 오스트리아에 선전포고를 하였었다.

루이 16세

왕정을 회복시키라는 외국으로부터의 압력이 더 세지는 상황에서 국민공회는 1793년 1월 17일 루이 16세 국왕에 대해 "공공의 자유와 일반적 안전을 해쳤다"는 이유를 들어 380대 330표로써 사형을 선고하였다.

1월 21일 "하늘은 어둡고 진눈깨비가 내리는 차가운 아침에" 왕은 콩코드 광장에서 길로틴 아래에 엎드려져 처형되었다. 루이 16세의 처형 소식을 들은 전 유럽의 왕실은 기절초풍했으며 지금까지 중립을 지키던 왕국들도 혁명 프랑스에 대항하기 위한 전쟁에 합류하였다. 2월 이후 영국의 주도하에 유럽 열강의 대불동맹이 결성되기 시작하였다. 이제 프랑스는 이미 교전중인 오스트리아와 프로이센은 물론 영국·스페인·네덜란드와도 전쟁을 하게 되었다. 전황(戰況)이 어려워지고 물가가 올라가자, '상퀼로트'(sans- culotte: 하층 노동자와 과격 자코뱅 당원들로 이루어짐)는 폭동을 일으켰고 몇몇 지역에서는 반혁명활동도 개시되었다. 이러한 상황을 이용하여 자코뱅은 1793년 6월초 의회 쿠데타를 일으켜 정권을 장악하였다. 자코뱅은 당시 집권파인 지롱드를 미워하는 대중의 폭력을 동원하여 지롱드의 지도자 31명을 체포하고 쿠데타를 성공시켰다. 자코뱅과 '상퀼로트'의 동맹은 신정부의 실질적인 중심이었다.

자코뱅 지배하의 국민공회는 1793년 6월 말에 공화정 정부를 합법화하는 공화정 헌법을 제정하였다. 프랑스 최초의 이 공화정헌법은 '1793 프랑스 헌법'(the French constitution of 1793) 혹은 '제1년 헌법'(Constitution of the Year Ⅰ)이라고도 일컬어진다. 이 헌법은 성인남자의 보편적 선거권을 규정한 점에서 진보적이고도 과격한 내용이었다. 그러나 이 헌법규정은 실시되진 않았다.

자코뱅은 정권획득과 함께 지롱드당 지도자를 하나씩 처형함과 동시에 로베스피에르(Maximilien de Robespierre, 1758～1794)를 지도자로 하는 공포정치(the Reign of Terror)의 막을 열었다.

로베스피에르

자코뱅은 계몽사상과 극단적인 공화주의에 의거한 각종의 개혁을 단행하려고 하였다. 특히 주목되는 것은 봉건제적 특권들을 무상으로 폐지하려 했던 것과 농민에 대해 토지를 부여하고, 그들을 자유로운 소토지 소유자로 하려고 했던 것 등이다. 농민을 일체의 봉건적 질곡과 부담으로부터 해방시키고 농민에게 그 자신의 토지를 소유하게 하려고 하였다. 혁명의 최급진론자였던 로베스피에르는 루소의 열렬한 지지자였다. 그는 인민주권의 일반의지를 자신이 대신한다고 믿었다.

공포정치 기간에는 비 기독교화(de-Christianization) 정책이 극단적으로 실시되었다. 프랑스 전역에 걸쳐 신부들을 투옥하거나 대량으로 학살하였으며, 교회와 성상(聖像)들을 파괴하였다. 가톨릭 교회를 전적으로 대치시킬 목적으로 시민축제로 종교의식을 대신케 했으며 마침내는 하나님 대신에 「이성의 최고존재」(Supreme Being of Reason)를 설정했다. 이러한 사건들은 혁명에 대한 광범한 환멸과 반 혁명 모반을 초래하였다. 지방들에서는 비 기독교화 정책에 저항하여 혁명행위자들을 공격하거나, 쫓기고 있는 성직자들을 은닉시켰다.

식품 값이 앙등하자 로베스피에르의 지도 아래 독재를 집행하는 공안위원회(The Committee of Public Safety)는 최고가격법(上限法, the Law of Maximum)을 통과시켰다.

이 법은 식품 값을 고정시키고 위반자를 사형에 처하기로 하였다. 위원회는 처음 몇몇 종류의 곡물에 대해서만 제한적으로 최고가격을 정할 의도였으나, 1793년 9월에 이르면서 '최고가격'을 모든 식품에 적용토록 확대하였고, 식품 외의 물품에 대해서도 적용할 품목 목록을 발표하였다. 물품의 대부족 현상이 뒤따랐다. 이에 대해 위원회는 용기병(龍騎兵)을 시골에 보내어 농부들을 체포하고 수확물을 징발하였다. 이것은 일시적으로 파리에서의 문제는 해결하였으나 나머지 지역에서는 고통이 가중되었다. 1794년 봄에 이르자, 식품의 강제징발은 파리에 공급할 식품에도 미달하였다. 위원회의 잔명(殘命)은 시간문제였다. 7월 로베스피에르가 길로틴(the guillotine)으로 향할 때 군중들은 "저기 더러운 최고(the dirty maximum)가 가고 있다"고 조소하였다.

'공포정치'(1793~1794)는 1년여에 불과한 짧은 기간 동안 실시되었으나, 이것에 대한 기억과 평가는 역사에서 영원히 지울 수 없는 것이었다. 공안위원회를 이끈 로베스피에르는 부패와는 거리가 먼 청렴결백한

로베스피에르의 처형장 모습

젊은 변호사였다. 그의 풍채는 당당했으며 옷 매무새는 언제나 깔끔하였다. 그는 도덕국가의 건설이 꿈이었으며, 덕과 테러를 결부시켰다. "테러 없는 덕은 무력하다"고 믿었으며 혁명과정에서 테러는 불가피한 것이라고 확신하였다. 공식문서의 기록에 따르면 이 기간에, 적어도 16,594명이 반혁명이라는 죄명으로 길로틴 아래서 죽었다. 그리고 많은 역사가들은 재판없이, 또는 재판을 기다리던 중에 처형된 자를 포함하면 40,000명이 된다고 기록하고 있다.

1793년 벤데(Vendee)에서 농민들이 혁명정부에 저항하여 반란을 일으켰다. 그들은 「성직자 시민헌장」(1790)으로 가톨릭 교회에 부과되는 변화를 싫어하였다. 이것은 「벤데전쟁」으로 알려진 게릴라전(戰)으로 변하였고 르와르(Loire) 북쪽에서도 비슷한 반란이 일어났다. 지방에서의 반란과 외국군의 침입에 직면하여 정부의 당면 과제는 전쟁에서의 승리였다. 8월 17일 국민공회는 모든 시민을 군인으로나 혹은 공급자로 동원할 수 있는 일반징집법을 가결하였다. 벤데전쟁에는 진압군이 투입되었고 벤데는 초토화되었다. 부녀자와 어린이를 포함하여 살육된 자가 117,000명 내지 250,000명이었다. 정부군측의 극단적인 잔인성이 불러온 '인종섬멸'(genocide)이었다.

길로틴(the guillotine)은 처형의 상징이었다. 루이 16세는 공포정치가 시작되기 전에 이미 길로틴에서 참수되었고, 마리 앙투아네트 왕비와 지롱드당의 지도자들, 왕의 처형을 주장했던 자들을 포함한 많은 정치가들도 로베스피에르에 의해 처형되었다. 공포정치가 절정에 달했을 때는, 반혁명적인 생각이거나 행동이라는 조그마한 흔적만 나타나도, 정당한 재판의 절차 없이 사형이 선고되었으며, 어떤 때는 선고조차 없이, 덮개 없는 나무로 만든 우마차에 실려 길로틴으로 갔다. 지방의 반란 지역에는 무제한의 권위를 가진 정부 대표들이 파견되었고, 이들은 곳곳에 길로틴을 설치하고 극단적인 탄압을 남용하였다.

한편, 공포정치는 전쟁에서의 패배를 면할 수 있게 하였다. 자코뱅은 군대의 규모를 늘렸다. 능력과 애국심을 보여준 젊은 군인들로써 귀족장교들을 교체하였다. 공화정 군대는 오스트리아, 프러시아, 영국, 스페인군을 물리칠 수가 있었고 1793년 말에는 프랑스군이 전세(戰勢)를 장악하기 시작하였으며, 국내반란들도 쉽게 패배시켰다. 벤토제 법령(Ventose Decree, 2월~3월 1794)은 망명자와 혁명 반대자의 재산을 몰수하였으며 그것을 필요한 자에게 재분배하였다.

청빈과 덕을 내세운 로베스피에르의 공포정치는 공안위원회의 내부에까지 의심과 두려움이 스며들게 하여 마침내 공안위원회는 로베스피에르의 퇴임을 결정하고, 그를 길로틴으로 보냈다. 1794년 7월 27일에 있은 로베스피에르의 처형을 '테르미도르의 반동'(Thermidorian Reaction. 테르미도르는 공화정 달력에서의 '熱月'이다)이라고 한다.

'테르미도르 반동' 이후, 새로운 정부는 테러에서 살아남은 지롱드파로 구성되었다. 집권 이후 이들은 자코뱅에 대한 보복을 단행하였다. 당한 자코뱅 중에는 로베스피에르를 실각시킬 때 지롱드를 도와준 자들도 포함되어 있었다. 집권 지롱드는 자코뱅당을 폐쇄하고 공포정치에 관여한 많은 자코뱅들을 처형하였다.

1795년 8월 국민공회는 새로운 '제3년 헌법'(Constitution of the Year Ⅲ)을 제정하였고, 국민투표를 거쳐 9월부터 효력을 발생하였다. 신헌법은 집정관제(Directory)와 프랑스 역사상 처음으로 양원제를 채택하였다. 의회는 500명의 하원과 250명의 상원으로 구성된 것이다. 집행권은 5명의 집정관에 맡겨졌다. 집정관 후보의 명단을 하원에서 제출하면 상원에서 매년 5명을 임명하였다.

1793년에 규정했던 성인 남자의 보통선거권은, 재산에 기초한 제한 선거권으로 대체되었다. 이것은 유산자에 의한 안정적 지배를 시도한 균형 체제임을 보여주었다. 그러나 집정관 정부는 약체정권으로서 정국불안이 계속되었다. 계속적으로 대외전쟁을 치르는 가운데 재정난에 시달리며 동요하였다. 그 동안 국유재산의 불하를 비롯하여 혁명으로부터 혜택을 받은 시민계급과 농민들은 오랜 혁명과 정치적 불안정에 지쳐 그들의 기득권을 보호해 줄 강력한 지도자의 출현을 바라고 있었다. 이러한 호기(好機)를 맞아 반 혁명반란을 진압하고 다니던 나폴레옹(Bonaparte Napoleon)은 집정관 정부의 일부 정치가, 군인, 부유한 시민들과 결탁하여 1799년 11월 9일(브뤼메르, Brumaire(무월, 霧月) 18일) 쿠데타를 일으켜 정권을 장악하고 통령제(consulate) 정부를 수립하였다. 나폴레옹 체제의 등장과 함께 프랑스혁명은 끝났다. 이미 구 체제(앙시앙 레짐)의 최악의 상태는 치유되었고, 혁명의 수익자들은 안전감을 느끼게 되었다. 1789년 혁명이 발발할 당시에 제3 신분이 요구하였던 사항들은 의회민주주의적인 정부를 제외하고는 법률화되고 시행되었다. 프랑스인들은 새로운 체제에 만족하였다.

산 업 혁 명

산업혁명은 18세기 중엽부터 영국에서 일어난 비약적인 기계 및 기술의 발전으로 생산력이 급격히 성장하고 이로 인해 사회·경제·문화적인 조건에 큰 변화를 초래시켰다. 산업혁명은 영국에 뒤이어 전 유럽과 미국에 확산되었고, 마침내는 전 세계에까지 보급되었다. 산업혁명은 인류역사에서 주요한 전기(轉機)를 만들었으며 일상생활의 거의 모든 국면에 영향을 미쳤다.

산업혁명의 시작은 다음 3개 부분에서의 기술개량에서 비롯되었다.

제임스 와트

1) 직물 산업(Textiles): 18세기 후반 영국에서 수력과 당나귀·노새를 동력으로 하는 방적기계를 발명하여 면직물과 마직물을 생산하는 공장들이 건립되었다.

2) 증기동력(Steam power): 제임스 와트(James Watt)에 의해 증기엔진이 개량되어 1775년 특허를 받았다. 개량 엔진은 처음 광산에서 물을 뽑아내는 동력으로 사용되었으나 1780년 이후로는 기계를 작동시키는 데에 적용되었다. 이것은 반자동 공장의 급속한 발전을 가능케 하였다.

3) 철강주물(Iron founding): 철강산업에서, 철강 용해의 거의 모든 과정에서 숯 대신 코크스가 사용되었다.

이 3부문에서의 핵심적인 기술개량은 많은 다른 분야에서의 발명을, 특히 직물산업에서의 새로운 발명을 가져왔다. 직물공장의 동력을 이용한 증기엔진은 물 흐름을 이용한 물레방아 동력에 비해 훨씬 편리하였다. 직물산업 분야에서는 공장들이 밀집 건설되어 하나의 직물산업단지를 형성하였으며 공장 내부의 노동조직도 변화하였다.

1800년 전후 등장하기 시작한 공장들

즉 일관조립체계(the assembly line system)가 고안되어, 다른 산업에도 영향을 미쳤다. 하나의 생산품을 생산하는 데에 분업을 실시하였으며, 이로써 완제품의 수량이 엄청나게 증가하였다.

또 하나 중요한 것은 1756년 영국의 엔지니어 존 스미턴(John Smeaton)이 수성(水性) 석회를 이용하여 1300년 동안 잊어버리고 있었던 콘크리트 제조법을 재발견한 사실이다.

〈연 장〉 연장의 발달도 중요하다. 연장의 발달이 없었다면 제작용 기계들을 만들 수 없었을 것이다. 연장들은 원래 시계 제작자들에 의해 18세기에 개발되었었는데, 이 연장을 이용하여 초기 직기(織機)의 부품들을 만들어 낼 수 있었다.

기계들이 처음에는 목수들에 의해 만들어진 나무금형을 이용하여 제작되었으나 산업혁명이 진행됨에 따라 점차 금속 금형이 일반화되었다. 이에 따라 손으로 사용하는 해머와 같은 연장 대신에 기계를 작동시켜 연장을 사용하는 기계연장이 출현하였다.

최초의 대형 기계연장은 철판에 구멍을 뚫는 천공기(穿孔機)였다. 이것으로 증기엔진에 올려놓을 대형 실린더들에 구멍을 뚫을 수 있었다. 기계 연장은 더욱 발달하여 19세기 첫 10년 동안에 철강을 펴고, 구부리고, 모양을 만드는 등의 기계연장들이 개발되었다.

〈농기구〉 기계의 발명은 영국의 농업혁명을 가져오는 데에 중요한 역할을 하였다. 농업의 발전은 산업혁명이 일어나기 전 수세기 동안 진전되었었는데 노동인구를 땅으로부터 해방시켜 18세기의 새로운 산업공장에서 일할 수 있게 한 주요 요인이었다. 산업에서의 혁명이 농촌의 기계화를 가져옴으로써 보다 적은 노동인력으로도 식량생산을 증가시켰다.

1701년에 툴(Jethro Tull)이 발명한 파종기와 1730년에 발명한 로더햄 철제 쟁기(Rotherham iron plough), 그리고 1784년 메이클이 발명한 탈곡기(Andrew Meikle's treshing machine)는 농업 증산에 기여했으나 많은 농업노동자의 일자리를 빼앗았다.

또 다른 주요 발명은 가스등(燈)이었다. 그 공정은 우선 용광로에서 석탄을 태워 가스화(化)하고 다음으로 황산, 암모니아, 중탄화수소 따위를 제거하는 등으로 가스를 정화(靜化)하여 저장하거나 배급을 하였다. 최초의 가스등 시설들이 1812~1820 기간에 런던에 세워졌다. 가스는 석탄을 소모하는 주소비자였다. 가스등은 수지(樹脂) 양초를 쓸 때보다 공장이나 상점들이 더 오랜 시간 문을 열어 둘 수 있게 되어 사회 및 산업조직에 영향을 미쳤다. 가스등의 도입은 도시 내부와 거리를 밝혀 줌으로써 야간생활을 풍요롭게 하였다.

〈유리공업〉 19세기 초에 유럽에서 '실린더 공법'이라고 알려진 새로운 유리제조 방법이 개발되었다. 이 공법은 1832년 찬스 형제(Chance Brothers)가 평판유리를 만들 때에 도입되었다. 이로써 이음새 없이 대형 평판 유리를 만들게 되었으며 건물의 내부나 창틀 등의 공간계획을 마음대로 할 수 있게 되었다.

〈교 통〉 영국에서 운송은 18세기 말 운하를 건설함으로써 획기적으로 발전하였다. 산업화 초기까지만 해도 운하는 아직 건설되지 않았었다. 18세기 말에 건설되기 시작한 운하는 중부 내륙의 제조업 중심지와 북쪽 항구들 및 런던을 연결하는 것이었다. 운하로 인해 대량의 물자를, 국토를 가로질러 쉽게 운송할 수 있게 되었다. 단 한 척의 운하선(運河船)으로 12수레에 실을 분량 이상을 더 빠른 속도로 운반할 수 있게 되었다. 1820년까지 운하의 전국망이 형성되었다.

한편 철도의 부설은 1825년 스탁턴(Stockton)으로부터 달링턴(Darlington)까지를 연결함으로써 시작되었다. 1830년에는 리버풀-맨체스터 철로를 부설하였다. 대도시들과 소도시들까지를 연결하는 간선철도의 건설은 1830년대에 진행되었다. 1840년에 이르면 철도가 운하의 효용성을 능가하여 수송의 상대적 가치가 철도쪽으로 기울었다.

산업혁명의 사회적 효과 산업혁명이 가져온 사회적 효과는 막대하였다. 사회구조적인 면에서 산업혁명으로 인해 산업가 및 사업가들로 구성되는 중간계급이 귀족과 향신으로 이루어지는 지주계급을 누르고 승리를 거두었다. 산업혁명은 변호사·의사와 같은 전문인으로 구성되는 중산층을 양산하였다. 일반노동자들은 새로운 작업장과 공장에 고용될 수 있는 더 큰 기회를 가지게 되었다. 그러나 노동조건은 기계의 속도에 맞춘 길어진 작업시간 등으로 열악한 경우가 많았다. 공장 체계는 도시의 성장을 가져왔으며 많은 수의 노동자들이 공장에서의 일자리를 찾아 도시로 이주하였다. 맨체스터는 수많은 작업장과 공장들이 들어섬으로써 세계 최초의 산업도시로 되었으며, '목화도시'(Cottonpolis)라는 별명으로 불리었다. 초기 맨체스터의 생산은 전형적으로 수력(水力)에 의존하는 소규모 공장에서 이루어졌으나 나중에는 모든 공장들이 각기의 증기엔진을 설치하고 굴뚝을 세워 보일러의 통기(通氣)를 원활히 하였다.

산업화 과정에서 어려움도 없지 않았다. 일단의 영국노동자들은 산업화에 반대하는 저항운동을 조직하였으며, 때로는 공장에서 생산을 방해하였다. 그러나 공장제 생산으로의 이행이 반드시 불화를 가져온 것만은 아니었다. 일부 산업가들은 스스로 노동자들을 위해 공장 및 생활환경의 개선에 힘을 썼다. 그와 같은 최초의 개혁가 중의 한 사람이 로버트 오언(Robert Owen)으로서, 그는 뉴 래나크 공장(New Lenake Mill)에서 노동자를 위한 환경개선에 개척자적인 노력을 기울였으며 초기 사회주의 운동의 핵심 사상가 중의 한 사람으로 알려져 있다.

〈어린이 노동〉 산업혁명은 어린이 노동의 문제를 불러일으켰다. 아직 어린이가 교육을 받을 수 있는 기회는 제한돼 있었으며 어린이도 일을 해야 하는 것으로 생각되고 있었다. 고용주들은 어린이의 생산성이 어른의 그것과 비슷함에도 불구하고 어린이에게는 임금을 훨씬 적게 주었다. 기계를 작동시키는 데에 어른의 체력이 필요하지도 않았고, 산업체계

어린이 노동자들

가 완전히 새로워졌기 때문에 어른 노동자의 경험도 필요치 않았다. 이러한 이유로 어린이들은 4살짜리 어린이까지 고용이 되었으며 임금은 남자 어른 임금의 10~20% 수준이었다. 어린이 석탄 광부는 새벽 4시부터 오후 5시까지 장시간을 일하며 얻어맞는 것이 예사였다. 작업환경은 매우 위험스러웠다. 어떤 어린이들은 꾸벅꾸벅 졸다가 운반차 선로에 넘어져 깔려 죽거나 가스폭발로 죽었다. 많은 어린이들이 폐암과 다른 질병에 걸렸으며, 25세 전에 죽었다. 직장알선소에서는 고아나 기아(棄兒)를 '피구호 도제'로 팔아, 임금은 없이 단지 먹고 자는 조건으로 일했다. 도망을 치다가 붙잡혀 온 어린이들은 채찍으로 맞고, 다시는 도망을 치지 못하도록 쇠고랑이 채워졌다. 면사(綿絲) 공장에서 일하는 어린이들은 목화를 주우려고 기계 밑을 기어오르다가 손발이나 팔다리를 잃는 사고를 당하거나 기계 아래서 압살당하는 수도 드물지 않았다. 성냥공장에서 일을 하는 어린 소녀들은 인광(燐光)에 노출되어 턱이 썩어들어가는 괴저병(壞疽病)에 걸리는 일이 많았다. 유리공장에서 일하는 어린이들은 일상적으로 불에 데이거나 장님이 되었다.

어린이 혹사에 관한 자세한 보고서들이 나왔으며, 이들 보고서들로 인해 어린이들의 참상이 세상에 알려졌다. 중·상류층을 포함한 국민들의 항의가 터져 나왔으며 어린이 노동자를 위한 복지문제가 제기되었다. 정치가들과 정부는 법으로 어린이 노동을 제한하려 했으며, 공장 소유주들은 저항을 하였다. 일부 공장 소유주는 자신들이 가난한 집안의 어린이들에게 일할 기회를 주어 그들을 돕고 있다고 생각했으며, 다른 일부는 단순히 싼 노동력을 환영하였다. 1833년과 1844년에 영국에서는 「공장법」(The Factory Acts)을 제정하여 9세 미만의 어린이에게는 일을 시킬 수 없게 하고 야간작업도 금지시켰으며, 18세 이하의 청소년에게는 노동시간이 12시간을 초과할 수 없도록 규정하였다. 공장 감독관을 공장에 파견하여 법의 집행을 보장시키려 하였지만 감독관의 수가 부족하여 실효를 거두기가 어려웠다. 그로부터 약 10년 후 어린이와 부녀자는 광산에서 일을 할 수 없도록 금지시켰다. 이러한 법률들로 인해 어린이 노동자의 수는 크게 감소하엿다. 하지만 유럽과 미국에서 어린이 노동은 19세기 말까지 지속되었다. 1900년 현재 미국 산업체에서 일하는 15세 미만의 어린이 노동자가 약 170만 명인 것으로 보고되었다.

〈생활환경〉 산업혁명 기간중의 주택사정은 다양하였다. 공장주들의 집은 호화로웠으며 노동자들의 그것은 불결하였다. 가난한 자들은 비좁은 거리에 있는 아주 작은 집에서 살았다. 이들 집들은 공동화장실을 사용해야 했으며, 노출된 하수구와 유독가스의 위협을 가지고 있었다. 오염된 물로 인해 질병이 만연하였다. 19세기 동안 하수구, 주택건축경계선, 위생 등과 관련된 법률들이 제정되어 환경이 많이 개선되었다. 19세기 동안에는 도시를 좀더 청결케 하는 정부 및 지방행정부서의 계획으로 빈민들의 환경도 많이 좋아졌다. 산업혁명 이전에도 빈민들의 생활은 쉽지 않았지만, 산업혁명의 결과로 노동계급의 많은 수효가 비좁고 더러운 생활환경으로 인한 전염병으로 죽었다. 광산노동으로 인한 가슴병, 오염된 물로 인한 콜레라와 장티푸스는 천연두와 더불어 극히 일반적이었다. 공장에서 일어나는 사고로 거기서 노동하는 어린이와 부녀가 비일비재로 희생되었으며, 또한 노동자들에 의한 파업과 폭동도 드물지 않았다.

〈산업화에 대한 저항〉 영국경제의 급속한 산업화는 많은 수공예 노동자로 하여금 일거리를 잃게 하였다. 맨 먼저 노팅햄(Nothingism) 근처에서 끈과 양말을 만들던 노동자들이 실직하였고 다른 지역의 직물산업에도 파장이 미쳤다. 많은 직조인(織造人)들도 더 이상 기계와 경쟁을 벌일 수 없어 갑자기 해고되지 않을 수 없는 자신의 입장을 발견하였다.

이같은 실직 노동자들은 그들의 직업을 앗아간 기계에 대하여 반감을 가지게 되었으며 공장과 기계들을 파괴하기 시작하였다. 이들 파괴자들은 '러다이트'(Luddites)로 알려졌는데 아마도 이들이 사회주의운동 지도자인 네드 러드(Ned Ludd)의 추종자들이었기 때문이다. 러다이트에 의한 파괴운동은 1811년부터 시작되었으며, 곧 민중의 호응을 얻었다. 영국정부는 산업을 보호하기 위해 극적 조처를 취해 민병대와 군대까지 동원했으며, 폭동자를 체포하여 재판에 회부하고 사형에 처하거나 종신 유배시켰다. 불안은 다른 산업 분야에도 파급되어 1830년대에는 농업 노동자들이 스윙(Captain Swing)의 영향을 받아 영국 남부 일대에서 공격 행동을 취했다. 이들은 특히 탈곡기를 파괴했으며 볏가리에 불을 질렀다. 이들의 폭력행동은 노동조합의 결성으로 이어졌다.

반산업혁명의 러다이스트 포스터

〈노동운동〉 노동조합들은 노동인구의 권익을 신장시키는 데에 도움을 주었다. 노조의 힘은 노동을 철수시키거나 조업을 중단시킴으로써 더 나은 조건을 요구할 수 있었다. 고용주들은 노조의 요구를 들어주어서 자신들이 손해를 보든가, 아니면 생산을 못 해서 손해를 보든가 양자 택일을 결정하여야 했다. 숙련 노동자들은 쉽게 대체할 수가 없었으므로 이 같은 방식의 거래를 통해서 처음으로 노동자들이 그들의 환경을 성공적으로 개선시켰다.

변화를 가져오기 위해 노조가 사용한 주된 방식은 파업이었다. 파업은 노사 양측 모두에게 괴로운 일이었다. 영국에서 결사법(結社法, Combination Law)은 1799년부터 1824년법이 폐지될 때까지 노동자들이 어떤 종류의 노동조합도 결성하는 것을 금지하였다. 그 이후까지도 조합들은 여전히 심각한 제약을 받았다. 1830년대와 1840년대에 최초의 대규모 노동계급의 정치활동인 「헌장운동」(the Chartist Movement)이 시작되었는데 이 운동은 정치적 평등과 사회적 정의를 위한 투쟁으로 특징지어졌다. 개혁을 위한 그들의 헌장은 300만 명 이상으로부터 서명을 받았으나 의회는 심의조차 하지 않은 채 이를 묵살하였다. 1842년 헌장운동을 통한 총파업이 일어나 전국 산업체의 생산을 중단시켰다.

〈생활수준〉 산업혁명기간 동안 사회 계층의 최 하위에 속하는 사람들은 생활수준이 낮아져 심각한 고통을 겪었다. 대략 1750년까지, 주로 영양실조로 인해, 프랑스의 기대수명은 35세 가량이었고 영국이 이 보다 약간 높았다. 이 시기에 미국인들은 적절한 영양가를 섭취한 덕분으로 키가 훨씬 더 컸고 기대수명은 45~50세였다.

〈인구에 미친 영향〉 산업혁명은 인구의 폭발적인 증가를 가져왔다. 1700년부터 1740년 사이의 변동 없이 6백만으로 유지되어 오던 영국인구는 1740년 이후 극적으로 증가하기 시작하여 1801년에 830만 명이었던 것이, 1851년에는 1천 680만 명으로 배증(倍增)하였고, 1901년까지는 다시 이것이 두 배로 증가하여 3천 50만 명이 되었다. 전체 유럽의 인구도 18세기 동안 대략 1억 명에서 2억 명으로 배증하였으며, 19세기 동안에 다시 배증하여 약 4억 명으로 늘어났다.

18세기 후반 이래의 산업의 성장은 대량의 도시화를 가져왔다. 도시에서의 새로운 기회들은 많은 인구를 농촌으로부터 도시 지역으로 이주시키는 촉매 역할을 하였다. 1800년, 전 세계 인구의 3%만이 도시에서 살았는데, 2000년에는 이것이 근 50%로 상승하였다. 1717년 인구 1만 명의 시장도읍에 불과했던 맨체스터가 1911년에는 인구 230만 명의 대도시로 성장하였다.

〈미국의 산업화〉 미국은 그들의 최초의 공장들을 가동시키는 동력으로서 말(馬)을 이용하였으나, 곧 수력(水力)으로 바꾸었다. 그 결과이기도 하지만 미국의 초기 산업화는 급류의 강들이 있는 뉴 잉글랜드(New England) 지방과 기타 동북지방에 국한되었다. 그러나 원료(목화)가 남부에서 생산되자, 1860년대의 남북전쟁 이전에 수력(水力) 제조는 증기력(蒸氣力) 제조로 대체되었고 산업이 미국 전역으로 완전하게 확산되었다. 미국 최초의 면사공장은 토마스 소머(Thomas Somer)와 캐봇 형제(Cabot Brother)가 1787년에 세운 「비벌리 코튼 메뉴펙토리」(the Beverly Cotton Manufactory)였으며 이 공장이 이 시기에 가장 큰 공장이기도 하였다. 이 면사 공장은 마력(馬力) 체계로 설계된 것이었는데, 경영자들은 즉시 마력(馬力) 의존은 경제적으로 불안정하다는 것을 발견하였으며, 장차 공장들의 다른 체계를 모색하게 하는 계기를 주었다. 그리하여 1793년 로드 아일랜드의 포터켓(Pawtucket, Rhode Island)에 설립된 슬레이트 공장(Slates Mill)은 수력(水力)체계로 만들어졌다. 19세기에 들어와서 미국의 섬유공장들은 '물살이 가장 센' 블랙스톤강(the Blackstone River)과 그 지류들이 흐르는 블랙스톤 리버 계곡에 집중되었으며 이곳이 사실상 미국 산업혁명의 태생지가 되었다. 블랙스톤 리버 계곡은 중부 매사추세츠에서부터 북부 로드 아일랜드에 걸쳐 있다.

〈제2의 산업혁명〉 1850년경부터 시작된 제2의 산업혁명은 철강의 대량생산과 수력발전(水力發電)에서 비롯되었다. 1860년 헨리 베서머 경(Sir Henry Bessemer)이 새로운 용광로를 발명하여 대량의 가공한 철과 강철을 생산하게 되었다. 제2의 산업혁명에는 점차 화학산업, 석유정유, 전기산업, 20세기에서는 자동차 산업 등이 포함되었고 기술 선도의 주도적 역할이 영국으로부터 미국 및 독일로 옮아갔다. 알프스에 도입된 수력발전은 석탄이 없는 북부 이태리의 산업화를 촉진시켰다. 이곳의 산업화는 1890년대에 시작되었다. 석유생산의 증가도 또한 석탄의 중요성을 감소시켰으며 산업화의 잠재력을 일층 더 확장시켰다.

〈산업혁명의 원인〉 왜 산업혁명이 17세기에 딴 곳이 아닌 영국에서 시작되었는지에 대한 원인규명은 다음과 같다. 일부 역사가들은 17세기 영국에서의 시민전쟁 이후 봉건주의가 종식됨에 따라 사회적·제도적 변화가 일어났고 그 결과로 탄생한 것이 산업혁명이었다고 주장한다.

봉건제도 종식 이후 국경통제가 훨씬 효과적으로 이루어졌으며 전염병의 확산도 줄어들었다. 이로 인해 영아 사망률이 줄어들어 노동력이 증가되어 농업에 취업하지 못한 잉여 인구가 산업혁명 이전 단계의 오막살이 공장(cottange factory)들에서 일자리를 찾았다.

17세기의 식민지 확대는 국제무역의 발달과 더불어 금융시장의 창설 및 자본축적을 가져와 이것이 17세기 과학의 발달과 함께 산업혁명의 요인들이 되었다. 영국은 많은 해외 식민지로부터 자연재화와 화폐재화를 벌어들였다. 영국은 아프리카와 카리비안 사이의 노예무역에서 생긴 이익으로 산업투자에 불을 댕겼다. 혹자는 노예무역에서 얻은 수익은 영국 총소득의 5%에 불과하였기 때문에 산업화에 기여할 바가 없었다고 주장하지만 카리비안의 노예수요가 차지하는 금액은 영국 산업생산 총액의 15%에 해당하였다.

대규모 국내시장의 존재도 산업혁명을 가져온 주요 원인이었다. 이것은 왜 영국에서 먼저 산업혁명이 일어났는가를 설명해 준다. 프랑스와 같은 다른 유럽 국가들에서는 시장이 지방별로 분열되어 있었으며 지방들 상호간에 상품을 거래할 때에는 통행료와 관세가 부과되기도 하였다. 그러나 영국에서는 일찍이 헨리 8세(Henry Ⅷ, 1491～1547) 치세중에 국내관세가 폐지되었다. 이에 비해 러시아에서는 1753년까지, 프랑스에서는 1789년까지, 스페인에서는 1839년까지 국내관세가 시행되었다. 기술혁신은 산업혁명의 심장이었으며 그 중에서도 증기엔진의 발명과 개선은 핵심적인 테크놀로지였다.

영국에서는 1623년 「독점에 관한 법률」(the Statute of Monopoly)이 제정된 이래 특허제도가 발달하여 발명가들에게 정부가 제한적인 독점권을 부여하였다. 특허제도는 제임스 와트와 같은 발명가에게 증기엔진의 생산을 독점하도록 허가함으로써 보상을 하였고 이것은 기술적 발달을 더욱 촉진시키는 효과를 가져왔다.

영국이 산업혁명에 성공할 수 있었던 또 다른 요인은 핵심적인 지하자원들을 보유하고 있는 점이었다. 영국 북부와 중부, 남부 웨일즈, 스코틀랜드 저지대에는 자연자원들이 많았다. 석탄, 철, 납, 구리, 주석, 규석, 수력 등의 국내 공급은 산업의 확대와 성장을 위한 최상의 조건이 되었다. 또한 영국 서북부의 습하고 따뜻한 기후는 면화의 방적(紡績)에 이상적인 환경을 제공하였다.

1688년경 이래의 안정된 정치상황과 영국사회의 변화에 대한 수용자세는 사회혁명에 유리한 요소들이었다. 상류 지주계급에 의한 인클라우즈 조치(Enclosure movement)는 산업화에 저항할 수 있는 소작인 계급을 파괴시켜 버렸고 상류 지주계급의 상업상의 이익에 대한 관심은 자본주의의 성장에 장애가 되는 것들을 제거시키는 데에 앞장을 서게 하였다.

영국의 인구는 1550~1820년 동안에 280% 성장하였다(다른 서유럽나라들은 평균 50～80% 성장하였다). 1750~1800년 유럽 도시화의 70%가 영국에서 일어났다. 1800년까지 영국보다 도시화가 더 된 곳은 네덜란드가 유일하였다. 성장한 인구를 먹여 살리기 위해서는 더 많은 땅이 필요하였는데 화학비료와 말(馬) 대신 기계화 동력을 사용하여 새로운 땅을 간척하였다. 말 한 마리를 먹일 마초를 확보하기 위해서는 3 내지 5에이커의 땅이 필요하였으나 초기의 증기엔진조차도 말의 4배가 넘는 에너지를 만들어 내었다.

1700년 전 세계 채탄(採炭)의 6분의 5가 영국에서 이루어졌다. 네덜란드는 유럽에서 가장 도시화되고 최상이 교통망과 최고의 비 문맹률을 자랑하였으나, 석탄이 없었기 때문에 산업화에 실패하고 말았다.

영국의 발전의 또 하나의 원인은 신교도들의 노동윤리에 있었다는 이론도 있다(Max Weber). 신교도들 중에도 특히 침례교파와 퀘이커 교도(Quakers)와 장로교인(Presbytarians) 등과 같은 프로테스탄트 교파들은 진보와 기술과 근면을 신봉하였으며 명예혁명(1688) 이후의 입헌군주제 수립에 따른 법의 지배에 신념을 두고 있었다. 그들은 공공부문에서는 거의 배제되어 있었기 때문에 금융, 제조업, 교육 부문에서 활약을 하였으며, 특히 유일주의자(Unitarians)들은 비 국교회 학원들을 창설하여 수학과 과학을 집중적으로 가르쳐 제조업 기술의 향상에 기여하였다. 중산층에 속하는 이들은 자신들과 처지가 비슷한 '동료' 프로테스탄트들에게 자금 공급과 투자를 관대히 하여, 기업가 집단이 커졌으며 이들 기업가 집단은 17세기 과학혁명으로 생긴 새로운 테크놀로지에서 새로운 기회를 찾았다.

한편 루이스 멈퍼드(Lewis Mumford)는 산업혁명의 근원은 중세 초기에 있었다는 색다른 주장을 폈다. 그에 따르면, 표준화된 대량생산의 모델은 인쇄업이었으며 "산업시대를 위한 전형적인 모델은 시계산업"이었다. 그는 또한 질서와 시간엄수를 강조한 수도원 수칙과 일정시간 간격의 교회 타종 등은 후일 증기엔진 같은 기계들을 출현시킨 선배들이었다고 주장했다.

사상적 영향

〈자본주의〉 계몽주의 시대는, 증가하는 과학적 지식을 실제에 적용하는 것을 환영하는 지적환경을 제공하였다. 증기엔진을 과학적 분석에 의거하여 체계적으로 개발한 것도 그 한 가지 예이다. 사회에 대해서도 사변적인 논의보다는 정치사회학적으로 분석하는 지적 테두리는 아담 스미스의 「국부론」에서 절정을 이루었다. 「국부론」의 주요 주장들 가운데 하나는 산업화가 전체를 위한 부를 증가시킬 것이라는 것이며, 이것이 기대수명을 늘리고 노동시간을 줄이며 어린이와 노인의 노동을 없애 줄 것이라는 것이었다. 이것은 자본주의의 도래를 예고한 것이다.

〈사회주의〉 사회주의는 자본주의에 대한 비판으로서 나타났다. 마르크시즘(Marxism)은 본질적으로 산업혁명에 대한 반동으로서 시작됐다. 카를 마르크스(Karl Marx)에 따르면, 산업화는 사회를 부르주아(bourgeoisie)와 프롤레타리아(proletariat)로 양분한다. 부르주아란 공장·토지 등과 같은 생산수단(the means of production)을 소유한 자들을 말하며, 프롤레타리아는 생산수단으로부터 무언가 가치 있는 것을 도출하기 위해 필요한 노동을 실제로 수행하는 노동계급을 말한다. 그는 산업화 과정을 중세적 생산양식의 변증법적 진전으로 보았다. 즉 현 단계는 중세에 대한 반(反)

명제로서 자본주의가 실현되어가는 진전이며, 자본주의는 또한 앞으로 도래할 사회주의를 향한 필연적인 전 단계로 보았다.

〈낭만주의〉 산업혁명 동안에 새로운 산업화에 대한 지적·예술적 적개감이 성장하였다. 이것을 우리는 낭만주의운동이라 부른다. 영국에서는 윌리엄 워즈워스(William Wordsworth), 윌리엄 블랙(William Black), 바이런 경(Lord Byron)과 같은 예술가·시인들이 이 운동의 주동자들이다. 이 운동은 예술과 언어에 "괴상한" 기계와 공장을 말할 것이 아니라 이와는 대조되는 "자연"의 중요성을 담아야 한다고 강조하였다. 블랙은 "어두운 악마의 작업장"(Dark satanic Mills)이라는 시를 썼고, 매리 셸리(Mary Shelley)의 소설 「프랑켄슈타인」(Frankenstein)은 과학의 발달이 가진 양면의 칼날에 대한 관심을 반영한 것이었다.

제 17 장

칸트·헤겔·바이런

이 마지막 장에서 칸트·헤겔·바이런을 다루는 이유는 19세기의 독일의 관념철학과 유럽의 낭만주의를 이해하기 위해서이다. 칸트와 헤겔의 철학은 대학의 철학(Academic philosophy)으로서 당시로서는 오로지 전문가들에게만 영향을 끼쳤을 뿐이었지만, 19세기 후반부터 대두한 사회주의, 실존주의, 파시즘 등 서양사상의 주요대목들이 칸트와 헤겔 철학의 영향 아래 형성되었기 때문에, 계속 공부를 하기 위해서는 칸트와 헤겔에 대한 기초 지식이 필요할 것이라고 여겨진다.

바이런으로 대변되는 낭만주의는 합리주의와 산업혁명에 수반한 산업주의에 저항하는 하나의 반역적 사조였었는데 19세기를 이해하기 위해서는 이에 대한 일견도 필요한 것으로 보인다.

칸트와 헤겔은 같은 독일 출신이지만 시대적으로는 어느 정도 거리가 있다. 칸트는 프랑스혁명이 일어나기 전에 그의 주요 저술을 펴낸, 18세기 후반의 인물인 데 비하여, 헤겔은 칸트보다 46년 늦게 태어난 후배로서 주로 19세기에 학문활동을 하였다. 그러나 헤겔철학의 기본은 칸트에게서 배운 것이며 칸트주의자로서 독일관념론을 계승하는 것으로 분류된다.

영국·미국·프랑스에서 계몽사상이 사회개혁을 위한 실천사상으로서 맹위를 떨치고, 이와 더불어 그 사회들이 동요되고 있을 때 칸트의 독일은 구습에 젖은 채로 비교적 평온하였다. 칸트는 스콜라철학 때까지의 사유의 전통에 따라 인간의 인식의 문제와 도덕의 문제를 조용히 그리고 깊이 성찰하였다. 그의 철학으로 인하여 19세기에 들면서 독일이 철학에서 지적 우위를 차지하게 되었다.

과거 독일의 존재는 신성로마제국에 의해 유지되었으나 종교개혁과 30년전쟁(1618~1648: 독일을 무대로 유럽 여러나라 사이에 벌어졌던 종교전쟁)으로 인해 통일독일은 아주 파괴되어 버리고 이 이후로는 프랑스의 지배를 받는 소공국으로 남겨져 있었다. 오로지 프러시아(Prussia)만이 독일의 유일한 국가로서 독립을 유지하였다.

칸트가 세상을 떠났을 무렵인 19세기 초엽, 프러시아는 정치적으로는 우세하였지만 문화적으로는 서부독일보다 우세하지 못했다. 괴테(Johann Wolfgang von Goethe, 1749~1832)를 비롯하여 헤겔 등 많은 저명한 독일 사람들이 예나에서 거둔 나폴레옹의 승리를 서글퍼하지 않은 것도 이 때문이었다. 독일은 19세기 초에 문화적으로나 경제적으로 매우 다양한 모습을 나타내었다. 동부 프러시아에서는 여전히 농노가 남아 있었다. 시골에서는 귀족들이 대체로 전원적인 안일 속에 놓여 있었고, 노동자들은 전혀 교육을 받지 못하고 있었다.

한편, 서부독일은 옛날에는 로마의 속령이었으며, 17세기 이후로 프랑스의 세력권에 들게 되었는데, 프랑스 혁명군에게 점령되었을 때 프랑스와 같은 자유주의적인 제도를 갖게 되었다. 너그러운 몇몇 군주들은 예술과 과학의 보호자가 되었다. 그 가장 두드러진 예는 바이마르(Weimar)이다.

바이마르 대공(大公)은 괴테의 보호자였다. 이 군주들은 거의 다 독일의 통일에 반대하였다. 그것은 독일의 통일이 그들의 독립을 깨뜨리는 결과를 가져오기 때문이었다. 그리하여 그들은 반(反) 애국주의적이었으며, 그들에게 의존하고 있던 많은 저명한 인사들도 그러하였다. 그들은 나폴레옹을 문화에 대한 사명을 띤 자로 보았다. 청년 헤겔도 마찬가지였다.

그러나 프러시아의 프레더릭 왕자(Frederick Ⅱ the Great, 1712~1786, 재임: 1740~1786)는 독일의 통일을 꿈꾸었으며, 베를린을 문화의 중심지로 만들려고 하였다. 그 문화는 문학이나 예술보다는 철학과 더욱 관계가 깊었다. 헤겔은 베를린에서 교수로 있었으며 프러시아의 철학적인 대변인으로 변해 있었다. 헤겔은 독일 애국주의와 프러시아에 대한 숭배를 동일하게 간주하게 하는 길을 닦는 데 큰 공헌을 하였다. 덜 국제주의적인 사조(思潮)가 독일의 진로를 주도하게 되었던 것이다. 이후 프러시아는 독일을 통일하였다.

칸 트

임마누엘 칸트(Immanuel Kant, 1724~1804)는 프러시아의 쾨니히스베르크(Königsberg)에서 마구(馬具) 제조공의 아들로 태어났다. 양친은 가난하였으나 경건하였으며 칸트를 경건주의의 전통 속에서 양육하였다. 이 경건주의란 내심의 순결과 도덕적 성실성을 강조한 그리스도의 한 종파였다. 칸트는 쾨니히스베르크 대학에서 철학과 물리학을 공부하였다. 젊어서는 가정교사를 하면서 과학에 대한 저술을 하였다. 그는 30대에 7년전쟁(1756~1763)을 겪었다. 이 전쟁 동안에 러시아인(人)은 동프러시아를 점령하였었다. 그는 45세(1770)에 마침내 모교인 쾨니히스베르크대학의 논리학·형이상학 교수가 되었다. 그는 프랑스혁명과 초기 나폴레옹시대에 살았다.

칸 트

그는 경건한 기독교도로서 성장했으나 정치에 있어서나, 신학에 있어서는 자유주의자였다. 그는 공포시대(The Reign of Terror, 1793~1795)까지는 프랑스혁명을 지지하였다. 그는 평생을 통하여, 쾨니히스베르크로부터 10마일 바깥으로 나가본 적이 한 번도 없다. 그는 결혼을 한 적도 없으며 경건하게 조용히 살았다.

그는 체험(體驗)과 선험(先驗)을 결부시킨 철학자이며 이성(理性)을 중시하는 독일관념론의 창시자이다. 그는 공리주의 윤리를 철저히 배격하고 추상적인 철학적 논의에 의해 입증된다고 주장하는 윤리학 체계를 지지한다. 자유에 대한 그의 사랑은 다음과 같은 그의 말에 잘 표현되어 있다. “인간의 행위가 타인의 의지에 복종해야 한다는 것보다 더 두려운 것은 없을 것이다.”

칸트의 가장 중요한 저술은 「순수이성비판」(Critique of Pure Reason)이다. 이 책은 초판이 1781년에 나오고, 재판은 1787년에 나왔다. 이 책의 목적은 지식의 본성이 어떤 것인가를 밝히는 것이었다. 그는 인간의 모든 지식은 경험을 초월할 수 없지만, 그러나 부분적으로는 선험적(先驗的)이며, 이것은 경험에서 귀납적으로 추리되는 것은 아니라는 것을 주장하고 있다. 그는 10년 동안 침묵을 지키며 이 책을 구상하였다. 구상이 끝난 후 8백쪽에 달하는 이 책을 집필하는 데는 불과 석 달이 걸렸을 뿐이라고 한다.

칸트는 과학적 지식을 중시하였다. 그리고는 지식의 본성을 밝히기 위해 인식론 수립에 몰두하였는데, 이것이 그의 독자적인 인식론으로서 세상에 나온 것이 「순수이성비판」이다.

〈칸트의 인식론〉 우리가 소유하고 있는 지식을 검토할 때, 우리는 그것이 여러가지 종류의 ‘진술’을 내용으로 하고 있음을 발견한다고 칸트는 주장하였다. 우리들의 진술 가운데 어떤 것은 ‘분석적’이고, 다른 어떤 것은 ‘종합적’이다. 그리고 종합적 진술 가운데 어떤 것은 ‘후천적’(a posteriori)이고 어떤 것은 ‘선천적’(a priori)이다.

‘분석적 진술’(analytic proposition)이란 술어의 의미가 주어의 의미 속에 포함되어 있는 것이다. 예컨대 “모든 미혼자는 결혼을 하지 않았다” “모든 물체는 공간을 차지한다”와 같은 것이다. 분석적 진술은 우리의 지식을 늘리지 않는다. 그러나 그것들은 우리의 개념들을 더욱 뚜렷하게 하며, 또 우리로 하여금 더욱 잘 이해하게 한다.

다른 한편, ‘종합적 진술’(Synthetic proposition)이란 술어의 의미 속에 주어의 의미가 포함되어 있지 않은 것이다. 예컨대 “모든 미혼자는 쓸

쓸하다" "공기는 무게를 가진다"와 같은 것이다. 종합적 진술은 주어 속에 분명하게 들어 있지 않는 어렴풋한 어떤 것이 술어를 통하여 첨가되는 판단이다. "공기는 무게를 가진다"는 것은 하나의 종합적 진술이다. 왜냐하면 우리가 알고 있는 중력을 공기라는 말에 결부시킬 수 있을 것이기 때문이다. 종합적 진술이 참된 진술들인 경우, 우리의 지식을 늘려준다. 과학적 지식의 확대는 우리가 종합적 진술을 할 수 있게 됨으로써 가능하게 되는 것이다.

우리의 종합적 진술들은 대부분 경험에 그 기초를 두고 있다. 물이 기름보다 무겁다는 것, 미혼자는 흔히 외롭다는 것, 어떤 농부가 보리밭을 소유하고 있다는 것 등 실로 물리적 및 사회적 세계에 관한 대부분의 판단들은 모두 사실들을 관찰함으로써 후천적인 경험으로 알게 되는 것이다.

그런데 어떤 종합적 진술들은 선험적인 것들이다. 이 선험적인 종합적 진술들은 모두 과학에서 근본적인 것이기 때문에 매우 중요하다. 선험적인 종합적 진술들은 A가 B임을 보고하는 데에 그치는 것이 아니라 한 걸음 더 나아가 A가 B이어야 함을 주장하는 것이다. 그것들은 필연적인 것이다. 예컨대 '모든 사건에는 원인이 있다'는 진술, '물리적 세계에서 물질의 전체 양은 언제나 같다'는 진술, '직선은 두 점 사이의 최단거리'라는 진술, 이 밖에, '12의 입방은 1728'이라는 등의 많은 수학적 진술들은 필연적인 진술들이다. 이들 진술들 가운데 어떤 것은 경험적으로 알게 된 진술들이지만, 아무런 경험의 누적 없이 그러한 진술이 참이라는 것을 우리는 알 수가 있다. '두 점 사이의 최단거리는 두 점 사이의 직선'이라는 것은 경험을 통해서도 차차 알 수 있는 것이지만, 경험을 전혀 하지 않은 입장에서도 이것을 이해할 수가 있는 것이다.

칸트는 '어떻게 선험적인 종합적 진술이 가능한가?'라는 물음을 그의 근본문제들 가운데 첫째가는 것으로 삼았다.

경험론자들은 선험적인 인식의 가능성을 쉽게 부인하는 것이 보통이었다. 그러므로 칸트 이전의 두 학파 데카르트파와 경험론자들은 어느 쪽이나 올바른 인식론을 전개시킬 수 없었다. 합리론자(rationalists, cf. Descartes)와 경험론자(empiricists, cf. John Locke) 등 양자에 대하여 그는 그 자신의 새로운 인식론을 내세워, 이것에 '비판'(Critique)이란 이름을 붙였다. 칸트가 말하는 '비판'이란 우리로 하여금 선험적인 종합적 진술을 할 수 있게 하는 여러 조건들을 가르쳐 주는 인식론이다. 우리가 '선험적'에 대해 이야기하기 전에 칸트가 가졌던 '경험'과 '지식'과의 관계에 대한 견해부터 언급하기로 하자.

〈경험과 지식〉 칸트는 경험이 무엇인가에 관하여 영국의 경험론자와는 전혀 다른 견해를 가지고 있었다. 그는 우리의 모든 지식이 경험과 '함께' 시작한다는 것을 인정하였다. 그러나 그는 우리의 모든 지식이 경험 '하고나서' 생긴다는 것은 부인하였다. 왜냐하면 그는 모든 지식은 경험하고 있는 동안에 얻어지는 것이라고 보았기 때문이다. 선험적인 것은 경험보다 시간적으로 앞서는 것을 의미하는 것이 아니다. 경험을 하는 과정에서 우리의 정신작용으로 경험하지 아니한 것까지를 알게 되는데, 이것이 '선험적'이란 말의 뜻이다.

칸트의 견해를 들어보면 이것을 좀더 명확히 이해할 수 있다. 그에 따르면, 첫째로 대상은 단순한 요소들로 되어 있고 다음에 정신이 이것들을 어떤 모양으로 정리하는 것이 아니다. 오히려 이미 여러 대상들은 복잡하게 얽힌 복합체로서 존재하며, 대상을 맨 처음 경험하게 되었을 때 정신은 그 대상들 가운데 몇 가지 사상(事象)만에 대하여 주의를 기울이는 것이다. 둘째로 경험은 수동적인 정신에 주어진 각인이 아니다. 오히려 경험은 대상이 출현하자마자 정신이 적극적으로 작용하여 지각하며 인식하고 활동하는 하나의 세계이다. 대상들은 정신이 그것들에 요구하는 조건에 부응하지 않는 한 결코 경험 속에 들어올 수 없다.

이와 같은 칸트의 인식론을 철학에 있어서 코페르니쿠스적(的) 전환(Copernican Revolution)이라 부른다. 천문학에서 코페르니쿠스 이전에는 태양이 지구의 주위를 돌고 있는 것으로 보았다. 칸트 이전까지 경험론자들은 인식에 있어서 대상이 중심이고 정신은 대상들의 주위를 도는 것과 같은 부차적인 것으로 보았다.

이러한 전통적 견해를 칸트가 뒤집어 놓았다. 즉 대상들이 정신이라고 하는 중심적 사실의 주위를 돌고 있으며, 그리고 대상들이 정신이 정한 여러 조건에 따름으로써 정신의 경험 속에 들어오게 된다. 정신은 경험 속에 언제나 있는 하나의 요인이요, 유일한 요인이다. 그리고 정신은 우리의 감관(感官)에 지각되는 모든 대상에 대하여 입법적(立法的)이다. 즉 규율하는 역할을 한다. 만일 우리의 지각들이 대상들 자체의 성질에 순응해야 한다면, 우리는 대상이 그들 자신의 성질을 알려주기까지는 우리는 공간과 시간과 물질의 운동에 관한 인식을 전혀 가질 수가 없다. 그런데 실상 우리는 선험적인 인식을 상당히 많이 가지고 있다. 선험적인 인식이 가능하였다는 것은 대상들이 정신의 선험적 요구 조건들에 순응하였음을 의미한다. 대상이 완성된 재료로서 인식된다기보다는 오히려 대상에 대한 경험이 인식의 한 양식이 된다고 칸트는 말하고 있다. 모든 경험에 있어서 정신은 이미 활동하고 있었으며, 대상들은 정신에 포착되는 순간부터 이해될 수 있게끔 정신이 요구하는 조건들에 순응하고 있었다는 것이다.

〈선험적 인식〉 칸트는 인간정신의 선험적 인식능력을 논증하기 위해 공간과 시간에 대한 인식이 어떻게 이루어지는가를 다음과 같이 설명하고 있다. 공간에 관한 논증은 시간에 관한 논증과 동일하다. 그러므로 공간에 관한 논증만을 요약키로 한다.

1) 공간은, 어떤 물건의 빛깔이라든가 단단함 따위의 감각들을 바탕으로 삼아 얻게 된 경험적 개념이 아니다. 이런 감각들로부터 독립해서 우리는 공간에 대한 의식을 갖고 있는 것이다.

2) 우리는 우리가 무시하고자 하는 어떤 대상이 있을 때는 그 대상을 생각 밖으로 제거할 수 있다. 그러나 우리는 공간을 우리의 생각 밖으로 제거할 수 없다. 그러므로 공간은 지각적 경험의 선험적인 형식이다.

3) 공간은 하나이다. 우리는 공간의 여러 부분을 지각한다. 우리는 결코 지각된 부분들을 하나하나 붙여 감으로써 하나의 포괄적인 공간을 얻을 수는 없을 것이다. 그러므로 모든 것을 포괄하는 하나의 공간이 지각된 부분들에 앞서 있는 것이다.

4) 공간은 하나이며, 무한한 전체로서 우리의 의식 속에 나타난다. 그리고 이 전체 속에 모든 지각된 부분들이 서로 합당한 관계를 지키면서 들어서 있는 것이다. 하지만 경험은 그 어떤 무한한 것도 정신에 줄 수 없다. 그러므로 정신이 무한한 공간의 형식을 경험에게 주지 않으면 안 된다.

공간에 대한 이러한 칸트의 설명은 우리의 공간의식이 정신에 의해 부여된 필연적인 형식이라는 것을 밝히려는 것이었다. 우리는 사물들 자체가 공간과 시간 속에 있다고 단정할 근거가 없다. 그러나 경험 속에는 공간과 시간이 보편적으로 들어 있다. 공간과 시간은 그 기원의 관점에서 보면 그것들이 정신에서 나온 것인 때문이라고 그는 말했다.

〈사물 자체와 이성〉 칸트는 대상인 사물에 대한 우리의 인식과 관련하여 사물의 '현상'과 '사물 그 자체'(thing in itself)를 구별하였다. 우리가 우리의 감관을 통해서 사물에 대해 지각하는 것은 사물의 '현상'일 뿐이지, '사물 그 자체'는 아니라는 것이다. 우리가 알 수 있고, 우리가 경험으로 처리하는 것은 현상에 국한될 뿐이다. 사물이 가진, 진정한 사물의 실재라 할 수 있는 사물 그 자체는 우리의 지각으로써는 알 수 없는 것이며, 논리적 추론으로 '이성'이 짐작할 수 있을 뿐이다. 우리가 하늘의 별들을 보는 것은 우주의 현상들을 보는 것이며 우주 그 자체를 보는 것은 아니다. 그러나 우주 그 자체가 존재한다는 것을 우리의 이성으로써 추론할 수 있는 것이다.

칸트가 말하는 '이성'은 바로 사물에 경험을 부여하여 사물을 이해하는 정신의 능력을 의미하는 것이다. 이성은 경험된 현상들 이외에는 다른 어떤 대상에도 결코 도달하지 않지만, 이성은 경험하지 않은 사물 자체를 이해하고자 하는 이념을 가진다고 칸트는 주장한다. 그는 사물 자체를 다른 말로서 '누우메나'(noumena), 즉 '가상적 존재'(可想的 存在)로 표현하였다. 이 말은 어원적으로 '이성이 본 대상'을 의미한다(칸트는 오성(悟性)을 이성과 구별하여, 오성은 오로지 현상으로부터 얻은 경험을 판단하며 법칙을 인식하는 능력을 지칭하였다. 오성은 이성에 비해 한 차원 낮은 인식능력이다).

칸트는 자신이 경험주의와 합리주의를 타협시킨 창시자라고 믿었다. 경험주의자들은 지식은 오로지 경험을 통해서만 얻어진다고 생각한 반면, 합리주의자들은 지식은 데카르트적인 의혹에 노정되어 있는 것으로서 이성만이 우리들에게 지식을 제공한다고 생각하였다. 그러나 칸트는 이성을 경험에 적용하지 않고서 단지 이성을 사용만 하면 환상에 이르게 되고, 경험은 경험을 먼저 순수이성에 포괄시키지 않으면 순전히 주관적인 것이 되어 버린다고 본 것이다.

〈도덕철학〉 칸트는 '신'과 '자유'와 '영혼 불멸'을 '이성의 3대 이념'(三大理念)이라고 하였다. 순수이성은 우리로 하여금 이 이념들을 형성하도록 유도한다. 그러나 이 이념들의 실재(實在)를 입증하지는 못한다. 이 이념들의 중요성은 실천적인 데에 있다. 다시 말해서 그것은 도덕과 관련되어 있는 것이다. 이성을 오직 이지적으로만 사용하면 과오를 범하게 되며, 올바로 사용하면 도덕적인 목적을 달성하는 데에 힘이 된다.

이성을 실천에 적응시키는 문제는 그의 「실천이성비판」(Critique of Practical Reason, 1788)에서 다루고 있다. 칸트는 무엇보다도 먼저 도덕법칙은 정의(justice)를 요구한다고 보았다. 그리고 정의란 덕(德)에 비례되는 행복(幸福)이라고 하였다. 그런데 이것은 오직 신의 섭리만이 보증해 줄 수 있다. 그리고 분명히 이 세상에서는 보증받을 수 없다. 그러므로 신은 존재하며 내세(來世)는 있는 것이다. 또한 자유도 있어야 한다. 자유가 없으면 덕이란 있을 수 없기 때문이다.

칸트는 도덕을 어떤 공리주의(功利主義)와도 관련지으려고 하지 않는다. 그는 결코 도덕성 자체 이외의 어떤 목적을 도덕성에 두려는 학설과는 관련이 없는 '전혀 고립된 도덕의 형이상학'을 원하였다. 그는 "모든 도덕개념은 완전히 선험적인 이성(理性) 속에 그 위치와 근거를 갖고 있다"고 하였다. 도덕적인 가치는 우리가 의무감에서 행할 경우에만 있을 수 있는 것이다. 이성적인 존재는 법칙의 이념에 따라 행동할 능력을 소유하고 있다. 다시 말해서 의지(意志)에 의해 행동할 능력을 갖는다는 것이다. 그 의지를 불러일으키는 것은 '이성의 지배'라고 할 수 있다. 이 지배의 형식을 우리가 '명법'(命法, imperative)이라고 부른다면 그 명법은 2가지로 생각할 수 있다. 즉 '가언명법'(假言命法, hypothetical imperative)과 '정언명법'(定言命法, categorical imperative)이 그것이다. 가언명법은 '네가 어떤 목적을 이루고자 하면 이러저러하게 행동해야 한다'이고, 정언명법은 목적에 관계없이 어떤 행동이 객관적으로 필요하다는 것이다.

정언명법은 의무관념에서 나오는 단 하나의 유일한 도덕적 책임이다. 이것은 목적에 관계없이 어떤 행동이 객관적으로 필요하다는 것이다. 이 명법은 종합적이고 선험적이다. 칸트는 이와 같은 도덕적 법칙의 요구를 정언명법이라고 정의했던 것이다.

"정언명법을 생각해 보면 곧 그 내용이 무엇인지 알 수 있다. 정언명법은 그 자체로서 선(善)이며 누구를 막론하고, 어떤 상황, 어떤 환경에서도 그것에 복종을 해야 한다. 왜냐하면, 정언명법에는 도덕법칙이 포함되어 있고, 이 법칙에 따라야 한다는 행동규범의 필연성이 포함되어 있을 뿐, 그 밖에는 어떤 조건에 의해서도 제약을 받지 않는다. 그러므로 도덕법칙의 보편성 이외에는 아무것도 남아 있지 않다. 인간의 행동규범은 이 보편성을 가져야 하며, 또 그래야만 명법을 절대화시킬 수 있다. 그러므로 정언명법은 다음과 같이 단순한 것이다. 즉 '너는 네 행동규범(maxim)이 동시에 보편적인 법칙이 될 수 있도록 행동하라,' 또는 '너는 네 행동규범이 네 의지를 통하여 일반적인 자연법칙이 될 수 있도록 행동하라' 이다."

칸트는 이 정언명법의 작용에 관하여, 예를 들어, 돈을 빌리는 것은 잘못이라고 한다. 저마다 돈을 빌리려고 하면, 꿔줄 돈이 남아나지 않을 테니까. 도둑질이나 살인 같은 것도 마찬가지로 정언명법으로 정죄(定罪)할 수 있다.

칸트에 따르면, 덕은 행위가 목적한 결과에 달려 있는 것이 아니라, 그 원리에 달려 있음을 강조한다. 이것을 인정하게 되면 그의 행동규범보다 더욱 구체적인 것은 전혀 없다는 이야기가 되는 것이다. 신·자유·영혼불멸에 관한 이성의 이념도 진정 그의 도덕철학으로부터 추론된 것이다. 여기서 그의 주장을 조금씩 부연하면 다음과 같다.

〈하나님〉 신을 믿는 신앙은 실천적 필연성이다. "신에 대한 관념은 '최고선의 이상으로서' 행복과 도덕과의 관계로부터 분리될 수가 없는 것이다. 이 연계는 하나의 지적인 도덕의 세계이며 실천적 견지에서 볼 때 필연적인 것이다." 이러한 칸트의 견해는 볼테르가 "만약에 신이 존재하지 않는다면 필연적으로 신을 발명해 내야 할 것"이라고 한 말과 맥을 같이한다.

칸트의 이성적 신학은 하나님이 최고의 존재로서 실재한다고 하는 종래의 제1원인론을 지지한다(이것을 본체론적 증명이라고도 한다). 그는 최고의 완전한 존재라는 관념을 품은 사람들은 반드시 이런 존재가 실재하는 것으로 생각하지 않고서는 못배긴다고 말했다. 왜냐하면 만약 그렇지 않다면 그들이 존재를 생각하는 대신 환상을 가지고 장난하는 것이 되고 말기 때문이다.

〈자 유〉 도덕적 명령에 따를 수 있으려면, 따를 수 있는 자유를 갖지 않으면 안 된다. 오직 자유로운 사람만이 선한 의지(善意志)의 사람일 수 있다. 만일 사람들의 행동이 외부로부터 그들에게 가해지는 인과적(因果的) 세력들에 의하여 결정된다면 정녕 그들은 정언명법의 여러 요구에 복종할 수 없다. 이성을 가진다는 것은 도덕적 행위를 가능케 하는 조건이다. 이에 비해 자유는 도덕적 행위를 현실적으로 실행시키게 하는 조건이다. 그렇다고 하면 인간은 자유롭거나, 아니면 인간에게 도덕이란 것이 아주 없거나 둘 중의 하나일 수밖에 없다.

도덕적 행위를 실천하는 데는 우리의 의지가 필요하다. 이 의지는 오로지 자율에 의한 의지여야만 하기 때문에 자유가 그토록 중요했던 것이다. 의지의 자율이란 우리가 경험하는 세계의 모든 압력을 배제할 수 있는 그리고 의지가 자기 자신에게 자유롭게 부과하는 법칙을 따를 수 있는 의지의 능력이다. 그러므로 도덕의 최고원리는 의지의 자율적 능력이다. 인간의 의지와 도덕적 명법이 완전히 조화될 때 인간은 최고의 선에 도달할 수가 있는 것이다.

〈영혼불멸〉 그러나 인간의 의지와 도덕적 명법의 조화는 감관(感官)의 세계에 사는 살아 있는 인간에게는 그 누구에게라도 불가능한 것이다. 그러한 조화는 현세를 초월하는 '거룩함'(sublime)이요, 현실적 인간의 유한한 생애를 벗어나 완전을 향한 무한한 진보를 요하는 것이다. 그러므로 우리가 도덕적 명법이 요구하는 바를 충족시키고자 우리가 열망하는 한, 우리는 '영혼의 불멸'을 요청하지 않을 수가 없는 것이다.

이러한 원리들이 참되다는 것을 알 수 있는 가능성은 없다. 왜냐하면 안다는 것은 현상세계에서 되어지고 있는 것에 국한되기 때문이다. 그렇다고 해서 이러한 원리들이 모두 그릇되다는 것을 알 가능성도 전혀 없다. 왜냐하면 그릇되다는 것을 알기 위해서는 가상적 세계(사물 그 자체)를 알아야 하는 것일진대, 우리의 인식은 거기까지는 미치지 못하기 때문이다.

우리가 생각해 볼 때, 칸트는 경건주의의 배경과 강렬한 도덕적 성실성을 가졌던 탓으로, 도덕적 가치들의 궁극성에 대한, 인간 속에 깊이 간직된 그리고 제거할 수 없는, 느낌을 보존해 주는 원리들이 절대로 없을 수 없다고 확신하였던 것이다. 이 원리들은 결코 지식의 조항이 될 수 없는 것이며, 차라리 신앙적 조항이다. 그러나 그것들은 도덕적 생활의 요청들이다. 그리고 도덕이란 이성적 법칙에 대한 복종이기 때문에, 그것들은 실천이성의 요청들이라고 부를 수 있다.

〈미 학〉 칸트는 미학(美學)을 하나의 통일된 철학체계에 포함시킨 최초의 철학자이다. 칸트는 아름다움(美)은 예술품이나 자연현상이 가진 하나의 속성이 아니라, 우리의 상상(想像)과 이해(理解)에 수반해서 생기는 만족이라고 말했다.

우리는 우리의 이성으로 어느 것이 아름답다를 결정하지만 그러나 그러한 판단은 인지적이거나 논리적인 판단이 아니라 실천적인 것이다. 미에 대한 순수한 판단은 사실 주관적인 것이다. 왜냐하면 그것은 한 대상에 대한 순전한 호감에 기초를 둔 개인의 감정적 반응이기 때문이다.

즉 미에 대한 판단은 이해관계를 떠난 만족이며 보편적인 타당성을 지니는 것이다. 이 보편적인 타당성은 미에 대한 결정된 관념에서 비롯되는 것이 아니라 상식에서 비롯되는 것이라는 것을 지적하고 싶다. 칸트는 또한 미적 판단에는 도덕적 판단에 개입되는 원리와 같은 원리가 적용되는 것으로 믿었다. 미적 판단과 도덕적 판단, 둘 다는 이해관계를 초월해 있는 실천적인 것이며, 보편적인 것이다.

〈칸트의 정견(政見)〉 칸트는 노년에도 생동하는 마음을 가지고 있었다. 그는 그의 「영구평화론」(Perpetual Peace, 1795)에서 자유국가들이 전쟁을 금지하도록 약속하고 결속된 연방을 결성할 것을 제창하고 있다. 그에 따르면, 이성은 전쟁을 철저히 정죄(定罪)할 수 있으며, 오직 세계정부(international government)만이 전쟁을 방지할 수가 있다는 것이다. 세계정부의 조직은 공화주의적이어야 한다.

이 말은 행정부와 입법부가 분리되어야 한다는 뜻이며, 왕의 존재를 부인하지 않았다.

그는 군주 밑에서 가장 쉽사리 완전한 정부를 세울 수 있다고 믿었다. 이 책을 쓴 것은 프랑스에서 실행되던 공포정치의 충격을 받고 있었던 때이므로 민주주의에 대하여 회의적이었다.

그에 의하면 민주주의는 행정권을 세우기 때문에 반드시 전제정치가 된다는 것이다 .

"전 국민이 나라 일을 처리한다고는 하지만, 사실은 국민 전체가 아니라 단지 소수자에 지나지 않는다. 그리하여 보편적인 의지는 그 자체와 모순되고 자유의 원리와도 모순된다"고 그는 보았다.

이런 말은, 칸트가 루소의 영향을 많이 받았다고 이야기되고 있지만 실은 그가 루소의 '일반의지'를 배척하였음을 나타낸다. 그의 세계연방주의 이념도 루소의 도시국가적인 정견(政見)과는 거리가 멀다.

헤 겔

게오르그 프리드리히 헤겔(Georg Wilhelm Friedrich Hegel, 1770~1831)은 독일 관념철학을 창시한 사람 중의 한 사람이다. 그는 스피노자와 마찬가지로 무한성의 우주를 유일한 본질로 여겼으며 이 본질에는 절대정신이 함유되어 있는 것으로 보았다. 그의 철학에서 가장 두드러지고 논란을 일으키는 부분은 이 우주의 운동법칙으로 제시한 변증법에 관련된 부분이다. 헤겔 철학은 난해한만큼, 그의 후배들에 의해 여러 갈래로 해석되고 이용되었으며, 그만큼 더 광범하게 영향을 미쳤다. 카를 마르크스(Karl Marx)도 그로부터 영향을 받은 사람 중의 하나이다.

헤겔은 1770년 8월 27일 독일 서남부의 스투트가르트(Stuttgart)에서 태어났다. 그의 아버지는 비르템베르크 공국(Wirttemberg court)의 세리(稅吏)였으며, 어머니는 고등법원 변호사의 딸이었다. 헤겔이 13살 때 어머니는 유행병으로 사망하였다. 헤겔에게는 한 명의 여동생과 한 명의 남동생이 있었는데, 이 남동생은 나폴레옹의 러시아 출정에 장교로 종군하였다가 전사하였다.

헤겔은 3살 때 '게르만 스쿨'에 입학하였고 5살 때 '라틴 스쿨'에 들어갔는데 이때 이미 그는 라틴어의 격변화를 어머니로부터 배워 알고 있었다고 한다. 그는 중등학교(Gymnasium Illustre)를 수석으로 졸업하고 18살 때 튀빙겐대학(the University of Tübingen)에 부설된 프로테스탄 신학대학(Tübingen Stift)에 들어갔다. 여기서 두 명의 동급생과 절친한 사이가 되었는데, 한 명은 시인인 프리드리히 횔데린(Friedrich Hölderin)이었고, 다른 한 명은 철학도인 조셉 쉘링(Joseph Schelling)이었다. 이들 3명은 서로 생각에 영향을 미쳤으며 프랑스혁명의 전개를 열정을 가지고 지켜보았다. 횔데린과 쉘링은 칸트철학에 몰입해 있었으나, 헤겔은 조금 초연하게 자신의 장래를 일반인이 쉽게 이해할 수 있는 대중적 철학자가 될 것을 설계하며 준비를 하고 있었다(그러나 그의 철학은 대중이 도저히 이해하기 어려운 것으로서 나타났다). 그는 23살 때 튀빙겐 신학대학을 졸업하여 신학사 자격을 얻었다. 이후 30살까지 베른(Bern)과 프랑크푸르트(Frankfurt)에서 가정교사로서 생계를 꾸리면서 기독교와 관련된 책들을 썼다.

헤 겔

1801년(31세)에 헤겔은 예나(Jena)로 와서, 예나대학에 객원교수로 있는 옛 친구 쉘링의 도움을 받아, 이 대학의 비정규 강사(Privatdocent) 자리를 얻었다. 1805년 그는 이 대학의 객원교수로 승진되었으나 여전히 일정한 급료가 없는 비정규직이었다. 그의 경제 형편은 더욱 악화되었으며 그의 저술이라도 팔기 위해 출판을 서두르고 있었다. 그 책이 바로 「정신의 현상학」(The Phenomenology of Spirit)이었다. 이 즈음에 나폴레옹이 예나시(市) 교외의 한 언덕에서 프러시아를 패배시킨 「예나전투」(the Battle of Jena, 1806. 10. 4)를 벌였다. 전투 하루 전날 나폴레옹이 사전답사차 시내에 모습을 나타냈는데 헤겔은 먼발치에서 그를 보았다. 헤겔이 친구에게 보낸 편지에서 이렇게 썼다.

> "나는 세계의 영혼인 황제를 보았네. 그는 사전답사차 시내에 말을 타고 나왔었네. 그런 인물을 본다는 것은 정말이지 기막힌 감동이었네. 그는 말 위에 올라 앉아 이곳 한 군데에 집중하고 있었지만 그의 마음은 저 멀리 세계에 미치고 있으며 세계를 꿰뚫고 있네. 이 비범한 사나이를 찬양하지 않는다는 것은 불가능한 일일세."

나폴레옹은 그가 딴 곳에서 한 것과는 달리 예나대학을 폐쇄하지 않았으나, 시가지는 황폐해졌으며 학생들은 학교를 떠났다. 그 이듬해(1807, 37세) 헤겔의 하숙집 아주머니는 그와의 관계에서 생긴 아들을 출산하였다. 이 여인은 남편으로부터 버림을 받고 있었다. 헤겔은 한 지방신문(Bamberg Zeiturg)의 편집장이 되어달라는 제의를 받고, 마음이 내키지 않았으나 마땅한 취직자리를 발견할 수 없었으므로, 태어난 아들과 그 어머니를 예나에 남겨둔 채 밤베르그로 떠났다. 그 다음 해에 누렘베르크(Nuremberg)의 한 고등학교의 교장으로 임명되어 8년 동안(1808~1816) 재임하였다. 이 기간중인 1811년, 그의 나이 41세 때 한 상원의원의 딸인 20세의 마리 헬레나 수잔나(Marie Helena Susanna, 1791~1855)와 결혼을 하였고, 잇달아 아들 둘을 낳았다. 이 기간에 그의 두 번째 주요저작인 「논리학」(the Science of Logic, 1812, 1813, 1816)을 출간하였다.

1816년(46세) 하이델베르크(Heidelberg)로부터 교수자리를 제의받고 그곳으로 갔다. 이 직후에 그의 10살 된 혼외(婚外) 아들이 그의 집으로 합류하였다. 지금까지 이 소년은 고아원에서 자랐으며 그의 어머니는 그 동안에 죽었다. 헤겔은 하이델베르크에서 학생들에게 강의한 철학노트를 요약해서 「철학개론 백과사전」(The Encyclopedia of the Philosophical Sentence in Outline, 1817)을 출간하였다.

1818년 베를린대학(the Unversity of Berlin)으로부터 철학과 주임이 되어 달라는 제의를 받았다. 이 자리는 피히테(Johann Gottlieb Fichte, 1762~1814)가 1814년 작고한 이래 공석으로 남아 있던 것이었다. 헤겔은 이곳에서 「권리의 철학」(Philosophy of Right, 1821)을 출간하였다. 그의 연구는 학생들에게 강의를 하기 위한 것이었으며, 그의 강좌는 미학, 종교철학, 역사철학, 철학의 역사 등 광범위하였다. 그의 명성은 널리 퍼졌으며 전 독일과 외국으로부터도 학생들이 몰려들었다. 헤겔은 1830년 그가 60세일 때 베를린 대학의 총장으로 임명되었다. 1831년 프레더릭 윌리암 1세 국왕(Frederick William Ⅰ)은 헤겔에게 프러시아에 대한 공로를 기리어 훈장을 수여하였다. 이 해에 베를린을 침범한 코레라 전염병으로 말미암아 11월 세상을 떠났다. 헤겔의 혼외 아들은 네덜란드 군대에 복무하던 중 헤겔이 세상을 떠나기 얼마 전에 죽었다. 그의 죽음 소식은 헤겔에게 전해지지 않았다. 헤겔의 두 적자 아들은 학자로서 성공하였고 오래 살면서 아버지의 저술들을 편집하였다.

〈인식론〉 헤겔이 스피노자에 대해 언급하면서 "현대의 거의 모든 철학자는 스피노자주의자이거나, 아니면 전혀 철학자가 아니다"고 말한 것을 기억할 것이다. 헤겔은 스피노자와 마찬가지로 유일한 실재(實在, reality)는 우주이며, 우리는 우주의 편린들인 현상을 경험할 뿐이라고 하였다. 현상들은 실재에 대하여, 마치 부분이 전체에 대한 것처럼 관계되어 있다. 경험은 원래 인간적 사건인 것이 아니다. 우리가 경험으로서 기억하고 있는 세상의 움직임은 하나의 광대한 우주적 과정으로서, 거기에 대한 우리의 유한한 참여를 넘어 공간적으로나 시간적으로 무한히 전개되고 있는 것이다. 우리는 우주의 한 토막인 현상을 경험할 때 모순과 애매성에 부딪혀 혼란에 빠질 수가 있으나, 우리의 유한한 경험이 더욱 더 넓어지거나, 혹은 우리가 우주에 대한 우리의 전망을 더욱더 구체적인 것이 되게 하면 할수록 우리는 경험이 더욱더 많은 합리성을 가지고 있음을 발견하게 된다. 이리하여 우리는 경험의 전부가 완전히 이성적인 것임을 깨닫게 되는 것이다. 우리 경험에서 이해할 수 없었던 점, 못마땅했던 점으로 우리가 생각했던 것들은 장시간에 걸친 우주의 점진적 운동에서 모두 극복되는 것이다. 왜냐하면 우주에는 합리성이 충만하게 깃들여 있기 때문이다.

그러나 유일한 실재인 우주도 완성품이 아니다. 실재는 끝없는 과정이요 따라서 우리의 인식도 결코 완성될 수는 없다. 실재에 대해 전적으로 올바른 인식을 할 수 있는 자는 우주 자체가 가진 인식이다. 헤겔은 우주 자체가 가진 인식을 '절대정신'(absolute idea)이라는 용어로 표현하였다. 헤겔은 '절대정신'을 신(神)이라고 부르기도 하고 가이스트(Geist: 정신)라는 단어로 표현하기도 하였다. 스피노자가 자연을 신과 동일시한 것과 같이, 헤겔도 우주에는 가이스트가 깃들여 있는 것으로 보았다. 그러나 헤겔의 우주관이 스피노자의 그것과는 다른 부분은, 헤겔은 우주를 내부적 운동법칙을 가지는 하나의 체계로 본 점이다. 그리고 우주의 운행은 가이스트가 지배하는 것이며, 우주운행의 일부인 인간의 역사도 가이스트가 그 자신의 발전과 그 양양한 미래에 대한 원대한 경륜을 펼치는 바의 것이다.

〈변증법〉 가이스트가 우주를 이끌어가는 방법은, 직선적이지도 않고, 순환적이지도 않으며, 이른바 변증법적이다. 변증법(dialectics)은 3개의 단계로 변천하는 주기적인 운동이다 이 단계들을 헤겔은 정립(定立, These), 반정립(反定立, Antithese), 그리고 종합(綜合, Synthese)이라고 불렀다.

이 단계들은 우리가 살고 있는 세계(現世界)의 진전과정에서도 찾아볼 수 있다. 정치·경제·군사·사회·사상 등 각 방면에서 나타난다.

첫 단계에서 오성(悟性: 칸트가 이성(理性)과 구별한 개념으로서, 오성은 분석적·논증적인 사고능력이다. 이에 비해, 이성은 초감성적인 실재를 추리하고 불변의 진리를 직관하며 그것에 의지를 따르게 하는 높은 정신의 능력이다)이 현상의 상황의 의의를 정설(定說)로 요약하고 결론짓는다. 둘째 단계에서는 처음에 내세워진 정설에 대한 비판이 일어나서 정설의 약점과 부족점을 비판하고, 정설이 가진 부분적인 진리에 대해서도 전반적인 회의(懷疑)를 제기한다. 다시 말하여 정립과 반정립 사이에는 모순과 긴장이 조성된다. 마지막 단계에서는 오성이 정립의 부분적 진리와 반정립의 부정적 비판을 종합하여 현상의 상황을 좀더 올바르게 파악한다. 즉 정립(定立, These)과 반정립(反定立, Antithese)의 부분적 진리들은 모두 종합(綜合, Synthese)으로 극복(승화, 지양: aufhebung)되어서 보다 성숙된 합체(合體)가 된다. 이 합체(合體)는 다시 새로운 주기의 정립이 되며, 정립에 대한 반정립이 생기고 다시 종합에 이른다. 이러한 정·반·합(定, 反, 合)의 주기적 운동은 끝없이 계속된다. 이 과정에는 종말이 없다. 정·반·합의 거듭되는 진행은 우리로 하여금 보다 큰 범위에 걸쳐 경험을 갖게 하며 우리를 보다 충분히 이끌어주는 것이다. 부분은 그 자체로서 결코 완전할 수 없으며, 완전은 부분들의 관계 속에서 보다 포괄적이고, 보다 복잡한 내용으로 계속에서 만들어져 가고 있을 뿐이다.

헤겔은 그의 「백과사전」에서 정·반·합의 기본적이 삼원(三元)을 유(有: Being)·무(無: non-being)·우주(宇宙: universe)라고 말했다. 우주는 유와 무의 합성으로 이루어진 것이다. 유와 무는 서로 모순된 것이지만, 유와 무는 같다. 이와 같은 헤겔의 사변적 논의는 참으로 난해하다. 그러나 헤겔이 그의 변증법적 공식을 인류역사의 진행에 적용했을 때, 이 공식은 훨씬 더 이해하기 쉬운 것이 되었고, 또 훨씬 더 많은 영향을 끼치는 것이 되었다.

인류역사 분야에 대해서 방대한 학식을 가지고 있었던 헤겔은 유럽의 사상사와 정치사에서 그의 논리의 유효적절한 실례를 찾아낼 수 있었다. 예컨대 그는 에피쿠로스 학파의 쾌락주의는 쾌락에 대해 무관심을 표시한 스토아 학파의 항변을 야기시켰다. 그리고 다같이 참된 부분도 있지만 그릇된 부분도 없지 않았던 이 두 학설 사이의 모순과 긴장은 기독교의 보다 더 균형잡힌 윤리학으로 극복되었다. 속박으로부터의 해방과 개인적 자유를 요구한 프랑스혁명은 그것의 반정립으로서 공포정치가 출현하였으며 이 양자 사이의 모순과 긴장은 개인의 자유를 기본으로 하는 입헌국가로 극복되었다고 그는 말했다.

실로 헤겔에게 있어서, 정립과 반정립이 종합으로 발전하는 동력은 정립과 반정립 사이의 모순(contradictions)과 긴장(tension)이었다. 그에게는 지식의 주관성과 객관성, 정신과 자연, 자아와 타인, 자유와 권위, 지식과 신앙, 계몽주의와 낭만주의 등과 같이 이 사회와 문화는 대립되는 양자 사이에서 야기되는 모순과 긴장으로 가득 차 있는 것으로 보여졌다. 헤겔의 철학은 이들 모순과 긴장은 그가 '절대정신'이라고도 부른 '가이스트'의 지배에 의해 합리적 통일로 진화해 간다고 해석하였다. 현실의 모든 분야 —의식(意識)·역사·철학·예술·자연·사회 등— 에서 매 순간마다 모순과 긴장은 합리적 통일을 향해 한 차원 더 높은 종합으로 승화 혹은 극복(Aufhebung)해 가는 동력을 지니고 있다. 모순(矛盾)과 부정(否

定)을 통해 진화가 이루어지는 이 모든 운동은 전체가 정신적인 것이다. 왜냐하면 포괄적인 과정에서의 모든 단계와 단계 내부의 하위 부분들을 이해할 수 있는 것은 정신이기 때문이다. 이 운동은 또한 합리적이다. 왜냐하면 동일한 논리적·발전적 질서가 현실의 모든 분야에 동일하게 적용되고 있으며, 궁극에 가서는 우리의 자발적인 합리적 사고방식이 이를 지지하기 때문이다. 그리고 이 운동은 우리의 존재나 우리의 마음(정신) 바깥에 있는 것이 아니라, 현존하는 인간들의 마음 가운데 있다. 왜냐하면 이 운동의 전개 과정을 이해하는 것은 우리의 마음이기 때문이다.

그런데 헤겔은 실재의 내부적 운동은 하나님의 생각(그의 '절대정신'을 이때는 '하나님의 생각'이라고 표현하였다)의 과정이라고 주장했다. 하나님의 생각은, 자연과 사상을 포괄하는 우주의 진화에서 드러난다. 헤겔은 이단적 문필가 야콥 뵈메(Jakob Böhme, 1575~1624)의 저술에서 큰 감명을 받았었다고 하였는데 뵈메는 '인간의 타락'은 우주의 진화에서 필연적 단계였다고 하였다. 이 진화는 하나님이 인간으로 하여금 선과 악에 대한 자각을 갖도록 하려는 그의 바람의 결과였다. 이것은 원래의 순진한 무지의 상태보다는 서로 분리되고 갈등하며 욕망을 갖는 상태가 더 나은 진화의 단계이기 때문에 인간이 신을 떠나는 것은 필연적인 과정이라고 뵈메는 썼었다.

헤겔은 우리가 실재를 충분히 그리고 옳게 이해했을 때, 하나님이 생각하고 있는 실재는 철학을 통해 실재의 과정을 파악하는 인간의 이해 가운데 드러난다. 다시 말해 인간의 생각은 하나님의 생각의 반영이다. 왜냐하면 인간의 생각은 하나님의 생각에 대한 실현이기 때문이다. 하나님은 우리가 말로써는 표현할 수 없는 분이 아니라, 우리가 생각과 실재를 분석함으로써 그를 이해할 수 있는 그런 분이다. 사람이 변증법적 과정을 통해 실재에 대한 자신의 개념을 수정해가는 것과 같이, 하나님도 하나님으로 되어지는 변증법적 과정을 통해 보다 더 명확하게 하나님이 되는 것이다. 실재의 운동은 하나님의 계획에 의한 것이며, 하나님의 계획 그 자체가 바로 하나님이다.

〈윤리학〉 헤겔은 국가에 순응하는 것이 개인이 지켜야 할 도덕이라고 하였다. 개인이 이른바 '자연상태'에서의 제 권리를 주장하는 것은 도덕적으로 보아 틀린 일이라고 그는 믿었다. 왜냐하면 인간이 가질 수 있는 정신적인 모든 가치는 오직 국가를 통해서만 소유할 수 있기 때문이다.

국가는 변증법적인 필연적인 진화의 과정중에 있으며 현재의 국가는 절대정신이 지향하는 바에 이르는 한 단계에 지나지 않는다. 그렇기 때문에 국가는 불완전하다. 그러나 현재의 국가는 과거로부터 진화해온 결과이며, 따라서 개인보다는 견실하며, 개인의 주관적 의견보다는 안정적이다. 그리고 그것은 한 개인이 가지는 유일한 국가이다. 적어도 그에게 있어서는 국가가 과학·예술·종교·철학 및 모든 국면의 보호자요, 육성자이다. 자기의 국가가 완전한 것이 못된다 하여 그 국가로부터 물러서는 것은 자기의 유한한 완성을 위해서, 없어서는 안 될 기반을 버리는 것이 된다. 그러므로 한 개인의 의무는 그가 현재의 국가를 대체하고 뭔가 다른 행태의 국가가 들어서리라고 공상하는 오류를 범하지 않는 것이며, 이러한 한에 있어서만 보다 나은 인간으로 진보할 수 있다. 도덕적이라 함은 국가의 진화에 합치하면서 사는 것이다. 국가의 진화는 절대정신에 의해 인도되는 것이며 국가는 세상에 존재하는 '신의 이념'이다. 그러므로 개인이 자기 국가에 대하여 갖는 유일한 관계는 의무일 뿐이다.

전쟁은 전혀 악한 것이 아니다. 그리고 우리가 그것을 없애기 위해 노력해야 할 성질의 것도 아니다. 국가의 목적은 단지 국민의 생명과 재산을 확보하는 데에 그치는 것이 아니다. 전쟁은 적극적인 도덕적 가치를 가지는 것이다. "전쟁은 유한한 것에 안주하여 세상에 대해 무관심하게 된 사람들의 도덕적 건강을 되살려 주며, 이런 점 때문에 전쟁은 더욱 높은 의미를 갖는다." 어떤 미래의 국가 속에 이미 들어간 듯이 사는 것이 아니라, 현실적인 국가가 그의 삶에 대해서 가지고 있는 여러가지 의미를 그의 힘이 미치는 데까지 충분히 살리는 것이다. 가족과 조직 같은 국가의 여러 제도는 국가의 여러가지 의미를 안정시켜 놓은 것이다 이 제도들은 비록 불완전한 것일지라도 기성제도에 반항하는 사람들의 주관적인 의견들보다는 훨씬 더 건전한 도덕기준이다. 국가는 객관적인 정신이므로 개인은 내용과 목적의 합일 자체인 국가의 한 구성원으로서 있는 경우에만, 객관성과 진리의 도덕성을 갖게 된다. 그러므로 우리들 인간은 절대정신이 국가에 작용하는 변증법적 발전에다 우리들 자신을 밀접하게 관련시키는 것이 도덕이다.

이와 같은 헤겔의 윤리학은 그 여러 결과의 하나로서 보수주의의 강화와 국가예찬을 가져왔다. 그리고 모든 악과 국가의 횡포도 우주의 과정에서 불가피한 것으로 생각하는 경향을 낳을 수 있다. 헤겔주의자들은 모든 현실적인 악이 절대정신의 상승운동에 의해서만 극복된다고 믿을 수도 있었기 때문이다. 그러므로 국가의 폭정에 저항하거나 현실을 개선하기 위해 애쓰는 개혁가들의 눈에는 헤겔의 철학은 고도의 기만인 것으로 생각될 수도 있었다. 그의 철학에 대한 가장 신랄한 비판을 들어보면 다음과 같다.

그와 동시대인인 쇼펜하우어(Schopenhauer)는 헤겔의 철학을 "인간의 모든 정신적 능력을 마비시키며 모든 진정한 사고를 질식시키는 가짜 철학"이라고 비판하였다. 키에르케고르(Kierkegaard)와 과학자 루트비히 볼츠만(Ludwig Boltzmann)은 헤겔의 '절대정신'과 같은 개념은 도무지 분명하지가 않고 그의 저서들은 "생각없는 단어의 나열"에 불과하다고 비난하였다. 버트런드 러셀(Sir Bertrand Russell)은 헤겔을 "모든 위대한 철학자들 가운데 가장 이해하기 어려운 사람"이라고 말하였다.

바 이 런

조지 고든 바이런 혹은 6세 남작 바이런(George Gordon Byron, 6th Baron Byron, 1788~1824)은 영국의 시인이며 낭만주의(Romanticism)를 이끈 사람들 중의 한 사람이다. 보통 바이런 경(Lord Byron)으로 불리는

바이런

그의 가장 잘 알려진 시는 "그녀는 아름다운 모습으로 걸어가고 있다. 우리 둘은 헤어지고 말았다. 우리는 더 이상 헤매지 않을 것이다"(She walks in Beauty, When we two parted, so we'll go no more a roving)라는 짧은 시다. 그의 대표작은 서사시들인 「차일드 헤롤드의 편력」(Childe Harold's Pilgrimage, 1812~1818)과 「돈 주앙」(Don Juan, 1819~1824)이다.

그의 특이함은 그의 글에서뿐만 아니라 그의 삶에서도 현저하다. 그의 시대는 칸트의 철학과 같은 독일의 관념주의와 혁명 후 프랑스의 사상적 혼란과, 영국에서는 또 다른 원인에 의한 합리주의가 혼재하였다. 영국에서의 또 다른 원인이란 기계와 기술의 발달에 의거하는 산업혁명이었으며 이것은 합리적 사고방식과 경제적 효율의 중요성을 부각시켰다.

바이런의 글과 생애는 이성주의와 합리주의와는 동떨어진 하나의 반역이었다. 그는 이른바 '바이런적 영웅'(Byronic hero)의 상을 만들어내었다. 그것은 귀족적인 무절제, 엄청난 부채, 헤아릴 수 없이 많은 연애와 정사(情事), 스스로 택한 망명으로 특징지어진다. 그는 그리스의 독립전쟁을 지원하며 오토만 제국과 싸웠으며 이 때문에 그리스인들은 그를 국민적 영웅으로 존경하고 있다. 그는 그가 예감했던 대로 36세의 젊은 나이로 요절하였다.

바이런은 귀족집안에서 태어났다. 그의 아버지쪽 할아버지는 배(船)로써 세계를 일주한 영국의 해군 부사령관이었으며, 아버지는 "미친 잭"(Mad Jack)이라는 별명으로 불리는 해군 대위였다. 어머니는 스코틀랜드 「기트」(Gight) 가문의 상속녀로서 제임스 1세 왕의 후예인 왕족이었다. 어머니의 이름은 고든 카테린(Gordon Catherine of Gight)이었으며, 아버지의 세 번째 부인이었다. 아버지는 아마도 그녀의 돈을 보고서 결혼을 한 것 같다. 그는 그녀의 동산과 부동산을 다 낭비하고는 채권자를 피해 처자식을 떠나 있다가 1년 후에 죽었다. 부모에 대한 바이런의 기억은 그들이 지독하게 싸우고 서로 상대를 야비하게 대했던 것뿐이다. 바이런은 어머니 쪽을 더 미워하였다. 어머니는 감정의 기복이 심한 조울증을 보였다. 남편이 죽은 후 카테린은 아들을 데리고 스코틀랜드로 돌아갔었다. 바이런이 10살이 되었을 때 그의 종조부(從祖父)인 '악한' 바이런 남작 5세('Wicked' 5th Baron Byron)가 세상을 떠나 그의 작위와 재산과 노팅엄셔(Nottinghamshire)에 있는 뉴스테드 대저택(Newstead Abbey)이 고스란히 바이런에게 상속되었다. 그래서 바이런은 '남작 6세 바이런'이 되었고 카테린은 자랑스럽게 아들을 데리고 영국으로 왔다.

그의 초기 공식교육을 스코틀랜드에서 받았던 바이런은 13살(1801) 때 헤로우 스쿨(Harrow School)로 보내졌다. 이튼과 헤로우가 처음으로 크리켓 시합을 가졌을 때 바이런은 헤로우를 대표하는 선수로 나갔다. 1805년 헤로우를 마치고 케임브리지대학의 트리니티 신학대학(Trinity College, Cambridge)에 입학하였다.

그가 10대에 쓴 시들은 「부질없는 종이조각들」(Fugitive Pieces)이라는 이름의 시집으로 1809년(21세) 처녀 출간되었다. 바이런이 14살 때 쓴 시도 여기에 실려 있다. 24살 때인 1812년 바이런은 「차일드 헤롤드의 편력」 1, 2 편을 발간하였고, 찬사를 받았다. 그 자신의 표현을 빌리면, "어느 날 아침에 일어나보니 내가 유명해져 있더라"고 하였다. 그는 이어 3, 4편을 출판하였다. 이 서사시는 바이런 자신의 여행 경험을 옮겨 놓은 것인데, 혁명 후 나폴레옹 시대의 전쟁에 지친 한 청년의 우울과 세상에 대한 실망을 구어체로 읊은 장시(長時)이다.

바이런의 첫 사랑의 소녀는 매리 더프(Mary Duff)였다. 이 소녀와의 사랑은 바이런이 8살이 채 되기 전에 시작되었으며 23살 때까지도 잊지를 못하였다. 바이런은 헤로우 스쿨에 다닐 때 매리 차워드(Mary Chaworth)를 만났고 "매리 차워드는 그가 성인으로서의 성적 느낌을 나눈 첫 상대"였다. 그의 어머니는, 그가 15살 때 차워드와의 사랑 때문에 헤로우스쿨로 돌아가는 것을 거부하자, 이렇게 썼다. "그는 사랑에 매달려 싫증을 모른다. 나의 의견으로는 고질병 중에서도 최악이다. 이 아이는 지금 정신없이 차워드 양과 사랑에 빠져 있다."

바이런은 16살에 헤로우에 돌아왔다. 이제 그는 소년들이 가담하는 정서적인 서클을 만들어, 소년들과 '열정적인 우정'을 나누었다. 영국에서는 당시 동성애에 대해서는 교수형에 처하기까지 하는 엄격한 제재를 가하고 있었다. 그러므로 동성애는 범죄였다. 바이런은 "순수한 사랑과 열정에도 불구하고 나는 언제나 범법자였다"고 묘사하였다.

1809년부터 1811년까지(21세~23세) 바이런은 대장정(大長征)을 떠났다. 그 시절엔 젊은 귀족에게 흔한 일이었다. 나폴레옹 전쟁 때문에 대부분의 유럽은 피할 수밖에 없었고 그 대신 방향을 지중해로 돌렸다. 레반트(Levant: 지중해 동부의 여러 나라)에 대한 매력이 여행의 주된 동기였다. 그는 영국으로부터 출발하여 스페인을 거쳐 알바니아, 아테네, 포르투갈, 콘스탄티노플로 갔다. 여행중에 그는 동성애를 가졌고, 12살 난 어린 소녀와도 관계를 가졌다.

그는 1812년 영국으로 돌아왔다. 다시금 여성편력이 본격화되었다. 그것을 다 여기에 쓸 겨를이 없으나 그를 알기 위해 몇 가지만 이야기하기로 한다. 바이런은 유부녀인 캐롤라인 램(Lady Caroline Lamb)과 정사를 가져 세상에 다 알려졌으며 일반 영국인들에게 충격을 주었다. 바이런은 그녀와 실질적으로 관계를 끊고 곧 다른 여성들에게로 옮겨 갔으나, 램은 결코 완전하게 회복이 되지 않았다. 램은 그가 싫증을 느낀 후에도 그를 쫓아다녔으며 정서적으로 심한 혼란에 빠져 있었다. 그녀는 체중이 크게 줄었는데 바이런은 그의 어머니에게 잔인하게도 "해골이 나를 괴롭히고 있다"고 말했다. 그녀는 그를 집으로 찾아가기 시작하였고 어떤 때에는 심부름하는 소년의 복장으로 변장하기도 하였다. 어느 날 그녀는 그의 책상에 놓인 책에다 "저를 기억해주세요!"라고 적어놓았다. 바이런은 그 대답으로 "너를 기억해! 너를 기억해!"(Remember Thee! Remember Thee!)라는 시를 쓰고는 마지막 줄에 "너는 그에겐 거짓이고 나에겐 악령이다"(Thou false to him, thou fiend to me)라고 끝을 맺었다.

사실 이때 바이런은 캐롤라인 램의 사촌인 앤 이사벨라 밀뱅크(Anne Isabella Milbanke, 'Annabella')에게 구혼을 시작하고 있었다. 그녀는 처음에는 청혼을 거절했으나 나중에는 받아들였다. 그녀는 매우 도덕적이고, 지적이며, 수학에는 천부의 재능을 지니고 있었다. 그들은 1815년 1월 2일에 결혼하였다. 결혼은 불행을 입증하였다. 그는 그녀를 홀대하였다. 그들은 아우구스타 아다(Augusta Ada)라는 이름의 딸 하나를 두었다. 결혼한 지 만 1년에 바이런 부인은 딸 아다를 데리고 바이런을 떠났다. 바이런은 별거증서에 서명을 했다. 바이런의 간통, 근친상간, 남색 등 온갖 비행의 추문이 세상에 퍼졌다. 그는 "그런 소문은 한 남자를 완전하게 파멸시키기에 족한 것이었으며, 결코 회복될 수 없는 것이었다"고 후일 회고하였다.

이같이 가정생활이 파괴된 후 바이런은 다시 영국을 떠났다. 그런데 이것은 영원한 떠남이 되고 말았다. 그는 벨지움을 거쳐 라인강까지 계속해서 올라갔다. 1816년(28세) 여름, 그는 제네바 호숫가 빌라 디오다티(Villa Diodati)에 자리를 잡았다. 그는 그가 일찍이 런던에서 관계를 가졌던 클레어 클레어몬트(Claire Clairemont)라는 여성을 불러와 동거하였다. 이 여자는 딸 하나를 낳았다. 바이런은 이 아이에게 거금의 재산을 줄 것을 약정하였는데 단 한 가지 조건으로서 "영국남자와는 결혼을 하지 말 것"이었다. 이 딸아이는 그러나 5살에 죽었다. 바이런은 매우 슬퍼하였으며 시신을 영국으로 보내 그의 모교인 헤로우의 마당에 묻도록 조처하였으나, 그는 이때에도 귀국하지 않았다. 그는 그 해 겨울을 베니스에서 보냈다. 그는 여기서 두 명의 유부녀와 사랑에 빠졌다. 그 중 한 명은 그가 "떠나라"고 하자 베니스 운하에 몸을 던져 자살을 해 버렸다.

1817년 그는 로마로 여행하였다가 베니스로 돌아왔다. 이즈음 그는 뉴스테드 저택을 팔았다. 그리고 1818년과 1820년 사이에 「돈 주앙」의 첫 다섯 편을 썼다. 이 동안에 그는 젊은 백작부인 귀촐리(Guiccioli)와 사랑에 빠졌다. 백작부인에겐 그가 첫사랑이었다. 그는 백작부인에게 남편을 버리고 도망칠 것을 요구하였다. 1821~1822년을 그는 피사(Pisa)에서 보냈고 그의 마지막 이태리 거주지가 된 제노아(Genoa)로 갔다. 귀촐리 부인은 아직 그와 동행하고 있었다.

그의 인생에 싫증이 난 바이런은 오토만 제국으로부터 그리스를 독립시키기 위한 운동에 참여해 달라는 제의를 받고 1823년 제노아를 떠나 그리스에 상륙했다. 그는 그 자신의 돈 4,000파운드를 들여 그리스 함대를 수리하였다. 그는 터키가 보유하고 있는 레판토(Lepanto) 요새를 공격할 계획으로 포수(砲手)들을 고용하여 반란군을 조직하고 그 자신이 군사적 경험이 없음에도 불구하고 자신이 지휘자가 되어 독립군에 편입하였다.

그러나 원정항해가 시작되기 전에 그는 병에 걸려 쓰러졌다. 심한 감기 같았으나 아마도 소독하지 않은 의료기계에 감염이 되어 패혈증을 일으켜 1824년 4월 19일, 향년 36세로 세상을 떠났다.

그는 어릴 때부터 동물을 대단히 좋아했다. 그가 기르던 보츠웨인(Boatswain)이라는 이름의 개가 죽자 그는 그의 뉴스테드 대저택에 묻고 묘비를 세우고 이 개를 기념하는 헌시(獻詩)를 새겼는데, 자신이 장차 이 개 옆에 묻히고 싶다는 내용으로서 바이런의 유명한 시 중의 하나가 되었다.

바이런은 트리니티의 학생이었을 때 학칙을 어겨가며 곰을 길렀다. 그는 일생을 통해 여우, 원숭이, 앵무새, 고양이, 독수리, 까마귀, 악어, 매, 공작, 기니 닭, 이집트 두루미, 오소리, 거위, 왜가리를 길렀다.

바이런은 미남으로서 잘 알려져 있다. 그의 키는 1.78미터이며 몸무게는 60kg에서 89kg 사이를 오르락 내리락 하였다. 그는 운동을 잘 했다. 권투·승마에 능했으며, 특히 수영은 특출하였다. 그는 헤로우 (고등)학교 시절에 크리켓 선수였다.

바이런은 태어나면서부터 오른쪽 다리가 약간 짧은 절름발이였다. 오른쪽 다리가 약간 굽은 것이었는데 현대의학에서는 영아 때의 마비에서 온다고 한다. 그는 어릴 때부터 그의 절름발이에 대해 자의식이 강했으며 스스로 어느 소설의 책명을 따라 '절름발이 마귀'(le diable boiteux)

라는 별명을 자신에게 붙였다.

바이런은 그가 콘스탄티노플을 여행하였을 때인 1810년 3월 3일 헬레스폰트 해협(Hellespont Strait)을 가로질러 유럽에서 아시아로 수영을 하여 건넜다. 이것은 해양스포츠의 시초로 기록되어 있다.

버트런드 러셀(Bertland Russel)은 바이런을 '귀족적인 반역자'라고 평하였다. 러셀에 따르면, 바이런이 수많은 여성과 편력을 가진 것은 그의 수줍은 마음씨와 고독감이 위로를 찾기 위해서였다. 바이런은 일생동안 그의 종교인 칼빈주의를 떠난 적이 없었으며, 자기의 생활태도가 온당치 못하다고 생각하였다고 한다. 그러나 그는 이 고약함은 그의 혈통으로 받은 저주이며, 전능자에 의해 예정된 불행한 운명이라고 고백하였다고 러셀은 전한다.

러셀에 의하면, 바이런은 자기를 만프레드(Manfred)와 같은 큰 죄인으로 간주하고 카인(Cain)과 견줄 만한 자로서, 아니 악마 같은 자로 느끼고 있었다. 그리하여 그는 당시 자유사상가들이 갖고 있지 못한 용기를 내어 죄를 저질렀던 것이다. 그리고 바이런은 죄가 위대한 경우에 경탄을 아끼지 않았다.

바이런의 대표작인 「돈 주앙」의 주인공 '돈 주앙'은 16살 때 23살의 유부녀와 정사를 갖는다. 이 유부녀의 남편인 50세의 사나이는 의심을 갖고 아내의 방을 급습하지만 돈 주앙은 침대 밑에 숨어 위기를 모면한다(그러나 돈 주앙은 여자를 좋아하는 사람으로서보다는 여자에 의해 쉽게 유혹되는 남자로 그려져 있다. 이 시의 첫 두 편이 1819년 익명으로 출판되었을 때 "비도덕적 내용"으로 비판되었으나 인기는 대단하였다). 돈 주앙의 어머니는 그에게 있을 추문을 피하기 위해 그를 외국으로 내보낸다. 항해중에 풍랑을 만나 배는 침몰하고 보트에 올라타 살아난 선원들은 주앙의 개와 가정교사를 차례로 잡아먹는다. 인육(人肉)을 먹은 그들은 미쳐서 죽는다. 주앙만이 유일하게 살아남았다. 마침내 보트가 해안에 닿았다. 하이디(Haidee)가 주앙을 발견하고 간호한다. 하이디와 주앙은 서로 말이 통하지 않았지만 사랑에 빠진다. 해적인 하이디의 아버지가 주앙을 사로잡아 이스탄불의 노예시장으로 보낸다. 하이디는 애인을 잃고, 뱃속에 태어나지 않은 아이를 지닌 채 심장이 찢어져 죽는다. 주앙은 노예시장에서 터키의 회교 왕궁으로 팔려갔다. 왕의 젊은 4번째 왕비가 사들인 것이다. 그는 왕비의 유혹을 피하다가 탈출에 성공한다. 주앙은 터키에 대한 공격을 준비중인 러시아군에 입대하여 이스마엘을 함락시킨 전투에서 용감하게 싸운다. 그는 전쟁영웅이 되어 러시아 황궁에 초치되어 카데린 2세 여왕을 알현한다. 48세의 여왕은 주앙에게서 색정을 느낀다. 그는 여왕의 총애를 받으며 승진까지도 한다. 그는 러시아의 추운 날씨 때문에 병에 걸린다. 여왕은 그의 건강을 위해 이름뿐인 특사를 만들어 그를 영국으로 보낸다. 그는 자유의 옹호자인 영국의 위대성을 발견했으며 영국의 왕궁에서 그의 잘생긴 용모와 복장으로 질투와 함께 사랑을 받는다. 그는 궁전 파티에서 16세의 오로라 라비(Aurora Raby)라는 소녀를 알게 되고 매력을 느낀다…. 이와 같이 「돈 주앙」은 바이런이 밝힌 대로 설계된 구도없이 그때그때 마음 내키는 대로 써내려간 것인데, 이 시는 존 밀턴(John Milton)의 「실락원」(失樂園, Paradise Lost) 이래 가장 중요한 장편시 중의 하나가 되었다. 바이런은 이 시를 30세부터 쓰기 시작하여 죽기 한 달 전까지 총 16편을 썼고, 마지막의 17편은 그의 죽음으로 완결을 짓지 못하였다.

주앙을 간호하는 하이디

바이런의 작품은, 그의 사후 편집된 모든 것을 합치면 총 17권에 이르는 방대한 양인데, 이 작품의 대부분에는 이른바 「바이런적 영웅」(Byronic hero)의 상이 그려져 있다. 「바이런적 영웅」은 19세기 낭만주의의 성격을 짐작케 해 주는 것으로서 어떤 의미에서는, '범죄'까지를 포함하여, 완전히 해방된 인간의 모습을 보여준다. 그렇기 때문에, 바이런의 작품과 그의 개인적 생활이 비윤리적·반사회적인 것으로서 비난받으면서도 엄청난 인기를 끌었던 것이 아닌가 여겨진다.

바이런적 영웅은 이상적이기도 하면서도 결함으로 가득한 성격들을 가지고 있다. 즉 비상한 재능, 비상한 열정, 사회와 제도에 대한 경멸, 낭비벽, 지위와 권위에 대한 불경(不敬), 사회적 제약으로 인한 사랑에서의 좌절, 불미스러운 과거의 비밀, 교만, 변덕, 과신(過信)과 예측력의 부족, 마침내는 자기파멸적인 행동을 해 버리는 것 등이다.

바이런은 자기를 악마와 같이 간주하기는 하였지만 자기를 신의 위치에 올려놓은 적은 없다. 오히려 그는 늘상 우울증에 시달렸다. 그는 그의 우울증은 유전적인 것이라고 믿었다. 그는 “나의 기질과 나의 정신의 체질적 우울증을 생각할 때, 오래 사는 것이 바람직한 일인지 확신할 수가 없다”고 1821년(33세)에 썼다. 바이런은 친구들로부터 뜨거운 사랑을 받았으며 “그만큼 헌신적인 친구들을 가지고 산 사람은 아무도 없다”고 그의 전기작가인 홉하우스(Hobhouse)는 말했다.

바이런은 21살 때인 1809년 3월부터, 그가 런던을 떠난 6월까지 3개월 동안 귀족의원으로서 상원에 출석한 적이 있다. 그는 사회개혁을 열렬히 지지하였고, 특히 공장파괴주의자들인 러다이트(Luddites)들을 옹호하는 희귀한 의원으로서 유명하였다. 그는 특히 노팅엄셔에서 방적기계들을 파괴한 러다이트들을 ‘기본질서 파괴자’(frame breaker)로서 사형의 형벌에 처하는 것을 반대하였다. 그는 기계에 의한 자동화의 이점을 빈정대면서 자동화는 노동자들을 일터에서 내쫓았을 뿐 아니라 물건의 질도 떨어뜨렸다고 비판하였다. 그의 연설은 “좀 무례하다고 할 정도로 선동적인 문장이었다”고 그가 후일 회고하였다.

그의 또다른 의회연설은 기득 종교에 반대하는 내용이었는데, 기득 종교는 다른 신앙을 가진 사람들에게 불공평한 것이라고 그는 주장하였다. 이와 같은 의회 경험은 그로 하여금 「러다이트를 위한 노래」(1816),

「최선의 목자르기」(1819)와 같은 정치적 시들을 짓게 하였다.

그가 죽었을 때 그의 시체는 방부처리되었으나 그리스인들은 그들의 영웅의 시신 일부를 남기기를 원하여 그의 심장을 간직하였다. 그것 외의 시신은 웨스트민스터 사원에 안치하기 위해 영국으로 보내졌다. 그러나 사원에서는 '의심스러운 도덕성'을 이유로 거부하였다. 런던에서 이틀 동안 그의 시신이 일반에게 공개되었을 때 대단한 군중들이 몰려들었다. 그는 노팅엄 허크넬(Hucknall, Nottingham)에 있는 「성 마리아 막달레나 교회」(the Church of St. mary Magdalene)에 묻혔다.

참고문헌

<전 체>

김진웅·손영호·정성화, 서양사의 이해. 서울: 학지사, 2009.

Garraty, John A. (ed.). The Columbia History of the World. NY: Harper & Row, Publishers, 1981.

Lamprecht, S. P. Our Philosophical Tradition: A Brief History of Philosophy in Western Civilation. Columbia University Publisher, 1955.

Russell, B. History of Western Philosophy. London: George Allen and Unwin Ltd., 1961,

Sabine, G. H. A History of Political Theory. Ill.: Dryden Press, 1982.

<제1장> 고대 오리엔트 세계

미주크리스찬신문사 (편). 한영해설성경. 경기도수원시: 국제기독출판사, 1989.

이삼현. "하무라비 법전 소고," 법학논총. 서울: 국민대학교, 1989.

Tandy, David W. Prehistory and History: Ethnicity, Class and Political Economy. NY: Black Rose Books Ltd., 2001.

<제2장> 고대 그리스 세계

박광순 (역). 헤로도토스 역사. 경기도파주시: 범우사, 1995.

이성규 (역). 플르타크 영웅전. 경기도고양시: 현대지성사, 2006.

김병철 (역). 호메로스, 오딧세이아. 서울: 박영사, 박영문고 136, 1986.

———. 호메로스, 일리아드. 서울: 박영사, 박영문고 164, 1982.

Bulfinch, Thomas. Greek and Roman Mythology. Boston: Beacon Press, 1855.

Burnet, John. Early Greek Philosophy. London: A. and C. Black, 1948.

———. Greek Philosophy: Thales to Plato. London: Macmillan and Company, 1953.

Chadwick, John. The Mycenaean World. Cambridge University Press, 1978.

Hamilton Edith. The Greek Way. NY: W.W. Norton & Company. Inc., 1942

Herodotos. Historiai(The Histories). NY: Penguin Classics, 1973.

Plutarch, Lives (ed. by Arthur Hugh Clough). NY: HarperBooks,1988.

Rose, H. J. Religion in Greece and Rome. NY: Harper and Brothers, 1959.

<제3장> 소크라테스·플라톤·아리스토텔레스

이병길·최옥수 (역), 아리스토텔레스 정치학. 서울: 박영사, 1982.

Annas, Julia. Aristotle's Metaphysics, Book M and N. Oxford: Clarendon Press, 1976.

Aristotle. De Anima (ed. by W. D. Ross). Oxford: Clarendon Press, 1961.

———. Poetics (ed. by D. W. Lucas). Oxford: Clarendon Press, 1968.

———. The Politics (ed. by William L. Newman). Oxford: Clarendon Press, 1887-1902.

Blum, Alan F. M. Socrates: Original and Its Images. London: Routledge & Kegan Paul, 1978.

Cornford, Francis M. (ed. and tr.). Plato's Cosmology. London: Routledge & Kegan Paul, 1937.

Davis, William Stearns. "Military Life at Athens," A Day in Old Athens. NY: Free Liberary, 1910.

Eugen, Darel Tai. "The Economy of Ancient Greece," EH. Net Encyclopedia (ed. by Robert Whaples), 2004.

Field, G. C. Plato and His Contemporaries. London: Metheun, 1930.

Hartman, Edwin. Substance, body, and Soul: Aristotelian Investigations. Princeton University Press, 1977.

Magill, Frank N. (ed.). World Philosophy: Essay Reviews of 225 Major Works (Vol. I, Six Century B.C.-Third century B.C.). Englewood Cliffs, NJ: Salem Press, 1982.

Plato. Euthyphro, Apology of Socrates and Crito (ed. by John Burnet). Oxford: Clarenton Press, 1924.

~~Plato~~. The Republic (A Condensation; illustrated by William Sharp), in Grolier Classics. NY: Grolier Inc., 1956.

Ross. W. D. Aristotle. London: Methuen, 1923.

Shorey, Paul. What Plato Said. University of Chicago Press, 1933.

Solmsen, Friedrich. Aristotel's System of the Physical World. Cornell University Press, 1960.

Sternfeld, Robert and Harold Zyskind. Plato's Meno: A Philosophy of Man as Acquisitive. Carbondale: Southern Illinois University Press, 1966.

Talor, A. E. Plato: The Man and His Work. London: Methuen, 1926.

———. Socrates. New York: D. Appleton, 1933.

Weingartner, Rudolph H. The Unity of the Platonic Dialogue. Indianapolis: Bobbes-Merril, 1973.

<제4장> 헬레니즘

Bett, Richard. "What did Pyrrho Think about the Nature of Divine and the Good?" Phronesis 39 (1994b): 303-337.

———. Pyrrho, His Antecedents and his Legacy. Oxford University Press, 2000.

Bevan, E. R. Stoics and Sceptics. Oxford University Press. 1913.

Brehier, Emile. The Hellenistic and Roman Age (tr. by Wade Baskin). University of Chicago Press, 1965.

Burnyeat, Myles (ed.). The Skeptical Tradition. University of California Press, 1983.

Cary, M. A History of the Greek World from 323 to 146 B.C. London: Methuen, 1932.

Demosthenes. "Speech Against Philip of Macedon" (351 B.C.). From the Latin Library, Wikipedia, The Free Encyclopedia.

De Witt and Norman W. Epicurus and His Philosophy. Cleveland: Meridian Books, 1967.

Diogenes Laertius. " Epicurus," The Lives and Opinion of Eminent Philosophers (tr. by C. D. Yonge). London: Henry G. Bohn, 1853

———. "Life of Diogenes," The Lives and Opinion of Eminent Philosophers (tr. by C. D. Yonge). London: Henry G. Bohn. 1853

———. "Zeno," The Lives and Opinion of Eminent Philosophers (tr. by C. D. Yonge). London: Henry G. Bohn, 1853.

Hunt, H. A Physical Interpretation of the Universe: The Doctrines of Zeno the Stoic. Melbourne: Melbourne University Press.

Long, A. and D. Sedley. The Hellenistic Philosophers. Cambridge University Press. 1999.

Navia, Luis E. Diogenes The Cynic: The War Against The World. Amherst, NY: Humanity Books, 2005.

Otto, Walter F. Dionysus Myth and Cult. Brumington: Indiana University Press, 1995.

Prince, Susan. "Socrates, Antisthenes, and Cynuics" in Ahbel-Rappe, Sara, and Rachana Kamtekar, A Companion to Socrates. NY: Blackwell Pubishing, 2005.

Sloterdijk, Peter. Critique of Cynical Reason (tr. by Michael Eldred). Minneapolis: University of Minnesota Press.

Stough, Charlotte L. Greek Skepticism: A Study of Epistemology. University of California Press, 1969.

Tarn, W. W. Hellenistic Civilization. New York: The World Publishing Co., 1969.

Welles, C. B. Alexander and the Hellenistic World. Toronto: A.M. Hakkett, 1970.

Wikipedia, "Dionysus," Wikipedia. The Free Encyclopedia.

<제5장> 로 마

현승종, 로마법. 서울: 법문사, 1996.

Antonio, Santosuosso. Storming the Heavens: Soldiers, Emperors and Civilians in the Roman Empires. NY: Westview Press, 2001.

Arnold, E. V. Roman Stoicism. Cambridge University Press, 1911.

Balsdon, J. P. V. D. Rome: The Story of an Empire. NY: McGrow-Hill Book Company, 1970.

Birley, Anthony. Marcus Aurelius. Boston: Little, Brown and Company, 1966.

Brehier, Emile. The Philosophy of Plotinus (tr. by Joseph Thomas). University Chicago Press, 1958.

Bussell, Frederick W. Marcus Aurelius and the Later Stoics. Edinburgh: T. & T. Clark, 1910.

Gibbon, E. The History of the Decline and Fall of the Roman Empire (edited and abridged by D.A. Saunders). NY: Penguin Books, 1985.

Marcus Aurelius. Meditations (A Condensation, tr. by George Long). in Grolier Classics. NY: Grolier Inc., 1956

Ogilvie, R. M. Early Rome and the Etruscans. Glasgow: Fontana/Collins, 1976.

Rist, J. M. Plotinus: The Road to Reality. Cambridge University Press, 1967.

Rose, H. J. Religion in Greece and Rome. NY: Harper and Brothers, 1959.

Whittacker, Thomas. The Neoplatonists. Cambridge University Press. 1928.

Wikipedia. "Military of ancient Rome," Wikipedia. The Free Encyclopedia.

<제6장> 기독교의 전개

김광채 (역), 성 어거스틴의 고백록. 서울: 기독교문서선교회, 2005.

Brown, Peter. Augustine of Hippo: A Biography. University of California Press, 1967.

———. The Cult of the Saints: In Rise and Function in Latin Christianity. Chicago University Press.

———. The World of Late Antiquity AD 150-750. London: Thames and Hudson, 1971.

Cochrane, Charles Norris. Christianity and Classical Culture: A Study of Thought and Action from Augustus to Augustine. Oxford: Clarendon Press, 1940.

Deane, Herbert A. The Political and Social Idea of St. Augustine. Columbia University Press, 1963.

Dodds, E. R. Pagan and Christian in an Age of Anxiety. Cambridge University Press, 1965.

Figgis, J. N. The Political Aspects of Saint Augustine's City of God. London: Longmans, Green, and Company, 1921.

Gilson, Etienne. The Christian Philosophy of Saint Augustine. NY: Random House, 1960.

Kelly, J. N. D. Jerome: His life, Writings, and Controversies. Peabody, MA: Penguin Books, 1998.

Loughlin, J. "St. Ambrose," in The Catholic Encyclopedia. NY: Robert Appleton Company, 1907.

Magill, Frank N. (ed.). "St Augustine's Confessions," in World Philosophy:

Essay-Reviews of 225 Major Works (Vol. II, Third century B.C.-A.D. 1713). Englewood Cliffs, NJ: Salem Press, 1982.

McMullen, Ramsay. Christianizing the Roman Empire, 100-400. New Haven, CT: Yale University Press, 1984.

McManners, John (ed.). The Oxford Illustrated History of Christianity. Oxford University Press, 1992.

Payne, R. The Fathers of the Western Church. NY: Viking Press, 1951.

Saltet, L. "St Jerome," in the Catholic Encyclopedia. NYk: Robert Appleton Company, 1910.

Walbank, W. W. The Decline of the Roman Empire in the West. London: Cobbett Press, 1946.

Wilkin, R. The Spirit of Early Christian Thought. Yale University Press. 2003.

<제7장> 중세사회

이기영, "봉건사회의 성립과 발전," 사양사강의 (배영수 편), 서울: 도서출판한울, 2006.

Acquinas, Thomas (ed. by Mary T. Clark). An Acquinas Reader: Selections from Writings of Thomas Acquinas. Fordham: Fordham University Press 2000.

Amory, P. People and Identity in Ostrogothic Italy, 489-554. Cambridge: Cambridge University Press, 2003.

Barraclough, G. The Origin of Modern Germany. NY: W.W. Norton & Company, 1984.

Black, C. L. New Birth of Freedom. Yale University Press. 1999.

Bowersock, G. W., Peter Brown, and Oleg Graba (eds.). Late Antiquity: A Guide to Post-Classical World. Harvard University Press.

Browning, C. H. "Magna Charta Described," in The Magna Charta Barons and Their American Descendants. University of Pennsylvania Press, 1898.

Bryce, J. The Holy Roman Empire. NY: McMillan Publishing, 1968.

Cavadini, J. (ed.). Gregory the Great: A Symposium. Notre Dame: University of Notre Dame Press, 1995.

Chesterton, G. K. St Francis of Assisi. Garden City, NY: Image Books, 1924.

Cross, F. L. (ed.), "Francis Assisi," in The Oxford Dictionary of the Christian Church. Oxford University Press, 2005.

Davies, B. The Thought of Thomas Acquinas. Oxford University Press. 1993.

De Wulf and Maurice M. Scholastic Philosophy. NY: Dover Publications, 1956.

Doehaerd, R. The Early Middle Age in the West: Economy and Society (tr. by W. G. Dickins). Amsterdam: North Holland Publishing Co., 1978.

Dudden, F. H. Gregory the Great. London: Longmans, Green, and Co., 1905.

Gardner, E. G. (ed.). The Dialogues of Saint Gregory the Great. Merchantville, NJ: Evolution Publishing. 1911.

Gibbon, E. History of the Decline and Fall of the Roman Empire (ed. by D. A. Saunders). NY: Penguin Book, 1985.

Gregory of Tours. History of the Franks. Fordham University Press, 1902.

Heather, P. The Goths. NY: Blackwell Publishing. 1998.

Herbermann, C. (ed.). "St Benedict of Nursia," in The Catholic Encyclopedia. NY: Robert Appleton Company, 1913.

Huddleston, G. "Pope St. Gregory I," in The Catholic Encyclopedia. NY: Robert Appleton Company, 1913.

Kennedy, D. "St. Thomas Acquinas," in The Catholic Encyclopedia. NY: Robert Appleton Company, 1912.

Kung, H. Great Christian Thinkers. NY: Continuum Books, 1994.

Lamb, H. The Crusades: The Flame of Islam. NY: Double Day and Company, Inc., 1931.

Leff, Gordon. Medieval Thought: St. Augustine to Ockham. Baltimore: Penguin Books, 1958.

Leyser, C. Authority and Asceticism from Augustine to Gregory the Great. Oxford: Clarendon Press, 2000.

Lyon, A. Constitutional History of the United Kingdom. Oxford University Press. 1899.

Markus, R. A. Gregory the Great and His World. Cambridge University Press.

McKitterick, R. The Frankish Kingdom under the Carolingians, 751-987. London: Longman Publishing. 1983.

———. Charlemagne: The Formation of a European Identity. Cambridge University Press, 2008.

Murray, A. C. From Roman to Merovingian Gaul: A Reader. NY: Broadview Press Ltd., 2000.

Oman, C. The Dark Ages, 476-918. London: Rivingtons Inc., 1914.

Pier, Josef. Scholasticism: Personality and Problems of Medieval Philosophy. NY: McGraw-Hill Book Company, 1964.

Pirenne, H. Economic and Social History of Medieval Europe (tr. by I. E. Clegg.) London: Routledge & Kegan Paul Ltd.

Riley-Smith, J. The First Crusaders, 1095-1131. Cambridge University Press, 1965.

Robinson, P. "St Francis of Assisi," In The Catholic Encyclopedia. NY: Robert Appleton Company, 1913.

Schuster, I. Saint Benedict and His Times (tr. by Gregory J. Roettger). London: B. Herder, 1951.

St. Gregory the Great. The Life of St Benedict. Rockford, Ill: TAN Books and Publisher, 1913.

Straw, C. E. Gregory the Great: Perfection in Imperfection. University of California Press, 1988.

Trumpbour, J. "Crusades," in The Oxford Encyclopedia of the Islamic World (ed. by John L. Esposito). Oxford: Oxford Islamic Studies Center, 2008.

Wood, Ian N. Merovingian Kingdom, 450-751. London: Longman.

Wolfram, H. and T. Dunlap. The Roman Empire and its Germanic Peoples. University of California Press, 1997.

<제8장> 중세의 변화

Cross, F. L. (ed.). "Great Schism," Oxford Dictionary of the Christian Church. Oxford University Press, 2005.

Fudge, T. A. The Magnificent Ride: The First Reformation in Hussite Bohemia. Brookfield, Vermont: Ashgate Co., 2008.

Josef M. The Hussite Movement in Bohemia. Prague: Orbis Inc., 1958.

Luetzow, C. Life and Times of Master John Hus. London: E.P. Dutton & Co., 1909.

Maurer, A. The Philosophy of William of Ockham in the Light of its Principles. Toronto: Pontifical Institute of Medieval Studies, 1999.

McGrade, A. The Political Thought of William of Ockham: Personal and Institutional Principles. Cambridge University Press, 1974.

Mundy, J. H. Europe in the High Middle Ages, 1054-1309, Harlow, England: Longman Publishing, 2000.

Nichols, A. Rome and the Eastern Churches: a Study in Schism. Cambridge University Press, 1975.

Spade, P. V. The Cambridge Companion to Ockham. Cambridge University Press, 1999.

Spade, P. V. "William of Ockham," in Stanford Encyclopedia of Philisophy. Stanford University Press, 2006.

Spinka, M. The letter of John Hus. Toto, NJ: Manchester University Press, 1972.

———. John Hus: A Biography. Princeton University Press, 1973.

Thorburn, W. M. "The Myth of Occam's Razor," in Mind 27 (107): 345-353, 1918.

Tytler, P. F. The Life of John Wycliffe. Edinburgh: William Whyte and Co., and Maclachlan and Stewart, 1826.

Wycliffe, John. The Last Age of the Church, Attributed to John Wycliffe (ed. by James H. Todd). Dublin: Hedges and Smith Books, 1840.

Wycliffe, John Three Treatises by John Wycliffe (ed. by James H. Todd). Dublin: Hedges and Smith Books, 1851.

<제9장> 이슬람교

김용선 (역주), 코란. 서울: 명문당, 2006.

Al-azami, M. M. The History of the Qur'an Text from Revelation to Compilation. Leicester: UK Islamic Academy, 2003.

Armstrong, Karen. Muhammad: A Prophet for Our Time. NY: HarperCollins, 2006.

Esposito, John. Islam: The Straight Path. Oxford University Press, 1998.

Lapidus, Ira. A History of Islamic Societies (2nd ed.). Cambridge University Press. 2003.

Lewis, B. Islam in History: Idea, People, and Events in the Middle East, NY: Open Court, 2001.

Madelung, Wilferd. The Succession to Muhammad: A Study of the Early Caliphate. Cambridge University Press, 1997.

Nasr, Seyyed Hossein. Islam: Religion, History, and Civilization. San Francisco: Harper Inc., 2003.

Ockley, Simon. The History of the Saracen Empire. London: Rivingtons Inc., 1718.

Reeves, Minou. Muhammad in Europe: A Thousand Years of Western Myth-Making. NYU Press, 2003.

Rodwell, J. M. (tr.). The Koran, London: Orion House, 1994.

Tabatabae, Sayyid Mohammad Hosayn. The Qur'an in Islam: Its Impact and Influence on the Life of Muslim. London: Routledge, 1988.

Tolan, John V. Saracens: Islam in the Medieval European Imagination. Columbia University Press, 1996.

Williams, John Alden. The World of Islam. Ostin: University of Texas Press, 1994.

<제10장> 르네상스

단테, 신곡 (구자운 역). 서울: 일신서적출판사, 1990.

보카치오, 데카메론 (이종원 역). 서울: 혜원출판사, 2005.

Anglo, Sydney. Machiavelli-the First Century: Studies in Enthusiasm, Hostility, and Irrelevance. Oxford University Press, 2005.

Benedictow, Ole J. The Black Death. Manchester University Press.

Brady, Thomas A. (ed.). Handbook of European History, 1400-1600: late Middle Ages, Renaissance and Reformation. Leiden, NY: E. J. Brill, 1994.

Brand, Peter and Lino Pertile (eds.). The Cambridge History of Italian Literature. Cambridge University Press. 2009.

Burckhardt, Jacob. Force and Freedom: Reflections on History (ed. by J. H. Nichols.). NY: Pantheon Books, 1943.

Burckhardt, Jacob. The Civilization of the Renaissance in Italy (tr. by S. G. C. Middlemore). NY: Crolier Inc., 1956.

Burke, P. The European Renaissance: Centre and Peripheries. Oxford: Blackwell, 1998.

Capponi, Niccolo. An Unlikely Prince: The Life and Times of Machiavelli. NY: Da Capo Press, 2010.

Capra, Fritijof. The Science of Leonardo; Inside the Mind of the Great Genius of the Renaissance. NY: Doubleday, 2007.

Copenhaver, Brian P. and Charles B. Schmitt, Renaissance Philosophy. Oxford University Press. 1998.

Dante Alighieri. The Divine Comedy (tr. by H. F. Cary). NY: Crolier Inc., 1956.

Harvey, Barbara F. "The Crisis of Early Fourteenth Century," in B. M. S. Campbell, Before the Black Death: Studies in The 'Crisis' of the Early Fourteenth Century. Manchester University Press, 1991.

Heller, E. The Disinherited Mind. London: Bowes & Bowes, 1952.

Machiavelli, Niccolo. The Prince (tr. by George Bull). London: Penguin Classics. 1961.

Najemy, John M. Italy in the Age of the Renaissance: 1300-1550. Oxford University Press, 2004.

Panofsky, Erwin. Renaissance and Renascences in Western Art. NY: Harper and Row, 1960.

Paoletti, John and Gary Radke. Art in Renaissance Italy. Columbia University Press, 2002.

Rahe, Paul A. Machiavell's Liberal Republican Legacy. Cambridge University Press, 2006.

Rev. Johnson. E. M. A. The Colloquies of Erasmus. London: Reeves and Turner, 1878.

Skinner, Quentin. The Foundations of Modern Political Thought. Cambridge University Press, 2007.

Stephens, J. Individualism and the Cult of Creative Personality, The Italian Renaissance. NY: Doubleday, 1990.

Vasari, Giorgio. Lives of the Artists (tr. by George Bull). London: Penguin Classics, 1965.

Welch, Evelyn. Art in Renaissance Italy, 1350-1500. Oxford University Press, 2000.

<제11장> 종교개혁

Bainton, Roland Here I Stand: a Life of Martin Luther. NY: Penguin Books, 1995.

Benedict, Phillip. "The Saint Bartholomew's Massacre in the Provinces," in The Rise and Fall of Renaissance France, 1483-1610 (ed. by Knecht, Robert Jean). NY: Blackwell, 2001.

Bernard, G. W. The King's Reformation: Henry VIII and the Remaking of the English Church. London: The History Press, 2005.

Brown, Peter Hume. John Knox. London: Adam and Charles Black, 1895.

David N. Steele, Curtis C. Thomas, and S. Lance Quinn. The Five Points of Calvinism Defined, Defended, and Documented. Phillipsburgh, NJ: P7R Publishing, 2004.

Dillenberger, J. (ed.). Martin Luther: Selections from his Writings. Garden City, NY: Doubleday, 1961.

Erickson, Carolly. Mistress Anne: The Exceptional Life of Anne Boleyn, Popular Biography. Edinburgh: Oliver & Boyd, 1837.

Foss, Michael. The Founding of the Jesuits, 1540. London: Hamilton, 1969.

Fraser, Antonia. The Wives of Henry VIII. London: Vintage Books, 1994.

Gaebler, Ulrich. Huldrych Zwingli: His Life and Work. Philadelphia: Fortress Press, 1986.

Gilman, C. Malcolm. The Huguenot Migration in Europe and America, its Cause and Effect. Johns Hopkins University Press, 1962.

Holt, Mack P. The French Wars of Religion 1562-1626, Cambridge University Press, 2005.

Kingdon, Robert M. "Calvinism and Resistance Theory, 1550-1580," in J. H. Burns. The Cambridge History of Political Thought 1450-1700. Cambridge University Press, 1995.

Loyola, Ignatius. The Autobiography of St. Ignatius (ed. by Joseph O'Connerr). NY: Benziger Brothers.

Marshall, Rosalind. John Knox. Edinburgh: Birlin, 2000.

McGrath, Alister E. A Life of John Calvin. Oxford: Basil Blackwell, 1990.

Noble, Graham. "Martin Luther and German anti-Semitism," History Review (2002) No: 42, 1-26.

Pollen, John Hungerford. "St. Ignatius Loyola," Catholic Encyclopedia. NY: Robert Appleton Company, 1913.

Potter, G. R. Zwingli. Cambridge University Press, 1976.

Ridley, Jasper. John Knox. Oxford: Clarendon Press, 1968.

———. Statesman and Saint: Cardinal Wholsey, Sir Thomas More, and the Politics of Henry VIII. London: Burns and Oates, 1982.

Soman, Alfredd. The Massacre of St. Bartholomew: Reappraisals and Documents. The Hague: Martinus Nijhoff, 1974.

Stephens, W. P. The Theology of Huldrych Zwinglii. Oxford: Clarendon Press, 1986.

<제12장> 절대주의

Anderson, Perry. Lineage of the Absolutism State. London: Verso, 1974.

Brutus, Stephen Junius. Vindiciae contra Tyrannos-1579 (A Defence of Liberty Against Tyrants-1579) (tr. anonymously from the Latin). London: Lonang Library, 1648.

Ekelund, Robert B., and Robert D. Tollison. Mercantilism as a Rent-Seeking Society: Economic Regulation in Historical Perspective. College Station, TX: Texas A&M University Press, 1981.

Heckscher, Eli F. Mercantilism. London: Allen & Unwin, 1935.

Hotman, Francois (1574). Franco-Gallia: Or An Account of the Ancient Free State of France. London: BiblioBazaar, 2007.

Jean Bodin. The Six Books of the Commonwealth - 1576 (tr. by Mario Turchetti), in The Stanford Encyclopedia of Philosophy. Stanford, 2006.

Kelley, D. R. Francois Hotman: A Revolutionary's Ordeal. Princeton University Press, 1983.

Kenyon, J. P. Stuart England. Harmondsworth, England: Penguin Books, 1978.

Kimmel, Michael S. Absolutism and Its Discontents: State and Society in Seventeenth Century France and England. New Brunswick, NJ: Transaction Books, 1988.

Knight, W. S. M. The Life and Works of Hugo Grotius. London: Sweet& Maxwell, Ltd., 1925.

LaHaye, Laura. "Mercantilism," in The Concise Encyclopedia of Economics. London: Library of Economics and Liberty, 1951.

Lee, Maurice, Jr. Great Britain's Solomon: James VI and I on His Three Kingdoms. Urbana: University of Illinois Press, 1990.

Mettam, Roger. Power and Faction in Louis XIV's France. NY: Blackwell Publishers, 1988.

Miller, John (ed.). Absolutism in Seventeenth Century Europe. NY: Palgrave Macmillan, l990.

Moongthaveephogsa, Patrick. "War of the Fronde 1649-1652," in the Columbia Encyclopedia of History (Vol. VII). Columbia University Press. 1993.

Rev. Ittersum, Martine Julia. Hugo Grotius, Natural Rights Theories and the Rise of Dutch Power in the East Indies 1595-1615. Boston: Brill, 2006,

Salmon, J. H. M. Francois Hotman, and Ralph E. Giesey, Francogallia. Cambridge University Press, 1972.

Sommerville, J. P. "Jean Bodin and Absolutism," in J. H. Burns (ed.), The Cambridge History of Political Thought 1450-1700. Cambridge, 1991.

Vreeland, Hamilton. Hugo Grotius: The Father of the Modern Science of International Law. Oxford University Press, 1917.

Wilson, Peter H. Absolutism in Central Europe. NY: Routledge, 2000.

Zmora, Hillay. Monarchy, Aristocracy, and the State in Europe-1300-1800. NY: Routledge, 2001.

<제13장> 과학의 발달과 근대철학

Bacon, F. The Works of Francis Bacon, Lord Chancellor of England (ed. by Basil Montagu). London: Oliphants Ltd., 1825.

Cottingham, John, Dugald Murdoch, and Robert Stoothof. The Philosophical Writings of Descartes. Cambridge University Press, 1985.

Damasio, Antonio. Looking for Spinoza: Joy, Sorrow, and the Feeling Brain. NY: Harvest Books, 2003.

Della Rocca. Michael, Representation and the Mind-Body Problem in Spinoza. Oxford University Press, 1996.

Eastwood, Bruce S. "Kepler as Historian of Science: Precursors of Copernican Heliocentrism according to De Revolutionibus," in (ed. by B. S. Eastwood) Astronomy and Optics from Plinty to Descartes. London: Variorum Reprints, 1989.

Grant, E. The Foundations of Modern Science in the Middle Ages: Their Religious, Institutional, and Intellectual Contexts. Cambridge University Press, 1996.

Grayling, A. C. Descartes: The Life of Rene Descartes and Its Place in His Times. NY: Simon and Schuster, 2006.

Hall, A. Rupert. The Revolution in Science, 1500-1750. London and New York: Good Survey, 1983.

Kuhn, Thomas S. The Copernican Revolution: Planetary Astronomy in the Development of Western Thought. Harvard University Press, 1957.

Matthews, Nieves. Francis Bacon: The History of a Character Assassination. Yale University Press, 1996.

McGuire, J. E. and P. M. Rattansi. "Newton and the 'Pipes of Pan' in Notes and Records of the Royal Society of London, Vol. 21, No. 2. (Dec., 1966), pp. 102-129.

Morgan, Michael L. (ed.). Spinoza: Complete Works. Indianapolis: Hackett Publishing Company, 2002.

Nadler, Steven. Spinoza's Ethics: An Introduction. Cambridge University Press, 2006.

Newton, Isaac. Unpublished Scientific Papers of Isaac Newton(ed. H. Hall). Cambridge University Press, 1962.

Shorto, Russell. Descartes' Bones. New York: Doubleday, 2008.

Steel, Byron. Sir Francis Bacon: The First Modern Mind. Garden City, NY: Doubleday, Oran and Co., Inc., 1930.

Steven, Shapin. The Scientific Revolution. The University of Chicago Press, 1996.

<제14장> 계몽주의

이종은, 정치와 윤리. 서울: 책세상, 2010.

Ashcraft, Richard. Revolutionary Politics & Lock's Two Treatise of Government. Princeton University Press, 1986.

Babbitt, Irving. Rousseau and Romanticism. Edison, NJ: Transaction Publishers, 1991.

Bertram, Christopher. Rousseau and The Social Contract. London: Routledge, 2003.

Briggs, J. Morton. "Jean le Rond d'Alembert," in Dictionary of Scientific Biography 1. NY: Charles Scribner's Sons, 1970.

Carlton, Charles. The Experience of the British Civil Wars. London: Routledge, 1992.

Coward, Barry. The Stuart Age: England, 1603-1714. Harlow: Pearson Education, 2003.

Cranston, Maurice. The Noble Savage. University of Chicago Press. 1991.

Damrosch, Leo. Jean-Jacques Rousseau: Restless Genius. NY: Houghton Mifflin, 2005.

Davidson, Ian. Voltaire. A Life. London: Profile Books, 2010.
Diderot, Denis (ed.). A Diderot Pictorial Encyclopedia of Trades and Industry. Vol. 1, 1993.
Dieterle, Bernard and Manfred Engel (eds.). The Dream and the Enlightenment. Paris: Honore Champion, 2003.
Dunn, John, Locke. Oxford University Press. 1984.
Gay, Peter. Voltaire's Politics, The Poet as Realist. Yale University, 1988.
Israel, Jonathan. Radical Enlightenment: Philosophy and Making of Modernity,
1650-1750. Oxford University Press. 2001.
Haine, W. Scott. The World of the Paris Café. The Johns Hopkins University Press, 1996.
Jacob, Margaret C. Living the Enlightenment: Free Masonry and Politics in Eighteenth Century Europe. Oxford University Press, 1991.
Oukiss, Diane. The English Civil War: A People's History. London: Harper Perennial, 2007.
Pangle, Thomas. Montesquieu's Philosophy of Liberalism. The University of Chicago Press, 1989.
Schaub, Diana J. Erotic Liberalism: Women and Revolution in Montesquieu's 'Persian Letters'. Lanham, MD: Rowman & Littlefield, 1995.
Schwarzbach, Bertram Eugene. Voltaire's Old Testament Criticism. Geneva: Librairie, 1938.
Shackleton, Robert. Montesquieu: a Critical Biography. Oxford: Clarendon Press, 1989.
Spary, Emma. "The 'Nature' of Enlightenment," in The Science in Enlightened Europe (William Clark ed.). University of Chicago Press, 1999.
Talmon, Jacob R. The Origins of Totalitarian Democracy. NY: W. W. Norton, 1952.
Yolton, J. W. (ed.). John Locke: Problems and Perspectives. Cambridge University Press. 1969.

<제15장> 아담 스미스

애덤 스미스, 국부론 (유인호 역). 서울: 동서문화사, 2009.
Buchan, James. The Authentic Adam Smith: His Life and Ideas. NY: W. W. Norton & Company, 2006.
Chambers, J. D. & G. E. Mingay. The Agricultural Revolution 1750-1850. Cambridge University Press, 1982.
Cleveland, Cutler J. "Biophysical economics," Encyclopedia of Earth. Last updated: September 14, 2006.
Hollander, Samuel. Economics of Adam Smith. University of Toronto Press, 1973.
Muller, Jerry Z. Adam Smith in His Time and Ours. Princeton University Press, 1995.

Neeson, J. M. Commoners: Common Right, Enclosure and Social Change in England, 1700-1820. Cambridge University Press.

Smith, Adam. An Inquiry into the Nature and Causes of the Wealth of Nations (ed. Edwin Cannan). London: Methuen and Co., Ltd., 1904.

——— (1759). The Theory of Moral Sentiment (ed. by D. D. Raphael and A. L. Macfie. Vol.1 of the Glasgow Edition of the Works and Correspondence of Adam Smith). Glasgow: Liberty Fund, 1982.

——— (first published 1776). The Wealth of Nations. NY: Random House, 1937.

Stewart, Dugald. The Works of Adam Smith: With An Account of His Life and Writings. London: Henry G. Bohn. lxix, 1853.

<제16장> 미국독립·프랑스혁명·산업혁명

Andress, David. The Terror. NY: Farrar, Straus and Giroux, 2007.

Buer, Mabel C. Health, Wealth and Population in the Early days of the Industrial Revolution. London: George Routledge & Sons, 1926.

Carlyle, Thomas (1837). The French Revolution: A History. NY: The Modern Library, 2002.

Carr, John Lawrence. Robespierre: the Force of Circumstance. NY: St. Martin Press.

Clapham, J. H. An Economic History of Modern Britain: The Early Railway Age, 1820-1850. Cambridge University Press, 1926.

Conway, Moncure Daniel. The Life of Thomas Paine. NY: Modern Library, 1987.

Engels, Fredrick. The Condition of the Working-Class in England in 1844. London: Swan Sonnenschein & Co., 1892.

Freeman, Douglas S. George Washington: A Biography, 7 volumes. NY: Scriber, 1948-1957.

Greer, Donald. The Incidence of the Terror during the French Revolution: A Statistical Interpretation. Harvard University Press, 1935.

Hampson, Norman. The Life and Opinion of Maximilien Robespierre. London: Duckworth, 1974.

Maier, Pauline. American Scripture: Making the Declaration of Independence. NY: Knopf, 1997.

McManner, John. The French Revolution and the Church. NY: Harper and Row, 1969.

More, Charles. Understanding the Industrial Revolution. London: Routledge, 2000.

Nelson, Craig, Thomas Paine: Enlightenment, Revolution, and the Birth of Modern Nations. New York: Penguin Books, 2007.

Paine, Thomas. Rights of Man, Common Sense, and Other Political Writings. Oxford University Press, 1995.

Rakove, Jack N. The Beginning of National Politics: An Interpretive History of the Continental Congress. NY: Knopf, 1979.

Seward, Desmond. The Bourbon Kings of France. NY: Barnes & Noble, 1976.

Snooks, G. D. Was the Industrial Revolution Necessary? London & New York: Routledge, 2000.

Soboul, Albert. A Short History of the French Revolution: 1789-1799. University of California Press, Ltd., 1977.

<제17장> 칸트·헤겔·바이런

Avineri. Shlomo. Hegel's Theory of the Modern State. Cambridge University Press, 1974.

Banham, Gary. Kant's Practical Philosophy: From Critique to Doctrine. NY: Macmillan, 2003.

Clark, Chrostopher. Iron Kingdom: The Rise and Downfall of Prussia 1600-1947. Cambridge: Belknap Press of Harvard, 2006.

Cohen, Ted and Paul Guyer (eds.). Essays in Kant's Aesthetics. University of Chicago Press, 1982.

Crompton, Louis. Byron and Greek Love: Homophobia in 19th Century England. University of California Press, 1985.

Gulyga, Arsenij. Immanuel Kant: His Life and Thought (tr. by Marijan Despaltovic). Boston: Birkhauser, 1987.

Guyer, Paul. Kant and the Claims of Knowledge. Cambridge University Press, 1987.

Houlgate, Stephen. The Opening of Hegel's Logic: From Being to Infinity. Purdue University Press, 2005.

Lord Byron (1812-1818). Childe Harold's Pilgrimage.

——— (1819-1837). Don Juan. NY: Penguin Classics. 1978.

MacCarthy, Fiona. Byron: Life and Legend. John Murray Publishers Ltd., 2002.

Maker, W. (ed.). Hegel and Aesthetics. NY, 2000.

McCloskey, Mary. Kant's Aesthetic. SUNY, 1987.

McGann, Jerome. Byron and Romanticism. Cambridge University Press, 2002.

Mohanty, J. N. and Robert W. Shahan (eds.). Essays on Kant's Critique of the Pure Reason. University of Oklahoma Press, 1982.

Panton, H. J. The Categorical Imperative: A Study in Kant's Moral Philosophy. University Pennsylvania Press, 1971.

Pinkard, Terry P. German Philosophy, 1760-1860: The Legacy of Idealism. Cambridge University Press, 2002.

———. Hegel's Dialectic: The Explanation of Possibility. Temple University Press. 1988.

———. Hegel: A Biography. Cambridge University Press, 2000.

Ritter, Gerhard. Frederick the Great: A Historic Profile. University of California Press, 1975.

Rockmore, Tom. Hegel's Circular Epistemology. Indiana University Press, 1986.
Seung, T. K. Kant's Transcendental Logic. Yale University Press, 1969.
Singer, Peter. Hegel: A Very Short Introduction. Oxford University Press, 2001.
Stern, Robert. Hegel and the Phenomenology of Spirit. Routledge, 2002.

찾아보기

저자약력

서울대학교 문리대 정치학과 졸업
미국 유타주립대학교 사회학박사(Ph.D)
국민대학교 사회학과 교수
국민대학교 총장(5대, 6대)
한국대학교육협의회 회장
국민대학교 명예교수

저자 근영

사회사상사

초판인쇄 2011. 3. 5
초판발행 2011. 3. 15

저 자 현 승 일
발행인 황 인 욱
발행처 도서출판 오 래
서울특별시용산구한강로2가 156-13
전화: 02-797-8786, 8787; 070-4109-9966
Fax: 02-797-9911
신고: 제302-2010-000029호 (2010. 3. 17)

ISBN 978-89-94707-20-4 93300

http://www.orebook.com
email ore@orebook.com

정가 28,000원